纪念马克思诞辰200周年

思想巨人
马克思

靳辉明 著

中国社会科学出版社

图书在版编目(CIP)数据

思想巨人马克思/靳辉明著.—北京:中国社会科学出版社,2018.3(2021.11重印)

ISBN 978-7-5203-1018-5

Ⅰ.①思… Ⅱ.①靳… Ⅲ.①马克思(Marx,Karl 1818-1883)—生平事迹 Ⅳ.①A712

中国版本图书馆CIP数据核字(2017)第231903号

出 版 人	赵剑英
责任编辑	杨晓芳
责任校对	张爱华
责任印制	王 超
出 版	中国社会科学出版社
社 址	北京鼓楼西大街甲158号
邮 编	100720
网 址	http://www.csspw.cn
发 行 部	010-84083685
门 市 部	010-84029450
经 销	新华书店及其他书店
印刷装订	北京君升印刷有限公司
版 次	2018年3月第1版
印 次	2021年11月第5次印刷
开 本	710×1000 1/16
印 张	39.5
字 数	532千字
定 价	159.00元

凡购买中国社会科学出版社图书,如有质量问题请与本社营销中心联系调换
电话:010-84083683
版权所有 侵权必究

目　　录

导语 …………………………………………………………… (1)

第一章　马克思生活的时代和思想形成的条件 ………………… (4)
  一　欧洲资本主义迅猛发展和社会关系的变化 ………… (4)
  二　德意志国家及资本主义的发展 ……………………… (7)
  三　无产阶级登上世界历史舞台 ………………………… (11)
  四　欧洲的文艺复兴和主要社会思潮 …………………… (15)
  五　人文社会科学的重大成果 …………………………… (24)
  六　自然科学的伟大发现 ………………………………… (44)

第二章　马克思的童年与学生时代 ……………………………… (49)
  一　童年时期的生活环境 ………………………………… (49)
  二　中学教育与对人生的理想 …………………………… (53)
  三　大学的学习生活和思想变化 ………………………… (55)
  四　黑格尔学派的解体和青年黑格尔派运动 …………… (62)
  五　一个尚未谋面的朋友——青年恩格斯 ……………… (79)
  六　博士论文:《德谟克利特的自然哲学和伊壁鸠鲁的
     自然哲学的差别》 …………………………………… (84)
  七　马克思与燕妮的爱情生活 …………………………… (90)

第三章　走进社会　卷入斗争的漩涡 (94)
  一　《莱茵报》的战斗生活 (94)
  二　为出版自由而斗争 (104)
  三　对利益、等级和国家关系的初步探讨 (112)
  四　主张为共产主义提供"理论论证" (118)
  五　《莱茵报》被查封，马克思在克罗茨纳赫与燕妮完婚 (120)
  六　费尔巴哈哲学的影响和对黑格尔哲学的"倒戈" (124)
  七　市民社会是政治国家的基础 (137)
  八　《克罗茨纳赫笔记》和对世界历史的研究 (143)

第四章　马克思成为马克思 (150)
  一　马克思和《德法年鉴》 (150)
  二　政治解放和人类解放 (158)
  三　无产阶级历史使命原理的初次阐明 (165)
  四　在同卢格论战中进一步发挥无产阶级历史使命的思想 (170)
  五　《1844年经济学—哲学手稿》 (173)

第五章　伟大友谊的开端　写作《神圣家族》 (187)
  一　马克思与恩格斯在巴黎的会见 (187)
  二　批判思辨唯心主义，论证思维与存在的关系 (191)
  三　对17—18世纪英法唯物主义的历史考察 (196)
  四　批判英雄史观，阐明人民群众创造历史 (201)
  五　对历史唯物主义基本观点的阐明 (206)
  六　对无产阶级历史任务的进一步论证 (212)
  七　《神圣家族》激怒当权者，马克思被驱逐出巴黎 (216)

第六章　《德意志意识形态》的写作与出版 (219)
  一　《德意志意识形态》写作的动因和写作时间 (220)

目录

  二　《德意志意识形态》的出版和新版第一章的
    结构与内容 ………………………………………………（224）
  三　历史唯物主义的结构雏形 ……………………………（232）
  四　历史唯物主义的核心观点及其在制定过程中的深化 …（236）
  五　对费尔巴哈人本主义的批判 …………………………（240）
  六　对施蒂纳《唯一者及其所有物》的批判 ……………（250）
  七　对"真正的社会主义"的批判 …………………………（262）

第七章　第一个伟大发现　揭示历史之谜 ………………………（274）
  一　《关于费尔巴哈的提纲》及其重要思想 ……………（274）
  二　分工和生产力 …………………………………………（283）
  三　生产关系概念的形成 …………………………………（288）
  四　生产力和生产关系的辩证运动规律 …………………（294）
  五　社会形态理论的形成和完整表述 ……………………（297）
  六　国家与政治上层建筑 …………………………………（308）
  七　社会意识和意识形态 …………………………………（311）
  八　共产主义的理论论证 …………………………………（314）
  九　马克思的历史观和自然观 ……………………………（320）

第八章　马克思同蒲鲁东和魏特林的交往与决裂 ………………（327）
  一　蒲鲁东其人及其著述活动 ……………………………（327）
  二　蒲鲁东的政治经济学观点 ……………………………（329）
  三　马克思与蒲鲁东交往和对他认识的过程 ……………（331）
  四　《哲学的贫困》与对蒲鲁东的批判 …………………（334）
  五　对历史唯物主义基本原理的精确阐述 ………………（345）
  六　对黑格尔唯心辩证法的批判改造 ……………………（355）
  七　马克思同魏特林的交往与决裂 ………………………（365）

第九章　《共产党宣言》问世 ………………………………………（369）
  一　建立共产主义者同盟 …………………………………（369）

二　同盟第二次代表大会和《共产党宣言》的问世 …………(373)
　　三　《共产党宣言》阐发的基本原理 ……………………(376)
　　四　《共产党宣言》与当今时代 …………………………(392)

第十章　1848年欧洲革命风暴及革命经验的总结 …………(397)
　　一　1848年欧洲革命风暴及其发生的原因 ……………(397)
　　二　马克思被驱逐出布鲁塞尔,再次流亡巴黎 …………(401)
　　三　《共产党在德国的要求》 ……………………………(405)
　　四　《新莱茵报》的创刊和发表的战斗文章 ……………(408)
　　五　马克思流亡伦敦 ………………………………………(419)
　　六　对1848年革命经验的总结 …………………………(422)
　　七　揭露科伦共产党人案 …………………………………(429)

第十一章　艰苦的流亡生活 ………………………………(433)
　　一　面临反动和贫病的威胁　苦难的流亡生活 ………(434)
　　二　"摩尔"与他的家庭 …………………………………(438)
　　三　恩格斯对马克思的无私的帮助 ………………………(441)
　　四　《纽约每日论坛报》的文章和对中国革命斗争的支持 …(443)
　　五　智慧源于勤奋学习和科学研究 ………………………(446)

第十二章　第二个伟大发现　透析资本剥削的秘密 ……(450)
　　一　研究政治经济学　出版《政治经济学批判·
　　　　第一分册》……………………………………………(451)
　　二　《资本论》第一卷问世　剩余价值理论创立 ………(456)
　　三　《资本论》第二卷出版　阐发资本流通过程 ………(468)
　　四　《资本论》第三卷的编写、出版与基本内容 ………(474)
　　五　资本主义的基本矛盾和经济危机 ……………………(482)
　　六　《资本论》:"工人阶级的圣经" ……………………(486)
　　七　建立人与人、人与自然和谐的社会 …………………(489)
　　八　《资本论》的科学价值及社会影响 …………………(498)

九　《资本论》与现时代 …………………………………………（502）

第十三章　国际领袖和灵魂 ……………………………………（516）
　　一　国际形势的变化和国际工人协会的建立 ………………（517）
　　二　起草第一国际《宣言》和《章程》 ………………………（521）
　　三　普法战争和巴黎人民的起义 ……………………………（525）
　　四　巴黎公社和第一国际　马克思的《法兰西内战》 ………（528）
　　五　批判国际工人运动中的各种机会主义思潮 ……………（537）
　　六　国际领袖和灵魂 …………………………………………（559）

第十四章　马克思的晚年岁月 …………………………………（561）
　　一　继续《资本论》的研究 ……………………………………（562）
　　二　研究世界历史 ……………………………………………（563）
　　三　对俄国历史发展和农村公社问题的研究 ………………（569）
　　四　涉猎自然科学领域 ………………………………………（572）
　　五　伟大的女性——燕妮·马克思逝世 ……………………（574）
　　六　最伟大的思想家停止思想了 ……………………………（584）
　　七　马克思的"自白" …………………………………………（590）

结束语　马克思主义：历史阶段　基本原理　当代意义 …………（592）
　　一　马克思主义发展的几个历史阶段 ………………………（593）
　　二　马克思主义的基本原理和科学体系 ……………………（597）
　　三　马克思主义的理论价值和当代意义 ……………………（601）

千年伟人马克思 …………………………………………………（606）

索引 ………………………………………………………………（614）

后记 ………………………………………………………………（615）

Contents

Introduction ··· (1)

Chapter 1 The Times Marx Lived in and the Conditions for the Formation of His Thoughts ··· (4)

    1.1 The Rapid Development of European Capitalism and the Change in Social Relations ··· (4)

    1.2 The Development of the German States and Capitalism ······ (7)

    1.3 The Proletariat Appears on World Historical Stage ········· (11)

    1.4 The Renaissance and the Main Ethos of Europe ············ (15)

    1.5 Significant Achievements of Humanistic and Social Sciences ··· (24)

    1.6 The Great Discovery of Natural Science ······················ (44)

Chapter 2 Marx's Childhood and Years as a Student ············· (49)

    2.1 The Living Environment during his Childhood ············· (49)

    2.2 His Secondary Education and Life Ideals ······················ (53)

    2.3 His Life at the University and his Ideological Change ······ (55)

    2.4 The Disintegration of the School of Hegelians and the Movement of Young Hegelians ··································· (62)

    2.5 A Friend Not Yet Met-Young Engels ························· (79)

2.6　Doctoral Thesis: *The Difference between Democritus' Philosophy of Nature and Epicurus' Philosophy of Nature* ………………………………………… (84)
2.7　Love Life between Marx and Jenny ………………… (90)

Chapter 3 Entering the Society and Getting Involved in the Vortex of Struggle ………………………………………… (94)

3.1　His Life in the Battle of *Rheinische Zeitung* ………… (94)
3.2　Struggle for Liberty of the Press ……………………… (104)
3.3　Initial Discussion of Benefits, Hierarchy and National Relations ……………………………………………… (112)
3.4　Advocating Providing a "Theoretical Argument" for Communism …………………………………………… (118)
3.5　*Rheinische Zeitung* Being Closed down and Marx Getting Married to Jenny in Kreuznach ……………… (120)
3.6　The Influence of Feuerbach's Philosophy and "Defection" toward Hegelianism ……………………… (124)
3.7　Civil Society Is the Foundation of a Political State …… (137)
3.8　*Kreuznach Notebooks* and Research on World History …… (143)

Chapter 4 Marx Becoming Marx ……………………………… (150)

4.1　Marx and *Deutsch-franzosische Jahrbucher* …………… (150)
4.2　Political Liberation and Human Liberation ………… (158)
4.3　The First Exposition of the Principle of the Historical Missions of the Proletariat ……………………………… (165)
4.4　Further Giving Play to the Thought of Historical Missions of the Proletariat in Debate with Lugar ……… (170)
4.5　*Manuscript of Economic and Philosophical in 1844* …………………………………………………… (173)

Contents

Chapter 5 Beginning of a Great Friendship, Writing *The Holy Family* .... (187)

  5.1 The Meeting between Marx and Engels in Paris .... (187)

  5.2 Criticizing Speculative? Idealism and Arguing the Relations between Thinking and Existence .... (191)

  5.3 Historical Investigation of British and French Materialism in the 17th–18th Century .... (196)

  5.4 Criticizing the Hero Conception of History and Expounding the Idea that the People Create History ...... (201)

  5.5 Illumination of the Basic Ideas of Historical Materialism .... (206)

  5.6 Further Argumentation of the Historical Tasks of the Proletariat .... (212)

  5.7 *The Holy Family* Infuriating the Potentate and Marx Being Expelled from Paris .... (216)

Chapter 6 The Writing and Publication of *The German Ideology* .... (219)

  6.1 The Motive for Writing and the Time of *The German Ideology* .... (220)

  6.2 Publication of *The German Ideology* and the Structure and Content of Chapter 1 of the New Version .... (224)

  6.3 The Structural Prototype of Historical Materialism .... (232)

  6.4 The Core Point of Historical Materialism and Its Deepening during its Creation .... (236)

  6.5 Criticizing of Feuerbachan? Humanism .... (240)

  6.6 Criticizing Stirner's *Der Einzige und sein Eigentum* of Stirner .... (250)

6.7 Criticizing "Real Socialism" ……………………………… (262)

Chapter 7 The First Great Discovery, Discovering the Mysteries of History ……………………………… (274)

7.1 *Theses on Feuerbach* and His Important Thoughts ……… (274)
7.2 Division of Labor and Productivity ……………………… (283)
7.3 Formation of the Concept of Production Relations ……… (288)
7.4 The Law of Dialectical Movement of Productivity and Production Relations ……………………………… (294)
7.5 The Formation and Complete Expression of the Theory of Social Form ……………………………… (297)
7.6 State and Political? Superstructure ……………………… (308)
7.7 Social Consciousness and Ideology ……………………… (311)
7.8 The Theoretical Argument of Communism ……………… (314)
7.9 The Historical View and the Natural View of Marx …… (320)

Chapter 8 Marx's Interaction and Breaking up with Proudhon and Weitling ……………………………… (327)

8.1 About Proudhon and His Books and Writings …………… (327)
8.2 Proudhon's Points on Political Economics ……………… (329)
8.3 Marx's Interaction and Process of Acquaintance with Proudhon ……………………………… (331)
8.4 *Poverty of Philosophy* and Criticizing Proudhon ………… (334)
8.5 Accurate Exposition of the Basic Principles of Historical Materialism ……………………………… (345)
8.6 Critical Transformation of Hegel's Dialectics of Idealism ……………………………… (355)
8.7 Marx's Interaction and Breaking up with Weitling ……… (365)

Contents

Chapter 9 The Publishing of *The Communist Manifesto* ············ (369)

   9.1   Establishing the Communist League ···················· (369)

   9.2   The Second Congress of the League and the
Publication of *The Communist Manifesto* ···················· (373)

   9.3   The Basic Principles of *The Communist Manifesto* ·········· (376)

   9.4   *The Communist Manifesto* and the Contemporary Age ······ (392)

**Chapter 10 The European Revolutionary Storm of 1848 and a
Summary of the Revolutionary Experience** ···················· (397)

   10.1   The European Revolutionary Storm of 1848 and Its
Reason ···················· (397)

   10.2   Marx Is Expelled from Brussels and Exiled in Paris
Again ···················· (401)

   10.3   *Requirements of the Communist Party in Germany* ········ (405)

   10.4   The First Issue of *Neue Rheinische Zeitung* and the Battle
Articles Published ···················· (408)

   10.5   Marx Exiled in London ···················· (419)

   10.6   A Summary of the Experience of the Revolution
of 1848 ···················· (422)

   10.7   Disclosure of the Case of the Communists in
Cologne ···················· (429)

Chapter 11 A Tough Life in Exile ···················· (433)

   11.1   Facing a Threat of Reactionary Forces, Poverty and
Sickness, a Tough Life in Exile ···················· (434)

   11.2   "Moor" and His Family ···················· (438)

   11.3   Engels's Selfless Help for Marx ···················· (441)

   11.4   An Article from the *New York Daily Tribune* and
Support for the Chinese Revolutionary Struggle ·········· (443)

5

11.5 Wisdom Originating from Assiduous Learning and Scientific Research ……………………………………… (446)

Chapter 12 The Second Great Discovery, Insight into the Secret of Capital Exploitation (450)

12.1 Studying Political Economics and Publishing the *Critique of Political Economics* (*Volume I*) …………… (451)

12.2 Publication of *Das Kapital* (Volume I) and the Creation of the Theory of Surplus Value ………………… (456)

12.3 Publication of *Das Kapital* (Volume II) and Elucidation of the Process of Capital Mobilization ………………… (468)

12.4 The Compilation, Publication and Basic Contents of *Das Kapital* (Volume III) …………………………………… (474)

12.5 Basic Contradictions of Capitalism and Economic Crises …………………………………………………… (482)

12.6 *Das Kapital*: "the Bible of the Working Class" ……… (486)

12.7 Establishing a Society with Harmony between Humans and Humans as well as between Humans and Nature … (489)

12.8 The Scientific Value and Social Influence of *Das Kapital* …………………………………………………… (498)

12.9 *Das Kapital* and Modern Times ……………………… (502)

Chapter 13 International Leader and Soul (516)

13.1 Change in the International Situation and the Establishment of the International Workingmen's Association ………… (517)

13.2 Drafting the *Declaration* and *Articles of Association* of the First International ……………………………… (521)

13.3 The Franco-Prussian War and the Paris Uprising ……… (525)

13.4 The Paris Commune and the First International, Marx's The *Civil War in France* ……………………………… (528)

Contents

13.5 Criticizing all kinds of Opportunistic Thoughts in the
International Workers' Movement ·················· (537)

13.6 International Leader and Soul ······················ (559)

Chapter 14 The Last Years of Marx ····················· (561)

14.1 Continuing Research on *Das Kapital* ············· (562)

14.2 Research on World History ······················· (563)

14.3 Research on the Historical Development and the
Problems of the Rural Community in Russia ········ (569)

14.4 Dabbling in the Field of Natural Science ··········· (572)

14.5 The Great Woman, Jenny Marx, Passes Away ······· (574)

14.6 The Greatest Thinker Stops Thinking ·············· (584)

14.7 Marx's "Confessions" ···························· (590)

**Epilogue Marxism: Historical Stage Basic Principles
Contemporary Significance** ···················· (592)

1. Several Historical Stages of the Development of Marxism ··· (593)

2. The Basic Principles and the Scientific System of
Marxism ·· (597)

3. The Theoretical Value and Contemporary Significance of
Marxism ·· (601)

Millennium Marx ·· (606)

Index ··· (614)

Postscript ··· (615)

7

导　　语

　　马克思诞生已经200周年了，他的学说问世也已170多年了。在这一个半多的世纪里，马克思主义走过了一段艰难曲折的道路。它有过辉煌的胜利，也有过受挫的纪录；它在敌人的诅咒声中出世和成长，又在反对者的质疑和诘难声中迈向了一个新的世纪。它得到广大工人阶级和劳动人民的拥护，同时受到资产阶级及其御用学者的诽谤和攻击。马克思主义同历史上任何新生的革命学说一样，在前进途中总是阻力重重，但它所遇到的攻击和诽谤又是同以往那些学说不可比拟的。这不仅因为它更深刻地反映着人类社会的真理，而且还因为它更鲜明地代表着一种社会阶级的利益。同时，还因为马克思主义在理论上的创新，在社会生活中变成现实，都不可能是轻而易举，一帆风顺的，都需要经历一个艰难曲折的探索过程，期间甚至会出现暂时的失败。20世纪世界社会主义的实践，已经清楚地表明了这一点。因此，期望马克思主义发展道路笔直而平坦，那是幼稚的，不切实际的。马克思主义就是这样一种理论，它比历史上任何学说所包含的科学真理都更加丰富，更加深刻，因而受到进步人士的崇敬，但它受到的怀疑和诘难又比历史上的任何学说都要严重得多。所以，马克思主义的历史命运决定了它只能在斗争中，在同各种错误思潮辩论中，在回答时代提出的课题中，向前发展。马克思主义之所以能够逐渐为广大群众所接受，能够对社会生活发生如此深刻的影响，就因为它正确，它是科学真理。

真理是知识之光，探讨真理是学者的天职。真理有时会被迷雾所遮蔽，但真理的力量就在于它能为自己开辟继续前进的道路。

马克思逝世后国内外理论界就开始了对他的学说和思想的研究，关于马克思的理论著作和生平传记不胜枚举、见解不一、各具特色。其中有不少上乘之作，读后颇受教益。由于前几年爆发的全球性经济危机，以及出现的诸多社会问题和生态问题，在世界范围出现了研读马克思主义的热潮。毫无疑问，以后还会有更多的作品问世。本书试图把马克思的生平传记和理论创造有机地统一起来，汲取传记的翔实的背景资料，又不淹没于浩瀚、烦琐的故事之中；突出马克思的思想发展轨迹和理论创造，又不游离于马克思的苦难生活经历和他参与的社会活动，使他的思想有血有肉，根深叶茂。作者力求做到，史论结合，以论为主，做到历史的、逻辑的统一，思想发展和社会实践的结合，思想的深化和概念的表述的辩证统一。用辩证逻辑的方法，而不是用形式逻辑的方法研究马克思的生平活动、思想轨迹和原理的科学表述，特别是以马克思的思想转变和两个伟大发现为主线展开本书的论述。通过这样的方式，力求给人们展现一个真实的马克思，真正的马克思，展现他的伟大人格和不朽的理论贡献。

马克思是亘古罕见的思想巨人，他一生都在思想，"可谓是生命不息，思想不止！"青年时期被称为"思想牛首"、"思想库"、"思想加工厂"，他逝世后，恩格斯说"当代最伟大的思想家停止思想了"。他的学说是时代的产物，而他的理论创造源于他的思想。马克思的思想魅力是永恒的。

本书尚属一部历史性著作，主要展现那个时代马克思的生平活动和理论创造，以及他的思想对后人的启迪。当今时代发生了很大变化，需要在坚持马克思揭示的真理的基础上，用新的经验丰富和发展他的学说。

在千年之交之际，西方学界和媒体把马克思评为千年"最伟大的

导 语

思想家""人类纪元第二个千年的第一思想家""千年伟人",闻此喜讯,遂疾笔写下了"千年伟人马克思"一文和"千年马克思"小诗一首,以表笔者的喜悦宽慰之情。此书姑且把文章作为附录,把小诗也记录下来,可从侧面反映出世人对马克思的看法和评价。

当今,国际形势发生了巨大变化,世界社会主义运动取得了很大进展,特别是新时代中国特色社会主义在理论和实践上取得辉煌的成绩,这一切都进一步表明,马克思及其思想的巨大的生命力和影响力。让我们在新的世纪继续把马克思主义推向前进!

"千年马克思"有感[①]

千年逝去话沧桑,济世英才万古铭。
世事变故任评说,马恩真理留丹青。
大江滚滚东流去,百川滔滔一脉承。
世界大同凯旋日,尔辈勿忘祭马翁。

---

① 原诗载《坚持、发展、研究、创新马克思主义》,中国社会科学出版社2011年版,第219页。

第一章　马克思生活的时代和思想形成的条件

任何一个人的生活状况,形成怎样的人格和思想,如何体现自己的价值,以及对社会产生怎样的影响,都离不开他赖以生存的历史环境。从17、18世纪到19世纪30年代,资本主义迅猛发展和社会关系的急剧变化,欧洲主要国家资产阶级已取得政治统治,同时,资产阶级与工人阶级的矛盾取代了资本主义同封建主义的矛盾上升为社会的主要矛盾。从文艺复兴和启蒙运动以来,思想文化空前繁荣,涌现出各种不同的社会思潮,随着资本主义工业革命的发展,自然科学也有了长足的进步。这些就是马克思生活的大的历史背景,他的经历,他的思想和人格的形成,以及他的理论创造和贡献,都是同这样的历史环境紧密联系在一起的。不论撰写马克思的生平活动,还是撰写研究马克思理论的学术著作,都不能忽略对上述这些问题的关注和探讨。

一　欧洲资本主义迅猛发展和社会关系的变化

在欧洲,经过中世纪封建专制和宗教神学统治的漫漫长夜,从14世纪后期开始,资本主义生产关系在西欧封建社会内部孕育成长。它于14世纪和15世纪首先在意大利萌芽,逐渐扩展到欧洲各个国家。恩格斯把意大利称为第一个资本主义民族,并把14世纪意大利伟大诗人阿利基耶里·但丁作为欧洲中世纪的终结和现代资本主义纪元开

第一章　马克思生活的时代和思想形成的条件

端的标志,是新时代的最初一位诗人。

随着资本主义经济的发展,在18世纪和19世纪上半叶一些资本主义国家先后完成了政治革命,接着又进行了产业革命。从16世纪开始,一些欧洲先进国家加快了资本的原始积累过程,以手工技术和雇佣工人分工为基础的工场手工业日益广泛地发展起来。随着美洲新大陆的发现,绕过非洲的新航路的开辟,为新兴资产阶级开拓了新的活动场所。世界市场的扩大,推动了商业、工业和航海业空前高涨。所有这一切,都有力地促进了社会生产力的发展,加

阿·但丁

速了资本主义生产关系取代封建主义生产关系的过程。但是,以手工技术为基础的生产方式,不可能彻底地改造封建的生产方式。资本主义生产关系的发展,要求其生产方式进行巨大的变革。

18世纪60年代,一场以资本主义机器大工业代替以手工技术为基础的工场手工业的革命便开始了。这就是具有重大历史意义的工业革命,又称为"产业革命"。这场革命不仅使生产技术发生了质的飞跃,而且也引起社会关系的重大变革,从而把资本主义推到一个新的发展阶段。

英国是工业革命的先驱,而棉纺织业纺纱机的发明和广泛使用揭开了工业革命的序幕。18世纪30年代,英国的约翰·怀亚特发明了纺织机,到六七十年代珍妮纺纱机已被普遍采用。18世纪八九十年代瓦特发明蒸汽机及其被广泛应用,使历史跨入"蒸汽机时代"。19世纪20年代英国人乔治·斯蒂芬森发明了火车,世界上第一辆火车开始在英国运行,很快扩展到欧洲大陆。19世纪初机器制造业的出现,使英国在19世纪三四十年代的主要市场部门都采用了机器,并成为世界各国机器的供应者,被称为"世界工厂"。英国的工业革命

思想巨人马克思

英国工业革命

开创了一个新的时代，有力地推动了资本主义的大发展。

继英国之后，法国也于19世纪初开始了工业革命，工业生产中机器的使用迅速增加，1830年有蒸汽机625台，到1847年猛增到4853台，其中增加最快的是纺织部门。此外，欧洲其他国家如比利时、瑞士、西班牙等国，资本主义大工业也都有了显著的发展，到19世纪上半期，也都先后进入了工业革命时期。

工业革命带来了社会生产力的巨大发展。工场手工业时代相对迟缓的进程变成了生产中的真正狂飙时期。在英国，1764年棉花输入约为380万磅，到1780年增至3200多万磅；1700年煤的产量为260万吨，1790年增至760万吨，1795年又增至1000万吨；1740年生铁产量仅为1.77万吨，1788年增至6.8万吨，到1796年增至12.5万吨以上；1836年铁路总长为251公里，1848年猛增至8203公里。在法国，1831年棉花消耗量为2800万公斤，到1845年增加到6400万公斤；1830年煤的消耗量不过250万吨，到1847年提高到760万吨；1832年钢铁的产量为14.8万吨，到1847年增至37.3万吨；1831年铁路线长仅为38公里，到1847年达到1500公里。

资本主义生产力的大发展，使社会财富巨大涌现。正如《共产党宣言》所描述的："资产阶级在它的不到一百年的阶级统治中所创造的生产力,比过去一切世代创造的全部生产力还要多,还要大。自然力的征服,机器的采用,化学在工业和农业中的应用,轮船的行驶,铁路的通行,电报的使用,整个大陆的开垦,河川的通航,仿佛用法术从地下呼唤出来的大量人口——过去哪一个世纪料想到在社会劳动里蕴藏有这样的生产力呢?"①

资本主义的生产方式和社会关系是在封建社会内部孕育和发展起来的,当这种新的生产力发展到一定高度,旧的封建的社会关系便不能容纳它发展,于是剧烈的社会变革便到来了。16世纪七八十年代发生尼德兰资产阶级革命,17世纪40年代英国资产阶级革命,18世纪末叶的法国资产阶级革命,最终推翻了封建制度的统治,建立了资产阶级政权。19世纪30年代初是一个分水岭,许多欧洲国家的资产阶级都取得政治统治,历史翻开了新的一页。

但是,事物总是一分为二的。工业革命的实现,不仅推动了资本主义经济的迅速发展,而且导致了资本主义的基本矛盾,即生产的社会性和占有的私人性的矛盾趋于激化。1825年7月英国爆发的第一次资本主义经济危机,1836年和1847年又先后爆发的波及欧洲各国的经济危机,就是资本主义基本矛盾激化的突出表现。这种基本矛盾在社会关系上又集中表现为资产阶级和无产阶级之间的阶级矛盾。随着资本主义的发展和资产阶级取得政治统治,必然导致工人运动的高涨,资产阶级与无产阶级的矛盾成为贯穿于整个资本主义社会的主要矛盾。

二 德意志国家及资本主义的发展

德国在欧洲历史发展中,占据十分重要的地位,但也具有特殊性。地处欧洲中部的古老的德意志国家,是日耳曼人在长达数个世纪的大迁徙的过程中逐渐形成起来的。

异常庞大的日耳曼部族,也称条顿部族,包括哥特人、汪达尔

---

① 《马克思恩格斯文集》第2卷,第36页。

人、法兰克人、盎格鲁－撒克逊人等20多个分支。从公元前数个世纪就开始了民族大迁移，这不仅有日耳曼人，还有后来的东方部族，如匈奴人和阿兰人，实际上是"蛮族"大迁移，因为那时还没有形成现代意义的民族。在很长的时间里，他们受着强大的西罗马帝国的奴役和压迫，甚至受着"罗马化"的威胁。经过长期的迁移和融合，特别是不断的战争和征讨，到公元前后，日耳曼人最终定居在东起维斯杜拉河，西迄莱茵河，南达多瑙河，北至波罗的海的广袤的土地上，在这里生息繁衍，过着古老的原始社会的生活。在民族迁移中，日耳曼人不断与庞大强盛的罗马帝国发生矛盾和冲突，激烈的战争不断发生，但往往以失败告终。在公元一世纪初，日耳曼人在他们的"解放者"史诗般的英雄阿尔米纽斯的领导下，打败了罗马的主力部队，把罗马人赶出莱茵河以东的地区，为日耳曼进一步发展奠定了基础。这期间，形成了许多日耳曼王国，他们不仅与罗马帝国作战，而且彼此之间也发生争斗。经过长期的征讨，到公元六世纪前后，趋于衰落的西罗马帝国，终于为还处于原始社会末期的实行原始军事共产主义的日耳曼人所征服，在罗马帝国的废墟上建立了德意志封建国家。它既汲取了罗马帝国时期所创造的生产力、文化和制度因素，又保留了日耳曼人原始公社时期的诸如公社民主、勇武、服从、忍让的品格，形成了独特的德意志封建国家和日耳曼精神。日耳曼人越过整整一个历史时代跨入了一个新的发展阶段。马克思、恩格斯在《德意志意识形态》中谈到德意志封建国家形成时说："封建制度决不是现成地从德国搬去的。它起源于征服者在进行征服时军队的战时组织，而且这种组织只是在征服之后，由于在被征服国家内遇到的生产力的影响才发展为真正的封建制度的。"[1] 这时，不仅在生产工具、生产方式和社会管理上发生了巨大变化，而且人们的生活、衣着等方面也发生了很大变化，社会进入一个新的历史阶段。

"德意志"是在日耳曼部族发展基础上逐渐形成起来的。"德意志"

---

[1]《马克思恩格斯文集》第1卷，第578页。

第一章　马克思生活的时代和思想形成的条件

最初只是语言的称谓,到逐渐应用于使用德意志语言的人,被称为"德意志人"。以后才具有了更为确定的含义。公元920年,国王亨利一世将东法兰克王国改名为"德意志王国",德意志的历史也从此发端。

但以后在很长的历史时期里,德意志国家都处于内乱与纷争之中。表面上维持着一个统一的大国,实际上分裂为许多独立的小国。从1618—1648年发生的反映德意志新教诸侯同皇帝和德意志天主教诸侯矛盾的30年战争,大大削弱了德国的经济发展,更加深了德国内部的政治分裂。这时德国版图上出现了大大小小300多个独立邦国,以及1475个骑士庄园领地,总共有1789个相对独立的政权。封建的、宗教神学的统治和国家的分裂,极大地影响了德国社会、经济的发展。直到普鲁士的崛起和18世纪弗里德里希·威廉几代王朝的统治,德国社会经济、政治、文化才有了明显的进步。

当欧洲一些主要资本主义国家已完成了反对封建主义的革命,资产阶级已经取得政治统治,而德国还处于资产阶级革命的前夜。在19世纪上半叶,德国在外部受着拿破仑·波拿巴的统治和压迫,直到1812年9月拿破仑在进攻俄罗斯战争失败后,德国才从拿破仑的统治下解放出来。在内部受着普鲁士封建制度的严酷统治,而德意志还继续处于四分五裂状态,仍然被分为35个各自为政的小德意志国家。这种状况依然严重地束缚了德国资本主义的发展。当时德国进步人士和德国资产阶级面临的任务就是消灭封建制度和宗教特权,建立统一的德意志国家。德国著名诗人约翰·冯·歌德这样描写当时的情景:"谢天谢地,我们真幸运,暴君被送到海伦娜!可是一个暴君被赶走,一百个暴君来称霸。"① 在英、法资本主义发展的影响下,德国社会经济还是逐渐地发展起来。特别是1834年关税同盟的建立,促进了资本主义的高涨,机械化生产有了较快发展。1826年全普鲁士仅拥有蒸汽机58台,1837年增加到328台,到1848年又增至

---

① 《十一年历史教科书,1789—1918》,柏林国营人民与知识出版社1954年版,第96页。

1138台。1820年工厂生产产值为8500万英镑，1840年为15000万英镑；棉纺织品和生铁产量从1836年到1844年增约50%；仅在普鲁士邦，采煤量就由1831年的700多万吨增至1842年的1490万吨；1835年始建铁路，1840年总长为469公里，到1850年达到5856公里。到19世纪40年代末，除莱茵－威斯特伐利亚已成为重工业区外，萨克森、西里西亚和柏林等地区的工业生产也有了飞速的发展。

在英法等国资本主义发展的推动下，德国社会经济有了较快的发展，同时要求统一和自由的呼声也日益高涨。1817年10月，12个德国大学的500多名大学生协会会员，为纪念马丁·路德宗教改革300周年和击败拿破仑的莱比锡战役4周年，在瓦特堡召开大会，鲜明地提出德国统一，争取自由权利。这是在拿破仑战争之后，在德国封建主义严酷统治下，德国发生的一次有重大影响的社会运动。

1830年在法国、比利时和波兰相继发生的革命事件，推动了1832年5月德国的汉巴赫大会和1833年的法兰克福起义。汉巴赫大会是反对暴力镇压，要求德意志统一的一次强大的示威，参加这次示威的有来自德意志所有地区和几乎来自一切居民阶层的25000多人。在法兰克福起义中，一批激进的民主主义者和大学生提出反对"德意志同盟"，建立民主共和国的要求，并冲击法兰克福的警备队和政府军。在这次运动中，由诗人乔治·毕希纳领导的秘密组织"人权社"起了十分积极的作用。这个团体还特别号召农民在"对茅屋和平，对宫廷战争"的口号下，进行反对社会不平等的斗争。这次运动被称为"早期德意志自由主义的巅峰"。可是反动当局以残忍的手段再度镇压了这次自由运动，几百进步人士遭到逮捕，29人最初被判处死刑，后改为无期徒刑或30年监禁。其中包括马克思和恩格斯后来的朋友威廉·沃尔夫，马克思写《资本论》就是献给他的。这次镇压迫使一些民主主义者离开德国流亡到欧洲其他国家。

以后发生的青年德意志和青年黑格尔派运动，都是以不同形式反映了当时德国资产阶级的政治诉求，为1848—1849年德国资产阶级革命做了必要的准备。

第一章 马克思生活的时代和思想形成的条件

三 无产阶级登上世界历史舞台

资产阶级与无产阶级是一对孪生子。作为一个矛盾的两个方面，有资本的存在，必然伴生雇佣劳动的存在，同时，随着资产阶级取得政治统治，也使资本主义社会固有矛盾即资本和雇佣劳动的矛盾日益激化。正如恩格斯所说，"资产阶级从它产生的时候起就背负着自己的对立物：资本家没有雇佣工人就不能存在"①。马克思也曾指出："资本家和雇佣工人之间的斗争是同资本关系本身一起开始的。在整个工场手工业时期，这场斗争一直如火如荼地进行着。"② 就连一位英国牧师也看到这个现象，他在1767年出版的著作中这样写道："不幸的是，业主和工人彼此总是处于战争状态。业主的一贯目的是尽可能廉价地取得工人完成的劳动，他们不惜使用各种诡计来达到这一目的；而工人同样也总想利用一切机会强迫业主满足他们的更高要求。"③ 只要资本主义存在，这种矛盾就不可能消失。

无产阶级在参加资产阶级反封建的革命过程中，也曾发动过本阶级的独立运动，如英国大革命时期杰拉德·温斯坦莱领导的"掘地派"运动，法国大革命时期格拉古·巴贝夫组织的"平等派"运动。但在资本主义早期，雇佣工人反对资本家的斗争，还不是严格意义上的一个阶级反对另一个阶级的斗争。它还不具有直接的政治目的，工人们也还没有认识到生产资料私有制是根本问题，斗争目的主要是为了提高工资，改善劳动条件等经济要求。这种斗争是自发地、分散地进行的，斗争锋芒没有对着整个资产阶级。

雇佣工人反对资本家的斗争的特点，是由资本主义经济发展状况和无产阶级本身成熟程度所决定的。首先，由于资本主义生产方式还建立在以手工业占统治地位的基础上，还不存在资本和生产高度集中

---

① 《马克思恩格斯文集》第3卷，第525页。
② 《马克思恩格斯文集》第5卷，第492页。
③ 同上书，第492页注193。

的条件，因而也不存在大量工人集中的可能性；同时，资本主义企业的规模比较狭小，在相当程度上还是彼此孤立和互不依赖的，因而也没有可能使全国无产者联合起来，组织和形成一个独立的和自身团结的阶级。其次，在那时新兴资产阶级既是新生产力的承担者，也是一般历史和社会进步的代表者。因此，它在为实现自己阶级利益而进行的斗争中，必须能够把所有受封建主义剥削和压迫的群众联合在自己的周围，成为自己的同盟军，因而在整个社会生活中，无产阶级和资产阶级之间的矛盾，一般来说还处于次要地位。在17世纪的英国和在18世纪的法国资产阶级革命的年代，情况都是如此。

19世纪30年代，欧洲资本主义国家的历史发生了重大变化。在1830年法国的7月革命和1832年的英国议会改革中，资产阶级同封建势力的斗争取得了决定性胜利。使资产阶级的政治、经济统治进一步确立和加强，也使无产阶级同资产阶级的矛盾上升到了主要地位。与此同时，无产阶级通过斗争实践的锻炼，在觉悟水平和组织程度上都不断得到提高，日益发展成为独立的、自身团结的阶级。特别是1825年以来的周期性经济危机，不仅给无产阶级造成深重的灾难，而且使资本主义的矛盾得到更充分的暴露。19世纪三四十年代，欧洲一些国家无产阶级同资产阶级矛盾进一步激化，在法国、英国和德国相继发生的三次大的工人运动，标志着无产阶级反对资产阶级的统治的历史新纪元开始了。

第一次工人运动是1831年到1834年的法国里昂纺织工人先后两次爆发的武装起义。1830年7月，法国第二次资产阶级革命的胜利，推翻了波旁王朝的统治，政权转移到大资产阶级手中，农民阶级和其他小资产阶级都被排除在政权之外，在革命中流血牺牲的无产阶级，不仅没有得到什么利益，而且阶级状况比过去更加恶化，这就引起群众的普遍不满。

1831年11月21日，里昂纺织工人和其他手工业者为抗议厂商破坏订货合同、拒绝增加工人工资而宣布罢工。当工人队伍走向市区时，遭到政府军的突然袭击，于是工人被迫举行武装起义。起义工人

第一章　马克思生活的时代和思想形成的条件

工人运动的历史画面

高呼"做工不能生活,不如战斗而死"的口号,经过三天的激战,驱逐了政府军,占领当时法国这个最大的工业城市达十天之久,但最终起义还是失败了。1834年4月9日,里昂工人为了抗议政府逮捕工人互助会的领袖和颁布禁止工人集会结社的法令,又举行了第二次武装起义。起义工人明确提出"建立民主共和国"的口号,使这次起义具有鲜明的政治色彩。这次起义得到巴黎和马赛等城市工人的积极响应和整个欧洲工人的热烈同情。起义工人同政府军警进行了6天英勇战斗,最后由于寡不敌众而被镇压下去。恩格斯评价这次起义时说,这表明无产阶级已经不再为反对自己敌人的敌人而战斗,而是作为"社会主义的战士"大踏步地登上历史舞台。

第二次工人运动是从1836年开始的持续12年的英国宪章运动。1832年英国议会实行选举制度改革,满足了工业资产阶级的要求,而在争取选举制度改革运动中起主导作用的工人,却被剥夺了选举权,这就迫使工人用自己的独立行动来争取政治权利。

1836年6月,"伦敦工人协会"成立。次年,协会起草了一份致国会的请愿书,提出了争取普选权的六项要求。1838年5月8日,公布了这个请愿书,并命名为"人民宪章"。到1839年,在这个请愿书上签名的就有125万多人。但在同年7月，请愿书遭到国会否决，宪章运动被镇压下去。1840年发生的经济危机，造成大批工人失业，农业歉收又导致全国性饥荒，并由此引发了全国第二次宪章运动的高潮。1840年7月，在统一全国宪章团体的基础上成立了宪章协会，也称"宪章派"，"这是近代第一个工人政党"[①]。该请愿书除坚持争取普选权外，还提出了废除贫民法、限制工作日、实行政教分离等要求，在请愿书上签名的有300多万人。1842年5月，请愿书再次遭到议会否决，工人的抗议活动再次被镇压下去。

在1847年的经济危机和1848年欧洲革命的影响下，宪章运动掀起第三次高潮。这次请愿书宣布：劳动是财富的唯一来源，劳动者对自己的劳动成果应享有优先权，人民则是权利的唯一来源。在请愿书上签名的人数增加到500多万。但是，随着法国工人6月起义的失败，欧洲反动势力的得势，宪章运动也终告失败。历时12年的宪章运动虽然失败了，但它在工人运动史上写下了重重的一笔，标志着无产阶级为自己政治权利而进行了广泛的、群众性的斗争。

第三次工人运动是1844年6月爆发的德国西里西亚织工起义。在当时的德国，资本主义还没有完全占统治地位，工人阶级受到工厂主、包卖商和封建主的重重剥削和压迫。19世纪40年代初，工厂商为了英国商品竞争，大幅度地降低工人工资，以减少生产成本，致使大量工人的生活处于极端困苦的境地。当时工人中流行着一首《血腥的屠杀》的歌曲，愤怒地控诉工厂主和包卖商的贪婪残忍的欲望和罪行，发出了反对私有制社会的呼声。1844年6月4日，忍无可忍的西里西亚织工们高唱着这首歌曲，发动了对资本家的暴力斗争。起义者们捣毁了工厂和企业主的住宅，销毁了账簿和财产契据，并同前来镇压起义的军队展开了英勇的搏斗。经过两天的浴血奋战，起义被镇压下去。

西里西亚织工起义，是一次直接反对资本家残酷剥削的斗争，并明确把斗争矛头指向私有制，斗争的组织性和纪律性也有了进一步地

[①] 《马克思恩格斯文集》第3卷，第549页。

第一章 马克思生活的时代和思想形成的条件

加强。马克思曾对这次起义作了高度的评价:"法国和英国的工人起义**没有一次**像西里西亚织工起义那样具有如此的**理论性和自觉性**。"①

英、法、德三国阶级斗争的历史进程表明,当资产阶级同封建地主争夺政权的斗争还没有结束的时候,无产阶级已经作为独立的政治力量登上历史舞台,成为"为争夺统治而斗争的第三个战士"②。刚刚兴起的无产阶级运动向何处去? 用什么样的理论和策略武装无产阶级战士,使无产阶级的解放事业能够沿着正确的轨道前进? 这是时代提出的严峻的历史课题。关心早期无产阶级命运的已有理论、特别是空想社会主义学说,已无法回答这个历史课题。时代和社会实践呼唤革命理论,呼唤时代巨人的产生,于是马克思、恩格斯的思想学说便应运而生了。这是马克思主义产生的最深刻的时代背景,从而也决定了马克思主义的鲜明的阶级性。

四 欧洲的文艺复兴和主要社会思潮

从 14 世纪开始,资本主义生产力在封建社会内孕育并迅速地发展起来,美洲的发现,新航路的开辟,使航海业和殖民贸易空前高涨。在生产力发展的基础上,生产关系也开始发生变化,封建的生产关系趋于解体,资本主义新的生产关系逐渐形成。经济基础的变化,势必要求突破封建统治者和教会思想的禁锢,引发一场思想文化的变革,于是在欧洲历史上便出现了一场声势浩大的文艺复兴和思想启蒙运动。

文艺复兴是指对希腊、罗马古典文化的复兴,其实质是新兴的资产阶级在封建主义文化占统治地位的情势下,通过复兴希腊、罗马古典文化的进步因素,在意识形态领域内发动一场波澜壮阔的反对封建主义和宗教神学的运动。其核心是用人性反对神性,用人权反对神权和封建特权。

---

① 《马克思恩格斯全集》第 1 卷,第 483 页。
② 《马克思恩格斯文集》第 4 卷,第 328 页。

思想巨人马克思

　　文艺复兴运动酝酿于 14 世纪，15—16 世纪达到高潮，对 17—18 世纪的资产阶级启蒙运动发生了积极的影响。文艺复兴发轫于意大利，从被恩格斯誉为新时代第一诗人的阿·但丁开始，接着波及法国、英国、德国、荷兰和西班牙等诸多欧洲国家。文艺复兴这一概念，在 16 世纪就已被意大利人文主义学者提出并使用了，最早使用这个术语的是 16 世纪中叶意大利画家、艺术史家乔治·瓦萨里。到 19 世纪，雅各布·布尔克哈特的名著《意大利文艺复兴时期的文化》发表，产生了更为广泛的影响。文艺复兴被视为对西方文明有重要贡献的一个特定时代的思想发展起来。1855 年，儒勒·米什莱出版了以《文艺复兴》为标题的《法国史》（第 7 卷），认为该时代是中世纪的对立物，体现了一种新的无所不包的近代精神。文艺复兴以自己特有的形式，为资本主义生产方式的发展起了鸣锣开道的作用。

　　文艺复兴对各个学术领域都产生了巨大影响，在哲学、伦理学、文学、美学、艺术、音乐、绘画、自然科学、甚至建筑学等方面都发生了积极的变化，出现了一批具有代表性的杰出人物，以及反映其思想的作品。[①] 他们以古希腊人所培育的自由意识为榜样，将其用于自己所感兴趣的研究领域，并从古典文化中汲取与他们相通的思想观念，高扬人文精神和自然科学，反对中世纪神学家的人生概念和对自然界的神秘理解。文艺复兴时期产生的先进的世界观，打击了中世纪封建教权主义思想体系，为科学思想进步扫清了道路。

　　文艺复兴开启的启蒙运动，使长期被中世纪禁锢的思想来了一次大解放，使人们呼吸到思想自由的清新空气。启蒙思想的主要代表人物，在英国有弗朗西斯·培根、托马斯·霍布斯、约翰·洛克；在开辟了"启蒙时代"的法国，有伏尔泰、查理·路易·孟德斯鸠、让-雅克·卢梭，以及"百科全书派"的哲学家等；在德国，有戈特弗里德·威廉·莱布尼茨、克里斯蒂安·沃尔夫、戈特霍尔德·埃

---

　　① 参见《简明不列颠百科全书》第 8 卷，中国大百科出版社 1986 年版，第 267—269 页；《苏联哲学百科全书》第 1 卷，上海译文出版社 1984 年版，第 20—24 页。

第一章　马克思生活的时代和思想形成的条件

列奥纳多·迪·皮耶罗·达·芬奇

米开朗基罗·博那罗蒂

拉斐尔·桑西

文艺复兴代表人物

尔莱姆·莱辛等。他们以其丰硕的成果和卓越的见识推动着文艺复兴和思想启蒙。启蒙运动的作用，首先是旗帜鲜明地反对宗教蒙昧主义，宣扬理性和科学。启蒙思想家们认为，社会之所以停滞不前，思想之所以愚昧落后，主要原因在于宗教神学的枷锁对人们精神的束缚，要扫除这种障碍，使人们思想得到解放，就必须树立起理性和科学的权威。人的理性是衡量一切、判断一切的尺度，不合乎人的理性的东西就没有存在的权利。宗教、基督教道德，都应当从社会生活和人们精神领域退出去。其次是尖锐地批判封建专制制度，主张民主与法制。启蒙思想家认为，以宗教神学为精神支柱的封建专制制度扼杀思想自由，从政治上维护宗教权威，造成社会上的不平等、经济的停滞和文化的落后。所以他们积极主张变革封建专制制度，宣扬"天赋人权"，以新的民主的符合人的理性的制度取而代之。

欧洲的启蒙思想，特别是18世纪达到高峰的以自由、民主、平等、人权为主要内容的人道主义和法制思想，对1785年的北美的独立战争、1789年法国大革命，以及对19世纪上半叶欧洲各地爆发的一系列资产阶级革命，产生了直接的深远的影响。这些思想实际上是资产阶级革命的意识形态。在其赖以存在的那个时代，它起了推动历史的进步作用，具有划时代意义。但是，启蒙思想家由于他们所处的历史条件和阶级的局限，不可避免地也带有历史的、阶级的局限性，它不可能超越出资产阶级的利益范围，成为全人类的普世价值。

文艺复兴时期思想十分活跃，各种学术观点纷乱杂陈，涌现出各种不同的社会思潮，但起主导作用的思潮有两种：人文主义与自然主义。这两种社会思潮，不仅在当时起了很大作用，而且对以后思想文化的发展也产生着影响。

自然主义 在文艺复兴时期，自然主义作为反对一种超自然的力量，即神的权威和君权神授的思想而崭露头角。它把自然性、自然法则作为最高命题，以自然状态、自然权利、自然法、甚至自然神等观念，去反对宗教神学和封建专制主义。它批判中世纪经院哲学的神学独断论，主张面向自然、解释自然，重新认识人的世界和人自身。断言宇宙间的一切存在和活动都是自然的、可知的，因而宇宙的一切知识都应归于经验科学的研究范围。这种自然主义观点对自然科学的发展是有益的，并与唯物主义也是相通的。

自然状态说是17—18世纪流行于欧洲的一种历史观。这种观点主观地设想原始人类的生活图景，原始社会的"自然秩序"，脱离一定的历史条件和阶级关系来谈"自然权利"，追求一种"合乎自然"的理想社会的原则。早在17世纪自然法学派的代表人物胡果·格劳秀斯和塞缪尔·普芬道夫就已经阐述了人的"自然权利"，提出要用社会契约说来说明国家起源的问题。后来，英国的T.霍布斯进一步阐明了人的自然状态思想，认为自然状态下的人是自私自利、相互仇视的，为了私利而争斗不息，总处于"一切人反对一切人的战争状态"。J.洛克从人的自然状态出发论证私有财产的永恒性，认为自然状态下的人，都有权保存和支配属于自己的东西，私有财产从来都是永恒的自然法则。从这里可以看出，他们坚决否定封建主义制度，同时又毫不掩饰地表露了他们对新生资产阶级的心声。

自然神论实际是一种不彻底的反神学的宗教哲学思潮，它反对至高无上的神对自然界和社会生活的干预，认为神仅仅是宇宙的始因，是宇宙的创造者，即一个赋予宇宙以规律的非人格的本原。这些

第一章　马克思生活的时代和思想形成的条件

规律一经创造，便独立地起作用，再用不着它之外的神的干预。马克思后来指出，在早期的资产阶级思想家那里，自然神论是同封建主义的官方宗教思想斗争的妥协形式，是基督教的"资产阶级发展阶段"①。用格·普列汉诺夫的话来说，是当时的资产阶级想要"限制国王的权力"。

在19世纪末和20世纪，随着自然科学的发展，在欧美国家形成一种主张用自然原因和自然原理来解释一切现象的哲学思潮，即自然主义或新自然主义思潮。由于哲学观点的差异，因而自然主义思想倾向也呈现复杂纷纭的现象。在西方学术界出现的与人本主义相对的科学主义，同这种自然主义哲学思潮也不无关系。它们在科学技术的发展与人的地位和权利的维护的关系上，各持一端，争论不休。这从哲学视角反映出当今社会发展的一个全球性问题。

与自然主义思潮相对应的是人道主义思潮。人文主义、人道主义、人本主义，是同等意义的概念，研究的对象是相同的，只是在不同历史时期关注的角度和研究的深度不同而已。下面简要阐述人道主义演化的思想脉络。

文艺复兴时期的人文主义。如前所说，人类社会进入14世纪，欧洲一些国家经过中世纪的漫漫长夜，先后出现了资本主义的萌芽。新的社会实践呼唤新的理论，人文主义作为人道主义的初始形态，正是伴随资本主义生产方式的出现，适应反对封建桎梏，进行思想启蒙的历史要求而出现于世的。它是正在兴起的市民阶级改造现实世界的思想观念和意识形态。这个时期，处于形成中的人道主义有如下一些鲜明特征：第一，批判中世纪基督教神学抬高神而贬低人的宗教愚昧主义观点，推崇人的经验与理性，肯定人的存在和价值，主张以人为中心的世界观取代以神为中心的世界观。高扬人的尊严，宣扬人的意志自由。这种思想集中地反映在当时文学家们的作品中。比如，新时代的伟大诗人但丁说："人的高贵，就其许许多多的成果而言，超过

---

① 《资本论》第1卷，人民出版社2004年版，第115页。

了天使的高贵。"① 威廉·莎士比亚的名言则是：人是"宇宙的精华，万物的灵长"。这无疑是对人和人的作用的高扬，对宗教神学的严重挑战。

第二，反对中世纪神学的禁欲主义和来世观念，提倡注重现实生活，追求享受人世快乐。法国著名文学家弗朗索瓦·拉伯雷大声疾呼，要服从您的意欲行事。意大利人文主义的先驱弗兰齐斯科·彼特拉克明白地说："我不想变成上帝，或者居住在永恒中，或者把天地抱在怀抱里。属于人的那种光荣对我就够了。这是我所祈求的一切，我自己是凡人，我只要求凡人的幸福。"② 他们认为，我不是神，我是凡人，凡是凡人享有的幸福，我都应该享有。主张把人们对天国的向往，回归到对尘世生活的追求。这时的人文主义者倡导一种享乐主义的人生观。

第三，反对封建等级制度，要求自由和平等，提倡个性解放。他们认为，人不仅天生就有意志自由，而且是天然平等的。意大利人文主义先驱乔万尼·薄伽丘认为，人的贵贱不取决于等级，而取决于人的品德高低，他说"我们人类是天生一律平等的，只有品德才是区分人的标准，那发挥大才大德的才当得起一个'贵'；否则就只能算是'贱'"③。尽管这时的人文主义者有很大的历史局限性，缺乏正确的理论依据，还是以复兴古希腊、罗马文化中进步的东西为自己的思想武器，但是其矛头所向是十分清楚的，即指向封建等级制度及其精神支柱宗教神学。它用人道反对神道，用人权反对特权，废除封建等级，主张个性解放，充当了资本主义产生时期市民阶级的意识形态。**人文主义在当时是投向封建主义的一把犀利匕首。**

可见，人道主义是一种从欧洲文艺复兴时期开始出现的一种社会思潮，但是人道主义概念却产生于19世纪初，1808年德国教育学家

---

① 《从文艺复兴到十九世纪资产阶级文学家艺术家有关人道主义人性论言论选辑》，商务印书馆1971年版，第3页。
② 同上书，第11页。
③ 薄伽丘：《十日谈》，上海译文出版社1980年版，第357页。

弗里德里希·伊漫奴尔·尼特哈默尔在《当代教育课程中的博爱主义和人道主义之争》的论文中，首次使用了"**人道主义**"（humanismus）一词，来表示一种以文艺复兴时期的人文主义为典范，继德国古典哲学和文学的人道主义代表人物之后，以研究古典的语言、文学和知识领域为目的的教育理论。以后黑格尔才赋予其以更为广泛的意义，理解为肯定人的尊严和人的价值的学说。到了 19 世纪后半期，作为哲学意义上的人道主义概念在西方国家才普遍确立起来。

17、18 世纪资产阶级革命时期的人道主义。这个时期，资本主义生产方式进一步发展，资产阶级的力量也更加壮大，与此相适应，人道主义在理论上也更加完备，并且在政治上以"人权宣言"的形式予以充分的肯定，直接成为资产阶级反对封建主义的思想武器和革命的意识形态。伴随革命实践的需要，在英法等国出现了一批著名的启蒙思想家，如洛克、卢梭、伏尔泰等人。他们高举人道主义的旗帜，反对封建主义和宗教神秘主义，为资产阶级革命摇旗呐喊，为资本主义鸣锣开道。人道主义的革命作用得到了充分的表现。这时的人道主义有以下几个突出特点：

第一，以自然主义、自然法和社会契约论为理论依据，批判封建主义的君权神授论，为建立资本主义的"理想王国"提供理论论证。卢梭认为，在自然状态下人人自由平等，但随着人类各种机能的发展，出现了种种阻力，威胁人类的生存，迫使人们订立社会契约，建立国家，以维护每个人的自然权利。然而，随着社会的发展导致贫富差别和强弱对抗，乃至出现暴君专制，人民又不得不起来革命，推翻暴君统治，重订社会契约，建立自由、平等的新社会。社会契约论就成为资产阶级启蒙思想家最初的政治理念。

第二，以"天赋人权"对抗封建特权，形成了以自由、平等、博爱和人权为基本内容的人道主义的完备的理论形态。洛克、卢梭等启蒙思想家都主张人生而自由、平等，每个人按其本性就应该拥有各种"自然权利"。这种权利在政治、法律上就表现为人权和公民权。法国 1879 年革命后颁布的《人和公民的权利宣言》，标志着以"天赋人权"为中心内容的人道主义,已经在政治上取得了完全的胜利。

第三,坚决反对宗教神学,宣扬无神论思想。18世纪法国唯物主义哲学家从唯物主义自然观和认识论出发,摧毁了上帝存在论和灵魂不死的理论基础,认识到宗教起源于无知、愚昧和恐惧,达到了战斗无神论的高度。

第四,宣扬个人主义和利己主义,为资本主义制度和生活方式辩护。这时的人道主义者大多从人的本性出发,证明满足人的欲望、自我保存、规避不幸是合乎人的本性的。霍布斯认为,人的本性就是保全自己,具有争执、侵略的本能,因而,人对人像狼一样,都要不择手段地追求个人的权利和幸福。克洛德·阿德里安·爱尔维修也认为,人的本性就是寻求肉体的快乐,逃避肉体的痛苦,并视其为人们思想、感情和活动的动力。这里清楚地折射出资本主义制度的基本价值观。

虽然资产阶级革命时期的人道主义理论基础是自然主义和抽象人性论,并最终陷入历史唯心主义的泥潭,但是这并未妨碍资产阶级以之为武器去号召社会各阶层群众,推翻封建专制制度,完成反对封建主义的民主革命任务。这种人道主义不仅是资产阶级理想的意识形态,而且对以后各种人道主义流派产生了广泛而深远的影响。

19世纪德国的哲学人本主义。费尔巴哈的人本主义是人道主义的一种特殊形态。资产阶级人道主义所以能够在德国古典哲学,尤其是在费尔巴哈哲学中得到进一步发展,是同德国的具体历史条件分不开的。40年代初,德国正处于资产阶级革命的前夜,反对封建专制制度和宗教神学的斗争,使德国资产阶级只能继承18世纪的人道主义作为自己的战斗武器。但是,新的历史条件、特别是这时无产阶级作为独立的政治力量已经登上世界历史舞台,当先天不够强大的德国资产阶级开始反对封建主义的时候,它发现自己身边已经站着另一个敌人,这就决定了德国资产阶级政治上的软弱性。这种先天的软弱性也在德国思想领域得到明显的表现。同时,德国又是一个哲学的民族,得天独厚的哲学环境,又赋予德国人道主义理论以新的特点。这些特点是:

第一章　马克思生活的时代和思想形成的条件

第一，使人道主义更具有哲学的抽象性和思辨性。法国资产阶级的现实的政治和经济要求，在德国资产阶级那里变成了抽象的哲学要求；现实人的利益，变成了抽象的人和人的本质的利益。由费尔巴哈人本主义哲学体现的这种人道主义，特别突出人、人性，高扬人的意义，但又把"人"限于哲学思辨的范围。法国资产阶级有物质动机的意志变成了"人是目的""意志自律"等纯粹思想上的概念规定和道德假设。法国革命的人道主义，在德国带有浓厚的哲学色彩，变成了哲学人道主义，就像现实的共产主义在德国变成了"哲学共产主义"一样。

第二，使人道主义变成一种博爱主义。在这里博爱上升为人道和人性的根本内容，无博爱便无平等、自由可言。因此，人性主要体现为博爱，以博爱为中心的费尔巴哈人本主义，实际上是德国资产阶级特性及当时复杂的社会矛盾在哲学上折光的反映，希望用关于"爱"的呓语化解现实生活中的矛盾。这里，最充分地暴露了德国哲学人道主义理论的弱点。

第三，在把理性导入人道主义的同时，也把辩证法引入人道主义理论。费尔巴哈的唯物主义思想、特别是黑格尔的辩证法思想，进一步赋予人道主义以新的哲学含义。18世纪启蒙思想家洛克、卢梭等人已经开始从社会生活和历史发展来解释人性与平等原则。康德认为，人是有理性的从事理论活动和实践活动的自律而又自主的主体。黑格尔更是把理性的能动作用推向了极端。黑格尔认为，人权不是天赋的，而是历史形成的，这一观点马克思在《神圣家族》中予以很高的评价。黑格尔提出"定在中的自由"，认为自由不能脱离现存的国家制度、自由是发展的思想等，以及费尔巴哈关于人与自然统一的观点，无疑都丰富了人道主义的理论内容，并且直接成为马克思主义人学思想重要理论来源。

第四，德国的人本主义突出了人道主义历史观的方面，用"人"和"人性"的异化去说明社会的矛盾和历史的演进。德国狂飙运动的先驱约翰·戈特弗里德·冯·赫尔德认为"人道是人类天性的目的"，"各个民族的全部历史，便像是一个竞赛学校，教人去夺取人道和人类尊严的最美丽的花冠"①。费尔巴哈在《未来哲学原理》等著作中，把人的"理性""爱""意志力"这些"绝对本质"归结为人的自然性，把宗教的本质看作是人的本质的异化，进而又把历史解释为人的异化及其扬弃的过程，而不是把人类历史理解为物质生产发展的过程。德国哲学人道主义凸显了历史上人道主义作为世界观和历史观的方面，同时又把历史过程变成思辨的产物。它一方面增强了人道主义理论的哲理性，另一方面又使人道主义更加抽象化。它对后来的人道主义的影响不可低估。

自然主义、人本主义是一个历史范畴，是在资产阶级兴起与革命中产生出来的，随着资本主义的发展，其内容和作用也在发生变化。在资产阶级革命时期，很多民众接受了人道主义观念，并参加了当时的革命运动，但资产阶级取得政治统治后就抛弃了蒙在其上的面纱，暴露出这种思想观念的虚伪本质，人道主义便也失去普世的意义。自然主义与人本主义都是以唯心史观为其思想基础的，在自然观上带有某些唯物主义色彩，但也是肤浅的、狭隘的。列宁曾经这样评价说，"无论是人本主义原理，无论是自然主义，都只是关于唯物主义的不确切的肤浅的表述"②。对这些在历史上发生过巨大影响的社会思潮，必须作历史的、辩证的分析，对其理论上的局限性要有正确的认识。

五　人文社会科学的重大成果

随着资本主义生产方式的发展，与之伴生的文艺复兴和启蒙运动，推动了人们的思想解放和摆脱中世纪封建枷锁的束缚，各种社会思潮的碰击也启迪了人们的思考。欧洲发达国家各类学校和研究机构如雨后春笋般地发展起来，人们自由地探讨各个领域的学术问题，以

---

① 《从文艺复兴到十九世纪资产阶级文学家艺术家有关人道主义人性论言论选辑》，商务印书馆1971年版，第439—444页。
② 列宁：《哲学笔记》，人民出版社1974年版，第78页。

第一章　马克思生活的时代和思想形成的条件

及社会经济、政治和思想文化问题，在文学、艺术、哲学、法学、经济学、政治学、教育学等各个学术领域，产生了一批具有划时代意义的科学成果，从但丁开始涌出现了一批诸如达·芬奇、歌德、伏尔泰、卢梭、康德、黑格尔等对人类精神发生了巨大影响的精英人物。这个时期，世界人文社会科学发展到前所未有的高度，其中主要有：资产阶级古典经济学和德国古典哲学，英、法空想社会主义学说和复辟时代法国历史学家的历史理论等。尽管这些学说不可避免地带有历史的阶级的局限性，但是它们在不同程度上反映了18世纪下半叶和19世纪初的社会经济、政治、思想矛盾和自然科学的新成果，提出了许多合理的新思想，对以后世界思想文化的发展产生了深远的影响。

人类精神的发展对马克思的人格和思想的形成发生了深刻的影响，为马克思主义的产生提供了丰富的思想材料。人类在历史上创造的一切有价值的思想成果，是马克思主义能够产生的思想渊源。列宁说："马克思的全部天才正是在于他回答了人类先进思想已经提出的种种问题。他的学说的产生正是哲学、政治经济学和社会主义极伟大的代表人物的学说的**直接继续**。"[①]

资产阶级古典政治经济学

古典经济学产生于17世纪中叶资产阶级革命时期，完成于19世纪初产业革命中的英国和法国，特别是在资本主义最发达的英国得到最大的发展。其创始人是威廉·配第（1623—1687），主要代表人物是亚当·斯密（1723—1790）和大卫·李嘉图（1772—1823）。其主要代表著作是亚当·斯密的《国民财富的性质和原因的研究》和李嘉图的《政治经济学及赋税原理》。古典经济学表达了这个时期资产阶级的要求和愿望，力图为资本主义生产方式的进一步发展扫清道路。马克思说："古典派如亚当·斯密和李嘉图，他们代表着一个还在同封建社会的残余进行斗争、力图清洗经济关系上的封建污垢、提

[①]《列宁专题文集——论马克思主义》，第66—67页。

高生产力、使工商业获得新的发展的资产阶级。"①

亚当·斯密　　　　大卫·李嘉图　　　　威廉·配第
古典经济学家

英国古典政治经济学的主要理论成就是：第一，它"研究了资产阶级生产关系的内部联系"②，力图探讨资本主义经济的运行规律。古典经济学家竭力反对封建贵族的特权和封建行会的各种垄断，提出"自由放任"的口号，宣扬经济自由主义，认为经济生活是受永恒的"自然规律"支配的，国家干预只会破坏经济的自然运行。用亚当·斯密的形象说法，就是有一只"看不见的手"对经济生活起指导作用，不需要国家用"有形的手"去调节经济的运行。他们关于"自由放任"和"自然规律"的说法，实际上承认了经济生活中存在一种客观的运行法则，这对推进人们去正确认识社会历史是有积极意义的。当然，这并不意味着古典经济学家已经发现了社会历史规律，恰恰相反，他们把资本主义经济运行规律视为社会发展的一般规律，从而论证资本主义社会是永恒的。不仅如此，他们在研究问题时，也不是从资本主义生产方式的内在矛盾出发，而是从"人的本性"出发的。例如，亚当·斯密就把自然规律的基础归结为利己主义，认为无论是商品交换，还是分工、货币等经济现象，都是个人的利己主义活

---

① 《马克思恩格斯文集》第 1 卷，第 615 页。
② 《马克思恩格斯全集》第 23 卷，第 98 页注（32）。

第一章　马克思生活的时代和思想形成的条件

动的结果。

第二，古典经济学家在理论上的主要贡献，是奠定了劳动价值论的基础，并在地租、利润、利息等特殊形式上开始考察剩余价值。劳动价值论不仅具有经济学意义，而且也包含有哲学意义，是以经济学形式对劳动作为主体的创造力的肯定。配第是最先提出劳动创造价值的经济学家。他接受了霍布斯于1651年在《利维坦》一书中提出的"劳动是财富的源泉"的观点，进一步认识到劳动创造财富也要受到自然条件的限制。他说："土地是财富之母，而劳动则为财富之父和能动要素。"① 并通过对生产和交换的考察，得出了商品价值（他称之为"自然价格"）是由生产商品时所消耗的劳动量决定的结论。配第只是劳动价值论的初步探索者，劳动价值论的真正奠基人是亚当·斯密。他在《国民财富的性质和原因的研究》中，明确地提出："劳动是衡量一切商品交换价值的真实尺度。"但是，他又提出一个矛盾的说法，即价值是由工资、利润和地租三种收入构成的。李嘉图批评了亚当·斯密的错误说法，进一步阐明了商品价值是由生产商品所消耗的必要劳动决定的正确观点，并把这一规定作为资产阶级制度内在联系的基础，据此，对资本主义经济运行中的一系列现象作了比较深入的分析。毫无疑问，这些重要思想直接影响了马克思对资本主义经济问题的研究。

第三，探讨了对于揭示社会发展规律有重大意义的劳动、分工等重要经济范畴。劳动似乎是一个人人皆知的简单概念，但是在经济学上对劳动做出科学概括，把握劳动一般概念，却经历了一个相当长的认识过程。古典经济学家在研究这一范畴中做出了重要贡献。在此之前，货币主义者把财富看成是完全客观的东西，看成是存在于货币中的物。重工主义者、重商主义者和重农主义者的认识进了一大步，他们把财富的源泉从对象本身转移到主体活动，即工业劳动、商业劳动和农业劳动，而重农学派更进一步把劳动的一定形式即农业活动，视

---

① 威廉·配第：《赋税献给英明人士货币略论》，商务印书馆1963年版，第71页。

为创造财富的活动,也就是看作产品的一般,看作劳动的一般成果了。不过,这种认识还是把财富的创造局限于某种生产活动。亚当·斯密的贡献就在于,他抛开了创造财富的活动的具体规定,抽象出一般的劳动:既不是工业劳动,又不是商业劳动和农业劳动,而是诸种具体劳动的一般抽象。他在《国民财富的性质和原因的研究》一书的序言中写道:"一国国民每年的劳动,本来就是供给他们每年消费的一切生活必需品和便利品的源泉。"这里的劳动指的是一般劳动,它是一切财富的源泉。当然,这种认识的形成也不是偶然发生的,它只有在资本主义生产充分发展的条件下才有可能产生,是他们所处时代的历史关系的产物。

古典经济学家们对工场手工业时期的分工和当时的社会分工,都进行了有价值的探讨。亚当·斯密所处的时代,资本主义生产的主导形式是工场手工业,而工场手工业的基本特点之一,就是它内部存在诸多分工。因此,为了论证资本主义生产的优越性,他特别注重分工的作用,并由此开始论述自己的经济理论。他的《国民财富的性质和原因的研究》中,开宗明义的第一句话就是,劳动生产力的提高是分工的结果。他认为,18世纪英国工业革命所产生的高度的生产力,就是同劳动分工推动着技术改造和采用机器生产直接联系的;分工的程度同时就是劳动生产力增进程度的标志,也是社会进步的标志。

亚当·斯密还认识到,分工和交换是人们相互联系的纽带,人们在劳动中通过分工、交换便构成一定的社会关系。不仅如此,他还比较详细地考察了社会分工产生的原因,虽然有些看法是不正确的,但也具有一定的启迪作用。通过分工、交换的考察,从经济联系上去理解人们的关系,无疑是一个很有进步意义的思想。它对马克思主义创始人的影响,从其早期著作,特别是《德意志意识形态》看得十分清楚。

第四,古典经济学家对资本主义社会阶级关系作了深入的经济分析提供了有价值的思想。马克思说过:"**无论是发现现代社会中有阶级存在或发现各阶级间的斗争,都不是我的功劳。在我以前很久,资**

产阶级历史编纂学家就已经叙述过阶级斗争的历史发展,资产阶级经济学家也已经对各个阶级作过经济上的分析。"① 亚当·斯密已经根据收入形式的不同,来划分资本主义社会的三个主要阶级:地主、资本家和工人。他认为,地租、工资、利润是文明社会的三种基本收入,与此相联系而形成"以地租为生、以工资为生和以利润为生的"三大社会集团,"构成文明社会的三大主要和基本阶级"②。这表明亚当·斯密对资本主义社会的阶级结构已经有了清晰的认识。特别是他第一次把资本家作为一个独立的社会阶级提了出来。他已经认识到,资本是"对他人劳动的支配权"③,资本家就是凭借这种支配权压迫工人,以利润的形式取得工人劳动所创造的价值的一部分。他对资本主义社会存在的不同阶级之间的利害关系作了初步的分析。

基于亚当·斯密已达到的认识,李嘉图有意识地把三个阶级利益的对立作为自己研究的内容。他已经把雇佣工人看作是资本主义社会的一个特殊的阶级,并且通过分析工资和利润的对立、利润和地租的对立,揭露了资本主义社会各个阶级的经济根源。所以,马克思说,"李嘉图揭示并说明了阶级之间的经济对立——正如内在联系所表明的那样,——这样一来,在政治经济学中,历史斗争和历史发展过程的根源被抓住了,并且被揭示出来了"④。这是对英国古典政治经济学家及其理论价值的高度评价。正是这些有价值的思想奠定了马克思后来研究政治经济学的基础。

德国古典哲学

德国古典哲学产生于18世纪下半期,19世纪上半叶达到鼎盛。其著名代表人物有:伊曼纽尔·康德(1724—1804)、约翰·特利波·费希特(1762—1814)、弗里德里希·威廉·谢林(1775—1854)、乔

---

① 《马克思恩格斯文集》第10卷,第106页。
② 亚当·斯密:《国民财富的性质和原因的研究》上卷,商务印书馆1972年版,第240、60页。
③ 《马克思恩格斯全集》第46卷上,第293页。
④ 《马克思恩格斯全集》第26卷第2册,第183页。

伊曼纽尔·康德

约翰·特利波·费希特　　G.W.F.黑格尔

古典哲学家

治·威廉·弗里德里希·黑格尔（1770—1831）和路德维希·费尔巴哈（1804—1872）。如果说，英国古典经济学以其经济理论推进了人们对社会的认识，那么德国古典哲学则丰富了人类的哲学思维。如前所述，德国资本主义发展处于一个特殊的历史时期，德国资产阶级一方面受英法资产阶级革命的影响，具有反对封建主义的革命要求；但另一方面特殊的历史环境又决定它缺乏勇气和力量用革命手段去推翻封建统治，具有妥协性。作为德国资产阶级利益和愿望的理论表达，德国古典哲学也具有两面性：它的辩证法思想反映了德国资产阶级变革社会的革命要求，而其唯心主义和抽象思辨的形式又表现了德国资产阶级的软弱性和妥协性。这种矛盾情况在黑格尔哲学中表现得尤为典型。正如马克思后来说的那样，"德国只是用抽象的思维活动伴随现代各国的发展，而没有积极参加这种发展的实际斗争"①。

德国古典哲学的重要特点之一，是把思维和存在、精神和自然、主体和客体的关系问题作为最重要的哲学问题加以研究。从康德到黑格尔都是在唯心主义基础上对这个问题作了自己的回答，对这一重大问题的解决迈进了一大步。费尔巴哈在自己所处的特殊生活环境里，对此作了唯物主义的解答，尽管他是直观唯物主义者，但他对解决这个哲学的基本问题做了重大贡献。

德国古典哲学奠基人康德首先提出并探讨了这个问题，但他的观点具有二元论的特点。他承认有某种不依赖人的意识而独立的"自在之物"的存在，但又认为"自在之物"本身在原则上是无法认识的，因而陷入不可知论。从这种观点出发他建立了主观唯心主义的认识论学说。他把人的认识分为三个阶段：一是感性阶段，在这个阶段上，人借助于先天的感性直观的纯形式，即时间和空间，把由"自在之物"作用于感官而产生的感觉的混乱状态整理出秩序，使之成为时空中的现象。二是知性阶段，在这个阶段上，人使用先天的知性的纯概念或范畴，对感觉表象作进一步加工整理，使之带有条理性和规律性，形成具有普遍性和必然性的真正知识。三是理性阶段，在这个阶段上，人试图超越现象世界而去认识"自在之物"，如世界、上帝之类的东西，而这时必然陷入自相矛盾导致失败。因为，在康德看来，带普遍性、必然性的规律并非客观世界所固有的，而是人的主观意识的产物。也就是说，知性不是从自然界引出规律，而是为自然界制定规律。这就是康德所说的，人是自然界的"立法者"。显然，康德在认识论上持先验唯心主义的观点，但他强调人的主观能动性，对于反对认识论上的形而上学和机械论又有积极意义。

费希特继承了康德的主观唯心主义，批判了康德的"自在之物"。他反对康德割裂思维和存在的关系，主张思维创造存在，在唯心主义基础上建立两者的统一。费希特把"自我"作为自己哲学的出发点，

---

① 《马克思恩格斯文集》第1卷，第13页。

认为"自我"的存在是不证自明的、唯一的实在。而"非我",即周围世界的一切事物,是"自我"的产物,是"自我建立非我"。这样"自我"就成为无条件的、不受任何东西决定的绝对主体"绝对自我"。费希特把主客体之间的关系理解为由主体产生与本身相对立的客体,最后又在"绝对自我"中实现主体与客体的统一。这是典型的主观唯心主义观点。他虽然强调主体的主观能动性、强调"自我"克服"非我"的"实践活动",但这种活动也只是自我意识的活动,而不是感性的、现实的物质活动。

谢林用他的"同一哲学"否定了康德的二元论,也反对费希特"自我"产生"非我"的学说。他认为,"自我"不能离开"非我"而存在,因而不能说"自我"产生"非我";同样,"非我"也不能离开"自我"而存在,因而也不能说"非我"产生"自我"。在他看来,要真正解决"自我"与"非我"的关系,就必须有一个超越两者之上的更高的原则,这个原则只能是绝对的同一性。在这种同一性中,"自我"和"非我"、思维和存在、主体和客体都融合为一,达到没有任何差别。只有这种无差别的,原始的同一性,才是真正的绝对。谢林的同一哲学,是企图超越唯物主义与唯心主义的对立,但他的"绝对同一性"不过是另一种精神实体,他否定费希特的"自我",也不过是用一个更高的精神实体作为世界的本原。

黑格尔是德国古典哲学唯心主义的最大代表,他创立了一个庞大而又有严密逻辑结构的辩证唯心主义的哲学体系。他清除了康德的二元论和费希特的主观唯心主义,克服了谢林"同一哲学"的非理性主义,在客观唯心主义基础上解决思维与存在、精神与自然的同一性问题。他的最基本观点是认为,"绝对精神"或"绝对理念"是宇宙的永恒的本原,自然界和人类社会都是由此派生出来的。"绝对理念"在自我发展中外化为自然界,进而通过发展又克服了外化,在人类精神生活中回归自身,最后在自我发展的最高阶段——绝对精神中认识了自我。尽管黑格尔的思维与存在的同一论是彻底唯心主义的,但在其论证中包含有合理思想,特别是辩证发展思想。在黑格尔看来,绝对理念是按辩证规律运动、变化和发展的,辩证法也就是绝对

第一章　马克思生活的时代和思想形成的条件

理念运动、发展和转化的一般规律；而绝对理念的发展又是通过逻辑体系展开的，是从一个概念到另一个概念逻辑推演过程，从这个意义上说，它也是逻辑学；绝对理念的发展过程，同时又是它的自我认识过程，因而又是认识论。这样，黑格尔就在唯心主义基础上阐明了辩证法（本体论）、逻辑学和认识论三者统一的思想。黑格尔把德国古典哲学提高到一个新的高度。

德国古典哲学的最大成果，是全面而深刻地探讨了辩证的发展观，从世界观的高度开始用辩证法取代形而上学，为科学的认识论的形成开辟了道路。康德早在《自然通史与天体论》中，就以其关于天体起源的"星云假说"动摇了自然界在时间上没有任何历史的观点，在主张宇宙永恒不变的形而上学观念上打开一个缺口。他提出的"二律背反"的学说，实际上揭示了人们认识在一定范围产生矛盾的不可避免性。辩证法思想在费希特和谢林的哲学思想中也有明显的体现。费希特把矛盾对立看成是发展的必然环节。他认为，"自我"只有设置自己的对立面"非我"，才能存在和发展，并通过矛盾对立而达到新的、更高的统一。他已经明确地把"正、反、合"视为发展的重要原则。谢林更进一步地认识到对立统一思想的作用，认为事物本身含有内在的矛盾，正是矛盾的对立面构成事物自身的同一。谢林在一定程度上认识到事物发展的动力在于事物内部的矛盾，认为这是一切运动的"最后根据"。谢林的这些思想是很有意义的，但也只是一些天才的猜测，同他无差别的"绝对的同一"是矛盾的。

黑格尔是客观唯心主义者，但他却是辩证法大师，他继承了前人的辩证法思想，并加以系统化，特别是他以客观唯心主义的形式，阐明了辩证法的基本规律：对立统一规律、质量互变规律、否定之否定规律中的许多合理因素。马克思和恩格斯都曾高度评价了黑格尔对辩证法所做的巨大贡献。马克思说："辩证法在黑格尔手中神秘化了，但这决不妨碍他第一个全面地有意识地叙述了辩证法的一般运动形式。"① 恩格斯也指出："黑格尔第一次——这是他的伟大功绩——把

---

① 《马克思恩格斯文集》第5卷，第22页。

整个自然的、历史的和精神的世界描写为一个过程,即把它描写为处在不断的运动、变化、转变和发展中,并企图揭示这种运动和发展的内在联系。"① 黑格尔关于世界辩证发展的学说,彻底打破了形而上学世界观的统治,永远结束了以为人的思维和行动的一切结果具有最终性质的看法。

黑格尔是在哲学史上最先把质量互变作为一条普遍规律提出来的哲学家。他认为,质是某事物之所以为某事物的规定性,质的规定性一旦丧失,某物就不再成为某物。量是事物外在的规定性,它的变化一般不会影响事物的性质,但这是有一定限度的,量变达到一定限度就会引起质变。量变引起质变的关节点就是"度"。他说,量变是"渐进的过程",而质变则是"渐进过程的中断",是"飞跃"。"一切生和死,都不是连续的前进,倒是渐进的中断,是从量变到质变的飞跃。"② 黑格尔特别突出地阐明了对立统一,即矛盾学说。他批评了康德只把矛盾限于理性本身的观点,指出矛盾是客观的、普遍的,它存在于一切事物之中,天地间没有任何事物不包含矛盾,并认为矛盾是一切运动和生命的根源。黑格尔还第一次明确地提出否定之否定的概念和理论。他用"否定之否定"来描绘绝对精神规定自身、超出自身、又回归到自身的辩证发展过程,并以此作为构造其整个体系的方法。在他看来,绝对精神的自我运动、自我实现,是一系列概念的活动和展开,而这个过程是肯定和否定两个方面的对立统一,是一个否定之否定的辩证过程。黑格尔在抽象的、思辨的表述中,已初步认识到了事物之间的联系和运动的规律。从哲学史上来看,黑格尔是辩证法的集大成者。他继承了历史上丰富的辩证法思想,又把它发展到一个新的阶段,尽管他是在客观唯心主义基础上进行的,但并没有妨碍他为人类哲学思想做出的重大贡献。

不仅如此,黑格尔还试图描述历史自身发展的规律性。黑格尔的

---

① 《马克思恩格斯文集》第9卷,第26页。
② 黑格尔:《逻辑学》下册,商务印书馆1976年版,第66页。

历史哲学,"形式是唯心的,内容是现实的"①。他把历史看成是一个发展的、有内在联系的过程,从而提出了"世界历史"思想。他反对把历史视为无数偶然现象的堆积,认为社会发展是服从于一定规律的,并力图去揭示这种规律;他不满意人们用思想、意见说明历史动因的观点,认为历史人物的表面动机都不是历史事变背后的真正原因,在这些动机背后还有应当而且必须加以探究的动力。但是,黑格尔只是提出了认识历史发展动因和规律的任务,他不可能解决这个任务,根本原因是,他仍然把历史的动因归结于绝对观念。然而,他提出从思想动机背后寻找历史的动因,从偶然现象中探讨必然性的思想,无疑是深刻的、合理的。正如恩格斯所指出的,黑格尔的思维方式最具有历史感。"在《现象学》、《美学》、《哲学史》中,到处贯穿着这种宏伟的历史观,到处是历史地、在同历史的一定的(虽然是抽象地歪曲了的)联系中来处理材料的。""这个划时代的历史观是新的唯物主义观点的直接的理论前提。"②

德国古典哲学的另一位最著名的代表是费尔巴哈。他同上述的几个德国古典哲学家最大的不同在于,他是一个杰出的唯物主义哲学家和战斗无神论者,在反对宗教和唯心主义斗争中,建立起以人本主义为特征的唯物主义哲学。首先,他激烈地批判黑格尔的唯心主义。他在19世纪30年代后期发表的《实证哲学批判》《黑格尔哲学批判》等文中指出,黑格尔哲学并不具有绝对的、无限的意

路德维希·费尔巴哈

---

① 《马克思恩格斯选集》第4卷,第232页。
② 《马克思恩格斯文集》第2卷,第602页。

义,它也是在一定时代条件下产生的,"它本身就应当具有一种一定的、因而是有限的性质"①。他认为,黑格尔的这个自满自足的体系,根本错误就在于颠倒了思维和存在的关系;思维是主体,存在是宾词。它从抽象的脱离了人的理性出发,而不是从人的直接的感性出发,因此他才可以大言不惭宣称穷尽了一切真理。在这里,费尔巴哈还提出了后来成为他哲学基础的自然、人、人的本质等概念,他说"哲学上最高的东西是人的本质。……哲学是关于真实的、整个的现实界的科学;而现实的总和就是自然(普遍意义上的自然)"②。但这里的自然被他理解为"普遍的实体"、客观的理性。

费尔巴哈在1841年出版的《基督教的本质》中深刻地批判了宗教神学。他说,"黑格尔的辩证法的秘密,最后只归结到一点,就是:他用哲学否定了神学,然后又用神学否定了哲学"。他把黑格尔的哲学称作"神学最后的避难所和最后的理性支柱"。他说:"我们只要经常将宾词当作主词,将主体当作客体和原则,就是说,只要将思辨哲学颠倒过来,就能得到毫无掩饰的、纯粹的、显明的真理。"③ 他由此出发,从人与对象的关系,剖析了神学的实质,指出宗教信奉的"神"无非是"人的本质的异化"。在宗教中,"人使他自己的本质对象化,然后,又使自己成为这个对象化了的、转化成为主体、人格的本质的对象"④。就是说,人自己把自己的本质异化出去,外化为神、上帝,然后又向自己外化的对象顶礼膜拜,人自己的本质反过来成为压迫自身的力量。费尔巴哈的这些观点,尽管也还带有德国哲学的思辨色彩,但是他给宗教神学以致命的打击。就是说,神、上帝并不神圣,它不过是人自己创造的。

在批判黑格尔哲学和宗教神学中,费尔巴哈提出了他的人本主义哲学。费尔巴哈把自然界和人作为哲学的最高对象,强调自然界的客观实

---

① 《费尔巴哈哲学著作选集》上卷,商务印书馆1984年版,第50页。
② 同上书,第83—89页。
③ 同上书,第149、115、102页。
④ 《费尔巴哈哲学著作选集》下卷,第29、56页。

在性,认为自然界是非发生的永恒的实体,是第一性的实体,是人们借助感官可以直接感知的感性存在物;人不是纯粹的自我意识,而是主体和客体、肉体和灵魂的统一体;肉体是精神产生的基础,离开肉体,离开作为身体有机部分的大脑,思维和精神是不可能存在的。他说:"思维与存在的真正关系只是这样的:存在是主体,思维是宾词。思维是从存在而来的,然而存在并不来自思维。存在是从自身、通过自身而来的——存在只能为存在所产生。存在的根据在他自身中,因为只有存在才是感性、理性、必然性、真理,简言之,存在是一切的一切。"[1]他从人与自然的统一的角度,明白无误地阐明了唯物主义的观点,并且由此出发批判把人的思维变成独立精神实体的黑格尔的唯心主义哲学,批判宗教神学。费尔巴哈把人作为思维与存在统一的基础,而对人又作了抽象的理解,具有人本主义的色彩和直观性,而且在历史观上是唯心主义的,但是,他冲破黑格尔唯心主义的统治,恢复唯物主义的应有权威,使当时沉闷的德国思想界为之清新和振奋,并为在唯物主义基础上改造黑格尔唯心主义辩证法提供了可能性。

我们从恩格斯后来对当时情景的描述,看到费尔巴哈哲学思想的巨大影响。他说:"这时,费尔巴哈的《基督教的本质》出版了。它直截了当地使唯物主义重新登上王座,这就一下子消除这个矛盾。自然界是不依赖任何哲学而存在的;它是我们人类(本身就是自然界的产物)赖以生长的基础;在自然界和人以外不存在任何东西……魔法被破除了;'体系'被炸开并被抛在一旁了……这部书的解放作用,只有亲身体验过的人才能想象得到。那时大家都很兴奋:我们一时都成为费尔巴哈派了。"[2]马克思、恩格斯在当时受到费尔巴哈哲学怎样的影响也就不言而喻了。

19 世纪空想社会主义学说

英国古典经济学和德国古典哲学,都是力图反映资产阶级发展资

---

[1] 《费尔巴哈哲学著作选集》上卷,第 115 页。
[2] 《马克思恩格斯文集》第 4 卷,第 275 页。

克劳德·昂利·圣西门 　　罗伯特·欧文 　　夏尔·傅立叶

空想社会主义者

本主义的愿望和要求，但当时的空想社会主义思潮，不是颂扬和维护资本主义制度，而是对它进行无情地揭露和抨击。空想社会主义是随着资本主义产生而产生、随着资本主义发展而发展的一种社会思潮。空想社会主义从英国人托马斯·莫尔于1516年发表《乌托邦》算起，已经500年了。继之有意大利人托马斯·康帕内拉的《太阳城》，德国人托马斯·闵采尔关于《千载太平天国》的幻想，英国"掘地派"领袖温斯坦莱的《自由法》等。这时的空想社会主义还处于萌芽阶段，用恩格斯的话说，还只是"共产主义思想的微光"。到18世纪，空想社会主义学说发生了重大变化，出现了从理论上论证社会主义理想的著作。比如，让·梅里叶的《遗书》、加布里埃尔·博诺德·马布利的论战著作以及巴贝夫的演说和论文。这时的空想社会主义者突破《乌托邦》以来的文学形式，开始从理论上探讨和论证消灭生产资料私有制等重大的社会主义原则。用恩格斯的话说，共产主义的思想微光终于点燃起"直接共产主义理论"。到19世纪初，空想社会主义学说发展到最高阶段，产生出英法三大空想社会主义者，即法国的克劳德·昂利·圣西门（1760—1825）、夏尔·傅立叶（1772—1837）和英国的罗伯特·欧文（1771—1858）。他们继承了早期空想社会主义者对资本主义的批判精神和对未来理想社会探索的成果，使空想社会主义学说成为更为完整的思想体系。他们在历史观上还是唯

第一章　马克思生活的时代和思想形成的条件

心主义的,但试图处处突破幻想的外壳而显露出天才的思想萌芽,在对社会历史的研究中提出许多有价值的见解。其主要理论观点可概括如下:

历史观中的辩证因素。空想社会主义者的历史观并未超出18世纪法国唯物主义关于理性支配世界的唯心主义观点,但包含着历史的辩证法。认为人类社会是一个发展过程,其中包含着一系列发展阶段,而每一个发展阶段都不是固定不变的,因此资本主义社会也不可能是永恒的。比如,傅立叶认为,文明制度(指资本主义制度)"不过是社会发展过程中的一个阶段",提出"应该怀疑文明制度,怀疑它的必要性、它的优越性,以及怀疑它的永久性"[①]。圣西门把人类社会划分为社会形式:原始社会、奴隶制社会、神学封建社会、资本主义社会和未来的"实业制度",即社会主义社会。他认为,这是一个由低级到高级的发展过程,其中每一个新的社会都是以往历史发展的结果,因而是有规律可循的。

触及社会存在和发展的物质基础,试图用社会的经济状况来说明政治制度。圣西门认为,物质生产是任何社会联合的目的,"所有者是社会大厦的基础"。因此,政府的形式不是本质的,所有者(财产关系)才是问题的本质。他指出,15世纪以前的欧洲,农业是主要的生产部门,土地是主要的生产资料,贵族占有土地,在经济上居于支配地位,因而也就掌握了政权。后来,随着工业的发展,资产阶级逐渐在经济上取得了支配地位,于是他们就要求从贵族手中夺取政权。他还认为,"政治是关于生产的科学",历史进步的合乎规律的趋势应是日益广泛地组织物质生产和改善社会关系,它将导致人类更加广泛的协作,随着历史的发展,政治将完全溶化于经济中,[②] 政治上对人的统治将变为对物的管理。傅立叶则把物质生产的发展看作是从一种社会制度过渡到另一种社会制度的基本原因。比如,宗法制度

---

① 《傅立叶选集》第1卷,商务印书馆1959年版,第51页。
② 参见《马克思恩格斯选集》第3卷,第410—411页。

向野蛮制度过渡,是同小生产过渡到中等生产相适应的;而大生产出现时,社会就由野蛮制度过渡到文明制度。

对资本主义社会的弊病进行无情的揭露和抨击。圣西门把资本主义制度看成是"新的奴役形式",是一个"是非颠倒的世界",并且对资本主义制度下的利己主义进行了猛烈地抨击。傅立叶对资本主义私有制进行了深刻的批判,他把建立在私有制基础上的资本主义社会称为"复活的奴隶制""社会地狱",认为这种社会是在"恶性循环"中运动,即在它自身不断重新创造出来而又无法克服的矛盾中运动。欧文认为私有制、宗教和婚姻形式是资本主义社会"三位一体的祸害",而其中最主要的祸害是私有制,它"过去和现在都是人们所犯的无数罪行和所遭的无数灾祸的原因"。"私有制使人变成魔鬼,使全世界变成地狱",它"理论上是那样不合乎正义,而在实践上又同样不合乎理性"[①]。他们主张废除资本主义私有制,可以说达到了空想社会主义者对资本主义制度批判的最高极限。

对未来社会的构想。空想社会主义者认为代替现存的资本主义社会的未来社会,应该是"实业制度"和"和谐社会"。欧文主张建立以公有制为基础的共产主义劳动公社的联合体。在联合体中,实行财产公有,主要生产资料归公社,生活资料归个人所有。公社中不再有资产者和无产者的差别,实行按需分配,废除国家,等等。圣西门认为,在未来的新社会,每个人的全部才能的自由发展,是他的基本愿望和要求。傅立叶进一步认识到,劳动不仅是财富的源泉,而且也是人的真正的生活需要和自我锻炼。但劳动的这一特性,在文明阶段(即资本主义社会)是不可能自由发展的。因为在这个阶段上,劳动玷污了一种令人厌恶的性质。因此,未来的社会制度必须保证按照人的愿望自由地选择劳动。

空想社会主义者很多构想还流于空想,但是,他们提出的问题和有价值的思想成果,无疑为以后创立科学社会主义提供了十分重要的

[①] 《欧文选集》下卷,商务印书馆1965年版,第13、14页。

思想材料。恩格斯曾经指出,"他们天才地预示了我们现在已经科学地证明了其正确性的无数真理"①。其中包括关于未来理想社会及其本质特征的思想,马克思和恩格斯不过是为其提供了科学的理论论证。恩格斯在谈到黑格尔哲学对科学社会主义产生的影响时说,"如果不是先有德国哲学,特别是黑格尔哲学,那么德国科学社会主义,即过去从来没有过的唯一科学的社会主义,就绝不可能创立"②。从这些论述中可见,马克思主义作为科学真理,绝不是凭空产生的,它是人类近几百年来思想文化发展的结果。没有这些先进的思想成果绝不可能有马克思主义的创立。这也说明了马克思主义之为颠扑不破的科学真理的重要原因。

复辟时代法国历史学家的社会历史理论

继空想社会主义之后,复辟时代的历史学家在探索历史哲学方面,也做出了重要贡献。所谓的"复辟时代的法国历史学家",是指波旁王朝复辟时期(1815—1830)的法国资产阶级历史学家。其主要代表人物有梯叶里,J.-N.-A.(1795—1856)、弗朗索瓦·皮埃尔·古尧姆·基佐(1797—1874)、米涅(1796—1884)等。他们的许多观点继承了法国唯物主义者的思想,又具有自己的特色和发展。

法国复辟时代历史学家重要贡献之一,是他们突破过去把历史视为某个杰出人物活动结果的英雄史观,明确地提出在社会历史研究中应当重视人民群众的作用。他们批评以往历史学家"总是顽强地不承认人民群众有首创精神和思想"③,而把一个新国家的建立,一种社会新风气的形成,仅仅看成是某个"英雄"或者"王公"的创造物,人民群众则"不过是某个人的思想的掩饰物"④。梯叶里等人之所以批评18世纪启蒙学者的英雄史观,明确地提出人民群众历史作用的思想,主要原因是受到近代的群众运动、特别是1789年法国大革命

---

① 《马克思恩格斯文集》第2卷,第218页。
② 同上书,第217页。
③ 转引自《普列汉诺夫哲学选集》第2卷,第520页。
④ 同上书,第520—521页。

的影响。法国大革命是历史上最彻底的反封建的革命，是一场轰轰烈烈的、广泛的群众运动，当时的刊物上出现了诸如"伟人们之所以看起来伟大，只是因为我们自己在跪着。站起来吧！"①这样感人肺腑的警句。法国复辟时代的历史学家所谓的"人民群众"，主要指的是资产阶级，对于无产阶级和劳动群众他们还是抱一种蔑视的态度。这是他们阶级局限性的表现。但他们批评英雄史观，提出人民群众的作用还是有重要价值的，启发了以后人们对这个重大问题的思考。

法国复辟时代的历史学家的另一个重大贡献，是提出了阶级斗争的思想。不同于英国古典经济学家，他们结合英国和法国资产阶级革命的现实，对阶级斗争的历史发展作了考察，并在一定程度上揭示了阶级斗争同经济利益之间的联系。

在他们看来，17世纪英国革命和18世纪法国革命都是第三等级反对封建贵族的斗争。贵族和第三等级是欧洲社会中最主要的因素，他们之间的相互关系，决定着欧洲的政治发展。财产关系是阶级关系的基础，阶级斗争的原因在于阶级之间经济利益的对立和冲突。梯叶里认为，在17世纪英国革命时期，长老派与天主教派之间的斗争不过是阶级利益矛盾的反映，"双方面都是为了这种真正的利益而进行战争。其余的一切都不过是掩饰或借口"②。米涅对18世纪法国革命中各政党之间的斗争作了分析，并把这种斗争生动地概括为"变化破坏利益；利益产生政党；政党进行斗争"③。复辟时代的历史学家能够提出这样重要的观点，达到如此认识高度，是应当充分肯定的，正如马克思后来所说的，是资产阶级历史编纂学家发现了现代社会中阶级存在和各阶级之间的斗争。④但是，也必须看到，他们的理论不可避免地存在着历史的、阶级的局限性。他们热烈地赞扬第三等级反对封建贵族的斗争，却否定第三等级内部存在阶级斗争；只承认过去阶

---

① 转引自《马克思恩格斯全集》第2卷，第104页。
② 转引自《普列汉诺夫哲学著作选集》第2卷，第737页。
③ 同上书，第524页。
④ 参见《马克思恩格斯文集》第10卷，第106页。

第一章　马克思生活的时代和思想形成的条件

级斗争是进步的,却否认资产阶级统治下阶级斗争的必然性,把这种阶级斗争说成是"疯狂的举动"。1830年,在欧洲主要国家资产阶级取得政治统治以后,他们公开为资产阶级统治辩护,在1848年欧洲革命风暴中,基佐还成为屠杀工人的刽子手。

复辟时代历史学家第三个重要贡献是,他们不赞同法国唯物主义者关于政治机构决定社会生活的观点,试图证明财产关系是一个社会的政治制度和统治思想的现实基础。

基佐在其所著的《法兰西论丛》中说,大部分作家、学者、历史学家和政论家,都力图用社会的政治制度来说明社会的某一状况,说明社会的文明程度和性质,其实,为了理解社会的政治制度,首先就应当研究社会本身。因为,"制度在成为原因之前首先是结果,在社会因受制度影响而发生变化以前,社会就创造了制度"①。他认为,社会状况是由财产关系、公民生活所决定的。从历史上看,西罗马帝国崩溃以后出现在历史舞台上的一切民族那里,财产关系、公民生活都是和土地关系密切联系着的。因此,"要了解政治制度、就必须研究这个社会中的各个阶层及其相互关系。要了解这些不同的社会阶层,就应当理解土地关系的性质"②。复辟时代历史学家的这些思想,比起主张"意见支配世界"的18世纪法国唯物主义者来说,无疑是一个重大进步,具有重要的理论价值。恩格斯曾指出,国家的政治行为是历史上决定性的东西这种观念,曾经支配着以往的整个历史观,它"只有为法国复辟时代的资产阶级历史编纂学家才使之发生动摇"③。

从上述可看出,欧洲中世纪后人文社会科学,随着资本主义的发展有了长足的进步,提出许多很有价值的思想,这些思想成果,不仅提高了近代欧洲社会思想文化水平和社会文明程度,而且为以后人文社会科学的发展提供了丰富的思想材料,也成为马克思主义产生的重

---

① 转引自《普列汉诺夫哲学选集》第2卷,第740、525页。
② 同上。
③ 《马克思恩格斯文集》第9卷,第166页。

要思想来源。

六　自然科学的伟大发现

人类对社会的认识是不断深化的，对自然现象的认识也是如此。19世纪上半叶，当人类在政治经济学、哲学、社会历史理论等方面获得重要成就的同时，在工业革命的推动下，自然科学也取得了重大突破，其中特别是能量守恒和转化定律、生物的细胞结构学说、查尔斯·罗伯特·达尔文的进化论，被称为是19世纪自然科学的三大科学发现。这些伟大发现标志人类对整个自然界的认识达到了一个新的高度，即把自然界作为整体揭示其客观的辩证运动的规律。

近代自然科学的发展大致分为两个时期。从16世纪到18世纪上半叶为前期，这一时期自然科学的主要特点是对实验材料的分析，即经验自然科学阶段；18世纪下半叶到19世纪上半叶，是自然科学的后期，其显著特点是对实验材料的理论综合，自然科学进到理论自然科学阶段。

自然科学前期阶段，最辉煌的成就是艾萨克·牛顿所创立的经典力学。1687年，牛顿发表了他的划时代的巨著《自然哲学的数学原理》，从理论上总结了前人和同时代人的科学成果，系统地阐发了力学三定律，实现了以力学为中心的自然科学体系的大综合，成为近代自然科学发展的伟大里程碑。但是，自然科学的其他部门，如化学、地质学和古生物学等，还处于起步或胚胎阶段，就是物理学从总体上看，也还处于搜集材料的阶段，自然观上的形而上学仍然居于统治地位。这个时期自然科学的历史局限性还表现在，像牛顿这样做出重大贡献的自然科学家，仍然迷信"神"对宇宙的"第一推动力"。

从18世纪下半叶开始的欧洲工业革命，是科学技术发展及其与生产实践结合的结果，而工业革命的成就，又为自然科学的发展提供了强大的动力和物质条件。自然科学在宏观领域的理论综合，接二连三地突破了形而上学自然观的局限。在天文学上，康德于1755年发

第一章 马克思生活的时代和思想形成的条件

表了《自然通史和天体论》,提出关于太阳系起源的"星云假说"。这是近代第一个有科学根据的宇宙自然发生说,它不仅用物理学上的吸引和排斥的作用力彻底否定了牛顿的"第一推动"说,而且在以牛顿力学为基础的形而上学自然观上打开了第一个缺口。恩格斯高度评价说,康德的这一学说"是从哥白尼以来天文学取得的最大进步",而且"包含着一切继续进步的起点"①。因为既然地球有其演变的历史,那么地球上的一切,包括地质、地理、气候、植物和动物等也都必然有其演变的历史。

1831年英国的地质学家查尔斯·莱尔发表了《地质学原理》,提出了地球缓慢变化的渐变论,否定了乔治·居维叶的"突变说",这就"以地球的缓慢变化所产生的渐进作用,取代了由于造物主的一时兴动而引起的突然变革"②。在化学领域,英国化学家约翰·道尔顿于1803年提出科学的原子论,实现了近代化学发展中的一次重要的理论综合;1824年德国化学家弗里德里希·维勒人工合成尿素,第一次跨越了无机界和有机界的鸿沟。然而,能代表这一时期自然科学最高成就的还是上面指出的"三大发现"。

关于细胞的发现。早在17、18世纪欧洲科学家就已经通过显微镜发现动物和植物细胞,并开始进行研究。到了19世纪初,德国耶拿大学植物学教授施莱登·J.S.,于1838年首次建立了一个较为系统的细胞学说。他认为,细胞是一切植物结构的最基本的活的单位,植物发育过程就是细胞形成和增值的过程。接着,德国卢万大学解剖学教授西奥多·施旺,于1839年把细胞学说从植物界扩大到动物界,指出不仅外部类型多种多样植物是由细胞组成的,而且外部类型更为复杂的动物有机体,也是由细胞构成的,都是遵循同样的规律形成和成长的。恩格斯这样评价细胞学产生的重要科学价值,他说:"有了这个发现,有机的、有生命的自然产物的研究——不仅是比较解剖学

---

① 《马克思恩格斯文集》第3卷,第61、414页。
② 《马克思恩格斯文集》第9卷,第437页。

和比较生理学，还有胚胎学——才获得了巩固的基础。机体的产生、成长和构造的秘密被揭开了；从前不可理解的奇迹，现在已被归结为某种遵循一切多细胞的机体本质上共有的同一规律所发生的过程。"① 细胞学说揭示的正是生物界自身不断运动、发展、转化的辩证法则。

关于能量守恒和转化规律。能量守恒和转化规律的基本思想，早在17世纪就被勒内·笛卡尔从哲学上提出来了。1644年，他在《哲学原理》一书中写道：物质运动有一个固定量，这个量从来不增加也不减少，虽然在物质的某些部分中有时候有所增减。从18世纪末开始，力学、物理学和化学中的一系列发现，证明了各种运动形式之间的相互转化关系，就为能量守恒和转化定律的确立提供了有利的条件。

到了19世纪40年代，这个定律几乎为几个科学家同时提出。1840年，德国医生J. R. 迈尔发现，人体中的静脉血在热带比在欧洲更为红亮。这是因为，在热带静脉血中含有更多的氧；而之所以如此，是由于在热带维持体温所消耗的热量减少了，因而使人体中由氧化反应所释放的能量减少。他由此得出结论：机械能、热能、化学能是等价的，可以相互转化的。在以后，英国人詹姆斯·普雷斯科特·焦耳通过长时间的、大量的实验，用各种方法系统地测定出不同运动形式间相互转化的等量关系，从而把这一定律奠定在科学的基础之上。与此同时，英国、德国、丹麦的科学家都通过各自的研究，得出了相同的结论。

能量守恒和转化定律的发现，不仅以科学事实证明了自然界的物质统一性和运动形式的多样性，而且也证明了它们在一定条件下是相互转化的。"自然界中一切运动的统一，现在已经不再是一个哲学的论断，而是一个自然科学的事实了。"② 也就是说，这一定律所揭示的，正是自然界中各种物质形态本身不断运动、发展和相互转化的辩

---

① 《马克思恩格斯文集》第9卷，第479页。
② 同上。

证法。

达尔文的进化论。达尔文通过实地考察创立了进化论,对物种起源做了更为科学的论证。1831年,22岁的达尔文登上"贝格尔"号军舰,开始了历时5年的环球航行考察。在此以前,达尔文还是一个神创论者,认为物质是不变的。通过实际的地质考察,使他成为莱尔关于地质渐变理论的信徒;变动不居的地球表面不会是静止不动的。在南美洲和太平洋各岛屿获得的大量材料,使他进一步确立起物种可变的信念:(1)在南美洲发现的巨大的哺乳动物的化石与现存的较小的动物极其相似,这一事实使他认识到古今动物的联系。(2)南美洲大陆的一些密切相近的物种在地理分布上呈现出由北而南逐次替代的现象,而南北两端的差别显现为完全不同的物种。这一事实使他联想到历史上不同物种之间的连续更替和新物种的形成。(3)在加拉帕戈斯群岛上的生物大都具有南美生物的性状,但群岛中各岛屿上的物种彼此又有某些差异。这又使他看到物种差异同物种所生活的环境之间有着内在的联系。综合这些事实,达尔文得出结论:地球上的物种是逐渐变化而来的。1836年,他回国后根据收集到的大量材料继续进行研究,终于形成了系统的关于生物进化的学说。于1859年出版了他的代表作《物种起源》,该书的全名为《论通过自然选择或生存斗争保存良种的物种起源》。这本著作,以丰富的材料论证了物种在生存斗争中,经过自然选择,逐渐产生新的物种,从而确立了以自然选择为核心的生物进化论。这个理论的问世,支持了辩证发展的学说,给唯心主义目的论与形而上学的物种不变论以沉重的打击。

从上述可以清楚地看出,人类思想的发展和科学进步无疑给马克思的成长和发展以巨大的影响,没有这样的环境,马克思不可能"成为马克思";同时,又为马克思主义的产生提供了充分必要的条件。可以说,在19世纪上半叶一种全新的科学的世界观和历史观的产生,揭开历史之谜,已经水到渠成。即使不是马克思,别的人也能够把它创造出来。但是,必须具备马克思这样的天才、勤奋和为工人阶级和广大劳动人民的无私的奉献精神。马克思不仅具有超人的天赋,具有

思想巨人马克思

难以想象的勤奋,而且他毅然决然地脱离自己原来的阶级,转向无产阶级的立场。而这一点不是所有人都能做到的。马克思正是在这样一种历史环境里,开始了自己的人生历程,从家庭的小环境步入更大的社会舞台。他经过顽强奋斗,完成了从唯心主义到唯物主义、从革命民主主义到共产主义的转变,在总结工人运动实践经验的基础上,批判地继承了前人创造的一切有价值的思想成果,创立了马克思主义,实现了人类思想的伟大变革,用科学的理论指导了工人阶级和广大劳动群众的解放运动。

第二章　马克思的童年与学生时代

生活环境对一个人的成长发展起着至关重要的作用。马克思童年时期是在特利尔度过的，这座古老而美丽的小城，位于德意志的西南部，毗邻法国。法国大革命的自由精神和人文主义思想，深深影响着这座城市，从学校到家庭，从政府官员到一般市民，无不感受到它的存在。马克思从小就受着这种进步思想的熏陶和激励，理想主义笼罩着他幼小的心灵。这从他的中学作文和后来的博士论文看得十分清楚。马克思从青少年时起就开始关注社会问题，同情摩塞尔河谷过着苦难生活的葡萄农，思考人生哲理，憧憬着理想的未来。千里之行，始于足下，良田沃土，必将培育出参天大树。

一　童年时期的生活环境

1818年5月5日，卡尔·马克思出生于德国莱茵地区特利尔小城布吕肯巷664号（现为布吕肯街10号）的一个律师家庭。马克思的出生登记表是这样记载的："1818年5月7日下午4时，37岁的特利尔高等上诉法院律师亨利希·马克思先生，向本人（特利尔市政管理局负责特利尔区民政事务的官员）出示一名男性婴儿并申报，该婴儿于5月5日凌晨二时在特利尔出世。生于特利尔律师亨利希·马克思先生及其妻子罕丽达·普勒斯堡家。他们拟给自己这个婴儿取名为卡尔。"登记表上有亨利希·马克思的签名。

特利尔位于莱茵地区的西南部，毗邻法国，当时大约有15000多

思想巨人马克思

特利尔布吕肯街10号

马克思青年时期

居民。它优越的地理位置,给予这座小城以不同于其他城市的特色,并使它具有深厚的思想文化氛围。特利尔坐落在摩塞尔河谷,四周环绕着葡萄果园,盛产葡萄酒。特利尔也是一座历史悠久的古城,在罗马帝国时期,曾一度被称为北部罗马,是罗马军队最大司令部所在地。马克思家附近的黑门(罗马城墙的北门),作为这座小城的古老象征至今犹存。

在拿破仑战争时期,特利尔连同莱茵河地区的其他城市都划归法国,并且依照法国大革命时期的原则和法律进行管理。这座受着罗马古老文化影响的小城,在近代又深受法国大革命的影响,憎恨封建专制、崇尚自由平等的人文主义精神,在特利尔人的心中扎下了根。拿破仑战争失败后,1814年莱茵地区又并入普鲁士。作为德意志土地上四分五裂的三十几个独立邦国之一的普鲁士王国,当时还是一个落后的封建的农业国家,而特利尔所在的莱茵省1794年至1815年在拿破仑统治下,由于推行《拿破仑法典》和实行了一系列重大的社会改革,给它带来了经济上的蓬勃生机和政治上的自由气息。尽管拿破仑帝国覆灭以后被推翻的封建势力又重新复活,但是这并没有完全消除革命

19 世纪 30 年代德国古城特利尔

曾经带给人们的自由精神及其产生的深广的影响。这里依然实行着《拿破仑法典》，法国启蒙运动的自由主义，以及空想社会主义者傅立叶的思想仍然广为流传。

19 世纪 20 年代，特利尔就成立了作为自由主义反对派中心的两个学术团体——"益学会"和"文学俱乐部"。1830 年 7 月，法国爆发了七月革命，推翻了代表封建贵族利益的波旁王朝。这次革命也势必影响到德国，推动了德国境内的民主运动。1832 年，在普法尔茨召开的汉巴赫大会，有 2500 多名代表参加，要求德国实现统一，在全德实现自由政体，标志德国民主运动出现新的高涨。毗邻法国的特利尔，思想更加活跃。1833 年年初，特利尔警察局向当地政府报告，说城里同情法国、批评普鲁士的自由主义者的人数大大增加了。1934 年 1 月，特利尔"文学俱乐部"举行了两次宴会，在宴会上宣传自由主义思想，并且升起了法国的三色旗。此事引起普鲁士政府的严重关切，进行了侦讯，并把"文学俱乐部"的活动置于警察局的严厉监督之下。亨利希·马克思参加了第一次宴会，虽然他并不赞同升起法国国旗，但作为宴会的组织者之一发表了带有温和色彩的自由主义演讲，唱了革命歌曲，因此也受到了侦讯。他的这些行为对已经 16 岁的马克思也不无影响。

基督教在欧洲历史上源远流长,近两千多年来,特别是欧洲中世纪,宗教思想渗透到社会生活的各个方面,不仅支配着人们的精神,而且也影响着社会的经济和政治,成为封建统治者的精神支柱。拿破仑战败后,1815年9月,欧洲成立了以俄罗斯为首的"神圣同盟",其目的主要是反对法国大革命时期形成和流传的革命思想与革命运动,维护君主政体。同盟协定书规定,参与同盟国家的行为准则,只有在以基督教教义作为理论基础的前提下,国家的行为才是合法的。宗教在那个时代依然是人们沉重的精神枷锁,影响着社会生活的各个方面。特利尔是受宗教影响很深的城市,黑门附近坐落着第四世纪宏伟的教堂,象征着特利尔的古老和庄严。在这里,多数人信奉教基督教和新教,也有人信奉犹太教。马克思的家庭最早就是信奉犹太教的少数家庭之一,这也就不可避免地陷入应对宗教冲突的漩涡之中。

马克思的父亲亨利希·马克思和母亲罕丽达·马克思都出身于犹太家庭,受传统的犹太文化的影响是在所难免的,尤其是马克思的母亲,对犹太信仰更为依恋。普鲁士法律明确限制犹太人在国家政权中任职。亨利希·马克思更多地从自己事业和个人的任职考虑,比较早地摆脱了幼年时期禀受的犹太文化教育,"转而皈依"基督教。在马克思三岁时,他的家庭为他进行"洗礼","皈依"基督教,也就不奇怪了,这也完全是为了他的发展前途而考虑。

亨利希·马克思很有教养,除通晓法律外,还热爱古典文学和法国伏尔泰、卢梭的哲学思想,深受本城居民尊敬,多年担任该城的律师协会主席。马克思从小就受到父亲的良好教育,他称赞父亲是个"以自己的纯洁品德和法学才能出众"的人。他的母亲罕丽达·马克思身材瘦削,是一个朴素、勤劳、善良的家庭主妇,她把全部精力用于操持家务,照料丈夫和孩子。但在精神生活方面,没有成为马克思的知心人,她始终也不理解自己儿子献身于人类解放事业的赤子之心。马克思家里有9个孩子,他排行第三。他有一个哥哥,4岁时夭折了,因而他就成了家里的长子。他有一个姐姐索菲娅,对他十分关爱，后来嫁给了一个律师。他还有两个弟弟和两个妹妹，两个弟弟过早地死于肺结核。剩下的两个妹妹路易莎结婚后移居开普敦，埃米莉嫁给了一个工程师，住在特利尔。由于亨利希·马克思事业的成功，少年马克思的家庭生活富裕而殷实。儿时的马克思常常和姐姐弟弟们在花园里玩耍，同他们到附近的马尔库斯山游玩，观看塞纳河畔葡萄园的美景。他头脑敏捷，富于想象力，别出心裁地与大家玩各种游戏，娓娓动听地讲一些有趣的故事，深得玩伴们的欢心。

马克思的父亲和本城枢密顾问官路德维希·冯·威斯特华伦男爵，由于工作关系和相近的见解而成为知交。马克思很早就和威斯特华伦的女儿燕妮和儿子埃德加尔交上了朋友，他们经常一起在燕妮家大花园里玩耍，作各种有趣的游戏。燕妮和马克思可以说是青梅竹马，童年时期最好的女友和玩伴。

威斯特华伦男爵当时已经60多岁了，比马克思的父亲大12岁。他思想开明，学识渊博，酷爱古希腊的文学作品，而且是一个崇尚自由的理性主义者。他对天资聪明的马克思有一种特殊的喜爱，经常带马克思在美丽如画的小山和树林中散步，背诵荷马和莎士比亚等人的文学名作给他听，讲解一些社会现象，甚至傅立叶的社会主义思想。据马克思女儿爱琳娜记述：威斯特华伦"灌输给了卡尔·马克思对浪漫主义学派的热情，他的父亲和他一起阅读伏尔泰和让·拉辛，而男爵给他阅读荷马和莎士比亚，这些都是他整个一生最喜爱的作家"[①]。这样的文化沃土，潜移默化地影响着童年时期马克思的心灵。可以说，威斯特华伦男爵不仅是马克思的长辈，而且也是良师益友。马克思对男爵怀有一种深深的感激之情，以至于1841年他把自己的博士论文热情洋溢地献给这位可敬的老人。

二　中学教育与对人生的理想

马克思没有上过小学，从小接受的是家庭教育和受周围环境的影

---

① Eleanor Marx, *Karl Marx*, Die neue Zeit（May 1883）, p.441.

响，以及威斯特华伦男爵对他的教诲。幼年的马克思，亲眼看见了摩塞尔河谷葡萄农的辛勤劳动和苦难生活，在上学的路上，他每天都看到流落街头、乞讨实施的贫苦人的窘境，这些都在他幼小心灵中投下了现实生活的阴影。

1830年秋，12岁的马克思进入特利尔中学读书。特利尔中学原是耶稣会学校，后来改名为弗里德里希·威廉中学。该校崇尚自由平等，用18世纪启蒙运动的自由主义精神和人道主义思想教育学生。威廉中学拥有一批出色的学者和思想激进的教师，他们不仅学识渊博，而且思想进步。比如，历史和哲学教师、校长胡果·维腾巴赫，诗人歌德称他是"康德哲学专家"。他具有激进的民主主义自由思想，宣传理性，持不依靠宗教信仰的教学原则，这在当时是非常大胆的行为。他还参加了1832年汉巴赫自由者集会，在汉巴赫大游行之后，处于警察的监督之下，学校也遭到搜查。一些教师也受到胁迫，有个数学教师被指控信仰唯物主义和无神论，希伯来语教师因参加演唱革命歌曲也被指控。由于学校的进步倾向和自由主义思想，校长面临免职的威胁。而具有反动倾向的副校长廖尔斯，反对当时流行的自由主义思想和进步活动而受到普鲁士当局的青睐。这种政治气氛无疑也影响着马克思的心灵，他藐视廖尔斯，在他毕业离开学校时，向所有老师辞别，而唯独没有理睬廖尔斯。

马克思天资聪颖，成绩优秀，他学习了法语，比较好地掌握了拉丁文和希腊文。1835年夏天，17岁的马克思即将中学毕业，他为毕业写了三篇文章，一篇是关于历史方面的，是用拉丁文写的奥古斯都元首。另一篇是关于宗教的。比较有影响、最能体现当时马克思精神境界的是他的德语作文《青年在选择职业时的考虑》。

这篇德语作文体现出17岁的马克思已经开始思考："生命的意义何在？"也就是人为什么活着和怎样度过人生。他把这个人生的重大问题，同选择职业紧紧联系在一起。每个人都有自己的人生目标，选择达到这个目标的职业，不能靠一时的感情冲动，而要理性地对待，通过"轻柔而真实的"内心声音指示出来。"但是，我们并不总是能够选择我们自认为适合的职业；我们在社会上的关系，还在我们有能力对它们起决定影响以前就已经在某种程度上开始确立了。"① 这是一段富于哲理的论述，可以看出，18世纪唯物主义哲学关于环境对人的制约作用的思想对马克思的影响。人们应该如何选择自己所喜爱的职业？文中写道："在选择职业时，我们应该遵循的主要指针是人类的幸福和我们自身的完美。""如果我们选择了最能为人类福利而劳动的职业，那么，重担就不能把我们压倒，因为这是为大家而献身；那时我们所感到的就不是可怜的、有限的、自私的乐趣，我们的幸福将属于千百万人，我们的事业将默默地、但是永恒发挥作用地存在下去，而面对我们的骨灰，高尚的人们将洒下热泪。"② 这里已表达了马克思决心为全人类的幸福而不惜牺牲自己的崇高理想和远大抱负。很难说这时的马克思已经具有共产主义的理想，但他的这些思想肯定影响了他的一生，促成了他崇高理想的形成。预则立，不预则废。如果他不是一个具有崇高理想的人，不是一个把为共同目的而劳动看作是幸福的人，那么，他在以后绝不可能成为为人类解放事业做出如此重大贡献的伟人。

马克思的《青年在选择职业时的考虑》，受到校长维滕巴赫的赞赏，认为这篇作文写得"非常好"，文章富有思想，结构合理。

三 大学的学习生活和思想变化

1835年10月，马克思按照父亲的意愿，离开特利尔去波恩大学法律系学习。这时的马克思，中等身材，肩宽背厚，一头浓密发亮的黑发，衬托着一张方正黝黑的脸庞。全家人到汽船码头送别这个第一次离家的年轻人，目送他远去。马克思乘船沿摩塞尔河而下，经莱茵河，第三天到达素有"大学城"之称的波恩。

这时的波恩大学是德国莱茵省的精神文化中心，有700多名大学

---

① 《马克思恩格斯全集》第1版，第40卷，第5页。
② 同上书，第7页。

思想巨人马克思

生，洋溢着自由和浪漫的气息。马克思求知欲极强，想在这个全新的环境里猎取早已渴望得到的更多的知识。他不仅要学习与法学有关的课程，而且还想学习文学艺术，甚至还想学习物理和化学。第一个学期他就准备选修九门课，并把这个计划写信告诉了父亲。他父亲在回信中不无担心地说："九门课程，在我看来多了一点。我不希望你学的东西超过你的身体和精力所能支持的限度。不过，要是这对你没有什么困难，那就这样学下去吧。知识的领域是无限的，可时间却是短暂的。"[①] 考虑到父亲的意见，马克思最后选了六门课：法学全书，法学纲要，罗马法史，希腊罗马神话，荷马研究诸问题和现代艺术史。第二学期选了四门课：德意志法学史，普罗佩尔提乌斯的哀歌，欧洲国际法和自然法。马克思如饥似渴地涉猎有关领域的知识，刻苦攻读，认真写笔记，并且关注新闻和社会动态，用科学知识充实自己的内心世界。波恩大学对马克思学习的评价是："极为勤勉和用心。"刻苦学习使马克思在1836年初累病了，为了恢复健康，他去荷兰尼姆韦根姨夫家休养了一段时间。

在大学学习的初期阶段，马克思在生活上有些放纵，很少给家里写信，花钱也有些随意，并且超过了家庭的支付能力。这时，他参加了由30多位同乡组成的"特利尔同乡会"，并且很快成为理事，成为领导人之一。他们击剑、骑马，喝酒畅饮，以至因为"喝酒的吵闹声扰乱了夜间的平静"而被学校关了一天的禁闭。关禁闭也不是很严格，在禁闭室里，他的同乡同学陪他打牌、喝酒以消磨时间。马克思性格刚烈，有时参与与其他同乡会的学生争斗，甚至在一次决斗中左眼上方受了伤。马克思并非一个完人，他也是从一个普通的青年人一步步地成长起来的。

马克思从小就爱好文学诗歌，在波恩大学他用不少时间创作诗歌，还参加了一个青年诗人小组，实际是一个志同道合的俱乐部。在普鲁士专制政府的压制下，这个俱乐部表面上以从事文学活动为宗

[①] 《马克思恩格斯全集》第1版，第40卷，第831页。

旨，实际上带有某种进步政治倾向。其创始人之一约翰·米夏埃尔·比尔曼，曾经是特利尔中学的学生，因创作革命歌曲被反动当局起诉过。俱乐部的成员中有后来成为抒情诗人的艾曼努诺尔·盖贝尔和未来"真正的"社会主义的奠基者卡尔·格律恩。他们通过诗作抒发对现实的不满，歌颂光明、正义和自由。马克思的活动得到父亲的赞许，亨利希·马克思在给儿子的信中说："参加小型聚会比起参加酒宴来，你可以相信，要使我满意得多。在这样的聚会中寻求快乐的青年人，当然是一些有教养的人，他们认识自己作为国家未来的优秀公民的价值也比那些以放荡不羁为其特长的人认识得更清楚。"[①]但是，他也不愿儿子把全部精力放在诗歌上，他提醒说："你的天分着实使我感到高兴，对它我寄予很多期望，但是，如果看到你成了一个平庸的诗人，我会感到伤心的。因此，你能做到的充其量就是让你的亲人们感到高兴。"[②] 实际上，马克思也不是把写作诗歌作为自己的主攻方向，这"仅仅是附带的事情"，只是借此抒发自己的情感而已。

由于波恩的自由散漫气氛和马克思的一些行为，使亨利希·马克思深感担忧，他害怕这种环境会把儿子影响坏，于是决定让马克思转校到柏林大学，也就是柏林洪堡大学。亨利希·马克思在卡尔·马克思从波恩大学转入柏林大学的证明函件中写道："我儿子卡尔·马克思下学期要进柏林大学，继续学习在波恩选修的法律和官房学。这不仅得到我的准许，而且是我的意愿。"[③] 这一决定，对马克思以后的发展产生了深远的影响。

1836 年 10 月，马克思离开特利尔前往柏林，在柏林大学法律系继续攻读法学。这时的柏林有 30 万人口，是德国最大的城市之一，是普鲁士王国的政治、经济和文化中心，也是各种社会矛盾集中的地方。作为德国首都的柏林在很多方面都不同于波恩，是了解德国社会的好地方，也是学习和研究学问的理想之地。柏林也不同于伦敦和巴

[①] 《马克思恩格斯全集》第 1 版，第 40 卷，第 836—837 页。
[②] 同上书，第 837 页。
[③] 同上书，第 843 页。

思想巨人马克思

柏林洪堡大学和青年马克思

黎，那里已是新生资产阶级居于统治地位，资产阶级同无产阶级的矛盾已相当尖锐，而在柏林资产阶级刚刚诞生，它口头上的勇敢，但行动上是十分软弱的，还处于王公贵族的统治之下。但这里有德国最大的大学，有比较良好的学习环境。费尔巴哈曾经在柏林大学学习和执教过，他还是学生时曾写信给父亲说："在这里根本用不着考虑饮宴、决斗、集体娱乐之类的问题。在任何其他大学里都不像在这里这样普遍用功，这样对超出一般学生事件之上的事物感到兴趣，这样向往学问，这样安静。和这里的环境比较起来，其他的大学简直就是酒馆。"[①] 柏林大学是德国的高等学府，也是思想斗争的中心。这里集中了全国许多著名学者，特别是黑格尔在这里执教，讲授哲学课，更加提升了这里的学术氛围。马克思来到这里时，黑格尔已逝世多年，但许多讲座还由他的门生主持。德国最著名的法学家，黑格尔的信徒爱德华·甘斯还在这里讲课。很显然，这里的学生勤奋好学，学术空气十分浓厚，对马克思的成长大有裨益。

马克思到柏林后，在大学附近的米特尔大街61号租了一处房子，生活安顿下来，便发愤读书，他减少了不必要的交往，"专心致志于科学和艺术"。在校九个学期，他总共只选修了十三门主要与法学专业有关的课程。他最感兴趣的是听法学家爱德华·甘斯的课，选修了

[①] 马泽民：《马克思主义哲学前史》，重庆出版社1994年版，第226页。

他讲授的"刑法"和"普鲁士法"。甘斯也很赞赏马克思的才华和刻苦学习精神,以后他们都成为柏林"博士俱乐部"的重要成员。他除听甘斯的课程外,还修完以下的课程:冯·萨维尼的《罗马法全书》、斯特芬斯的《人类学》、赫弗特尔的《教会法》《刑事诉讼》《德国普通民事诉讼》和《普鲁士民事诉讼》、鲁多夫的《遗产法》以及神学博士布·鲍威尔开设的《以赛亚书》,还学习了《逻辑学》《普通地理学》等课程。这些授课教师对马克思的评语是:"勤勉"或"极其勤勉"。

马克思以惊人的毅力、顽强的精神在书林学海中探索。他除研读了大量与法学有关的书籍外,还阅读了大量的哲学、历史、文学艺术等方面的著作,获得了课堂上难以得到的广博知识。他研读的与法学有关的书,有弗里德里希·卡尔·冯·萨维尼关于占有权的著作,格罗尔曼和克莱因的刑法,韦宁—英根海姆关于罗马法全书体系的著作,米伦布鲁赫的《关于罗马法全书的学说》以及劳特巴赫的著作。此外,他还阅读和研究了克拉麦尔的《论词义》、莱辛的《拉奥孔》、佐尔格的《埃尔温》、温克尔曼的《艺术史》、卢登的《德国史》、培根的《论科学的价值和发展》、赖马斯的《关于动物的复杂本能》,等等。同时,还翻译了《罗马法全书》的头两卷、塔西佗的《日耳曼尼亚》和奥维狄乌斯的《哀歌》,亚里士多德的《修辞学》的一部分。从这时起,马克思就对读过的书籍认真地做笔记,作书籍摘要,写读书心得。这种读书的精神和读书方法,贯穿于马克思的一生。

在学习期间,马克思对所阅读的东西和遇到的问题,进行了难以想象的、深入的思考,这些问题、矛盾和见解的差异,在他思想中引起激烈的碰撞、斗争,有时使他陷入深深的苦闷之中,并为之而暴跳如雷。从这些思想碰撞以及引发的思想跳跃,可以看出这时马克思思想变化的大致脉络:开始研读法律,接着研究法哲学和构建法学体系,进而转向研究哲学,这期间,他又从康德和费希特哲学转向黑格尔哲学。这只有短短一年多的时间,但他思想斗争却是极为激烈的,这直接影响着马克思日后的思想发展。

思想巨人马克思

马克思在研究法学和构建法哲学体系过程中，首先碰到的是"现实的东西和应有的东西之间的对立"，是法的表达形式和实体内容之间的矛盾，也即概念和对象、形式和内容的矛盾。要弄清楚这些关系问题，解决他思想的矛盾，就必须诉诸哲学。这时，马克思已经意识到，"这两门科学紧密地交织在一起"，所以他"首先渴望专攻哲学"[①]。他强烈地感到，"没有哲学我就不能前进"[②]，并且试图把哲学贯穿于整个法学研究的全过程。

马克思开始不喜欢黑格尔哲学，"不喜欢它那种离奇古怪的调子"[③]，实际上是不喜欢黑格尔哲学的思辨的思维方式和语言表达。所以，他开始潜心地学习康德和费希特的哲学思想，希望从中找到对自己有用的知识。

如前所述，康德和费希特都是在主观唯心主义基础上，解决思维和存在、主体和客体的同一性问题，不可能给这两者关系以正确的说明，但他强调了主体和主体的能动性，反对了认识论上的形而上学机械论，驳斥了宗教神学关于上帝存在的证明，是有积极意义的。

在资产阶级反对封建专制主义的革命时代，康德和费希特重视主体的作用，弘扬主观能动性，是时代声音在哲学上的回应。它对当时倾向革命的青年人会产生积极的影响，也自然会影响到思想剧烈变化的马克思。所以，马克思最早接受他们的哲学观点也就不足为奇了。马克思也赞同康德、费希特接受启蒙学派的基本的法学思想，即关于人的自然法学说、关于国家是社会契约的产物的学说。但他很快发现，康德和费希特的主观唯心主义哲学，割裂理想和现实、应有和现有的关系，不能帮助他解决所遇到的理论和现实问题。无论罗马法还是其他任何实际的法，都不是先验原则的体现，这些原则本身实际是一定时代的具体关系的抽象的复制品。他已经认识到，自己以前赞同的康德和费希特的观点是站不住的，现有的东西和应有的东西的对

---

① 《马克思恩格斯全集》第 1 版，第 40 卷，第 10 页。
② 同上书，第 13 页。
③ 同上书，第 15 页。

立，是康德、费希特先验唯心主义本质上所固有的，是科学道路上的"严重障碍"。"康德和费希特在太空飞翔，对未知世界在黑暗中探索；而我只求深入全面地领悟在地面上遇到的日常事物。"① 于是，他只能抛开"费希特的那一套"，而求助于黑格尔，用他在客观唯心主义形式下阐明的辩证法思想，解决自己面临的难题。马克思深深认识到，必须"从对象的发展上细心研究对象本身"，"从理想主义转而向现实本身寻求思想"②。这表明，马克思开始转向黑格尔的辩证法，到黑格尔哲学中去求真知。"我想再钻到大海里一次……只想把真正的珍珠拿到阳光中来"③。马克思从康德、费希特转向黑格尔，经历了一番内在的"冲洗灵魂，冲淡茶水"思想斗争过程，也是对自己所经历的精神危机彻底反思的结果。他既批判康德、费希特的唯心主义先验论，也批判自己过去信仰的原则，转向自己曾经厌恶的学说。对马克思来说，这一转变非常重要，没有这个转变，就不可能有以后的发展。马克思自己就把这种转变看成是，指示生活新方向的界碑。

从下面事实就可以清楚地看出青年马克思当时思想变化的情景。他像一个"不知疲倦的旅行者"，不停地进行创造性探索，阅读了大量书籍，还写了将近24印张的对话："克莱安泰斯，或论哲学的起点和必然的发展。"他极力试图通过概念本身、宗教、自然、历史这些神性的表现从哲学上辩证地揭示神学。他不得不抛开原先信仰的哲学观点而转向他开始并不喜欢的学说。"我最后的命题原来是黑格尔体系的开端"，"不得不把我所憎恶的观点变成自己的偶像而感到苦恼"④。认识上的混沌和激烈的思想冲击，使马克思异常烦恼，他像狂人一样在肮脏的施普雷河旁的花园里乱跑，跟随房东外出去打猎。紧张的研读和思想上的烦闷，使马克思又一次生病了。在医生的劝说

---

① 《马克思恩格斯全集》第1版，第40卷，第651—652页。
② 同上书，第11、15页。
③ 同上书，第15页。
④ 同上书，第15、16页。

思想巨人马克思

下，1837年春天，他来到柏林郊区的施特拉劳的小渔村休养。安静的环境，清新的空气，使马克思的身体很快得到恢复。在养病期间，马克思从头到尾阅读了黑格尔的著作，也阅读了他大部分弟子的作品。更为有意义的是，他在这里结识了一些青年黑格尔派的成员，其中有些是柏林大学的讲师，特别是与马克思关系密切的鲁登堡博士，又通过他们接触到柏林"博士俱乐部"。这更加推动了马克思转向黑格尔，研究哲学，关注现实思想争论和理论问题。

马克思经过一番激烈的思想斗争，终于转向黑格尔哲学。下面诗一般的语言可以看出，马克思当时的兴奋之情溢于言表："发现了最崇高的智谋，领会它深邃的奥秘，我就像神那样了不起，像神那样披上晦暗的外衣，我长久地探索着，漂游在汹涌的思想海洋里，在那儿我找到了表达的语言，就紧抓到底。""我们已陷进黑格尔的学说，无法摆脱他的美学观点。"[1] 从以后的思想发展来看，马克思并非无保留地接受黑格尔的哲学，而是批判地汲取黑格尔的思想精髓。

这一切因素促使马克思研究哲学的兴趣，超过了他对法学的兴趣，进而走向一条与他父亲设想的完全不同的道路。马克思转向黑格尔哲学和参加青年黑格尔派运动，是马克思思想变化和开始关注现实政治的最大动因。

四　黑格尔学派的解体和青年黑格尔派运动

在19世纪30年代的德国，代表反对派社会思想的是两个流派，一个是青年德意志派，一个是青年黑格尔派。青年德意志派，也即文学评论派，是在1830年法国7月革命的直接推动下产生的一个具有革命色彩的团体，是由一些对普鲁士封建君主专制不满的自由主义作家、政治家和出版家组成的团体。由于受白尔尼的民主思想和海因里希·海涅的具有自由主义诗篇的影响，这个团体从一开始就是一个激

---

[1]《马克思恩格斯全集》第1版，第40卷，第651、652页。

进主义的派别。它在沉寂的德国，批判封建专制主义，要求实现立宪政治、言论和出版自由，也批判黑格尔哲学为现存制度辩护的保守思想，对于唤起民族的、社会的自我意识起了重要的作用。这个运动在1835年失败以后，代之而起的就是青年黑格尔派运动，这个运动自始至终都同黑格尔哲学联系在一起。

黑格尔学派的形成。黑格尔1770年8月27日出生于德国符腾堡公国的首府斯图加特。早年受到法国启蒙运动的影响，1788年秋季进入图宾根大学学习哲学和神学。1801年10月，以就职论文《关于行星轨道的哲学》在当时德国的哲学和文学的中心耶拿大学获得任教资格。他在耶拿大学讲授"实在哲学""耶拿逻辑学""形而上学""自然哲学""哲学史"等课程。1816年他来到海岱山大学任哲学教授，开始享有盛誉。1818年10月，黑格尔受普鲁士政府之邀，到柏林大学担任教授，讲授"宗教哲学""历史哲学"等课程。这个时期黑格尔的业绩和声望达到最高点，他以自己渊博的学识，高深的体系，影响全德，乃至整个欧洲知识界。这时被任命为柏林大学评议会委员，参与了评定、审核新任教师的职称。1829年担任柏林大学校长，有了很高的地位。由于感染霍乱，于1831年11月14日在柏林猝然病逝。

黑格尔的著述颇丰，主要著作有：《精神现象学》《大逻辑》《小逻辑》《自然哲学》《精神哲学》《法哲学原理》《历史哲学》等数十部。他的主要哲学思想就贯穿于这些哲学著作中。他在先前德国古典哲学的基础上，形成了自己包罗万象的庞大的哲学体系。黑格尔以绝对观念为核心，从"理性统治世界"这个客观唯

黑格尔

心主义原则出发，把整个世界描绘成是绝对观念展开和实现的辩证运动过程，也即绝对观念自身运动、外化为自然、又在人的精神和历史中回归自身的过程。在论述这一矛盾运动过程中，他阐明了辩证法的基本规律：对立统一规律、质量互变规律、否定之否定规律中的许多合理因素。恩格斯曾经指出："黑格尔第一次——这是他的伟大功绩——把整个自然的、历史的和精神的世界描写为一个过程，即把它描写为处在不断的运动、变化、转变和发展中，并企图揭示这种运动和发展的内在联系。"[①] 不仅如此，黑格尔还试图描述历史自身发展的规律性，所以，黑格尔是客观唯心主义者，但却最具历史感。他是一个客观唯心主义者，但也是一个辩证法大师。

　　黑格尔是人类历史上影响最大的思想家之一。在柏林大学期间，直到他逝世后的几年里，他的哲学在德国都占据统治地位，影响波及整个德国思想界，甚至被推崇为"普鲁士王国的国家哲学"。在黑格尔周围团结了一批他的忠实的学生和信仰他学说的学者，形成了黑格尔学派，其重要标志就是1826年在黑格尔亲自领导下的"科学批判协会"和1827年创办的《科学批判年鉴》。这时，他的学派是统一的，达到了全盛时期。黑格尔哲学在德国知识界的影响，鲁道夫·海姆的一段话表达的最为清楚，他说：德国的知识分子"当时不是黑格尔分子，就是野蛮人和白痴，或者是不足挂齿的、智力迟钝的经验主义者。在那些兴办教育的权威们的眼中，做一个非黑格尔派那简直是犯罪"[②]。但是，随着德国社会的发展和形势的变化，黑格尔学派的分裂也在所难免了。作为当时的亲历者恩格斯后来这样描述道："正是从1830年到1840年，'黑格尔主义'取得了独占的统治，它甚至或多或少地感染了自己的敌手；正是在这个时期，黑格尔的观点自觉地或不自觉地大量渗入了各种科学，也渗透了通俗读物和日报，而普通的'有教养的意识'就是从这些通俗读物和日报中汲取自己的思

---

① 《马克思恩格斯文集》第9卷，第26页。
② ［德］鲁道夫·海姆：《黑格尔及其时代》，1962年德文版，第4页。

想材料的。但是，**这一全线胜利仅仅是一种内部斗争的序幕罢了**。"①

青年黑格尔派运动的兴起。黑格尔学派的解体是由各种矛盾造成的。首先，是黑格尔哲学体系与方法的矛盾。它的方法是科学的，认为一切事物都处于运动、变化的过程中，否认一成不变的终极真理的存在；但它的体系又是僵死的，承认绝对观念是发展的终点，也就是精神的发展完成于黑格尔哲学，从而又扼杀了发展。其次，是革命与保守的矛盾。具有革命意义的理论是批判与否定现实的，但它又可以做出为现实辩护的结论。这集中体现在黑格尔法哲学的一个论断中："凡是现实的都是合乎理性的，凡是合乎理性的都现实的。"维护现存统治的人认为，普鲁士封建专制制度是现实存在的，因而说明它是合乎理性的。持革命观点的人则认为，按照黑格尔的观点，当国家是必然的时候才是合乎理性的，因而也才是现实的，而丧失必然的国家是不合乎理性的，因而不是现实的，从而否定普鲁士封建专制制度的合法性。从黑格尔同一论断中可以得出截然相反的结论。所以，随着客观形势的变化，黑格尔的弟子各持一端，争论不休，黑格尔哲学的解体，黑格尔学派的分裂，就是不可避免的了。

在当时的德国，具有实践意义的首先是政治和宗教。在18世纪的法国，是用暴力革命的手段解决这些问题的，而在19世纪上半叶的德国，则把这种斗争囿于理论的范围。正是围绕这两个方面的争论，最后导致黑格尔学派的解体。

在哲学与宗教的关系问题上，黑格尔的观点也是矛盾的。一方面，他用哲学论证宗教，恢复了宗教和哲学、信仰和知识的同一；另一方面，他又把宗教教义归结为简单的哲学信条，从而又否定了宗教的神圣性，取消了宗教的特殊地位。从黑格尔的宗教哲学出发，可以得出两种截然相反结论：一是承认宗教和哲学的同一性，承认宗教的神圣意义，用哲学为宗教作论证，其终点便是神学；另一是否认宗教和哲学的同一性，把哲学看成是高于宗教，否认宗教的神圣意义，最

---

① 《马克思恩格斯文集》第4卷，第273页。

后走向无神论。黑格尔学派首先是围绕这个问题争论愈来愈激烈。

黑格尔学派的分裂是由大卫·施特劳斯引起的。1835年施特劳斯在图宾根出版了他的《耶稣传》，该书公然认为哲学与宗教不具有同一性，基督教也并没有什么神圣的意义，《福音书》的记载大多数是不可靠的，它们不过是在原始的基督教社团内部无意识地形成的神话和传说。耶稣不是什么神人，只是一个到处漂泊的犹太传教士。这本书的观点像晴天霹雳一样，掀起轩然大波，它不仅遭到正统神学派的反对和咒骂，而且在黑格尔学派中也引起激烈争论，最后导致该学派的解体，分裂为左、中、右三派。

右派又称老年黑格尔派，他们大多是黑格尔的嫡传弟子，大学教授，代表人物有辛利克斯、加布勒、格舍尔、道布、辛宁等人。他们极力维护老师的学说，试图证明黑格尔哲学与基督教神学完全一致，辛利克斯甚至用神学观点修正黑格尔，他在《宗教与科学的内在关系》一书中，把宗教看作比哲学更适合认识上帝的手段。他认为，宗教是上帝的直接启示，所以他高于作为理性形式的哲学。在哲学上，他们大都推崇黑格尔的哲学体系，把黑格尔哲学看作穷尽一切的绝对真理。在政治上，他们维护现存制度，反对任何社会变革。

左派又称青年黑格尔派，主要是一些青年知识分子，大学讲师，代表人物有大卫·施特劳斯、布鲁诺·鲍威尔、埃德加·鲍威尔、阿尔诺德·卢格、奥古斯特·冯·契希考夫斯基、莫泽斯·赫斯、麦克斯·施蒂纳等。路德维希·费尔巴哈也属于青年黑格尔派，他比较早地批判灵魂不死，批判宗教神学。马克思和恩格斯在一个时期，也都参加了青年黑格尔派的活动。青年黑格尔派激烈反对黑格尔调和哲学和宗教的做法，认为只有哲学才能认识真理，他们中很多人最终走向无神论。在哲学上，他们特别强调黑格尔的辩证法，反对他的体系，并试图用各种方法改造黑格尔哲学。在政治上，他们反对粉饰现实，他们认为现实是不合乎理性的。因此他们主张批判和变革现存的制度。

在左派和右派之间，还存在着一个人数众多的中派。其代表人物是卡尔·米希勒、卡尔·罗森茨、爱德华·甘斯等。他们对宗教持温和的态度，他们把宗教和哲学的内容看成是一致的，但又强调它们之间存在着重大差别。在哲学上，他们认为黑格尔哲学已经达到了绝对真理，但又认为还有很多方面需要改造。在政治上，他们虽然把现实看成是理性的实现，但又认为这种实现还没有完成，就是说还要继续改造存在国家，使其真正符合理性。

在德国面临资产阶级革命的形势下，理论争论主要成为左派与右派、青年黑格尔派与老年黑格尔派的战场。"特别重视黑格尔的**体系**的人，在两个领域中（指宗教和政治）都可能是相当保守的；认为辩证**方法**是主要的东西的人，在政治上和宗教上都可能属于最极端的反对派。"① 青年黑格尔派运动，实际上反映了当时德国资产阶级的革命诉求。

19世纪30年代的德国，封建专制势力还相当强大，政府的高压政策和严厉的书报检查制度，使得任何政治上的反对意见都很难问世，而对宗教的批判，相对地说要容易得多。因此，青年黑格尔派的兴起首先是从批判宗教开始的。基督教作为普鲁士等级君主制的精神支柱，对当时的社会生活和人们的精神起了极大的禁锢作用。它使人们漠视现实世界的苦难，而把希望寄托于来世的天国。宗教批判是政治斗争的前导。要使人们思想得到解放，关心变革社会的现实斗争，首先就必须批判宗教。而宗教的批判，间接地就是对普鲁士国家的批判。施特劳斯的《耶稣传》的出版，实际上是拉开了这场斗争的序幕。围绕对《耶稣传》的争论，使青年黑格尔派分子逐渐团结起来，一场哲学—政治批判运动迅速兴起。

博士俱乐部和《哈雷年鉴》。1837年，在柏林出现了一个联合最激进的黑格尔主义者的"博士俱乐部"，其中集中了一批才华横溢的年轻博士和学者，倡导"自我意识哲学"。俱乐部的思想领袖是柏林大学神学系讲师布鲁诺·鲍威尔，积极分子有中学教师卡尔·弗里德

---

① 《马克思恩格斯文集》第4卷，第273页。

里希·科本、柏林士官学校的地理教师阿道夫·鲁腾堡博士，以及刚刚获得博士学位的爱德华·梅因、卡·瑙威尔克、路德维希·布尔、麦克斯·施蒂纳和埃德加·鲍威尔等许多青年黑格尔派分子。正在读大学二年级的卡尔·马克思也参加了该俱乐部的活动，并成为颇受赞扬的中心人物。

"博士俱乐部"不是某种形式上固定的、有正式会籍的组织，但其成员之间的友谊和思想联系是十分牢固的，要成为其中的一员，必须有相当高的才智。柏林弗里德里希大街94号希佩尔咖啡馆，就是他们经常聚会的地方。在这里，他们一边喝啤酒和摩塞尔优质葡萄酒，一边讨论他们感兴趣的、正在思考的问题。这批俱乐部成员，年富力强，意气风发，富于天分和才华，激烈地争论着各种理论问题和政治问题。青年黑格尔派把行动哲学和批判哲学作为政治武器，试图继续"青年德意志"的事业，通过批判现存制度，使普鲁士国家具有合乎资产阶级意向的、自由的性质，用他们的哲学语言来讲，就是使普鲁士国家成为合乎理性的国家。为了阐明他们的观点，批判他们反对的理论，青年黑格尔派把《德意志科学艺术问题哈雷年鉴》（以下简称《哈雷年鉴》）作为他们发表意见的论坛。

《哈雷年鉴》是阿尔诺德·卢格和特奥多尔·埃希特迈尔于1838年1月1日创办的，它在同老年黑格尔派所办的保守的《柏林科学评论年鉴》的斗争中，代表青年黑格尔派的哲学观点和自由主义倾向。由于它捍卫批判的权利，捍卫科学和国家不受教会束缚的独立性，赞同施特劳斯对《福音书》的解释，因而遭到正统教派和保守派的激烈攻击，从而也越来越卷入政治斗争的漩涡。1841年持反对派立场的《哈雷年鉴》被普鲁士政府查禁，代之而起的《德意志年鉴》就成为青年黑格尔派思想阵地。这个杂志在1843年也被政府勒令停刊。青年黑格尔派分子利用这些杂志和自己发表的论著，开始批判宗教，用自由主义观点阐释黑格尔哲学，进而开展政治批判，直接把批判的矛头指向普鲁士封建专制制度。

契希考夫斯基的《历史哲学引论》。施特劳斯的《耶稣传》开了青年黑格尔派批判宗教的先河。接着，契希考夫斯基在1838年出版的《历史哲学引论》中，批判黑格尔的历史哲学，强调"行动""实践"，开启了政治批判前奏。黑格尔认为，"哲学作为有关世界的思想，要到现实结束其形成过程并完成其自身之后，才会出现"①。因此，哲学的任务只在于理解存在的东西，它只能解释历史，而不能昭示未来。解释历史只是哲学的任务之一，哲学更重要的功能还在于预示未来，指导行动。针对黑格尔哲学的这一缺陷，契希考夫斯基认为，黑格尔之所以把哲学局限于解释历史，是因为他把思维着的理性，而不是把指导行动的意志，看作人类活动的真谛。"思维毋宁是意志的不可分离的因素，因为重新成为存在的思维首先是意志和行为。"② 因此，人类不能仅仅满足于对历史规则的认识，而必须把这种认识付诸行动，并在行动中进一步认清自己的本质。他认为，历史的进程应该这样来决定，即用应有来对抗存在，用应该实现的理想来对抗现状。未来的哲学应该重视行动，必然是实践的。"实践的哲学，或者更确切地说，实践底哲学，它对生活和社会关系的最具体的影响，真理在具体活动中发展——一般来说，这就是哲学的未来的本分。"③ 契希考夫斯基是青年黑格尔派中第一个赋予"实践"范畴以重要意义的哲学家，他对"行动""实践"的理解，也大大超越了费希特。更值得注意的是，他已注意到要考察社会关系，并把当时的社会主义学说看作未来的原型。契希考夫斯基提出"实践哲学"是一大进步，对以后哲学思想的发展会产生积极的影响，但同费希特一样，他对"实践"的理解只限于理论批判活动，而不是感性的、物质的活动，不是变革社会制度的革命活动。

费尔巴哈对黑格尔哲学的批判。在青年黑格尔派运动中，对于批

---

① ［德］黑格尔：《法哲学原理》，商务印书馆1961年版，第13页。
② ［苏］马利宁、［苏］申卡鲁克：《黑格尔左派批判分析》，社会科学文献出版社1987年版，第152页。
③ ［法］科尔纽：《马克思恩格斯传》，生活·读书·新知三联书店1963年版，第186页，第14注。

判宗教，批判黑格尔哲学取得重大突破的应属路德维希·费尔巴哈。他在《哈雷年鉴》上发表了三篇文章，开始放弃他原来的唯心主义观点，即认为理性是世界的内在基础，而概念是事物的本质，由唯心主义世界观转向唯物主义世界观。费尔巴哈发表的三篇文章是：1838年12月3日的《实证哲学批判》、1839年3月4日的《用以判断利奥和黑格尔派之间论争的真正观点》，和1839年8—9月间连载的、具有奠基性的论文《黑格尔哲学批判》。在这些文章中，他不仅批判调和哲学与宗教关系的观点，论证宗教和哲学是根本对立的，而且直接批判黑格尔的唯心主义，认为黑格尔哲学颠倒思维与存在的关系，是思辨唯心主义的最完善的形式。"黑格尔哲学是思辨的体系哲学的顶峰。"在《黑格尔哲学批判》中，费尔巴哈提出了后来成为他人本主义哲学最高命题的自然、人、人的本质的概念，他写道："哲学上最高的东西是人的本质……哲学是关于真实的、整个的现实界的科学；而现实的总和就是自然（普遍意义的自然）。"[1] 在这里，他为自己建立新的唯物主义哲学奠定了基础。

费尔巴哈对黑格尔哲学和宗教神学的批判，集中地体现在1841年出版的《基督教的本质》、1842年出版的《关于哲学改造的临时纲要》和1843年出版的《未来哲学原理》等书中。在这些著作中，他的人本主义哲学得到全面地阐发，并且彻底地否定了宗教。《基督教的本质》是从人本主义唯物主义出发批判基督教，把青年黑格尔派关于宗教的争论提高到新的水平，对人类思想史发生了重要影响。该书出版后在社会上引起广泛关注和强烈反响，七年里出了三版。施特劳斯评价说，"他的理论是这个时代的真理"。恩格斯后来也指出这部书在当时起了"解放作用"。

费尔巴哈认为，黑格尔颠倒了思维与存在的关系，在他那里，思维是主体，存在是宾词。当思维这个主体在《逻辑学》中认识到自己的抽象时，它就把自己外化为现实的存在，外化成自然界；而这个

---

[1] 《费尔巴哈哲学选集》上卷，商务印书馆1984年版，第83页。

外化的自然界，一旦思维意识到它的异在，它就会重新扬弃这个异在，而回归到它自身。在费尔巴哈看来，黑格尔这种自然为理念所建立的学说，无非是用理性的说法表达出的自然为上帝所创造的神学学说而已。他把黑格尔哲学称作是"神学最后的避难所和最后的理性支持"①。但费尔巴哈并没有简单地否弃黑格尔哲学，而是对他进行了改造，他说："我们只要经常将宾词当作主词，将主体当作客体和原则，就是说，只要将思辨哲学颠倒过来，就能得到毫无掩饰的、纯粹的、显明的真理。"② 费尔巴哈十分显明地阐发了他唯物主义哲学的基本原则，与黑格尔哲学体系彻底决裂。

费尔巴哈从人本学观点出发批判宗教，认为宗教并不神秘，它不过是人的自我意识的产物，是人的本质的异化。在宗教中，"人使自己的本质对象化，然后，又使自己成为这个对象化了的、转化为主体、人格的本质的对象"③。这个对象化了的本质就是上帝。本来它是人的本质的异化、对象化，反过来却变成一种异己的统治力量，成为压迫自身的力量。就是说，神是人自己创造的，但结果人却向自己的创造物顶礼膜拜。虽然费尔巴哈还不是用科学的历史观批判宗教，但他更彻底地否定了宗教神学。

费尔巴哈的历史作用，是在青年黑格尔派运动中开辟了一个新的发展方向。宗教——政治批判是青年黑格尔派运动的一条主线，主要代表人物是施特劳斯和布鲁诺·鲍威尔；费尔巴哈以宗教—哲学批判，从批判宗教神学，进而批判黑格尔哲学，走向人本主义唯物主义。而后来，马克思、恩格斯进一步走向历史（和辩证）唯物主义。

施特劳斯与布鲁诺·鲍威尔的争论和青年黑格尔派的分裂。大卫·施特劳斯（1808—1874）是图宾根的一个普通教员，青年时期就开始研究神学和早期基督教史，学习康德、费希特、谢林和黑格尔哲学著作。1831年，他决心研究黑格尔哲学，慕名到柏林大学拜访

---

① 《费尔巴哈哲学选集》上卷，商务印书馆1984年版，第115页。
② 同上书，第102页。
③ 《费尔巴哈哲学选集》下卷，第56页。

黑格尔，并听他教授哲学课，可是听了两堂课黑格尔便猝然病逝。他离开柏林大学以后，在图宾根进行了博士论文答辩，并在那里教授神学和哲学。在这期间，就开始了对宗教神学的批判。在1832—1835年间，他撰写了《耶稣传》，更系统地阐明了他的观点。如前所述，施特劳斯在《耶稣传》中断言：《福音书》所记载的故事，既不像正统的神学家们所说的那样，是圣灵口授的神史，也不像黑格尔所认为的那样，是哲学概念的象征，而是在原始的基督教社团中无意识地形成的神话和传说。他认为，这些传说的产生源于当时人们对救世主的普遍期待。在那个时代，世界上存在着普遍的苦难，而人们对这种普遍苦难又无可奈何，于是他们只得把摆脱苦难的希望寄托于一个他们身外的至高无上的救世主。所以，人们在无意识地口耳相传中，把塑造出的东西都转嫁到耶稣的身上。在相互传说的过程中，最后就形成了《福音书》关于耶稣的那些神奇的故事。施特劳斯的理论缺陷在于，忽视了《福音书》作者的个人创造。

与这种见解相联系，施特劳斯把世界历史的基础赋予自我运动的"实体"。他认为，"实体"绝不可能在某一特殊的个人、某一特殊的宗教那里完全地实现，它只能通过整个人类的一切高级精神活动的总和才能实现。因此，施特劳斯仅仅把黑格尔哲学看成是"实体"发展过程中的一个特定的阶段。他的这种观点，不仅把黑格尔自认为完美无缺的哲学体系撕开了一个裂口，而且也导致了青年黑格尔派的分裂。

布鲁诺·鲍威尔（1809—1882）长期生活在柏林，在柏林大学神学系学习神学，但他对哲学很感兴趣，常常听黑格尔教授哲学课，并认真地写笔记，整理得井井有条，被人们当作范例。1835年，霍托曾利用鲍威尔所做的关于黑格尔1823—1825年讲授美学时所做的笔记，出版了《美学》。[①] 1834年他完成学业后，获得柏林大学的博士学位，并成为讲师、副教授，讲授《圣经》《新约全书》、基督教史，

---

① 参见［德］黑格尔《美学讲演录》德文版，第1卷，第7页。

以及教义史等课程。他用黑格尔哲学解释宗教神学,持神学正统派的观点。施特劳斯的《耶稣传》的出版,鲍威尔开始持批判的态度,以后他的观点发生了变化,与施特劳斯站在一起批判宗教神学,并使他成为最激进的青年黑格尔派分子。但是,在批判宗教神学中,鲍威尔不同意施特劳斯把"实体"作为世界历史的根源,而是把"自我意识"推崇为哲学的最高原则。

鲍威尔从 1838 年、1839 年就开始发表文章批判宗教神学,他的主要著作有:《约翰福音史批判》(1840)、《对黑格尔、无神论者和反基督教者末日宣告》(1841)、《复类福音①作者的福音史批判》(1841—1842)。在哲学著作中,他对福音书、宗教和黑格尔哲学做出了新的解释,提出了他的"自我意识哲学"。

鲍威尔认为,福音书是其作者的有意识的虚构,是哲学作者的自我意识的产物。第一个福音书的作者马可为了他特定的宗教目的,有意识地编造了关于基督的神话故事,写出了《马可福音》。接着,路加和马太又根据他们自己的想法,修改和补充了《马可福音》,这就是《路加福音》和《马太福音》。最后,约翰又根据希腊的"逻各斯"观念对这些福音书作了进一步的加工,形成了他的《约翰福音》。他认为,施特劳斯把福音书看成是基督教内部无意识形成的神话传说,就无法解释各福音书之间存在的不同特征。鲍威尔同时反对施特劳斯赋予福音书以"实体"基础,也就是反对说福音书具有现实的历史内容,反对把耶稣作为一个历史人物。按照鲍威尔的观点,福音书只是它的作者的纯粹的文学虚构,而耶稣也只是一个纯粹虚构的文学象形。在施特劳斯那里还保留了某些属神的内容,而鲍威尔则否认基督教有任何属神的东西,否定有任何神灵存在。

鲍威尔还指责施特劳斯高扬无意识的实体力量,会把历史归结为一种神秘的、超自然的本质。他认为,施特劳斯的观点必然导致忽视人的有意识的创造活动,忽视人的自我意识。而自我意识才是历史发

---

① "复类福音"是"马可福音""马太福音"与"路加福音"的总称。

展的决定力量，历史就是自我意识的发展过程。他说："实体只是体现'自我'的局限性和有限性的转瞬即逝的火焰。运动不是由实体完成的，而是由自我意识完成的，自我意识才是真正无限的，它把实体的普遍性当作自己的本质，包摄于自身。"① 不论是神还是历史，都是人的自我意识的产物。在这里，鲍威尔和施特劳斯在宗教、哲学上的分歧，一目了然。

实际上，不论是施特劳斯的"实体"，还是鲍威尔的"自我意识"，都不过是黑格尔哲学的一个方面，是绝对精神发展的一个环节。实体不能离开主体（含自我意识），实体只有通过自身的否定运动，只有在转化为主体时，才具有真理性。黑格尔在《精神现象学》中说："一切问题的关键在于：不仅把真实的东西或真理理解和表述为实体，而且同样理解和表述为主体。"② 他们各持一端，争论不休，实际上这种争论仍然囿于黑格尔哲学的范围，抓住黑格尔的某一个概念，无限夸大，并将其发挥到极端。

后来，马克思、恩格斯在《神圣家族》中，对他们争论的实质作了揭露，指出：在黑格尔的体系中，有三个因素：巴鲁赫·德·斯宾诺莎的实体，费希特的自我意识，以及这两个因素在黑格尔那里的必然的矛盾的统一，即绝对精神。施特劳斯和鲍威尔两人十分彻底地把黑格尔的体系应用于神学。前者以斯宾诺莎主义为出发点，后者则以费希特主义为出发点。他们两人都抓住其中的一个因素批判了黑格尔体系中的另一个因素，并使每一个因素都获得了片面的、因而是彻底的发展。因此，他们仍然继续停留在黑格尔的思辨范围之内，代表了黑格尔体系的一个方面。并认为，只有费尔巴哈才真正超越了黑格尔哲学。③

这里需要提及的是，施特劳斯在后来放弃了他先前的观点，他在1840年出版的《耶稣传》第4版中，否认耶稣是一个历史人物。接

---

① 《马克思主义哲学史》（八卷本）第1卷，第66页。
② ［德］黑格尔：《精神现象学》上册，第10页。
③ 参见《马克思恩格斯全集》第2卷，第177页。

着在《基督教教理的历史发展及其和现代科学的斗争》中,接受了费尔巴哈等人的影响,认为基督教必然会同科学发生冲突。①

以布鲁诺·鲍威尔为代表的一批青年黑格尔派分子,以自我意识哲学为批判武器,批判宗教,也批判现存的封建制度,越来越从宗教自由主义,走向政治自由主义。当时的普鲁士政府的文教大臣阿尔坦施泰因,是支持黑格尔学派的,放任他们的活动,1839年还派鲍威尔到波恩大学担任讲师,在那里讲授神学,并答应很快提升他为神学教授。但是,1840年,德国形势发生了不利于左派活动的变化,主要是老国王弗里德里希—威廉三世去世,弗里德里希—威廉四世继承王位,这对青年黑格尔派无疑是一场噩梦。他反对青年黑格尔派激进的批判活动,任命正统派分子艾希霍恩为阿尔坦施泰因的继任者,掌管文教大权。他掌权后,对青年黑格尔派运动采取越来越严厉的镇压措施,把持激进观点的黑格尔主义者开除出大学,青年黑格尔派的喉舌诗人格·海尔维格被驱逐出普鲁士,并先后查封了《哈雷年鉴》《德意志年鉴》等激进刊物。同时,把保守的谢林请到柏林大学讲学,批判黑格尔哲学。形势的这种变化,促使青年黑格尔派对国家、政府也采取越来越激烈的反对态度。

1840年一部分青年黑格尔分子组成柏林"自由人"团体,实际是"博士俱乐部"在不同形势下的继续,向着更为极端的方向发展。其主要成员有鲍威尔兄弟、布尔、科本、梅因和施蒂纳等人。他们信奉鲍威尔的自我意识哲学,相信自我意识是万能的,相信通过理论批判就可以达到自由思想,就可以消除一切不合乎理性和不符合"自由精神"的现存事物。他们把作为手段的批判当作了目的,认为自己的批判是"纯粹的批判",是"批判的批判"。否定一切,试图通过"批判的批判"解决世上的任何问题。卢格曾去柏林说服柏林"自由人",希望他们参加到共同的活动中来,但没有成功。卢格称他们是

---

① 参见[法]科尔纽《马克思恩格斯传》第1卷,生活·读书·新知三联书店1963年版,第230页。

思想巨人马克思

"理论上的虚无主义和实践上的放荡无忌",不会有任何作为,只会损害青年黑格尔派进行的反抗运动。曾经对批判宗教神学有过"巨大功绩"(恩格斯语)的鲍威尔,成为思辨唯心主义主要代表人物。

1844年麦克斯·施蒂纳出版了他的代表作《唯一者及其所有物》,创立了他的"唯一者"哲学,把"自我"发展到极端,否定"唯一者"的"我"之外的任何现事物,走向极端利己主义和无政府主义。此书刚一出版便遭到普鲁士政府的查禁。这也意味着青年黑格尔派运动已经寿终正寝了。

马克思与青年黑格尔派运动。马克思参加《博士俱乐部》还不到20岁,只是柏林大学二年级学生,他比布鲁诺·鲍威尔和科本等大多数成员小十多岁。从马克思给他父亲的信中可以看出,他是1837年秋天加入"博士俱乐部"的。是年11月10日,他在给父亲的信中写道:"在生病期间,我把黑格尔从头到尾读了一遍,还看了他大多数学生的著作。由于在施特拉劳常和朋友们见面,我参加了'博士俱乐部',在俱乐部的会员里有几个讲师和在柏林的一位最亲密的朋友鲁腾堡博士。这里的争论表现出各种不同的、相互对立的观点,而把我自己同我想避免其影响的现代世界哲学连在一起的纽带越来越紧了。"[①] 直到1841年结束大学学习生活之前,在三年多的时间里,马克思一直都是"博士俱乐部"的成员。

这个时期,马克思积极参加了青年黑格尔运动的活动,同他们一起进行战斗,参加他们讨论哲学、宗教和政治问题,开始了他的哲学、政治活动。马克思也很关注自我意识哲学问题,为了探讨其深刻含义,他读了许多哲学书籍,如亚里士多德的《论灵魂》、黑格尔的《自然哲学》、斯宾诺莎的书信集,以及莱布尼茨、休谟和康德的著作。他还研究了古希腊的自我意识哲学,认为伊壁鸠鲁主义、斯多葛主义、怀疑论对古希腊这一哲学思想的发展具有重要意义。马克思还参加了青年黑格尔派的宗教——政治斗争,他撰写了批判黑格尔右

---

① 《马克思恩格斯早期著作选》,1956年俄文版,第14页。

第二章　马克思的童年与学生时代

派、神学教授海尔梅斯神学观点的书，并通过鲍威尔送往波恩出版，由于当时形势的变化，马克思放弃了出版该书的打算。马克思是否参加过鲍威尔著名的《末日宣告》的写作，研究者有不同看法，但从他1842年3月20日给卢格的信看，他还是参加了一些工作。在这封回绝卢格的信中，马克思写道："因此，在这种情况下，我不能为最近一期《轶文集》寄去黑格尔法哲学批判了（因为这篇文章也是为《末日的宣告》写的）。"①"博士俱乐部"的成员认为，马克思对鲍威尔思想产生过重要影响，比如科本认为，鲍威尔的基本思想来自于马克思；但同时鲍威尔也影响马克思，马克思关于"宗教是人们的鸦片"，就来自于鲍威尔关于宗教是麻痹人民的工具的思想。关于宗教产生于愚昧和贫困，以及从宗教批判走向政治的批判等观点，可以说，他们互有影响。

青年马克思以其过人的才智和深刻的洞察力，很快就成为俱乐部的精神领袖之一，获得"博士俱乐部"的高度评价和赞扬。科本1841年6月3日在给已经从柏林到波恩的马克思的信中说："自从我所尊敬的'彼岸之人'去到莱茵河的彼岸时起，我才重新开始渐渐地成为'此岸之人'。我重新有了自己的、也就是所谓独立思考出来的思想，虽然我从前的一切思想也并非来自远处，而正是来自舒岑施拉斯（马克思当时的住地——引者）"。布鲁诺·鲍威尔在谈到他的思想也来自舒岑施拉斯时说，"可见，你（指马克思）是一座思想的仓库、制造厂，或者按照柏林的说法，思想的牛首"②。赫斯对马克思印象很深，评价更高，他在1841年9月2日给朋友奥艾尔巴赫的信中说："你应该准备着去会见一位最伟大的哲学家，也许是当今活着的唯一真正的哲学家，这位哲学家虽然刚刚初露头角，但很快就会把德国的眼光吸引到自己身上。""马克思博士，这个我所最崇拜的人，还是一个十分年轻的人（至多不过24岁左右）；他将给中世纪的

---

① 《马克思恩格斯全集》第27卷，第424页。
② ［法］科尔纽：《马克思恩格斯传》第1卷，生活·读书·新知三联书店1963年版，第218、219页。

思想巨人马克思

宗教和政治以致命的打击；他既有深思熟虑、冷静、严肃的态度，又有最辛辣的机智；如果把卢梭、伏尔泰、保尔·昂利·霍尔巴赫、莱辛、海涅和黑格尔合为一人（我说的是结合，不是凑合），那么结果就是一个马克思博士。"① 从上述可见，马克思的过人的才智和聪慧在学生时期已开始崭露头角，赫斯信中的见解已表露无遗。

当时还未与马克思谋面的青年恩格斯，在一首诗里这样高度评价热情奔放、英勇无畏的马克思：

> 谁跟在他（鲍威尔）身后，暴风似地疾行？
> 是面色黝黑的**特利尔**之子，一个才智非凡的奇人。
> 他不是在走，不是在跑，而是在风驰电掣地飞奔。
> 鹰隼般的眸子，大无畏地闪烁，
> 紧握拳头的双手，愤怒地向上伸，
> 好像要把苍穹扯下尘埃。
> 不知疲倦的力士一味猛冲，
> 好似恶魔缠住了身！②

虽然马克思对青年黑格尔派运动产生了积极的、深刻的影响，但马克思独树一帜的见解和敏锐的洞察力，还是同俱乐部的成员的观点有着原则的区别。青年黑格尔派虽然在当时起了积极的作用，继法国启蒙运动后，推动了德国的思想解放运动，但他们的活动始终囿于小资产阶级知识分子的范围。他们不可能认识到当时德国社会的主要问题和主要矛盾，不能做到理论与实际的结合，而是满足于单纯理论上的批判，并且沿着自由主义和思辨唯心主义的方向越走越远。而青年马克思当时已经认识到，必须向前推进唯物主义，必须进行政治批判，对变革现存的社会制度施加积极的影响。这种分歧最终导致马克

---

① ［法］科尔纽：《马克思恩格斯传》第 1 卷，生活·读书·新知三联书店 1963 年版，第 321—322 页。

② 恩格斯：《信仰的凯旋》，《马克思恩格斯全集》德文版补卷第二分册，第 301 页。

思同青年黑格尔派分子分道扬镳。马克思在担任《莱茵报》主编期间，拒绝发表柏林"自由人"空洞无物、高谈阔论的文章，后来马克思和恩格斯正是批判了布鲁诺·鲍威尔、麦克斯·施蒂纳和路德维希·费尔巴哈等人的哲学观点，"清算了自己从前的哲学信仰"，才从而走向历史（辩证）唯物主义和共产主义。

五　一个尚未谋面的朋友——青年恩格斯

弗里德里希·恩格斯1820年11月28日出生于莱茵省巴门市的一个纺织厂主的家庭里。这个家庭很早以前就定居于乌培河谷，是当地的名门望族。恩格斯的父亲老弗里德里希·恩格斯起初在他祖父的纺织厂里主持业务，1837年以后与彼得·欧文在英国曼彻斯特共同开办了欧文—恩格斯纺纱厂，1841年又在巴门开办了纺纱厂。恩格斯父亲是一个精明的企业家，也是一个宗教虔诚主义者。

青年恩格斯

他不仅自己笃信宗教，而且要求子女也必须无条件地信仰基督教，相信基督教教义，同时也以自己丰富的经历和知识教育他们。恩格斯母亲伊丽莎白·恩格斯出身于知识分子家庭，心地善良，富有教养，酷爱文学艺术，并把《歌德全集》送给年轻的恩格斯作为礼物。恩格斯一生对文学的喜爱，是同母亲从小对他的言传身教是分不开的。

当时的乌培河谷基督教虔诚主义占统治地位，并且影响到当地的学校。1834年10月恩格斯就读于爱北斐特中学，这所学校比较开放，受虔诚主义影响较少，除开宗教课外，还开设了拉丁语、希腊语、德语、法语、希伯来语、文学、地理、历史、物理、数学、博物学、音乐和绘画等课程。高年级还开设了哲学基础知识课。恩格斯不仅学习了科学知识，而且通过这些课程还接受到法国启蒙思想和自由主义教育。少年恩格斯已经显露出掌握语言的非凡才能。在中学时期，他已熟练地掌握了几种语言，并准确地翻译拉丁文、希腊文和法文等文学作品。当时环境的影响和学校教育在少年恩格斯思想中产生了激烈碰冲，信仰与知识、现实与教义、自由民主与封建专制，一直萦绕于他的脑海。矛盾的困扰，使恩格斯越来越厌恶宗教，而走向现实生活。

恩格斯原计划中学毕业后就升入大学，攻读经济学或法学，但他父亲一定要让儿子辍学经商，继承自己的事业。恩格斯只得听从父命，1837年9月到巴门学习经商，一年后又到不来梅继续学习商业。但不来梅这座交通发达，商业繁荣，享有自治权的自由城市，却给年轻的恩格斯以深刻的影响，唤醒他对自由民主的向往，使一直萦绕于脑海的矛盾可望得以消解。他被父亲安排在亨利希·列波尔德大商行里工作，但他对经商并不感兴趣，而是把全部业余时间用于自学、研究和写作，探求智慧和真理。

在不来梅，恩格斯不仅看到了歌德、约翰·克里斯托弗·弗里德里希·冯·席勒的名著，而且还读到当时民主主义作家海涅、白尔尼以及"青年德意志"的一些政治家的作品，这使他思想发生了更大的变化。对恩格斯早期思想产生影响的，还有法国著名的文学名著，特别是莱辛、伏尔泰、莫里哀、孟德斯鸠、卢梭等法国和德国启蒙思想家的作品。1838年9月，恩格斯在《不来梅杂谈》发表了他的第一篇作品，即一篇题为"贝都英人"的长诗。在法国启蒙思想家卢梭"自然状态"思想的影响下，他在诗中把追求自由平等的诉求归为"返回自然"，回到荒凉的原野。但他很快放弃了这种观点，在"青年德意志"的影响下，他的另一诗作《佛罗里达》开始把实现自由、解放的愿望同摆脱奴役制度联系起来。支持"青年德意志"的伟大革命诗人海涅认为，每个时代都有自己的课题，而"我们时代的伟大课题是什么呢？就是解放"。他把"解放"理解为变革不合理的社会制度。恩格斯在不来梅的最大收获是接触到"青年德意志"文艺思潮，在其推动下，他对自由的追求已不是仅仅停留于早期朦胧的个性解放上，而是同现实政治生活联系在一起，以反对宗教蒙昧主义和封建专制制度为目标。这个时期，恩格斯写了不少诗作和通讯，但主要代表作，是1839年3—4月匿名发表在《德意志电讯》的《乌培河谷来信》。在这篇政论文章中，恩格斯根据他在家乡的亲身经历和目睹的"可怕的贫困"，揭露了社会生活中的种种阴暗面和人们的苦难而又愚昧的生活，痛斥工厂主对工人的残酷的榨取，抨击了伪善的宗教虔诚主义和荒谬的先定学说，指出"厂主中间对待工人最坏的就是虔诚派教徒"[①]。他断言，"这个旧蒙昧主义的断崖也抵挡不住时代的巨流……断崖一定会轰然倒塌"[②]。

这时的恩格斯彻底否定宗教神学，高度评价和赞扬施特劳斯及其《耶稣传》也就不足为奇了。他认为，《耶稣传》使宗教虔诚主义失去存在的基础。施特劳斯对恩格斯影响是如此之深，直到他临终前一年写的《论早期基督教的历史》，还评价说："**杜宾根学派**，广义来说，应该把大卫·弗·施特劳斯也算在内。在批判研究方面，这个学派达到了一个**神学**派别所可能做的最高限度。"[③] 施特劳斯《耶稣传》不仅帮助恩格斯摆脱了宗教的束缚，而且给恩格斯带来了黑格尔哲学的光辉，使他从青年德意志运动走向青年黑格尔运动。1839年年底，恩格斯开始阅读黑格尔的哲学著作，特别是《历史哲学》，其中关于世界历史的观点使他茅塞顿开，豁然开朗。他的兴奋之情从给威·格雷培兄弟的信中看得十分清楚："我正处于要成为黑格尔主义者的时刻。我能否成为黑格尔主义者，当然还不知道，但施特劳斯帮助我了解黑格尔的思想，因而这对我来说是完全可信的。""由于施特劳斯，

---

① 《马克思恩格斯全集》第1卷，第499页。
② 同上书，第507—508页。
③ 《马克思恩格斯全集》第22卷，第531页。

我现在走上了通向黑格尔主义的阳光大道。"① 同马克思一样，恩格斯也是接受黑格尔的辩证法思想，正确理解哲学与世界的关系，走向现实的政治斗争，走向革命民主主义道路。

1841年9月，恩格斯来到柏林服兵役，当一名炮兵。这时马克思已经离开柏林到了波恩。恩格斯在服兵役期间，一方面学习军事知识，熟悉军队生活；另一方面，利用这个难得的机会在柏林大学旁听哲学、文学、宗教史等课程，进一步掌握和了解黑格尔的哲学。恩格斯在这里结识了青年黑格尔派的朋友，特别是同莫泽斯·赫斯的关系更加密切，很快参加了柏林"博士俱乐部"，他的名字同布尔、科本、鲁腾堡和赫斯的名字一起并列在俱乐部出版的《艺文》杂志上。他参加青年黑格尔运动的主要表现，是对谢林的批判。恩格斯来到柏林时也正是普鲁士政府派谢林来柏林大学讲课，批判黑格尔哲学，攻击黑格尔学派。谢林宣扬一种"启示哲学"，气势汹汹地要"降伏黑格尔哲学这条喷吐不信神的火焰和晦涩难解的烟雾的凶龙"②。作为旁听生的青年恩格斯敏锐地感到，这不仅是一场哲学论战，而且是一场激烈的政治斗争。所以，恩格斯一方面如饥似渴地旁听有关课程和阅读有关书籍，一方面义无反顾地起而应战。他奋笔疾书，写了一篇文章《谢林论黑格尔》，1841年12月载于《德意志电讯》。写了两本小册子：《谢林和启示》（1842年3月在莱比锡出版）和《谢林——基督的哲学家》（1842年5月在柏林出版）。青年恩格斯的论著像犀利的匕首，打击了谢林的气焰，也刺痛了普鲁士政府的敏感神经。恩格斯指责谢林是普鲁士政府的御用工具，他的哲学观点是"为普鲁士国王的需要"而编造的。因此，同谢林的争论，不单纯是学术之争，其实质是"在政治和宗教方面争夺对德国舆论的统治地位即争夺对德国本身的统治地位"③问题。

恩格斯分析了谢林与黑格尔这两位昔日"图宾根神学院的同窗"，

---

① 《马克思恩格斯全集》第41卷，第540、544页。
② 同上书，第209页。
③ 同上书，第197页。

以后走上完全不同的发展道路：谢林从哲学走向宗教，黑格尔则从宗教走向哲学。谢林的"同一哲学"就是为宗教服务的"启示哲学"，他所谓的"实证哲学"是从属于宗教的，认为只有神的"启示"，才是"实证"知识的唯一源泉，以此反对理性认识，反对科学，也反对自由精神。谢林的"同一哲学"，实际是以对神的崇拜代替对思维与存在的解决。在谢林看来，他的无差别的"绝对同一性"就是"神"，它主宰着自然和历史的进程，主宰着主体和客体、思维和存在的同一。而神的存在不可能通过理性去认识，只有通过启示。谢林对黑格尔哲学的批判，没有解决任何问题，只会更加神秘化。谢林是以"神"高于思维和存在这样一个非理性主义的宗教命题，代替黑格尔的思维高于存在这样一个辩证唯心主义命题。

恩格斯批判谢林，捍卫黑格尔，但对黑格尔哲学并不是无保留的完全接受，他已经发现黑格尔哲学存在着原则与结论的矛盾，对黑格尔哲学的局限性表示了独到的见解。他说："黑格尔本人设置了界限，它们像堤坝一样拦蓄从他学说中得出的强有力的、有如急流般的结论。这部分地决定于他所处的时代，部分地决定于他的个性。"① 青年恩格斯在短短的时间里能有这样的认识，是十分难能可贵的，足见他像马克思一样有着过人的才智。

恩格斯的文章和小册子的发表，立即受到国内外进步人士的重视和好评。柏林"博士俱乐部"的重要成员卢格，开始由于恩格斯的作品署名"弗里德里希·奥斯渥特"，便误以为是出自巴枯宁的手笔，称赞道："这有希望的青年正在超过柏林的一切老蠢材喇。"② 后来，卢格知道这些作品是恩格斯写的，随即写信钦佩地称恩格斯为博士，还埋怨恩格斯为什么不把稿子送到《德意志年鉴》发表。恩格斯回信解释未投稿的原因后说："我绝不是博士，而且永远也不可能

---

① 《马克思恩格斯全集》第41卷，第211页。
② ［德］弗兰茨·梅林：《马克思传》，生活·读书·新知三联书店1956年版，第105页。

成为博士;我只是一个商人和普鲁士王国的一个炮兵。"① 他和马克思的聪明才智、深刻见解和为大多数人谋幸福的胸怀,决定他们后来走到一起,并战斗终生。

六 博士论文:《德谟克利特的自然哲学和伊壁鸠鲁的自然哲学的差别》

马克思把研究古希腊哲学作为自己博士论文的选题不是偶然的,这与当时的时代精神,以及与黑格尔、青年黑格尔派的哲学影响有着直接的关系。当时,青年黑格尔派最为感兴趣的,是古希腊的伊壁鸠鲁学派、斯多葛学派和怀疑论哲学。布·鲍威尔就研究了伊壁鸠鲁派、斯多葛派和怀疑论派哲学同基督教的关系,而弗·科本在他1840年出版的献给卡尔·马克思的著作《弗里德里希大帝和他的反对者》中,更把这三个流派看成是反映古代社会内在本质的哲学派别。青年黑格尔派认为,这三个哲学流派是受压抑的"苦恼意识"的产物。在古希腊极端缺乏民主和自由的政治生活中,它们只有借助于抽象的哲学外衣来表达反抗现实的政治愿望。同时,青年黑格尔派在古希腊这些主张不为外物所动、以心灵宁静为最大幸福的哲学流派中也找到了与他们强调个性自由、自我意识相一致的共同语言。这些哲学流派的出现,实际是当时社会矛盾在思想上的折光的反映。

从1839年起,马克思对西方哲学史作了专门研究。他特别深入地研究了伊壁鸠鲁主义、斯多葛主义和怀疑论哲学。马克思阅读了大量有关著作。1839年写下了七本关于伊壁鸠鲁哲学的笔记,摘录了第欧根尼·拉尔修、塞克斯都·恩披里柯、普卢塔克、卢克莱修、约翰·斯托贝、鲁齐乌斯·安涅乌斯·塞涅卡、西塞罗等有关伊壁鸠鲁哲学的评述以及古代哲学家亚里士多德、德谟克利特、苏格拉底、柏拉图和毕达哥拉斯等人的观点。不仅如此,在1841年离开柏林之前,

---

① 《马克思恩格斯全集》第27卷,第428页。

马克思还对近代许多著名哲学家如斯宾诺莎、莱布尼茨、休谟、康德、罗森克兰等人的著作作了深入研究，并写下了八本笔记、摘录。这些笔记和摘录涉及认识论、逻辑学、伦理学、宗教和本体论等有关问题。此外，马克思还参阅了欧塞比乌斯·培尔、霍尔巴赫、奥古斯丁、费尔巴哈、西姆普利齐乌斯、斐洛波努斯等人的著述。在此基础上马克思准备联系整个希腊思想来详细地分析伊壁鸠鲁主义、斯多葛主义和怀疑论派哲学体系的相互关系，写一部哲学史专著。马克思在1841年3月完成的题为"德谟克利特的自然哲学与伊壁鸠鲁的自然哲学的差别"的博士论文，就是这部未能完成的哲学史专著的导论。

马克思博士论文

在哲学史上，许多哲学家、包括黑格尔在内，曲解伊壁鸠鲁和德谟克利特的关系，或者把这两位哲学家等同起来，或者把伊壁鸠鲁看成是德谟克利特的"抄袭者"，甚至把亚里士多德之后的希腊哲学看作希腊哲学的衰退。青年马克思敢于突破哲学史上的认识误区，提出自己独到的见解，认为："只是现在，伊壁鸠鲁派、斯多葛派和怀疑论派体系为人理解的时代才算到来了。"① 他指出，在亚里士多德以后，主要是伊壁鸠鲁派，斯多葛派和怀疑派这一系列学派在其性质方

---

① 《马克思恩格斯全集》第40卷，第286页。

思想巨人马克思

面"较有意义","这些体系是理解希腊哲学的真正历史的钥匙"[①]。他坚决反对把伊壁鸠鲁哲学当作德谟克利特的物理学和昔勒尼派道德思想的混合物。在博士论文中,马克思改变了历史上那种把自我意识哲学诸流派贬低为折中主义的观点,彻底纠正了把伊壁鸠鲁的物理学和德谟克利特的物理学等同起来的历史偏见,详细地考察了德谟克利特的自然哲学和伊壁鸠鲁自然哲学的差别。第一次深刻指出了伊壁鸠鲁的自然哲学所具有的独特的革命精神及其深远意义,确立了伊壁鸠鲁在哲学史上应有的地位,"解决了一个在希腊哲学史上至今尚未解决的问题"[②]。

这篇博士论文是马克思参加青年黑格尔派运动时期写的著作,并受到鲍威尔的影响,但在主要之点上同青年黑格尔派分子存在重大分歧。首先,和其他青年黑格尔派分子服务于资产阶级利益的自由主义不同,在政治观点上,马克思是一个革命民主主义者。当青年黑格尔派分子还在为刚兴起的资产阶级的利益鸣锣开道时,年轻的马克思已经开始把自己的关注倾向于全体人民的利益。其次,在哲学世界观上,青年黑格尔派分子满足于纯理论的批判,他们许多人在自我意识与现实的关系问题上,从黑格尔倒退到费希特,从而把自我意识和现实、人和周围环境对立起来。而马克思却在吸收黑格尔合理思想的基础上重点论述了二者的辩证统一,这就找到了改变现存社会制度并对它施加积极影响的方法论原则,从而为科学阐明人在自然和社会中的地位和作用作了准备。

青年黑格尔派分子所阐述的自我意识哲学,同古代的自我意识哲学有着思想上的远缘关系,可以说,它是古希腊自我意识哲学在新的历史条件下的积极发展。青年黑格尔派着重探讨了自我意识哲学的"主观形式"。马克思这时仍然受着思辨唯心主义哲学的影响,但他通过自己的研究,为这种哲学提供了历史的和理论的论证。同时,马

[①] 《马克思恩格斯全集》第40卷,第189页。
[②] 同上书,第188页。

克思也高扬了自我意识的能动作用,把自我意识视为体现时代精神的"精神承担者"。

德谟克利特和伊壁鸠鲁都是古希腊杰出的唯物主义哲学家,原子论哲学的重要代表。他们进一步发展和完善了留基波所创立的原子论学说。在理论上伊壁鸠鲁接受并继承了德谟克利特原子论学说的基本观点,并以此为出发点阐述自己的思想。不过,在原子论学说的具体见解上,二者又存在着重大差别。

马克思的博士论文重点研究的是德谟克利特和伊壁鸠鲁在自然哲学上的差别,但马克思无论在博士论文中还是在后来的著作中,都没有否认二者在哲学理论上的一致性。在博士论文中,马克思更倾向于伊壁鸠鲁的原子偏斜运动,但他也没有完全否认德谟克利特哲学,在《德意志意识形态》中,马克思、恩格斯给德谟克利特以很高评价,称赞他是"经验的自然科学家和希腊人中第一个百科全书式的学者"[1]。

德谟克利特的原子论是机械的、缺少能动精神。自然事物的全部变化被归结为机械的位置运动,在方法上,宏观层次的质变被还原为原子层次的量变,世界的多样化最终被归结为同质原子的几何形状与形式结构的不同。从自然科学知识的要求出发,德谟克利特十分重视因果关系的必然性,在他那里,没有什么东西是任意的,一切都遵循必然性。尽管如此,这种具有机械性的原子唯物主义在对世界认识的合理性上却优于柏拉图和亚里士多德的目的论,它坚决否定了任何神学目的,启迪人们去认识物质世界本身固有的客观规律。

德谟克利特与伊壁鸠鲁在原子运动中的主要分歧在于,前者强调物体下落中的"原子的直线运动",而后者则强调原子"偏离直线的运动"。在伊壁鸠鲁看来,处在直线下落运动中的原子,在它所描绘的直线中,丧失了个体性,丧失了因偏斜而产生的排斥里的个体的能动性和活力。与此相联系,他更加重视偶然性的积极作用。偶然性是伊壁鸠鲁哲学中居支配地位的范畴。马克思非常赞同伊壁鸠鲁的哲学

---

[1] 《马克思恩格斯全集》第3卷,第146页。

思想巨人马克思

观点，认为原子的偏斜运动不是特殊的、偶然出现在伊壁鸠鲁哲学中的规定，而是贯穿在他整个哲学中的基本原则。马克思把原子偏离直线看作是原子的"规律"、原子的"脉动"和原子特有的"质"。他十分重视原子偏斜运动所具有的社会实践意义。认为"'偏离直线'就是'自由意志'"①，偏斜运动彻底打破了命运的束缚。只有在原子的偏斜运动中才体现了原子的真实的灵魂，即自我意识的绝对性和自由。

在马克思看来，排斥是自我意识的最初形式。作为自我意识外化的原子，由于偏斜运动，由于排斥，就从自己的相对存在、从直线中解放出来，显现出自己的形式规定，即自我运动，从而实现了纯粹的自为存在和不依赖于直接定在的独立性，实现了原子概念所包含的矛盾。

马克思进一步发挥了伊壁鸠鲁的原子偏斜说。如同原子只有在偏离直线的运动中、在相互碰撞中才能扬弃自身的相对性定在一样，马克思在论文中指出，一个人只有当他与另一个人发生关系时，他才不再是自然的产物。"所以一个人，只有当同他发生关系的另一个人不是一个不同于他的存在，而他本身，即使还不是精神，也是一个个别的人时，这个人才不再是自然的产物。但是要使作为人的人成为他自己的唯一真实的客体，他就必须在他自身中打破他的相对的定在，欲望的力量和纯粹自然的力量。"② 把自己封闭起来，割裂与社会其他成员的交往，就无法摆脱自然存在而实现社会存在，这些见解是深刻的。

马克思很重视伊壁鸠鲁原子偏斜运动对确立人的自由观念所具有的重大意义，赞同他对德谟克利特宿命论的否定。但马克思不同意伊壁鸠鲁把自由理解为脱离外在世界的自我意识的宁静。伊壁鸠鲁是自我意识哲学家。他强调遵循个别性的原则，把心灵的宁静视为最高目

---

① 《马克思恩格斯全集》第40卷，第121页。
② 同上书，第216页。

的。自由被当成了不受任何外在对象牵累的任意性,内心的恬静就是一切。无所适从,没有所求是其根本特点。这实际逃避了现实生活,完全遁入了内心空虚的精神世界。马克思是不赞成这种自由的。他批评说:"抽象的个别性是脱离定在的自由,而不是定在中的自由。它不能在定在之光中发亮。"① 马克思已经开始认识到自由不是孤立的,它不能脱离开社会生活而独立存在。

马克思的博士论文不但是一篇学术性很强的哲学史著作,而且它也集中体现了青年马克思的革命民主主义的哲学观点,以及他追求自由和解放的强烈愿望。他高扬哲学理性,反对一切扼杀自由的神灵和专制统治。在博士论文的序言中,马克思十分称颂希腊神话中富于反抗精神和造福于人类的神——普罗米修斯,并引用他的豪言壮语:"**你好好听着,我绝不会用自己的痛苦去换取奴隶的服役:我宁肯缚在岩石上,也绝不愿做宙斯的奴仆。**"马克思称"普罗米修斯是哲学日历中最高尚的圣者和殉道者"②。这里,十分鲜明地表现了年轻的马克思那种鹤立鸡群的精神面貌!

普罗米修斯

马克思把他的这篇处女作赠送给他深爱着的燕妮的父亲,路德维希·冯·威斯特华伦先生。在书的封面上,马克思这样评价这位可敬的老人:"这位老人用真理所固有的热情和严肃性来欢迎时代的每一进步;他深怀着令人坚信不疑、光明灿烂的理想主义,唯有这种理想主义才知道那能唤起世界上一切心灵的真理;他从不在倒退着的幽灵所投下的阴影前面畏缩,也不被时代上空常见的浓云迷雾所吓倒,相

---

① 《马克思恩格斯全集》第40卷,第228页。
② 同上书,第190页。

反的，他永远以神一般的精力和刚毅坚定的目光，透过一切风云变幻，看到那在世人心中燃烧着的九重天。"①

七 马克思与燕妮的爱情生活

人是有感情的动物，渴求爱情是人的自然本性。马克思在学生时期，以极大的热情追求着他童年的女友燕妮。但马克思和燕妮社会地位的悬殊和年龄的差别，使他们的爱情生活一波三折，险象环生，他们都彷徨过、犹豫过，但是他们彼此深深的爱慕和对未来生活的憧憬，还是使两颗年轻的心紧紧连接在一起，最终走上了婚姻的殿堂。

燕妮·冯·威斯特华伦 1814 年 2 月 2 日出生于一个贵族家庭，有着深褐色头发，碧蓝色眼睛，这时已出落成一位身材苗条、风姿绰约的美丽动人的少女，在特利尔备受瞩目，被公认为是舞会上的"皇后"，同时具有罕见的才智和坚毅的性格。1836 年夏天，马克思从波恩大学回到特利尔度暑假，与燕妮确定了婚约，从当时的风俗来看，这种婚约极不寻常：马克思只有 18 岁，燕妮大他 4 岁，他们的社会地位也很悬殊。起初只有马克思的父母和姐姐索菲娅（这对恋

燕妮·冯·威斯特华伦

人的牵线人）知道这件事。几个月后，马克思才向燕妮的父母征求同意他们订婚。1837 年 3 月，燕妮的父亲几经考虑最终还是同意了这

---

① 《马克思恩格斯全集》第 40 卷，第 187 页。

桩婚事。而燕妮同父异母的哥哥斐迪南·冯·威斯特华伦（时任特利尔政府的枢密顾问官），坚决反对他们的婚姻，他不喜欢具有激进思想的马克思，一心想让燕妮嫁给一个门当户对的人，一个年轻英俊的普鲁士军官。燕妮了解后觉得这并不是自己的意中人，便拒绝了。这种不和谐的气氛，使燕妮十分不快，也始终困扰着燕妮的婚姻生活。

马克思对燕妮炽热的情感，在他1837年11月10日给父亲的信中，溢于言表。他写道："当我离开了你们的时候，在我面前展现了一个新的世界，一个爱的——，而且起初是热烈追求的、没有希望的爱的世界。甚至到柏林去旅行我也是淡漠的，要是在别的时候，那会使我异常高兴，会激发我去观察自然，还会燃烧起我对生活的渴望。这次旅行甚至使我十分难受，因为我看到的岩石并不比我的感情更倔强、更骄傲，广大的城市并不比我的血液更有生气，旅馆的饭食并不比我所抱的一连串幻想更丰富、更经得消化，最后，艺术也不如燕妮那样美。""我的天国、我的艺术同我的爱情一样都变成了某种非常遥远的彼岸的东西。"[1] 马克思热恋着燕妮，但对未来彷徨、茫然，显得有些无助。

这时，马克思对燕妮的追求，强化了他对浪漫主义诗歌的兴趣。他这时写的诗歌，一部分是献给他父亲的，主要的三本诗集：《爱之书》（第一部）、《爱之书》（第二部）和《歌之书》，[2] 都是献给他未婚妻燕妮的。诗中有一段写道："燕妮！笑吧！你定会觉得惊奇：为何我的诗篇只有一个标题，全都叫作'致燕妮'？须知世界上唯独你才是我灵感的源泉，希望之光，慰藉的神。这光辉照彻了我的心灵，透过名字就看见你本人。"[3] 据马克思的姐姐索菲娅记述，燕妮收到诗集时，"掉下了悲喜交加的眼泪"[4]，她终生都保存着这些诗集。燕妮的回信同样充满了对马克思的痴情。在订婚三年后她痛苦地写道：

---

[1] 《马克思恩格斯全集》第40卷，第9页。
[2] 参见《马克思恩格斯全集》第40卷，第391—567页。
[3] 同上书，第558页。
[4] 同上书，第853页。

思想巨人马克思

"我越是沉湎于幸福，那么，一旦你那火热的爱情消失了，你变得冷漠而矜持时，我的命运就会越可怕。卡尔，你要看到，由于担心保持不住你的爱情，我失去了一切欢乐。""我的整个生命，我全身心都浸透着对你的思念。"① 但同时，燕妮又担心马克思整个地沉浸、陶醉在爱的世界里，耗费全部精力，忘却其余的一切，只在这些诗歌里寻找安慰和幸福。这种思念和担心始终伴随着这对恋人。

亨利希·马克思有时也担心他们的婚事，他告诫马克思："用诗人所特有的那种在爱情上的夸张和狂热的感情，是不能使你所献身的那个人得到平静的，相反，你倒有破坏她的平静的危险。只有用模范的品行，用能使你赢得人们好感和同情的大丈夫式的坚定的努力，才能使情况好转，才能使她得到安慰，才能提高她在别人和自己心目中的地位……她为你作出了难以估量的牺牲——她表现出的自制力，只有用冷静的理智才能衡量……你应当证明，你虽然年轻，但是一个值得社会尊敬、很快会使世人折服的堂堂男子。"② 为了消除父亲的担心，卡尔写信告诉父亲说：写诗"仅仅是附带的事情，因为我应该研究法学，而且首先渴望专攻哲学"③。不久，马克思便放弃了对诗歌的写作，但他一生都欣赏抒情诗和完美的诗作，并且同海涅这样著名的诗人成为亲密的朋友。

这些诗歌并不具有多么高的文学价值，它只是毫无保留地表露了马克思当时的心理和爱情，马克思也并没有把它们看得比他所关心和研究的学术知识更为重要。后来，马克思的女儿劳拉在把这些诗歌送给梅林时曾写信告诉他："我必须告诉你，我父亲对这些诗歌是很不重视的，每当两位老人家谈到这些诗歌时，他们就对青年时代这些孩子气的傻事发出由衷之笑。"④

亨利希·马克思虽然担心儿子的倔强性格和未来前程的不确定

---

① 《马克思恩格斯全集》第40卷，第892、894页。
② 同上书，第850—851页。
③ 同上书，第10页。
④ 梅林：《马克思和恩格斯的文学遗产》第1卷，第25—26页。

性，但他深信卡尔·马克思的天赋和才华，给他以极大的关心、支持和教诲。可是，1838年5月，亨利希·马克思撒手人寰，离他们而去。这使马克思十分悲痛，他不仅失去父爱，而且在经济上遇到很大的困难，因为他母亲不愿意像他父亲那样给他以经济上的帮助。这同时也恶化了他们之间的关系。马克思爱戴他的父亲，给予他很高的评价，他说他是一个"以自己的纯洁品格和法学才能"而出众的人。①爱琳娜后来回忆道："他从来都是不知疲倦地谈论他。""他一直带着他父亲一张上了年纪的、用古老照相术所拍的照片。他从来不把照片让陌生人看，他说是因为它已经很不像原来的样子了。"② 失去父爱的悲痛之情在一段时间萦绕和影响着年轻的马克思。

1841年4月15日，马克思取得耶拿大学哲学系的博士学位后，最大的心愿就是成家立业，找到一份理想的工作，尽快同已经订婚四年的燕妮结婚。而这时的燕妮也因对马克思的思念，和来自家庭的压力，备受煎熬，几乎累垮了身体。所以，在布鲁诺·鲍威尔的鼓励下，1841年4月马克思来到波恩，想在鲍威尔的帮助下，在波恩大学取得教师职位，献身于科学事业。但是，这时由于普鲁士反动政府开始对反政府的激进运动采取镇压措施，鲍威尔被解除波恩大学的教职，一批青年黑格尔派分子受到迫害，马克思想在波恩大学谋取教学职位的愿望也化为泡影。但正是形势的变化，使马克思走向社会，走向一个更能使他了解社会深层问题，关注人类命运的方向。

1841年12月，马克思回到特利尔。这时路德维希·冯·威斯特华伦男爵已经患了重病，马克思一直待在威斯特华伦家里，照看着这位病重的老人，直到1842年3月3日去世。在这种情况下，马克思与燕妮的婚事也不得不再次推迟。婚事，家庭矛盾和人事关系，继续考验着这对恋人！

---

① 参见《马克思恩格斯全集》第30卷，第499页。
② ［英］戴维·麦克莱伦：《马克思传》，中国人民大学出版社2010年版，第36页。

第三章　走进社会　卷入斗争的漩涡

认识源自实践，思想之光需要生活激流的碰击。青年马克思思想转折的关键，是他离开平静的校园生活而投身于火热的现实斗争。《莱茵报》的报界生涯，给马克思世界观转变提供了理想的沃土，在这块世俗的天地里，有无数政治的、经济的、思想的和社会的问题不断向他袭来，迫使他去思考、探索、研究、开拓，同时也使他怀疑、苦恼、彷徨、呐喊。所有这些矛盾综合的结果，使马克思开始冲破旧的传统观念的樊篱，走出黑格尔哲学的迷宫，而开辟一条与现实生活息息相关的唯物主义新径。

一　《莱茵报》的战斗生活

马克思和《莱茵报》　莱茵省是德国经济和政治最发达的地区，地处莱茵河、摩塞尔河流域，物产丰富，盛产铁矿石和木材，炼铁业和纺织业十分发达。它毗邻法国，在1795年法国革命后期为拿破仑的军队所占领，一直处于拿破仑的统辖之下，拿破仑失败后，又回归德国，受着普鲁士专制王朝的统治。但英国产业革命和法国政治革命这一广泛地推动19世纪欧洲历史的大潮流，强烈地影响着莱茵地区，法国的革命思想和自由精神，并没有因普鲁士的反动统治而销声匿迹，这里多次发生反对封建专制制度的斗争。随着关税同盟的建立，到40年代初，德国资本主义有了长足发展。随着它的经济实力和政治势力的增长，它需要有自己的舆论阵地，《莱茵报》作为德国资产

第三章　走进社会　卷入斗争的漩涡

阶级利益的最初表达者便应运而生了。

在此之前，德国自由主义思想没有发表的园地，只有通过普鲁士境外的报纸如《曼海姆晚报》《莱比锡总汇报》等传播。普鲁士报纸慑于书报检查机关的控制，避而不谈政治，只能给读者提供一些毫无意义的报道或无聊的谐谑之谈。形势的发展，要求改变这种不合时宜的舆论环境。在德国，第一个公开而大胆地出来保卫自由主义思想的是《科尼斯堡文学报》。但这家报纸基本上以知识分子为对象，而即将问世的《莱茵报》则力图公开捍卫莱茵工商业的利益。

《莱茵政治、商业和工业日报》，简称《莱茵报》，是1841年9月由科伦富商康普豪森、奥本海姆等人在合股接办奄奄一息的《莱茵总汇报》的基础上创办起来的，1842年元旦以新的名称出版。当时《莱茵报》的资产阶级反对派立场并不鲜明，因而得到政府的支持和协助，同时政府当局也企望它支持政府的政策，反对教皇至上论者及其喉舌《科伦日报》。只是随着政治形势的发展、特别是马克思的积极参与，《莱茵报》的革命倾向和激进的政治观点才日益显露出来。

《莱茵报》

马克思同《莱茵报》有密切的联系。在《莱茵报》筹建始初，他便结识了参与该报筹备的荣克和赫斯，他们对马克思的才能非常赏识。《莱茵报》的首任主编是德国资产阶级经济学家弗里德里希·李斯特的学生赫天铿。他试图把报纸办成温和的自由主义的机关报，于是便同持激进倾向的荣克和赫斯等人发生了冲突。在赫天铿辞职后，由于马克思的推荐，因激进观点而被解除了中学教师职务的鲁滕堡担任了报纸主编。尽管鲁滕堡不能胜任此项工作（马克思也曾为之深感不安），然而，从这时起，青年黑格尔派分子和持激进观点的人便成为《莱茵报》的主要撰稿人，并左右着报纸的方向，从而使报纸的性质发生了显著的变化。特别是从1842年10月15日马克思继鲁滕堡任《莱茵报》主编后，该报的革命民主趋向愈来愈明显，它竭力为在政治上和经济上备受压迫的贫苦群众奔走呼号。

报界生活对于刚刚走向社会的青年马克思犹如一所政治大学校。这里，有许多复杂而又敏感的社会政治、经济问题，促使马克思去思考，去探索，社会不平现象激起马克思的无比愤懑，劳动群众的苦难生活引起马克思的极大同情和关注。他开始放弃纯理论问题的研讨而转到现实的、具体的政治问题上来，以饱满的战斗热忱投入现实生活的激流，同时又极其清醒地意识到面临的严峻现实和艰巨任务。诚如他在给卢格的信中所说的那样，"不要以为，我们在莱茵省是生活在一个政治的埃尔多拉多[①]里。要把《莱茵报》这样的报纸办下去，需要最坚强的毅力"。[②]

青年黑格尔派分子在参加《莱茵报》后，便都立刻着手给该报撰稿，为之而进行战斗。马克思从1842年5月起为《莱茵报》撰稿，使该报的战斗力显著增强。他原来计划对莱茵省议会的辩论作全面的批评，以便证明它为什么不符合人民的愿望，为什么不能体现普遍利益原则，同时揭露政府的政策。他试图先讨论出版自由问题和"大主教问题"，即政府和科伦大主教之间的纠纷问题，然后再对省议会的社会立法以及关于林木盗窃、禁区狩猎和分割地产的法律进行批判性的分析。但是，马克思的计划并没有完全实现。在他预想发表的文章中，只有关于出版自由和林木盗窃法的文章发表出来，关于普鲁士政府与大主教的冲突的文章未被书报检查所通过，其余的根本就没有动笔。此外，马克思还深入农村，进行社会考察，撰写政论和评论文

[①] 意为政治乐园——引者注。
[②] 《马克思恩格斯全集》第27卷，第429页。

第三章 走进社会 卷入斗争的漩涡

马克思在莱茵报工作

章，并同《科伦日报》等反动报纸展开论战。青年马克思的文章，犹如匕首投枪，深深刺痛了敌人，使反动当局颇感震惊，同时也大大鼓舞了为自由民主斗争的人们。马克思的战友们对这些文章更是称颂备至，如卢格在《德意志年鉴》里写道："从来还没有人说出，甚至也不可能说出任何比这些文章更加深刻、更加论据充足的意见来"，"我们真应该为这种完美、这种天才、这种善于把那些依然经常出现于我们政论中的混乱概念整理得清清楚楚的能力感到庆幸。"①

为了办好《莱茵报》，使之真正成为革命民主派的舆论阵地，马克思呕心沥血、发奋工作，在两条战线上进行了不屈不挠的斗争。一方面，他要反对反动的封建势力及其舆论工具对自由民主运动的扼杀；另一方面，还要反对这个运动内部的极端分子的"左"的行为和愚蠢之举给报纸造成的危害。

坚持办报方向　深化哲学思想　马克思坚决捍卫报纸有讨论任何问题的权利，不论是宗教的和哲学的问题，还是政治的问题，都应允

---

① 转引自［法］科尔纽《马克思恩格斯传》第 1 册，第 364—363 页。

许自由发表，政府不得以任何借口加以干涉。在当时的德国，最大的实践问题是政治，而在政治领域，首当其冲的是出版自由。因为没有出版自由和言论自由，政治问题便无从谈起。《莱茵报》不仅是出版自由的捍卫者，而且也是实践者。它积极宣传自由主义思想，披露当时最敏感的现实问题，抨击现存制度和现行政策，把矛头指向普鲁士专制制度。《莱茵报》这种日益增长的反政府倾向，使普鲁士政府深感不安和痛恨。于是，他们加强了书报检查，在一般检查官检查之后，还要受到高级官吏即行政区长官的检查，并且还威胁说，《莱茵报》若不改变办报方向，就要把它查封。在这种极其严峻的形势下，马克思非但没有退却，而且竭力将《莱茵报》办成战斗的报纸。他利用每一个机会向反动的封建专制制度进攻，用种种迷惑书报检查机关的形式来巧妙地掩护自己的激进批评，从而使《莱茵报》得以继续存在下去。

与此同时，马克思还同《科伦日报》等反动报纸进行了斗争。该报的政治编辑、反动政论家海尔梅斯，对《莱茵报》进行了种种污蔑和攻击。在1842年6月28日的社论里，他指责《莱茵报》攻击作为国家基础的基督教，说它违背传统，竟然在报纸上讨论宗教和哲学问题，呼吁政府禁止这种讨论。他还诬陷《莱茵报》动机不纯，"它主要目的不是在教诲和启发人民，而是要达到其他另外的目的"。马克思驳斥了这种谬论，称海尔梅斯是一个"十分愚昧、庸俗和迂腐"的人，正当整个思想界力求摆脱书报检查制度的桎梏时，他竟然还呼神唤鬼地向书报检查制度求助，还硬要和它结成同盟。马克思揭露了海尔梅斯在国家问题上的反动立场，认为这种可悲的立场是和维护基督教国家相适应的。基督教国家是理性国家的对立物，它以基督教为精神基础，因此，必然禁止对宗教的任何批评。而现实的、理性国家，则是通过哲学的批判才得到发展的。

在同《科伦日报》论战中，结合对现实生活的体验，马克思大大深化了自己的哲学思想。如前所述，马克思在黑格尔影响下，主张意识和生活辩证统一的观点。尽管开始他是在唯心主义基础上理解两者统一的，但是，这种思维方法，有可能使马克思对哲学问题采取较为现实的态度，并促使他逐步转向唯物主义。马克思同当时德国哲学家一样，高估哲学对历史发展的作用，然而，与他们不同的是，他深深感到，德国哲学的致命弱点是脱离实际，陷入抽象思辨之中。它"喜欢幽静孤寂、闭关自守并醉心于淡漠的自我直观"，"它不是通俗易懂的；它那玄妙的自我深化在门外汉看来正像脱离现实的活动一样稀奇古怪；它被当作一个魔术师，若有其事地念着咒语，因为谁也不懂得他在念些什么。"① 这些论述，可谓是鞭辟入里，切中要害，道出了旧哲学的主要特征，预示了新哲学所必备的实践品格。

哲学要想对世界发生实际作用，完成自己的使命，就必须从纯思辨的天国降到现实的尘世。同现实接触，才符合于哲学的真正本质。哲学源自现实生活，真正的哲学家产生于现实斗争。"然而，哲学家的成长并不像雨后的春笋，他们是自己的时代、自己的人民的产物，人民最精致、最珍贵和看不见的精髓都集中在哲学思想里。那种曾用工人的双手建筑起铁路的精神，现在在哲学家的头脑中树立哲学体系。哲学不是世界之外的遐想，就如同人脑虽然不在胃里，但也不在人体之外一样。"② "任何真正的哲学都是自己时代精神的精华"③。马克思的这个脍炙人口的至理名言，深刻地指明了真正的哲学对自己的时代、对自己的人民的依赖，同时也指出作为理论思维的哲学同人们的普通意识有原则的差别。特别值得注意的是，在马克思上述论述里，已开始把哲学思想同经济发展（如建筑铁路）联系起来，这对他思想的进一步深化具有重要意义。可以说，这是马克思能够冲破黑格尔唯心主义统治、求得自己思想发展的重要机制。

在上述思想的基础上，马克思又进一步阐明了哲学与世界的辩证关系。他说："哲学不仅从内部即就其内容来说，而且从外部即就其

---

① 《马克思恩格斯全集》第1卷，第120页。
② 同上。
③ 同上书，第121页。

表现来说,都要和自己时代的现实世界接触并相互作用。"[1] 这是他对博士论文中关于意识与现实辩证统一思想的进一步发挥。马克思对哲学在各个时代的作用作了思考,提出如下著名论断:"哲学已成为世界的哲学,而世界也成为哲学的世界"[2]。这就是说,哲学不是脱离现实生活的孤芳自赏的东西,它要深入现实生活,指导改造世界的活动,成为实践的哲学。同时,世界也并非与哲学相对立的,通过与哲学相结合,世界将成为合乎理性的世界。这里,马克思强调使世界合乎理性,显然还带有黑格尔思辨唯心主义色彩,但他突出了哲学对世界的改造作用和精神的能动性,有着重要的意义。

与青年黑格尔派分道扬镳 为了办好《莱茵报》,马克思同青年黑格尔派进行了斗争,直至同他们决裂。

如前所述,马克思曾积极参加过青年黑格尔派运动,与布鲁诺·鲍威尔等人过从甚密,但他们在哲学、宗教和政治观点上从一开始便存在着分歧。随着马克思深入实际生活,这种分歧不断扩大和深化,他们终于分道扬镳,走上完全不同的发展道路。马克思沿着主体与客体、意识与现实辩证统一的方向,勇敢而又冷静地参加当时的政治斗争,研究复杂的社会理论问题,一步一步地走向唯物主义。与此相反,青年黑格尔派坚持应有和现有、主体和客体对立的观点,逃避和惧怕现实斗争,片面地鼓吹"批判",试图通过"纯批判"来改变现存事物。1841年底,在柏林由一部分青年黑格尔派分子成立的"自由人"团体,他们生活放荡不羁,思想空洞晦涩,在激进的言辞下掩盖极其保守的思想倾向。从"博士俱乐部"到"自由人"反映了青年黑格尔派运动的蜕化趋势,它从一个曾经是进步的政治力量,完全沦为脱离实际、蔑视群众,醉心于抽象的哲学批判的庸人团体。

在宗教问题上,"自由人"仍持激进的批判的态度。然而,它依然死抱住黑格尔的国家观,相信普鲁士国家是理性的体现,其最高使

---

[1] 《马克思恩格斯全集》第1卷,第121页。
[2] 同上。

第三章 走进社会 卷入斗争的漩涡

命就是继续进行批判，反对国家的基督教性质，使理性得以实现。在他们看来，要在国家生活中确立自由原则，主要是通过宗教批判。这样一来，他们就把一切现实生活问题，都变成神学问题。与此相反，马克思则把对宗教的批判服从于迫切的政治斗争。针对"自由人"的观点，马克思强调，要"更多地联系着对政治状况的批判来批判宗教，而不是联系着对宗教的批判来批判政治状况"[1]。同时，他提出一个深刻见解："宗教本身是没有内容的，它的根源不是在天上，而是在人间，随着以宗教为理论的被歪曲了的现实的消灭，宗教将自行消灭。"[2] 这不仅反映了马克思的宗教观，而且可以看出他哲学思想的深化。他认为，谈论哲学，用哲学来批判宗教，并不是挂着"无神论"的招牌，而是要切切实实地向人民宣传哲学的内容。

"自由人"继续对反动政治势力进行斗争，但也是以极端的面貌空谈批判。1842年3月29日，布鲁诺·鲍威尔被撤职，他们认为这是世界性的事件，是普鲁士反动政策的一个象征，于是动摇了对普鲁士国家的信心，并且使他们反政府的倾向和激进的政治情绪更加激烈。他们不仅对政治进行批判，而且对那些并非无条件地拥护自由的政派也展开了批判。他们在《莱茵报》连续刊载文章，批判"中庸之道"，批判"妥协者"，甚至打算批判那些"没有原则"的南德意志的自由主义者。在"自由人"看来，"中庸"和历史是彻底对立的。历史力图把原则贯彻到底，通过对立而发展自己；而"中庸"害怕原则，厌恶对立，总想保持中间状态。他们不去研究现存的事物和复杂的政治关系，一味空谈批判，否定一切，把这些概念完全变成只能"激怒庸人"、而不能解决任何实际问题的空洞词句。正如马克思所强调的，"正确的理论必须结合具体情况并根据现有条件加以阐明和发挥"。他还指出："《论中庸》一文的作者号召进行批判；但是，一，我们大家都知道，政府怎样来回答这样的挑战；二，光是某

---

[1] 《马克思恩格斯全集》第27卷，第436页。
[2] 同上。

个人屈服于批判，是不够的；问题在于，他是否选择了适当的场所。"① 可见，马克思对青年黑格尔派不分场所、不分时机，空谈批判的做法是十分厌恶的。这样做，只会促使政府加强书报检查，使《莱茵报》处于更加困难的境地，同时，也会把那些本属进步运动的成员或者是同情和倾向于这个运动的人，驱赶到敌人一边去。马克思已经清楚看到柏林"自由人"的愚蠢行为会给事业带来的严重危害。

为了制止"自由人"的愚蠢行为，当时持有进步观点的青年黑格尔派分子卢格和格奥尔格·海尔维格等人曾到柏林劝说"自由人"，警告他们切不可用轻率的行动损害了大家为之战斗的神圣的事业。"自由人"不仅置若罔闻，而且"对这一警告却报之以嘲笑"。布鲁诺·鲍威尔竟说，单从理论上消灭宗教和政治反动派便足够了，根本用不着用实际行动去消灭他们。他们所知道的就是"否定一切"。卢格认为，这种愚蠢行为，就如浪漫主义的空想一样，只是一种任性，一些十分可笑的东西。

1842年11月29日，马克思根据海尔维格给《莱茵报》编辑部的来信，发表了批评"自由人"政治立场和生活方式的短评。这更加激起"自由人"对马克思的不满。他们不理解马克思的观点和革命策略，指责马克思使《莱茵报》具有机会主义性质，给马克思加上保守的罪名，他们还狂妄地要马克思表明，在鲍威尔同卢格的争论中究竟站在哪一边。在对"自由人"的看法上，马克思与卢格是完全一致的。他同"自由人"的决裂已不可避免，梅因写给马克思的一封蛮横无理的信，更激化了他们之间的冲突。马克思考虑的是整个革命民主主义运动的利益，而梅因考虑的只是"自由人"这个小集团的利益。马克思在给卢格的信中，详尽地陈述了事情的缘由。他说："书报检查机关每天都在无情地破坏我们，报纸常常几乎不能出版。因此'自由人'的大批文章都作废了。不过我自己淘汰的文章也不比书报检查官淘汰得少，因为梅因一伙人寄给我们的是一大堆毫

---

① 《马克思恩格斯全集》第27卷，第433页。

无意义却自命能扭转乾坤的废料……在鲁滕堡负责的时候,由于他毫无批判的能力,又缺乏独立性和才能,这班人已习惯于把《莱茵报》看成是自己的唯命是听的机关报,而我则决定不让他们再像以前那样空谈下去。因此,把'自由'——这种自由主要是力图'摆脱一切思想的自由'——的几篇毫无价值的作品去掉,就成了柏林上空阴云密布的第一个原因。"[1] 关于"自由人"论自由的作品,马克思坦率而尖锐地批评道:"这些作品不是从自由的、也就是独立的和深刻的内容上看待自由,而是从不受任何约束的、长裤汉的、而且是方便的形式上看待自由。我要求他们:少发些不着边际的空论,少唱些高调,少来些自我欣赏,多说些明确的意见,多注意一些具体的现实,多提供一些实际的知识"[2]。基于这种认识,为了保持住《莱茵报》这个阵地,为了民主主义运动的利益,马克思回敬了梅因,给他写了一封措辞相当尖锐的信,宣告了同"自由人"的决裂。

马克思同"自由人"的决裂,是有深刻的原因的。从政治上说,马克思坚持愈益彻底的革命民主主义立场,并由此而开始走向共产主义;而青年黑格尔派则始终是资产阶级自由主义者,表现了德国资产阶级的特殊的软弱性。从思想上说,马克思坚持意识与现实统一,认为思想乃是一种深刻的信念,它不可能脱离行动和实践,从而孕育新的唯物主义世界观;而"自由人"在反动势力的压力下,离开了积极的政治斗争,把批判、否定变成了目的本身,把思想、观念变成一种空洞的主观随意性,最后走上个人主义和极端唯心主义的道路。这种道路的分野,反映了他们世界观的根本的分歧。

在马克思的主编下,《莱茵报》赢得广大群众的支持,订户迅速增加。正如赫斯在12月6日致奥艾巴赫的信中所说的:"《莱茵报》的地位现在不管对读者来说,还是对政府来说都已经比较稳固了。不久之前我们和政府的关系还稍稍有些紧张,目前一切都很顺利,同时

---

[1] 《马克思恩格斯全集》第27卷,第434—435页。
[2] 同上书,第436页。

思想巨人马克思

我们也没有损害自己的体面。"① 然而,这只是暂时的现象。随着《莱茵报》的政治影响扩大和革命民主主义倾向的加强,使得它同普鲁士政府的矛盾也逐渐激化。尽管马克思采取了灵活的斗争策略,《莱茵报》还是未能逃脱被查封的命运。1843年1月,普鲁士内阁会议决定从4月1日起停止《莱茵报》的出版。《莱茵报》虽然只存在了一年多一点的时间,但它极大地锻炼了马克思,对于青年马克思的思想发展产生了极为深刻的影响。

二 为出版自由而斗争

刚踏入实际斗争的马克思所遇到的第一个现实问题是出版自由问题。在德国,出版自由是政治生活中十分尖锐的问题,争取出版自由是争取其他一切自由的前提。"没有出版自由,其他一切自由都是泡影。"② 推行封建文化专制主义的威廉四世,为了缓和矛盾,巩固自己的统治,故意打出了自由主义的旗号,于1841年12月24日颁布了新的书报检查令,虚伪地重申切实遵守1819年10月18日的书报检查令,即立即取消出版物所受到的违背陛下意志的、不适当的限制。这个表面上反对加于写作活动的"各种无理的限制"的新检查令,得到了自由主义的知识分子的欢迎,他们幻想春天似乎真的回到每个人心间,自由的时代似乎即将到来。青年黑格尔派中的某些人物甚至公开表示相信,这个书报检查令会对德国政治生活的发展起无限的促进作用。但是,马克思却以其特有的洞察力发现了这个检查令的反民主、反自由的实质,写下了《评普鲁士最近的书报检查令》的评论文章,对书报检查制度和普鲁士专制制度进行了猛烈的抨击和批判。

马克思揭露了普鲁士书报检查令的"虚伪自由主义"本性。它只

---

① 转引自〔法〕科尔纽《马克思恩格斯传》第1册,第446页。
② 《马克思恩格斯全集》第1卷,第94页。

第三章　走进社会　卷入斗争的漩涡

制造改善的假象，而不从本质上去改善事物。检查令的制定者声称，书报检查中的非法行为和令人愤恨的现象，不是由书报检查制度，而是由个别检查官的品质造成的，企图把人们的注意力从检查制度转移到个别检查官身上。马克思指出，把制度本身的客观缺点归咎于个别人，只不过是为了保存这个制度制造假象。"虚伪自由主义的表现方式通常总是这样的：在被迫让步时，它就牺牲人这个工具，而保全事物的本质——当前的制度。这样就转移了表面看问题的公众的注意力。"①

书报检查令所谓的"不得阻挠人们严肃和谦逊地探讨真理"。这实际上使书报检查官更加随心所欲地按照他们所理解的"不严肃"和"不谦逊"来压制和破坏出版自由。因此，这些规定从一开始就使探讨脱离了真理。"它是上司加于探讨的一种对结论的恐惧，是一种对付真理的预防剂。"②马克思指出，与其说这是害怕虚伪的标志，不如说是害怕真理的标志。"真理像光一样，它很难谦逊"③。严肃和谦逊都是十分不固定的字眼。把可笑的事物说成是可笑的，就是严肃的，把虚伪说成是诚实就是不严肃。过分的严肃就是最大的滑稽，过分的谦逊就是最辛辣的讽刺。让人们"严肃"与"谦逊"地探讨真理，实际也就等于让人们的命运由检查官的脾气来决定，等于禁止人们去自由地探讨真理，等于把探讨看成是一种与真理相对立的东西，也就等于把人们的精神变成了"枯燥地记录真理的检查官"④。这实际就扼杀了自由，因而也扼杀了真理，因为自由才是探讨真理的必要前提。"哲学研究的首要基础是勇敢的自由的精神。"⑤

马克思强调写作风格的多样性，反对普鲁士书报检查令加于写作的种种限制。普鲁士政府不允许作者用自己的风格写作，怎么指示你，你就怎么说；命令你说什么，你就写什么。作者完全丧失了他本应拥有的

---

① 《马克思恩格斯全集》第1卷，第5页。
② 同上书，第6—7页。
③ 同上书，第6页。
④ 同上书，第9页。
⑤ 《马克思恩格斯全集》第40卷，第112页。

思想巨人马克思

对自己精神的自由支配权，自己没有权利表露自己的精神风貌，只能按指定的表现方式写作。马克思尖锐指出，这不过意味着"强颜欢笑"。"风格就是人"，限制了作者的写作风格也就侵犯了人的权利。马克思说："你们赞美大自然悦人心目的千变万化和无穷无尽的丰富宝藏，你们并不要求玫瑰花和紫罗兰散发出同样的芳香，但你们为什么却要求世界上最丰富的东西——精神只能有一种存在形式呢？"[①] 每一滴水在太阳的照耀下都闪耀着无尽的色彩，但是精神的太阳为什么就不能有多种色彩，而只准它产生一种色彩——官方的色彩呢？

马克思站在革命民主主义立场上，从根本上否定书报检查制度。他认为，书报检查制度的骨子里隐藏着一种任何法律都无法医治的痼疾。问题并不在于个别书报检查官品质的好坏，"治疗书报检查制度的真正而根本的办法，就是废除书报检查制度"，[②] 这个见解大大超过了当时的一般认识。

马克思在《莱茵报》接触到莱茵省议会的有关出版自由的辩论的材料，进行了认真分析研究，进一步就出版自由问题发表了意见，深化了他对自由的认识。

第六届莱茵省议会于1841年5月23日至7月25日在杜塞尔多夫举行。关于出版自由的辩论，是由于讨论公布省议会记录问题和许多城市出现的关于出版自由的请愿而展开的。针对这个辩论提出的问题，马克思写了评第六届莱茵省议会的第一篇论文——《关于出版自由和公布等级会议记录的辩论》。这是马克思为《莱茵报》撰写的第一篇文章，是马克思参加该报战斗的真正开端。

在这里，马克思首次探讨了社会物质利益，触摸到社会深层的东西，觉察到省议会辩论的背后深深隐藏着各种利益的对立。不同等级的思想和行动，原来都受着一定物质利益的制约。这种认识对马克思的传统世界观无疑是一次巨大的冲击。

---

① 《马克思恩格斯全集》第1卷，第7页。
② 同上书，第31页。

第三章　走进社会　卷入斗争的漩涡

在《莱茵报》时期，马克思的思想中充满着深刻的矛盾，即理性与现实、传统与进步之间的矛盾。他的世界观转变过程，是不断解决思想矛盾的过程。他虽然猛烈地抨击普鲁士的反动制度，不时显现出唯物主义的思想闪光，但总的说来，他的世界观还是黑格尔式的唯心主义。像整个黑格尔学派一样，他特别强调精神、理性的作用，认为这种精神"无所不及，无处不在，无所不知。它是从真正的现实中不断涌出而又以累增的精神财富汹涌澎湃地流回现实去的思想世界"。① 由此出发，他认为，法律不是植根于社会物质利益关系，而是源自人的自由本性。"法律不是压制自由的手段"，"恰恰相反，法律是肯定的、明确的、普遍的规范，在这些规范中自由的存在具有普遍的、理论的、不取决于个别人的任性的性质。法典就是人民自由的圣经"。② 只有体现自由精神的法律，才是真正的法律。在马克思看来，为物质利益斗争是粗陋之举，而为自由斗争才是高尚的。"自由是全部精神存在的类的本质，因而也就是出版的类的本质。"③ "自由的出版物是变物质斗争为精神斗争"，而且使"斗争的粗糙物质形式"获得"理想化"的体现。④ 轻视物质利益，重视思想观念，是黑格尔主义者的共同特征，也是当时德国民族的一个弱点，如果仅仅囿于思想的范围，对现实利益漠不关心，那末，正像恩格斯所指出的，就会"在政治上毫无建树"⑤。而能否消除这种缺陷，不仅取决于理论的进步，而首先取决于实践的发展。马克思当时所进行的政治和社会斗争，还带有唯心主义的性质，这是毋庸置疑的。然而，从自由原则出发去批判普鲁士政府的书报检查制度，固然成效甚微，但仍有重要意义，即它深化了马克思的认识，使他开始看到自由不是抽象的，而是同一定等级的利益联系在一起的。

---

① 《马克思恩格斯全集》第1卷，第75页。
② 同上书，第71页。
③ 同上书，第67页。
④ 参见《马克思恩格斯全集》第1卷，第74页。
⑤ 同上书，第592页。

莱茵省议会由不同的等级组成,它在成立时就规定,骑士等级占六分之三,城市等级占六分之二,农民占六分之一,而且对城市等级的人还附加一条规定,即十年之内不得减少土地的拥有量,否则将被剥夺被选举权。可见,议会完全是建立在封建等级制度之上的。它并不代表广大人民的普遍利益,而是捍卫封建贵族的特权,为其特殊利益进行辩护。在辩论过程中,不同等级的态度表现出明显的差别,反映了不同等级的利益。诚如马克思所说,"在关于出版的辩论中,特殊等级精神表现得无比明确而完备","某个集团的精神、一定等级的个体利益、先天的片面性都表现得极其强烈、凶狠,露出一副狰狞的面孔"。[1] 还说,在这里,"实际上进行论战的是他们的特殊等级"[2]。

贵族代表根本不容许任何出版自由和思想自由,他们认为,实行最严格的书报检查制度是天经地义的事情,而出版自由是不合理的。他们对出版自由表示深恶痛绝和严厉的斥责,这种态度反映了"十分明显的诸侯的信念"[3],完全符合神圣的精神,因为在神圣同盟时期,整个德意志民族遭受奴役,精神生活完全被窒息,人们不知道出版自由为何物。

贵族等级的辩论人表现了一种根深蒂固的中世纪观点。他们为特权所作的辩护,放肆无礼,而又庸俗圆滑。在贵族等级看来,人民似乎还没有成熟到可以给予自由的程度,"由于这种人的不完善,那万恶所宗的妖女之歌对群众起着强大的作用",就是说,出版自由对人的精神的完善和发展,不是起促进作用,而是起腐蚀作用。对此,马克思反驳道:"如果人类不成熟成为反对出版自由的神秘论据,那末,无论如何,书报检查制度就是反对人类成熟的一种最现实的工具。"[4]因为,"一切发展中的事物都是不完善的"[5]。要求完善才能发展,等于取消发展;要求完善才能存在,等于取消存在。按照这种逻辑,

---

[1] 《马克思恩格斯全集》第1卷,第42页。
[2] 同上书,第51页。
[3] 同上。
[4] 同上书,第59、60页。
[5] 同上书,第60页。

"人根本没有生存权利"①。书报检查制度只能扼杀人的发展。同时，这种庸俗的观点，必然陷入逻辑的矛盾。既然，一切都处于不完善之中，那末，为什么不完善的等级会议却要求完善的出版物呢？

马克思还驳斥了贵族等级的所谓出版自由造成道德败坏的观点，指出："起败坏道德作用的只是受检查的出版物。最大的罪恶——伪善——是同它分不开的……，政府只听见自己的声音，它也知道它所听见的只是自己的声音，但是它却欺骗自己，似乎听见的是人民的声音，而且要求人民拥护这种自我欺骗。至于人民本身，他们不是在政治上有时陷入迷信有时又什么都不信，就是完全离开国家生活，变成一群只管私人生活的人。"②

马克思反对封建诸侯、贵族等级并不意味他完全赞成资产阶级的出版自由。市民等级也要求出版自由，但是他们把出版自由和企业经营自由混为一谈，或者说，把出版自由归结为行业自由。这种要求完全符合这个阶级的本性。马克思认为，这两者不是一回事情，不能把精神活动从属于经营的利润。作品就是目的本身，作家绝不能把自己的作品看作手段。"作家当然必须挣钱才能生活，写作，但是他决不应该为了挣钱而生活，写作。"③ 出版的最主要的自由就在于不要成为一种行业，如果诗一旦成为诗人赚钱的手段，那诗人就不再成其为诗人，而变成商人了。同时，马克思也看到，以行业自由为特征的资产阶级出版自由，并非是真正的出版自由。就以典型的资产阶级国家法国的出版物为例，它的自由决不是太多，而是太少。"虽然它不受精神检查，但是它却要受物质检查，即缴纳高额的保证金。"④ 这样的出版物，"被人拉出了自己真正的领域，引进了大规模商业投机的领域"⑤。在这里，马克思已经对资产阶级的出版事业和出版自由的

---

① 《马克思恩格斯全集》第1卷，第61页。
② 同上书，第78页。
③ 同上书，第87页。
④ 同上书，第77页。
⑤ 同上。

实质有了初步认识。

马克思鲜明地赞扬农民代表的发言,称之为"绝妙的演讲","真正的历史观点",认为"农民等级的几个议员的发言同省议会的普遍精神是完全背道而驰的"①。农民等级毫不隐讳地讲,"人类精神应当根据它固有的规律自由地发展,应当有权将自己取得的成就告诉别人,否则,清新的河流也会变成一潭恶臭的死水。"德国人民"需要的不是书报检查制度的精神钳子,而是使他们冲破麻木状态的刺激"②。可见,在这个问题上,农民等级具有比较彻底的态度和激进的反封建意识。但正如马克思所说的,在省议会上这种英勇果敢的可贵观点,是多么孤立。因为,如上所说,省议会尽管有市民和农民等级的代表参加,但实际上贵族等级居多数,农民代表只能发出微弱的呼声。

考察莱茵省议会关于出版自由的讨论,是青年马克思第一次触及社会深层的东西,即触及制约人们思想和行动的利益原则。尽管这还是初步的,而且他的总的世界观还是唯心主义的,然而,社会生活因利益的对立而激起的波澜,已经对他内心世界形成强烈冲击,悄悄地在改变着他的思想观念。

首先,在他的自由观上已经打开一条裂缝。马克思当时和其他黑格尔主义者一样,从理性出发来看待自由,认为自由是人固有的本性,"是全部精神存在的类的本质",并由此出发来考察出版自由问题。但是,现实生活的冲击,使他逐渐摆脱抽象的思辨,而开始触摸到自由的实际内容,看到自由是现实的,在不同人那里有着不同的自由。他说,"自由确实是人所固有的东西,连自由的反对者在反对现实自由的同时也实现着自由","没有一个人反对自由,如果有的话,最多也只是反对别人的自由。可见各种自由向来就是存在的,不过有时表现为特权,有时表现为普遍权利而已"。③ 现实中存在着各种自由,自由在不同等级那里有着不同的含义。普鲁士的诸侯、贵族等

---

① 《马克思恩格斯全集》第1卷,第93页。
② 同上书,第94页。
③ 同上书,第63页。

级，并不是反对一般的自由，他们反对的只是别人的自由，而维护自己的自由，即特权。这种认识对青年马克思有着重要意义，表明他不再把自由看成是抽象的东西，开始对它作具体的分析。

其次，在马克思思想中已产生了某些唯物主义的萌芽。在分析各个等级对待出版自由的态度时，他已经深深感到各个等级之间的对立，认识到德国的社会结构，探索这场辩论背后隐藏的各等级的利益。正是从这种不同的物质利益中，产生出各等级之间的差异和不同意见的分歧。他说，"在形形色色反对出版自由的辩论人进行论战时，实际上进行论战的是他们的特殊等级"。① 还说，"在这里论战的不是个别的人，而是等级"。② 把在省议会里进行辩论的人，不是看作孤立的个别的人，而是看作由一定物质利益维系起来的等级、集团的代言人，这种认识显然已经孕育着关于个人、等级和利益之间关系的历史唯物主义思想的萌芽。青年马克思已经捕捉到影响他整个思想进程的新的认识内容。

与此相联系，马克思进而认识到，省议会只是封建贵族享有的特权机关，不是人民代议制。它不代表大多数人民的利益，而是与所代表者的意愿背道而驰。因此"与其说省必须通过它的代表来进行斗争，倒不如说它必须同这些代表进行斗争"。③ 对于这种等级会议来说，自由这种人类最神圣的精神不过是"异国的"植物而已。"一切生物只有在空气流通的优良环境下才能繁茂，同样，真正的政治会议也只有在社会精神的最高保护下才能昌盛。"④ 就是说，只有具备自由的环境，代表能真正表现所代表的人的意识，才会产生真正的议会自由。所以，真正重要的不是乞求议会自由，而是为自由去进行。马克思对等级会议的批判，实际上是对普鲁士封建国家制度的批判，充分体现了马克思彻底的革命民主主义思想。

马克思在《莱茵报》第一篇论文里所取得的认识还只是初步的。

---

① 《马克思恩格斯全集》第 1 卷，第 51 页。
② 同上书，第 42 页。
③ 同上书，第 53 页。
④ 同上书，第 58 页。

思想巨人马克思

而且处处还表现出唯心主义和理性至上主义的色彩,然而,在当时的精神环境里,却给人以清新之感,给人以很强的感染力。马克思当时的战友卢格,对马克思的文章称颂备至,他在《德意志年鉴》上撰文说:"关于出版自由以及为了保卫这种自由,从来还没有人说出,甚至也不可能说出任何比这些文章更加深刻、更加论据充足的意见来……我们真应该为这种完美、这种天才、这种善于把那些依然经常出现于我们政论中的混乱概念整理得清清楚楚的能力感到庆幸。"①这并非过誉之词,这种说法恰好反映了马克思思想的逻辑力量和善于从复杂纷纭的事物中把握事物本质的能力。

三 对利益、等级和国家关系的初步探讨

在评关于出版自由的辩论的论文里,马克思还只是间接地触及物质利益问题,而在"关于林木盗窃法的辩论"的论文中,他已直接探讨了物质利益及其同等级和国家、法的关系,并且公开地捍卫备受压迫的劳苦群众的利益。这种探讨,开始动摇他对国家和法的唯心主义观念,促使他向唯物主义转变,并成为推动他不久以后去研究政治经济学的最初动因。

早在1821年6月,普鲁士法律就规定了有关盗窃林木的刑罚。后来,又不断作了有利于保护林木所有者利益的补充规定。但由于农民破产、生活贫困,林木盗窃案件逐年增加。到19世纪40年代,普鲁士政府审理的20万件左右的刑事案中,约有15万件是属于盗窃林木和违反关于森林、狩猎和牧场的立法的"罪行"。但是,封建地主还是认为惩罚不严,于是,把一个更加严厉的新法律提交省议会审议,要求把捡拾枯树枝也列入盗窃林木的范围,予以法律制裁,莱茵省议会就此议题展开了辩论。这一消息传到全国各地,自然引起人们的严重不安。因为与出版自由相比,这个问题更加直接关系到劳动人

---

① [法]科尔纽:《马克思恩格斯传》第1册,第363—364页。

民的切身利益。出版自由主要是在精神领域里驰骋,劳动群众可以漠不关心,而林木盗窃法则是与贫苦人民生死攸关的现实问题。

马克思在自己论文中,旗帜鲜明地捍卫贫苦群众的物质利益,猛烈抨击普鲁士的国家和法律制度。他公开申明,要"为政治上和社会上备受压迫的贫苦群众的利益而揭露那些卑躬屈节唯命是听的所谓历史学家们所捏造出来的东西,他们把这种东西当做真正的哲人之石,以便把一切肮脏的欲求点成法之纯金。我们为穷人要求习惯权利,但并不是限于某个地方的习惯权利,而是一切国家的穷人所固有的习惯权利。"①

马克思首先从习惯权利为贫苦群众的利益进行辩护。他认为,自古以来,农民就有在森林里拣枯枝的权利。这是一种习惯权利,是合法的。"习惯权利按其本质来说只能是这一最低下的、备受压迫的、无组织的群众的权利。"② 只是由于农民所处的无权地位,这种权利还没有具备法律的形式,但其内容同法律形式并不相抵触。因此,农民在森林里拣枯枝的行为并不是违法的。

与此相反,贵族的习惯权利则是与普遍的法律形式相抵触的,实际上是一种"习惯的不法行为"③。因为贵族等级的习惯权利,就是一种传统的违法行为,正如强盗的儿子抢劫并不能因为是他的家庭传统而宣告无罪一样,也不能因为一个人的违法行为已成为习惯就不再是不法行为。问题的实质在于,林木占有者的习惯权利其实是压迫贫苦人民的封建特权。

其次,马克思驳斥了省议会把拣枯枝视为盗窃林木的偏见,指出拣枯树枝与盗窃林木是两个完全不同的概念,决不能把两者混为一谈。林木占有者占有的是林木,林木成为他们的财产,所以谁盗窃林木,谁就是盗窃财产。但拣枯树枝的情况恰好相反,因为林木占有者只是占有树木本身,而从树木上脱落下来的枯树枝已不属于树木的一部分,不再是他们的财产,所以,拣枯枝不能算作盗窃。法律应当真

---

① 《马克思恩格斯全集》第1卷,第141—142页。
② 同上书,第142页。
③ 同上书,第143页。

实地揭示事物的法的本质，应当区别不同的情况，如果完全撇开各种不同行为之间的差别而只给它们一个共同的定义，那就是"颠倒黑白、混淆是非"，是"在不应该用盗窃这一范畴的场合用了这一范畴"①。这样的法律，"就是撒谎，而穷人就会成为法定谎言的牺牲品了"。② 马克思的论辩才能和逻辑力量，在这里得到充分显示。

再次，马克思还借助于自然界的现象为贫苦人民的利益辩护。他把枯树枝看成是自然界对于穷人的怜悯，并用自然现象来比附社会贫富对立的现象。他说："自然界本身提供了贫富对立的例子，它提供的例子是这样的：一方面是脱离了有机生命而被折断了的枯树枝，另一方面是根深叶茂的枝干，……这是对贫富的自然描绘。人间的贫穷有同病相怜之感，它从这种感觉中导出自己的所有权；它认为，如果自然界的有机财富是早已肯定的所有者的财物，那末自然界的贫穷则是贫民的不定财物。在自然力的这一作用中，贫民感到一种仁慈的、比人类力量还要人道的力量。"③ 并且说："这种自然力夺取了私有制永远也不会自愿放手的东西。"④ 马克思借助自然界的现象，谴责特权者残酷压迫贫苦人民的不人道行为，表现了他对剥削制度的深恶痛绝。

从上可见，马克思为贫苦人辩护的立场是自觉的、公开的和鲜明的。但是，他更多地求助于法律，而不是求助于经济分析；求助于自然，而不是求助于对社会的深入剖析。这清楚地反映了开始摆脱思辨哲学的青年马克思所不可避免的思想局限。

然而，值得注意的是，在分析这种特权的产生时，马克思第一次尖锐地指明了社会阶级的对立。他把历史过程划分为两个基本时期：不自由的时期和自由的时期。在不自由的时期，即封建制度的时期，"人类史还是自然史的一部分"。马克思指出，"封建制度就其最广的意义来说，是精神的动物世界，是被分裂的人类世界"，这里"人类

---

① 《马克思恩格斯全集》第 1 卷，第 139 页。
② 同上。
③ 同上书，第 146—147 页。
④ 同上书，第 147 页。

第三章　走进社会　卷入斗争的漩涡

简直是按抽屉来分类的"。"人类就像分裂成许多不同种的动物群，决定他们之间的关系的不是平等，而是法律所固定的不平等。"① 在人类社会的这一时期，一个等级靠另一等级为生，"后者就像水螅一样附在地上，他只有许多只手，为上种人攀摘果实，而自身却靠尘土为生"②。马克思这时虽然还不可能从社会经济结构来揭示人与人的社会关系，但他已经清楚地看出，由于物质利益的不同，社会分裂为相互对立的等级，而在等级之间存在着不平等和残酷的剥削现象。马克思对这种现象表示极大的愤慨，他痛斥那些不劳而获的剥削者说："在自然动物界中，工蜂杀死雄蜂，而在精神动物界中则恰恰相反，是雄蜂杀死工蜂——用工作把它们折磨死。"③ 马克思直接痛斥的是封建社会，实际上他批判的是一切剥削制度，他所说的历史的自由时期，实际是他所向往的不存在压迫和不平等的未来的理想社会。

这时马克思思想的进展，主要表现在他已清楚地看到物质利益在社会历史中的作用。物质利益的差别使社会划分为不同的等级，利益原则已经渗透到社会生活和国家领域，支配着人们的思想和行动。但是，马克思对此问题的认识却是十分复杂的，就其总体来看，他的国家观还属于黑格尔的唯心主义观点，即把国家和法看作是理性的体现。他认为，真正的国家应该是普遍利益的代表，应该平等地对待所有的公民。法律"是事物的法的本质的普遍和真正的表达者"④，无论是林木所有者还是森林法违反者，都是国家的公民，都有权受国家的保护。

然而，现实生活同马克思的国家观是矛盾的。通过林木盗窃法的辩论，马克思清楚地看到，普鲁士国家并不代表所有公民的利益，而是维护林木占有者的利益，为少数特权者服务。马克思尖锐地指出，"国家权威变成林木占有者的奴仆"，林木占有者的利益"成为左右整个机构的灵魂"，"一切国家机关都应成为林木占有者的耳、目、

---

① 《马克思恩格斯全集》第 1 卷，第 142 页。
② 同上书，第 143 页。
③ 同上。
④ 同上书，第 139 页。

手、足，为林木占有者的利益探听、窥视、估价、守护、逮捕和奔波。"① 在马克思看来，这样的国家不符合国家的概念，有悖于国家的本质。他在理论上仍然固守唯心主义国家观，但在实际上已经深刻地洞察到国家的实质，看到了私人利益对国家和法的不可抗拒的决定作用。他说："应该为了保护林木的利益而牺牲法的原则呢，还是应该为了法的原则而牺牲林木的利益，——结果利益占了法的上风。"② 由此可见，现实生活、人们物质利益的冲突，给马克思的唯心主义国家观以极大的冲击，使这种国家观的理论基础开始发生根本动摇。

值得注意的是，马克思关于私人利益对国家的支配作用的认识，不仅仅是对个别现象的直观，而是开始进行带有普遍性的概括，把经验的事实，上升到理论的高度。他说："在西伯利亚也像在法国一样，林木仍然是林木，在堪察加也像在莱茵省一样，林木占有者仍然是林木占有者。因此，林木和林木占有者本身如果要颁布法律的话，那末这些法律之间的差别将只是它们颁布的地方和书写的文字不同而已。"③ 就是说，凡是在利益对立的地方，林木占有者和特权者所制定的法律，不论形式上有多少差异，其本质总是一样的，都是为了维护某种利益。

总的看来，马克思这时的思想是矛盾的。一方面，他深深感到物质利益对国家和法的支配作用，物质利益支配着人们的思想和行动。这是马克思的最可宝贵的思想。但另一方面，他又从黑格尔唯心主义国家观出发，斥责"怕见天日的私人利益"，把私人利益对国家和法的支配作用，咒骂为"下流的唯物主义"，是"违反人民和人类神圣精神的罪恶"④。这表明，马克思在国家观上已获得某些正确的认识，但又不自觉其为正确。他的思想发展，还处于朦胧的盲目状态。

几个月后，在《摩塞尔记者的辩护》一文中，他的思想又取得了

---

① 《马克思恩格斯全集》第 1 卷，第 160 页。
② 同上书，第 179 页。
③ 同上书，第 180 页。
④ 同上。

新的进展,触摸到由社会利益形成的客观社会关系,对国家和法的活动起着制约作用。

摩塞尔地区的葡萄酒业,大量破产,农民生活异常贫困。《莱茵报》记者彼捷尔·科布伦茨为此撰文作了报道,引起政府的不满。莱茵省总督冯·沙佩尔指责文章的报道失实,是对政府的恶意中伤,并要求记者用具体事实作出答复。科布伦茨迫于压力,致信马克思表示"离开战场"。于是,马克思起而应战,并为摩塞尔记者进行辩护。他收集了丰富的材料,阅读了大量文件,对摩塞尔地区农民贫困原因作了考察,驳斥了沙佩尔的指责,通过论战,马克思加深了对国家问题的理解。

普鲁士当局的官僚们,极力为自己辩护。他们认为,摩塞尔地区酒农的贫困状况同政府当局的管理毫无关系。他们贫困的原因不在政府治理范围之内,而在客观的自然条件,或在与政府当局无关的个人生活条件和某种偶然事件。总之,他们极力掩盖造成贫困的社会原因,掩盖官僚制度的罪恶。针对上述种种遁词,马克思指出:"不能想像摩塞尔河沿岸地区的贫困状况和政府无关,正如不能认为摩塞尔河沿岸地区位于国境之外一样。"① 因为,这种贫困状况,"同时也就是治理的贫困状况"②,它集中反映了政府的管理原则同客观现实之间的矛盾。这种矛盾内在于官僚制度的本质,即使政府当局具有最善良的意图,它还是不可能摧毁"这些本质的关系的势力"。"这些本质的关系就是管理机构内部的官僚关系以及管理机构和被管理机构之间的官僚关系"。③ 政府官员就是在这种历史地和现实地形成的关系中进行活动的。值得重视的是,马克思在这里提出这样一个重要思想,即"官僚等级制度的法律和那种把公民分为两类(作为治人者的积极的、觉悟的公民和作为治于人者的消极的、不觉悟的公民)的

---

① 《马克思恩格斯全集》第1卷,第217页。
② 同上书,第229页。
③ 同上书,第229—230页。

思想巨人马克思

理论，是互相补充的"。① 官僚制度的特点就在于脱离"治于人者"的广大公民，只是在不同时代有着不同的内容和矛盾表现形式罢了。

马克思进一步分析了这种矛盾，认为这种矛盾不是由个人意志决定的，而是由客观关系决定的。他阐明了如下一个极其重要的思想："在研究国家生活现象时，很容易走入歧途，即忽视各种关系的客观本性，而用当事人的意志来解释一切。但是存在着这样一些关系，这些关系决定私人和个别政权代表者的行动，而且就像呼吸一样地不以他们为转移。只要我们一开始就站在这种客观立场上，我们就不会忽此忽彼地去寻找善意或恶意，而会在初看起来似乎只有人在活动的地方看到客观关系的作用。"② 在这里，马克思强调了观察问题的客观性，强调了在人的活动背后客观的社会关系的作用，看到了客观关系对国家的制约性。

马克思从前认为私人利益对国家和法的制约不符合国家的本质，现在则探求国家制度和管理原则产生的客观基础，提出客观关系对国家生活的决定作用，这无疑是向历史唯物主义迈进了一步。尽管由于马克思当时没有从事政治经济学的研究，还不理解这种客观关系的经济内容，特别是不理解生产关系对这种客观关系的决定作用，因而它仍是一个抽象的、原则的提法。但是，这个认识为马克思思想的进一步发展确定了方向。马克思还不止一次地对恩格斯说：正是对林木盗窃法的研究和对摩塞尔河地区农民生活状况的考察，促使他从纯粹研究政治转而研究经济关系，从而研究社会主义。

四 主张为共产主义提供"理论论证"

十九世纪初期在英法产生的三大空想社会主义学说，被其后继者，特别是巴贝夫、欧·罗德利克、巴扎尔、皮埃尔·勒鲁、维克

---

① 《马克思恩格斯全集》第 1 卷，第 226 页。
② 同上书，第 216 页。

第三章 走进社会 卷入斗争的漩涡

多·孔西德朗、埃蒂耶纳·卡贝、迪奥尔多·德萨米以及皮埃尔-约瑟夫·蒲鲁东等人进一步从理论上加以发挥，而且搞了一些实际的实验，试图在实践上加以实施，并想通过变革社会，消除资本主义社会存在的弊病。蒲鲁东1840年出版的《什么是财产？》，更是接受了英国古典经济学家劳动创造财富的思想，洞察到私有财产是近代社会的基础，认为有些财产并不是劳动所得，得出"财产，就是盗窃"的结论。这些思想在法国已经广泛传播开来，并强烈地影响到当时的工人运动。但是，这些思想在德国影响甚微，直到1840年才渐渐传入德国，而且还加上了德国特有的抽象的性质，被化为一种非现实的理论。然而，在启蒙运动思想的影响下，从根本上消除社会弊病的思想，却引起了德国知识分子的极大关注。

1842年10月，马克思在担任《莱茵报》主编期间就遇到了对共产主义发表意见的难题。当时，大资产阶级自由派的奥格斯堡《总汇报》因为《莱茵报》刊登了一些论及社会问题的短评，而攻击它是"普鲁士的共产主义者"。要回答这个问题，对当时的马克思来说是很困难的。因为马克思当时还受着黑格尔哲学的影响，也没有机会追本溯源地去研究法国社会主义和共产主义，而且要从根本上批判地分析这些理论，必须对现存的社会生活作深入的考察和研究。《莱茵报》当时在理论上并不承认现有形式的共产主义思想的现实性，认为它并不是基于对当代社会关系深刻研究的基础之上。但是，对于像勒鲁、孔西德朗的著作，特别是对蒲鲁东的智慧的作品，决不能根据肤浅的、片刻的想象去批判，只有在不断地、深入地研究之后才能加以批判。

为反驳奥格斯堡《总汇报》的攻击，马克思在《莱茵报》上发表《共产主义和奥格斯堡〈总汇报〉》一文，指出共产主义已经成为法英两国人民的最大问题，但是，"我们坚信，真正危险的并不是共产主义思想的实际试验，而是它的理论论证；要知道，如果实际试验会成为普遍性的，那末，只要它一成为危险的东西，就会得到大炮的回答；至于掌握着我们的意识、支配着我们的信仰的那种思想（理性把我们的良心牢附在它的身上），则是一种不撕裂自己的心就不能从

119

思想巨人马克思

其中挣脱出来的枷锁;同时也是一种魔鬼,人们只有先服从它才能战胜它"[1]。青年马克思不仅非常辩证地对待当时流行的共产主义思潮,而且以鲜明的语言提出为共产主义进行"理论论证"的问题,这预示着他终生为之而奋斗的远大抱负。

为了更深入地了解共产主义思想,马克思寻找更多的社会主义理论家的著作来认真研读。其中最主要的有法国傅立叶和圣西门的——马克思在上中学时就听威斯特华伦谈论过他们了——以及英国的欧文的著作。这些社会主义思想家无情地批判了资本主义的苦难和罪恶,并为一个没有剥削、没有压迫的未来社会提出各种构想。尽管他们对受尽折磨的贫苦工人深表同情,并希望唤起人们对理想社会的憧憬,但这些社会主义思想家不理解工人阶级所具有的巨大力量,而是寄希望于统治者和有产者的理性和良心,因而他们所追求的社会主义只能陷于"乌托邦"的空想。

这时,马克思还不满足于阅读社会主义思想家的著作,他还参加由一个科伦知识分子团体举办关于社会主义问题的讨论会。在讨论会上,他结识了卡尔·路德维希·德斯特尔医生。几年以后,这位医生成了马克思在共产主义同盟中的同志和战友。

五 《莱茵报》被查封,马克思在克罗茨纳赫与燕妮完婚

马克思领导《莱茵报》工作期间,以其广阔的视野、渊博的学识和敏锐的洞察力使报纸办得有声有色,影响越来越大。马克思的主编工作不限于处理政论和通讯,他还巧妙地利用小品文抨击那些侵害人民自由权利、为社会压迫充当帮凶的人和事。他和诗人格奥尔格·海尔维格建立友谊,并让海尔维格在《莱茵报》专栏上发表更多的诗篇。其中一首著名的诗句:"广阔的天地啊,谁是主人?是振翅翱翔的自由的灵魂",

---

[1] 《马克思恩格斯全集》第1卷,第134页。

第三章 走进社会 卷入斗争的漩涡

就是最先在《莱茵报》上刊登，而后风行德国的。

《莱茵报》在马克思任主编期间，表现出激进的民主主义倾向，影响迅速扩大，订户在三个月内由 885 个上升到 3400 多个，增长了三倍多。这些读者并不限于莱茵省，而是遍布全国各地。

书报检查官对报纸越盯越紧，马克思不得不采取各种办法和他们周旋。由于马克思采取了比较灵活的策略，几个书报检查官总是制止不了"危险言论"上报。1843 年 1 月 19 日，政府内阁会议决定查封《莱茵报》。2 月 12 日，马克思出席了《莱茵报》股东召开的特别会议。股东们试图放弃报纸民主主义的反政府立场，以换取政府取消查封，遭到马克思的反对。于是马克思决定在未到查封日期以前辞去主编职务，3 月 18 日，马克思在该报刊登了离职声明："本人因现行书报检查制度的关系，自即日起，退出《莱茵报》编辑部。特此声明"。马克思离开大学后的第一份工作也就这样结束了。

离开《莱茵报》后，马克思一直有一个考虑，在国外创办一个刊物，继续向反动的封建专制制度开火。他和卢格往返通信，讨论办刊事宜，根据马克思的建议，刊物办在法国，名称定为《德法年鉴》。在马克思看来，德国人民是一个擅长思维的民族，而法国人民长于行动，把两个民族的优长之处结合起来，也意味着理论与实践的统一，并可以摆脱民族的界线，具有国际的视野。

但是，马克思告诉卢格，在去法国以前，他必须与已订婚七年的恋人燕妮结婚。"我可以丝毫不带浪漫主义地对您说，我正在十分热

马克思的辞职声明

思想巨人马克思

烈地而且十分严肃地恋爱。我订婚已经七年多，我的未婚妻为了我而进行了极其激烈的、几乎损害了她的健康的斗争……因此，多年来我和我的未婚妻经历过许多不必要的严重冲突，这些冲突比许多年龄大两倍而且经常谈论自己的'生活经验'的人所经历的还要多。"[1]

在这七年里，特别是燕妮父亲去世以后，她无时无刻不在承受着来自家庭和亲属的压力，甚至逼迫她与马克思解除婚约。燕妮以巨大的勇气进行抗争，以缄默来捍卫自己的选择，默守对马克思的坚贞的爱情。从下面燕妮给马克思信里，可以看出燕妮当时的心情和对马克思的爱：

> 啊，卡尔，我清楚地知道，我做了什么和我会怎么被人们瞧不起；我知道这一切的一切。尽管如此，我仍然感到高兴和幸福，甚至不会为人世的任何财宝而放弃对那些时光的回忆。这是我最心爱的东西，愿它永不泯灭……我的所有心事，所有的想法和念头，一切一切，过去、现在、将来只归结为一个声音，一个象征，一个语调，如果它响起来，那么它只能是：我爱你！这是难以用语言形容的，无时间限制的和无限度的——其他的一切都交织在这里面……你的爱情的终结将和我的生存的末日同时来临。并且在这次死亡之后，就不会再有复活——因为只有在爱情中才相信生命继续存在。[2]

这是一个伟大女性对爱情的真心流露，她像出污泥而不染的荷花，高洁、坚贞，无论经历什么样的波折都终生不渝。

燕妮为了避开同父异母兄弟斐迪南的压力，1842 年 7 月，她和母亲搬到了特利尔东面大约 50 英里的克罗茨纳赫疗养地居住。

1843 年 5 月底，马克思来到克罗茨纳赫。6 月 19 日，在经过长达 7 年的恋爱和各方面压力所带来的精神折磨之后，马克思和他心爱的燕妮在克罗茨纳赫小镇举行了婚礼。

---

[1] 《马克思恩格斯全集》第 27 卷，第 441—442 页。
[2] 参见《马克思恩格斯全集》第 47 卷，第 593、595、596 页。

第三章 走进社会 卷入斗争的漩涡

马克思和燕妮

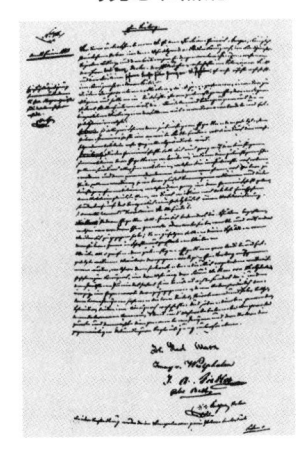

马克思和燕妮的婚书

100多年前那场婚礼的教堂

这对情深意笃的恋人终于结合在一起，沉浸在新婚的欢乐之中。他们沿着莱茵河做了短暂的新婚旅行，尽情享受着新婚带来的快乐。在克罗茨纳赫他们一直住到10月，这可能是他们一生中最惬意的一段时光！

当时有一个姓埃塞尔德枢密参事，受普鲁士政府的指使，到克罗茨纳赫探询马克思是否愿意在普鲁士政府担任官职。马克思非常轻蔑地拒绝了这种诱惑和收买。

六 费尔巴哈哲学的影响和对黑格尔哲学的"倒戈"

马克思在克罗茨纳赫五个多月的时间里，并没有停止理论的探讨。他在《莱茵报》遇到的国家、法与社会生活的物质条件的关系问题，一直困扰着他，为了解决这些"苦恼的疑问"，仅仅利用德国的经验是不够的，于是他在短短的几个月里阅读了大量世界历史和哲学的书籍，作了详细的摘录和笔记。特别是借助费尔巴哈《关于哲学改造的临时纲要》和《基督教的本质》等成果，对黑格尔的思想进行了批判。这一研究，对他转向唯物主义和共产主义起了重要作用。

费尔巴哈哲学的影响 恩格斯在讲到19世纪40年代德国共产主义者的情况时曾经写到，在公开拥护这种改造的人们当中，几乎没有一个不是通过费尔巴哈对黑格尔哲学的克服而走向共产主义的。40多年后，恩格斯在《路德维希·费尔巴哈和德国古典哲学的终结》一书中又讲道，"我认为我们还欠着一笔信誉债，就是要完全承认，在我们那个狂风暴雨时期，费尔巴哈给我们的影响比黑格尔以后任何其他哲学家都大"，"他在好些方面是黑格尔哲学和我们的观点之间的中间环节"。[①] 这是当时不可逾越的历史环境。

[①] 《马克思恩格斯文集》第4卷，第265页。

第三章　走进社会　卷入斗争的漩涡

费尔巴哈作为唯物主义者，早在 1839 年《黑格尔哲学批判》一文中，便宣告同黑格尔哲学决裂。通过对宗教的世俗生活内容的研究，他在 1841 年 6 月发表的《基督教的本质》一书中，对宗教作了更深入的批判。费尔巴哈认为，宗教的本质不是早期基督教社会精神的实体属性（如大卫·施特劳斯认为的那样），也不是福音书个别作者的自我意识（如布·鲍威尔认为的那样），而是包含着精神和肉体、个体和类特质的完整的人的本质，不过它

费尔巴哈

是被歪曲和异化了的。"上帝对人的爱——宗教之根据和中心点，——不就是人对自己的爱吗？不过这种爱被对象化为、被看作是至高的真理、人的至高的本质罢了。"因此"神学的秘密是人本学"①，基督教并不是精神发展的绝对阶段，而只是精神异化的暂时历史形式，消灭基督教将使人把自己的本质力量从虚幻的人那里夺回来还给自己，以人与人的现实之爱去代替上帝对世界及世界对上帝的神秘之爱。

在关于《改革哲学的必要性》一文中，费尔巴哈还把对宗教的批判推广到世俗的政治批判上，认为只有废除政治异化，废除君主制，异化的扬弃才能完成。为此，费尔巴哈倡导创立一种新的哲学。1843 年 1 月，他在《关于哲学改造的临时纲要》中，以警句的形式阐述了自己关于新哲学的本质观点；半年后，又把《纲要》发展成《未来哲学原理》（1843 年 7 月出版）。在这两部著作中，费尔巴哈更深入

---

① 《费尔巴哈哲学著作选集》，上册第 103、101 页，下册第 87 页。

思想巨人马克思

系统地阐述了他的唯物主义信条。当时青年黑格尔派处于困难重重、危机四伏之中，费尔巴哈的思想代表了一种进步的新的理论倾向，并给处于"信仰危机"、歧途彷徨中的青年马克思以强烈影响。

费尔巴哈主要观点可简要概括如下：

第一，人本学是被掩饰的神学的本质，而神学是思辨哲学的本质。正像神学把人的本质异化，即移置于人范围之外将其变为彼岸之神一样，思辨哲学也把人同其本质相异化，使人的思维脱离人，成为彼岸的绝对精神。黑格尔哲学是思辨哲学的顶峰，也是神学的最后避难所。因此，批判思辨哲学的方法与批判宗教用过的办法也没有什么区别，"我们只要将宾词当作主词，将主体当作客体和原则，就是说，只要将思辨哲学颠倒过来，就能得到毫无掩饰的、纯粹的、显明的真理"①。

第二，哲学的开端不是神、不是绝对，不是存在的理念，而是实际的、有限的、确定的存在。"思维与存在的真正关系只是这样的：存在是主体，思维是宾词。思维是从存在而来的，然而存在并不来自思维。"② 而存在又是以自然作为根据的。

第三，新哲学主要是关于人的学说，是人本学。这不仅因为"思维和存在的统一，只有在将人理解为这个统一的基础和主体的时候，才有意义，才有真理"③。而且还因为实在存在的人，"是自觉的自然本质，是历史的本质，是国家的本质，是宗教的本质。"④ 与思辨哲学把人的某种属性（如自我意识、需要）抽象化、逻辑化不同，费尔巴哈所理解的人是理性与感性本质的统一、肉体和精神的统一、具有心脏和思考的头脑。

费尔巴哈新哲学的核心思想，是用人的精神的异化来揭露神学和思辨哲学，指出它们的根本特点是歪曲了主词（人、存在）与宾词

---

① 《费尔巴哈哲学著作选集》上册，第102、115—116页。
② 同上书，第115页。
③ 《未来哲学原理》第51节，第74页。
④ 《费尔巴哈哲学著作选集》上册，第116页。

（思维、属性）的相互关系。他致力于把异化归结为它的现实基础——人和人类。但是他对人与其属性的认识本身仍然是抽象的。他过多强调人的自然属性而不顾其社会特性，特别是离开实践活动形式——人与自然、人与人相互关系的统一的生产方式，去看待现实人及其属性，因而对于表现着人（主词）与思维（宾词）的属性本身及其相互关系不可能作出正确的说明，这正是费尔巴哈关于人本质异化命题的根本弱点。

尽管费尔巴哈哲学包含着矛盾的观点，并对后人产生复杂的影响，但在1843年间，他对宗教和唯心主义批判的基本方向仍然是进步的和主要的，不少青年黑格尔派成员都接受他的观点。卢格作为《轶文集》的编辑，早在《纲要》发表以前许久便知道其内容，因而他在《德国年鉴》上发表的文章中，明显地接受了费尔巴哈的某些论点。他较早地注意到《纲要》中可直接用于分析政治现象的系统观点，但是还不明白其中蕴含的一般哲学意义。费尔巴哈对莫·赫斯的影响较深，后者把费尔巴哈的学说当作一种创造性的、用以解决迫切社会问题的方法。赫斯认为异化概念是费尔巴哈哲学的方法论核心，并加以推广：不仅颠倒了的意识（宗教、思辨哲学）是异化的形式，而且颠倒的社会存在（社会制度、金钱关系）也是异化的形式，[1] 要消灭异化、必须消灭利己主义，建立人与人之间的真正关系，使社会建立于利他主义和爱的基础上。赫斯采用异化观念直接解释社会问题，而人本主义影响又使他把社会问题最终变成伦理问题。只有马克思才真正领会了费尔巴哈哲学所强调的哲学唯物主义方向，并且贯彻到底，用于分析国家和社会制度等复杂问题。

费尔巴哈对马克思思想的影响，主要表现在费尔巴哈批判宗教及

---

[1] 赫斯在1843—1844年所写的四篇论文《行动哲学》《社会主义和共产主义》《唯一的和完全的自由》《论金钱的本质》中，应用异化概念批判资本主义，把费尔巴哈哲学同共产主义联系在一起。他认为，费尔巴哈在宗教领域内发现并认为是万恶之源的异化现象，实际上具有社会的性质。如人们把自己的本质异化为所生产的财富，并受这些财富奴役。财富以金钱形式出现，金钱成为社会真正的神，人拜倒在自己异化了的本质金钱面前等等。赫斯的这些观点同正在转变中的马克思的思想，有一定相似之处。

思辨哲学时,把被颠倒了的主客体关系又颠倒过来的方法上。它为马克思批判黑格尔唯心主义的国家观提供了借鉴,对整个黑格尔哲学的改造,也是从重新颠倒主客体关系入手的。例如,马克思写道:"假如黑格尔从作为国家基础的现实的主体出发,那末他就没有必要神秘地把国家变成主体。……黑格尔把谓语、客体变成某种独立的东西,但是这样一来,他就把它们同它们的真正的独立性、同它们的主体割裂开来。……神秘的实体成了现实的主体,而实在的主体则成了某种其他的东西,成了神秘的实体的一个环节。正因为黑格尔不是从实在的对象出发,而是从谓语、从一般规定出发,于是神秘的理念便成了这类体现者。"[①]

费尔巴哈关于神学的秘密是人本学的观点,关于一切法律、意志、自由等在人之外,都是没有根据、没有实在性的思辨的观点,也影响了马克思。马克思在论及君主制与民主制的对立时也写道:"黑格尔从国家出发,把人变成主体化的国家。民主制从人出发,把国家变成客体化的人。正如同不是宗教创造人而是人创造宗教一样,不是国家制度创造人民,而是人民创造国家制度:……在民主制中,不是人为法律而存在,而是法律为人而存在;在这里人的存在就是法律,而在国家制度的其他形式中,人却是法律规定的存在。"[②]

特别值得提出的是,马克思在对黑格尔法哲学的批判中,也受到费尔巴哈关于人的本质异化的命题的影响。异化是黑格尔哲学的范畴,当费尔巴哈用人的异化批判宗教时,就包含有对绝对精神异化观的颠倒。费尔巴哈和赫斯用异化来直接说明社会问题,马克思则用"异化"来批判现实的政治和国家。他认为,政治制度到现在为止一直是宗教的领域,是人民生活的宗教,是同人民生活现实性的人间存在相对立的人民生活普遍性的上天,政治生活就是人民生活的经院哲学。君主制是这种异化的完整的表现,共和制则是这种异化在它自己

---

① 《马克思恩格斯全集》第1卷,第272—273页。
② 同上书,第281页。

的领域内的否定。在批判黑格尔所推崇的君主立宪制时，他还讲道："我们的时代即文明时代，却犯了一个相反的错误。它使人的实物本质，即某种仅仅是外在的，物质的东西脱离了人，它不认为人的内容是人的真正现实。"①

费尔巴哈对马克思转向唯物主义的影响尽管包含着消极的方面，但在当时却起了关键作用。还应指出，在马克思接受费尔巴哈影响的过程中，由于他们追求的个人及社会生活目标不同，他们所关注的问题不同，使得马克思一开始对费尔巴哈就有所保留，并有所超越。1843年3月13日，马克思给卢格的信中写道："费尔巴哈的警句只有一点不能使我满意，这就是：他过多地强调自然而过少地强调政治。然而这一联盟是现代哲学能够借以成为真理的唯一联盟。"② 费尔巴哈所关注是宗教的批判，但由于他把人与人的关系主要理解为自然关系，认为宗教是在意识中对人的自然本质的歪曲，因此他把宗教归结为它的世俗本质时，并没有说明宗教产生及扬弃的真实基础。与此不同，更关注于政治批判的马克思从人生活于其中的社会条件方面看待人本质的歪曲，特别强调私人利益对人与人关系的破坏及其在意识中的反映，因此马克思认为，必须"更多地联系着对政治状况的批判来批判宗教，而不是联系着对宗教的批判来批判政治状况"，"……宗教本身是没有内容的，它的根源不是在天上，而是在人间，随着以宗教为理论的被歪曲了的现实的消灭，宗教也将自行消灭"。③ 马克思这里所说的"现实"是构成宗教的社会基础方面的内容，要远比费尔巴哈所说的深刻得多。马克思对黑格尔法哲学的批判，也是借鉴了费尔巴哈对宗教批判的唯物主义方法，对现实政治国家作批判性分析。这一批判的结果，不仅回答了费尔巴哈所不能回答的问题——人们是如何把宗教幻想塞进头脑中的，为马克思"开辟了通往唯物主义"的道路，而且远远超出人本学唯物主义的范围，最终导致

---

① 《马克思恩格斯全集》第1卷，第346页。
② 《马克思恩格斯全集》第27卷，第442—443页。
③ 同上书，第436页。

新的世界观——辩证唯物主义和历史唯物主义的诞生。

从上述可见，在《莱茵报》遇到的困惑和思想矛盾，这个时期费尔巴哈唯物主义哲学的影响，使马克思的思想发生了深刻的变化。这一剧烈的变化，必然促使马克思对黑格尔哲学的"倒戈"，对黑格尔辩证法的批判和改造，以及对他颠倒国家与市民社会关系的批判。

使哲学植根于现实生活，对黑格尔辩证法的初次批判改造，黑格尔哲学的最根本错误在于把思维与存在的关系头足倒置。由此构成的客观唯心主义体系，不仅不能科学地解释世界，而且也窒息了充满活力的辩证法。

黑格尔

黑格尔是辩证法大师，恩格斯曾称他为"所有时代中最有学问的人物之一"，"第一个想证明历史中有一种发展、有一种内在联系的人"①。但是黑格尔辩证法的唯心主义性质及其所论证的保守政治结论，使得转向唯物主义的马克思在批判其国家哲学时，首先要深入到对其辩证法的批判和改造。其实，在对黑格尔关于国家和市民社会关系的颠倒中，马克思就已经触及了黑格尔唯心主义辩证法的"根本缺陷"：把理念变为独立的主体，头足倒置地以"思维的样式来制造对象"，以纯逻辑的演绎来代替事物真实联系的泛逻辑主义。虽然黑格尔把政治制度看成是辩证联结的机体，但是马克思认为："从机体的一般理念通向国家机体或政治制度的特定理念的桥梁是没有的，而且这种桥梁永远也架设不起来"②。马克思对黑格尔

---

① 《马克思恩格斯文集》第2卷，第602页。
② 《马克思恩格斯全集》第1卷，第259页。

第三章 走进社会 卷入斗争的漩涡

辩证法的改造,同样是从揭露它的这种唯心主义性质入手的。

马克思指出,由于黑格尔"用客观的东西偷换主观的东西,用主观的东西偷换客观的东西"①,不仅使他最终不能摆脱二元论,而且也窒息了革命的辩证法,导致非批判的结论。历史上,黑格尔哲学是以致力于解决实体和主体、存在和精神抽象对立的"二元论"而出现的。但是,在黑格尔哲学中,一方面,普遍物不是被看成现实的本质,而是某种独立存在的本质(观念);② 现实性不是被看作事物本身的现实性,而是某种其他外来的现实性;③ 经验的合理性也不是存在本身中的合理性,而是附加上的一种超出其本身范围的意义;④ 现实事物的差别不是事物本身的差别,而是理念自我规定的差别。这样,黑格尔承认在现实事物之外,存在着某种独立的精神本源(马克思称之为"极端唯灵论");另一方面,这种包罗一切的理念,为了证明自己的现实性并实现自己,又不得不接受和求助于经验,转而在它所鄙视的经验面前卑躬屈节,满足于找到一件与自己的范畴相对应的事实,从现实材料中去"寻找逻辑概念的历史的再现"⑤(马克思称为"粗劣唯物主义"),实际上又承认了理念之外的存在。因此思维和存在在黑格尔那里(尽管辩证联结)仍然是两个外在的系列,"两种来历:奥秘的和明显的"⑥,如果说奥秘部分关心的是在现实中寻找逻辑概念的历史再现,那么真实的"发展却恰巧是在明显的方面进行的"⑦。

正是黑格尔哲学对真实发展的这种唯心主义表达,又使它的"革命"辩证法最终得出保守的非批判结论。如马克思指出的,从理念出发,"把某种经验的存在非批判地当作理念的现实真理,……随便哪

---

① 《马克思恩格斯全集》第 1 卷,第 292 页。
② 参见《马克思恩格斯全集》第 1 卷,第 273、250、253 页。
③ 同上。
④ 同上。
⑤ 同上书,第 251 页。
⑥ 同上。
⑦ 同上。

一种经验的存在都可以解释为理念的实在环节"①,只要使结果恰恰成为现实中存在的那样。普通人说:"君主拥有主宰一切的权力,即主权,"黑格尔说:"国家的主权就是君主",结论:国家主权只能以君主制形式而存在。这是把暂时的经验提升为绝对的原则,用现存的东西去冒充事物的"本质"。凡是现实的都是合理的,普鲁士王国也就成了理念的最高体现。可见,黑格尔哲学的保守性正来源于它的唯心主义性质,而对它的改造则必须对它进行颠倒,"从现存的现实本身的形式中引出作为它的应有的和最终目的真正现实"。

在批判黑格尔辩证法的唯心主义同时,马克思已深入黑格尔体系的殿堂中,对辩证法的合理内容进行改造,首先是对矛盾学说进行批判改造。马克思认为,黑格尔的深刻之处在于他处处都从各种规定的对立出发,并把这种对立加以强调。例如黑格尔把国家和市民社会的分裂看作一种矛盾,君主、行政权、立法权、等级等,彼此也处于一定的相互矛盾之中。可是,马克思又指出,黑格尔虽然承认矛盾,但并没有说出对立的全部尖锐性,相反却满足于表面上解决矛盾。如借助于"等级要素""立法权"等中介,来调和市民社会同君主间的对立。在马克思看来,这些调和的因素与其说是中介的存在,还不如说是矛盾的存在,它们不仅没有调和对立,而且使"对立尖锐到随时都可能发生斗争的地步,甚至还具有不可调和的矛盾的性质"②。为什么中介因素只是表面解决矛盾和调和矛盾?这源于黑格尔对矛盾本质的认识及克服矛盾途径的认识。马克思认为,黑格尔所讲的矛盾并不是现实事物本质的矛盾,而仅仅是作为理念本质表象的"现象的矛盾",而黑格尔所讲的调和矛盾的中介(如立法权),也不是从"实践着眼"、从实际事物发展中引申出来,而是以"外交方式虚构出来"③、作为"合乎理性的关系"从逻辑中推演出来的。这样,通过把现实矛盾融为抽象的推论环节(如"普遍性和单一性"的对立),

---

① 《马克思恩格斯全集》第1卷,第292—293页。
② 同上书,第351页。
③ 同上书,第350页。

而推论环节又冒充为"真正的对立面"①，经过逻辑范畴推论中互为中介的推移，②客观矛盾便得到中介和取消。所以马克思得出："黑格尔的主要错误在于他把现象的矛盾理解为本质中的理念中的统一，而事实上这种矛盾的本质当然是某种更深刻的东西，即本质的矛盾。"③

马克思批判黑格尔并阐明同黑格尔区别的，并不在于是否承认本质有矛盾（黑格尔在《逻辑学》中把矛盾也解释为本质关系），而是在于对矛盾和本质的理解。马克思把矛盾和本质都看作客观的，当他强调把矛盾归结为本质的矛盾时，实际上就是致力于把矛盾归结为它的客观基础和寻找矛盾的更深刻根源。正如马克思说明的，"所谓立法权自身的矛盾只不过是政治国家的矛盾，因而也就是市民社会自身的矛盾"④。而黑格尔关于使客观（实际上也是本质）的矛盾从属于观念上的逻辑推论，在理念本质中统一的观点，只是"想象中的幻觉"，"是政治国家关于本身的实体性或自相适应的幻想。这只是寓言式的存在"⑤。在马克思看来，只有把矛盾归属于它的客观基础和根源，才能进一步认识矛盾、区分矛盾、解决矛盾，在矛盾运动中揭示事物的必然联系和规律性。马克思此时不仅超过黑格尔，并且同发现到处都有矛盾、却不知如何把握矛盾根源的青年黑格尔派也有区别，马克思是站在唯物主义的立场上来运用辩证法武器的。他写道："对现代国家制度的真正哲学的批判，不仅要揭露这种制度中实际存在的矛盾，而且要解释这些矛盾；真正哲学的批判要理解这些矛盾的根源和必然性，从它们的特殊意义上来把握它们。……这种理解不在于像黑格尔所想象的那样到处去寻找逻辑概念的规定，而在于把握特

---

① 《马克思恩格斯全集》第1卷，第356页。
② 例如黑格尔把中介作用轮流强加于国家组织的一切要素，包括国王在内。君主的必要性，就是因为它是等级和政府之间的中介人。
③ 《马克思恩格斯全集》第1卷，第358页。
④ 同上。
⑤ 同上书，第361页。

殊对象的特殊逻辑。"① 认识矛盾的根源及必然性，把握特殊对象的特殊逻辑，这是马克思对黑格尔矛盾学说批判所得出的积极成果，它被成功地贯彻和运用到马克思后来的理论工作中：从国家和市民社会的矛盾，进一步揭示矛盾根源——市民社会本身的矛盾，揭示社会历史发展基本矛盾，揭示资本主义生产方式特殊对象的特殊矛盾逻辑，这些使马克思完成了历史观上的深刻革命。

通过对黑格尔辩证法唯心主义成分的剔除，马克思提出了关于矛盾类型的认识，尽管其中还包含着不成熟的提法和概念，这对于唯物辩证法的创立起了奠基的作用。针对黑格尔用中介推论调和矛盾，马克思指出："真正的极端之所以不能被中介所调和，就因为它们是真正的极端。同时它们也不需要任何中介，因为它们在本质上是互相对立的。它们彼此之间没有任何共同之点，它们既不相互吸引，也不相互补充。一个极端并不怀有对另一个极端的渴望、需要或预期。"② 任何矛盾都是对立面相互依存中的统一。马克思此时所以强调矛盾不可调和，主要是同黑格尔调和矛盾的立场相反，强调把相互作用中的相互否定因素贯彻到底，而在矛盾类型上则是指事物本质的矛盾。按照马克思当时的看法，矛盾可分为两类三种：即同一本质存在的矛盾（"存在上的差别"）和"本质的矛盾后者又包括本质自身中的矛盾和各种不同本质之间的矛盾"。马克思所指不可调和的，就是最后一种"两种本质的差别"③、各种本质的真正对立。马克思为了证明自己的观点，还分析了两种可能提出的反对意见。其一认为，北极和南极相互吸引，女性和男性也相互吸引，马克思指出，这正是"同一种本质"存在的矛盾，它与不同本质矛盾是不一样的。④ 其二认为，任何极端都是相反的另一极端，如抽象的唯灵论就是抽象的唯物主义。马克思认为这是把概念脱离开它应反映的"内容"，对概念本身又以抽

---

① 《马克思恩格斯全集》第1卷，第359页。
② 同上书，第355页。
③ 同上。
④ 参见《马克思恩格斯全集》第1卷，第355、356页。

第三章　走进社会　卷入斗争的漩涡

象形式把握的结果。马克思指出,如果正确地区别了不同矛盾类型,不把它们相混同,即"在一种本质所存在的范围内的差别既没有和转化为独立本质的抽象相混同,也没有和相互排斥的各种本质的真正对立相混同,那末就可以避免三重错误"①。显然这些错误正是混同了上述矛盾不同类型的结果。第一种错误是,认为"只有极端才是真理"而滥用辩证法,其结果导致片面性,"任何一个原则都只表现为脱离某一他物的抽象,而不表现为整体本身"②。第二种错误是,"把真正对立面的尖锐性以及这些对立面的转化为极端看做有害的",并"阻止"这种转化。在马克思看来,对立面的转化正是矛盾自我解决的形式,"这种转化却不是别的,而是这些对立面的自我认识,以及它们对决定性斗争的热烈渴望"③。第三种错误,即用中介调和矛盾。为什么对立面的互为中介并不意味着矛盾调和,马克思认为,两个极端虽然都真正存在,但是它们"地位各不相同",一个的"特性"包含在另一个"本质"中,④ 一个占了另一个的上风。他举例说,基督教以及一般宗教同哲学是极端对立的,但是"宗教对哲学来说并不是真正的对立面,因为哲学把宗教当作虚幻的现实来理解",哲学在自己的运动中将克服宗教。马克思最后再次重申:"本质的真正二元论是没有的。"⑤ 即对立面在自身发展中所形成的本质的不同表现和不同本质的对立都是不能调和的。马克思对矛盾类型的初步区分及对混淆矛盾类型错误的批判,实际上阐明了认识和解决矛盾的一些基本原则:防止片面性,注意矛盾转化,反对调和矛盾。

为了在对辩证法的改造中恢复其革命因素,马克思在《黑格尔法哲学批判》中还对黑格尔的庸俗进化论倾向进行了驳斥,把革命的辩证法贯彻到其政治主张中。黑格尔《法哲学原理》的保守性

---

① 《马克思恩格斯全集》第 1 卷,第 356 页。
② 同上。
③ 同上。
④ 参见《马克思恩格斯全集》第 1 卷,第 356 页。
⑤ 同上。

质，除了为普鲁士专制制度进行辩护外，还表现在实际上主张维持现存制度而反对革命变革。例如，黑格尔以理念本质逐渐生成的观点来看待现代国家制度变化，认为："国家制度存在着，同时也本质地生成着，……这种前进的运动是一种不可察觉的无形的变化。"① 黑格尔还举出许多例证来说明这种逐渐变化，并最后得出结论："一种状态的不断发展从外表看来是一种平静的觉察不到的运动，久而久之国家制度就变得面目全非了。"② 针对这种保守观点，马克思指出："逐渐推移这种范畴从历史上看来是不真实的，这是第一。第二，它也不能说明任何问题。"③ 在马克思看来，固然许多国家中，制度变革总是新的要求逐渐产生而旧的东西逐步瓦解，但要"建立新的国家制度，总要经过真正的革命"。④ 马克思认为，要使国家制度不是被迫改变，不是最后被暴力所粉碎，就必须使"前进运动成为国家制度的原则，从而必须使国家制度的实际体现者——人民成为国家制度的原则。这时，进步本身也就成了国家制度"。⑤ 经过改造的革命辩证法，成了马克思论断推翻旧制度、建设新制度的锐利思想武器。

马克思退出《莱茵报》到最后离开自己的祖国，只有半年多的时间，但是这一期间马克思在理论上却取得了丰硕的成果。通过对黑格尔法哲学的批判，马克思摸索到把唯物主义贯彻到社会领域、把唯物主义同辩证法结合起来，从而发展唯物主义的新的途径。马克思所从事的多方面理论工作（哲学、历史、政治），也为他再次投入新的实践准备好了条件。正是在新的实践中，马克思思想进一步深化，产生和制定出新的世界观。

---

① 《马克思恩格斯全集》第1卷，第314页。
② 同上书，第315页。
③ 同上。
④ 同上。
⑤ 同上。

第三章　走进社会　卷入斗争的漩涡

七　市民社会是政治国家的基础

　　1843年春夏之交写于克罗茨纳赫的《黑格尔法哲学批判》，是马克思对黑格尔《法哲学原理》一书第260—313节的全面分析和批判。① 黑格尔在这些章节中，主要讲述了国家、法，其中包括王权、行政权、立法权等等内容。马克思选择了黑格尔《法哲学原理》第三篇第三章第一节"国家法"作为直接批判的对象，而其中的首要问题，就是国家和市民社会的相互关系。

　　黑格尔的法哲学是用思辨模式建立起来的。他把国家看作自在自为的现实的最高理性本质，它"把自己分为自己概念的两个理想性的领域，分为家庭和市民社会，即分为自己的有限性的两个领域，目的是要超出这两个领域的理想性而成为自为的无限的现实精神"②。从逻辑推演的排列上看，黑格尔把家庭和市民社会放在国家之前，但这只是现象和经验的关系，本质的关系则是，家庭和市民社会没有独立性，国家是它们追求的目的，它们是从属于国家的。国家的意志和法律对它们具有外在的必然性，家庭和市民社会的矛盾也只有在国家中才能得到解决。这样，在黑格尔的法哲学中，私人利益体系（家庭和市民社会）和普遍利益体系（国家）的关系是颠倒的，简言之，不是市民社会决定国家，而是国家决定市民社会。

　　针对着黑格尔这种头足倒置的观点，马克思在摘录了第262节上述有关引文后写道："这一节集法哲学和黑格尔全部哲学的神秘主义之大成。""逻辑的泛神论的神秘主义在这里已经暴露无遗。"③ 马克思从唯物主义立场上对黑格尔的神秘主义进行了剖析。他指出，在黑

---

　　① 由于缺第一张手稿，马克思对第260节的分析没有保存下来。但马克思写道："上一节已经告诉我们，具体的自由在于私人（家庭和市民社会）利益体系和普遍（国家）利益的同一性（应有的二重化的同一性）。"说明马克思的分析正是从该节开始的。
　　② 转引自《马克思恩格斯全集》第1卷，第249页。
　　③ 同上书，第253、250页。

137

格尔那里，"理念变成了独立的主体，而家庭和市民社会对国家的现实关系变成了理念所具有的想象的内部活动"。①"它们结合成国家，不是它们自己的生存过程的结果；相反地，是理念在自己的生存过程中从自身中把它们分离出来。""实际上，家庭和市民社会是国家的前提，它们才是真正的活动者；而思辨的思维却把这一切头足倒置。"② 与黑格尔的观点相反，在马克思看来，"家庭和市民社会是国家的真正的构成部分，……是国家存在的方式。家庭和市民社会本身把自己变成国家。它们才是原动力"。"政治国家没有家庭的天然基础和市民社会的人为基础就不可能存在。它们是国家的〔必要条件〕。"③ 理论上对国家和市民社会关系的唯物主义颠倒，表明马克思较之《莱茵报》时期前进了，并且超过费尔巴哈。因为马克思是在政治——社会领域里，强调和发挥费尔巴哈所阐述的唯物主义，这就预示着将超越人本主义的狭窄范围。

马克思对市民社会和国家关系的颠倒，包含着双重意义，其一，是对现实事物与理念、逻辑概念关系的颠倒；其二，是对国家和市民社会本身关系的颠倒。前一颠倒反映出对黑格尔思辨唯心主义的实质与方法的认识和批判，后一颠倒则揭露出黑格尔哲学的保守性质，为马克思正确阐述二者相互关系的新原理开辟了道路。

马克思在简要地叙述了黑格尔关于家庭和市民社会向国家推移的论点后继续写道："这正是黑格尔在逻辑中所玩弄的那种从本质领域到概念领域的推移。……永远是同样的一些范畴时而为这一些领域，时而为另一些领域提供灵魂。"因此，"他不是从对象中发展自己的思想，而是按照做完了自己的事情并且是在抽象的逻辑领域中做完了自己的事情的思维的样式来制造自己的对象"。④ 马克思揭示的，正是黑格尔颠倒现实事物与理念的关系、以逻辑理念代替现实、现实事

---

① 《马克思恩格斯全集》第 1 卷，第 250 页。
② 同上书，第 251—252、250—251 页。
③ 同上书，第 251—252 页。
④ 同上书，第 254、259 页。

物服从于逻辑推演需要的方法论特征,这种特征使整个法哲学带有脱离、歪曲现实的神秘主义。"在这里,注意的中心不是法哲学,而是逻辑学。……哲学的工作不是使思维体现在政治规定中,而是使现存的政治规定化为乌有,变成抽象的思想。在这里具有哲学意义的不是事物本身的逻辑,而是逻辑本身的事物。不是用逻辑来论证国家,而是用国家来论证逻辑。"①

"整个法哲学只不过是对逻辑学的补充。"② 马克思对黑格尔唯心主义的批判,尽管是从国家和法问题入手的,但是已深入到问题的最要害方面,即客观唯心主义的泛逻辑主义特征。马克思后来回忆说,"将近三十年以前……我就批判过黑格尔辩证法的神秘方面"③。正是马克思对黑格尔国家观的神秘方面的批判,为不久后全面清算黑格尔的思辨哲学打开了一个缺口。

对市民社会和国家关系的颠倒,同时暴露出黑格尔哲学的保守性质:用国家理念来消融现实矛盾而证明现实国家的合理性。可是,如果说现实政治制度是不合理的,它并不符合关于政治国家("作为一个总和的整体的国家"④)的原则,那么依据市民社会是国家前提的原理,其不合理性和异化的根源仍然在于市民社会,即"非政治"的生活组织形式本身。为此,马克思在"手稿"中对市民社会和国家关系的研究进到更深入的层次:探究市民社会同国家的对立,这一对立的历史性质、市民社会同国家结合的不同类型。这一课题的研究,成为马克思制定唯物主义历史观的决定性出发点。

在黑格尔哲学中,"市民社会"是指与国家或法律——政治领域相区别的、人的共同生活的经济——社会领域,实际上反映着以资本主义私有财产为基础的个人社会生活。同时黑格尔还常常用它来分析封建制度和古代社会的社会——经济关系。黑格尔虽然对国家和市民

---

① 《马克思恩格斯全集》第 1 卷,第 263 页。
② 同上书,第 264 页。
③ 《马克思恩格斯全集》第 23 卷,第 24 页。
④ 《马克思恩格斯全集》第 1 卷,第 342 页。

社会做了区分，并看到了二者的矛盾，但是对矛盾本身做了不正确的解释。马克思写道："黑格尔从市民社会和政治国家的分离（从现代的状况）这个前提出发，并把这种状况想象为理念的必然环节……他把国家的自在自为的普遍性同市民社会的特殊的利益和要求对立起来。……另一方面，……他不愿意市民生活和政治生活有任何分离。"① 他希望在国家内部表现出国家的统一。由此马克思概括说："黑格尔把市民社会和政治社会的分离看做一种矛盾，这是他较深刻的地方。但错误的是：他满足于只从表面上解决这种矛盾。"②

与此相反，马克思是从历史发展方面来看待市民社会与国家分离的过程与性质。这不仅为认识"现代国家"的性质、矛盾内容提供了基础，而且也为最终解决这种矛盾、论证现时制度的不合理性及变革要求提供了依据。马克思认为，在古代社会或"古代国家"，人民与国家之间存在着实体性统一，即国家还没有发展为与"人民"（实际为自由民）的日常生活有区别的特殊形式。由于市民社会，即从事生产活动的人还不是"人民"，劳动仅仅是奴隶的事情，所以市民社会是政治社会的奴隶。到中世纪，由于等级制度的存在，它在市民社会和政治国家中起着相同的作用，通过等级的中介实现二者的同一，所以市民社会也就是政治社会，二者远没有分离。但是，由于每个等级所严格规定的职能，所以较之古代社会有了变化，人民成为不自由的人，国家职能也丧失社会职能的性质，成为某个等级的特权。伴随封建社会的解体，市民社会同政治国家、社会领域同政治领域分离开来。这种分离最重要的表现，是反映普遍利益的国家从私人利益占优势的市民社会中异化出来，成为虚幻的共同体（"官僚组织"），"政治国家是脱离市民社会的一个抽象。"③ 同时，"普遍事务"本身也成为个别特殊等级……官僚们的特权。由于市民社会和国家的分离，也意味人本身的二重化，即作为"国家的公民"和作为"市民社会成

---

① 《马克思恩格斯全集》第 1 卷，第 336 页。
② 同上书，第 338 页。
③ 同上书，第 343 页。

员的市民"也是彼此分离的。市民要成为公民,要"获得政治意义和政治效能"①,必须"脱离市民社会,脱离自己固有的、真正的、经验的现实性"②。因此马克思提出,"历史任务就是要使政治国家返回实在世界,但是各个特殊领域并不因此就意识到:它们自己的本质将随着国家制度或政治国家的彼岸本质的消除而消除"③。可见为了克服国家同市民社会的异化、人的二重化,还必须对造成异化根源的市民社会本身进行改造。马克思当时是把"社会化了的人"④,即人作为社会存在物本身当作克服政治异化和人异化基础的。

由于受到费尔巴哈的影响,马克思对政治国家和市民社会相互分离及扬弃这种分离的必然性的论述还很抽象。通过对法国革命史的研究,马克思在手稿的后半部分,对这一问题有了更具体的论述。他指出,政治国家同市民社会的分离,最重要的内容和中介,是旧的政治等级转变为社会等级,尽管这一转变在君主专制政体中就已开始,但是"只有法国革命才完成了从政治等级到社会等级的转变过程,或者说,使市民社会的等级差别完全变成了社会差别,即没有政治意义的私人生活的差别。这样就完成了政治生活同市民社会分离的过程"⑤。随着这一过程的完成,一方面,人从封建等级特权中被解放出来,拥有以不可剥夺的个人财产为基础的政治权利,"人民的单个成员在他们的政治世界的天国是平等的",但另一方面,人在"人世的存在中,在他们的社会生活中"(也是市民社会),仍然存在社会等级差别,仍然是不平等的。在研究社会不平等的内容和根源中,马克思当时注意到了"需要和劳动这类独立体之间的差别""城市和乡村间的差别"。在论述市民社会差别标准时,他讲道:"金钱和教养则是这里的主要标准。"马克思还提出:"被剥夺了一切财产的人们和直接

---

① 《马克思恩格斯全集》第 1 卷, 第 340、341 页。
② 同上书, 第 341、283、281 页。
③ 同上。
④ 同上。
⑤ 同上书, 第 344 页。

劳动即具体劳动的等级，与其说是市民社会中的一个等级，还不如说是市民社会各集团赖以安身和活动的基础。"①

但总的说来，马克思对市民社会本身的分裂、异化还讲得很少（甚至还没有用异化分析市民社会）。马克思更多的是通过人的本质的二重化来揭露和说明国家同市民社会的分离，来批判现实社会。例如，马克思认为，如果说中世纪的等级制度，国家职能变成特权而使人脱离自己普遍本质的话，那末"我们的时代即文明时代，却犯了一个相反的错误。它使人的实物本质，即某种仅仅是外在的，物质的东西脱离了人，它不认为人的内容是人的真正现实"。②马克思还写道："现代的市民社会是彻底实现了的个人主义原则，个人的生存是最终的目的；活动、劳动、内容等等都不过是手段而已。"③这里，马克思是把异化同人在市民社会中的物质活动连在一起的，由于市民社会中人的物质活动成为个人的私事，失去真正人的本质，所以也就成为某种人之外同人相异化的东西。可见，对国家和市民社会关系的研究，预示着马克思将要转入解剖市民社会、研究作为私有制异化根源的异化劳动。马克思当时已表明，在批判了黑格尔的国家观后，打算对黑格尔市民社会的观点进行批判。

随着对黑格尔法哲学批判的深入，同时借助历史研究所获得的材料，马克思在"手稿"结束部分对黑格尔关于私有财产和国家关系的观点进行了批判，这反映出马克思对国家和市民社会关系认识的深化。

在黑格尔构想的政治国家中，为了稳定和安全，最重要的保证是独立的地产。因为黑格尔认为，地产的不可转让性和不可分割性，即稳定和遗传，才使得"拥有独立财产的人不会受外界环境的限制，……毫无阻碍地出来为国家做事"。④他还进而把长子继承制看

---

① 《马克思恩格斯全集》第1卷，第345页。
② 同上书，第346、345—346页。
③ 同上。
④ 同上书，第366页。

作是政治要求，应当从政治地位和政治意义方面来考察。与此相反，马克思认为黑格尔把长子继承制描写成政治国家对私有财产的支配权，这是"倒因为果，倒果为因，把决定性的因素变为被决定的因素，把被决定的因素变为决定性的因素"。因为政治国家对私有财产的支配权，实际上"是私有财产本身的权力，是私有财产的已经得到实现的本质"。[①] 而国家制度也成了"私有财产的国家制度"。马克思这时的论述虽然还不是从"生产关系"方面来说明私有财产，但对于后来的认识却有积极意义，即为进一步揭示现代资产阶级政治国家对私有制（市民社会）的依赖性打下了基础。

八 《克罗茨纳赫笔记》和对世界历史的研究

马克思在克罗茨纳赫写作《黑格尔法哲学批判》的同时，为了充分地占有材料、更深入地认识所研究的内容，他还大量阅读了在该地所能获得的历史和政治著作，并按照习惯做了九本详细的摘录笔记。这些笔记是对24本著作及几篇文章的摘要，它们的作者有政治学的古典作家（尼可罗·马基雅弗利、孟德斯鸠、卢梭），也有近现代的德国、法国和比利时作家。其内容包括法国、英国、德国、瑞典、波兰、威尼斯共和国和美国的历史，时间则从公元前6世纪至19世纪30年代、涉及共2500多年世界史的事件。马克思摘要的题目所涉及的方面异常广泛，马克思本人在笔记中也只加进很少的注解和评论。[②] 但是，这并不意味着笔记是杂乱无章的，或仅仅是一些简单的经验事实。根据马克思选择的资料内容和做的注解与索引，可看出是在明确的观点支配下研究和对比不同国家和时期的历史，所摘引的材料也是

[①] 《马克思恩格斯全集》第1卷，第369页。
[②] 如第一册笔记中的内容提要和附注，第二册笔记中各著作的内容概要和进一步综合成的内容提要，第四册笔记中的简短"评论"和索引等。（以上参见新编《马克思恩格斯全集》国际版版第四部分，第2卷，第25、26、84、88、90、102—104、181、116—119、221页。）

明确地为他面临和提出的理论任务服务的。这就是在批判黑格尔法哲学时所反复研讨的主题：国家和市民社会的相互关系、前者从后者异化的历史过程。按照这一主题，全部笔记可分为三组相对独立的研究内容。

第一组内容，是关于所有制，它的产生和在历史不同时代（古代、封建社会、现代社会）的发展及不同形式，财产关系与政治关系的联系，前者对于国家和整个社会制度的影响。它们可以用第二册笔记中占主要地位的标题"所有制及其结果"来概括。

在《克罗茨纳赫笔记》中，关于欧洲主要国家封建社会历史的摘录占了相当的篇幅。马克思关注于政治史（王朝及国王更迭、外交冲突、战争等），并侧重于摘录政治变化对社会经济、社会法律过程的影响。例如，在第一、二册笔记中，马克思从德国历史学家克·哥·亨利希的《法国史》中详细摘录的内容，是封建社会的产生过程，封建财产的不同形式，封建国家及最重要机构的形成，以及各种法律关系和制度。马克思对卡洛林王朝的研究，证明了封建国家的军队体制同财产关系的直接联系。在第三、四、五册笔记中，马克思对英、法、德等国历史著作的摘录，主要集中于公共财产转变为私有财产、封建占有的不同形式和封建财产的结构、封建社会内部新的资本主义关系萌芽形式的产生等等。

第二组内容，以第四册笔记索引标明的"等级差别"，第二册笔记条目"贵族""关于特权的产生""特权的融合""市民等级"等为标志，主要是研究阶级的产生和阶级特权、等级特权的性质，以及封建等级向资产阶级社会阶级结构的过渡等方面的材料。经过对欧洲封建制度的研究，马克思获得了关于封建社会阶级、阶层及中间阶层划分的较明确认识。国王"以三重关系出现，对于他的扈从来说他是王侯，对于自由人来说是部族的首脑，……历来是最高的采邑主"。[①]采邑主作为贵族等级，其根基是"恩赐地产或采邑制"，"采邑主的

[①] 《马克思恩格斯全集》第 2 卷，第 187、147、150 页。

第三章 走进社会 卷入斗争的漩涡

威望与价值'则'取决于采邑的数量大小"①。自由、独立的土地占有者的中间阶层，是随着封建制度的巩固加强而与其融合的。封建等级制的基础则是数量最大的但无权的依附农阶级。马克思还从不同著作中摘录了有关中世纪贵族和城市上层的地位与权利的论述，其中特别是有关特权的产生及其政治权力的根源。马克思确认，封建社会里"任何等级特有的荣誉与尊严都同它的等级、职业相适应"②。例如，在摘录法国历史学家比埃尔·达鲁的著作《威尼斯共和国史》时，马克思肯定作者关于"力量"和"卓越的才能"不是社会优先权的分析，将所摘段落概括为"在这里财产就是头衔"，并且不是一般财产，而是地产。在另一本有关《英国史》的摘录中马克思则肯定，"乡绅的地位密不可分地同地产的数量大小相联系"③。

马克思在研究封建社会结构发展时，还特别注意了英法两国封建社会内新的资本主义制度萌芽的产生。例如，他以法国为例探究了中世纪城市的产生与发展、资产阶级的形成及其为自己权利而进行的反封建斗争。在菲利浦二世奥古斯特时期，"两个阶级——采邑主和自由人——之间的中间等级，它依靠争取和接受的权利，同强权和独裁相对抗。市民取代了城市居民的地位，城市居民的状况经常是与农奴的状况相同；市民的自由得到承认，接受权利方面达到妥协（通常采用自我行动），这归功于他们的勇气和他们双臂的力量，或者说通过劳动而获得的货币手段"。这个等级唤起了"发明精神"，为"辛勤的手工业劳动和贸易"的迅速发展作出了贡献。④ 在研究英国的相同过程时，马克思还特别注意到王室为了王国政权的利益而支持城市市民反对大封建主的斗争。如约·林加尔德讲到，中世纪的英国在市民阶层与骑士阶层之间并不存在着固定的分界线，它们是彼此融合在一起的。拉斯贝尔格讲到，盎格鲁撒克逊时期一个富裕的商人就可能成

---

① 《马克思恩格斯全集》第2卷，第187、147、150页。
② 同上书，第156、88、139页。
③ 同上。
④ 参见《马克思恩格斯全集》第2卷，第150—151、210页。

为贵族。马克思注明,在 13、14 世纪的瑞典,同样是"通过服军役而获得贵族的自由,逐渐使旧的氏族制度丧失了它的最富裕的成员"①,即自由土地占有者阶层的一部分可以进入贵族的行列。在这部分,马克思还摘录了反封建的起义和农民战争的重要事件。

第三组内容,是国家与法的问题,即立法权与行政权,同专制主义形成相联系的官僚机构及其产生,官员与国王权力间的相互关系,国王的特权,代议制和人民主权等问题。它们以第二册和第四册笔记索引中马克思注明的小条目为标记,反映出国家与法的问题是马克思当时思考的中心。

马克思对法国、美国和德国的历史研究,了解到中世纪的等级代表制机构,是资产阶级国家代议制的历史先驱。在第一册笔记(摘录亨利希著作)中,马克思探讨了法国三级会议的产生、组成和作用方式。在第三册笔记(约·罗素英国宪法史著作摘录)和第四册笔记(约·林加尔德著作摘录)里,马克思通过英国议会(欧洲最古老议会)产生与发展的例子,了解到英国议会的性质与在国家生活中的作用,越来越认识到欧洲先进国家议会制度的局限性,并把它看成拥有大量财产的社会阶层的政治统治形式。例如,在罗素的著作中马克思看到这样的事实,在 18 世纪末英国的"腐朽的市镇代表"制中,由 84 名财产主把 157 名代表派进英国议会,但当人民的看法同政府的看法不一致时,"下议院越来越多地与其说倾向于人民方面,倒不如说倾向于政府方面"②。在马克思对法国、美国、议会制度史的摘录中,也反映出这些制度的根本缺陷。对代议制研究的历史材料支持和证实了马克思在同期形成的思想:代议制是在城市与市民阶层的影响日益增长之下,在新兴的资产阶级同王权联盟反对封建主的斗争条件下形成的。它是进一步发展的立宪制,是争取政权或获得统治的资产阶级用以同封建制度相对立的国家形式。因此,它决不像理想化的代

---

① 《马克思恩格斯全集》第 2 卷,第 150—151、210 页。
② 同上书,第 128 页。

第三章　走进社会　卷入斗争的漩涡

议制理论所宣扬的，是人民主权的表现，它所表达的是资产阶级的政治利益和物质利益。1843年9月，紧接着笔记写作后马克思给卢格的信中，便明确地表达了这一思想：代议制是同封建等级制相对立的资产阶级社会的关系，它是以政治方式表现了私有制的统治。①

在占有广博的历史材料基础上，马克思对以上三组内容——所有制、阶级和国家法关系的研究，为他正在写作中的《黑格尔法哲学批判》手稿提供了充分论据和新的启发。在这部"手稿"的后半部分，马克思对问题的论述变得更加清楚和具体，对市民社会及内部结构也越来越引起注意，并明确提出，在批判了黑格尔的国家学说之后，一定要"批判黑格尔对市民社会的看法"②，即进一步深入对市民社会的研究。在把"笔记"和"手稿"对比中，可以看到一些重大问题上的联系。例如，笔记中对封建财产形式及政治关系的研究，对特权与阶级、政治权力根源的研究，支持和证实了马克思在"手稿"中的论断："在我们一直在研究其结构的政治国家中，独立性就是以不可转让的地产为最高表现的私有财产"③，并且"国家制度在这里就成了私有财产的国家制度"④。又如，马克思在第四册笔记中，在摘录了利奥波德·冯·兰克主编的《历史政治杂志》（1832年汉堡第1卷）的有关内容后写道："在路易十八时代，宪法是国王的恩赐（钦赐宪章），在路易·菲利浦时代，国王是宪法的恩赐（钦赐王权）……主语变为谓语，谓语变为主语，被决定者代替决定者，……因此，当黑格尔把国家观念的因素变为主语，而把国家存在的旧形式变成谓语时——可是，在历史真实中，情况恰恰相反：国家观念总是国家存在的〔旧〕形式的谓语——他实际上只是道出了时代的共同精神，道出了时代的政治神学。这里，情况也同他的哲学宗教泛神论完全一样……一切非理性的形式也就变成了理性的形式。但是，原则上这里

---

① 参见《马克思恩格斯全集》第1卷，第417页。
② 同上书，第344页。
③ 同上书，第378、380页。
④ 同上。

被当成决定性因素的在宗教方面是理性,在国家方面则是国家观念。"① 马克思在这里透过历史的假象,以讽刺的笔调批判黑格尔把国家观念变为主语的唯心主义。同时马克思称为"政治神学",是批判黑格尔的保守性质,即法哲学把过时的普鲁士国家形式描绘成与国家的"真正理念"相适应的形式。在"手稿"中,马克思进一步展开这一思想,批判黑格尔把新时代的、已不具有旧政治意义的"等级"(市民社会领域的差异)同封建的旧的等级混为一谈,指出,这还是用新眼光来解释旧世界观的那一套非批判的神秘主义做法,这种非批判性,这种神秘主义,既构成了现代国家制度形式(它的等级形式)的一个谜,也构成了黑格尔哲学、主要是他的法哲学和宗教哲学的秘密。

在《克罗茨纳赫笔记》中,还有一部分贯穿于整个笔记的特殊内容,是马克思对法国革命史的研究,它不仅有助于马克思当时的研究工作,而且对《德法年鉴》乃至后来研究的一系列问题都发生了深刻的影响。例如,马克思研究革命时期与所有制问题相联系的平等问题,他详细摘引了从人权宣言到"忿激派"关于平等的要求、观点及各派间为此发生的尖锐争论。这些摘录以生动的材料表明了马克思最后达到的见解:资产阶级革命没有、也不可能实现真正普遍的平等和建立尊重人的社会。正是基于对法国革命分析所得来的认识,使马克思不久后提出"政治解放"与"人类解放"的关系,并做出正确的回答。此外对革命中代议制、人民主权、虚假的"普遍利益"的认识等等,都为马克思认识和批判资产阶级革命及资本主义制度的局限性,并转向共产主义奠定了基础。

《克罗茨纳赫笔记》是马克思完成世界观转变的直接理论准备工作。新编国际版《马克思恩格斯全集》的编者在概述"笔记"内容的序言中指出:"对世界史、对法国革命历史的研究,对于下述情况具有决定性的作用:马克思前进到唯物主义立场,并从这种观点出发

---

① 《马克思恩格斯全集》第 1 卷,第 368 页。

认清了历史的推动力,首先是关于私有财产在社会生活中的作用,私有财产对于政治制度的发展、对个别阶级与社会集团的政策的影响,以及人民群众和阶级斗争的历史作用。……马克思研究了最近几个世纪人类社会的发展,深信资产阶级不能实现法国革命所宣告的一切人的自由与平等,揭示了资产阶级国家的阶级性质并得出结论:必须为建立新的社会制度而斗争;这种新制度将消除现存社会的基本矛盾并结束对人的压迫。"

总之,青年马克思在《莱茵报》的经历、经验和获得的认识,在克罗茨纳赫对黑格尔法哲学的批判,对世界历史的研究,以及取得的思想成果,为他世界观和政治立场的转变,为他后来创立新的哲学,揭示历史之谜,奠定了坚实的基础。一步一个脚印,伟人就是这样起步的!

第四章　马克思成为马克思

1843年10月底，马克思和燕妮离开德国，前往当时革命者的集合地巴黎。在这里，通过对无产者活动的接触与认识，马克思得到了论证共产主义的新的论据。作为《德法年鉴》的负责人之一，马克思在这里不仅从事杂志的编辑和文章的写作，而且还结识了一些工人运动的领导人和进步的作家、诗人，并参加了他们的活动。马克思发表在《德法年鉴》上的文章，标志着他实现了从唯心主义向唯物主义、从革命民主主义向共产主义的转变。

一　马克思和《德法年鉴》

《德法年鉴》是马克思和卢格一起于1844年2月在巴黎创办的德文刊物。杂志仅仅出版了一期创刊号（一、二期合刊），便由于马克思同卢格的原则分歧而停刊。但是，杂志所登载的文章表明，它较《莱茵报》前进了一步，带有鲜明的共产主义性质。马克思是年鉴的发起人，并通过年鉴实现了自己的创办纲领。

早在《莱茵报》被查封后，马克思就在寻找能公开发表自己哲学——政治观点的新阵地。开始他接受海尔维格的邀请，打算赴苏黎士同他一起编辑、创办新的杂志《德意志通报》，但是海尔维格被驱逐出苏黎世使这一计划未能实现。与此同时，卢格打算在国外恢复被

第四章　马克思成为马克思

查封的《德意志年鉴》①，并建议马克思担任该杂志的主编。马克思同意跟他合作，但是却不赞同仅仅是复旧的刊物。在同卢格的通信中马克思写道："即使《德国年鉴》重新获准出版，我们至多也只能做到一个已停刊的杂志的很拙劣的翻版，而现在这样已经不够了。"②

马克思、卢格在巴黎办《德法年鉴》

在马克思看来，不仅《德意志年鉴》的名字应改为《德法年鉴》，而且出版地方也应改在具有象征意义的斯特拉斯堡（法德长期争夺的边境地带、亚尔萨斯的城市）。马克思认为："这才是原则，是能够产生后果的事件，是能够唤起热情的事业。"③ 马克思的思想，与当时广为流传的法德两国进步力量联合的思想是一致的④，即未来的新杂志应该把德国的哲学激进主义与法国的政治激进主义结合起来，把思想理论的力量同实践行动的力量结合起来。作为两国革命者的政治理论机关刊物，它应摆脱民族的局限性，从新的立场和高度来认识和评价任何国家发生的事件。对于马克思的建议，卢格在回信中表示赞同，他们共同开始了新杂志的筹备工作。

为创立新的《德法年鉴》，首要的任务是如何实现联合法德两国革命者的宗旨，争取更多的撰稿人及优秀稿件。为此，曾计划邀请一些当时法国有影响的作者为杂志撰稿，如阿尔封斯·德·拉马丁、德·拉梅耐、路易·勃朗、卡贝和蒲鲁东。出于各种原因，这些人都

---

① 《德意志年鉴》（1841—1843）原为《德意志科学和艺术哈雷年鉴》，是青年黑格尔派的文学—哲学杂志，1843年1月被普鲁士政府查封。
② 《马克思恩格斯全集》第27卷，第441页。
③ 同上。
④ 例如费尔巴哈当时认为："一个真正的、与生活，与人同一的哲学家，必须是法国人和德国人的血统"。《费尔巴哈哲学著作选集》上册，第111—112页。

拒绝了。马克思在离开克罗茨纳赫赴法国以前，还曾写信邀请费尔巴哈为即将创办的《德法年鉴》撰写批判谢林的文章。他在信中写道："您是第一批宣布必须实现德法科学联盟的著作家之一。因此，您必然也是旨在实现联盟事业的第一批支持者之一。而现在要轮流发表德国和法国著作家的著作。巴黎的优秀作者们已经表示同意。我们十分高兴从您那里得到稿件，而您手头想必有一些现成的东西。……如果您马上给创刊号写一篇评论谢林的文章，那就是对我们所创办的事业，尤其是对真理，做出了一个很大的贡献。您正是最适合做这件事情的人，因为您是谢林的直接对立面。"① 马克思的邀请是热烈而真诚的，但在德国当时险恶的形势下费尔巴哈踌躇了，甚至援引他自己的"高卢—日耳曼"原则也没有能说服他，费尔巴哈没有给杂志撰稿。杂志的创办是艰难的，但最终却得到了一批著名革命者的支持，如恩格斯、海涅、海尔维格、赫斯，等等。恩格斯曾在为一家报纸撰写的文稿中，为新刊物做宣传："创办一种主张彻底改造社会的定期刊物会得到怎样的反应。这样的定期刊物已经在巴黎创办，名为'德法年鉴'，它的编辑卢格博士和马克思博士以及其他一些撰稿人都是德国的'共产主义学者'；支持他们的还有法国最杰出的社会主义作家。……就在创刊号出版以前，它的成就就已经是肯定的了。"② 为了解决出版经费的困难，卢格和负责出版者弗·吕贝尔曾打算创办一家股份公司为杂志集资，但没能实现。为保证出版近几期刊物，卢格投入了六千塔勒的股金。而马克思到达巴黎后则全力投入编辑准备稿件的工作。

经过近一年的努力，《德法年鉴》于1844年2月在巴黎出版，立即引起了反响，也遭到反动政府的敌视和迫害。普鲁士政府驻巴黎大使向政府报告了《德法年鉴》的政治倾向，普鲁士当局通令封锁边

---

① 《马克思恩格斯全集》第27卷，第444、445页。
② 《马克思恩格斯全集》第1卷，第595页。

第四章 马克思成为马克思

境，查禁杂志，授意各省并命令警察机关，马克思、卢格、海涅和贝尔奈斯一进入普鲁士国境就予以逮捕。一些具有反动倾向的报刊，也发表评论攻击《德法年鉴》。在严酷的外部压力下，内部的分歧也加剧，马克思和卢格在观点上的日益分歧和对立，使年鉴仅仅出版了一期合刊号后，便没有再维持下去。

马克思与卢格的分歧早在创办杂志过程中就存在，围绕着年鉴的性质、任务等方面，两人实际上提出了完全不同的纲领。尽管与此有关的文件没有全部载入年鉴，但从年鉴开篇关于《〈德法年鉴〉计划》和题为《1843 年通信》中便可以明显反映出来。

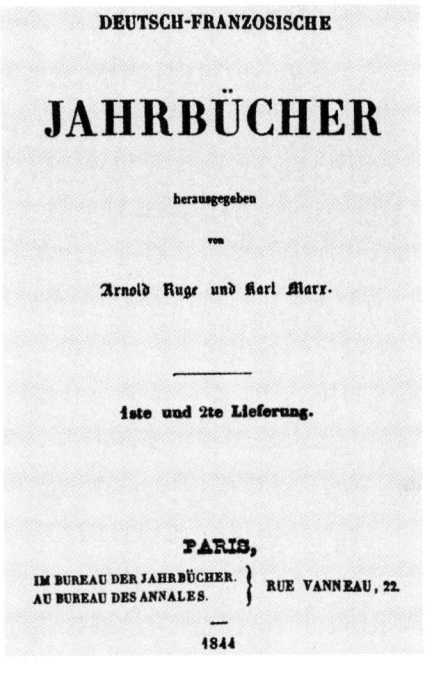

《德法年鉴》

《〈德法年鉴〉计划》是卢格所起草的关于年鉴的《法文和德文的出版广告》的一部分。在没有载入年鉴的法文广告中，卢格曾拟标题为《〈德法年鉴〉的纲领》，而用德文撰写的《〈德法年鉴〉的计划》同《纲领》基本一样，只是论述顺序上有些调整，内容比前者更为详细。在《计划》中卢格首先提出杂志的行动方针：（1）讨论那些对未来社会产生积极或消极影响的政治制度、宗教制度和社会制度；（2）评论报刊，注意它们的目的和倾向，它们对社会意识的影响；（3）批判地分析莱茵河两岸出版的书籍。接着卢格强调法国和德国之间的联合斗争对争取民族自由的重要性。卢格认为，"在德国哲学还远远没有成为民族的事情，但它应当成为民族的事情……一个民族在使哲学成为它的发展原则之前不可能自由的；而哲学的任务就

思想巨人马克思

在于把民族提高到这样的水平。"①"哲学就是自由并且能产生自由"，这种"真正人的自由，即政治自由"。在卢格看来，当前的任务，是应把德国的纯粹原则在法国实现，使法国人摆脱宗教压迫，德国人摆脱政治压迫，德国精神和法国精神的联合，"是在人道主义原则上的一种联合"②，为实现这种联合，卢格认为所采取的实际步骤，是交流文化促进教育，并通过创办真正自由的刊物来实现这些内容。作为一个革命者，卢格在1843年底提出的关于革命斗争的具体任务，显然还停留在自由民主主义的观点上。原则是实现哲学，手段则是通过创办自由刊物，最终任务没有超出人民精神解放的范围，只是用费尔巴哈人道主义代替黑格尔哲学，用新的德法机关报代替旧的德国刊物。对于这样的纲领，马克思显然不再满意了。

题为《1843年通信》的八封通信，是马克思同卢格等围绕着年鉴等筹备工作的动因、计划、指导方针等方面交换的意见，这些通信发表时，虽然经过卢格的编排并做了删改，但仍能看出马克思关于创办杂志的思想动因及拟定的纲领性意见。在卢格病后马克思一人审定年鉴稿件时，《通信》内容最后还经马克思做了核阅。

马克思信件中的第一封信，是1843年3月马克思在荷兰旅行期间给卢格的信，作为整个《通信》集的序曲，实际上反映了马克思关于创办杂志的思想缘由——对当时卑贱的德国感到羞耻和深信革命即将来临。面对威廉四世上台后加强书报检查，查禁报刊、严密控制思想的高压政策，马克思指出："普鲁士制度及其明显的本质再也骗不了人了。……自由主义肩上的华丽斗篷掉下来了，极其可恶的专制制度已赤裸裸地呈现在全世界的面前"③。作为一个德国人，马克思认为，如果为德国已深深陷入泥坑而感到耻辱的话，这种"耻辱本身已经是一种革命"④，"实际上就是法国革命对1813年曾战胜过它的

---

① 《德法年鉴》1844年柏林版，第4页。
② 同上书，第7页。
③ 《马克思恩格斯全集》第1卷，第407页。
④ 同上。

德国爱国主义的胜利"①。马克思深信，专制制度所扮演的这场闹剧，必然要向着"不可幸免的命运驶去"，"这命运就是即将来临的革命。"②

1843年5月写于科伦的第二封信（致卢格），是马克思对于普鲁士1841年至1843年初政治状况的理论概括，这种概括不仅为他正在写作中的《黑格尔法哲学批判》提供了前提，而且也直接构成年鉴纲领的组成部分。马克思把普鲁士的专制制度称为"政治动物"的"庸人的世界"，即一方面是支配着土地和臣民的封建所有主、军官和容克地主的统治阶级，另一方面是构成这一制度组成部分的、也包括那些支持和维护封建制度的各阶层的代表。马克思认为，封建专制制度（"君主政体"），无论以老普鲁士国王弗里德里希·威廉三世的面貌出现，还是以新国王"自由的无上君权"表现出来，其共同的"原则"和"事实"，"就是轻视人，蔑视人，使人不成其为人"③。此时，马克思是把真正自由的人同"庸人世界"对立起来的，认为"哪里君主制的原则占优势，哪里的人就占少数；哪里的君主制的原则是天经地义的，哪里就根本没有人了。"④"庸人是构成君主制的材料，而君主不过是庸人之王而已。只要二者仍然是现在这样，国王就既不可能使他自己也不可能使他的臣民成为自由的人，真正的人。"⑤为此，马克思要求"丢下这个世界的基础，过渡到民主的人类世界"⑥。因为"工商业的制度……私有制和剥削"所引起的"现今社会内部的分裂……旧制度是无法医治的"⑦，而要改变这一制度，就必须唤起人们的自尊心，唤起对自由的要求，只有这样"才能使社会重新成为一个人们为了达到崇高目的而团结在一起的同盟，成为一个

---

① 《马克思恩格斯全集》第1卷，第407页。
② 同上书，第408、411、412页。
③ 同上。
④ 同上。
⑤ 同上。
⑥ 同上书，第412页。
⑦ 同上书，第414页。

民主的国家"①。马克思还提出"能思想的人"和"受苦难的人"团结起来,"受难的人在思考,在思考的人又横遭压迫,这些人的存在是必然会使那饱食终日、醉生梦死的庸俗动物世界坐卧不安的。""我们的任务是要揭露旧世界,并为建立一个新世界而积极工作。"②针对着卢格在1842年激进运动失败后垂头丧气的情绪,马克思满怀信心地写道:"让死人去埋葬和痛哭自己的尸体吧。最先朝气蓬勃地投入新生活的人,他们的命运是令人羡慕的。"③

注明为1843年9月于克罗茨纳赫的第三封通信中④,马克思更明确地把哲学的任务同政治发展的目标结合起来,并对《德法年鉴》将采取的方针,提出了直接的纲领性意见。

针对卢格把现有的哲学理论教条式接受下来,只需加以实现的原则,马克思指出,对于"从何处来"的问题没有疑问,但对于"往何处去",即未来社会如何发展,朝什么方向进行斗争,在现今的理论家观念中却很混乱,因此盲目支持现存学说中的某一学说,只能是扩大这种混乱。"新思潮的优点就恰恰在于我们不想教条式地预料未来,而只是希望在批判旧世界中发现新世界。"⑤马克思指出:"我们的任务不是推断未来和宣布一些适合将来任何时候的一劳永逸的决定",以为"一切谜语的答案都在哲学家们的写字台里,愚昧的凡俗世界只需张开嘴来接受绝对科学的烤松鸡就得了。"⑥ 与此相反,我们的原则,"是要对现存的一切进行无情的批判","这种批判不怕自己所作的结论,临到触犯当权者时也不退缩"⑦。

马克思对当时的空想社会主义(傅立叶、蒲鲁东)和空想共产主

---

① 《马克思恩格斯全集》第1卷,第409页。
② 同上书,第414页。
③ 同上书,第408页。
④ 卢格曾把《1843年通信》收入自己的文集出版,但对马克思的这封信,卢格却没有收入,为此有学者推断"卢格这样做是想强调,他不同意这封信。"(参见尼·拉宾《马克思的青年时代》,第198页。)
⑤ 《马克思恩格斯全集》第1卷,第416页。
⑥ 同上。
⑦ 同上。

义（卡贝、德萨米、威廉·克里斯蒂安·魏特林）提出了批评，因为他们仅仅是用新的原则对抗旧世界，而这些理论的任何一种都没有全面地研究和掌握新的原理。当时马克思把社会主义解释为对人的现实存在的全面深入研究，以求在实际上实现真正人的生活。而人的存在分为两部分，一是"人类实质的实际存在"，二是人的"理论生活"①。上述的空想社会主义（共产主义）囿于社会发展的特殊目的，实际上只涉及了普遍原则的一部分，所以马克思称它们为"社会主义原则的一种特殊的片面的实现"②。例如，空想共产主义理论当时把全部注意力放在消灭私有制上，并提出与此对立的公有制条件下的各种规则。马克思认为消灭私有制是完全必要的，但是"这种共产主义只不过是人道主义原则的特殊表现，它还没有摆脱它的对立面即私有制的存在的影响。所以消灭私有制和这种共产主义绝对不是一回事"③。马克思所理解的社会主义，除了对私有制的批判外，还包括理论生活，"应当把宗教、科学等等当作我们批评的对象"④。

马克思此时虽然还没有完全摆脱黑格尔的影响，但得益于对法哲学的批判，已能站在唯物主义立场上指出，批评家应该"从现存的现实本身的形式中引出作为它的应有的和最终目的的真正现实"⑤。从现实出发，马克思认为当时最重要的问题是宗教和政治问题。"正如宗教是人类理论斗争的目录一样，政治国家是人类实际斗争的目录。"⑥在马克思看来，正是现代政治国家在自身的矛盾——作为理想的使命与现实前提的矛盾中，反映和表现了"一切社会斗争，社会需求和社会真理"⑦。

在通信最后，马克思指出未来杂志的任务，是对当代的斗争和愿

---

① 《马克思恩格斯全集》第 1 卷，第 416 页。
② 同上。
③ 同上。
④ 同上。
⑤ 同上书，第 417 页。
⑥ 同上。
⑦ 同上。

望作出当代的自我阐明。他写道:"什么也阻碍不了我们把我们的批判和政治的批判结合起来,和这些人的明确的政治立场结合起来,因而也就是把我们的批判和实际斗争结合起来,并把批判和实际斗争看做同一件事情。在这种情况下,我们就不是以空论家的姿态,手中拿了一套现成的新原理向世界喝道:真理在这里,向它跪拜吧!我们是从世界本身的原理中为世界阐发新原理。我们并不向世界说:'停止斗争吧,你的全部斗争都是无谓之举',而是给它一个真正的斗争口号。我们只向世界指明它究竟为什么而斗争……这样,我们就能用一句话来表明我们杂志的方针:对当代的斗争和愿望作出当代的自我阐明(批判的哲学)。这是既为了世界,也为了我们的工作。"① 马克思所提出的纲领已远远超过了卢格的意图,而成为《德法年鉴》的实际纲领。

二 政治解放和人类解放

马克思除参加《德法年鉴》的编辑工作外,还撰写了两篇具有重要意义的文章:《论犹太人问题》和《〈黑格尔法哲学批判〉导言》。这两篇文章,是从理论上"对当代的斗争和愿望作出当代的自我阐明";同时也是《黑格尔法哲学批判》中提出的市民社会决定国家观点的进一步的深化和发展。

《论犹太人问题》一文是马克思1843年秋天开始写作、到巴黎后完成的。主要内容是通过批驳鲍威尔把犹太人解放归结为宗教解放,而又把政治解放同人类解放相混淆的错误,发挥了国家公民和社会成员之间分裂决定政治国家同市民社会之间分离的观点,首次论述了政治解放和人类解放的关系,实际上提出社会主义革命的问题。

犹太人问题在19世纪初德国政治生活中较为突出。由于犹太教与基督教的分歧,在德意志基督教国家里犹太教徒遭到迫害,在政治权利方面受到极大限制。1816年5月4日普鲁士政府曾颁布法令,犹

---

① 《马克思恩格斯全集》第1卷,第417—418页。

第四章 马克思成为马克思

太人不得担任国家公职而只能在国家中居于从属地位。为了反对这一法令,犹太人一直进行斗争,要求与基督徒享有平等的权利。这种斗争又客观上汇入到当时德国反对旧的专制制度的斗争中,因此犹太人问题成为各派普遍关注的话题,也引起青年黑格尔派的兴趣。

马克思早在1842年8月,就曾想给《莱茵报》写一篇论犹太人问题的文章,以回答鼓吹反犹太主义的海尔梅斯。他在给《莱茵报》的发行负责人哥贝尔特·奥本海姆的信中写道:"请您把海尔梅斯所有反对犹太人的文章都寄来。然后,我尽可能快地给您寄一篇文章,这篇文章即使不能彻底解决这个问题,也要把它纳入另一条轨道。"[①] 1843年3月,马克思在与卢格商谈筹备《德法年鉴》的信中又提到:"本地的犹太教公会会长刚才到我这里来,请我替犹太人写一份给议会的请愿书,我答应给写。不管我多么讨厌犹太人的信仰,但鲍威尔的观点在我看来还是太抽象。应当在基督教国家上面打开尽可能多的缺口,并且尽我们所能把最大量的合理东西偷运进去"[②]。在马克思看来,犹太人问题是同反基督教国家的政治斗争相关的。

但是鲍威尔却不这样认为,他在《犹太人问题》和《现代犹太人和基督教获得自由的能力》两部著作中,把犹太人问题这一实际的社会、政治问题,变成为纯粹神学问题。鲍威尔认为,犹太人和基督徒之间最顽强的对立形式是宗教,由于犹太人坚持自己的宗教,因而使自己与社会进步对立起来,把自己排除于人类社会之外。相反,只要国家还是基督教国家,就不会让同基督教信仰者相对立的犹太人得到平等权利。因此,犹太人的政治解放要以消灭基督教国家为前提,但是首先必须从自己宗教中解放出来,使无神论成为政治解放的前提。鲍威尔写道:"犹太人,只有当他们不是作为犹太人,亦即不是作为把基督徒总是看成异己者的那种存在物而得到解放,并且不再以虚假的界限把自己同其他人分离开来的时候,他们才算得到彻底的、

[①] 《马克思恩格斯全集》第27卷,第433、434页。

[②] 同上。

成功的和确实的解放。"① 同样，鲍威尔也要求基督徒放弃基督教，"基督徒和犹太人都必须彻底抛弃自己的本质"②。

针对鲍威尔政治解放"要犹太人放弃犹太教""要求一切人放弃宗教"③ 的教条主义论断，马克思是从具体历史事实出发，去看待德国犹太人争取政治解放斗争的。他指出，由于各国历史条件不同，犹太人问题有不同的提法。在德国还没有资产阶级国家制度，没有实现政教分离，所以犹太人问题是个纯粹神学问题，犹太人和把基督教作为自己基础的国家处于宗教的对立状态。而在立宪国家由于政治解放不彻底，还保存着国教的假象，犹太人问题是个宪政问题。在北美合众国，废除了国教，宗教已成为每个公民的私事，国家仅仅从政治角度对待宗教，犹太人问题失去神学的意义，成为真正世俗的问题。因此在马克思看来，犹太人的解放并不像鲍威尔所认为的，必须先从犹太教中解放出来，才能在政治上得到解放。因为即便在"政治解放已经完成了的国家，宗教不仅存在，而且表现了生命力和力量"④。因此，科学的任务在于揭示宗教存在的社会政治根源，认识政治解放的局限性，而不是把社会政治问题变成为神学宗教问题。马克思写道："我们用自由公民的世俗桎梏来说明他们的宗教桎梏。我们并不认为：公民要消灭他们的世俗桎梏，必须首先克服他们的宗教狭隘性。我们认为：他们只有消灭了世俗桎梏，才能克服宗教狭隘性。我们不把世俗问题化为神学问题。我们要把神学问题化为世俗问题。相当长的时期以来，人们一直用迷信来说明历史，而我们现在是用历史来说明迷信。在我们看来，政治解放和宗教的关系问题已经成了政治解放和人类解放的关系问题。"⑤

从把神学问题化为世俗问题入手，马克思首先深入地揭示了宗教

---

① ［法］科尔纽：《马克思恩格斯传》第 1 册，第 562—563 页。
② 同上。
③ 《马克思恩格斯全集》第 1 卷，第 423、424 页。
④ 同上书，第 425 页。
⑤ 同上书，第 425、427 页。

第四章　马克思成为马克思

的世俗根源，把对宗教的批判引入到政治的批判和对政治解放局限性的揭露。马克思认为，国家和宗教的关系不是哲学和神学的抽象，而是组成国家的人同宗教的具体关系。人们即使通过国家的中介废除了宗教而获得政治解放，实际上仍然会受到宗教的限制。可见，国家同人的关系与宗教同人的关系是同一类型关系，这里马克思是联系着政治批判，即现代政治国家仍然使人的自由同人相异化来批判宗教的。政治国家为什么是异化的产物，并使"宗教依然存在"①？其更深刻的根源在于政治国家同市民社会之间的矛盾，这世俗矛盾还构成人作为政治国家公民与作为特殊宗教信徒之间矛盾的基础。②

马克思指出，哪怕最发达的现代资产阶级政治国家取消了选举权被选举权的财产资格，宣布了出身、等级、文化程度、职业等为非政治差别，每个人都是人民主权的平等参加者，但是这一国家仍然是建立在私有财产基础上的。它不仅没有解决作为其基础的市民社会内部私人利益的分裂和对立，相反，"只有在这些差别存在的条件下，它才能存在，只有同它这些因素处于对立的状态，它才会感到自己是政治国家"③。"在市民社会中，人是世俗存在物……相反地，在国家中，即在人是类存在物的地方，人是想象中的主权的虚拟的分子；在这里，他失去了实在的个人生活，充满了非实在的普遍性。"④ 在马克思看来，正是人分裂为国家的抽象公民和市民社会的现实的私人，人们相互交往的共同体和自由成为与现实生活相脱离的虚幻的彼岸存在，这便构成了宗教的真正世俗根源。所以马克思最后总结道："政治国家的成员之所以信奉宗教，是由于个人生活和类生活、市民社会生活和政治生活的二元性；他们信教是由于人把处于自己的现实个性彼岸的国家生活当做他的真实生活；他们信教是由于宗教在这里是市

---

① 《马克思恩格斯全集》第1卷，第435页。
② 参见《马克思恩格斯全集》第1卷，第435页。
③ 同上书，第427页。
④ 同上书，第428页。

民社会的精神，是人们相互脱节和分离的表现。"① 由于政治解放不是消灭这种二重化，而恰好是完成了这种二重化，所以"政治上从宗教解放出来，宗教依然存在……国家从宗教得到解放并不等于现实的人从宗教得到解放"，"政治解放并没有消灭人的实际的宗教观念，而且它也不想消灭这种观念"②。马克思对宗教世俗根源的揭露，对政治解放不能消除异化也不能废除宗教的揭露，有力地驳斥了鲍威尔把政治解放归结为宗教解放、把废除信仰作为政治解放前提的观点。

当马克思把宗教归于它的世俗基础，并用世俗本身的分裂来说明其根源时，他已指出市民社会是利己主义领域，一切人反对一切人的战争。通过分析鲍威尔的第二篇文章，马克思更明确地阐述和发挥了这一思想。马克思指出，在鲍威尔笔下，犹太人的解放"变成哲学兼神学的行为""纯粹宗教问题"③，而要驳倒这种神学提法，就应该研究必须克服什么样的"特殊社会因素，才能消灭犹太"，"犹太和现代世界解放的关系"，"这种关系是从犹太在现代被奴役的世界中的特殊地位必然产生出来的"④。犹太人生活的特殊社会因素和地位即现代市民社会，而"实际需要、利己主义就是市民社会的原则；只要政治国家从市民社会内部彻底产生出来，这个原则就赤裸裸地显现出来。实际需要和自私自利的神就是钱。"⑤ 因此马克思认为，如果"不是到犹太人的宗教里去寻找犹太人的秘密，而是到现实的犹太人里去寻找犹太教的秘密"⑥ 的话，犹太教的世俗基础就是实际需要、自私自利，犹太人的世俗偶像是做生意，他们的世俗上帝则是金钱，"钱是从人异化出来的人的劳动和存在的本质；这个外在本质却统治了人，人却向他膜拜。"⑦ 可见，在马克思看来，犹太教的异化本质

---

① 《马克思恩格斯全集》第 1 卷，第 434 页。
② 同上书，第 435、430 页。
③ 同上书，第 445、444 页。
④ 同上。
⑤ 同上书，第 448、446 页。
⑥ 同上。
⑦ 同上。

(如金钱)不仅是犹太教的本质，而且还是现代市民社会中人的上帝。作为"实践中完成"的宗教，犹太教"才能把异化了的人、异化了的自然界，变成正在异化的对象、变成奴隶般地屈从于利己主义的需要、屈从于生意的买卖对象"①。所以犹太人生活的现实本质在市民社会中得到了普遍的真实的实现，得到了普遍的世俗体现。既然犹太人的本质不是"犹太人的狭隘性，而且是社会的犹太人狭隘性"②，那么从做生意和金钱中获得解放，即从实际的、现实的犹太人中获得解放，也是"现代的自我解放"，犹太人的社会解放就是社会从犹太中获得解放，"就其终极意义来说，就是人类从犹太③精神中解放出来"④。

马克思对犹太人解放的具体内容的揭示，不仅成功地把宗教问题变成了世俗问题，而且最后引出更深入的问题，即犹太人的解放实际上就是克服国家同市民社会的异化、市民社会自身异化的一种表现形式。但是，既然政治解放不仅不能实现这一任务，而且恰好是政治解放才使异化普遍化，所以犹太人的解放最终便要越出政治解放的范围，提高到争取全人类的解放，即对使犹太原则普遍化的市民社会本身的改造。这样，政治解放和宗教解放的关系就变成了马克思所说的政治解放和人类解放的关系问题，对这一问题的深入论述，使马克思实际上提出了社会主义革命的思想。

在马克思看来，政治解放作为标志着"专制权力所依靠的旧社会的解体"⑤，尽管还不是"一般人类解放的最后形式"⑥，但仍然是一大进步。这种进步就在于作为市民社会的革命，它是"市民社会从政

---

① 《马克思恩格斯全集》第1卷，第450、451页。
② 《马克思恩格斯文集》第1卷，第55页。
③ 德语 Jude，除"犹太人""犹太教徒"基本含义外，还有"高利贷者""商人"的意思。
④ 《马克思恩格斯文集》第1卷，第50页。
⑤ 同上书，第441、429页。
⑥ 同上。

治中获得解放"①，它使市民社会从封建政治国家中分离出来，推翻了专制权力，使国家事务变为人民的事务。通过摧毁一切等级、公社、行帮和特权，粉碎了原来束缚市民社会利己主义精神的羁绊，使人们脱离了旧的直接的政治共同体，成为利己主义的独立个人，获得了作为利己主义的人的自由并承认这种自由。

但是，正因为如此，政治革命没有对市民社会本身的组成部分"实行革命"和"进行批判"②，而是把市民社会、利己主义个人、私人利益和私人权利看作"自己存在的基础"。所以马克思指出，政治革命有自己的"限度"，这种限度在于：如果说任何一种解放都是把人的世界和人的关系还给人自己的话，那么"政治解放一方面把人变成市民社会的成员，变成利己的、独立的个人，另一方面把人变成公民，变成法人"③。也就是说，它并没有克服市民社会同政治国家的相互异化，而是通过把人二重化而完成了这种异化。例如，通过政治解放所获得的不同于公民权的人权，只"是市民社会的成员的权利，即脱离了人的本质和共同体的利己主义的人的权利"④，私有财产这种人权，就是任意地、不受社会束缚地使用和处理自己财产的权力，自私自利的权力。政治解放所获得的宗教、财产、行业等自由，也只是"作为孤立的、封闭在自身单子里的那种人的自由"⑤，它不是建立在人与人结合的基础上，而是建立在人与人分离的基础上，它使每个人不是把别人看作自己自由的实现，而是看作自己自由的限制。因此自由也成为与人相外在的东西，国家可以成为共和国，自由人同样不自由。可见"政治解放本身还不是人类解放"⑥，而人类解放，则是为反对人类自我异化的极端实际表现而奋斗。

马克思此时对人类解放的表述还很抽象，但从对政治解放局限性

---

① 《马克思恩格斯全集》第 1 卷，第 442 页。
② 同上书，第 443 页。
③ 同上。
④ 同上书，第 437、438 页。
⑤ 同上。
⑥ 同上书，第 435 页。

的分析中，不难看出，这是指与不触犯大厦基础的"纯政治革命"相区别的、对构成异化根源的市民社会本身的改造。就是说，政治革命只有深入并扩展到对市民社会的改造，废除私有制时，才转变为人类解放。而随私有制的废除，人的二重化也将克服，"只有当现实的个人同时也是抽象的公民，并且作为个人，在自己的经验生活、自己的个人劳动、自己的个人关系中间，成为类存在物的时候，只有当人认识到自己的'原有力量'并把这种力量组织成为社会力量因而不再把社会力量当做政治力量跟自己分开的时候，只有到了那个时候，人类解放才能完成。"[①] 在这里，马克思实际上是用一种哲学的语言，鲜明地阐述了一种消灭了私有制和人的社会异化的理想社会。

三 无产阶级历史使命原理的初次阐明

如果说人类解放是人的全部生命力的解放，不仅消除人的自我异化的神圣形象，而且消除非神圣形象中的自我异化，那么实现这一解放的实际前提和动力是什么？马克思在《〈黑格尔法哲学批判〉导言》中，第一次集中地探讨了这一问题。文章对无产阶级历史使命的认识，标志着马克思已完全转到共产主义立场上。

马克思对宗教的批判，最后归结为向德国制度开火、"推翻那些使人成为受屈辱、被奴役、被遗弃和被蔑视的东西的一切关系"[②]。同时，马克思还指出，这种彻底的革命，除了需要彻底的理论外，还需要"物质基础"。因为理论的实现程度，取决于理论满足现实需要的程度，"彻底的革命只能是彻底需要的革命"[③]。在远远落后于英法等国的实际历史进程，而在抽象思维活动中、在国家哲学、法哲学中伴随现代各国发展的德国，具备了产生彻底革命的前提和基础吗？马克思从对德国的现状分析及与英法等国的对比中，对这一问题做出了

---

① 《马克思恩格斯文集》第1卷，第46页。
② 《马克思恩格斯全集》第1卷，第461页。
③ 《马克思恩格斯文集》第1卷，第13页。

回答。

马克思指出，近代德国由于政治经济落后，没有同英法等国一起经历资产阶级革命，在法国和英国行将完结的事物，在德国才刚刚开始。这样，它不仅没有分享到资产阶级革命的积极成果，相反却分享到封建制度敌视革命、防备革命的复辟，没有分享这一革命所带来的"欢乐和局部的满足"，却分担到这一革命消极方面所带来的痛苦。例如，德国各邦政府，把现代国家的文明缺陷和旧制度的野蛮缺陷结合起来，其结果还远远超出文明缺陷本身。德国的君主想扮演一切国王的角色，封建的和官僚的、专制的和立宪的、独裁的和民主的，正像罗马百神庙中可以看到一切民族的神一样，在德意志的神圣罗马帝国也集中"一切国家形式的罪孽"①。这种封建的和资本主义的制度交织在一起的状况，决定了德国"形成一种特殊世界的政治现状的缺陷"，要消灭这种缺陷不可能再重复英法式的资产阶级革命（政治革命），而是需要彻底的革命，因为"不摧毁政治现状的一般障碍，就不可能摧毁德国的特殊障碍"②。

马克思接着从德国阶级关系、阶级力量的变化中，进一步说明进行彻底革命的必然性。他指出："对德国来说，彻底的革命、全人类的解放并不是乌托邦式的空想，只有部分的纯政治的革命，毫不触犯大厦支柱的革命，才是乌托邦式的空想。"③ 这是由德国特殊的社会状况和阶级状况决定的。所谓部分的纯政治革命，就是市民社会的一部分解放自己，取得普遍统治，就是一定阶级从自己的特殊地位出发，从事整个社会的解放。进行部分政治革命的根据在于，市民社会的一个阶级能在一瞬间激起自己和群众的热情，"这个阶级本身的要求和权利真正成了社会本身的权利和要求"④，因而这一阶级也被看成是"社会的普遍代表"。"只有为了社会的普遍权利，特殊阶级才

---

① 《马克思恩格斯全集》第1卷，第463页。
② 同上。
③ 同上。
④ 《马克思恩格斯文集》第1卷，第14页。

能要求普遍统治。"① 与此同时，作为革命所要推翻的另一阶级，社会的一切缺点都必须集中于这个阶级身上，这个阶级成为"一般障碍的化身""共通的障碍的体现"，这一阶级的作用领域也"被看成整个社会公认的罪恶……从这个领域解放出来就表现为普遍的自我解放"②。例如，在法国革命中，具有普遍积极意义的资产阶级和普遍消极意义的法国贵族和僧侣，便具有上述特征。但是，这种进行政治革命的阶级关系基础，如果说在法国具有典型形式的话，那么在德国却不具备。因为德国这样一个受到资产阶级革命影响，但又保持着封建君主专制的国家，"任何一个特殊阶级，不仅缺乏那些把自己标志为社会消极代表的彻底、尖锐、勇敢、无情，同样，任何一个等级也缺乏和人民心胸相同……的开阔的胸怀……缺乏革命的大无畏精神"③。在分散的、利己主义的故步自封中，形成了德国特有的阶级关系态势：每个阶级不是当它处于受压迫地位的时候，而是当产生了另一阶级，并且它自己则处于压迫者地位时，才开始意识到自己，才提出自己的特殊要求。结果是"一个阶级刚刚开始同高于自己的阶级进行斗争，就卷入了同低于自己的阶级的斗争"④。当诸侯同帝王斗争、官僚同贵族斗争、资产者同所有这些人进行斗争的时候，无产者就开始了反对资产者的斗争。资产阶级"未等庆祝胜利，就遭到了失败，未等克服面前的障碍，就设置了自己的障碍，未等表现自己的宽大本质，就表现了自己的狭隘本质"⑤。

马克思由上述分析得出，在德国，部分的纯政治革命是不可能的。如果在法国，部分解放曾是普遍解放的基础，那么在德国，普遍解放则成为任何部分解放的"必要条件"。在法国，由于阶级关系明显，人民中每个阶级都并不感到自己的特殊阶级，解放者的角色随着

---

① 《马克思恩格斯文集》第 1 卷，第 14 页。
② 同上书，第 15 页。
③ 同上。
④ 同上书，第 16 页。
⑤ 《马克思恩格斯全集》第 1 卷，第 465 页。

革命进程由法国人民的各个阶级顺次担任,直到最后的阶级实现社会自由。在德国,"市民社会任何一个阶级,如果不是由于自己的直接地位、由于物质需要、由于自己的锁链本身的强迫,是不会有普遍解放的需要和能力的"①。

那么,德国解放的实际可能性到底在哪里呢?

马克思回答:"就在于形成一个被**彻底的锁链**束缚着的阶级,即形成一个非市民社会阶级的市民社会阶级,一个表明一切等级解体的等级;一个由于自己受的普遍苦难而具有普遍性质的领域,这个领域并不要求享有任何一种**特殊权利**,因为它的痛苦不是**特殊的**无权,而是**一般无权**,它不能再求助于**历史权利**,而只能求助于**人权**,它不是同德国国家制度的后果发生片面矛盾,而是同它的前提发生全面矛盾,最后,它是一个若不从其他一切社会领域解放出来并同时解放其他一切社会领域,就不能解放自己的领域,总之是这样一个领域,它本身表现了人的**完全丧失**,并因而只有通过**人的完全恢复**才能恢复自己。这个社会解体的结果,作为一个特殊等级来说,就是**无产阶级**。"②

马克思接着分析了德国无产阶级的形成,指出:"德国无产阶级是随着刚刚着手为自己开辟道路的**工业**的发展而形成起来的",伴随社会的急剧解体,特别是中间等级分化和破产,不断地"充实无产阶级的队伍"③,即无产阶级的发展壮大同资本主义工业的发展有着必然联系。

马克思认为,"无产阶级宣告**现存世界制度的解体**,只不过是揭示**自己本身存在的秘密**,因为它就是这个世界制度的实际解体。无产阶级要求**否定私有财产**,只不过是把社会已经提升为**无产阶级**的原则的东西……作为社会的否定结果而体现**在它的身上**,即无产阶级身上

---

① 《马克思恩格斯文集》第1卷,第16页。
② 同上书,第17页。
③ 同上。

的东西提升为**社会的原则**。"① 这样，马克思对实现人类解放的途径和动力的探讨，最后成为对无产阶级历史使命的阐述和论证。无产阶级由于其客观地位，是同现存资本主义制度前提和基础相对立的阶级，它是历史上唯一不谋求建立自己对社会的统治而斗争，而是要取消任何统治与任何奴役的阶级。同时，如果不解放其他一切社会领域，无产阶级自己也不能获得解放。无产阶级革命和自身解放同社会的、人类的普遍解放是完全一致的。

但是，无产阶级要获得彻底解放必须要有革命理论、哲学的指导，否则它的历史使命也不可能实现。这里，马克思阐明了一个理论巨大能动作用的著名原理："**批判的武器当然不能代替武器的批判，物质力量只能用物质力量来摧毁；但是理论一经掌握群众，也会变成物质力量。理论只要说服人，就能掌握群众；而理论只要彻底，就能说服人。所谓彻底，就是抓住事务的根本。**"②

依据这一观点，马克思进一步阐明了哲学和无产阶级的关系，他指出："哲学把无产阶级当做自己的**物质**武器，同样地，无产阶级也把哲学当做自己的**精神**武器；思想的闪光一旦真正射入这块没有触动过的人民园地，**德国人**就会解放成为**人**"。"**德国人的解放**就是**人的解放**。这个解放的**头脑是哲学**，它的**心脏是无产阶级**。哲学不消灭无产阶级，就不能成为现实；无产阶级不把哲学变成现实，就不可能消灭自己。"③ 马克思以简明而铿锵有力的语言阐明了哲学和无产阶级的关系，也是他以前关于哲学的世界化和世界的哲学化的观点进一步的深化、具体化。

马克思在《德法年鉴》上的文章，虽然还带有费尔巴哈人本主义的影响，但是基本方面却标志着马克思完成了两个转变。正如列宁所说的："马克思学说中的主要的一点，就是阐明了无产阶级这个社会主义社会创造者的具有世界历史意义的作用。"而"马克思最初提出

---

① 《马克思恩格斯文集》第1卷，第17页。
② 同上书，第11页。
③ 同上书，第18页。

思想巨人马克思

这个学说,是在 1844 年。"①

四 在同卢格论战中进一步发挥无产阶级历史使命的思想

在《德法年鉴》文章发表不久,1844 年 6 月,德国爆发了西里西亚工人起义,马克思同卢格就这次起义发生的意见分歧及公开争论中,马克思进一步发挥了关于无产阶级历史使命的观点,特别是进一步阐明了政治解放和社会(人类)解放的关系。

在卢格看来,西里西亚工人由于贫苦状况而起义,就像地方性的水灾或饥荒一样,只有局部的意义。而普鲁士国王认为,产生赤贫现象的原因是行政机关办事不力和慈善事业办得不够。马克思驳斥了这种观点,指出曲解工人贫困的原因,并不是德国的特点,在英国也是如此。英国是资本主义制度较发达的国家,也是个赤贫的国家。在英国,工人的贫困不是个别的现象,而是普遍的现象;贫困不只限于工厂区,而且也扩展到农业区。由贫困引起的抗议运动,几乎整整一个世纪以来,都在此起彼伏地重演着。但是英国资产阶级及其政府、舆论如何看待贫困呢?托利党把原因推在辉格党身上,一切祸害都在于自由主义、竞争和过度发展的工厂制度。相反,辉格党人则认为,赤贫原因是大地产垄断和反谷物法。每一个党都认为原因只是和自己对立那个党的政治。英国政治经济学家麦克库洛赫极力美化英国工人状况,另一些人则把贫困归结为教育问题,工人缺乏教育,不懂商业规律,因此才暴动。马克思总结道:资产阶级"国家永远也不会认为社会疾苦的根源在于'国家和社会结构'。凡是有政党存在的地方,每一个政党都认为一切祸害的根源就在于执政的是别的和它敌对的政党而不是它自己。连激进的和革命的政治活动家也不是在国家的实质中

---

① 《列宁选集》第 2 卷,第 437 页。

第四章　马克思成为马克思

去寻找祸害的根源"①。与资产阶级的态度和观点相反，在马克思看来，"**赤贫现象的迅速发展乃是现代工业的必然后果**"②。要消灭贫困、消灭所谓国家行政机关的无能，"就必须消灭现在的私人生活，而要消灭私人生活，国家就必须消灭自己"③。因为"国家是建筑在社会生活和私人生活之间的矛盾上"④。

为了驳斥卢格贬低西里西亚工人起义的说法，马克思发挥了《〈黑格尔法哲学批判〉导言》中关于无产阶级历史使命的观点，赞扬这次起义。他指出，英法工人起义没有一次像西里西亚工人起义那样具有如此的理论性和自觉性，这从起义的战歌中就看得出来，其中并没有卢格所诬蔑的狭隘内容，而是毫不含糊地、尖锐地、直截了当地宣布，它反对整个私有制社会。所以马克思说："西里西亚起义一开始就恰好做到了法国和英国工人在起义结束时才做到的事，那就是意识到无产阶级的本质。"⑤ 至于德国工人所接受的文化和知识水平，也不因国家的落后而降低，马克思举出了魏特林，"资产阶级及其哲学家和科学家哪里有一部论述资产阶级解放（政治解放）的著作能和魏特林的'和谐与自由的保证'一书媲美呢？只要把德国的政治论著中的那种俗不可耐、畏首畏尾的平庸气拿来和德国工人的这种史无前例光辉灿烂的处女作比较一下，只要把无产阶级巨大的童鞋拿来和德国资产阶级的矮小的政治烂鞋比较一下，我们就能够预言德国的灰姑娘将来必然长成一个大力士。"⑥ "德国无产阶级是欧洲无产阶级的理论家"⑦。

卢格认为，西里西亚工人起义失败，首先是因为它是在人们不幸离开共同体而孤立，思想脱离了社会原则的情况下爆发的，而社会革

---

① 《马克思恩格斯全集》第1卷，第478页。
② 同上书，第476页。
③ 同上书，第480、479页。
④ 同上。
⑤ 同上书，第483页。
⑥ 同上书，第483、487页。
⑦ 同上。

命没有政治精神是不可能的。卢格所讲的共同体是指资产阶级国家的政治共同体，而政治精神即关于这种共同体的观点，抽象的整体的观点。实际上，这是站在自由主义立场上根本反对变更社会制度的革命。马克思指出，所有革命毫无例外地都是在人们离开共同体而孤立的情况下爆发的，例如1789年法国革命就是如此，而革命的任务，却正是为了消灭被压迫阶级被排斥于政治共同体之外的状况。其次，说人们离开共同体，实际上首先是离开了构成政治共同体基础的现实社会生活本身的共同体，即"物质生活和精神生活、人的道德、人的活动、人的快乐、人的实质"，而"人的实质也就是人的真正的共同体。"① 正是人被排斥于现实生活共同体之外，现实生活共同体同人相异化，它远比政治共同体的异化更加广泛、更加可怕、更加难以忍受，因而迫使人们起来反抗，发动起义。这种在人的生活领域内消灭孤立状态的起义，也远比政治生活领域更具有普遍性和深远意义。这里，马克思继续贯彻和发挥了无产阶级社会革命是触犯大厦基础的革命的思想。

　　针对卢格的没有政治精神的社会革命是不可能的观点，马克思分析道：这是指哪一种政治精神，如果是革命的政治精神，那就正是指没有政治地位的阶级渴望消除自己被排斥于国家和政治之外的状况，而这种精神又根源于人们建立相互联系的真正共同体的要求之中。无产阶级的社会革命本身就具有这种政治精神。如果政治精神本身是代表那种脱离真正生活的抽象政治国家的观点，那么具有这种政治精神的革命，无非是重复这种狭隘的二重性：靠牺牲社会本身的利益，在社会之上组织一个统治阶层。这正是资产阶级革命。由此马克思总结道，具有政治精神的社会革命要么是一堆废话，要么是人们从前所谓"政治革命"（资产阶级革命）的同义语。因为"每一次革命都破坏旧社会，所以它是社会的。每一次革命都推翻旧政权，所以它具有政

---

① 《马克思恩格斯全集》第1卷，第483、487页。

第四章 马克思成为马克思

治性。"① 与卢格关于具有政治精神的社会革命的口号相对立，马克思提出"具有社会精神的社会革命"，即"一般革命"（也是人类解放），由于要推翻现政权和破坏旧关系，所以也同时是政治行为。"社会主义不通过革命是不可能实现的。社会主义需要这种政治行为，因为它需要消灭和破坏旧的东西。"② 但因为无产阶级革命是最终消灭阶级的政治统治、消灭国家和社会分裂（从而也消灭国家）的革命，所以它在革命进程中，也将突破资产阶级政治革命的局限，"抛弃政治的外壳"。马克思关于社会革命和政治革命关系的探讨，为后来无产阶级革命和无产阶级专政理论的建立开辟了道路。

五　《1844年经济学—哲学手稿》

《莱茵报》产生的"苦恼"疑问，批判黑格尔法哲学关于市民社会的剖析，《德法年鉴》对人类解放和无产阶级历史使命的深入思考，特别是恩格斯《政治经济学批判大纲》的影响，使马克思深深认识到，要对社会生活有正确的理解，要解决当代面临的重大社会问题，就必须研究政治经济学，就必须批判资产阶级政治经济学。所以，马克思在探讨自己的新的世界观的同时，就开始对政治经济学和当代社会经济问题进行研究，直到他完成《资本论》的写作。

马克思在巴黎研究政治经济学所取得的两项重大成果——《巴黎笔记》和《1844年经济学—哲学手稿》，这两者在写作上是互相交叉进行的。从1843年10月开始，马克思作了三本笔记，其中第一本是对英国古典政治经济学的奠基人亚当·斯密的两个追随者法国人让·巴蒂斯特·萨伊和波兰人斯卡尔贝克的著作的摘要和评语。第二本和第三本则对亚当·斯密的基本著作《国民财富的性质和原因的研究》一书作了详细的摘录，与此同时，马克思写出了《1844年经济学—

---

① 《马克思恩格斯全集》第1卷，第488页。
② 同上。

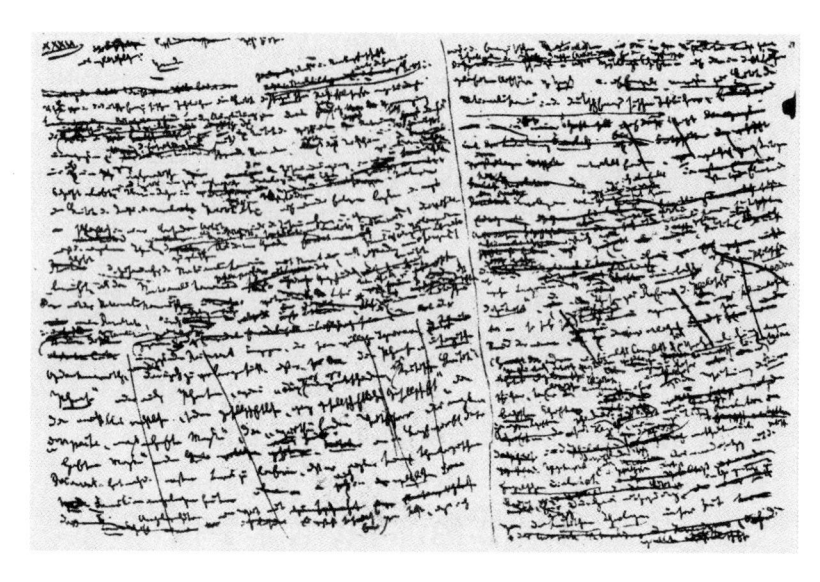

《1844年经济学—哲学手稿》

哲学手稿》的第一个片断。在随后的第四和第五本笔记中马克思摘录了李嘉图、詹姆斯·穆勒、威·舒尔茨和约翰·雷姆赛·麦克库洛赫等人的著作，他还对恩格斯的《政治经济学批判大纲》作了摘要。这个时期，马克思对15位作者的19部经济学著作，作了许多摘录和笔记，写了许多批评性的评论，这就是著名的《巴黎笔记》。

马克思在巴黎研究政治经济学的过程中，曾跟达姆斯塔德的出版人列斯凯签订了合同，拟出版两卷本的《政治和政治经济学批判》。这是一部预计要涉及政治经济学，以及同社会、政治、法、道德有关的巨著。但后来由于迫切清算青年黑格尔派的需要，此项工作没有完成，留下的只有马克思写于1844年4—8月的《1844年经济学—哲学手稿》，这是他在巴黎研究政治经济学的一个重大成果。

《1844年经济学—哲学手稿》由三个片断（三个手稿）组成。第一片断写在共有36页的一册稿纸上，马克思在上面划成并列的三栏，分别标以"工资""资本的利润"和"地租"。这一部分由出版者冠以"异化劳动"的标题作为第四章。第二个片断只有4页纸，其他已经失散。这个部分由出版者冠以"私有财产的关系"的标题。第三片断是一本有 68 页的笔记本，由出版者冠以"国民经济学中反映的私有财产的本质"和"共产主义"的标题。

在马克思生前，《1844 年经济学—哲学手稿》并未发表，直到 1927 年才由梁赞诺夫把第三片断的大部分冠以《〈神圣家族〉的准备工作》的标题编入莫斯科俄文版的《马克思恩格斯文库》第三卷。1929 年，它被编入俄文版的《马克思恩格斯全集》第三卷。同年，在巴黎的《马克思主义评议》杂志上，以《关于共产主义和私有制的札记》和《关于需要、生产和分工的札记》为标题，发表了另一些片断。1932 年，德国的社会民主党人朗兹胡特和迈耶尔以节录的形式出版了这部手稿的第一个德文版。这个版本略去了第一片断，发表在《卡尔·马克思：历史唯物主义（早期著作）》第一卷上，并被冠以《政治经济学和哲学》的标题。同年，苏联马克思恩格斯列宁研究院以《经济学哲学手稿（1844）》的标题，在德文版《马克思恩格斯全集》第一部分第三卷上，予以全文发表。以下是《1844 年经济学—哲学手稿》的主要观点。

1. 关于异化劳动的思想　马克思的异化劳动概念的提出以及对其内涵所作的分析，并没有离开先前人类思想发展所取得的成果，而是在批判地吸取了前人和同时代人有关思想的基础上，对资本主义社会的现实关系进行批判研究的结果。

"异化"一词在德国古典哲学中，用名词 Entfremdung 和动词 entfremden 来表示。马克思在《1844 年经济学—哲学手稿》中除了沿用德国古典哲学的二词来表示异化外，还有 Entau Berung（外化）和 Selbstentfremdung（自我异化）。"异化"被广泛地使用，但它并没有一个明确的定义，作为一个哲学概念，异化的含义是指：主体在自己发展过程中，自身活动的产物，离开主体而变成自己的对立面，并作为一种外在的、异己的力量反过来又统治主体自身。

在英法启蒙思想家那里，关于异化的思想已经出现，它主要是一种资产阶级政治学说，用以说明法和权利的"转让"和"让渡"。也就是，人们转让出来的权利，成为一种独立的权力，反过来又制约和统治人自身。但是，英国和法国的这种资产阶级学说一到了德国，就被披上了思辨的外衣而成为一种哲学学说了。费希特用异化说明自我与非我的关系；黑格尔用异化来构造自己的客观唯心主义哲学体系，他以绝对观念为主体和本质，把客观世界描绘为绝对精神异化和扬弃异化，向绝对观念复归的过程；费尔巴哈用异化来附会人类历史的发展和批判宗教，提出宗教是人的本质的异化，上帝不过是人的本质的对象化罢了，同时他以此批判黑格尔思辨唯心主义，认为思辨哲学同样是异化了的人的本质，它使观念脱离人，而成为彼岸的绝对精神。他们的观点，尽管具有抽象的哲学色彩，但异化概念的内涵还是得到进一步的丰富和深化。

这里，特别需要指出的是，赫斯关于异化的独树一帜的观点。如前所述，赫斯是柏林"自由人"的重要成员，但他1843年匿名发表在《瑞士二十一印张》的三篇文章：《社会主义和共产主义》《行动哲学》《唯一和完全的自由》，以及1844年初向《德法年鉴》投稿的《论货币的本质》，表明他已经从思想上脱离了青年黑格尔派，开启了使用"异化"研究诸如劳动、交往、交换、货币等经济问题，批判资本主义私有制的新的路径。赫斯把费尔巴哈的异化理论从宗教和哲学的范围推广到社会历史领域，关注人的生产和劳动活动，但他认为，在现实中，人的劳动具有两种不同的性质：归自己占有的劳动和归他人占有的劳动。这种归他人占有的劳动，也就是异化劳动，是资本主义种种罪恶的根源，已经接近要消灭异化必须消灭私有制的思想。但是，赫斯始终未能摆脱费尔巴哈人本主义哲学的影响，不能正确地理解社会关系的本质和异化产生的真正的社会原因，为消除异化只能诉诸"爱"，最后成为被马克思恩格斯批判过的"真正的社会主义"主要代表人物。但在当时，马克思无疑受到赫斯的影响，并进而使用异化概念去批判分析资本主义的社会矛盾，揭明劳动与资本的关系，提出了异化劳动的思想，这较之以前对异化概念的理解和使用，有了质的飞跃，并通过这一研究也大大深化了马克思的思想。

在《德法年鉴》的文章中，马克思已经把异化问题的研究推向经济领域。在充分肯定了费尔巴哈对宗教异化的揭露的同时，又指出了必须把对宗教异化的分析推进到对其世俗基础异化的分析；说明了在私有制社会中，"钱是从人异化出来的人的劳动和存在的本质"①，只有消除金钱统治，才能克服人的自我异化；并探讨了无产阶级的自我异化以及通过革命来克服这种异化等问题，这就把消灭异化同消灭私有制有机地联系起来，从而使自己的思想深入了一步。

马克思通过对英国古典经济学劳动价值论的分析和研究，继承了劳动是一切财富的源泉的原理，批判地吸取了黑格尔关于劳动是人的本质的合理思想，把费尔巴哈对人的本质的理解大大推进了一步，开始认识到"自由自觉的活动"，即劳动，是人的本质，而资本主义制度下的劳动则是人的本质的异化，从而为异化劳动理论提供了一个根本的立足点。

可见，把"自由的自觉的活动"即劳动视为人的本质，并把劳动与它赖以进行的社会关系相联系，这就使马克思开始扬弃古典经济学的劳动价值论，对劳动创造价值有了自己的理解。马克思这时已开始克服古典经济学劳动价值论的根本矛盾，说明在资本主义私有制下创造商品、资本和私有财产的劳动，并不是抽象的"一般劳动"，而是异化劳动，从而开始超越古典经济学的劳动价值论。马克思在为"自由的自觉的活动"作注脚时，明确指出："有意识的生命活动把人同动物的生命活动直接区别开来。正是由于这一点，人才是类存在物。或者说，正因为人是类存在物，他才是有意识的存在物，也就是说，他自己的生活对他是对象。仅仅由于这一点，他的活动才是自由的活动。异化劳动把这种关系颠倒过来，以至人正因为是有意识的存在物，才把自己的生命活动，自己的本质变成仅仅维持自己生存的手段。"② 就是说，异化劳动使人的主体活动已不是自己的本质，而变成脱离自身的异己的东西。

---

① 《马克思恩格斯全集》第 1 卷，第 448 页。
② 《马克思恩格斯文集》第 1 卷，第 162 页。

思想巨人马克思

在资本主义制度下，工人与生产资料相脱离，工人辛勤劳动得来的却是贫困，根本原因是异化劳动，对象化变成异化。马克思指出："劳动为富人生产了奇迹般的东西，但是为工人生产了赤贫。劳动生产了宫殿，但是给工人生产了贫民窟。劳动生产了美，但是使工人变成畸形。劳动用机器代替了手工劳动，但是使一部分工人回到野蛮的劳动，并使另一部分工人变成机器。劳动生产了智慧，但是给工人生产了愚钝和痴呆。"① 造成这种人间悲剧的是劳动的异化，是现存的资本主义制度。

马克思通过对资本主义工资、利润和地租的分析，牢牢抓住了工人劳动及其产品的异化这一经济事实，具体地分析了异化劳动的四个规定，即从生产结果看，劳动者的劳动和他的劳动产品相异化；从生产过程来看，劳动者与他的劳动活动相异化；从人的类本质方面来看，劳动者与他的类本质相异化；从人的社会联系方面来看，人与人相异化。这四个方面是相互联系的，最终导致人的社会异化。马克思说："人同自己的劳动产品、自己的生命活动、自己的类本质相异化的直接结果就是人同人相异化。"② 马克思关于生产关系概念的形成是以后的事情，但他的异化劳动思想，实际上是对资本主义生产关系的实质的揭露，说明了资本主义的物质生产必然要产生资本主义的生产关系。"通过异化劳动，人不仅生产出他对作为异己的、敌对的力量的生产对象和生产行为的关系，而且还生产出他人对他的生产和他的产品的关系，以及他对这些他人的关系。"③ 在这里，实际上揭明了在资本主义私有制下，在物与物的背后，隐藏着的是人与人的社会关系，是一种人剥削人的关系。这一重要思想，在马克思剩余价值理论形成后得到了科学的论证。

异化劳动是如何产生的？它是从来就有的，还是人类历史发展到一定阶段才产生的？马克思通过对人类社会历史进程中自然经济同一

---

① 《马克思恩格斯文集》第 1 卷，第 158—159 页。
② 同上书，第 163 页。
③ 同上书，第 165 页。

般商品经济，以及资本主义商品经济转换的历史进程的考察，初步地探讨了异化劳动的起源，从而揭示了它的历史暂时性。异化劳动并不是与生俱来的，而是同私有制相伴随的，随着私有制的消灭，异化劳动也不复存在。

因此，异化与对象化是两个既有联系又有区别的概念。任何产品都是劳动的对象化，但只是在一定条件下，产品才是异化劳动的对象化。马克思说："劳动所生产的对象，即劳动的产品，作为一种异己的存在物，作为不依赖于生产者的力量，同劳动相对立。劳动的产品就是固定在某个对象中、物化的劳动，这就是劳动的对象化。劳动的现实化就是劳动的对象化。在国民经济学的实际状况中，劳动的这种现实化表现为工人的非现实化，对象化表现为对象的丧失和被对象奴役，占有表现为异化、外化。"① 这也就是说，对象化劳动是劳动的肯定方面，它是指人们在对自然界改造和占有的劳动过程中劳动的实现，说明了任何劳动都创造产品，劳动产品是固定在对象中的物化劳动，所以，劳动的对象化是任何社会物质生产的共同内容，是人类赖以生存和发展的基础。而异化劳动是劳动的否定方面。这是因为，劳动者生产出的劳动产品虽然是劳动的对象化，但由于这一产品不仅不归劳动者所有，反而成为压迫、奴役劳动者的异己力量，因而它是私有制下的一种特有的劳动形式。可见，对象化劳动不等于异化劳动，而异化劳动包含对象化劳动。把对象化和异化联系在一起的前提是私有制。所以，对象化只有在一定的条件下才发生异化。异化消失了，劳动的对象化依然存在。这里清楚地说明，异化劳动只是一个历史的范畴。

2. 对社会历史本质的初步思考　异化劳动不是单指一种劳动实践，而是在探讨一种现实的社会关系，即资本主义制度下的人与人的社会关系，探讨的是一种社会历史现象。因此，通过对异化劳动的研究，使马克思进一步深化自己的思想，向唯物主义历史观接近。

---

① 《马克思恩格斯文集》第1卷，第157页。

思想巨人马克思

在马克思以前，对于社会历史的本质、动力及其发展规律等问题没有得到科学的认识。追溯人类历史，越是往前，历史也越带有神秘色彩，当人们不能正确地解释社会历史现象时，便诉诸一种神秘的、超自然的力量。自然科学的发明及资本主义生产方式的发展，才为人们揭开历史之谜提供了现实基础。黑格尔阐明了历史发展具有内在的联系，并试图揭示其发展的动力，但他把历史的本质归结为绝对精神，所以他不可能摆脱唯心主义的历史观。费尔巴哈用"人"来说明历史现象，把历史的发展说成是人的本质的异化，以及向"人"复归的过程。但他理解的人不是现实的人，而是抽象的人，这个"人"不过是概念的同义语。所以，费尔巴哈的历史观是一种人本主义历史观，他并没有跳出历史唯心主义的泥沼。正如列宁所说，他在自然观上是唯物主义者，而在历史观上仍然是一个唯心主义者。

马克思是从研究异化劳动理论出发，解决社会历史发展的基础问题的。由于他把人的本质归结为劳动，即自由自觉的活动，把社会历史归结为劳动异化和扬弃这种异化的过程，因而也就很自然地要把生产劳动看成社会存在和发展的基础。他说："整个所谓世界历史不外是人通过人的劳动而诞生的过程，是自然界对人说来的生成过程"[1]。他还强调指出："历史本身是自然史的一个现实部分，即自然界生成为人这一过程的一个现实部分"[2]，"历史是人的真正的自然史"[3]。马克思把社会和自然有机地联系起来，说明了所谓人类社会的历史无非就是人改造自然的历史。自然界对人生成的过程，也就是人类社会历史形成的过程。而这两者统一的基础就是劳动。所以，人类社会的历史在本质上就是人类通过劳动变自然为"人化自然"的历史，是物质生产发展的历史。从这里也可以看出，马克思这时还受着费尔巴哈哲学的影响，还是从理想化的、抽象的主体"真正的人"出发，但

---

[1] 《马克思恩格斯文集》第1卷，第196页。
[2] 同上书，第194页。
[3] 同上书，第239页。

他把整个世界历史归结为"通过人的劳动而诞生的过程",这毕竟是认识社会历史发展基础这一根本问题上的一个重大转折。

马克思通过对异化劳动的研究,还进一步探讨了观念上层建筑与物质生产的关系。他说:"物质的、直接感性的私有财产,是异化了的人的生命的物质的、感性的表现。私有财产的运动——生产和消费——是迄今为止全部生产的运动的感性展现,就是说,是人的实现或人的现实。宗教、家庭、国家、法、道德、科学、艺术等等,都不过是生产的一些特殊的方式,并且受生产的普遍规律的支配。"① 不仅社会经济发生异化,而且国家、法以及意识形态也发生异化,在这两种异化中,是前者决定后者。在这里,马克思已开始思考社会意识与社会存在、观念、政治上层建筑与社会经济基础的关系了。

更值得注意的是,马克思通过对工资、利润和地租的研究,探讨了资本主义社会的阶级关系,揭示了工人、资本家和土地所有者之间对立的经济根源,得出了他们之间阶级斗争是不可调和的结论。他说:"在国民经济学中,我们到处可以看到,各种利益的敌对性的对立、斗争、战争被认为是社会组织的基础。"② "通过异化的、外化的劳动,工人生产出一个跟劳动格格不入的、站在劳动之外的人同这个劳动的关系。工人同劳动的关系,生产出资本家——或者不管人们给雇主起个什么别的名字——同这个劳动的关系"③。有资本家的存在,必然就有工人阶级的存在,他们是同一件事情的两个方面,因而他们之间的对立、矛盾和斗争也是必然的。

随着资本主义经济的发展和竞争的加剧,必然导致资本家和土地所有者以及工人和农民区别的消失,从而最终使整个社会分裂为两大根本对立的阶级——"有产者阶级"(资本家阶级)和"没有财产的工人阶级"。资本家阶级和工人阶级的利益是根本对立的。工人生产

---

① 《马克思恩格斯文集》第1卷,第186页。
② 同上书,第172页。
③ 同上书,第166页。

的越多，他能够消费的越少；他创造价值越多，他自己就越没有价值；工人的产品越完善，工人自己越畸形；劳动越有力量，工人越无力；劳动越机巧，工人越愚钝和成为自然界奴隶。所以，工人阶级要使自己获得解放，就必须进行无产阶级革命以扬弃异化劳动，而异化劳动的扬弃就是要变私有制为公有制。马克思说："社会从私有财产等等解放出来、从奴役制解放出来，是通过工人解放这种政治形式来表现的"①。同时，马克思还把工人解放和人类解放联系起来，认为工人解放的同时也就是全人类的解放。"因为工人的解放还包含普遍的人的解放；其所以如此，是因为整个的人类奴役制就包含在工人对生产的关系中，而一切奴役关系只不过是这种关系的变形和后果罢了"②。可见，马克思通过对资本主义制度下的异化劳动的研究，进一步阐明了《德法年鉴》关于"人类解放"的思想。

3. 对共产主义的初步论证 马克思在《莱茵报》就提出要为共产主义提供"理论论证"，他在自己思想形成和发展的每一阶段，在重大理论的阐述中，几乎都相应地阐明共产主义思想。在这里也是如此。异化劳动产生资本主义的私有制，而共产主义的根本原则就是消灭私有制。马克思说："我们通过分析，从外化劳动这一概念，即从外化的人、异化劳动、异化的生命、异化的人这一概念得出私有财产这一概念。"③他还说："诚然，我们从国民经济学得到作为私有财产运动之结果的外化劳动（外化的生命）这一概念。但是，对这一概念的分析表明，尽管私有财产表现为外化劳动的根据和原因，但确切地说，它是外化劳动的结果，正像神原先不是人类理智迷误的原因，而是人类理智迷误的结果一样。后来，这种关系就变成相互作用的关系。"④所以，"我们把私有财产的起源问题变为外化劳动对人类发展

---

① 《马克思恩格斯文集》第1卷，第167页。
② 同上。
③ 同上书，第166页。
④ 同上。

第四章 马克思成为马克思

进程的关系问题,就已经为解决这一任务得到了许多东西。"①

正是以私有制的历史暂时性为理论出发点,马克思深入私有制内部,从私有财产运动的规律中得出了共产主义是私有财产运动的必然结果的结论。他说:"整个革命运动(共产主义运动——引者注)必然在私有财产的运动中,即在经济的运动中,为自己既找到经验的基础,也找到理论的基础。"② 这是因为,私有财产的运动突出地表现为劳动和资本的对立,而"劳动和资本的这种对立一达到极端,就必然是整个关系的顶点、最高阶段和灭亡。"③ 因此,异化劳动发展的结果,也必然是私有制的消亡。

马克思正是在研究了异化劳动与私有制的因果关系,明确提出他自己关于共产主义理论的基本观点:"共产主义是对私有财产即人的自我异化的积极的扬弃,因而是通过人并且为了人而对人的本质的真正占有;因此,它是人向自身、也就是向社会的即合乎人性的人的复归,这种复归是完全的复归,是自觉实现并在以往发展的全部财富的范围内实现的复归。这种共产主义,作为完成了的自然主义,等于人道主义,而作为完成了的人道主义,等于自然主义,它是人和自然界之间、人和人之间的矛盾的真正解决,是存在和本质、对象化和自我确证、自由和必然、个体和类之间的斗争的真正解决。它是历史之谜的解答,而且知道自己就是这种解答。"④ 从马克思的这段论述中,可以看到他当时在异化劳动理论基础上对共产主义理解所能达到的高度。

共产主义是自然界向人的生成,自然界通过人类社会的生产活动,通过工业,变成了完全属人的自然界,即符合人的本质需要的自然界,所以是完成了的自然主义。完成了的自然主义也就是完成了的人道主义。因为扬弃了自然界的直接性,自然界就成为人的现实的对

---

① 《马克思恩格斯文集》第 1 卷,第 168 页。
② 同上书,第 186 页。
③ 同上书,第 172 页。
④ 同上书,第 185—186 页。

象性，就实现了人对自然界的现实的占有，因此共产主义是人和自然界之间的矛盾的真正解决，是完成了的自然主义和人道主义。

然而，人只有作为社会的人才能占有自然界，自然界只有作为社会的对象才是属人的对象。自然界的属人的本质只有对社会的人来说才是存在着的。因为只有在社会中，自然界对人说来才是人与人之间联系的纽带，它既是自己也是别人的现实的生命要素。只有在社会中，自然界才表现为他自己的属人的存在的基础。只有在社会中，人的自然的存在才成为人的属人的存在。"因此，社会是人同自然界的完成了的本质的统一，是自然界的真正复活，是人的实现了的自然主义和自然界的实现了的人道主义。"① 马克思认为，社会的性质是整个人类历史运动的普遍的性质，正像社会创造着作为人的人一样，人也创造着社会。因此，社会性是人之为人的本质属性。共产主义就是社会的人和人的社会的形成，所以也是人与人之间的矛盾的真正解决。

从上述可见，马克思在《1844年经济学—哲学手稿》中，通过对异化劳动的探讨，涉猎了他世界观、历史观的许多重要问题，如生产劳动在社会历史中的作用，私有制的产生与存在，社会历史的本质、动力与发展规律，观念上层建筑与经济基础，以及人类解放和共产主义的问题等。正是对这些问题的深入研究，马克思才创立了自己的科学历史观，揭开了"历史之谜"。必须看到，《手稿》在马克思思想发展中起着至关重要的作用。

但是，不可否认的是，在1844年马克思仍然受着费尔巴哈人本主义哲学的影响。这种影响不仅表现在文字上晦涩难懂，而且表现在思想内容和表述形式上。比如，他把历史的基础和出发点同"类本质"、人的"真正的本质"联系在一起，对人的理解仍带有抽象的性质；对历史过程的阐述仍然囿于费尔巴哈的思维方式，同样把历史视为人的本质的异化和扬弃异化，向人的真正本质复归的过程，不同的

---

① 《马克思恩格斯文集》第1卷，第187页。

第四章　马克思成为马克思

是马克思用劳动代替了"类本质",但思辨哲学的色彩依稀可见;与此相联系,用自然主义、人道主义表述共产主义也带有抽象的性质,因为完成了的自然主义与完成了的人道主义,无非是人的本质的实现,是向人的真正本质的复归。列宁这样概括马克思主义创始人这个阶段思想的发展:"**马克思在1844—1847年离开黑格尔走向费尔巴哈,又超过费尔巴哈走向历史(和辩证)唯物主义。**"[①] 而1844年正是他们"**离开黑格尔走向费尔巴哈**"的时期,也就是受费尔巴哈人本主义哲学影响的时期。马克思的《1844年经济学—哲学手稿》和恩格斯1844年写的《英国工人阶级状况》,就是这个时期,即"胚胎"阶段的代表作品。恩格斯所说的"德国哲学起源的痕迹",指的就是费尔巴哈人本主义哲学的影响。随着他思想的进一步成熟和对旧哲学的"清算",这些"痕迹"也就自然消失了。

我们要正确对待马克思思想发展中存在的这种现象,也就是要辩证地、历史地分析处于急剧变化中的马克思思想的演变,他的思想内容与表述形式的复杂关系,以及在旧哲学形式中孕育着的天才思想的萌芽。如果把这些旧哲学的"痕迹"说成是马克思的成熟思想,并把它同马克思后来的思想对立起来,不仅不可能正确阐述马克思的思想形成和发展,而且必然造成理论上的混乱。

众所周知,在恩格斯逝世后,《1844年经济学—哲学手稿》长期由伯恩施坦保存,一直未能发表,直到20世纪30年代初才由德国社会民主党人朗兹胡特和迈耶尔出版。他们在该书出版的"导言"中,公然宣称"重新发现马克思",提出要根据《手稿》的观点对马克思主义作"新的解释",认为这部《手稿》是"真正的马克思主义启示录",是"马克思的中心著作",对论证"新的马克思主义观点"有"决定性意义"[②]。他们制造"两个马克思"对立,提出要用所谓"新马克思主义"取代"晚年马克思主义"即成熟马克思主义。这种思

[①] 《列宁全集》第55卷,第293页。
[②] 参见陈先达、靳辉明《马克思早期思想研究》,北京出版社1983年版,第5页。

潮已经流传了近一个世纪,直到今天还在国内外理论界发生着影响。在今天,其表述有时有差异,但实质则一,都是在于否定马克思主义基本原理。对于这种思潮决不能掉以轻心,必须予以批判性的分析,防止它用一些带有迷惑性词句影响当今的青年人。

第五章　伟大友谊的开端
　　　写作《神圣家族》

马克思在巴黎的最大收获，是开始了与恩格斯的终生友谊。到1844年马克思和恩格斯通过不同的发展道路，同时完成了从唯心主义到唯物主义、从革命民主主义到共产主义的转变，其标志就是他们发表在1844年2月在巴黎出版的《德法年鉴》上的文章。世界观的转变和相同的政治立场，使这两个青年人有了共同的见解、共同的语言、感情和对未来事业的向往。这是一次具有历史意义的会见！从此开启了他们两人的共同的革命事业和理论创造。这次会见，不仅对推动国际共产主义运动，而且对社会历史的发展和人类思想文化的进步，都必将产生深远的影响。

马克思恩格斯合著的《神圣家族》是一部战斗性的著作，是对以布鲁诺·鲍威尔为代表的青年黑格尔派自我意识哲学的系统批判。由于本书是沿着鲍威尔等人的思路和方法展开的，所以在叙述中对一些问题的阐述似乎不太连贯，读起来也有些困难，但其中包含的认识是十分深刻的，有不少天才思想的萌芽。笔者在行文中，有时用两位作者的名字，有时只用马克思的名字，这不仅因为该书绝大部分是马克思执笔的，同时因为马克思也代表着恩格斯。"他"就意味着他们。

一　马克思与恩格斯在巴黎的会见

早在1842年11月，恩格斯由德国赴英国途经科伦时，曾访问过

思想巨人马克思

《莱茵报》编辑部，首次见到马克思，但两人未作深入交谈，彼此印象不深。因为，此时马克思正处于同青年黑格尔派决裂时期，马克思以为恩格斯是他们派来的说客，所以对恩格斯比较冷淡。马克思到巴黎编辑《德法年鉴》时，通过恩格斯发表在该刊物的《政治经济学批判大纲》一文而重新发现了恩格斯。恩格斯在这篇论文中，从社会主义观点出发，把资本主义经济制度的主要现象看作私有制统治的必然结果。在他看来，只有"采取全面改革深化关系、使对立的利益融合起来以及消灭私有制的办法"，才能防止"世界分裂为百万富翁和穷光蛋、大土地占有者和贫穷的短工"的结果①。这是另一个伟大的思想家，通过对社会—经济的研究，通过批判资产阶级政治经济学的途径，独立地达到和马克思通过哲学—政治批判所获得的共同的见解，由此引起了马克思的深切关注。马克思开始同正在英国工作的恩格斯通信了，并盼望他能来巴黎会晤。

1844年8月底，马克思与恩格斯在雷让斯咖啡馆会面

1844年8月28日，马克思在巴黎法兰西剧院广场附近的雷让斯咖啡馆里，略微有点心神不宁地等候着从英国曼彻斯特来的恩格斯。毕竟他们曾经产生过误会，但愿不会因此而带来影响。

雷让斯咖啡馆是巴黎最著名的咖啡馆之一，伏尔泰、本杰明·富兰克林、德尼·狄德罗、路易斯·拿破仑都曾经是它的顾客。正是这个雷让斯咖啡馆，马克思和恩格斯进行了历史性的会面。他们一见如故，相见恨晚，倾心相谈。

这段时间，马克思刚好独自一人，因为燕妮带着刚刚3个多月的

---

① 《马克思恩格斯文集》第1卷，第84页。

第五章　伟大友谊的开端　写作《神圣家族》

女儿小燕妮回德国去了。于是，他们又回到家里放声高谈，彻夜不眠，在广泛的领域就一些重大理论和现实问题发表自己的见解，交换看法。此时，马克思恩格斯正值年富力强，才智横溢，意气风发，激扬文字，针砭时弊，疾恶如仇。

雷让斯咖啡馆

他们经过充满激情的交流，彼此都惊奇地发现，俩人在所有领域的所有问题上意见高度一致。四十年后，恩格斯在回忆这一会面时说："当我1844年夏天在巴黎拜访马克思时，我们在一切理论领域中都显出意见完全一致，从此就开始了我们共同的工作。"①

他们交谈的一个重要内容，就是从理论上彻底清算青年黑格尔派的哲学观点，这是他们共同工作的开端，也是他们创立自己新的世界观和历史观必经的途径。

如前所述，在马克思恩格斯研究哲学初期，都曾同青年黑格尔派有过密切的联系，并积极地参加了他们的活动，但是，随着社会实践的变化，马克思恩格斯在哲学上、政治上日益沿着唯物主义和共产主义的方向发展，而以布鲁诺·鲍威尔为代表的青年黑格尔派则在"1842年的激进主义"立场上蜕化、堕落，走向极端主观唯心主义和政治保守主义。因此，批判和清算青年黑格尔派的错误思想，就不仅是现实斗争的需要，而且也是马克思和恩格斯创立科学世界观过程中一个必不可少的环节。

马克思在参加青年黑格尔派的活动时，并不完全赞同他们的观点，这从他的《博士论文》就可以看出来。在《莱茵报》时期，马

---

① 《马克思恩格斯文集》第4卷，第232页。

克思对柏林"自由人"集团脱离现实和沉醉于抽象的哲学争论的错误倾向,更是提出了严肃的批评,指出正确的理论必须结合具体情况,并根据现存条件加以研究和阐发,要求他们"少发些不着边际的空论,少唱些高调,少来些自我欣赏,多说些明确的意见……多提供一些实际的知识"①,并与他们断绝了私人交往。在《德法年鉴》时期,马克思第一次公开批判了鲍威尔的错误。

为了与《德法年鉴》相对抗,鲍威尔兄弟、法赫尔、莱格尼茨和施里加等青年黑格尔派分子,于1843年12月在柏林附近的沙格顿堡办起了《文学总汇报》(德文月刊),发表文章,攻击马克思背叛了青年黑格尔派的基本原则,公开反对马克思关于无产阶级历史使命的观点。这使马克思认识到,曾一度对他思想发展起过促进作用的青年黑格尔派哲学已完全走向了反面。所以,只有彻底清算青年黑格尔派的理论错误,才能为革命思想的发展和传播扫清道路。在《1844年经济学—哲学手稿》的"序言"中,马克思已经表示了准备对以鲍威尔为代表的青年黑格尔派进行总清算的意图。

与此同时,恩格斯在英国工业中心曼彻斯特通过对工人阶级状况的深入调查,和对政治经济学的研究,也认识到了当代最尖锐的社会矛盾,认识到无产阶级肩负的历史使命。马克思恩格斯通过交谈,互相了解到在一切理论观点上的一致,并深感对以鲍威尔为代表的青年黑格尔派开展批判的迫切性,于是他们决定写一部著作对它进行批判,这就是著名的《神圣家族》一书。

在恩格斯逗留巴黎的10天中,他们共同拟定了全书的大纲,并合写了序言;恩格斯还完成了他所承担的部分。马克思则承担了该书的主要部分的写作任务。他在写作过程中,充分利用了他对政治经济学研究的成果,对18世纪法国资产阶级革命历史,以及18世纪英法唯物主义哲学研究的心得,并作了重要的发展和发挥,因而使该书的篇幅大大突破了原定计划,直到1844年11月底才稿完。

---

① 《马克思恩格斯全集》第27卷,第436页。

第五章　伟大友谊的开端　写作《神圣家族》

1845年2月,《神圣家族》在法兰克福出版。布鲁诺·鲍威尔自称他们的批判是纯理论批判,是批判的批判,因此马克思最初把该书的书名定为"对批判的批判所做的批判",出版商建议书名改为《神圣家族》,以此讽刺团结在《文学总汇报》周围的这些不食人间烟火的"圣徒"们。在这部著作中,马克思恩格斯通过对青年黑格尔派种种谬论的批判,深化了他们在《德法年鉴》时期和《1844年经济学—哲学手稿》中所取得的理论成果,制定了正在形成中的科学世界观

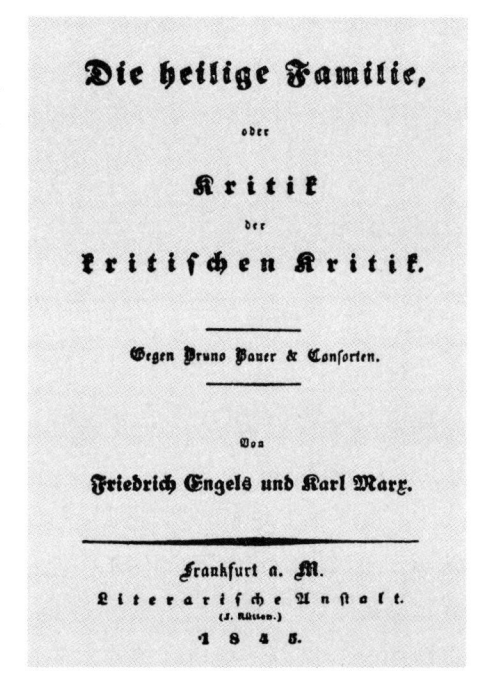

《神圣家族》封面

的一系列重要原则,进一步接近历史(辩证)唯物主义的科学体系。《神圣家族》发表之后不久,马克思又回到了政治经济学领域,写出了《评弗里德里希·李斯特的著作〈政治经济学的国民体系〉》一书,恩格斯则完成了《英国工人阶级状况》的写作。在这些著作中,马克思恩格斯通过自己的研究,接近了生产关系一定要适应生产力状况的思想,使他们在理论上大大超越了前人的观点,为新的历史观奠立了重要基点。

二　批判思辨唯心主义,论证思维与存在的关系

思辨唯心主义哲学,在德国是由黑格尔奠定基础,以布鲁诺·鲍威尔为代表的青年黑格尔派,从黑格尔哲学出发,抓住黑格尔哲学的一个因素,即自我意识,并把思辨唯心主义发展到极端。这是一种脱

离现实经验，仅从一般先天原则和纯粹思辨的观点去探讨客观世界的唯心主义哲学。他们在自己头脑中任意创造出一些原则，然后把这些原则硬套到客观现实之上，使客观现实的发展服从这些思辨原则。恩格斯在批判思辨哲学的思维方法时深刻地指出："原则不是研究的出发点，而是它的最终结果；这些原则不是被应用于自然界和人类历史，而是从他们中抽象出来；不是自然界和人类去适应原则，而是原则只有在适合于自然界和历史的情况下才是正确的。"[1] 在当时德国的精神界，黑格尔哲学占统治地位，实际就是思辨唯心主义哲学占统治地位。就是唯物主义者费尔巴哈，在人类历史领域，也是用思辨哲学的思维方法去附会历史的发展。所以，马克思批判青年黑格尔派的思辨唯心主义，实际是对当时德国存在的一般思维方法的批判，是对禁锢一个民族的哲学方法的批判。

思辨唯心主义哲学的实质和危害，马克思恩格斯在该书的"序言"中一针见血地指出，鲍威尔的自我意识哲学的要害在于从根本上颠倒了思维和存在的关系。他们说："现实人道主义在德国没有比唯灵论或者说思辨唯心主义更危险的敌人了。思辨唯心主义用'自我意识'即'精神'代替现实的个体的人，并且用福音书作者的话教诲说：'叫人活着的乃是灵，肉体是无益的。'显而易见，这种超脱肉体的精神只是在自己的想象中才具有精神力量。鲍威尔的批判中为我们所驳斥的东西，正是以漫画的形式再现出来的思辨。我们认为这种思辨是基督教德意志原则的最完备的表现，这种原则的最终目的就是要通过变'批判'本身为某种超经验的力量的办法使自己得以确立。"[2]

自我意识作为一个哲学范畴，在黑格尔哲学中，是指人的意识对意识活动本身的认识。黑格尔在《精神现象学》中，把自我意识看作是人的意识发展的一个阶段。他认为，人的意识首先必须以他物为

---

[1] 《马克思恩格斯文集》第9卷，第38页。
[2] 《马克思恩格斯全集》第2卷，第7页。

第五章　伟大友谊的开端　写作《神圣家族》

认识对象，这是狭义的"意识"的阶段，还不能认识事物的本质；只有从认识他物进到"意识自身"，才可能认识事物的本质，这就是自我意识的阶段。如同"实体""意识"等其他哲学范畴一样，对自我意识既可以作唯物主义的理解，也可以作唯心主义的理解。唯物主义认为，自我意识在实质上就是作为认识主体的人对周围世界及其自身的反映和认识。然而，鲍威尔却把自我意识看作人的本质，并使之成为完全脱离现实的人的独立主体，即变成了世界本原、"神化了的绝对"。所以，鲍威尔的自我意识哲学是一种典型的思辨的主观唯心主义哲学。

在鲍威尔看来，这种自我意识和物质实体是绝对对立的，自我意识也只有在不断地克服物质实体的过程中，使自己得到发展和升华，而这种克服实体的活动就是批判。所以，他们也把自己的自我意识哲学称为"批判哲学"。实际上，青年黑格尔派是抓住黑格尔哲学中一个因素，并加以片面的发展来构建自己的哲学。关于青年黑格尔派哲学的思想来源，马克思指出："施特劳斯和鲍威尔关于实体和自我意识的争论，是在黑格尔的思辨范围之内的争论。在黑格尔的体系中有三个因素：斯宾诺莎的实体，费希特的自我意识以及前两个因素在黑格尔那里的必然的矛盾的统一，即绝对精神。第一个因素是形而上学地改了装的、脱离人的自然。第二个因素是形而上学地改了装的、脱离自然的精神。第三个因素是形而上学地改了装的以上两个因素的统一，即现实的人和现实的人类。"① 施特劳斯和鲍威尔围绕基督教的起源所发生的关于"实体"和"自我意识"的争论，其实都未超出黑格尔的思辨范围，而只是各自抓住黑格尔哲学体系中的一个因素，使之片面化和绝对化。正如马克思在谈到这场争论时所指出的，施特劳斯以斯宾诺莎主义为出发点，鲍威尔以费希特主义为出发点，他们两人都各自使黑格尔体系中的一个因素获得了片面的、彻底的发展，但同时他们两人都继续停留在黑格尔思辨范围内，他们之中无论哪一

---

① 《马克思恩格斯文集》第 1 卷，第 342 页。

个都只是代表了黑格尔体系的一个方面。与施特劳斯相反，鲍威尔仅仅抓住了黑格尔体系中的"自我意识"，并把它同"实体"绝对对立起来，割裂了黑格尔所主张的思维与存在的同一性，使精神活动完全脱离了具体的现实，从而用"无限的自我意取代了黑格尔的绝对精神，走向主观唯心主义立场"。可见，鲍威尔的自我意识哲学，从根本上颠倒了思维和存在的关系，否认客观物质世界的存在，认为"自我意识即精神就是一切。在它之外没有任何东西"[①]。

这种思辨唯心主义是怎样形成的，马克思以"果实"为例深刻地揭示了它的认识根源。这种"把世界头足倒置"的哲学的秘密，其认识论上的根源就在于颠倒个别与一般的关系。首先，马克思恩格斯说明了人们的认识过程总是由认识个别的特殊的事物，逐步扩大到认识一般的事物。例如，人们从认识现实的梨、苹果、扁桃等具体水果开始，逐渐从它们中抽象"果实"这个一般，因而个别的具体的水果是第一性的，是一般"果实"概念产生的基础；一般是第二性的，是个别的具体的事物本质的概括和反映。因而，一般"果实"这个概念虽然更深刻、更正确、更完全地反映现实，更接近真理，但它只能来自个别，只能寓于个别之中。然而，思辨哲学歪曲、颠倒了个别与一般的关系，认为"果实"这个一般是先于个别具体的水果而存在，是其真正的本质，而个别的具体的现实的各种水果，反而是"果实"这个一般的存在形式和样态。然而，当思辨哲学把一般实体化，把具体的现实的个别虚幻化时，它们的一般也就变成了贫乏空洞的抽象概念，而不可能获得丰富的知识了。马克思恩格斯说："用这种方法是得不到内容特别丰富的规定的。如果有一位矿物学家，他的全部学问仅限于说一切矿物实际上都是'矿物'，那末，这位矿物学家不过是他自己想象中的矿物学家而已。这位思辨的矿物学家看到任何一种矿物都说，这是'矿物'，而他的学问就是天下有多少种矿物就说

[①] 《马克思恩格斯文集》第1卷，第343页。

第五章　伟大友谊的开端　写作《神圣家族》

多少遍'矿物'这个词。"①

其次，马克思恩格斯进一步说明了当人们已经认识了诸种事物的共同本质以后，就以这种共同认识为指导，继续研究尚未研究过的或尚未深入研究过的各种具体事物，找出其特殊本质，从而补充、丰富和发展这种共同的认识。但是，思辨哲学却把这种认识绝对化，抽象地发展了"认识的能动方面"，从而把一般到个别的过程，歪曲为一般创造个别的过程。在它看来，"果实"这个一般概念并不是僵死的、无差别的、静止的，而是具有活生生的、自相区别的、能动的本质的，因而是具体果实的创造主体。这样一来，"果实"一般与具体果实之间的关系就变成了一般创造个别的关系了。因此，按照思辨哲学的观点，就不能根据我们从实体观念得出的看法再说梨是"果实"，苹果是"果实"，扁桃是"果实"；相反地应该说"果实"确定自己为苹果、梨、扁桃，等等；苹果、梨、扁桃相互之间的差别，正是"果实"的自我差别，这些差别使各种特殊的果实正好成为"一般果实"生活过程中的千差万别的环节，成为一个"被有机地划分为各个环节的系列"②。

由上可见，黑格尔思辨哲学的秘密就在于首先从个别中抽象出一般，再颠倒个别与一般的关系，并使之实体化，最后，从一般观念中重新创造出个别的、具体的事物，从而颠倒了思维和存在的关系。马克思恩格斯深刻地指出："把实体了解为主体，了解为内部的过程，了解为绝对的人格。这种了解方式就是黑格尔方法的基本特征"③。黑格尔正是从绝对精神出发，运用这种方法，来构造整个世界和人类历史的，所以，黑格尔哲学只能是精神生出自然界、儿子生出母亲的头足倒置的唯心主义哲学。

---

① 《马克思恩格斯文集》第1卷，第277页。
② 同上书，第278页。
③ 同上书，第280页。

思想巨人马克思

三 对17—18世纪英法唯物主义的历史考察

马克思在他的青少年时代，就受到了18世纪法国启蒙运动和唯物主义的思想影响。从他在中学毕业时所写作的《青年在选择职业时的考虑》就可以清楚地看出。1843年9月，马克思来到巴黎这个"新世界的首府"之后，又认真地研读了许多17—18世纪法国唯物主义的著作。按照弗兰茨·梅林的说法，爱尔维修和霍尔巴赫是照耀着年轻马克思在巴黎研究工作的两颗明星。所以，考察17—18世纪英法唯物主义哲学及其发展的过程，是马克思研究哲学的一个重要方面。当然，他没有停止在18世纪的法国唯物主义上，而是用德国古典哲学中的优秀成果，特别是黑格尔的辩证法，丰富和发展了唯物主义哲学。

布鲁诺·鲍威尔一伙，在构建自己自我意识哲学时对17—18世纪英法唯物主义哲学作了不少的歪曲，所以，在《神圣家族》中，马克思恩格斯在批判他们自我意识哲学的同时，也批判了他们对17—18世纪唯物主义的攻击和歪曲，从哲学基本问题的高度，阐明了自己当时的见解。

应当说，鲍威尔在哲学史方面是有所研究的，他对

布鲁诺·鲍威尔

18世纪法国唯物主义对宗教的批判有相当的理解。例如，鲍威尔曾接受霍尔巴赫的观点，认为神学把实际上是自然的力量说成是上帝的万能，并宣布坚决同这种"宗教利己主义"断绝关系。但是，由于

他的唯心主义偏见，决定了他不可能对哲学发展史作出科学的评价。

首先，在理论来源上，鲍威尔错误地把18世纪法国唯物主义和自然神论都看作是从斯宾诺莎的学说中产生的。他说："18世纪，斯宾诺莎主义不仅在他那以物质为实体的法国后嗣学说中占统治地位，而且也在予物质以精神名称的自然神论中占统治地位……法国的斯宾诺莎学派和自然神论的信徒只不过是在斯宾诺莎体系的真谛这个问题上互相争辩的两个流派"①。

其次，在发展趋势上，由于鲍威尔用自我意识是自因的原则取代了斯宾诺莎实体是自因的原则，认为实体是精神的自我异化，并且必然要导向自我意识。因此，他认为自我意识哲学是唯物主义的真理，18世纪法国唯物主义注定要灭亡。他宣称："法国唯物主义者的确曾把自我意识的运动看作普遍本质即物质的运动，但是他们还未能看出，宇宙的运动只有作为自我意识的运动，才能真正成为自为的运动，从而达到与本身的统一。"②

针对鲍威尔的错误观点，马克思指出，鲍威尔关于18世纪法国唯物主义的观点，从根本上来讲，是在唯心主义的思维与存在的同一性的前提下，抹杀了唯物主义与唯心主义的根本对立，把绝对的，即至高无上、无拘无束的唯心主义当作唯物主义的真理。而在马克思恩格斯看来，18世纪法国唯物主义则是在与唯心主义的斗争中产生、发展的。"18世纪的法国启蒙运动，特别是法国唯物主义，不仅是反对现存政治制度的斗争，同时是反对现存宗教和神学的斗争，而且还是反对17世纪的形而上学和反对一切形而上学，特别是反对笛卡尔、尼古拉·马勒伯朗士、斯宾诺莎和莱布尼茨的形而上学的公开而鲜明的斗争。"③ 形而上学是把自然现象看作单独的、彼此孤立的和不变的不科学的方法。它是在人类认识发展在一定阶段上形成的。把自然界各种现象划分为一定的种类，进行分门别类的研究，这是15—18

---

① 《马克思恩格斯文集》第1卷，第326页。
② 同上书，第343页。
③ 《马克思恩格斯全集》第2卷，第159页。

思想巨人马克思

世纪自然科学获得重大成就的一个重要条件，但这种研究方法，却在人们认识上留下了不从事物和现象的联系、发展、变化观察问题的习惯，严重地影响了以后人们认识的发展，也影响了自然科学本身的进步。所以，消除17世纪形而上学的影响，是18世纪唯物主义哲学面临的一个紧迫的任务。

马克思还从哲学上两个基本派别斗争的角度，说明了近代欧洲哲学的历史就是唯物主义与唯心主义斗争的历史。他们认为，法国启蒙运动，特别是18世纪法国唯物主义所击败的17世纪的形而上学，在以黑格尔为代表的德国古典哲学中曾有过胜利的和富有内容的复辟，而按照哲学自身发展的逻辑，必然是新的唯物主义起来反对以黑格尔为代表的德国思辨哲学。费尔巴哈哲学就是这种唯物主义，它以清醒的哲学来对抗醉醺醺的思辨。

针对鲍威尔把18世纪法国唯物主义的理论来源归结为斯宾诺莎哲学的错误，马克思通过对培根、洛克、霍布斯、斯宾诺莎、笛卡尔、霍尔巴赫和爱尔维修等人的哲学思想的研究，具体地考察了从17世纪到18世纪唯物主义的发展史，以及历史转折时期哲学家的矛盾心理，揭示了18世纪法国唯物主义的理论来源，即："一派起源于笛卡尔，一派起源于洛克。后一派主要是法国有教养的分子，它直接导向社会主义。前一派是机械唯物主义，它成为真正的法国自然科学的财产。这两个派别在发展过程中是相互交错的。"[①]

笛卡尔是16—17世纪法国著名的哲学家，在解决思维与存在关系问题上是二元论者。他在物理学方面坚持和发展了唯物主义，认为在物理学的范围内，物质是唯一实体，是存在和认识的唯一根据。物质世界的运动是永恒的，并且是按照力学的规律进行的。正是根据这一重要观点，马克思把笛卡儿视为18世纪法国唯物主义的理论来源和"真正的自然科学的财产"。但他的"我思故我在"的命题，后来被唯心主义者所利用和发挥。

---

① 《马克思恩格斯文集》第1卷，第327—328页。

第五章 伟大友谊的开端 写作《神圣家族》

笛卡尔

培根

洛克是17世纪英国的著名哲学家，是弗·培根和霍布斯的哲学路线的继承者。他反对"天赋观念"说，主张观念不是天赋的，而是后天得来的。他认为，事物是客观地存在着的，观念、表象是客观事物作用于人的感官的结果。在人的认识过程中，洛克也强调人的感性的积极作用。正如马克思指出的，"英国唯物主义和现代实验科学的真正始祖是培根"。在培根看来，自然科学是真正的科学，人的感觉是完全可靠的，是一切知识的源泉。实验的科学就在于用理性的方法整理感性材料。所以，马克思评价说，"唯物主义在它的第一个创始人培根那里，还在朴素的形式下包含着全面发展的萌芽。物质带着诗意的感性光辉对人的全身心发出微笑。"但是，唯物主义以后在霍布斯等人那里，变得片面了，机械了，"变得敌视人了"。[1] 洛克在他论人类理性的起源的著作中，全面地继承了培根的哲学思想，论证了"健全理智的哲学"，"哲学要是不同于健全人的感觉和以这种感觉为依据的理智，是不可能存在的"。[2]

---

[1] 《马克思恩格斯全集》第2卷，第163、164页。
[2] 同上书，第165页。

洛克的哲学思想很快传入法国，法国哲学家埃蒂耶纳·博诺·德·孔狄亚克接受并发展了洛克的观点，他在《关于人类知识的起源的经验》一书中，不仅依据洛克的观点反对17世纪的形而上学，而且进一步对感觉、感性经验作了自己的阐释，提出"人的全部发展都取决于教育和外部环境"的重要论断，这同共产主义思想有着直接的联系。

马克思十分赞同法国唯物主义者的观点，他说："并不需要多大的聪明就可以看出，关于人性本善和人们智力平等，关于经验、习惯、教育的万能，关于外部环境对人的影响，关于工业的重大意义，关于享乐的合理性等等的唯物主义学说，同共产主义和社会主义之间有着必然的联系。"① 因为，既然人是从感性世界和感性世界中的经验中汲取自己的一切知识、感觉等，那么就必须这样安排周围的世界：使人在其中能认识和领会真正合乎人性的东西，使人能认识到自己是人；既然正确理解的利益是整个道德的基础，那么就必须使个别人的私人利益符合于全人类的利益；既然从唯物主义意义上说人类是不自由的，就是说，既然人不是由于有逃避某种事物的消极力量，而是由于有表现本身的真正个性的积极力量才得到自由，那么就不应当惩罚个别人的犯罪行为，而应当消灭犯罪行为的反社会的根源，并使每个人都有必要的社会活动场所来显露他的重要生命力；既然人的性格是由环境造成的，那么就必须使环境成为合乎人性的环境；既然人天生就是社会的生物，那么他就只有在社会中才能发展自己的真正的天性，而对于他的天性力量的判断，也不应当以单个人的力量为准绳，而应当以整个社会的力量为准绳。

可见，法国唯物主义中关于人性、智力和教育等方面的思想，尤其是环境塑造人的思想，给社会主义者以极大的启示。所以，从唯物主义理论出发，必然导致社会主义学说。马克思认为，空想社会主义者傅立叶、欧文，以及有科学根据的法国共产主义者德萨米、盖伊等

---

① 《马克思恩格斯文集》第1卷，第334页。

人,也都是从法国唯物主义出发,"把唯物主义学说当做现实的人道主义学说和共产主义的逻辑基础加以发展"。① 恩格斯后来指出:现代社会主义,"就其理论形式来说,它起初表现为18世纪法国伟大启蒙学者所提出的各种原则的进一步的、据称是更彻底的发展。"② 因此,从源头上说,可以把18世纪法国唯物主义看成是科学社会主义的最早的思想渊源。

《神圣家族》在批判青年黑格尔的思辨唯心主义的过程中,已经唯物主义地论述了思维和存在的关系,阐明了个别与一般的辩证法,开始建立马克思唯物主义哲学史观,从而为唯物主义地彻底解决哲学基本问题奠定了理论基础。但是,这里还仅仅是开端,是向着"历史(辩证)唯物主义"接近,对共产主义的"理论论证"也还是初步的。但马克思的思路是清晰的,方向也是明确的,是在批判和超越前人的过程中,一步步地迈向自己的新的世界观。

四 批判英雄史观,阐明人民群众创造历史

鲍威尔一伙把世界的发展归结为"自我意识"和"实体"的对立,在历史观上突出地表现为制造"精神"和"群众"的对立。他们把"英雄"等同于"精神",把"群众"等同于"粗糙的物质",进而认为全部历史就是"英雄"反对"群众"的历史。正如马克思所指出的:"它把'群众'和'精神'之间的斗争'规定'为过去全部历史的'目的';它宣称'群众'是'卑贱'的'纯粹的无',直截了当地把群众称为'物质',并把'精神'当做真理性的东西和'物质'对立起来。"③ 不仅如此,鲍威尔等人还把"精神和群众的对立跟'批判'和群众的对立等同起来"④,认为只有他们这些具有全

---

① 《马克思恩格斯文集》第1卷,第335页。
② 《马克思恩格斯文集》第3卷,第523页。
③ 《马克思恩格斯文集》第1卷,第296页。
④ 同上。

能的自我意识的、批判地思维的哲学家，才是历史的创造者，而人民群众则是"精神空虚"、"毫无生气"的"历史发展的障碍"。他们甚至公然宣称："精神的真正敌人应该到群众中去寻找，而不是像以前的自由主义的群众捍卫者所想象的那样到别的什么地方去寻找。"[①]这是一种典型的丑化人民群众的英雄史观。

针对鲍威尔一伙的英雄史观，马克思首先指出它不过是黑格尔的历史观的拙劣翻版和漫画式的完成。

黑格尔作为客观唯心主义者，把"历史的绝对精神"看作是历史发展的根本动力和基础，把群众看作是绝对精神创造历史的材料，是绝对精神有意识或无意识的承担者，而哲学家只不过是在创造历史的绝对精神的运动完成之后用来回顾既往以求意识到自身的一种工具。这就是说，真正的运动已由绝对精神无意识地完成了，所以哲学家只是在事后才登上场的。因此，在黑格尔的历史观中存在着唯心主义的双重的不彻底性：（1）他宣布哲学是绝对精神的定在，同时又不肯宣布现实的哲学家就是绝对精神；（2）他仅仅在表面上把作为绝对精神的绝对精神变成了历史的创造者。既然绝对精神只是事后才通过哲学家意识到这个具有创造力的世界精神，所以它的捏造历史的行动也只是发生在哲学家的意识中，而真正的已经发生的历史没有因此而有丝毫的改变。所以，尽管黑格尔的历史观有其"思辨的原罪"，但他不能不照顾到历史的真实，并且常常在他的思辨的结构中作出把握真实历史内容的有价值的见解，从而在许多方面提供了真实地评述人类关系的因素，具有一定的合理性。

鲍威尔一伙从其主观唯心主义立场出发，抛弃了黑格尔历史观中的双重不彻底性，使其思辨的唯心主义方面得到了恶性的发展：（1）他们认为，批判就是绝对精神，而自己就是批判；（2）所以，他们这些具有批判头脑的思辨哲学家就是积极的因素和历史的创造者，而群众则是消极的、精神空虚的历史材料，是其批判的对象。正因为如

[①] 《马克思恩格斯全集》第2卷，第104页。

第五章 伟大友谊的开端 写作《神圣家族》

此,马克思深刻地指出,鲍威尔一伙关于"英雄"和"群众"对立的观点,"事实上不过是黑格尔历史观的批判的漫画式的完成"[①]。其主要特征就在于:"一方面是群众,他们是消极的、精神空虚的、非历史的、物质的历史因素;另一方面是精神、批判、布鲁诺先生及其伙伴,他们是积极的因素,一切历史行动都是由这种因素产生的。改造社会的事业被归结为批判的大脑活动"[②]。

以鲍威尔为代表的英雄史观中的一个重要观点,就是把英雄和群众以及思想原则和物质利益绝对对立起来,否定人民群众和物质利益在历史发展中的作用。他们宣称,"到现在为止,历史上的一切伟大的活动之所以一开始就是不成功的和没有实际成效的,正是因为它们引起了群众的关怀和唤起了群众的热情。换句话说,这些活动之所以必然得到悲惨的结局,是因为作为它们的基础的思想是这样一种观念:它必须满足于对自己的表面了解,因而也就是指望博得群众的喝彩。"[③] 这也就是说,历史上一切伟大运动失败的根本原因,在于没有满足纯粹思想的要求,仅仅指望博得群众的喝彩。在这里,他们所依据的首先是1789年法国的资产阶级大革命。按照鲍威尔的说法,由于启蒙运动和法国革命迎合了群众的利益和广大群众参加,因而是不成功的和没有实际成效的。因为启蒙学者关于解放人类、理性国家、普遍幸福的理想最后以市侩的、鄙俗的专政而告终。

马克思对这种论调作了透彻的分析和批判,并论述了物质利益在历史发展中的决定作用。深刻地指出:"'思想'一旦离开'利益',就一定会使自己出丑。"[④]

历史经验表明,"任何得到历史承认的群众的'利益',当它最初出现于世界舞台时,总是在'思想'或'观念'中远远地超出自己的实际界限,很容易使自己和全人类的利益混淆起来。这种错觉构

[①] 《马克思恩格斯文集》第1卷,第291页。
[②] 同上书,第293页。
[③] 同上书,第286页。
[④] 同上。

成傅立叶所谓的每个时代的色调。"① 法国资产阶级革命中的情况就是如此。启蒙思想家关于解放全人类的理想之所以得不到实现，并不是因为它迎合了群众的利益，而是因为它"离开"了并"远远地超出"了它所实际反映的那部分群众即资产阶级的利益。把资产阶级利益和全人类利益"混淆起来"，期待在资产阶级解放运动中实现全人类的理想，当然不可能取得成功。但是，资产阶级在1789年革命中的利益绝不是"不成功的"，它"压倒了"一切，并获得了"实际成效"。"这种利益是如此强大有力，以至顺利地征服了马拉的笔、恐怖党的断头台、拿破仑的剑，以及教会的十字架和波旁王朝的纯血统。"② 这次革命只有对那样的群众来说才是不成功的，这种群众的政治"观念"，并不是关于自己的实际"利益"的观念，所以他们的真正的主导原则和革命的主导原则并不是一致的，他们获得解放的现实条件和资产阶级借以获得自身和社会解放的条件是根本不同的。所以，"如果说革命是不成功的，那么，并不是因为革命'唤起了'群众的'热情'，并不是因为它引起了群众的'关怀'，而是因为对不同于资产阶级的绝大多数群众来说，革命的原则并不代表他们的实际利益，不是他们自己的革命原则，而仅仅是一种'观念'，因而也仅仅是暂时的热情和表面的热潮之类的东西。"至于鲍威尔等人所评论的罗伯斯庇尔、圣茹斯特和拿破仑以及波旁王朝的血统等之所以失败，根本原因在于他们的思想原则已不符合资产阶级的物质利益。马克西米连·佛朗索瓦·马里·伊西多·德·罗伯斯庇尔和圣茹斯特的悲剧在于他们企图仿照古代的奴隶制为基础的民主共和国形式来建立资产阶级国家。拿破仑则把国家当作目的本身，而把市民社会仅仅看作他的司库和他的不能有自己的意志的下属。当资产阶级社会最重要的物质利益和他的政治原则发生冲突时，他仍然只重视后者而轻视前者，从而最终导致了自己的失败和波旁王朝的复辟；但是，由于波旁

---

① 《马克思恩格斯全集》第2卷，第103页。
② 同上。

第五章　伟大友谊的开端　写作《神圣家族》

王朝是与资产阶级的物质利益根本对立的，因而它也逃脱不了失败的命运。

总之，马克思恩格斯通过对法国革命史的考察，已得出了物质利益决定思想原则的重要结论，并看到了物质利益和思想原则相互联系中的复杂情况，从而为他们进一步阐明历史活动是群众的事业奠定了理论基础。

从现实的物质生产在历史上起决定作用和物质利益决定思想原则的观点出发，马克思在批判鲍威尔自我意识错误观点的过程中，进一步得出了粗糙的物质生产"是历史的发源地"，历史活动是群众的事业的重要结论，确立了人民群众是历史创造者的重要地位。他指出："历史什么事情也没有做，它'并不拥有任何无穷尽的丰富性'，它并'没有在任何战斗中作战'！创造这一切，拥有这一切并为这一切而斗争的，不是'历史'而正是人，现实的、活生生的人。'历史'并不是把人当做达到自己的目的的工具来利用的某种特殊的人格。历史不过是追求着自己目的的人的活动而已。"①

把历史看作是人的历史，而且是现实的、活生生的人的历史，这就既与黑格尔所谓的绝对精神的历史和费尔巴哈所谓感性的自然的人的历史划清了界限，也与鲍威尔所谓自我意识的历史划清了界限。在马克思看来，历史作为客观过程并不具有目的性，然而，历史的客观过程又存在于现实的人的活动之中，是由追求着自己目的的现实的人的活动构成的，这就为马克思从人类社会历史主体的角度来解决谁是历史创造者的问题奠定了理论基础。

既然"历史不过是追求着自己目的的人的活动而已"，而人的活动又主要是物质资料的生产，那么作为历史发源地的物质资料生产主体的广大人民群众，就理所当然是历史的创造者。《神圣家族》正是立足于此，并从整个人类社会历史发展的视角，说明人民群众不仅是物质财富的创造者，而且也是精神财富的创造者。他们在驳斥埃德加

---

① 《马克思恩格斯文集》第1卷，第295页。

思想巨人马克思

尔诬蔑工人群众什么也没有创造时指出："批判的批判什么都没有创造，工人才创造一切，甚至就以他们的精神创造来说，也会使得整个批判感到羞愧。"① 马克思还认为，人民群众是实现社会革命的主要力量，任何革命、任何伟大的历史活动，只有代表群众的利益和唤起群众，才能获得成功。因此，人民群众决不是什么"消极的""非历史的"因素，恰恰相反，只有他们才是推动历史前进的动力。而且，随着改造自然、改造社会斗争的深入发展，人民群众创造历史的活动也将日益发展，作用越来越大。马克思高瞻远瞩地指出："历史活动是群众的事业，随着历史活动的深入，必将是群众队伍的扩大。"②这就把对历史主体人民群众的活动在历史上作用的认识，提高到了规律性的高度。

与《1844年经济学—哲学手稿》相比较，马克思这时已不再是用人的本质异化和复归的观点来解释人类社会历史，而是开始从现实的物质生产以及物质利益的原则的视角，深入到历史发源地内部来观察分析历史活动，这是正确认识社会历史的根本基础，这就使马克思日益接近于新世界观的科学体系。

五　对历史唯物主义基本观点的阐明

青年黑格尔派的自我意识哲学，在社会历史领域必然表现为唯心史观。马克思通过对鲍威尔等人的历史唯心主义观点的批判，深化了他们在新世界探索过程中取得的理论成果，论述了正在形成中的唯物史观的一系列重要原理。恩格斯后来在回顾唯物史观形成的过程时说："我们不仅生活在自然界中，而且生活在人类社会中，人类社会同自然界一样也有自己的发展史和自己的科学。因此，任务在于使关于社会的科学，即所谓历史科学和哲学科学的总和，同唯物主义的基

---

① 《马克思恩格斯全集》第2卷，第22页。
② 《马克思恩格斯文集》第1卷，第287页。

础协调起来，并在这个基础上加以改造。但是，这个任务费尔巴哈是完成不了的。"① 当然，"费尔巴哈所没有走的一步，终究是有人要走的。对抽象的人的崇拜，即费尔巴哈的新宗教的核心，必须由关于现实的人及其历史发展的科学来代替。这个超出费尔巴哈而进一步发展费尔巴哈观点的工作，是由马克思于 1845 年在《神圣家族》中开始的。"② 这里当然也包括恩格斯。

在《神圣家族》中，马克思除了阐明人民群众是历史的创作者以外，还阐发了下面一些历史唯物主义的重要原则。

1. 物质生产是人类历史的发源地

鲍威尔一伙从主观唯心主义出发，认为自我意识是历史发展的唯一动力，历史除了自我意识的发展、变化以外，没有任何意义。马克思对鲍威尔一伙的观点进行了尖锐的驳斥，他指出，历史是人的活动的历史，离开现实存在的人和人的活动，也就无所谓历史。鲍威尔认为人为历史而存在，也就是把历史看成"脱离物质群众的主体"③。针对这种观点，马克思反驳说："历史什么事情也没有做，它'并不拥有任何无穷尽的丰富性'、它并'没有在任何战斗中作战'！创造这一切、拥有这一切并为这一切而斗争的，不是'历史'，而正是人，现实的、活生生的人。'历史'并不是把人当做达到自己目的的工具来利用的某种特殊的人格。历史不过是追求着自己目的的人的活动而已。"④

在马克思恩格斯看来，"用'人'本身来代替包括'无限的自我意识'在内的破烂货"⑤ 这一工作，费尔巴哈也已经做了。但是，由于费尔巴哈把人的本质归结为理性、意志、感情，因而他对历史的了解还是抽象的、贫乏的，而且也未走出历史唯心主义的窠臼。和费尔

---

① 《马克思恩格斯选集》第 4 卷，第 226 页。
② 同上书，第 237 页。
③ 《马克思恩格斯文集》第 1 卷，第 285 页。
④ 同上书，第 295 页。
⑤ 同上。

思想巨人马克思

巴哈不同，马克思在《1844年经济学—哲学手稿》中，就已把生产劳动看作人的本质力量的表现，认为整个所谓世界历史不外是人通过人的劳动而诞生的过程，并认识到自然科学和工业在社会历史发展中的重要作用。

在《神圣家族》中，马克思进一步提出了物质资料生产方式对社会历史发展起决定作用的思想，认为只有从物质生产实践出发，才能正确地了解历史。在批驳鲍威尔一伙贬斥把历史与自然科学及工业结合起来研究是"群众的唯物主义"的谬论时，他写道："难道批判的批判以为，只要它从历史运动中排除掉人对自然界的理论关系和实践关系，排除掉自然科学和工业，它就能达到即使是才开始的对历史现实的认识吗？难道批判的批判以为，它不去认识（比如说）某一历史时期的工业和生活本身的直接生产方式，它就能真正地认识这个历史时期吗？诚然，唯灵论的、神学的批判的批判仅仅知道（至少它在自己的想象中知道）历史上的政治、文学和神学方面的重大事件。正像批判的批判把思维和感觉、灵魂和肉体、自身和世界分开一样，它也把历史同自然科学和工业分开，认为历史的发源地不在尘世的粗糙的物质生产中，而是在天上的云雾中。"① 这段论述不仅是对鲍威尔一伙的深刻批判，而且也表明了马克思哲学思想的重大进展：他已不再像《1844年经济学—哲学手稿》中那样，把现实的劳动、工业看作是人的本质的丧失，而是直截了当地把"尘世的粗糙的物质生产"看作"历史的发源地"。还应指出的是，马克思在强调生产实践重要性时，是以承认物质世界的客观实在性为前提的。"人并没有创造物质本身。甚至人创造物质的这种或那种生产能力，也只是在物质本身预先存在的条件下才能进行。"② 就是说，生产实践只是改变了物质存在的形态，而没有创造物质本身。可以说，这是对人民群众创造历史的观点的准确的说明。

---

① 《马克思恩格斯全集》第2卷，第191页。
② 同上书，第58页。

2. 生产关系思想的最初的表述

马克思对生产关系科学概念的制定，是经历了长期的探索过程的。《莱茵报》时期，马克思在研究社会生活现象时，曾使用过社会的"客观关系"的术语，不过，这时他对"客观关系"的理解是笼统的，并未从中区分出物质关系。在《黑格尔法哲学批判》中，马克思第一次得出了"市民社会"决定国家的结论，而所谓"市民社会"，按照马克思后来的说明，是指"物质生活关系的总和"，这比《莱茵报》时期的"客观关系"显然深入了一步。在《1844年经济学—哲学手稿》中，马克思通过对异化劳动的研究，从人同自然的关系以及人与人的关系这两个侧面，剖析了资本主义生产的内在矛盾，论述了生产资料的所有制、产品的占有以及生产活动中人与人的关系等问题，实际上已认识到经济关系在一切关系中的决定作用。

在《神圣家族》中，马克思仍然是用"市民社会"的术语来概括现实的社会关系的，但在内容上已有了新的进展。他在评述蒲鲁东的"平等占有"的观念时，批驳了鲍威尔等人对蒲鲁东经济学说的曲解，并进一步从人对物质生产资料的依赖关系中得出人们在物质生产过程中必然发生的相互关系。他说："实物是为人的存在，是人的实物的存在，同时也就是人为他人的定在，是他对他人的人的关系，是人对人的社会关系。"① 这里用语有些晦涩，但意思是很清楚的。就是说，"实物"（劳动产品）是人的生存所必需的，是人的社会存在，每个社会成员各以其特定的生产活动和具体产品构成他人的生存条件，从而构成了他和其他社会成员之间的关系。人们在生产活动中形成的这种关系，就是人们之间的社会关系。在当时的马克思看来，无论是私有制还是蒲鲁东的"平等占有"都把这种关系歪曲了，这是真正的人的社会关系异化的表现。从把"实物"看作人们社会关系的基础这一点来说，马克思在向着自己"生产关系"概念的形成迈出了重要的一步，具有重大意义。列宁认为，"这一段话极富有代

---

① 《马克思恩格斯全集》第2卷，第52页。

表性，因为它表明马克思是如何接近自己的整个'体系'（如果可以用这个名词的话）的基本思想的，——即如何接近生产的社会关系这个思想的。"① 从列宁的论断中可以看出，生产关系思想在马克思主义中的重要地位。

这里需要指出的是，英国古典经济学家以及后来的李斯特，提出了生产力的概念，并且作了很多的论述，李斯特甚至还提出除物质生产力外，还存在"精神的生产力"，并阐明了两者的互为作用的关系。他认为，不仅那些养猪的、制琴的、制药的是生产者，而且教育家、音乐家、医生、科学家、法官和行政官也是生产者，都是生产力，而且是比物质生产力更重要的生产力。他说，"一国的最大部分消耗，是应该用于后一代的教育，应该用于国家未来生产力的促进和培养的。"② 这些思想无疑是十分重要的，对后人的研究有重大的启迪。但是，由于种种局限，他们不可能形成生产关系的思想，因而也不可能科学地理解生产力概念。正如马克思后来所讲的，一旦接触到生产关系问题，他们研究的丧钟就敲响了。生产关系思想的形成是马克思主义不同于先前经济学家的独特的概念，是马克思主义创始人独创的，是马克思主义科学体系中的一个核心思想。这个概念的形成也是经历了一个过程，《神圣家族》只是向着生产关系概念的形成迈出的重要的一步。

3. 对普遍的"自由""人权"观念的批判

在《神圣家族》中，马克思基于上述认识，对市民社会、政治国家和观念上层建筑也有了进一步的认识。国家不可能脱离市民社会、一定阶级而独立地存在，而作为精神产品的观念，也依附于这个现实的基础，并为其服务。马克思认为，作为现代国家的基础是资产阶级社会，而"资产阶级社会的真正的代表是资产阶级。"③ 他把国家

---

① 《列宁全集》第 38 卷，第 13 页。
② ［德］弗里德里希·李斯特：《政治经济学的国民体系》，华夏出版社 2009 年版，第 123 页。
③ 《马克思恩格斯全集》第 2 卷，第 157 页。

第五章　伟大友谊的开端　写作《神圣家族》

"看做自己的排他的权力的官方表现,看做自己的特殊利益的政治上的确认"①。这表明,马克思和恩格斯已开始触及国家的阶级本质。鲍威尔等人认为,市民社会的成员是利己主义的原子,应当由"普遍国家秩序"把这些孤立的原子联合起来以组成社会。马克思驳斥说,把市民社会成员连接起来的不是国家,而是利益;各社会成员之间的现实联系不是政治生活,而是市民生活。"在今天,只有政治上的迷信才会以为国家应当巩固市民生活,而事实上却相反,正是市民生活巩固国家。"②

马克思不仅强调市民社会对国家的决定作用,而且也看到了国家对市民社会的反作用。他们指出,封建的特权和中世纪的宗教严重地阻碍着资本主义经济的发展,面对这种情况,从市民社会中产生出来并与封建制度相对立的资产阶级国家,并不是消极无为的,它通过宣布"普遍人权"承认自己的出生权,并通过采取各种措施来废除封建特权,以保护自己的物质基础和促进资本主义经济的发展。这种措施越彻底,市民社会的自发生命越是按照自己的规律去运动,资本主义经济就越发展,国家的基础也就越巩固和壮大。

马克思还进一步批判地考察了资产阶级学者所鼓吹的"自由的人性"和"天赋人权"的实质。指出,"自由"不是孤立存在的,不是人生而有之的,它同现存的物质生活条件联系在一起,承认"自由的人性",实际上就是承认利己的市民个人,承认构成这种个人的生活内容,即构成资产阶级社会内容的物质因素和精神因素的不可抑制的运动。"市民社会的奴隶制恰恰在表面上看来是最大的自由,因为它似乎是独立个人的完备形式",而实际上它是"个人的完备的奴隶制和人性的直接对立物"③。马克思引用黑格尔的话说,"'人权'不是天赋的,而是历史地产生的"④,现代国家承认人权同古代国家承认

---

① 《马克思恩格斯全集》第 2 卷,第 158 页。
② 同上书,第 154 页。
③ 同上书,第 149 页。
④ 同上书,第 146 页。

奴隶制是一个意思。事实说明，"人权并没有使人摆脱宗教，而只是使人有信仰宗教的自由；人权并没有使人摆脱财产，而只是使人有占有财产的自由；人权并没有使人放弃追求财富的龌龊行为，而只是使人有经营的自由。"① 他还指出，正如古代国家的自然基础是奴隶制一样，现代国家的自然基础是市民社会，即资产阶级社会。它通过宣布"普遍人权"和"人性自由"来承认和巩固自己的自然基础。

从来没有脱离一定历史条件和阶级而存在的"普遍人权"和"自由"，马克思在这里清楚地否定了所谓"普世价值"的存在。

六　对无产阶级历史任务的进一步论证

"马克思学说中的主要一点，就是阐明了无产阶级这个社会主义社会创造者的具有世界历史意义的作用。"②《神圣家族》在继《德法年鉴》之后，更进一步地论证了无产阶级所处的历史地位，以及由此必然担负的历史任务。列宁指出，在《神圣家族》中已经"非常鲜明地提出了马克思的几乎已经形成了的对于无产阶级革命作用的观点"。③

英法空想社会主义者虽然提出了人类解放的问题，但是由于历史条件的限制和唯心主义历史观，他们看不到无产者和资产者根本利益的对立，以及这种对立的社会根源，仅仅把无产阶级看作一个受苦受难的阶级，而不是一个能够自己解放自己的阶级。他们寄希望于劝说资产者发善心，来改善无产者的悲惨处境，因而不能不陷入空想。

马克思在创立新世界观的过程中，十分重视对无产者和资产者的关系问题的探讨。在《神圣家族》中，马克思恩格斯继续发挥和深化了《1844年经济学—哲学手稿》的这一思想，阐明了资产者和无

---

① 《马克思恩格斯全集》第2卷，第145页。
② 《列宁选集》第2卷，第437页。
③ 《列宁全集》第38卷，第9页。

第五章 伟大友谊的开端 写作《神圣家族》

产者的辩证联系。

首先,《神圣家族》指出了资产者和无产者同是私有制世界产生的一对双生子,在它们之间构成了一个矛盾的对立统一体。

以鲍威尔为代表的青年黑格尔派在谈论资本主义社会中作为对立面的富有和贫穷时,他们先是把这二者人为地结合为一个整体,然后按照神学的方式到这个整体之外的某个地方去寻找这一整体的前提,以显示"批判的批判"是高居于两个对立面之上的。实际上是掩盖了资本主义私有制造成的这两者对立的事实。

针对这种论调,马克思指出:"整个对立无非是对立的两个方面的运动,整体存在的前提正是包含在这两个方面的本性中"①。所以,对贫富之间对立的认识运动应当遵循它们对立运动本身的逻辑,而不能到它们对立以外去寻找认识运动的逻辑。由此得出结论说:"无产阶级和富有是两个对立面。它们本身构成一个统一的整体。它们二者都是由私有制世界产生的。"②

其次,仅仅宣布无产者和资产者是矛盾统一的两个方面是不够的,还必须阐明在这两个方面中的每一个方面究竟处于什么样的地位。

在马克思看来,资产者是这个对立统一体中的肯定方面。因为作为私有制来说,作为富有来说,不能不保持自身的存在,因而也就不能不保持自身的对立面——无产阶级的存在。这是对立的肯定方面,是得到自我满足的私有制。相反地,无产者是这个对立统一体的否定方面。因为作为无产者来说,不能不消灭自身,因而也不能不消灭制约着它而使它成为无产者的那个对立面——私有制。这是对立的否定方面,是对立内部的不安,是已被消灭的并且正在消灭自身的私有制。

马克思还运用异化的观点,具体考察了资产者和无产者两个对立

---

① 《马克思恩格斯文集》第 1 卷,第 260 页。
② 《马克思恩格斯全集》第 2 卷,第 43 页。

面在统一体中的各自地位，说明了虽然资产者和无产者同是人的自我异化，但资产阶级在这种异化中感到自己是被满足的和被巩固的，它把这种异化看作是自身强大的证明，并在这种异化中获得了人的生存的外观。而无产阶级在这种异化中感到自己是被毁灭的，并在其中看到自己的无力和非人的生存的现实。这个阶级，用黑格尔的话来说，就是在被唾弃的状况下对这种状况的愤慨。这个阶级之所以必然产生这种愤慨，是由于它的人类本性和它那种公开地、全面地否定这种本性的生活状况相矛盾。由此可见，在这个统一体中，资产阶级是保守方面，采取了保持对立的行动，而无产阶级是破坏方面，采取了消灭对立的行动。因为它如果不消灭它本身的生活条件，它就不能解放自己，如果它不能消灭集中表现在它本身处境中的现代社会的一切违反人性的生活条件，它就不能消灭它本身的生活条件。

再次，在马克思看来，要消灭资本主义异化的状况，消灭资产者和无产者之间的对立，就必须采取革命行动，消灭私有制，而绝不是靠空谈就能改变无产者所处的屈辱地位的。而无产者由于在它和资产者的矛盾中所处的地位，也必将采取这种革命行动，成为私有制的埋葬者。无产阶级在获得胜利之后，也绝不会成为社会的绝对方面，因为它只有消灭自己本身和自己的对立面才能获得胜利，随着无产阶级的胜利，无产阶级本身以及制约着它的私有制都必将趋于消灭。

通过对资产者和无产者辩证关系的分析，使马克思恩格斯认识到资产者和无产者的对立统一关系，看到了它们之间的矛盾运动，揭示了在资本主义社会中，资产者处于矛盾的主要方面，起着决定作用，而无产者则处于被支配的矛盾的次要方面，随着历史的发展和无产阶级革命的胜利，矛盾的双方必然互易其位。进而，他试图从人类社会历史发展的客观规律性和作为历史主体无产者的相互关系的视角，对无产阶级历史使命作更深一步的论证。

马克思通过对资产者和无产者的辩证运动的分析，说明了私有制的灭亡绝不是根源于某种外部因素，而是"在自己的经济运动中自己

第五章　伟大友谊的开端　写作《神圣家族》

把自己推向灭亡"①，这是"为客观事物的本性所制约的发展"②，是不以任何一个阶级的意志为转移的历史必然趋势。但是，私有制灭亡的这种客观必然性并不能自发地实现，而必须通过无产者的能动活动即推翻私有制的革命活动才能实现。

当然，无产者也不能自发地完成自己作为资本主义掘墓人的历史任务。这是因为，无产阶级作为矛盾的否定方面，要担负起埋葬资本主义的历史重担，其先决条件就在于它必须"意识到自己在精神上和肉体上贫困的贫困……意识到自己的非人性"③。马克思之所以赞扬当时的英、法无产阶级，其原因在于"英法两国的无产阶级中有很大一部分人已经意识到自己的历史任务，并且不断地努力使这种意识达到完全明显的地步"④。

马克思在分析了资本主义社会结构和雇佣工人的非人生活状况后明确地指出，"无产阶级能够而且必须自己解放自己"⑤。他写道："问题不在于目前某个无产者或者甚至整个无产阶级把什么看做自己的目的，问题在于究竟什么是无产阶级，无产阶级由于其本身的存在必然在历史上有些什么作为。它不是白白地经受了劳动那种严酷的但是能够把人锻炼成钢铁的教育的。"⑥ "它的目的和它的历史任务已由它自己的生活状况以及现代资产阶级社会的整个结构最明显地无可辩驳地预示出来了。"⑦ 马克思之所以把"具有世界历史意义的作用归于无产阶级"，绝不是像鲍威尔一伙所攻击的那样，由于他们把无产者看作神的缘故，而是依据无产阶级所处的客观的历史地位得出的科学结论。不管目前某个无产者或者甚至整个无产阶级是否已自觉意识到自己的历史任务，但是它迟早会行动起来，执行旧制度的埋葬者和

---

① 《马克思恩格斯全集》第 2 卷，第 44 页。
② 同上。
③ 同上。
④ 同上书，第 45 页。
⑤ 同上。
⑥ 同上。
⑦ 同上。

新社会建设者的历史使命。

　　由上可见，《神圣家族》一书对于无产阶级历史使命的论证，虽然还没有完全摆脱旧哲学的影响，但是它已开始着重从资本主义社会结构和无产阶级的经济地位出发去解决这个问题，并取得重要进展。《神圣家族》在马克思主义形成史中的重要地位，也由此可见一斑。

七　《神圣家族》激怒当权者，马克思被驱逐出巴黎

　　1845年2月，《神圣家族》在法兰克福出版问世了。该书出版后，立即引起强烈反响。一家保守派的报纸说，《神圣家族》"每一行字都在鼓吹反对国家、教会、家庭、法制、宗教和财产……的暴动"，但是，它也不得不承认马克思具有非常渊博的知识，善于用人们通常说的"铁的逻辑"。在22年后，马克思谈起这本书时说，"对于这本书我们是问心无愧的，虽然对费尔巴哈的迷信现在给人造成一种非常滑稽的印象"[1]。后来列宁也评价说，"它奠定了革命唯物主义的社会主义的基础。"[2]

　　不论是《德法年鉴》，还是《神圣家族》，以及马克思发表在巴黎激进报纸《前进报》上的文章，都使普鲁士统治者看到了"革命"二字，他们不断向法国政府施压，要求驱逐马克思。于是，法国政府下令把马克思和《前进报》其他

马克思巴黎住所

---

[1] 《马克思恩格斯全集》第31卷，第293页。
[2] 《列宁选集》第1卷，第90页。

第五章 伟大友谊的开端 写作《神圣家族》

一些撰稿人驱逐出境，除非他们保证不再从事反普鲁士的宣传。卢格递交了悔过书，而马克思断然拒绝作出保证，他宁愿在 24 小时内离开巴黎。

1845 年 2 月 3 日，马克思到达布鲁塞尔，随后燕妮匆忙变卖了家什，带着九个月的女儿小燕妮来到这里。初来乍到，又囊中空空，连一所固定的住房也无法找到，马克思一家处境艰难。

恩格斯得知马克思遭驱逐，立即意识到马克思需要帮助。他发动莱茵省的朋友们为马克思筹集了一笔款子，并把自己所写《英国工人阶级状况》一书的第一笔稿酬寄给了马克思。他在给马克思的信中说，让我们大家以共产主义的方式来分担你遭驱逐而支出的意外费用，至少不能让那帮狗东西因为用卑劣手段使你陷入经济困境而高兴。

1845 年 4 月，恩格斯来到布鲁塞尔。5 月初他和马克思一家都在城东边的同盟路租到了房子，马克思住 5 号，恩格斯住 7 号。这时，马克思家里还来了一名新的成员，这就是 22 岁的女管家海伦·德穆特，大家一直叫她琳蘅。她是摩塞尔河谷的一个农家女，当她还是小姑娘的时候就来到威斯特华伦家，

海伦·德穆特·琳蘅

在燕妮身边长大，成为燕妮的女伴和知己。燕妮的母亲把琳蘅送到这对年轻夫妇身边来帮助料理家务。从此，这位纯朴善良、聪慧刚毅的理家能手一直没有离开这个家。她于 1890 年 11 月 4 日逝世，葬在马克思及其妻子的同一墓穴里。

普鲁士政府不久又对比利时内阁施加压力，要求他们把马克思驱逐出境。马克思别无选择，他只有脱离普鲁士国籍。从 1845 年 7 月

思想巨人马克思

开始，马克思就成为没有任何国籍的"世界公民"。后来，他也曾向有关国家申请过国籍，但均未获通过。这在近代历史上，恐怕也是绝无仅有的了。

第六章 《德意志意识形态》的写作与出版

《德意志意识形态》是马克思主义早期的一部篇幅最大、内容最丰富、地位也最重要的科学巨著。不论从马克思主义哲学的角度，还是从马克思主义及其发展史的角度来看，都具有非常重要的意义。其重要性就在于，马克思主义创始人在这部著作中，首次全面系统地阐明了唯物主义历史观，完成了马克思的第一个伟大发现，为科学共产主义奠定了坚实的理论基础。

马克思在世时，《德意志意识形态》（以下简称《形态》）由于种种原因未能出版，直到20世纪30年代初才由苏共中央马克思列宁主义研究院出版了比较完整的版本。但是，经过半个多世纪的辗转流离，《形态》手稿几变保存者，损伤在所难免，加上出版时编者的任意性，最初的版本，主要是最重要的第一卷第一章，有违作者原来的思路。所以，在1965年，苏共中央马克思列宁主义研究院，经过研究和版本考证，重新出版了该书的第一章，在结构和内容上作了比较大的调整，更加符合《形态》原意。因此，搞清楚《形态》写作、出版和版本的变化，对于理解马克思主义创始人最初阐明的新世界观的原理，是十分必要的。

《形态》一书的全名是《德意志意识形态，对费尔巴哈、布鲁诺·鲍威尔、和麦克斯·施蒂纳所代表的现代德国哲学以及各式各样先知所代表的德国社会主义的批判》。马克思主义创始人正是在批判现代德国哲学的代表人物过程中，清算了他们过去的"哲学信仰"，阐明了自己新世界观的基本观点。所以，研究和了解马克思是如何批判和超越前人的，对于把握他的思想形成和发展有重要的意义。

一 《德意志意识形态》写作的动因和写作时间

马克思主义创立时期，马克思恩格斯在理论上面临的时代课题首先是创立唯物主义历史观，所谓新世界观指的就是唯物史观。从人类哲学思想发展来看，当时首当其冲的问题是解决历史观的问题。因为，不论是认识论还是辩证法在马克思以前都发展到相当的高度，而历史观则是不可逾越的界限。只有创立唯物主义历史观，才能不仅使认识论和辩证法建立在更为科学的基础之上，而且使科学的完整的新世界观的问世成为可能。正如列宁所说的，"马克思和恩格斯的学说是从费尔巴哈那里产生出来的，是在与庸才们的斗争中发展起来的，自然他们所特别注意的是修盖好唯物主义哲学上层，也就是说，他们所特别注意的不是唯物主义认识论，而是唯物主义历史观。"[①] 历史赋予马克思主义创始人的任务，首先就是把辩证法与唯物主义相结合，并将其推广到社会历史领域，创立完备的唯物主义哲学。

对历史唯物主义的探讨，马克思实际上从《莱茵报》就开始了，但真正的开端是《黑格尔法哲学批判》，这里深入地研究了国家、法与市民社会的关系。1844年的著作，特别是《神圣家族》对历史唯物主义的一些原理作了深刻的阐发。《德意志意识形态》就是对先前研究的继续，是对历史唯物主义基本原理的全面制定。恩格斯后来讲到："在我看来这一思想对历史学必定会起到像达尔文学说对生物学所起的那样的作用，我们两人早在1845年前的几年中就已经逐渐接近了这个思想。……但是到1845年春我在布鲁塞尔再次见到马克思时，他已经把这个思想考虑成熟，并且用几乎像我在上面所用的那样

---

① 《列宁专题文集——论辩证唯物主义和历史唯物主义》，第115页。

第六章 《德意志意识形态》的写作与出版

明晰的语句向我说明了。"① 可见,唯物主义历史观的产生,是马克思先前思想发展的合乎逻辑的结果。

然而,《形态》以何种形式出现,还有更为现实的原因,这就是当时无产阶级革命实践的需要,是那个时期意识形态斗争的产物。从社会实践需要的角度看,马克思一直认为重要的是为共产主义提供"理论论证",使工人阶级有一种科学世界观作为指导。在写作《神圣家族》的过程中,马克思就打算写几本书来阐明自己的、与先前哲学相对立的新的世界观,用它来武装革命的无产阶级。恩格斯在1844年10月给马克思的信中,也谈到自己的想法:"只要我们的原则还没有从以往的世界观和以往的历史中逻辑地和历史地作为二者的必然继续用几部著作阐发出来,那就一切都还会处于半睡半醒状态,大多数人还得盲目地摸索。"过了三个月,恩格斯又告诉马克思,"目前首先需要我们做的,就是写出几部较大的著作,以便向许许多多非常愿意干但只靠自己又干不好的一知半解的人提供必要的依据。"② 从这里可以清楚地看出,马克思恩格斯都意识到,必须写几本大的著作来阐明自己的新的世界观。他们著书立说,绝不是纯理论的探讨,而是社会实践的客观需要,把他们的理论与社会实践结合起来,为无产阶级和广大劳动人民的革命斗争服务。正如恩格斯后来讲的,"马克思首先是一个革命家"。他以某种方式参加推翻资本主义制度,并使现代无产阶级意识到本身所处的社会地位和历史作用,"这实际上就是他毕生的使命。"③

从意识形态斗争的角度看,批判当时影响很大的德国思辨哲学,肃清它的影响,阐明"肯定的观点"即唯物史观,是写作《德意志意识形态》的直接动因。唯物主义历史观不仅是当时革命实践的需要,也是创立和传播科学世界观的需要。哲学世界观,是一切科学研究的方法论。马克思在研究经济学过程中就已经发现,要在德国确立

---

① 《马克思恩格斯文集》第2卷,第14—15页。
② 《马克思恩格斯文集》第10卷,第17—18、28页。
③ 《马克思恩格斯选集》第3卷,第575页。

思想巨人马克思

和传播同德国思辨哲学格格不入的经济学，即政治经济学，不扫清旧哲学所盘踞的这块基地，批判地改造哲学方法论的基础，是不可能的。马克思说，"我认为，在发表我的正面阐述以前，先发表一部反对德国哲学和那一时期产生的德国社会主义的论战性著作，是很重要的。为了使读者能够了解我的同迄今为止的德国科学根本对立的政治经济学的观点，这是必要的。"① 正是出于这种考虑，马克思暂时把写作和出版《政治和政治经济学批判》的工作搁置一旁，而全力投入批判在德国流行很广、危害很大的思辨哲学和社会学说。也正在此时，施蒂纳的《唯一者及其所有物》出版了。施蒂纳在该书中所阐明的观点，是德国思辨唯心主义哲学最后的、也是最彻底的表现形式。这本书的出现，就成为马克思主义创始人批判德国哲学的直接动因。正如燕妮后来所回忆的那样，在这一年里，"恩格斯和卡尔一道写对德意志哲学的批判，促使他们这样做的外部动力是《唯一者及其所有物》一书的出现。结果写成了一部渊博的著作，这一著作本该在威斯特伐利亚出版。"② 批判当时流行的德国哲学，以及由这种哲学武装起来的德国社会主义学说，创立并在工人中传播自己的科学世界观，是马克思恩格斯当时面临的刻不容缓的任务。

《形态》写作的时间，有不同说法，这应当根据马克思恩格斯当时的实际活动来判断。1845 年 4 月恩格斯到达布鲁塞尔后，他们决定全面制定同德国哲学相反的自己的新世界观。但是，马克思并没有立即动手《形态》写作，而是继续政治经济学的研究，以便尽快地出版他的《政治和政治经济学批判》的著作，为此，他同恩格斯于 1845 年 7 月 12 日—8 月 21 日去了一次英国，此行的主要目的是研究在布鲁塞尔找不到的经济学文献。马克思在曼彻斯特的切特姆图书馆研究了大量英国经济学家的著作，并"购买了大批价格昂贵的参考书"。在这里他消耗了逗留英国的大部分时间。马克思还想直接地了解当时最发达的资本主

---

① 《马克思恩格斯全集》第 27 卷，第 473 页。
② ［德］燕妮：《动荡生活简记》，载于《回忆马克思恩格斯》，人民出版社 1983 年版，第 141 页。

第六章 《德意志意识形态》的写作与出版

义国家的状况及其工人运动,他考察了工厂,直接接触到工人。他与恩格斯在曼彻斯特和伦敦会见宪章派的左翼领袖们,并加强了他们同正义者同盟领导人的联系。马克思和恩格斯还参加了有各国政治流亡者出席的宪章运动者会议,会议提出有必要建立一个国际性组织,联系国际工人运动。马克思离开英国后,这个组织成立了,取名为"民主派兄弟协会"。这是马克思第一次去英国,首次了解最发达的资本主义英国的经济和阶级状况,参与那里的工人运动,这对马克思研究政治经济学,形成唯物主义历史观,有重要的帮助。

十九世纪上半叶英国曼彻斯特

马克思回到布鲁塞尔后,并没有立即着手写作《形态》,真正开始写作《形态》是 1845 年 11 月。其直接原因是,施蒂纳的《唯一者及其所有物》出版后在社会上引起强烈反响,出现了不少用各种观点写的评论文章。比如,施里加的《论"唯一者及其所有物"》(1845 年 5 月);费尔巴哈的《因〈唯一者及其所有物〉而论"基督教的本质"》(《维德干季刊》1845 年第二卷);赫斯的小册子《晚近的哲学家》(1845 年 5 月出版)。施蒂纳回答了这种批判,并在《维德干季刊》1845 年第三卷上发表了一篇题为《施蒂纳的评论者》的文章,为自己的著作辩护。同时，这一卷还载有鲍威尔的《评路德维希·费尔巴哈》的文章。马克思和恩格斯将施蒂纳和鲍威尔反驳费尔巴哈、赫斯、马克思和恩格斯的文章，讽喻为高级僧侣在宗教会议上对异教徒的审判。由于《维德干季刊》的出版地在莱比锡，所以，马克思恩格斯称之为"莱比锡宗教会议"，并以此为他们最初著作的名称。由此为引线开始了自己的批判。

马克思访问英国

《维德干季刊》第三卷，是在1845年10月16日和18日之间出版，10月底和11初出现在图书市场。因此，关于《形态》开始写作的时间，不应该是同年9月，而应该是11月。《形态》的主要部分写于1845年11月—1846年5月，而有的部分，比如第一卷第一章，在1846年秋天还在补充和修改，恩格斯执笔的"真正的社会主义"，直到1847年春天才完成。这可以从1846年8月至10月恩格斯从巴黎给马克思的信中看出来。马克思恩格斯的第二部合著，即会永留人类思想史的学术名著，就是在德国意识形态激烈争论中写成的。

二 《德意志意识形态》的出版和新版第一章的结构与内容

1846年4、5月间，这部著作的主要部分刚写完，马克思恩格斯就开始物色出版商。他们打算在威斯特伐利亚当地的实业家——"真正的社会主义者"尤·迈耶尔和鲁雷姆佩尔的帮助下出版《德意志

第六章　《德意志意识形态》的写作与出版

意识形态》。这个谈判是由约·魏德迈于5月进行的。而且《形态》第一卷手稿，也是由魏德迈从布鲁塞尔带回德国的。

看来，魏德迈是4月底将手稿第一卷带回德国的。在4月30日，他写信给马克思，要他尽快把遗缺的手稿寄来，并且讲到，他同妻子读了关于施蒂纳的那一章。5月13日，他又一次写信，催马克思寄稿子过去。6月11日他给马克思的信说"没有手稿的开头部分也不妨碍印刷"。① 显然，魏德迈带去的手稿，只是《形态》第一卷第二、三章，即《莱比锡宗教会议》，第一章马克思当时尚未完成，以后是否寄去，也不得而知。至于第二卷，是马克思寄去的，而且也只是该卷"手稿绝大部分"。②

但是，手稿的出版遇到困难。马克思、恩格斯在1846年7月2日给鲁雷姆佩尔的信（这封信没有保存下来）中，谴责了威斯特伐利亚的出版商的拖延、搪塞和推托行为。接着，出版商借口缺乏资金而拒绝出资刊印，但是，出版者拒绝刊印的真实原因，是他们自己就是《德意志意识形态》批判的"真正的社会主义"流派的代表人物。

在威斯特伐利亚出版《形态》遇阻以后，马克思、恩格斯又积极设法在伯尔尼和不莱梅同另一些出版商联系。1847

手稿

---

① 《马克思主义形成和发展史略》1959年俄文版，第69—70页。
② 《马克思恩格斯全集》第27卷，第473页。

年3月9日恩格斯写信给马克思说：我们的手稿，是"多么迫切需要尽快问世"。"这些家伙（指出版商）总是哀叹如此卓越的思想却这样长久地被埋没"，但最后还是一事无成。"如果他（指出版商不莱梅的屈特曼）不回答，就再给他写封信，万不得已时，最低的条件也得同意。"① 甚至，他还曾打算分卷出版，恩格斯说："这些人当中没有一个人有钱来印五十印张……我们可以把手稿分开……然后再出版其余部分，否则我们会什么也印不成。"② 即便如此，《德意志意识形态》还是未能出版。其原因正如马克思在致安年柯夫的信中所说："未能出版我曾在布鲁塞尔向您说过的对德国的哲学家和社会主义者的那篇批判。您很难想象，在德国出版这种书要碰到怎样的困难，这困难一方面来自警察，一方面来自代表我所抨击的一切流派的利益的出版商。至于我们自己的党，那末它不仅很贫困，而且德国共产党内有相当大的一部分党员由于我反对他们的空想和浮夸而生我的气。"③ 显然，《德意志意识形态》未能出版，主要原因是政治和意识形态的分野。

关于这部书的命运，马克思后来在《政治经济学批判〈序言〉》中讲："既然我们已经达到了我们的主要目的——自己弄清问题，我们就情愿让原稿留给老鼠的牙齿去批判了。"④ 这部著作在马克思恩格斯生前未能问世，只在1847年《威斯特伐利亚汽船》杂志8月和9月号发表了第二卷第四章。

《形态》第一卷第一章《费尔巴哈》是未完成的手稿，写于《形态》第一卷成书的不同时间。就理论内容来讲，第一章具有独立的价值，在全书中占有十分重要的地位。在这里，马克思主义创始人第一次系统地阐明了唯物主义历史观的基本原理，揭示了人类社会的发展规律，为共产主义奠定了理论基础。这一章手稿原来的标题：《一、

---

① 《马克思恩格斯全集》第27卷，第91页。
② 同上书，第67页。
③ 同上书，第488页。
④ 《马克思恩格斯文集》第2卷，第593页。

第六章 《德意志意识形态》的写作与出版

费尔巴哈》。1883年马克思逝世后,恩格斯在整理马克思遗稿时重读了《形态》手稿,并在第一章手稿结尾处加上《一、费尔巴哈。唯物主义与唯心主义观点的对立》。

1895年恩格斯去世后,《形态》手稿落到了德国右翼社会民主党领袖的手中,实际上由爱德华·伯恩施坦支配,他既不研究,也不发表,被长期束之高阁。甚至连后来梅林受托编写《马克思恩格斯遗著》也未能从伯恩施坦手里争到利用原稿的权利。20世纪30年代初,希特勒上台,德国社会民主党面临极大压力,有被取缔的危险。在这种险恶的环境下,他们采取各种办法,把马克思的六万四千件手稿装在麻袋和被子里,用木船从小河辗转运往荷兰,后藏在阿姆斯特丹国际历史研究所图书馆,其中就有《德意志意识形态》手稿。直到1924年《形态》第一章才由苏联马克思恩格斯研究院用俄文发表,1926年在《马克思恩格斯文库》发表了德文原文。1932年,《形态》全书第一次以原文发表在《马克思恩格斯全集》同年历史考证版第一部分第五卷,其中,《形态》第一章由编者重新编排,并加了分节标题,删去了该章结尾部分关于社会意识形式的几段札记。后来出版的1955年《马克思恩格斯全集》第三卷俄文第二版,1958年德文第一版和1960年中文第一版,都是以1932年的版本为依据的。以后人们在研读该书时发现了一些问题,经过一段时间的研究,苏联《哲学研究》1965年第10、11期发表了巴加图里亚根据手稿重新编排的《费尔巴哈》这一章的俄译文。1966年《德国哲学研究》第10期用德文发表了该章的新编版本。以后该章的俄文、德文单行本也相继问世。我国2009年出版的《马克思恩格斯文集》第一卷《费尔巴哈》章,是根据1985年《费尔巴哈》章德文单行本校译的。

应该说,《德意志意识形态》新版第一章,是迄今为止马克思主义创始人手稿的最完整的版本。它完全克服了旧版本任意割裂和主观虚构原文逻辑联系的错误,真实地再现了《德意志意识形态》第一章的原貌。尽管它并非是一个完全写成的手稿,也还有不少遗失。而且是否马克思和恩格斯后来送往威斯特伐利亚去出版的那个稿子,至今尚有疑义①，然而，它恢复了原稿的逻辑联系，如实地反映了马克思主义创始人写作这部著作时的最初构思，以及在这个过程中马克思和恩格斯思想深化的情况，这对于理解历史唯物主义基本观点和结构，理解马克思的第一个伟大发现是何以实现的，无疑有着十分重要的意义。本文试图从新版第一章的结构出发，进一步说明这个问题，并指明旧版本在这方面所造成的混乱。

《德意志意识形态》新版第一章，划分为四个互相关联的组成部分，而这四个部分又是以五个具有相对独立性的手稿为基础的。其中，每个部分都是连贯写成的、有着内在联系的整体，它们各有侧重，又相互补充，在其总体上提供了关于唯物主义历史观的完整概念。只有认清这一结构特点，才能进而正确地把握它的内容和观点。

本章前言，从评述青年黑格尔派及其内部争论的实质为开端，尖锐地提出了意识和现实生活的关系问题。要正确评价德国哲学，必须摆脱抽象思辨，站在现实的立场之上。在这里，作者为自己提出的理论任务，是针对费尔巴哈阐明自己的"一般意见"，即制定唯物主义历史观。

第一部分，从批判青年黑格尔派开始，指出德国哲学只注重抽象范畴，而轻视具体现实。制定同德国思辨哲学根本对立的科学世界观，首先必须从经验前提出发，研究人们的生产（人与自然的关系）和交往（人与人的社会关系）。通过对基于生产力发展之上的社会分工和所有制形式相互关系的考察，阐明历史上依次更替的三种社会经济形态——部落所有制、古代所有制和封建所有制。这里，叙述没有完成，资本主义所有制的产生和发展在第四部分得到充分补充。在阐明历史上各种社会经济形态及其发展的过程之后，作者对唯物主义历史观的实质作了概括，明确地表述了社会存在决定社会意识的基本原

---

① 参见巴加图里亚《关于马克思和恩格斯〈德意志意识形态〉写作、出版和研究的历史》，载《马克思主义形成和研究的历史》，俄文 1959 年版。

第六章 《德意志意识形态》的写作与出版

理，并把它作为考察历史的唯一科学方法，同思辨哲学尖锐地对立起来。可见，这部分作为开端，重点在于确定新历史观的唯物主义实质，而要阐明这个重要问题，首先必须从现实前提出发说明人的生活过程。因为，"人们的存在就是他们的现实生活过程"①。从而把历史过程的观点，作为唯物史观的中心内容。

第二部分，从论述人的真正解放的条件和批判费尔巴哈的直观性开始，进一步强调了历史的第一个前提就是物质生活的生产。据此，考察了人类社会最初的历史活动和关系：生活资料的生产、新的需要的生产、人口的生产和交往关系的生产。这四种历史因素是同时存在着的。"这种联系不断采取新的形式，因而就表现为'历史'"②。而意识一开始就是社会的产物，受着物质生活的制约。它只是随着物质劳动和精神劳动的分工，才发展为真正的社会意识，并有自己相对独立的历史发展。作者进而将以上五种历史关系，归结为三个基本因素：生产力、社会状况和意识。③ 实际表述了关于社会结构的最初构思。这里没有进一步研究这个问题，而是提出社会分工必然使这三者发生矛盾，进而考察了社会分工及其造成的后果，即产生了私有制、私人利益和共同利益的对立，国家和社会活动的"异化"。论证了消灭这种现象的共产主义的必然性。最后，在概括唯物主义历史观的基础上，对青年黑格尔派和费尔巴哈的唯心主义历史观作了批判。

这部分，从逻辑上进一步深化着上一部分关于历史过程的思想，具体论述了历史是随着生产和交往的发展而不断前进的曲折的过程。在此基础上，概括了自己的同以往历史哲学根本不同的唯物主义历史观。

第三部分，从统治阶级和统治思想的关系入手，深刻地揭露了黑格尔历史哲学关于精神统治历史的思辨观念，并指出，"统治阶级的思想在每一时代都是占统治地位的思想"。"占统治地位的思想不过

---

① 《马克思恩格斯文集》第1卷，第525页。
② 同上书，第533页。
③ 参见《马克思恩格斯文集》第1卷，第535页。

是占统治地位的物质关系在观念上的表现,不过是以思想的形式表现出来的占统治地位的物质关系。"① 这是对包括费尔巴哈在内的历史哲学的最一般观点及其社会阶级根源的深刻揭露。从逻辑上,它直接补充了上一部分对唯心史观的批判,就其阐明"观念上层建筑"与阶级结构的关系,又启迪着下一部分。

第四部分,以生产力和社会分工的发展为基础,深入探讨了资本主义生产和私有制的发展过程,即它经历的行会制度(家庭手工业)、工场手工业和大工业三个基本阶段。然后,从生产领域转到交往领域。考察个人——阶级——社会关系的发展,剖析了资本主义制度和阶级结构的特点,以及资产者和无产者的对立。作为该部分的中心,深刻揭示出生产力和交往形式的辩证运动规律,及其在资本主义条件下的对抗性质,提出了生产力和交往形式的矛盾是社会变革的"根源"的重要原理。批判了唯心主义"暴力论"。在此基础上,探讨政治的上层建筑、国家和法对基础的依赖关系,揭露了资本主义国家的实质,不过是资产者为维护自己的经济利益而必然采取的组织形式②。最后,关于社会意识形式的片断,是马克思作为进一步加工用的札记。③

可见,这个部分主要通过对资本主义社会形态的具体研究,阐明通常所谓的社会基本矛盾的原理,它使第二部分提出的生产力—社会状况—意识这一社会结构的思想得到充分展开,并使贯穿于各部分的唯物史观的核心思想更加深化和明确化。

以上四部分,虽然各有其重点和相对独立性,但它们之间也具有紧密的内在联系,彼此补充、逐步深入,反映出马克思主义创始人思想展开的基本线索。这就是,作者为了创立同以往历史哲学根本对立的唯物主义历史观,首先确立自己赖以立足的前提,由此出发考察历史发展的过程和社会的结构,从纵横两方面探讨社会历史

---

① 《马克思恩格斯文集》第1卷,第550—551页。
② 参见《马克思恩格斯文集》第1卷,第584页。
③ 这些片断旧版未收入,新版本作了补充。

第六章 《德意志意识形态》的写作与出版

的内在矛盾性和发展的曲折性，表明以往的历史都是在对立范围内运动的，以及这种矛盾性在意识形态领域中的折光的反映。共产主义是过去历史发展趋势的必然结果。如果一、二部分主要是从现实前提出发阐明历史过程的观点，那么，三、四部分则主要通过对现代资本主义制度的剖析，阐明社会经济结构和阶级结构，揭示生产力和生产关系的辩证运动规律，从而为阐明整个社会形态及其发展的自然历史过程奠定了理论基础。这些重要思想，正是历史唯物主义的最基本内容。

与此相比，旧版本则使唯物史观的基本观点和线索模糊不清。首先，它所划分的三节①，不仅没有体现构成该章基础的马克思恩格斯五个手稿的顺序，而且割裂了它们的内容，使每部分原文的逻辑联系都或多或少地受到破坏，尤其是第四部分，更是混乱不清，它没有如实地反映马克思恩格斯所提供的思想线索，而是按照编者的设想，对原文作了任意割裂和编排。其次，就每一节标题来看，似乎旧版本以意识和意识形态的产生、发展统贯全章，而没有突出地反映历史唯物主义的更实质的内容。诚然，社会意识和社会存在的关系是历史唯物主义的基本原理之一，但把历史唯物主义主要理解为说明社会存在和社会意识的关系，显然是不充分的。这种科学理论，更重要的在于说明："由于生产力的发展，从一种社会生活结构中会发展出另一种更高级的结构"②，在于说明社会历史的规律性。最后，作为其总的结果，是损害了唯物主义历史观的完整概念。如前所述，第二部分是马克思主义创始人最早写成的该章的中心部分。它从评述人的解放的条件和费尔巴哈有关观点开始，以现实的人为前提，通过对生产和交往的研究，考察历史发展的过程，以及因社会分工而造成的历史上的"异化"现象，指明必须对生产实行共产主义调节以消灭这种现象，并通过对生产力发展和历史转

---

① 参见《德意志意识形态》旧版第 1 章目录。
② 《列宁选集》第 2 卷，第 443 页。

变为世界历史的分析，揭明共产主义的必然性。这无疑是对个人的发展和历史过程的观点的最完整的表述。然而，旧版本将"开端"移到结尾，将共产主义实现的前提和条件分割开来，并把由此得出的四点结论放置其他部分。这反映了编者对马克思主义创始人的唯物史观的核心思想和结构，缺乏明确的认识。

三　历史唯物主义的结构雏形

结构是内容借以展开的形式和思想体系的基本骨架。它受着内容的制约，同时又积极表现着内容。因此，它是正确理解一种学说实质的入门。关于历史唯物主义的结构，通常认为是马克思在《〈政治经济学批判〉序言》中确立的，其实，它的雏形早在《德意志意识形态》中就已经奠定了。

从上述对内容的分析中，清楚显示出这个结构的原型，即由前提、观点和结论三者统一而构成的历史唯物主义的完整体系，其中观点包括关于社会和历史的唯物辩证的见解。

马克思主义创始人无论阐述社会关系，还是阐述历史过程的学说，都特别强调必须从现实的前提，即物质生产出发。这是唯物史观与唯心史观相区别的最后分界线，是新的科学历史观得以确立的逻辑起点。

诚然，马克思首先提到历史的前提是人，这不仅表明他和费尔巴哈的联系，而且也是一个简单的事实。因为，没有人便不会有人类历史，这是不证自明的。然而，马克思强调的是，这个人"不是处在某种虚幻的离群索居和固定不变状态中的人，而是处在现实的、可以通过经验观察到的、在一定条件下进行的发展过程中的人。"[①] 就是说，这是一些在一定生产关系中从事生产活动的现实的个人。这些人是什么样的，取决于他们所从事的生产活动和物质生活。所以，历史前提

[①] 《马克思恩格斯文集》第 1 卷，第 525 页。

绝不是抽象的"人",而"是一些现实的个人,是他们的活动和他们的物质生活条件"①。这里,之所以将三者并列,是因为离开这些活动和条件,人便是不可捉摸的,他只能是一个空洞的抽象。因此,研究人就不能仅仅停留于研究他们的自然属性和生理特性,而应研究他们的社会活动和物质生活条件(包括自然条件和社会条件),即研究他们的生产和交往。于是,对人的研究,必然转变为对社会历史的研究。在揭明社会历史规律性的同时,也就揭明了人的本质及其发展规律。因此,"任何历史记载都应当从这些自然基础以及它们在历史进程中由于人们的活动而发生的变更出发"②,而不需要把"人"作为出发点强加于历史。可见,马克思的观点并没有给德国哲学家宣扬"抽象的人"留下任何余地,而恰恰反映了他们是从德国哲学提出而又不能解决的问题出发的。

费尔巴哈也把"人"作为他哲学研究的中心和出发点,但他的"人"不是现实的个人,而是"人自身"。这个同实际生活条件完全隔绝的人,不过是观念的别名而已。用它来规定历史,把历史说成是"人"的发展,实际上就是"把整个历史变成意识的发展过程了"③。费尔巴哈也从人出发,但结论却如此不同,真是差之毫厘,谬之千里!他以"人"为屏障使历史和唯物主义完全脱离,而马克思以现实的人为桥梁,达到历史和唯物主义的真正统一。

历史的前提,亦即历史唯物主义的前提,是现实的个人,从而也就是人们的物质生产活动和物质生产条件。唯物历史观关于历史和社会的唯物主义学说,正是由此出发而建立起来的。

历史唯物主义的中心内容,是关于历史过程的观点,是从现实前提考察社会历史的发展,揭明社会形态由低级向高级前进运动的规律性。按照恩格斯的说法,"历史唯物主义"这个术语,本来是用以

---

① 《马克思恩格斯文集》第1卷,第519页。
② 同上。
③ 同上书,第582页。

"表达一种关于历史过程的观点"①。因为,"人的存在就是他们的实际生活过程","只要描绘出这个能动的生活过程",历史就既不再像经验论者所认为的那样,是一些"僵死的事实的汇集",也不再像唯心论者所认为的那样,是"想象的主体的想象活动"②。《德意志意识形态》的最主要功绩,正在于从人们的生产和交往出发,以生产力发展为基础,揭示出历史上依次更替的各种社会形态及其发展的过程。只要把历史安放在它的现实基础之上,就会发现,整个历史过程无非是"一个有联系的交往形式的序列",由于这些交往形式无不与一定的生产力发展水平相适应,所以,"它们的历史同时也是发展着的、为各个新的一代所承受下来的生产力的历史,从而也是个人本身力量发展的历史。"③ 历史唯物主义的实质正在于,从唯物辩证法观点,揭示出这一过程的客观规律性。

唯物主义历史观的另一基本观点,是关于社会结构的思想。因为,认识社会历史,既要认识它的延续性,又要认识它的广袤性。而且只有从社会的横断方面剖析社会结构,认识各种社会关系和历史因素的内在联系和相互作用,才能揭示历史发展的规律,说明社会形态发展的自然历史过程。正像马克思主义创始人所指出的,从直接生活的物质生产出发来考察现实的生产过程,并把与该生产方式相联系的、它所产生的交往形式,即各个不同阶段上的市民社会,理解为整个历史的基础,然后在这个基础上来阐明国家政治生活和各种意识形态。"这样做当然就能够完整地描述事物了(因而也能够描述事物的这些不同方面之间的相互作用)。"④ 对市民社会的研究,使马克思深刻阐明了社会经济结构(即生产关系的总和),阶级结构,以及基础和上层建筑的相互关系,从而揭明了一定历史阶段上的社会形态的特殊性。

---

① 《马克思恩格斯选集》第3卷,第389页。
② 《马克思恩格斯文集》第1卷,第525、526页。
③ 《马克思恩格斯选集》第1卷,第79页。
④ 《马克思恩格斯文集》第1卷,第544页。

第六章 《德意志意识形态》的写作与出版

如果说，历史过程的观点是唯物史观的中心内容，那么，关于社会结构的思想则是其认识基础。一个从纵向，一个从横向，既从动态，又从静态，提供着对整个社会历史现象的深刻说明。对一定社会结构及其特殊性的认识，使人们能划分不同的历史阶段；而对这些不同阶段的内在联系的认识，又使人们把历史看成一个合乎规律的发展过程。社会经济形态及其发展的自然历史过程的观点，是马克思主义创始人在《德意志意识形态》中所制定的历史唯物主义的最基本而完整的内容。后来在《〈政治经济学批判〉序言》中，它又得到更为精确的表述。

共产主义正是从过去社会结构和历史过程中得出的必然结论。历史是随着生产力的发展而不断发展的充满矛盾的前进运动。人类之初，不存在私有制，因而也不存在阶级的分野，人们过着原始的平等生活。后来，在生产力进一步发展的基础上，产生了一种特定的经济结构，从中产生了阶级和阶级的对抗。然而，生产力的高度发展，又创造着消灭这种对抗性的社会结构和阶级存在的物质前提。共产主义作为一种思想体系，正是这种客观要求和历史必然性的理论表达。它通过"消灭整个旧的社会形态和一切统治"，为历史进步开辟着道路。可见，共产主义是从以往全部历史发展中产生的一种全新的社会制度，它的实现不是什么"人性的复归"，而是"消灭现存状况的现实的运动"[①]，共产主义不仅是一种政治学说，而且也是一种历史观。

总之，马克思主义创始人在《形态》中阐明的历史唯物主义，是以物质生产为前提，以历史过程观点为中心，以社会形态思想作基础，以及共产主义为其必然结论的完整的科学体系。这个结构，体现了理论和实践、历史和现实、科学性和革命性的高度统一。由于这一特点，使这种新的历史观完全不同于以往的历史哲学，而成为最完整、最富有生命力的科学理论。

---

① 《马克思恩格斯文集》第 1 卷，第 539 页。

四　历史唯物主义的核心观点及其在制定过程中的深化

从上述结构表明，社会形态及其发展过程的思想是唯物主义历史观的最基本内容，而贯穿其中的核心观点是生产力和生产关系的辩证法原理。正由于生产力和生产关系辩证运动规律的揭示，才获得对社会形态及其发展过程的本质上深刻的认识。正如列宁所指出的："只有把社会关系归结于生产关系，把生产关系归结于生产力的水平，才能有可靠的根据把社会形态的发展看做自然历史过程。"① 前者为后者的理论基础，唯物主义历史观的创立，在很大程度上有赖于生产力和生产关系辩证法的发现。我们知道，这一重大发现，首见于《德意志意识形态》。从新版第一章可以清楚地看出这一核心观点的第一次表述，以及它在该章写作中的深化过程。

物质生产是"历史的发源地"，是唯物主义历史观的现实前提，但问题远非止此，马克思的重要贡献首先在于，探入到生产活动内部，研究人们的生产何以进行及其本身的内在结构，阐明生产力和交往关系的基本联系及其对整个社会生活的决定性作用。

人的生产活动，一开始就表现为两个方面：生产和交往。生产决定交往关系，而人们的交往反过来又是生产借以进行的前提。两者相互依存，相互制约。这里所谓"交往"和"交往关系"，是指人们之间的一般的社会联系，即不同于人和自然关系的人们的一般社会关系。而"交往形式"和"所有制形式"，则是指一定历史阶段上的交往关系，其实就是生产关系。这个在马克思观点体系中具有奠基意义的概念，就是从分析人的活动的两重性开始，从一般社会关系中一步步脱胎出来的。进而，通过对社会分工的考察，更为清楚地揭示生产力和交往形式的辩证联系，即生产力决定交往形式，而交往形式又推

---

① 《列宁专题文集——论辩证唯物主义和历史唯物主义》，第161页。

第六章 《德意志意识形态》的写作与出版

动生产力的发展。同时认为，社会结构和政治结构，以及社会意识形式，无不是从一定的个人生活过程中产生的，并随着社会实践的发展而不断改变自己。这种认识，使马克思主义创始人有可能揭明整个社会的一般结构：生产力—生产关系—政治的上层建筑—社会意识形式，查明它们之间的内在联系，即它们的从属关系和相互作用关系，并根据生产力和生产关系的矛盾法则，揭示整个社会形态更替的规律性。唯物主义历史观的这一基本思想，正是在《德意志意识形态》第一章提供的。

然而，这些思想在该章中的表述并非如此集中，而且各部分对之阐发的深度也确有明显的差别，以至于有的研究者把这种情况看作是马克思恩格斯在写作过程中思想成熟的不同程度的反映。考察这个问题，无疑有助于把握马克思主义创始人观点的形成。可是旧版本由于破坏了本章的逻辑结构，从而大大模糊了对问题的认识。

新版第一章的优越之处，就在于它如实反映出唯物主义历史观制定时所经历的三个阶段：1845年冬，写成该章的第二部分；次年春天，写成第三、四部分，即批判施蒂纳的两个"理论插叙"；夏天，完成第一部分，即誊清稿的写作。这三个阶段所显示出的思想差距，一方面由于这半年多来马克思主义创始人思想处于不断深化之中，另一方面也同他们考察问题的角度有一定关系。

第一阶段，作者主要针对德国哲学，特别是费尔巴哈人本主义哲学，阐明自己总的历史观，批判把"人"和"精神"视为历史动力的观点，揭明生产和交往的关系，它们对整个社会生活的决定作用，以及历史过程的思想。然而，这里还没有明确把生产力和交往形式的辩证原理作为考察历史过程的基础，而是以社会分工和私有制存在与否，将历史过程划分为，人类最初的历史关系；随着社会分工的发展而产生的私有制和社会活动的"异化"；消灭这种"异化"现象的未来社会。这种认识显然还不够成熟。

第二阶段，作者针对施蒂纳对资产阶级社会、私有制以及国家和法的歪曲，通过分析资本主义制度及其产生和发展，第一次深刻阐明

237

了生产力和生产关系的历史辩证法，阐发了生产关系一定要适合生产力水平和性质的规律，以及国家、法和经济基础的关系。这时，马克思主义创始人清楚认识到，资本主义制度和未来的共产主义社会，正是上述规律作用的结果。

第三阶段，作者对历史上依次更替的三种社会经济形态，以及对社会存在决定社会意识的重要原理进行了科学阐述，这是第二阶段所阐明的基本观点的直接继续和发展。可见，在这里，他们已经明确地表述了历史上诸种社会形态及其发展的自然历史过程，以及把生产力和生产关系的辩证运动规律作为这种认识的理论根据。

这个过程，同时也是马克思主义创始人清算自己"从前的哲学信仰"、肃清思辨哲学影响的过程。有的研究者，就对"异化"观点克服的程度认为：第一阶段的作品，从写作时间和内容来看，都更接近于马克思的《1844年经济学—哲学手稿》，两者对社会结构的认识和历史过程的划分，也没有明显的区别；第二阶段，对原理的阐发有了很大的变化；第三阶段，完全消除了思辨哲学的痕迹，把对社会历史的认识置于科学的基础之上。这种见解，试图从马克思主义创始人的认识发展，来说明该章三部分的思想差异，对于理解原文的思想内容，有一定的启发作用。

然而，笔者认为，不应该过低估计第一阶段手稿的理论价值，它尽管成熟程度有逊于其他两个阶段，但马克思对"异化"的认识和态度，同1844年相比已经有了原则的不同。第一，这里明显地用对社会分工的研究代替了过去对"异化"的研究，以前曾经用"异化劳动"说明的现象，现在用社会分工及其造成的后果加以说明了。第二，不仅把"异化"的原因归结于社会分工，而且把社会分工归结于生产力发展的程度。旧哲学家把社会关系等异己力量对人的统治称为"异化"，说成是"人的"非人的现实。其实，现存关系作为"非人的"现实对"人的"统治，这种对立，归根到底，是由生产力和生产关系的矛盾所造成的。第三，正是由于生产力和生产关系辩证运动规律的揭示，"异化"概念也自然发生了变化。

"异化"不仅在形式上已不再是马克思分析问题的出发点和主要方法,而且它本身也只是因为生产力和生产关系矛盾原理的发现,才得到真正科学的解决。这时,唯物主义历史观被看成是随着思辨终止而开始的"真正实证的科学",而"异化"则被贬为只是"暂时还用一下"的"哲学家易懂的话"[①]。这种态度的变化,绝不是偶然的,而是由于马克思世界观的根本转变所使然。因此,与其说马克思这时仍然受着"异化"观点的影响,不如说他如何通过对经验事实的研究而摆脱思辨哲学的抽象形式。

生产力和生产关系的辩证原理是历史唯物主义的核心观点。它不仅是理解《形态》第一章思想内容的基础,而且也是正确理解整个马克思早期思想发展过程的关键所在。马克思观点的形成,以及对先驱者思想态度的改变,在很大程度上取决于这个原理成熟的程度,1844年"异化"观点之所以成为马克思学说的"中心",是由于生产力和生产关系的概念尚处于形成之中,诚如列宁所说的,马克思只是"接近"了他整个"体系"的基本思想[②]。因此,他当时不得不借用现成的哲学形式,而主要是费尔巴哈的"人的本质的异化"思想,说明社会历史现象,论证他当时的共产主义观点。一旦形成自己科学历史观的概念,马克思便立即抛弃了那些旧的哲学形式,把对社会历史的研究完全置于科学的基础上。

马克思主义创始人在追忆这个过程时指出:"当时由于这一切还是用哲学词句来表述的,所以那里所见到的一些习惯用的哲学术语,如'人的本质''类'等等,给了德国理论家们以可乘之机去不正确地理解真实的思想过程并以为这里的一切都不过是他们的穿旧了的理论外衣的翻新。"[③] 如果考察马克思主义形成过程,不去把握问题的实质,深入它的精髓,只耽于形式上的研究,热衷于所谓"新的"术语,就会重蹈历史的覆辙,滑到斜路上去。

[①] 《马克思恩格斯文集》第1卷,第538页。
[②] 参见《列宁全集》第55卷,第13页。
[③] 《马克思恩格斯全集》第3卷,第261—262页。

西方"马克思学者"把人的异化说成是马克思主义的"核心"概念，其目的就在于否定马克思的历史唯物主义的真正核心，以便用他们所谓的"人本学的历史观"代替马克思的唯物主义历史观。他们如此热衷于马克思1844年的著作，而无视《形态》中的伟大发现，无非是想用马克思的不成熟观点否定成熟的马克思主义。要正确理解马克思思想形成的过程，揭穿资产阶级对它的歪曲，就必须重视《德意志意识形态》，尤其对它的第一章的研究，必须弄清楚马克思是如何接受费尔巴哈的影响，而又怎样超越费尔巴哈的。这不仅对于把握马克思早期发展的全过程是不可缺少的，而且也是现实意识形态斗争的需要。

五 对费尔巴哈人本主义的批判

费尔巴哈是一位杰出的哲学家，在黑格尔唯心主义哲学独占统治的精神环境中，他提出了鲜明的唯物主义观点，冲破了黑格尔唯心主义的束缚，恢复了唯物主义的权威，起了巨大的思想解放作用。在批判黑格尔唯心主义哲学的同时，他也彻底地否定了宗教。费尔巴哈在哲学史上的重要作用是毋庸置疑的。但是，费尔巴哈绝不是一个彻底的唯物主义者。正如恩格斯后来所指出的："作为一个哲学家，他也停留在半路上，他下半截是唯物主义者，上半截是唯心主义者；他没有批判地克服黑格尔，而是简单地把黑格尔当做无用的东西抛在一边，同时，与黑格尔体系的百科全书式的丰富内容相比，他本人除了矫揉造作的爱的宗教和贫乏无力的道德以外，拿不出什么积极的东西。"[①] 马克思在1844年"赞同"费尔巴哈的哲学观点，但绝不是无保留地接收。

费尔巴哈的感性直观。 费尔巴哈的唯物主义是直观唯物主义，其主要缺点是对对象、现实、感性，只是从直观的形式去理解，而不是

[①] 《马克思恩格斯文集》第4卷，第296页。

把它们当做感性的人的活动，当做实践去理解。他对感性世界的理解，一方面仅仅局限于单纯的直观，另一方面仅仅局限于单纯的感觉。对事物的认识，仅仅停留于直观，停留于感觉，就不可能认识到事物的发展和变化，不可能把握事物的本质性的东西。至于社会生活中不断发生的矛盾和冲突，他更是无法解释。费尔巴哈没有看到，"他周围的感性世界决不是某种开天辟地以来就直接存在的、始终如一的东西，

费尔巴哈

而是工业和社会状况的产物，是历史的产物，是世世代代活动的结果，其中每一代都立足于前一代所奠定的基础上，继续发展前一代的工业和交往，并随着需要的改变而改变他们的社会制度。"① 就是最简单的感性直观的对象，人们周围的普通事物，也都是由于社会的发展，由于工业和商业的交往所提供的。

费尔巴哈特别注重"自然科学的直观"，似乎这种直观可以提供真理性的认识，但是，只要脱离开实践，任何直观也不可能获得真理性认识。马克思指出，费尔巴哈"提到一些只有物理学家和化学家的眼睛才能识破的秘密，但是如果没有工业和商业，哪里会有自然科学呢？甚至这个'纯粹的'自然科学也只是由于商业和工业，由于人们的感性活动才达到自己的目的和获得自己的材料的。"② 马克思主义创始人用极普通的事实批判了费尔巴哈的直观唯物主义。这种唯物

---

① 《马克思恩格斯文集》第1卷，第528页。
② 同上书，第529页。

思想巨人马克思

《基督教的本质》

主义，与18世纪旧唯物主义没有什么区别。

　　费尔巴哈的直观唯物主义与他所处的环境是分不开的。费尔巴哈被普鲁士反动政府驱逐出大学以后，一直在穷乡僻壤中过着农民式的孤陋寡闻的生活，一个"在乡间过着孤寂生活的哲学家"，又怎么可能关注当时自然科学的重大发现，怎么感受城市发生的激烈斗争呢？所以，费尔巴哈的唯物主义停留于十八世纪机械唯物主义，在历史观上只能是唯心主义，也是有客观原因的。正像恩格斯所说的，这不完全是他的过错。[①]

　　关于人的本质的异化。"人的本质的异化"是费尔巴哈人本主义唯物主义的重要命题，它在否定宗教神学和批判黑格尔思辨哲学中曾起过积极作用，并对马克思转向"历史（和辩证）唯物主义"发生了一定的影响。

　　众所周知，黑格尔的"异化"概念，是他用于维系其唯心主义体系和宗教神学的一个基本概念。然而，在他激进的学生中，这个概念反过来又成为否定宗教和批判黑格尔唯心主义的重要武器。

　　费尔巴哈批判宗教的主要功绩就在于，把宗教的基础从天上移到人间，归结为尘世的、感性的人。其主要观点是：上帝、神并不是某种超人的独立本质，而是人的本质的异化。在《基督教的本质》一书中，费尔巴哈一再强调的是上帝是人的本质的对象化，实质上讲的

---

① 参见《马克思恩格斯文集》第4卷，第284页。

第六章 《德意志意识形态》的写作与出版

也是人的本质的异化。他说："属神的本质不是别的，正就是属人的本质，或者，说得更好一些，正就是人的本质，而这个本质，突破了个体的、现实的、属肉体人的局限，被对象化为一个另外的、不同于它的、独立的本质，并作为这样的本质而受到仰望和敬拜。"① "人使他自己的本质对象化，然后，又使自己成为这个对象化了的，转化成为主体、人格的本质的对象。这就是宗教之秘密。"② 这里所谓的"对象化"，显然就是异化，而且费尔巴哈在他的著作里更多的是用对象化表示异化的概念。

异化和对象化是两个既有联系，又有区别的概念。在宗教存在的条件下，对象化也只能是异化的结果，所以，这种对象化就是异化。只不过，异化表示其活动的性质，而对象化表示其活动的结果罢了。但是，并不是任何对象化都是异化，例如在私有制和宗教不存在的条件下，人的活动固然要对象化，但它不是异化的结果，而是人的自主活动的结果。可见，把异化与对象化不加区别，必然得出异化是永恒现象的结论。这正是后来马克思所批判的那种观点。显然，费尔巴哈在《基督教的本质》中把异化与对象化视为同一，用对象化表示宗教异化的结果无疑是对的。

费尔巴哈从人本主义观点出发，在一定程度上认识到了宗教异化的现实基础。在他看来，人之所以把自己异化为另一个存在者，也即宗教之所以产生，是由于人是一个自我分裂的人。费尔巴哈认为，消除这种异化现象，同样也是历史之必然。要达到此种目的，就要把人看成是第一性的，把上帝看成是第二性的，就是要把神归于人。他说，"属神的本质道道地地的就是属人的本质，上帝的神性，就是人性。"③ 因此，只要把对上帝的爱转变为对人的爱，把被异化了的人的本质复归于人，使人和自己的类本质相统一，一句话，使人重新占有自己的本质，宗教便自然归于消灭。由此可见，费尔巴哈通过"人

---

① 《费尔巴哈哲学著作选集》下卷，生活·读书·新知三联书店1962年版，第39页。
② 同上书，第56页。
③ 同上书，第360页。

的本质的异化和复归"的学说，比青年黑格尔派更加彻底地否定了宗教神学，得出了鲜明的无神论的结论。但是，他对异化的扬弃，也只是在理论范围进行的。

同时，他也用同样的观点，尖锐地批判了黑格尔的思辨哲学。他认为，思辨哲学同宗教神学有着内在的联系，"思辨哲学的本质不是别的东西，只是理性化了的、实在化了的、现实化了的上帝的本质。"① 就是说，黑格尔的绝对精神，不过是上帝的别名而已。

宗教意识借助于人格性之表象而使人和上帝都变成独立的实存，从而使人和上帝这两个不可分割的方面割裂开来。反之，黑格尔以思辨的方式将两者统一起来。即把人对上帝的意识转变为上帝的自我意识。这样一来，人的思维、意识活动就成为上帝的本质的、必然的活动。因此，费尔巴哈尖锐地指出"黑格尔式的思辨只是宗教真理之彻底的完成而已。"②

黑格尔只是形式地解决了宗教所设置的人与上帝的矛盾，而在实际上这个矛盾仍未解决。费尔巴哈认为："把它颠倒过来，你就得着真理了：人对上帝的知识乃是人对自己，对自己固有本质的知识。只有本质与意识的统一才是真理。"③ 就是说，统一是应当的，不过不应把人的知识统一于上帝，相反，应把关于上帝的知识统一于人，只有在人的基础上，宗教设置的人与上帝的旧矛盾才能得到解决。他认为，哲学的任务"是将上帝现实化和人化"。

尽管费尔巴哈把批判基督教作为自己理论活动的中心课题，然而作为一个人本主义的唯物主义者，他不可能彻底否定宗教。这不仅由于他企图以"爱"的宗教来代替神的宗教，更为重要的是，他虽把人的分裂视为批判宗教的基础，但是他并没有真正地理解这个基础。正像马克思所指出的，费尔巴哈从宗教的自我异化，从世界被二重化

---

① 《费尔巴哈哲学著作选集》上卷，生活·读书·新知三联书店 1962 年版，第 123 页。
② 《费尔巴哈哲学著作选集》下卷，第 272 页。
③ 同上。

第六章 《德意志意识形态》的写作与出版

为宗教的世界和现实的世界这一事实出发，但他不懂得世俗基础使自己和自己本质分离，并使自己转入云霄。这一事实，只能用这个世俗基础的自我分裂和自我矛盾来说明，然后用排除这种矛盾的方法在实践中使之革命化。费尔巴哈不是面向社会、诉诸实践，因而不能找到扬弃宗教的正确途径；他仅仅局限于理论范围，因而也不可能说明宗教本身。费尔巴哈在这里所表现出来的局限性，不是个别的局限性而是资产阶级哲学的一般局限性。

虽然如此，费尔巴哈在马克思以前还是达到了一个理论家所能达到的高度，并在当时发生了积极影响。首先，他用神是人的本质的异化的命题，说明不是上帝创造了人，而是人创造了上帝，从而更彻底地打击了神学蒙昧主义，起到了反对封建主义的进步作用。其次，费尔巴哈把宗教世界归结于它的世俗基础，尽管他不能科学地说明这个基础，然而却推动人们去科学地解决这个问题。"这个问题甚至为德国理论家开辟了通向唯物主义世界观的道路"。[①] 历史事实，恰恰就是如此。再次，费尔巴哈关于神是人的本质的异化命题，在理论上直接促使青年黑格尔派的一些成员和马克思运用它去分析社会现象。例如，赫斯在《论金钱的本质》[②] 一文中，仿效费尔巴哈把金钱看作人的本质的异化，认为在资本主义制度下人脱离了自己的真正本质，正像在宗教中人把自己异化为神，在现实生活中他把自己的活动异化为金钱。金钱像神一样，变成统治着人的异己力量。要消灭现实生活中的这种异化现象，只有通过社会解放的途径。赫斯从费尔巴哈哲学中所发挥出来的观点，无疑也对马克思发生了影响。这一点，在马克思的《论犹太人问题》一文中得到了明显的反映。

影响与超越。马克思受费尔巴哈的影响，清楚地体现在他的《1844年经济学—哲学手稿》，在这里，使用的"类"、"类本质"、"真正的人道主义"或"现实的人道主义"等概念，带有旧哲学的

[①] 《马克思恩格斯全集》第3卷，第261页。
[②] 该文是赫斯1843年秋为《德法年鉴》撰写的论文，后因《年鉴》停刊而发表于《莱茵年鉴》。马克思当时阅读过该篇论文。

"遗痕"。但是，从马克思整个思想发展轨迹来看，在1844年这些概念只是一些特定概念，具有特定的含义。只要具体而深入地考察马克思这个阶段的思想发展，特别是它同费尔巴哈哲学的联系，就能得到正确的说明。

1844年，是马克思完成世界观转变而着手创立自己理论体系的初始阶段。正像列宁所说的，马克思在1844—1847年离开黑格尔走向费尔巴哈，又超过费尔巴哈走向历史（和辩证）唯物主义。马克思关于"真正的人道主义"概念，正是在他"离开黑格尔走向费尔巴哈"的时期所使用的一个特殊概念。

青年马克思转向费尔巴哈以后，无疑接受了费尔巴哈"人的本质的异化"的思想。他不仅用这个命题来批判宗教，而且将它运用于社会生活，说明人类解放和现实的社会主义运动。由于同实践结合，脱离了纯理论范围而转向现实社会生活，这个在费尔巴哈哲学中孕育的，为一些青年黑格尔派分子所明朗化了的理论发展的新倾向，才真正发展起来，进到一个崭新的阶段，并对青年马克思的思想发展产生了积极的影响。恩格斯后来讲到："从黑格尔学派的解体过程中还产生了另一个派别，唯一的真正结出果实的派别。这个派别主要是同马克思的名字联系在一起。"[①]

费尔巴哈观点对马克思的影响是双重的。一方面它推动马克思从对理性和自我意识的研究转向对人的研究，探讨人的解放和人的发展，通过说明人的活动和社会关系，使马克思一步一步地接近唯物主义历史观。另一方面作为传统力量又给马克思思想造成新的束缚，而克服传统的束缚依然需要一个过程。1844年马克思思想的发展正是经历着这样一个过程。而任何一个划时代的理论的产生，都必然经历一个从母体脱胎的过程。马克思的伟大之处，决不在于他不受前人的影响，而在于他能从那种迷宫中脱颖而出，不断超越前人，探索一条新的发展道路。

---

① 《马克思恩格斯文集》第4卷，第296页。

第六章 《德意志意识形态》的写作与出版

正像费尔巴哈以人的自我分裂作为自己批判宗教的起点一样，马克思也以此作为自己"真正的人道主义"的出发点。他认为，生活于不合理制度下的人，不是一个真正完善的人，而是一个从自己的类本质分离出来的利己主义的个体。这个本来面目的利己的个体，是被异化了的人，因而"还不是真正的类存在物。"① 由此出发，人的解放可以归结为消灭这种异化，向自己的真正本质的复归。马克思说："任何一种解放都是把人的世界和人的关系还给人自己"②，"是从宣布人本身是人的最高本质这个理论出发的解放。"③ 这些说法，显然带有费尔巴哈人本主义的痕迹，但是要说明的问题完全不同。

据此，马克思深入分析了历史上已经发生和行将发生的解放运动，即政治解放和人类解放。政治解放即资产阶级民主改革，它在人类历史上当然是一大进步。因为，它废除了封建特权，使市民社会的成员获得自由和平等的权利。但是，这只是一种有限的解放，因为它"是毫不触犯大厦支柱的革命"，即不触动私有制。所以，它不仅不是人的解放的最后形式，而且像在中世纪的宗教异化一样，在资本主义货币制度中，人的异化发展到极端，达到非人性的顶点。所以，还必须通过人类解放、即以公有制代替私有制的社会主义革命，"为反对人类自我异化的极端实际表现而奋斗"。彻底扬弃异化，才能使人的存在与其本质相符合。

正因如此，马克思这时把共产主义定义为"是私有财产即人的自我异化的积极的扬弃，因而是通过人并且为了人而对人的本质的真正占有；因此，它是人向自身、向社会的（即人的）人的复归，这种复归是完全的、自觉的而且保存了以往发展的全部财富的。这种共产主义，作为完成了的自然主义，等于人道主义，而作为完成了的人道主义，等于自然主义，它是人和自然界之间、人和人之间的矛盾的真

---

① 《马克思恩格斯全集》第1卷，第434页。
② 同上书，第443页。
③ 《马克思恩格斯选集》第1卷，第15页。

正解决,是存在和本质……个体和类之间的斗争的真正解决。"① 马克思将他这时所理解的共产主义称作"完成了的人道主义"或"真正的人道主义"。在这里,费尔巴哈人本主义的影响是显而易见的。

从马克思的上述观点,一方面可以看出,他大大"超越"并"发展"了费尔巴哈的思想。其主要表现是,马克思将费尔巴哈的这个命题,从纯理论范畴转到实践领域,从宗教批判转移到社会生活,使之同历史发展和现实的社会主义运动相结合,从而得出消灭私有制和共产主义必然性的结论。同时,由于同社会实践的结合,关于"人的本质的异化和复归"的学说,也得到它的最完备的阐发和论证。它作为理解社会主义和解答"历史之谜"的辩证武器,深化着马克思的思想。这一点是不容置疑的。

但是,"真正的人道主义"作为存在和本质、个体和类之间矛盾的"真正解决"和向真正的类本质"复归",就其思想形式而言,这无疑又带有思辨色彩。首先,它假定存在着一个不变的本质,即类本质,作为其肯定性的前提;其次,它假定人是自我分裂的,个体的人会离开自己的真正本质而变成异化存在者,所谓现实的利己的个体"还不是真正的类存在物",就是从这样一个假定产生的;最后,正由于人的存在离开自己的本质、个体和类相异化,因而必须扬弃这种异化,重新占有自己的本质。共产主义作为否定之否定项,被认为是存在和本质、个体和类的真正统一,于是,一切历史矛盾都得到真正解决。

显而易见,这种论述方式仍然留有黑格尔三段式和费尔巴哈人本主义观点的痕迹。从这种说明和论证看,似乎共产主义就是为了寻找"真正本质",这不仅在用语上,而且在观点上,都受着旧哲学,尤其是费尔巴哈人本主义哲学的影响。无怪乎,马克思在1844年8月11日致费尔巴哈的信中,赞扬费尔巴哈给社会主义提供了哲学基础。这最清楚不过地表明了马克思这时的共产主义学说同费尔巴哈人本主

---

① 《马克思恩格斯全集》第42卷,第120页。

义哲学之间的逻辑联系，从而也说明了马克思的社会主义之所以打着"真正的人道主义"旗帜的真实原因。

以费尔巴哈人本主义唯物主义为"哲学基础"、打着"真正的人道主义"旗帜的共产主义学说，固然使马克思对现存制度进行了无情的批判，对未来社会作了一定的揣测，然而，这种学说，不可能指导现实运动，更不可能真正科学地预见未来。因此，随着马克思"进一步从费尔巴哈走向历史（辩证）唯物主义"，他毅然放弃"真正的人道主义"用语，这便是十分自然的事情了。

历史不是"人"的异化和复归。费尔巴哈人本主义的最大特点，是始终囿于对抽象人的议论。就像他一生生活于大自然中一样，他崇拜的只是人的自然性。费尔巴哈与"纯粹的"唯物主义者相比有很大的优点，就是他承认人也是"感性对象"，但是，他把人只是看做"感性对象"，而不是"感性活动"，因为，他一直都是从理论领域观察人，而不是从人们的现有社会联系，从那些使人们成为现在这种样子的周围生活条件来观察人们。所以，他始终都停留于抽象的"人"，并且仅仅限于在感情范围内承认"现实的、单个的、肉体的人"，也就是说，除了爱和友情，而且是理想化了的爱和友情之外，他不知道人之外还有什么其他的"人与人的关系"。因此，他用这种观点观察社会现象，说明人类历史，必然陷入唯心主义的泥沼。正如马克思所说的，"当费尔巴哈是一个唯物主义者的时候，历史在他的视野之外，当他去探讨历史的时候，他不是一个唯物主义者。"① 在他那里，唯物主义与现实生活，与真正的历史是脱离的。

从人本主义出发去说明历史发展，必然脱离人的实际活动和赖以存在的现实的社会关系，抽象地谈论历史，用人的本质的异化与复归去附会人类历史的发展。这是影响至今的典型的人本主义历史观。费尔巴哈把历史看成是抽象"人"的发展史，其实质，正如马克思所揭露的那样，"哲学家们在不再屈从于分工的个人身上看到了他们名

---

① 《马克思恩格斯文集》第 1 卷，第 530 页。

之为'人'的那种理想，他们把我们阐述的整个发展过程看做是'人'的发展过程，从而把'人'强加于迄今每一历史阶段中所存在的个人，并把'人'描绘成历史的动力。这样，整个历史过程就被看成是'人'的自我异化过程，实质上这是因为，他们总是把后来阶段的一般化的个人强加于先前阶段的个人，并且把后来的意识强加于先前的个人。"① 这种把抽象的"人"作为历史发展动力的观点，与把绝对观念视为历史的动力的观点，毫无二致。它们都是唯心主义历史观。

在作了上述的分析之后，马克思尖锐地指出："在这些个人中，**类**或**人**得到了发展，或者说这些个人发展了**人**；这种臆想，是对历史的莫大的侮辱。"② 这种批判，至今仍有着它的现实意义。

六　对施蒂纳《唯一者及其所有物》的批判

施蒂纳的哲学思想是思辨唯心主义最后的表现形式，它的出现也意味着这种哲学的终结。他把作为主体的自我意识推到顶点，提出了无所不包的万能的"唯一者"，否定它之外的一切，最后导致一种极端的无政府主义。恩格斯后来称施蒂纳是一个"怪物"。从他的观点到分析问题的方法都充满着怪异，玩弄文字游戏，在奇谈怪论中包含着他的荒诞的思想，但他以激进派的面貌出现，人们有时会被他的一些激烈言词所迷惑，认识不到他的真相。马克思主义创始人为了揭露施蒂纳的迷人手法，驳斥其荒谬观点，不得不循着施蒂纳的思路展开自己的分析，所以，批判《唯一者及其所有物》占用了全书三分之二以上的篇幅。通过对施蒂纳的批判，马克思也深化了自己的思想。

1. 施蒂纳的《唯一者及其所有物》

麦克斯·施蒂纳是卡斯帕尔·施米特的笔名，他1806年10月25

---

① 《马克思恩格斯文集》第1卷，第582页。
② 同上书，第570页。

第六章 《德意志意识形态》的写作与出版

日出生于德国巴伐利亚拜洛伊特一个制作长笛的牧师家庭。1826年他进入柏林大学哲学系,中间经过一番周折,于1835年才从柏林大学毕业,但他的毕业论文《论教育法》仍没有获得通过。

在大学期间,他曾听过黑格尔的课并深受其影响。从1842年起,他参加青年黑格尔派,开始自己的著述活动。先后在《莱茵报》《莱比锡总汇报》《柏林月刊》等刊物上发表了《关于布·鲍威尔的〈末日的宣告〉》《爱的国家的若干暂时的东西》等文章,抨击普鲁士当局与教会,反对书报检查制度,表现出他否定专制制度和反对任何国家的思想倾向。

《唯一者及其所有物》是施蒂纳这一时期思想的集中反映,也是他一生最主要的著作。该书写于1843—1844年。1844年10月由出版商奥托·维干德在德国莱比锡出版。它既是青年黑格尔派后期的一部重要著作,又是无政府主义思潮的代表作之一。恩格斯据此称他为"现代无政府主义的先知"①。

《唯一者及其所有物》分成"人"和"我"两大部分。第一部分是"逻辑范围内的历史",主要通过历史虚构的手法,说明所有意识、道德、宗教、法律、真理、国家、社会、人民、民族、祖国、人类以至世界本身都是旨在通过各种非个人的普遍的东西来奴役压迫个人,都是"否定你自己"。所以,世界上的任何事物都是利己的,利己主义是世界发展的趋势和真理,因而"唯一者"当然是利己主义的。第二部分"历史中的逻辑",主要通过逻辑虚构的手法,指出了作为"唯一者"我的自我彻底解放的道路,即通过创造性的"我"的自我意识才能"回到你自己那里去"的解放道路,否定各种非个人的普遍的东西对个人的统治和压迫,达到利己主义的我自身"唯一者"。

施蒂纳的《唯一者及其所有物》虽然深受费尔巴哈人本主义的影响,但由于施蒂纳的"抛弃自己以外的一切"的主张,与费尔巴哈

---

① 《马克思恩格斯全集》第21卷,第313页。

把人作为类的存在物来崇拜的观点则是矛盾的。所以,也抨击费尔巴哈,认为费尔巴哈的人是从上帝那里引来的,带有神学色彩,他的爱是普遍人类之爱,还未上升到利己主义之爱。但是,他的这种批判,是对费尔巴哈人本主义的倒退。因为费尔巴哈揭露了宗教是世俗世界的幻想,认为神圣的不是上帝而是爱,而施蒂纳却用幻想中的"唯一者"来代替人类,而不是对宗教由以产生的世俗世界进行批判。

简言之,施蒂纳的《唯一者及其所有物》的哲学基础是极端的唯心主义的唯我论。他从超脱一切、不被任何约束的、绝对自由的主体"唯一者"即"自我"出发,把它看作是世界的核心、万物的尺度、真理的标准,而"唯一者"之外的任何事物都不具备真理性,因而实质也是虚幻的、非现实的,凡与"唯一者"相抵触的一切都是应当抛弃的"怪影"和"怪物"。因为"唯一者""向来就是抛却除自己之外的一切,因为他估价、评价任何东西都不会大于、高于其自身……因为他从自身出发并'返回自身'"①。

他从虚无主义的唯我论出发,把导言冠以这样的标题:"我把无当作自己事业的基础。"最后一段话是:"神的事是神的事业,人的事是'人'的事业。我的事业不是神的事,不是人的事,也不是真、善、正义和自由等等,而仅仅只是我自己的事,我的事业并非是普通的,而是唯一的,就如同我是唯一的那样。对我来说,我是高于一切的。"②

据此,施蒂纳得出了他的个人无政府主义的观点。在施蒂纳看来,"国家总是只把限制个人、束缚个人和使其服从,使个人臣服于任何一种普遍的东西作为它的目标。"③ 所以,个人与国家是不共戴天的仇人,"唯一者"必须消灭国家,而对国家的消灭,也是公正的,因为"唯一者"是不受一切束缚的世界核心。当然他不承认国

---

① [德]麦克斯·施蒂纳:《唯一者及其所有物》,金海民译,商务印书馆1997年版,第176页。
② 同上书,第5页。
③ 同上书,第246页。

家权利的存在，国家的存在只是由于个人对自己的不尊重，随着个人对自己轻视的消失和确立创造性的"我"的自我意识而达到"唯一者"，国家就自然归于消失。施蒂纳的无政府主义是建立在极端利己主义之上的。

2. 虚构历史的唯心主义历史观

施蒂纳对历史的虚构。施蒂纳为了给他的个人无政府主义寻求理论基础，把历史归结为"人"的历史，自我意识的历史，怪想的历史，怪物的历史，认为一部人类社会的历史就如同一个人的历史一样，也有着自己的童年、青年和成年。

童年是唯实主义的化身，他犹如儿童迷恋于事物，如贪玩、好奇、喜欢摔破东西和搜索隐蔽的角落，因而他们把事物世界当作真理，热衷于世界事物并受他的束缚，而成为"普通的利己主义者"。

青年是唯心主义的化身，他犹如青年人那样力求掌握并陶醉于真理的思想之中，他们的心灵受到了真理、自由、人类、人等思想世界光辉形象的鼓舞和照耀，因而把精神看作真理，热衷于精神并受它的束缚而成为"自我牺牲的利己主义者"。

成年是真正利己主义的化身。他犹如成年人那样，既不迷恋于事物，也不迷恋于精神，他们不是把事物世界或思想世界当作真理，而把"我"，即"有形体的精神"作为真理，在"我"身上精神与"我"以及事物世界和思想世界达到了真正的统一，因而"我"就是真理和世界的创造者。因而成年人成了从"我"出发去看待一切的真正利己主义者。

为了使唯实主义、唯心主义和利己主义这个概念具有包罗万象、囊括全部历史的性质，施蒂纳又进一步在人类学和世界历史中各找到了个对应体。这就是，在人类学中童年是黑人，青年是蒙古人，成年是高加索人；在世界历史中童年是古代人，青年是近代人，成年是完善的人。正是在人类的这一发展中，"人"的发展的唯一结果就是达到唯实主义和唯心主义否定的统一，即达到真正利己主义的完善的人——"我"、"唯一者"。

在施蒂纳看来，不同历史时期的差别，仅仅是意识的差别，而历史之所以能够向前发展：童年（黑人、古代人）发展为青年（蒙古人、近代人）和完善的人，其推动力完全在于人们的意识。古代人由于探寻世界的真理性，结果发现了它的非真理性，于是古代人就不再把世界看成是真理了，而把精神看成是真理，历史就从童年时代——古代，进入青年时代——近代。同样由于人们不再把精神看成是真理而能按照世界本来面目把握世界，把"我"作为真理，于是历史就进入了"唯一者"的时代。这是对历史观的赤裸裸的虚构。马克思和恩格斯用较大的篇幅，深入地剖析了这种唯心主义历史观。

颠倒意识与存在的关系，否定历史发展的客观基础。施蒂纳由于抛开了意识、观念的现实基础来谈论历史，所以，就把人们的历史变成自我意识和自我发现的历史，变成观念的历史，变成怪影、怪想和圣物的历史。"如果抛开这些观念的现实基础（施蒂纳本来就把它抛开了），这些观念就被了解为意识范围以内的观念，被了解为人的头脑中的思想了，就从它们的对象性方面被撤回到主观方面来了，就从实体被提升为自我意识了；这些观念就是怪想或固定观念"[1]。施蒂纳之所以把历史时期的差别看成是意识的差别，就在于他看不到产生意识变化的物质变化和社会变化。如果不受客观物质基础的制约，那么历史便可以随意地进行解释，任意地加以粉饰了。

施蒂纳正是用一种诡辩的方法，使历史变成圣物统治的历史，把一切事物变成圣物，首先，把事物看成是与我有差别的、非同一的东西；然后，再把它说成是与我对立的事物；最后再把与我对立的事物说成是圣物，由此得出一切与我不同的事物、我之外的一切事物都是我的异化，与我处于异化关系。例如，他把非、不同、否定等概念当成同义语使用，这就使非我的自由变成了我的不自由，我的自由的否定。他通过诡辩方法，把一切事物变成圣物，从而就为他靠思想去占有世界奠定了基础。在施蒂纳那里，重要的不是现实关系如何，和怎

---

[1] 《马克思恩格斯全集》第3卷，第170页。

样对现实关系进行改造，重要的是如何去解释现实关系。同一事物既可以把它解释为奴役我的圣物，又可以把它解释成我的财产、所有物。当我说这个物是"我的对象"，重点放在"对象"上时，这个物就是圣物。当我说这个物是"我的对象"，重点放在"我的"上时，这个物就是我的财产和所有物。这完全是在玩文字游戏。

对真实历史的严重歪曲。内容丰富的历史在施蒂纳那里变成了人的认识史、哲学史，而且是黑格尔所理解的哲学史。历史事实在施蒂纳那里总是头足倒置，明明是古代世界的解体引起人们去探寻古代世界的真理性，可是在施蒂纳看来，却是这种探寻成了古代世界解体的原因。在罗马世界，明明是客观的流浪生涯使旅客成为基督教徒，可是在施蒂纳看来，却是基督教使世上的旅客成为流浪者。施蒂纳唯心主义历史观的基本方法是儿子生父亲，后生的东西影响先有的东西。正是基于这种方法，它总是把历史的结果看成是它们以前的历史的目的，把它以前的历史看成为了实现它而存在的。例如，宣布基督教的目的是实现人，地产制度的目的是羊吃人等。于是它以前的历史，例如地产制度、基督教就获得奇异的从未有过的面貌，似乎这一切都被说明了。其实什么也没有说明，他只是把对历史的认识变成了简单的套语，把历史的演变变成文字的游戏。

施蒂纳的唯心主义历史观基本上是黑格尔唯心主义的翻版。施蒂纳颠倒思维与存在关系的思辨方法也抄自黑格尔，他甚至照搬黑格尔关于历史分期的某些思想。"这种关于人生阶段的全部虚构的原型，早就在黑格尔'哲学全书'第三部中出现过，而它的'各种转变'也在黑格尔著作的其他地方出现过。"[①] 甚至他的很多具体观点也是抄自黑格尔的。马克思、恩格斯指出，"黑格尔（1）把法国革命看作是这种精神的统治的新的更完备的阶段；（2）认为哲学家是19世纪世界的统治者；（3）肯定现在人们中间只有抽象思想在统治着；（4）在他那里，婚姻、家庭、国家、自力所得、市民秩序、财产等

---

① 《马克思恩格斯全集》第3卷，第130页。

等已被看作是'神的和神圣的东西',已被看作是'宗教的东西'了;(5)作为世俗化了的神圣性或神圣化了的世俗生活的道德被描写成精神统治世界的最高形式和最后形式,——所有这一切都是'施蒂纳'所逐字逐句重复的东西。"[1] 所以,对施蒂纳的历史观的批判,也是对黑格尔历史唯心主义的进一步的批判。

3. 施蒂纳的无政府主义和利己主义

施蒂纳用唯心主义观点来理解国家和法。他认为,国家是凌驾于现实经济基础之上的权力,私有财产只有靠法的恩惠才能存在。他说:"财产问题只决定于政权,既然只有国家是掌权者……那末只有国家才是所有者。"[2] "国家拥有工厂是根据所有权,而厂主拥有工厂则只是根据采邑权和占有权。"[3] 他完全颠倒了政治上层建筑与经济基础的关系。

在批判施蒂纳唯心主义国家观时,马克思强调经济关系在社会中的基础地位,指出经济关系是财产关系的本质内容,而财产关系只是"生产关系的法律用语"。所以,只能是财产关系所体现的、与一定生产力发展阶段相适应的生产关系的总和构成每一个社会的基础,并决定其国家与法,而不会相反。"在资产阶级统治下和在其他一切时代一样,财产是和一定的条件,首先是同以生产力和交往的发展程度为转移的经济条件有联系的,而这种经济条件必然会在政治上和法律上表现出来"[4]。

施蒂纳进而从"唯一者"出发否定一切国家权威,他说:"什么对我来说是正当的,那么它就是正当的。……而如若某物对于整个世界来说是不正当的,对我来说却可能是正当的,这就叫做我喜好某物,而根本不管整个世界。"[5] 所以,他主张消灭国家,代之以一种

---

[1] 《马克思恩格斯全集》第3卷,第189—190页。
[2] 同上书,第411页。
[3] 同上书,第413页。
[4] 同上书,第412页。
[5] [德]麦克斯·施蒂纳:《唯一者及其所有物》,金海民译,商务印书馆1997年版,第204页。

建立在利己主义爱（设定自我）的原则之上的"利己主义者的联合"。然而，这只能是"那些想变成真正资产者的现代德国小资产者的期望"①和空想。因为国家是现实经济关系的表现，这些关系是不以个人意志为转移的。马克思和恩格斯指出："只要生产力还没有发展到足以使竞争成为多余的东西，因而还这样或那样地不断产生竞争，那么，尽管被统治阶级有消灭竞争、消灭国家和法律的'意志'，然而它们所想的毕竟是一种不可能的事。"②

从上述可见，施蒂纳的排斥一切的"唯一者"，必然导致个人无政府主义，而他的无政府主义又是建立在极端利己主义之上的。从这种极端利己主义出发，他否定任何国家、政府，否定"唯一者"之外的任何事物。所以，马克思主义创始人不能对他的绝对利己主义进行深入批判。

施蒂纳的绝对利己主义主要包括以下的主要观点：从横向上，利己主义笼罩着整个世界，神、人类、君主、祖国、善、正义、心灵等的事业都是利己主义的，而个人只是它们的工具。所以，与其继续无私地为这些大利己主义者服务，不如个人自己当利己主义者。因为神和人类都不关心别的，只关心它们自己，让我也同样关心我自己吧——我自己和神一样，不是其他任何人的什么。我自己是我的一切，我自己就是唯一者。从纵向上看，利己主义也是一个由低到高的演化过程，即"通常理解的利己主义""自我牺牲的利己主义"达到"自我一致的利己主义"。而前二者并不是真正的利己主义，而只有第三者才是"真正的利己主义"。因为只有它才是前二者的"否定的统一"和存在与本质的统一，才是全部历史的目的、使命、真理、概念等，从而也是达到利己主义意识的"我"和"唯一者"。从总体上看，利己主义是历史发展的必然趋势和现实生活中的最高真理，随着"自我一致的利己主义"这个历史最高阶段的到来，必将是由"唯一

---

① 《马克思恩格斯全集》第 3 卷，第 481 页。
② 同上书，第 378 页。

者"通过"爱"的联合而否定国家和一切权威。

施蒂纳绝对利己主义理论的根本错误在于，颠倒了社会存在和社会意识的关系，主张意识决定生活。他从意识决定人的本质出发，而不是从一定历史时代的、由经济条件所决定的现实的个人和他们的社会关系出发，去揭示意识的本质，因而他只能把利己主义的自我意识作为衡量利己主义者的标准，并以此去规定利己主义的历史发展，认为"自我一致的利己主义"同"通常理解的利己主义"和"自我牺牲的利己主义"的区别是由意识决定的。马克思和恩格斯对之作了深刻的批判。他们说："你们是什么，你们的意识也就属于什么。而且，因为你们是利己主义者，所以你们也就具有与你们的利己主义相符合的意识"①。个人的欲望和特性"不决定于意识，而决定于存在；不决定于思维，而决定于生活；这决定于个人生活的经验发展和表现，这两者又决定于社会关系。"②

施蒂纳所说的"通常理解的利己主义"和"自我牺牲的利己主义"，实际上是由于现实生活中利益的分裂。这是因为，个人利益总是要违反个人的意志而发展为阶级利益，发展为共同利益，从而取得独立性的外观；反之，这种取得独立性外观的共同利益又与真正的个人利益发生矛盾。还因为，"在个人利益变为阶级利益而获得独立存在的这个过程中，个人的行为不可避免地受到物化、异化，同时又表现为不依赖于个人的、通过交往而形成的力量，从而个人的行为转化为社会关系，转化为某些力量，决定着和管制着个人，因此这些力量在观念中就成为'神圣的'力量"③。施蒂纳根本不懂得个人利益在一定历史条件下，会变成具有共同性的阶级利益，而这种具有独立性的利益又制约着个人利益。

针对施蒂纳把个人利益与普遍利益绝对对立起来的形而上学和独断主义的观点，马克思和恩格斯阐明了这两者的辩证关系和对历史条

---

① 《马克思恩格斯全集》第3卷，第279页。
② 同上书，第295页。
③ 同上书，第273页。

件的依赖关系。他们指出："个别人的私人利益和所谓普遍利益，总是互相伴随着的。"① 因为这种对立的一面，即所谓普遍的一面，总是不断地由私人利益的一面产生的，它绝不是作为一种具有独立历史的独立力量而与私人利益相对抗，所以，这种对立在实践中，总是产生了消灭，消灭了又产生。因此，我们在这儿见到的，不是黑格尔式的对立面的"否定统一"，而是过去由物质条件所决定的个人生存方式，又由物质条件的发展决定其消灭，随着这种生存方式的消灭，这种对立连同它的统一也同时跟着消灭了。

施蒂纳的这些看法，实际上是德国社会生活在他的头脑里的一种折光的反映。这就是说，在现实生活中有的资产者表现为直接的贪得无厌的利己主义者，有的现象上表现为"有教养的"虚伪的利己主义者，而施蒂纳却企图从"自我一致的利己主义"原则出发否定现实的资产阶级利己主义，代之以小资产阶级关于利己主义的幻想，在实质上，施蒂纳的利己主义者的联合只不过幻想地"表达了那些想变成真正资产者的现代德国小资产者的期望"②。

4. 揭露施蒂纳对共产主义的歪曲

施蒂纳对共产主义（他歪曲为政治自由主义和社会自由主义）和人道自由主义（费尔巴哈人本主义）的批判，更清楚地暴露了他的哲学思想的唯心主义性质，表明了他对社会物质关系和现实运动一窍不通。

施蒂纳不了解政治自由主义，他把政治自由主义看成是资产阶级的理想，是圣物。马克思和恩格斯批判了施蒂纳的这些观点，指出：法国的政治自由主义，是以物质利益和物质生产关系所决定的意志为基础的，是资产阶级现实利益的理论表现。而德国的自由主义也不是凭空产生的，它是法国的政治自由主义在德国的表现，康德哲学就是以现实的阶级利益为基础的法国自由主义在德国的体现。康德哲学把

---

① 《马克思恩格斯全集》第3卷，第272—273页。
② 同上书，第481页。

思想巨人马克思

法国自由主义理论和它所表达的利益割裂开来，把法国资产阶级的意志变成自由意志，把由物质动机决定的意志变成纯粹思想上的概念规定和道德假设。法国的自由主义者追求现实的政治、经济利益，而康德则以善良意志为理想，"哪怕这个善良意志毫无效果他也心安理得，他把这个善良意志的实现以及它与个人的需要和欲望之间的协调都推到彼岸世界"①。施蒂纳只知道德国的自由主义，并把法国自由主义当成了德国自由主义，把它变成了纯粹理念的产物。

当时德国的经济、政治都比较落后。经济上，在英国已被排挤掉了的亚麻纺织工厂，亦即以脚踏车和手织机为基础的工业还在起作用，几乎全部贸易都受荷兰控制。与这种经济状况相适应，德国资产阶级的发展软弱无力，没有共同的利益，只有分散的小眼小孔的利益，与这种经济落后、利益分散的状况相适应，政治上也不集中，国家分裂为许多小公国和帝国自由市。因此，在德国，既谈不上等级也谈不上阶级，顶多只能谈已属过去的等级和尚未形成的阶级，每一个生活领域都软弱无力，不能获得绝对统治。由此产生的结果是国家构成了貌似独立的力量，产生了循规蹈矩的官僚意识，关于国家的幻想，以及德国理论家不依赖市民的虚假独立性。"七月革命从外面迫使德国人接受适合于发展成熟的资产阶级的政治形式。由于德国的经济关系还远远没有达到与这些政治形式相适应的发展阶段，所以市民们只把这些形式当作抽象观念、自在和自为的原则、虔诚的心愿和词句、康德式的意志的自我规定和市民们所应该成为的那种人的自我规定。"② 施蒂纳看不到法国自由主义与现实的阶级利益的联系，正是由于他局限于德国思想范围，没有超出德国市民的眼界。也是由于他不懂得一个阶级的理论家对这个阶级的真实关系，而为其表面矛盾的假象所迷惑。

所以，施蒂纳根本不懂得现实存在的社会主义运动。他不理解共

---

① 《马克思恩格斯全集》第3卷，第211—212页。
② 同上书，第214页。

第六章 《德意志意识形态》的写作与出版

产主义，为贬低共产主义，他把它称作社会自由主义，使之与在德国名声不好的自由主义相联系，并且对共产主义进行肆意歪曲和攻击。马克思和恩格斯把施蒂纳的歪曲和攻击归结为两类，一类是逻辑虚构，一类是历史虚构。施蒂纳对共产主义的逻辑虚构有如下表现：

占有财产总是特定的占有，例如，作为地主、食利者、商人、工厂主或工人的占有。共产主义否定私有者对财产的占有，也即否定私有制，而施蒂纳却把否定私有者的占有说成否定一般占有，并认为把财产归于社会之后，社会的成员就都变成了乞丐和游民。共产主义否定私有者的占有，主要是对剥削他人的资产者进行剥夺，是对资产者掠夺到的东西的彻底掠夺。可是施蒂纳却认定共产主义是对个人进行的第二次掠夺。

共产主义主张改变现存社会，施蒂纳却说共产主义者要发现真正的社会。共产主义者在革命活动中，在改造环境的同时也改变自身。施蒂纳却认为人应当从自身寻找社会不好的原因，"当组成和构成社会的那些人依然是旧人的时候，社会就不能更新"[①]。按照这种逻辑，现实的人需要改变的不是现实，而是自身。那些使社会革命化，并把生产关系和交往关系置于新的基础之上，置于新的生活方式之上的共产主义者依然是旧人。其实，只有当他们不改变环境，只在自身中寻找过错时，他们才是旧人。

共产主义是用实际手段来追求实际目的的最实际的运动，它只是在德国为了反对德国哲学家，才会稍微研究一下本质问题，而施蒂纳却认为共产主义是从寻找本质开始的，等等。马克思和恩格斯对施蒂纳的逻辑虚构的批判，主要是揭露施蒂纳如何把资产阶级的东西歪曲为共产主义的东西，如何从资产阶级观念出发去理解共产主义，篡改共产主义的性质和内容。

施蒂纳对共产主义的历史虚构主要表现如下：

施蒂纳虚构被压迫阶级发展的历史。例如，工人发展的历史本来

[①] 《马克思恩格斯全集》第3卷，第234页。

是从事斗争的历史，"过去的工人起义的形式都是与劳动发展的每一个阶段以及由此决定的所有制形式联系在一起的；直接或间接的共产主义起义则是与大工业联系在一起的。"① 施蒂纳则把被压迫阶级发展的历史，歪曲为从能忍耐的被压迫阶级转化为不能忍耐的被压迫阶级的历史。施蒂纳不去研究被压迫阶级发展的复杂过程和斗争的阶段，却虚构什么能忍耐的和不能忍耐的被压迫阶级，这就舍本逐末了。

同时，施蒂纳也虚构资产阶级的历史。他认为资产阶级的历史就是追求"物质享乐"。其实，"根据物质的历史，是贵族第一次用世俗享乐的福音代替了福音的享乐；而清醒的资产阶级先是辛辛苦苦地劳动，并且非常机智地去使贵族得到资产阶级自己的法律所禁止自己得到的享乐（同时贵族的权力通过金钱的形式落入资产者的口袋中了）。"② 施蒂纳进而曲解资产阶级革命后形成的社会关系，是共产主义的现实基础，甚至把他所虚构的农奴制，说成是与共产主义有联系，共产主义就是从农奴制的废除中引申出来的，等等。

马克思和恩格斯批判了施蒂纳的哲学怪论，主要揭露施蒂纳如何歪曲共产主义运动的历史和现实基础。针对施蒂纳的歪曲，他们特别指出，共产主义不是观念的产物，而是资本主义社会矛盾发展的必然结果，不是为了寻找"本质"，而是用实际手段追求实际目的的最实际的运动。

七 对"真正的社会主义"的批判

"真正的社会主义"是19世纪40年代流行于德国的小资产阶级社会主义。它从1844年起，像瘟疫一样在德国传播开来，1845年以后又通过格律恩、克利盖等人传入国际工人组织"正义者同盟"，成

---

① 《马克思恩格斯全集》第3卷，第242页。
② 同上书，第243页。

为德国和国际工人运动健康发展的重大障碍。"真正的社会主义"主要代表人物有莫泽斯·赫斯、卡尔·格律恩、奥托·吕宁、弗里德里希·施纳克、海尔曼·皮特曼和海尔曼·克利盖等人。赫斯对"真正的社会主义"的形成起着至关重要的作用，可以说，他是这一思潮的奠基者。"真正的社会主义"理论基础是德国的思辨哲学，特别是费尔巴哈的人本主义哲学和以"爱"为最高原则的伦理学。马克思和恩格斯指出，"真正的社会主义"作为一个派别，是"从赫斯的'哲学'开始的"①。赫斯从费尔巴哈关于"人的本质"的观点出发，认为人的本质的异化不仅表现在宗教上，而且也表现在经济领域中，资本主义社会的货币和金钱就是人的本质的异化。因此他就把费尔巴哈的异化理论和法国共产主义思想结合起来，用费尔巴哈的原则和方法来批判资本主义，主张用共产主义去代替资本主义，从而建立起他的"哲学共产主义"学说，成为"真正的社会主义"的理论基础。

赫斯是一个极为特殊的人物，他在青年黑格尔派运动中十分活跃，他的思想在一定时期也对马克思，特别是恩格斯发生过影响，甚至他开始也参与了《德意志意识形态》的写作。可以说，他是马克思主义创始人最后与之划清界限的青年黑格尔派分子。所以，笔者将用更多的笔墨阐述赫斯其人及其思想。

1. 莫泽斯·赫斯和《德意志意识形态》（以下简称《形态》）

关于《形态》的作者，素有非议。问题在于，除马克思和恩格斯之外，谁还参与了《形态》的写作，以及写了哪些章节。这个问题牵涉到从另一侧面对《形态》的认识。

马克思在1846年8月1日致出版商列斯凯的信中说到"我编辑的和恩格斯等人合写的著作"，即是《德意志意识形态》。这里"等人"，包括赫斯。看来，《形态》开始是作为新世界观的拥护者们反对青年黑格尔派的集体创作，只是在写作过程中因观点的分歧，马克思主义创始人才同与他们合作最长的一个青年黑格尔派分子赫斯分道

---

① 《马克思恩格斯全集》第3卷，第550页。

扬镳，成为《形态》的真正的作者。

莫泽斯·赫斯（1812—1875年），德国小资产阶级政论家，是一个犹太工业家的儿子，受过严格的犹太教育。后来违抗父亲旨意，弃商从学，自修哲学。熟悉了卢梭、黑格尔，特别是斯宾诺莎的学说。他游历了荷兰、法国和瑞士。1832年居住巴黎期间开始转向感伤的社会主义。回到波恩后，于1837年出版了一本古怪而混乱的书——《人民圣史·斯宾诺莎的一个信徒》。在这本书中交织着三种不同的思想因素：犹太教的、哲学的和社会主义的影响。他从救世主义关于神的王国的观念出发认为社会就是"新的耶路撒冷"，这个神的王国必然从人类最深重的苦难中产生出来；但它不把救世主王国的产生归于神的意旨，而是归之于理性的发展，最后，赋予这种哲学世界观以社会的性质，把理性发展提高为共产主义的发展。在这种暧昧模糊的形式下，提出解决社会问题的要求，宣扬一种空想的共产主义思想。这种思想在当时有着一定积极意义。这本书，使他以自己特殊形式加入了青年黑格尔运动。

莫泽斯·赫斯

但是，使赫斯在这种运动中起独特作用的是他1841年出版的《欧洲的三头政治》。在这本书中，他站在进步的政治方面，反对反动政治。主张普鲁士应同政治上进步的法国和美国结成联盟，共同反对当时作为封建主义反动堡垒的俄国和奥地利。

在哲学上，他提出摆脱抽象的独断论，而转向行动哲学。他认为,"在此以前,哲学只涉及过去和现在,而不涉及将来,因此德国哲学,特别是它的最后一个阶段——黑格尔哲学,可以称做过去的哲学"。"如果哲学再也不能回到独断论上去,那么,为了达到某种积极的成果,它应当跨过自身走向行动",行动哲学不仅把过去和现在"纳入思辨的领域",而且把未来也"纳入思辨的领域。"①

赫斯认为,欧洲已经完成了两次革命,即德国的宗教改革和法国的政治革命。而即将发生的第三次革命即社会革命,必定出现在英国,因为,英国不仅贫民和金钱贵族之间的矛盾极端尖锐,而且它兼备德国的思辨精神和法国的行动毅力。因而,英国必定能够完成解放人类的事业。

在1843年赫斯发表的《行动哲学》和《论金钱的本质》两文中,充分发挥了上述的思想,进一步强调要把德国的哲学同法国的实际精神结合起来,并且用费尔巴哈的人的本质异化的观点,说明社会生活,论证金钱的本质和人类的解放。由此得出一种关于"哲学共产主义"的学说,1843年和1844年,马克思,尤其是恩格斯都深受赫斯的直接影响,并对他作了积极的评价。但是,赫斯没有由此而彻底转向科学共产主义,而始终都未能离开费尔巴哈人本主义的基地,最后走向"真正的社会主义"。

同恩格斯一样,赫斯也是在1844年11月看到《唯一者及其所有物》的。他同恩格斯就此书交换过意见,而且也是"动摇一阵之后",最后同马克思的看法才一致起来。对施蒂纳《唯一者》作出最早反映的,应该说是赫斯,他很快写出了一本小册子:《晚近的哲学家》(1845年在达姆斯塔德出版)。在这本小册子里,他对鲍威尔和施蒂纳的观点进行了批判,尽管在写作中同恩格斯交换过意见,也看过马克思给恩格斯的谈施蒂纳的信,但他还是从"真正的社会主义"的立场出发来批判施蒂纳的哲学观点。所以,马克思和恩格斯在谈到

---

① [法]奥古斯特·科尔钮:《马克思恩格斯传》第一卷,生活·读书·新知三联书店1963年版,第290页,26注。

这本小册子时说，对于他的著述，我们"完全不负任何责任"。[①]

由于赫斯"真正的社会主义"观点充分暴露有一个过程，加之马克思和恩格斯过去都受过他的影响，现在又都对施蒂纳持否定态度，所以，在马克思和恩格斯着手批判施蒂纳，写作《形态》时，把赫斯也吸收进来，这是可以理解的。

在《形态》中，赫斯承担了两章的写作：一章是批判卢格的，题目是"格拉齐安诺博士[②]德国哲学界的小丑"。这一章由赫斯写于1846年上半年，预定在《形态》第一卷第四章的位置，即《莱比锡宗教会议》后面一章的位置。但是，由于《形态》在1846年出版遇到困难，同时又由于赫斯和卢格展开论战，赫斯在《科伦报》发表声明，决心著述反对卢格的观点，并向马克思写信谈了自己的打算。马克思看到赫斯的声明和信以后，就建议赫斯把"评卢格的那一部分抽回去"[③]，后来，赫斯的这一章以《评格拉齐安诺博士文集》为题，发表于1847年8月5日和8日的《德意志——布鲁塞尔报》上。这表明，在1846年上半年，赫斯的确为《形态》写过评卢格的一章。

另一章是《形态》第二卷第五章：《霍尔施坦的格奥尔格·库尔曼博士或"真正的社会主义"的预言》。这一章是赫斯起草的，马克思和恩格斯作了校订。原件由魏德迈抄写，最后标有赫斯的名字。另一证据是在赫斯主编的《社会活动》杂志第Ⅵ期上，刊登了一篇未署名的文章，前半部分是揭露波兰神秘主义者杜央斯基，后半部分是评库尔曼，同第二卷第五章一字不差。原文最后说："我们在这里简短地评论一下最新的哲学家，保留对他作更详尽批判的权利。"

看来，情况是这样，在写作《形态》以及酝酿的时期里，赫斯曾一度在思想上接近于马克思和恩格斯。但是，在激烈斗争中，特别是马克思恩格斯和共产主义通讯委员会反对魏特林分子的斗争中，赫斯便同"马克思的党"决裂了。事实表明，他在反对青年黑格尔派的

---

① 《马克思恩格斯全集》第3卷，第113页。
② 格拉齐安诺博士是意大利假面喜剧中的主人公。假充博学的典型。
③ 《马克思恩格斯全集》第27卷，第471页。

斗争中，是马克思和恩格斯的暂时同盟者和同路人。但他不愿接受马克思的科学共产主义，而倒向"真正的社会主义"。所以，马克思和恩格斯宣布对赫斯作品，"完全不负责任"，而且直接指出，赫斯是"真正的社会主义"之父。

《形态》这部杰出作品只是马克思和恩格斯两人的作品。说清楚这个问题，有利于澄清在《形态》写作上出现的歧见。

2. "真正的社会主义"的哲学基础

"真正的社会主义"的哲学基础主要是由赫斯奠定的，因为在这一派别中赫斯算是懂点哲学的人，但是，诸如"人的本质的异化"、"爱"的说教，也都为其他真正的社会主义者所接受，并把它运用于文学等其他领域。

真正的社会主义者也毫不隐讳地把费尔巴哈的人本主义作为他们理论的哲学依据，宣称他们的最高原则就是人道主义。他们在谈到法国的共产主义和德国的社会主义（"真正的社会主义"）的区别时说："法国人通过政治走向共产主义；德国人通过最后变成人类学的形而上学走向社会主义"①。他们责难法国的共产主义"没有超越政治上的对立"，"没有达到无条件的、无前提的自由"，把人"引导到对粗暴的物质的依赖"，"人不能达到自由的道德活动"，总之，就是没有帮助"人"意识到"自己的本质"。马克思和恩格斯指出，"这些'真正的社会主义者'对于法国人的一切责难就在于：法国人没有以费尔巴哈的哲学作为自己的整个运动的最高原则。"②

"真正的社会主义者"既然自称摆脱了"对粗暴的物质的依赖"而诉诸"人的本质"和"自由活动"，因而他们不仅指责了法国的共产主义，而且对其他社会主义、共产主义思想体系也一概加上"独断独裁"的罪名予以否定。马克思和恩格斯指出："一切划时代的体系的真正的内容都是由于产生这些体系的那个时期的需要而形成起来

---

① 《马克思恩格斯全集》第3卷，第539—540页。
② 同上书，第541页。

的。所有这些体系都是以本国过去的整个发展为基础的,是以阶级关系的历史形式及其政治的、道德的、哲学的以及其他的后果为基础的。"① 只是宣布所有这些体系都是独断的和独裁性的,这丝毫没有说明共产主义体系的基础和内容。"真正的社会主义者"虽然自称已经摆脱对物质的依赖性,其实,他们也"只能从他们出身的那个等级的生活条件中攫取自己体系的基础",他们的思想体系不过是"法国思想在受小手工业关系限制的那种世界观范围内的复制"② 而已。

"真正的社会主义"为了装饰门面,有时也转向现实。但它不能真实地说明现实,总是歪曲现实。他们从抽象的"人"出发,撇开一切现实的社会关系,用虚构的"人的本质"同"现在的社会"对立。例如,"真正的社会主义者"泽米希认为,"活动和享乐在人的特性中是一致的。二者都是由这种特性来决定的,而不是由我们之外的产品来决定的。"③ 但是,现在的社会"野蛮化"了:一些人由于游手好闲而让自己"固有本质"腐化了;另一些人的"固有本质"则由于"被迫像机器一样地工作"而丧失了,于是出现了食利者和无产者的两极对立,这"二者都依赖于他们之外的物"。而赫斯对政治幻想的批判"摧毁了资产",使人认识到自己的本质,于是就结束了人的生活分裂,产生了真正人的生活,使人重新恢复了自己的尊严。

马克思和恩格斯批判了这种对于现代社会的唯心主义的歪曲。他们指出,从抽象的"人"和"人的本质"出发,是不可能对社会问题作出科学分析的。"真正的社会主义者"根本不能回答如何从"劳动和享受的一致"转变到现代社会,也不能说明为什么现在的社会会"野蛮"起来。"真正的社会主义者"不是研究各个不同阶段的食利者和无产者的对立,而是把无产者和食利者发展的完全不同阶段变成"一个发展阶段、不是从分析现存社会中看出'我们社会中的两极',而是从抽象的食利者和无产者的对立中看出'我们社会中的两极',

---

① 《马克思恩格斯全集》第3卷,第544页。
② 同上。
③ 同上书,第545页。

这不过是重复历史上所有道德论者的陈词滥调。"

针对"真正的社会主义者"所谓由"人的特性"决定劳动和享受的一致,而不决定于我们之外的物的谬论,马克思和恩格斯指出,事情恰恰相反,人的特性是他们的活动和被活动所制约的享乐方式的结果。如果这种观点的鼓吹者到周围的活动和享乐中间寻找这个特性,那么,"他很快就会看到我们之外的产品在这里也在起着多么大的作用"①。而所谓"不决定于我们之外的物"的自由活动,是一种纯粹抽象的活动,不过是"纯粹思维"的幻想;作为这种纯粹活动的基础的主体,绝不可能是实在的有感觉的人,只能是思维着的精神。至于赫斯用批判"摧毁了资产",则更表明了"真正的社会主义者"理论的思辨唯心主义本质。马克思和恩格斯写道:"既然他们充满了关于概念能够创造世界和毁灭世界这一哲学信念,他们当然也就会认为某一个人能够通过消灭某种概念而消灭生活的分裂。"②

"真正的社会主义者"的理论特点是用德国思辨哲学去解释法国的共产主义和社会主义思想,而他们惯用的基本方法之一,就是首先把自然界加以神秘理解,然后根据人和自然的一致,从自然界得出关于人和社会的结论。例如"真正的社会主义者"首先假定在自然界中一切生物的生命活动和幸福、享乐是统一的,然后根据人与自然有共同性,论证人的生命活动与幸福和享乐也应该一致,不需要在彼岸世界中寻找自己的幸福。其实,自然界不仅存在统一,也存在着斗争,生物的生命活动有的表现为幸福、享乐,有的也表现为受压抑、受摧残。"真正的社会主义者"的自然观是虚构的、神秘的。自然界和人所共有的特性乃是一种内聚性、不可入性、体积、重量等,从这里推不出反对人在彼岸世界寻找自己的幸福的理由。真正的社会主义者就是用这种方法来解释法国共产主义和社会主义的思想,建立他们的"社会主义建筑"的。

---

① 《马克思恩格斯全集》第3卷,第548页。
② 同上书,第551页。

法国的社会主义者主张平等、团结、利益一致，"真正的社会主义者"则宣称个人既有其特殊的本质使他和其他的个人相对立，又有其普遍的本性使他和其他的个人相等同。"因此，承认人类平等，承认每个人生存的权利，是以一切人所共有的对人的本性的意识为基础的"。这样，借助于人的普遍本性，法国社会主义的平等思想又得到了论证。但是这种论证把一切人所共有的关系看成了"人的本质"的产物，人的本性的产物，"而实际上，这些关系像对平等的意识一样是历史的产物"①。"真正的社会主义者"宣称，他们对未来社会的这种论证，是以"对人类自然联系和一致的感觉"为基础的。其实，无论"封建义务"也好，奴隶制也好，或者历来的一切的社会不平等的现象也好，都是以这个"自然联系"为基础的。"这种'人类自然联系'是每天都在被人们改造着的历史产物，这种产物向来都是十分自然的，——虽然它不仅在'人'看来，而且在任何一个革命的后代看来，都会显得多么惨无人道和违反自然。"② "真正的社会主义者"还标榜未来的社会是一种"以对内在人类本性的意识即理性为基础"的理想的真正社会。马克思和恩格斯指出，"因而，这种社会是以意识的意识、思维的思维为基础的。"③ 这样，他们就在表达方法上也和思辨哲学家没有区别了。"他忘记了：不管是人们的'内在本性'，或者是人们的对这种本性的'意识'，'即'他们的'理性'，向来都是历史的产物"④。

赫斯的哲学是思辨唯心主义哲学的变种，他把思辨思维更加庸虚化了。他批判费尔巴哈，但他始终没有离开过费尔巴哈关于"人"和"人的本质异化"这一命题，这在当时的哲学家中是不多见的。

3. 共产主义不是寻找人的"本质"

从费尔巴哈、鲍威尔到施蒂纳，再到赫斯，他们的历史观表述不

---

① 《马克思恩格斯全集》第 3 卷，第 566 页。
② 同上书，第 567 页。
③ 同上。
④ 同上。

同，但实质则一，都是用某种观念去解释历史，去曲解现实的共产主义和社会主义运动。历史不是"粗糙的物质生产"的发展过程，而是观念的运动过程。费尔巴哈的哲学向前迈进了一大步，开辟了精神发展的一个新的方向，但在历史观上，他仍然是一个唯心主义者。

众所周知，青年黑格尔派运动从一开始就表现出极不同的思想倾向：一是以鲍威尔和施蒂纳为代表的愈益走向极端主观唯心主义，它始终没有超出黑格尔哲学体系的范围和资产阶级自由主义的界限；另一个是通过费尔巴哈而转向唯物主义和社会主义。一些激进的青年黑格尔派分子走的正是这条道路。恩格斯所谓的共产主义是"从德国本国哲学必然得出的结论"，主要是指在青年黑格尔派运动中产生的、为思辨活动所完善化的费尔巴哈人本主义的唯物主义哲学。一种具有发展能力的新的方向，就是从这种哲学中萌发起来的。

马克思这时虽已完全脱离青年黑格尔派而着手研究现实社会问题，但在他的世界观形成以前却是恩格斯称之为"哲学共产主义"的赞同者。所以，恩格斯把他同赫斯一起都列入它的"行列"[①] 之中。在马克思看来，"哲学共产主义"同"真正的人道主义"是一致的，都是用费尔巴哈哲学对人的解放和社会主义的说明，是要消灭"非人"的现实，使人过着符合人性的生活。为了揭示同共产主义的"必然联系"，马克思还特别对18世纪法国唯物主义和法国社会主义与共产主义的关系进行了深入考察，他得出的结论是：法国唯物主义是"现实的人道主义学说和共产主义的逻辑基础"[②]，从而加强了马克思关于费尔巴哈人本主义的唯物主义是德国社会主义和共产主义的"哲学基础"的信念。他把费尔巴哈的唯物主义，称为"和人道主义相吻合的唯物主义"[③]。并且认为，"现实的人道主义"和共产主义就是这种唯物主义在实践上的体现。

可见，"真正的人道主义"即"现实的人道主义"同以费尔巴哈

---

① 《马克思恩格斯全集》第1卷，第591页。
② 《马克思恩格斯全集》第2卷，第167—168页。
③ 同上书，第160页。

哲学说明社会主义是紧紧联系在一起的。它之所以是一个不成熟的概念，不是由于它同哲学有着一种内在联系，而是由于作为它理论根据的那种哲学本身是不科学的，它把社会主义和共产主义看成是克服人的本质的异化和向"人的复归"，就使对社会历史的认识带有一种思辨的性质。要正确认识现实的社会运动和科学地揭示社会历史的前景，就必须深入剖析资本主义社会的经济结构，科学地认识社会历史的规律性。这显然不能以费尔巴哈的人本主义哲学为根据，只能建立在唯物主义历史观的基础之上。

1845年春天，马克思的历史唯物主义初步形成，他的思想发生了一个质的"飞跃"。这时，他不再把共产主义看作"人的本质的异化和复归"的逻辑结论，而是看作生产力和交往形式（即生产关系）普遍而高度发展的必然产物。由于唯物主义历史观的形成，马克思、恩格斯在《形态》中明确指出了：**共产主义不再是"从寻找'本质'开始的"**，**"共产主义是用实际手段来追求实际目的的最实际的运动"**[①]。"我们所称为的共产主义的是那种消灭现存状况的**现实的**运动。这个运动的条件是由现有的前提产生的"[②]。生产力和生产关系的普遍发展，以及基于这两者矛盾之上的无产阶级反对资产阶级的斗争，就是这种现实运动的前提。这种共产主义的理论基础，只能是唯物主义历史观，决不能是任何其他哲学。

马克思的上述论断，既同专事描述未来社会前景，使之符合自己乌托邦方案的空想共产主义划清了界限，又同力图使现实符合一种抽象理性的"哲学共产主义"划清了界限。因此，马克思这时不再把共产主义称为"真正的人道主义"，而是直接表述为"实践的唯物主义"或共产主义。这就是说，在马克思思想发展的更高的阶段上，他以"实践的唯物主义"代替了原先的"与人道主义相吻合的唯物主义"，用对现实的研究代替了对"抽象的人"和"类本质"的研究，

[①] 《马克思恩格斯全集》第3卷，第236页。
[②] 《马克思恩格斯文集》第1卷，第539页。

同时，用与其内容相符合的科学共产主义的概念，取代了"真正的人道主义"这个不成熟的用语。这无疑是马克思思想成熟的一个重要标志。

综上所述，马克思的"真正的人道主义"，只是马克思世界观由不成熟向成熟转变过程中所使用的一个特定概念。如果离开这个事实，把它夸大为成熟的马克思主义，硬把科学共产主义说成是关于"人的本质的异化和复归"的学说，那末，这不仅不符合历史事实，反而是向马克思早已与之决裂了的资产阶级意识形态的倒退。同时，把马克思的不成熟思想成熟化，无异于把费尔巴哈主义抬高为马克思主义。脱离马克思思想发展的确定阶段，孤立地考察某一理论现象，必然离开客观真理，而陷入迷乱之中。

从马克思对德国现代哲学的批判可以看得很清楚，马克思亲历了那个时代德国哲学的剧烈变化，他经历了一个接受、怀疑、批判、超越，到创立自己新的世界观的过程。马克思从否定自己曾经的"真正的人道主义"，到批判"真正的社会主义"，到批判当时德国的各种哲学，也是清算他自己"从前的哲学信仰"。马克思一直是在批判与自我批判的过程中不断前进的，没有这种批判和自我批判的精神，马克思就不可能"成为马克思"，更谈不上创立唯物主义历史观了。

第七章　第一个伟大发现
　　　　揭示历史之谜

　　马克思和恩格斯在流亡布鲁塞尔的两年多的时间里,最重要的理论贡献是写作《德意志意识形态》,创立了唯物主义历史观,完成了他们的第一个伟大发现,奠定了共产主义学说的理论基础。这是马克思生平的一个最重要的历史阶段,也是人类精神发展的一个划时代的时期。

　　从人类哲学思想发展来看,当时首当其冲的问题是解决历史观的问题。如前所述,不论是认识论还是辩证法在马克思以前都发展到相当的高度,而历史观则是不可逾越的界限。只有创立唯物主义历史观,才能不仅使认识论和辩证法建立在更为科学的基础之上,而且使科学的完整的新世界观的问世成为可能。以历史唯物主义为核心的新世界观的创立,标志着人类哲学思想的革命变革。这一新的世界观集中体现在马克思和恩格斯的《德意志意识形态》中。尽管《形态》在他们生前未能公开发表,但这丝毫也不能抹杀这部著作所闪烁出的新世界观的天才光辉,以及它在马克思主义史上的极为重要的地位。与上一章相联系,本章着重阐明马克思主义创始人的唯物主义历史观的基本原理,这些原理形成的过程,以及对共产主义所作的理论论证。

一　《关于费尔巴哈的提纲》及其重要思想

　　《关于费尔巴哈的提纲》是马克思 1845 年在布鲁塞尔写的笔记,

第七章　第一个伟大发现　揭示历史之谜

是供进一步研究用的提纲。这篇笔记写在 1844—1847 年的笔记本中，标题为《1，关于费尔巴哈》。马克思逝世后，恩格斯在整理马克思遗稿时发现了这篇笔记，在 1888 年，恩格斯出版《路德维希·费尔巴哈和德国古典哲学终结》一书时，把这篇笔记作为附录首次发表。恩格斯在该书的"序言"中写道："我在马克思的一本旧笔记中找到了十一条关于费尔巴哈的提纲，现在作为本书的附录刊印出来。这是匆匆写成的供以后研究用的笔记，根本没有打算付印。但是它作为包含着新世界观的天才萌芽的第一个文献，是非常宝贵的。"①

《提纲》最宝贵之处，是马克思在这里阐明了自己的科学的实践观和关于人的本质的观点，也就是恩格斯

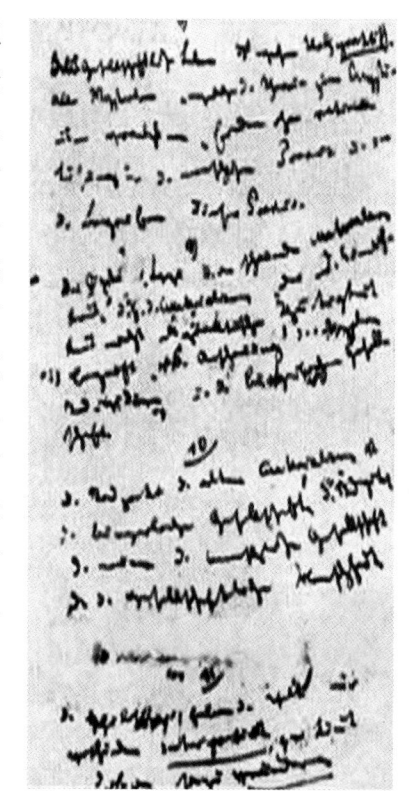

费尔巴哈提纲

所说的"新世界观天才萌芽"的思想。正是这一重要思想的形成，马克思不仅同费尔巴哈人本主义彻底划清了界限，而且为唯物主义历史观的创立奠定了坚实的思想基础，最终实现了哲学领域的深刻变革。

《提纲》首先批判了费尔巴哈和一切旧唯物主义者忽视人的主观能动性，忽视社会实践的错误观点，揭明了费尔巴哈直观唯物主义的错误实质。"从前的一切唯物主义（包括费尔巴哈的唯物主义）的主要缺点是：对对象、现实、感性，只是从**客体的**或者**直观的**形式去理解，而不是把它们当做**感性的人的活动**，当做**实践**去理解，不是从主

---

① 《马克思恩格斯文集》第 4 卷，第 266 页。

体方面去理解。因此，和唯物主义相反，唯心主义却把**能动**的方面抽象地发展了，当然，唯心主义是不知道现实的、感性的活动本身的。费尔巴哈想要研究跟思想客体确实不同的感性客体，但是他没有把人的活动本身理解为**对象性的**……活动。因此，他在《基督教的本质》中仅仅把理论活动看做是真正人的活动，而对于实践则只是从它的卑污的犹太人的表现形式去理解和确定。因此，他不了解'革命的'、'实践批判的'活动的意义。"① 在这里，马克思深刻地揭露了费尔巴哈直观唯物主义的致命缺陷，也批判了唯心主义，特别是当时德国流行的把"自我意识"奉为世界造物主的主观唯心主义。

《提纲》特别强调，"全部社会生活在本质上是**实践的**"，一切正确的思想与错误的理论，都可以从社会实践得到说明，提出了实践是检验真理的标准。马克思指出，"人的思想是否具有客观的……真理性，这不是一个理论的问题，而是一个**实践的**问题。人应该在实践中证明自己思维的真理性，即自己思维的现实性和力量，自己思维的此岸性。"② 实践是历史赖以发展的客观基础，同时也是认识的源泉和检验认识正确与否的标准，这是辩证唯物主义认识论的最基本的原则，是同费尔巴哈直观唯物主义的根本分水岭。

马克思在强调革命的实践活动的重大意义时，最后提出了可以流芳千古的哲学名言：**"哲学家们只是用不同方式解释世界，问题在于改变世界"**。③ 这句至理名言，刻在柏林洪堡大学的主楼里，也刻在人类的哲学史上。

实践观点是新的世界观和历史观的生长点和立足点，也是马克思唯物主义与费尔巴哈直观唯物主义的根本分界线。正因为如此，马克思主义创始人将他们正在阐发的历史唯物主义，称为"实践的唯物主义"，因为，没有对实践的科学阐明，便没有历史唯物主义。但这绝不意味他把实践置于本体论的地位，绝不意味他只承认"人化自然"

---

① 《马克思恩格斯文集》第1卷，第499页。
② 同上书，第500页。
③ 同上书，第502页。

第七章　第一个伟大发现　揭示历史之谜

的客观存在，因为，无论主体的活动对社会历史起着怎样巨大的作用，他们的活动绝不是没有前提的，这个前提就是必须承认"自然界优先存在"的事实，同时，这种实践活动对历史影响的程度，以及它自身的状况，还受着前人实践活动的结果的制约。因此，无视实践的重要意义就不可能突破旧唯物主义的束缚，上升到辩证唯物主义和历史唯物主义的高度，而离开物质的决定作用，把实践抬高到本体论的地位，使实践脱离物质，或颠倒物质与实践的关系，这无疑又会走向另一个错误的极端。离开马克思主义创始人的本意，把"实践唯物主义"看成是"从主体出发"而排斥物质第一性原则，否定辩证唯物主义的基本观点，都是不正确的。对马克思主义创始人的观点无疑应该、也必须加以创造性的发挥，但必须在唯物主义基础上，在正确地理解马克思思想形成的过程的情况下向前推进，而不能背离它的基本原则而片面地追求什么"创新"。

《提纲》的另一重要思想是关于人的本质的科学规定。人是什么，人的本质是什么？长期以来，哲学家和思想家们都在苦苦探索，寻求答案，然而，都不得其解。只有马克思在19世纪40年代中期，针对费尔巴哈的"抽象的人"明确指出，人的本质"**在其现实性上，它是一切社会关系的总和**"[①]。在人类认识史上，第一次形成了马克思主义关于人的本质的科学规定，从根本上解决了人的问题。

这个科学概念的产生，绝不是偶然的，它是马克思早期思想发展和深化的结晶。如前所说，马克思早期思想发展，是一个从黑格尔唯心主义出发，经过费尔巴哈人本主义唯物主义，到马克思的辩证唯物主义和历史唯物主义的进程。按照列宁的说法，马克思在1844—1847年离开黑格尔走向费尔巴哈，又进一步从费尔巴哈走向历史（和辩证）唯物主义。

1843年夏至1845年春，正是马克思"离开黑格尔走向费尔巴哈"的发展阶段，即其思想经历着主要受费尔巴哈观点影响的时期。

[①] 《马克思恩格斯文集》第1卷，第501页。

思想巨人马克思

在这个时期，马克思如同费尔巴哈一样，也把对人的研究作为自己理论活动的中心。然而，他通过对人的活动和物质生活条件的考察，使他一步步地接近了历史唯物主义。这时，费尔巴哈哲学对马克思的影响是双重的。它推动马克思离开黑格尔的理性的人，转向对现实的人的考察，同时作为一种传统力量又给马克思的思想造成新的束缚。这种影响是如此之深，以至在这个过程中，马克思的新的思想萌芽，往往同费尔巴哈人本主义痕迹紧紧交织在一起。但是，作为这一发展过程的必然趋势，是马克思不断"超越"费尔巴哈而逐渐达到人的本质的科学概念，最终形成了他的唯物主义历史观。

恩格斯这时在给马克思的信中指出："要使我们的'人'成为某种真实的东西"，"必须从个别物中引申出普遍物，而不要从本身中或者像黑格尔那样从虚无中去引申。"① 这就是说，要真正科学地认识"人"，必须从旧哲学的圈子中跳出来，既不能囿于黑格尔的抽象理性，也不能停于费尔巴哈的"人自身"，而要"把握特殊对象的特殊逻辑"，通过考察人的现实活动和生存条件去揭示人的本质。就是说，不能从"人"出发，只能从人们的社会生活条件出发去研究人。

马克思从费尔巴哈的以自然为基础的人，过渡到以社会为基础的人，主要是通过对人的劳动和物质利益的探讨实现的，而根本关键在于，马克思形成了自己的生产关系的基本思想。

首先，马克思通过对人的劳动的分析，加深了对人的社会性和社会本质的理解。他在发挥费尔巴哈的人是类存在物时指出，"人是类存在物，不仅因为人在实践上和理论上都把类……当作自己的对象；而且因为……人把自身当作现有的、有生命的类来对待"②。所谓"有生命的类"，即指从事着改造世界活动的人。这种活动，是人的自由的能动的类生活，它不仅改变着自然界，同时也改变着"人自身"。从而把对人的认识，由纯理论范围，由仅仅当作"人自身"，

---

① 《马克思恩格斯全集》第27卷，第13页。
② 《马克思恩格斯全集》第42卷，第95页。

推向实践的领域。

同时，马克思还吸取了黑格尔"把劳动看作人的本质"的合理思想，将人区别于动物的本质属性归结于人的自觉的生产活动，把它视为反映人的社会本质的一面镜子。人之所以必定是社会的存在物，正因为生产本身是社会性的活动。不论是劳动还是消费，也不论是物质生产还是精神生产，都只能在社会中进行。"个人是社会存在物。因此，他的生命表现，即使不采取共同的、同其他人一起完成的生命表现这种直接形式，也是社会生活的表现和确证。"[①] 社会生活在本质上是实践的，而人的实践永远都是社会的。承认劳动是人的本质的确证，也就从根本上肯定了人的社会本性。

其次，尽管劳动是人区别于动物的本质特性，是人的社会性的确证，但到此为止，仍不能达到关于人的本质的科学规定，还必须深入研究人与人的社会关系。马克思通过对异化劳动的探讨，已经深刻认识到，人的劳动不仅生产出为社会所必需的劳动产品，而且也生产出工人和资本家的关系。劳动者同自己产品和活动的异化，同时也使人与人相异化，从而肯定了社会关系的客观必然性。这里，马克思以萌芽的形式，表述了一定方式的生产活动不可避免地产生出一定的社会关系的重要思想。

进而，马克思通过对物质利益的探讨，更加深化了自己的观点，认识到正是"自然的必然性"、利益把人们彼此联系起来。随着生产的发展而发展起来的物质利益，必然使人们结成不同的社会集团和等级，恰恰是这种社会关系和阶级关系，直接决定着人们的社会本质。

物质利益联系着人们的纽带，物质关系背后深深隐藏着基于这种利益的人与人的社会关系。马克思通过对财产关系的分析，表述了一个极为重要的思想，即实物、人的劳动产品，不仅是人的存在的确证，同时也反映着"人对人的社会关系"。这种关系在生产过程中，也就是人们的生产关系。因此，列宁认为，马克思在这里已经"接

[①] 《马克思恩格斯全集》第 27 卷，第 122—123 页。

近"自己的"体系",即社会生产关系的基本思想①。这是马克思在1844年所取得的最重要的思想成果。几个月后,马克思把自己的社会历史理论完整地表达出来,同时明确地提出人的本质"是一切社会关系的总和"的科学论断。

由此可见,马克思关于人的本质的科学概念绝不是随意提出的,它是1844年以来马克思思想深化的结果。马克思在深入研究现实人的过程中,揭示出人与人的社会关系,一旦他形成自己的生产关系的科学概念,便立即对人的本质作出科学的规定,从而把对人的本质的认识置于真实的基础之上。

马克思从提出人就是人的世界,人的社会,到得出人的本质"是一切社会关系的总和"的科学结论,是一个对人的社会本质认识深化的过程,也是不断"超越"费尔巴哈的"自然人"和"人自身"的过程。这个过程同马克思的历史唯物主义的形成是一致的。因此,不能把构成人的本质的基础,归结于人的自然性,也不能归结于人的自然性与社会性的统一,而只能把它看成是人的社会性,人的社会关系。正像马克思在发挥自己上述观点时所指出的:"每个个人和每一代所遇到的现成的东西:生产力、资金和社会交往形式(即生产关系——引者)的总和,是哲学家们想象为'实体'和'人的本质'的东西的现实基础。"② 离开这个现实基础,人就成为不可理解的抽象之物。

马克思关于人的本质的科学概念是一个社会历史范畴,在这里,将人性和人的本质的概念适当加以区别,是十分重要的。这两个概念,既有联系又有区别。人性概念的含义要广泛得多,它指人区别于动物的诸基本属性,通常总是把人性与兽性相对立。它不仅包括人的劳动、互助、恻隐之心等社会属性,而且包括饮食、男女等自然属性。然而,就是这种自然属性也并非纯粹的自然性,而是受着社会性

---

① 参见《列宁全集》第55卷,第13页。
② 《马克思恩格斯文集》第1卷,第545页。

所制约的人的自然性。它只有在社会中，才能成为人的特性。因此，如果把人的自然性与社会性分割开来，或者用人的自然性取代人的社会性，将它们作为人的本质的基础，那么，正如马克思所指出的："在这种抽象中，它们就是动物的机能"①。在人性的多种规定中，劳动是把人同动物区别开来的最根本的属性，这就决定了人的自然性必然受着社会性的制约，并且是基于生产力发展之上的历史的产物。

至于人的本质的概念，其内涵更加确定，是对人的社会性的进一步概括，是较之人性概念更深一层的范畴。它不停留于人的一般社会性，而是深入到人的最本质的东西。本质就是关系。人的本质是关于人的社会关系的科学抽象。在马克思看来，关于人的本质的概念，无非是个人关系和社会关系的理论表达。人们在其中进行生产的物质条件和生产关系，以及由此所决定的个人关系和社会关系，当它们以观念形式表现出来时，"即在意识中表现为从一般人的概念中、从人的本质中、从人的本性中、从人自身中产生的规定"。人是什么，反映在意识中，就是"关于人的生存方式或关于人的最切近的逻辑规定的观念"②。这就清楚地表明，关于人的本质的概念，只是移植于人们头脑中的由生产条件和生产关系所制约的个人关系和社会关系。哲学家们对于人的本质的看法，概出于这个现实的基础，只不过有的是科学抽象，有的是思辨曲解罢了。

人体现着各种社会关系的总和，就是说在现实的人身上都存在有他所处的各种社会关系和条件的规定，他的思想和行动无不可以在现实关系中找到根据。但是，社会关系的总和，并非机械的凑合，它是诸多社会关系的有机统一体。其中，不仅有各种关系的从属关系，而且有相互作用关系。社会就是人们彼此发生的那些联系和关系的总和。在这些关系中，有思想、政治关系，也有经济关系；有家庭关系，也有各种各样的社会联系；在生产过程中，有人与人的生产关

---

① 《马克思恩格斯全集》第42卷，第94页。
② 《马克思恩格斯全集》第3卷，第199—200页。

系；在阶级社会中，更有人们之间的阶级关系，等等。按照马克思主义观点，在这些诸多关系中，思想、政治关系受着经济关系的制约，各种社会关系，包括阶级关系，归根到底，取决于生产关系。正如列宁所说，生产关系是最基本的、原始的、决定其他一切关系的关系。它决定着整个社会的面貌。同时也决定着人们的社会本质。人们可能受着家庭关系和其他关系的直接影响，但最终起支配作用的还是生产关系。

在阶级社会中，人们的阶级关系虽非唯一的社会关系，但它无疑是生产关系的最突出的表现，因而必然对人的本质发生强烈的影响。高尔基说得好，阶级特征"是一种内在的、深入神经和骨髓的东西"。甚至就连一味诉诸直观的费尔巴哈也察觉到，"皇宫中的人所想的，和茅屋中的人所想的是不同的"[①]。在这种场合，人的本质在很大程度上取决于人的阶级关系，费尔巴哈所宣扬的"彼此相爱"和"人和人的统一"，是会荡然无存的。

人的本质的科学规定，既是一个抽象的概念，又是一个科学的具体。它不仅从根本上把人和动物区别开来，而且也区别了不同时代、不同阶级和阶层的人。它适合于一切历史时代的所有的人。资本主义社会的人之不同于封建社会的人，无产者之不同于资产者，就因为他们所处的社会关系不同。他们都是由社会关系的总和决定的，但由于他们所处的社会关系的特殊性，显示出人们之间的本质的差别。所以在考察人的本质时，必须具体地研究人们的现实的社会关系。

马克思关于人的本质的概念，同存在主义是根本对立的。存在主义者认为，"存在先于本质"，即人的本质不是由客观的社会关系所决定，而是由人的"自我"的存在规定的。让－保罗·萨特说："人不外是他自己使自己成为的那个东西。"从而把人的本质完全变成人的主观"自我"的产物。按照这种观点，人只能关起门搞"自我设计"，而忽视客观的社会关系对自己的决定性影响，实际上，任何人

[①] 《马克思恩格斯文集》第4卷，第290页。

第七章　第一个伟大发现　揭示历史之谜

都不可能生活在真空之中，总是受一定社会关系的制约。所谓搞"自我设计"，无非是要人们逃避当前的现实，走"个人奋斗"的道路。

从上述也可以看出，马克思正是摒弃了抽象的"人"，而去研究社会，才创立了科学的世界观和历史观，同时也才科学地解决了人的问题。如果马克思仅仅从"人"出发，不去深入研究社会生活，那么他不但不能前进到唯物主义历史观，而且必然倒退到费尔巴哈的人本主义，至多像德国的"真正的社会主义者"一样。从社会生活出发去考察人，还是从"人自身"出发去研究人类社会，这是两种根本不同的思路和方法，达到的结果也是根本不同的。从社会生活，从生产活动去考察人类社会，正是新历史观的立足点。

二　分工和生产力

如前所述，资产阶级经济学家在探讨国民财富增长的原因时，实质上已经论及生产力这一重要问题。起初，重商主义者把商业活动看成是财富的唯一源泉。接着，重农主义者把农业劳动看成是财富的唯一源泉。随着资本主义工业的进一步发展，英国古典经济学家们把工业看成是财富的源泉。他们克服了重商主义者和重农主义者的狭隘见解，认为劳动者用于生产各个部门的社会劳动总量是财富的源泉，并提出了"劳动生产力"，"自然生产力"等概念。在他们看来，财富的增长既取决于作为劳动对象的自然条件，又取决于劳动同其对象的结合，取决于生产力。正是基于这种看法，他们特别注重生产力的发展。马克思在谈到李嘉图时指出，发展生产力的要求，是李嘉图评价经济现象的基本原则。[①] 重视生产力的发展，把劳动看成财富的源泉，是资产阶级古典政治经济学家的一个重要贡献。

马克思主义创始人在阐述唯物主义历史观基本原理时，结合对社会分工的研究，进一步探讨了生产力问题，并对其作了科学的说明。

---

① 参见《马克思恩格斯全集》第26卷，第二册，第124页。

分工是人类历史进步的重要因素。人类生产活动从一开始就存在着分工，有生产的合作，便有社会的分工。人类最初的分工是自然产生的分工，如男女性别的分工，因体力和天赋差别而产生的分工等。这种分工完全是自然而然发生的，不带有任何强制性。真正的分工，"只是从物质劳动和精神劳动分离的时候起才真正成为分工"。[①] 物质劳动与精神劳动的分离，以及随之而出现的城乡之间的对立，是人类历史第一次真正的社会分工。"城乡之间的对立是随着野蛮向文明的过渡、部落制度向国家的过渡、地方局限性向民族的过渡而开始的，它贯穿着文明的全部历史直至现在"[②]。在这个漫长的历史过程中，相继发生了农业与畜牧业的分离，工商业与农业的分离，商业与工业的分离，而且在各个部门内部也在进行着越来越细的分工。分工发展的这些主要阶段，同历史上曾存在过的几种社会形态或几种所有制形式，是完全相适应的。分工之所以有着如此重要的意义，是因为它同生产活动和交往关系内在地联系在一起。

一方面，分工是生产力发展的表现和结果。"一个民族的生产力发展的水平，最明显地表现于该民族分工的发展程度。任何新的生产力……都会引起分工的进一步发展。"[③] 分工的发展推动生产力的发展，但它归根结底受着生产力发展的制约。生产力决定着分工发展的程度和性质。

另一方面，分工又是形成和制约着生产关系和各种社会关系的现实基础。在分工的每一阶段，个人与劳动材料、工具和产品的关系决定他们相互之间的关系。分工从最初起就包含着劳动条件、劳动工具和材料的分配，也包含着积累起来的财富在各个私有者之间的劈分，也包含着财富和劳动之间的分裂以及所有制的各种不同形式的区分。分工发生变化，个人与劳动资料、工具、产品的关系也随之发生变化。分工发展的各个不同阶段，也就是所有制的各种不同形式。

---

① 《马克思恩格斯文集》第1卷，第534页。
② 同上书，第556页。
③ 同上书，第520页。

第七章 第一个伟大发现 揭示历史之谜

据此,《形态》提出了一个重要思想:"分工的各个不同发展阶段,同时也就是所有制的各种不同形式。这就是说,分工的每一个阶段还决定个人在劳动材料、劳动工具和劳动产品方面的相互关系。"①在人类社会历史发展的过程中,由于生产力和分工不同,出现了下列不同的所有制形式:部落所有制,古代公社所有制和国家所有制,封建的或等级的所有制,以及资产阶级所有制。这里,实际上包含着五种社会经济形态思想的萌芽。

分工与阶级的产生有着极为密切的联系。由于分工包含着劳动条件、劳动工具和材料的分配,使人们处于不同的地位,由于分工不仅使物质活动和精神活动、享受和劳动、生产和消费由各种不同的人来分担这种情况成为可能,而且成为现实,所以必然形成不同的阶级。"在分工的范围内,私人关系必然地、不可避免地会发展为阶级关系,并作为这样的关系固定下来。"② 物质劳动和精神劳动的分工,造成城乡对立,造成两大阶级的对立,这种分野是直接以分工和生产工具为基础的。随着分工和生产力的进一步发展,阶级关系也不断发生着新的变化。

马克思和恩格斯通过对社会分工的探讨,深刻认识到他们曾经用"异化"概念表述的那种异己的、在人们之外的社会力量产生的根源。人们活动与人相异化,原因不在于个体和类的矛盾,而在于旧式的社会分工。只要人们还处在自发地形成的社会中,只要私人利益和公共利益之间还有分裂,只要分工还不是出于自愿,而是自发的,那么人本身的活动对人说来就成为一种异己的、与他对立的力量。这种力量驱使着人,而不是人驾驭这种力量。同时,分工使人们之间的社会关系,以及反映这种社会关系的观点和意识成为异化物。由于分工产生私有制,使人们之间私人关系发展为阶级关系,并使阶级关系变成人以外的、不以人的意志为转移的、人必须屈从的异己的力量。由

---

① 《马克思恩格斯文集》第 1 卷,第 521 页。
② 《马克思恩格斯全集》第 3 卷,第 513 页。

于分工，人们的生产关系也必然表现为法律的和政治的关系，变成人以外的、异己的力量。因此，"在分工的范围里，这些关系必然取得对个人来说是独立的存在。一切关系表现在语言里只能是概念。相信这些一般性和概念是神秘力量，这是这些一般性和概念所表现的实际关系获得独立存在以后的必然结果。……分工的结果使政治家和法学家注定要崇拜概念并认为一切实际的财产关系的真实基础不是生产关系，而是这些概念。"① 总之，思想和观念成为独立力量，是个人之间的私人关系和联系独立化的结果。而这种结果不是抽象的思辨造成的，而是社会分工的产物。在这里，深刻地揭露了使观念游离于社会生活的思辨唯心主义哲学的反科学性。

马克思创始人对社会分工的探讨，深化了他们对社会生产力、对所有制，以及对物质关系与思想关系的认识。生产力对于人类整个历史来说，是人们占有自己和自然力量，创造人的生活条件，使自身对象化的能力，是人类历史发展的承担者和动力。因此，不能把一定生产方式下的生产力同一般意义上的生产力相混同。资本主义生产方式下的生产力是资产阶级发财致富的工具，是奴役人、使人畸形发展的东西，而不是人的自由自觉的活动。

在《形态》中，马克思和恩格斯对生产力所作的科学阐明，可归结为以下几点。

第一，任何生产力都是一种社会的生产力，它表现人与自然的关系，同时又与人们的社会关系紧紧联系在一起。一方面生产力表现为人与自然的关系，并与劳动工具和劳动对象紧紧相连。在不同的劳动工具和不同的劳动对象的情况下，人与自然的关系就不同，人们的生产力也就不同。在不同的生产力条件下人与自然的结合有不同的方式。另一方面，它表现为社会关系。它是在社会中形成的，是一种社会生产力，是通过人们的共同活动实现的。这样，"生命的生产，无论是通过劳动而生产自己的生命，还是通过生育而生产他人的生命，

---

① 《马克思恩格斯全集》第3卷，第421页。

第七章　第一个伟大发现　揭示历史之谜

就立即表现为双重关系：一方面是自然关系，另一方面是社会关系；社会关系的含义在这里是指许多个人的共同活动，不管这种共同活动是在什么条件下、用什么方式和为了什么目的而进行的。由此可见，一定的生产方式或一定的工业阶段始终是与一定的共同活动方式或一定的社会阶段联系着的，而这种共同活动方式本身就是'生产力'"①。

第二，生产力是历史的基础，人们所达到的生产力总和决定着社会状况。不同的生产力状况造成了不同的社会面貌和不同的意识形态。"因而，始终必须把'人类的历史'同工业和交换的历史联系起来研究和探讨。"②

第三，生产力是一种既得的物质力量。"历史的每一阶段都遇到一定的物质结果，一定的生产力总和，人对自然以及个人之间历史地形成的关系，都遇到前一代传给后一代的大量生产力、资金和环境，尽管一方面这些生产力、资金和环境为新的一代所改变，但另一方面，它们也预先规定新的一代本身的生活条件，使它得到一定的发展和具有特殊的性质。"③ 这就是说，生产力虽然是人的活动的产物，随着人的活动而发展，但是它却是不以人的意志为转移的。历史虽然是由人的活动构成的，但是，任何一个时代的历史都不能只用该时代的人的活动来说明，还必须充分注意历史遗留下来的生产力状况、物质生产条件的作用。离开了生产力状况和物质生产条件来谈论人的活动，人的活动就变成神秘的不可理解的东西了，就无法说明人为什么这样活动而不是那样活动。离开了生产力状况和物质生产条件来谈论历史，必然割断历史。历史的发展正是建立在生产力发展的基础上，根源于生产力的发展。前人对后人、过去对现在的影响正是通过已取得的生产力和物质生产条件实现的。生产力与物质生产条件既是前人活动的物化，又是后人活动的基础。离开了历史存在和发展的基础，

---

① 《马克思恩格斯文集》第1卷，第532—533页。
② 同上书，第533页。
③ 同上书，第544—545页。

历史也就无法说明。

三　生产关系概念的形成

生产关系概念的形成，是马克思这个时期的最大的理论贡献。如果说，生产力的概念在马克思以前的政治经济学中就已经提出，它只是在新的理论体系中被赋予了新的含义，那么生产关系的概念则完全是马克思主义的一个特有的范畴，是由马克思主义创始人首次制定并加以科学表述的。

同人与自然界的关系一样，人与人的社会关系，也是一种客观的物质的关系，它不仅不以人们的主观意志为转移，而且对人们发生着决定性的影响。对这种客观存在，马克思以前的理论家们也不可能漠然视之，都力图以各种方式予以回答，但他们由于历史的和阶级的局限性，不可能找出科学的答案。

英法空想社会主义者，已经开始用朴素的辩证法思想来说明人类历史发展的过程，对资本主义制度和社会关系进行了尖锐的批判，描述了未来的理想的社会。尽管它不可避免地带有空想的色彩，然而这一理论活动本身却向人们证明资本主义关系是历史上的暂时的关系。这是"突破幻想的外壳而显露出来的天才的思想萌芽和天才思想"[1]。在当时，社会阶级关系也已成为历史学家和经济学家们研究的对象。他们已经开始从现代社会经济结构去寻找阶级对立的原因，并试图从物质利益来说明阶级的分野。他们研究了资本主义社会的各种经济现象，"研究了资产阶级生产关系的内部联系"[2]。但是，他们不可能真正揭示同阶级利益密切相关的生产关系的问题，更不可能用它来说明历史的发展和社会阶级斗争现象。他们的研究目的，不是为了人类解放和历史的进步，而是一方面为了证明资本主义生产方式比封建主义

---

[1] 《马克思恩格斯选集》第3卷，第409页。
[2] 《马克思恩格斯全集》第23卷，第98页。

生产方式进步；另一方面为了证明资本主义制度是"绝对的最后的形式"。因此，资产阶级取得政治统治和无产阶级反对资产阶级的阶级斗争的开展，便"敲响了科学的资产阶级经济学的丧钟"[1]。使它们不敢进入当时科学研究的这块"禁区"。

在哲学的领域里，情况也大致相仿。生产关系问题不仅是实践的迫切问题，而且也是理论发展的关键问题，哲学家们既不能回避市民社会的物质关系，又无法科学地予以解决，而徘徊于科学的入口处。法国唯物主义者关于"人是环境的产物"的著名论断，常常被人们说成是历史唯物主义的原理，然而，他们所谓的环境，不仅包括市民的物质生活，经济基础，而且包括政治生活，意识等上层建筑。法国唯物主义的著名代表爱尔维修，把环境主要理解为法律和政治制度，认为法律决定人的行为和精神面貌。他用一句话把他的观点表述为："法律决定一切"。于是，作为意识形态的法律被夸大为社会历史的动力。进而又认为，法律不是由经济关系决定的，而是由理性决定的。只有产生出具有理性的天才人物，"才能用好的法律代替坏的法律"。法国唯物主义者之所以陷入"循环论"，就是因为他们没有从人们的社会生活总和中区分开思想关系和物质关系，再从物质关系中划分出决定这一切关系的最基本的关系。由此可见，尽管"人是环境的产物"的论断包含着历史唯物主义的因素，但只要生产关系的范畴还没有形成，还不是从生产关系的角度去分析人的环境，就不可能形成历史唯物主义的原理。

德国哲学家虽然是在更发达的资本主义关系的基础上接触到这个问题，但他们也不可能有实质性的突破。众所周知，黑格尔把人视为自我意识，因而在他看来，人与人的社会关系仅仅是一种精神关系。他说："自我意识是自在自为的，这由于、并且也就因为它是为另一个自在自为的自我意识而存在的；这就是说，它所以存在只是由于被

---

[1]《马克思恩格斯全集》第33卷，第17页。

对方承认。"① 黑格尔以神秘的思辨方式，表述了人与人的关系。如果把他的自我意识换成现实的人，那么这里反映的正是"人与他人"的关系，"他对他人的人的关系，是人对人的社会关系"②。按照列宁的说法，这就是生产关系的基本思想。③ 可见，在黑格尔的思辨外衣下，包藏着合理的思想内容。但他仍在他的客观唯心主义范围内，把这种客观的关系说成是精神的外化。

费尔巴哈站在唯物主义立场上，用自然的人代替了自我意识，他不是从自我意识，而是从"人自身"引出人与人的关系。他认为，人之区别于动物的本质，是由于人是类存在物。所谓"类"，是指人与人之间存在着一般关系，也就是你和我的统一。人与人之间必然发生这种关系，是由于人们是互相需要的。同费尔巴哈的整个哲学一样，他的这一观点也表现出明显的两重性：一方面，他从人们的需要出发推论出人与人的关系，这里含有合理因素，似乎把人们的社会关系归结于由交往而产生的物质的关系。所以马克思说："费尔巴哈在力图理解这一事实的时候，达到了理论家一般所能达到的地步。"④ 另一方面，他只是"一位理论家和哲学家"，他关于人的关系的全部推论只是从他的"人"所进行的逻辑演绎。这又是由于费尔巴哈仅仅把人看作类，而没有进一步把人的类的本质视为生产活动，因而他所谓的"需要"，不是真正的物质需要，而是友情与爱情的需要，他所谓的"人的关系"也只是理想化了的爱情与友情的关系。因此，费尔巴哈关于需要，关于人与人的关系的观点，虽然包含着合理的因素，但只不过是一些零星的猜测，但是，费尔巴哈哲学中关于"需要"的思想，却比当时任何思想家都更直接地启发和推动着马克思。可见，马克思关于社会关系和生产关系的概念，虽然与过去理论家的观点有一定的联系，甚至批判地继承了前人某些合理思想，但不论就

---

① ［德］黑格尔：《精神现象学》上卷，第122页。
② 《马克思恩格斯全集》第2卷，第52页。
③ 参见《列宁全集》第38卷，第13页。
④ 《马克思恩格斯文集》第1卷，第549页。

第七章 第一个伟大发现 揭示历史之谜

其形式还是就其内容,都与他们有着本质的区别。

马克思之所以能够超越他的思想先驱者,制定出生产关系的科学概念,根本原因在于:从客观条件来看,是资本主义的社会关系和阶级关系高度发展,使各种社会联系明朗化,从而有可能从理论上进行分析和概括;从主观方面来看,马克思转到无产阶级立场,使他能够站在历史上最先进阶级的高度对人类社会历史进行科学的总结,同时又由于他掌握有最犀利的唯物辩证法武器,使他能够透过层层思想迷雾而深入事物的本质。

马克思关于生产关系科学概念的产生,是历史的必然。然而,它也经历一个曲折的过程,这个过程是同马克思世界观的发展相适应的。首先,在马克思世界观转变时期,他"从纯粹的政治转向经济关系"。其次,在1844年马克思深化自己的观点的时候,"接近了"自己关于生产关系的基本思想。

马克思在评述蒲鲁东的"平等占有"观念时,明确地指出,"平等占有"是下面这个事实的异化表现:"对象作为为了人的存在,作为人的对象性存在,同时也就是人为了他人的定在,是他同他人的人的关系,是人同人的社会关系。"① 就是说,劳动产品既是作为劳动者的人的存在的确证,又是人对人的社会关系的表现。这种关系在生产过程中,就是人们的社会生产关系。这一观点,无疑是1844年马克思思想发展的最重要的结晶。

列宁对马克思的这个论断给予很高的评价,他说:"这一段话极富有代表性,因为它表明马克思是如何接近自己的整个'体系'(如果可以用这个名词的话)的基本思想的,——即如何接近生产的社会关系这个思想的。"② 在这里,列宁指明,马克思的上述思想,正是处于形成中的关于生产关系的基本思想。

在《德意志意识形态》中,马克思以分工和生产力为基础,对人

---

① 《马克思恩格斯文集》第1卷,第268页。
② 《列宁全集》第38卷,第13页。

291

们社会关系的发生和发展作了深入的历史考察和理论分析。

人们的社会关系并不神秘，更不是施蒂纳所说的"圣物"，它是随着生产和需要的发展而不断发展起来的。人类最初的社会关系，是人们为了进行物质生活资料的生产和种族的延续而建立的家庭关系。人们在这种关系中从事生产活动和各种交往，分工也只限于自然分工。人们之间的这种唯一的社会关系，直接的就是他们的物质生产关系。"后来，当需要的增长产生了新的社会关系而人口的增多又产生了新的需要的时候，这种家庭便成为从属的关系了。"① 随着需要和生产的发展，人们之间的社会关系也变得越来越复杂，不断产生了各式各样的新的社会关系。交换关系也只是随着产品的增长和劳动分工的发展才逐渐成为一种经常的和范围越来越广的交往关系。"所有制是对他人劳动力的支配。"② 它的"萌芽和原始形态"早在原始家庭中孕育着，只是随着生产力的进一步发展才发展成为无偿占有他人劳动的典型形式。由于私有制和阶级的产生，除物质关系之外，又产生了阶级关系、政治关系和各种意识形式。同时，人们之间的精神交往关系，也随着物质交往的发展而日益复杂，而且由于阶级统治的需要，精神越来越脱离物质关系成为统治历史的独立的力量。

正像马克思通过异化劳动的研究从社会的横断面透视了资本主义社会的诸种关系一样，他通过对各种社会关系产生和发展的历史考察，更清楚地认识它们的内在联系，从而使他有可能从社会生活的总和中揭示出物质关系—政治关系—思想关系的从属关系。与18世纪法国唯物主义不同，马克思从市民社会中划分出物质关系，并把它视为决定政治关系和思想关系的关系，这就使他的认识达到了唯物主义历史观的高度。

历史唯物主义并不限于把精神现象归结于物质现象，更为重要的是，从社会关系中划分出决定其他关系的最后的动因。在马克思看

---

① 《马克思恩格斯文集》第1卷，第532页。
② 同上书，第536页。

第七章　第一个伟大发现　揭示历史之谜

来，交往，即物质交往关系仅仅是区别于精神交往的最一般的概念，它只是区分了精神的东西和物质的东西，此外并未说明更多的内容。因此，马克思进而从一般物质交往关系中揭示出具体的、发展到一定历史阶段的物质交往关系，称之为"交往形式"，即交往的一定类型。马克思指出，"受到迄今为止一切历史阶段的生产力所制约同时又反过来制约生产力的交往形式，就是**市民社会**。"① 可见，一定历史阶段上的交往形式和市民社会，正是马克思后来表述为物质生产关系的思想。马克思在进一步分析了资本主义社会的交往形式以后，甚至把私有财产视为"是生产力发展一定阶段上必然的交往形式"②。

基于这一根本性的认识，马克思对生产关系的概念作了如下概括："分工的各个不同发展阶段，同时也就是所有制的各种不同形式。这就是说，分工的每一个阶段还决定个人在劳动材料、劳动工具和劳动产品方面的相互关系。"③ 这里，不仅指明了生产关系是由分工（生产力发展的表现和结果）决定的，而且揭示了生产关系的诸基本要素及其相互关系，即对劳动材料、劳动工具和劳动产品等生产资料的所有制关系，以及由所有制关系和产品分配关系决定的人们在生产过程中的相互关系。这正是我们通常所理解的马克思主义生产关系的基本内涵。所有制关系不外是生产关系的法律用语，用它来表述生产关系的概念，无疑表明马克思已经把握住问题的实质，表明他关于生产关系的思想已经基本形成。

在《德意志意识形态》中，生产关系的内涵已基本形成，但对生产关系概念的表述还不确定，常常用交往形式的概念表述生产关系的概念，把生产力和交往形式联系起来表示生产力和生产关系的辩证关系。这说明，生产关系的概念还处于从交往、交往关系、交往方式、交往形式等概念的"脱胎"过程中。一年以后，马克思在《哲学的贫困》中就完全用生产关系的概念代替了交往形式的概念，并指出所

---

① 《马克思恩格斯文集》第 1 卷，第 540 页。
② 《马克思恩格斯全集》第 3 卷，第 410—411 页。
③ 《马克思恩格斯文集》第 1 卷，第 521 页。

有制和分配关系以及由它们所制约的人们之间相互关系的总和，是决定其他一切社会关系的关系。但是"交往"和"交往关系"的术语也并未完全消失，而是作为表示一般社会关系的概念在马克思晚期著作中继续被使用着。马克思的生产关系概念的演变，清楚地表明了他走向成熟的过程。

生产关系概念的形成，有着极其重要的意义，它不仅表明马克思已经远远地超越了他的思想前驱者，使他们思想中的一点微弱闪光发展为科学的形态，而且为他制定完整的唯物主义历史观奠定了基础。生产力和生产关系的辩证关系的原理，经济结构和社会经济形态等历史唯物主义基本范畴，正是在这个基础上建立起来的。

四　生产力和生产关系的辩证运动规律

生产力和生产关系科学概念的形成，为揭示生产力和生产关系的辩证运动规律提供了思想前提。但要揭明两者的内在联系，必须深入考察物质生产的内在结构及其运动过程。

在《1844年经济学—哲学手稿》中，马克思已经认识到人类改造自然的物质生产活动是一种社会的活动，人们只有在社会中，结成一定形式的社会关系，才能同自然界发生关系和从事有目的的生产活动。然而，马克思并未就此止步，而是把它作为坚定不移的前提，沿着这个方向继续进行探讨。

在《形态》中，马克思和恩格斯通过对劳动活动的两重性和社会分工在生产力与交往形式之间的中介作用的分析，明确地认识到生产力和生产关系之间的相互关系，揭示了作为这两者统一的生产本身的内在结构，阐明了生产的这两个方面的基本联系及其发展的辩证法。

物质生产活动是"第一个历史活动"，它指的是人同自然界的关系，即人们借助于某些手段和工具改造自然对象以满足自己的各种物质需要。但是，生产活动在任何历史条件下都不是孤立地进行的。实际上，人们在同自然界发生关系的同时，就已经与其他人发生关系。

第七章　第一个伟大发现　揭示历史之谜

没有人们的合作，生产便不可能进行。生产的这种性质，正是人之区别于动物的最本质的特性。正如《形态》所阐明的，生活的生产"立即表现为双重关系：一方面是自然关系，另一方面是社会关系；社会关系的含义在这里是指许多个人的共同活动，不管这种共同活动是在什么条件下、用什么方式和为了什么目的进行的"①。问题在于，必须发生这种合作关系，这是生产得以进行的先决条件。基于这种认识，马克思和恩格斯对两者的关系作了如下明确规定："生产本身又是以个人彼此之间的**交往**为前提的。这种交往的形式又是由生产决定的。"② 可见，生产和交往是同一生产过程的两个不同方面，它们同时并存，相互作用。

通过对社会分工的分析，他们对两者关系的认识更加具体化和明确化。分工在生产力和生产关系之间起着结合两者的"中介"作用。一方面，分工是生产力发展的表现和结果；另一方面，它又是形成和制约生产关系和各种社会关系的现实基础。分工和所有制关系对生产力的发展也发生着影响，但归根结底它们是由生产力发展所决定的。通过对分工的研究，他们终于揭示出生产力和以所有制为基础的生产关系之间的辩证联系，从而表明他的思想已经达到成熟的境界。

如上所述，生产力和生产关系是同一生产过程的两个相互依存的方面，两者既相联系，又相区别。生产力制约着生产关系，生产关系反过来也制约着生产力。因此，不论在哪个时代，都不能离开生产力来考察生产关系，也不能离开生产关系来考察生产力的发展，就是说，必须将两者看成矛盾的统一体。但也不能将两者的作用简单并列、等量齐观。在生产力和生产关系的相互制约的关系中，生产力起着最终的决定作用。生产力的发展决定着生产关系的变化和发展。正如马克思所指出的，在工业发展到一定阶段上必然会产生私有制，同样，也只有在大工业的条件下才有可能消灭私有制。同时，生产力的

---

① 《马克思恩格斯文集》第 1 卷，第 532 页。
② 同上书，第 520 页。

发展也决定着生产关系的性质。不同历史发展阶段上交往形式之间的区别，正是由生产力发展的不同水平决定的。马克思在《哲学的贫困》一书中，以更为精确的语言表述了上述思想，他说："社会关系和生产力密切相连，随着新生产力的获得，人们改变自己的生产方式，随着生产方式即谋生的方式的改变，人们也就会改变自己的一切社会关系。手推磨产生的是封建主的社会，蒸汽磨产生的是工业资本家的社会。"① 所以，生产力与生产关系的统一，是一个基于生产力发展之上的矛盾的、历史的过程。旧的统一体破裂，又必然会在生产力进一步发展的基础上形成新的统一体。这就是马克思主义创始人所揭示的人类社会发展的最根本的历史辩证法。

这一历史辩证法，集中地凝结在关于生产关系要适合生产力发展状况和性质的规律中。这个基本思想在《形态》中已经得到明确的表述：交往形式，即生产关系，随着生产力的发展而不断地发生变化。"起初是自主活动的条件，后来却变成了自主活动的桎梏，这些条件在整个历史发展过程中构成各种交往形式的相互联系的序列，各种交往形式的联系就在于：已成为桎梏的旧交往形式被适应于比较发达的生产力，因而也适应于进步的个人自主活动方式的新交往形式所代替……由于这些条件在历史发展的每一阶段都是与同一时期的生产力的发展相适应的，所以它们的历史同时也是发展着的、由每一个新的一代所承受下来的生产力的历史，从而也是个人本身力量发展的历史。"② 由此可见，马克思的历史唯物主义关于生产力与生产关系辩证运动规律的基本思想，在这里已经形成并得到科学的阐明，后来，马克思在1859年的《政治经济学批判》"序言"中对这一原理的经典性表述，正是对这个基本思想的进一步精确化和发挥。

生产力和生产关系的矛盾运动这一历史辩证法的揭示，就为正确认识社会历史现象，阐明社会形态及其发展规律，奠定了坚实的理论

---

① 《马克思恩格斯文集》第1卷，第602页。
② 同上书，第575—576页。

基础。

五 社会形态理论的形成和完整表述

唯物主义历史观，是马克思一生最伟大的理论贡献，是马克思主义思想体系的理论基石，而社会形态理论则是唯物主义历史观的核心思想。没有这个思想便不会有唯物主义历史观。正是人类社会形态及其更替规律的发现，马克思才终于揭开了人类历史之谜，实现了人类历史观的伟大变革。

但是，一个时期以来，理论界有些人对马克思的社会形态理论提出不少质疑，否定社会规律的客观性，认为人类历史中的一切都是人的实践活动创造出来的，这里有规律也只能是人的实践活动的规律，而实践通常总是在人的意志支配下进行的，"因此它纯粹是一种思辨的思维运动"[1]。有的人更为清楚地把社会历史规律说成是"认识的产物"，是"人的思想和意志所创造的"，"只是一种逻辑概念"[2]。上述这些观点，十分清楚地否定马克思的社会形态理论的科学性和客观性，宣扬一种唯心主义历史观。有的人还公开反对用马克思五种社会形态理论分析研究人类历史，包括我国社会发展史，这就更值得商榷了。当然，从新的视角，用新的材料，重新思考我国古代史上的一些问题，研究我国历史的分期问题是可以的，也是有益的，但是否定马克思的社会形态理论的科学性及其在我国历史研究中的运用就不对了。对于这样一些重大理论问题，我们必须研究清楚，并给予科学的阐明。为此，笔者在这里将用更多的笔墨，着重阐明马克思社会形态理论的形成和演进，以及如何正确地认识这个重要思想。

人类社会历史观演进的几种形态。历史观是人们在社会实践中对社会现象的本质、社会发展过程和历史规律的认识，是人们对于社会

---

[1] 《历史研究》2001年第4期，第8页。
[2] 《历史研究》2000年第2期，第4、7页。

历史的一个总的看法。综观人类思想史，人们在改造客观世界中，在对自然认识的同时便开始了对自身的认识，而认识社会现象比认识自然现象要困难得多，复杂得多，漫长得多。这是因为，与人们对自然的认识不同，这里认识的对象是人类自身及其发展，它涉及人的活动、人的社会关系、人的利益，以及人的思想、意志和感情，等等。这些因素在很长时期影响了人们对社会历史的科学认识。可以这样概括，**人类对自身历史的认识，经历了一个从"神"到"人"，再到用物质生产和社会关系去说明社会历史的、漫长的、曲折的发展进程。回溯人类的自我认识史便会发现，历史越是久远，人们对自己历史的认识便越是带有浓重的神秘色彩。**

在一个相当长的历史时期内，人们既不能正确说明自然界，更不能正确解释社会现象，而把这一切都归之于一种超自然的神秘的力量。"神"是当时人们回答历史之谜的总答案，神学历史观在很长的历史时期禁锢着人们的头脑。这种情况不论是在中国还是在外国，都是如此。这是人类对自己历史认识的一个不可避免的阶段。它不仅是物质生产力和人们精神世界发展的产物，而且也是人们的需要，特别是统治阶级进行政治统治的需要。例如，中国的"天命""天道"观，认为国家的治乱兴衰，帝王将相的出现，都是由上天安排好了的。其兴，必有祯祥；其亡，必有妖孽。在西方则认为，上帝是世界万物的最高"主宰"，"一切现存事物都是由神布排的"（托马斯·阿奎那）。说法不同，实质则一，都是在宣扬一种唯心主义的神学历史观。尽管历史上有许多哲学家和无神论者，提出"人是万物的尺度"（西方的普罗塔哥拉）和"人事为本，天道为末"（中国的仲长统）的卓越见解与之抗衡，但也不能根本抹掉这层覆盖在人类社会机体上的神学阴影。但是，社会实践是强大的推动力，随着工商业和自然科学的迅速发展，以及人们认识视野的进一步扩展，冲破这种神学历史观也是不可避免的，而且前一阶段的发展，已经为后一阶段的发展准备了进步的因素。

"文艺复兴"时期开始的人道主义思潮，标志着从"神"到

第七章 第一个伟大发现 揭示历史之谜

"人"的历史性转折。这一历史观的重大转折，植根于当时的社会经济和政治的事实之中，是资本主义生产方式和科学进一步发展的结果。正如恩格斯所说，即使宗教包含的某些材料所发生的变化，也都是"由造成这种变化的人们的阶级关系即经济关系引起的"[①]。人类历史观的变化就更是如此了。诚然，人道主义历史观较之神学历史观是一个巨大的进步，它使人们对社会现象的认识从天上下降到人间，开始用"人"而非用神来解释社会历史现象。但是，正如马克思在《形态》中批判的那样，这种历史观所理解的"人"是一种抽象的人，而不是生活在现实中的人，它并且用这种"人"去解释人类历史和社会现象，所以，以抽象的"人"和"人性"说明社会历史现象的人道主义历史观虽然比神学历史观是一个进步，但仍然还是一种唯心主义历史观。从总体来说，不论是神学历史观还是人道主义历史观，实质都是用某种观念来解释历史的唯心史观。因为，不论是"神"还是"人"，都是被抽象化了的观念的产物，并把它们"描述成历史的动力"。黑格尔，更是把这些形形色色的认识抽象化为绝对观念，认为这种绝对观念才是世界万物的终极动因。他不仅使这种理论更加精致，而且还赋予它以辩证的因素。在漫长的历史时期里，唯心主义历史观统治着人们对社会现象的认识。

随着资本主义生产方式的进一步发展，社会矛盾的尖锐化和阶级关系的明朗化，以及人类思想发展也积累了丰富的材料，揭开历史之谜和社会现象本质的条件已经成熟。于是，唯物主义历史观在已有认识的基础上，在研究"现实的人"和回答时代课题的过程中便应运而生，从而实现了人类历史观的伟大变革。

马克思在历史观上的伟大变革就在于，他在继承前人已取得的思想成果的基础上，把唯物主义推广到社会历史领域，用唯物辩证的观点去认识和说明社会历史现象，揭示了人类社会的发展规律，从而把人们对社会历史的认识奠定在科学的基础之上。应当说，这在人类思

---

① 《马克思恩格斯文集》第4卷，第312页。

想史上具有破天荒的意义。

马克思社会形态理论的逐步形成和完整表述。马克思社会形态理论，也即五种社会形态理论的形成，是一个逐步发展的过程，是一个随着马克思对世界历史和对资本主义社会不断探讨和研究而逐步深化和成熟的过程。这个理论决不是主观臆断，而是在批判地继承前人思想成果的基础上，研究了已有的和新发现的大量历史资料才逐渐形成起来的。它是人类历史观发展的必然结果。只有真正了解其形成发展过程，才能正确和深刻地认识五种社会形态理论的科学性和它的重大意义。

1. 马克思社会形态理论的初步形成

如前所述，马克思是在19世纪40年代的德国开始自己的理论活动的，因此，他不可能不受当时德国精神环境的影响，特别是费尔巴哈人本主义哲学的影响。但是，他通过自己的理论探索，终于找到了摆脱这种理论困境的出路。马克思之所以能够超越前人，完成社会历史观的伟大变革，在于他把握住了两个关键性问题，并从理论上成功地解决了它。其一，他超越了关于"人"的抽象议论，而把自己研究的基点放在探讨"现实的人"和"人的世界"上，从而揭开了长期蒙在人和人类社会之上的神秘面纱；其二，马克思在前人取得的思想成果的基础上，深入地研究现实的社会关系和经济关系，形成了关于生产关系的重要思想。《形态》对之作了全面的阐发。

生产关系概念的形成，不仅对生产力诸要素结合的性质和方式有了更为科学的认识，而且有可能揭明生产过程本身内在结构，揭明生产力和生产关系的辩证统一关系。据此，进而揭示了人类社会的基本矛盾、发展动力和运动规律，解答了长期困扰人们的历史之谜。生产关系及其与生产力辩证统一的思想的形成，使马克思创立社会形态理论迈出了决定性的一步。

所谓社会形态，通常理解为是经济基础与上层建筑的统一，是一个社会的经济基础、政治机构和观念上层建筑的有机统一而构成的社会有机体。社会形态是一个整体概念。它既有稳定的质的规定性，又

第七章　第一个伟大发现　揭示历史之谜

是一个活的机体，而生产关系和所有制关系在其中起着基础性作用。生产力和生产关系的矛盾运动，推动着社会形态不断地从低级向高级发展变化。

关于五种社会形态思想的形成和表述经历了一个不断演进的过程。最早在《德意志意识形态》中，马克思基于对生产力发展和社会分工的分析，研究了分工各个不同阶段的交往形式和所有制关系，把以往的"部落所有制""古典古代的公社所有制和国家所有制""封建的或等级的所有制""现代所有制或资产阶级所有制"，作为人类社会演进的几个历史时期，并对未来共产主义社会的特征进行了富有预见性的分析，初步形成了关于人类社会历史发展的五种社会形态的思想。

其后，马克思在《雇佣劳动与资本》和《共产党宣言》等著作中，对他刚刚形成的社会形态思想作了进一步的更为准确的阐明。他在研究资产阶级社会的生产关系时，对社会形态思想明确地表述道：**"各个人借以进行生产的社会关系，即社会生产关系，是随着物资生产资料、生产力的变化和发展而变化和改变的。生产关系总合起来就构成所谓社会关系，构成所谓社会，并且是构成一个处于一定历史发展阶段上的社会，具有独特的特征的社会。"**① 很显然，这里比《形态》更清楚地阐明了社会形态的概念。接着他又对历史上的几种社会形态作了新的表述：**"古典古代社会、封建社会和资产阶级社会都是这样的生产关系的总和，而其中每一个生产关系的总和同时又标志着人类历史发展中的一个特殊阶段。"**② 这里不仅是思想内涵，而且概念的表述，都较前进了一步。《共产党宣言》基于唯物主义历史观，结合当时的革命形势，着重从阶级斗争的角度，对奴隶社会、封建社会和资产阶级社会的生产方式和阶级关系作了分析，指出"至今一切社会的历史都是阶级斗争的历史"，突出地阐明了未来共产主义社会

---

① 《马克思恩格斯文集》第1卷，第724页。
② 同上。

的历史必然。在这里，实际上揭明了人类社会形态的历史演进，以及推进历史发展的社会力量。

2. 马克思社会形态理论的深化和最初的表述

不可否认的是，在19世纪40年代，由于史前史料的缺乏和对东方社会研究不多，所以马克思对社会形态演进的看法主要囿于西方社会，就是说，那时马克思并未将视线投向东方这块古老而神秘的土地。50年代后，一方面，与1848年革命失败后归于沉寂的欧洲不同，亚洲爆发了大规模的革命运动；另一方面，英国国内对于在印度的殖民统治以及其议会围绕东印度公司等问题都产生了不小的争论。这些客观现实引发了马克思对东方问题的关注，开始探讨亚细亚的生产方式。就研究成果看，他发表于《纽约每日论坛报》上的一些文章以及与恩格斯的通信可以算是这时期的集中体现。此时，马克思关注重心乃是东方社会的现实状况及其在外来冲击下的历史命运问题，但同时他在研究中也涉及东方社会具有的个性特征，如不存在土地私有、在村社制度中过着闭关自守的生活、国家专制等，即后来表述的"亚细亚生产方式"[①]，并认为东方"一切现象的基础是不存在土地私有制。这甚至是了解东方天国的一把真正的钥匙"[②]。由于马克思刚刚涉猎东方社会，加之史料的影响，他更多关注的是东方社会的个性特点，而并没有认识到东西方社会的共性。进而提出的不同于西欧社会的"亚洲式的社会"[③]，也是将东方社会视为一种区别于"西欧式的社会"的地域性社会。

随着史料的丰富与研究的深入，马克思进一步发现这种生产方式并不为印度所独有，其在亚洲其他地方也是一种客观存在，并在一定程度上保留下来。如"在爪哇东海岸的巴厘岛，印度人的这种组织还完整地和印度人的宗教一起保存了下来，它的痕迹和印度人的影响一

[①] 在本文中，"亚细亚生产方式"与"亚细亚所有制"是作为同义语使用的；而对它的分析也参见了赵家祥、盐泽君夫（日）等学者的理论观点。
[②]《马克思恩格斯文集》第10卷，第112页。
[③]《马克思恩格斯文集》第2卷，第686页。

样，在整个爪哇随处可见"①。在世界上其他地方，马克思也发现了与这种生产方式类似的制度。1853年，在探讨被称为"克兰"的苏格兰氏族时，他指出："某一克兰，即氏族，所居住的地区就属于该氏族，正如俄国的农民公社所占用的土地不属于个别农民而属于整个公社一样。可见，所在地区是氏族的公有财产。在这种制度下，现代意义上的私有财产是谈不上的，同样，克兰成员的社会地位同生活在我们现代社会条件下的个人的地位也是无法相比的。""在任何情况下，土地都是氏族的财产，在氏族内部，尽管有血缘关系，但是人们之间也有地位上的差别，正像所有古代亚洲的氏族公社一样。"② 在这里，已经暗含了亚细亚生产方式并非为亚洲所独有的意思。其后，马克思在《1857—1858年经济学手稿》中进一步分析了它的普遍意义，即其在美洲的墨西哥、秘鲁，欧洲的克尔特人、罗马尼亚人、斯拉夫人、古希腊罗马以及日耳曼民族都先后存在过，并在部分地方还发现了它的痕迹。这些发现使得他有可能将其与人类社会历史进程联系起来进行思考，并获得新的认识。

马克思在《1857—1858年经济学手稿》一书第二篇的"资本主义生产以前的各种形式"中，对"亚细亚生产方式"作了进一步探讨。在该文中，马克思比较和分析了资本主义生产方式之前东西方社会存有的三种公社所有制形式：亚细亚所有制、古代所有制与日耳曼所有制，并从中发现了更为本质的东西。在他看来，这些所有制形式除具有共同点外，彼此之间还存有一些明显的差别。以最具决定意义的土地所有制与财产关系为例，在亚细亚所有制中，"人类素朴天真地把土地当做共同体的财产"，单个人的财产"本身直接就是公社财产"，其"并不是同公社分开的个人的财产，相反，个人只不过是公社财产的占有者"。在古代所有制中，"公社财产——作为国有财产——即公有地，在这里是和私有财产分开的"，即这里已经"存在

---

① 《马克思恩格斯文集》第10卷，第118页。
② 《马克思恩格斯全集》第8卷，第571、572页。

着国家土地财产和私人土地财产相对立的形式",并且"后者以前者为中介";而在日耳曼所有制中,"个人土地财产既不表现为同公社土地财产相对立的形式,也不表现为以公社为中介,而是相反,公社只存在于这些个人土地所有者本身的相互关系中。公社财产本身只表现为各个个人的部落住地和所占有土地的公共附属物。"[1] 正是在这些详细分析的基础上,马克思认识到,与后两种所有制相比,亚细亚所有制本身就是直接的公有制,因而也是三种所有制形式中最为原始的。由此,他明确指出:"仔细研究一下亚细亚的、尤其是印度的公有制形式,就会证明,从原始的公有制的不同形式中,怎样产生出它的解体的各种形式。例如,罗马和日耳曼的私有制的各种原型,就可以从印度的公有制的各种形式中推出来。"[2] 这样,他实际上已经把这种亚细亚的所有制形式看作人类社会的最初阶段,置于"古典古代社会"之前,对人类社会演进阶段有了进一步的、尽管还是朦胧的认识。显然,远古社会仍然是需要深入探讨的问题。

至此,马克思社会形态理论不仅思想内容更加丰富,而且**"社会形态"** 这一重要概念也已提出。马克思在《德意志意识形态》等著作中,主要是用所有制形式和由生产关系总和构成的特定历史阶段的"社会"表示社会形态的思想。马克思首次使用**"社会形态"** 术语来表述人类社会的变更,是在1852年12月—1853年3月写成的《路易·波拿巴的雾月十八》中。马克思借用"形态"这个地质学术语来表示人类历史上处于特定阶段的社会总体。他在讲到旧的法国革命时的英雄们,都穿着罗马的服装,讲着罗马的语言,来实现当代的任务,即利用解除封建桎梏发展国内工业生产力,"在法国境外则到处根据需要清除各种封建的形式,为的是要给法国资产阶级社会在欧洲大陆上创造一个符合时代要求的适当环境。但是,新的社会形态一形成,远古的巨人连同复活的罗马古董……就都消失不见了。"[3] 在这

---

[1] 《马克思恩格斯文集》第8卷,第124、127、133页。
[2] 《马克思恩格斯文集》第5卷,第95页注释(30)。
[3] 《马克思恩格斯文集》第2卷,第471页。

里，马克思论及的社会形态，虽然特指资产阶级社会，但"社会形态"作为一个唯物史观中一个特指处于人类历史上特定阶段社会总体的范畴而最终被确定下来了。

正是基于上述的思想进展，在1859年的《〈政治经济学批判〉序言》中，马克思对唯物主义历史观做了经典性表述，最后指出："**大体说来，亚细亚的、古希腊罗马的、封建的和现代资产阶级的生产方式可以看做是经济的社会形态演进的几个时代。**"① 至此，马克思社会形态理论得到最初的但比较完整的表述。

3. 马克思社会形态理论走向成熟和完整表述

在19世纪60年代后，在创作巨著《资本论》时期，马克思不仅继续将"亚细亚所有制"看作人类社会的最初阶段，同时，他还通过对亚洲与欧洲古代社会史的研究，继续深化着对社会形态演进的认识。正如恩格斯指出的，这段时间里，他们不仅进一步研究了存在于印度以及受印度影响的爪哇地区的公社所有制情况，还研究了从印度到爱尔兰的一切印欧人民在低级发展阶段时的所有制状况。通过这些研究，马克思越来越确信，"亚细亚所有制"具有世界意义，其完全可以被认作是人类社会的最早形态。这时，马克思特别重视历史学家毛勒对欧洲马尔克制度所作的考察和研究。马尔克村社制度的发现及对其所作的深入研究，使得马克思更加深信，欧洲各国的"土地私有制只是后来才产生的"②，它也是在土地公有制的基础上发展起来的；而建立在土地公有基础上的农村公社的存在是一切民族的普遍现象。马克思开始把马尔克制度称为欧洲各地的亚细亚所有制形式，指出"欧洲各地的亚细亚的或印度的所有制形式都是原始形式，这个观点在这里（虽然毛勒对此毫无所知）再次得到了证实"③。可见，在马克思看来，欧洲社会的马尔克制度与东方社会的"亚细亚所有制"在本质上是相同的，"亚细亚所有制"这种形式也普遍存在于欧洲社

---

① 《马克思恩格斯文集》第2卷，第592页。
② 《马克思恩格斯文集》第10卷，第281页。
③ 同上书，第281—282页。

会的早期，土地公有制是每个民族发展的必经阶段。这样，"亚细亚所有制"成为东西方社会共有的最早社会形态，五种社会形态理论进一步走向成熟。

最后，在马克思晚年，也就是在19世纪70年代下半期和80年代初，他研究了有关世界历史的大量书籍，阅读了大量俄文第一手资料，收集了包括路易斯·亨利·摩尔根《古代社会》在内的大量关于人类史前社会与东方社会的史料，集中力量研究了史前社会和东方社会，摘录形成了有着丰富思想内容的"人类学笔记""历史学笔记"以及各种书信等一大批理论成果，最终揭开人类史前社会的秘密，阐明了五种社会形态依次演进理论中所蕴含的丰富的辩证思想。在研究中，马克思不仅认识到社会形态在具体演进过程中的跳跃性，提出东方落后国家有可能利用"世界历史"所提供的各种条件而跨越资本主义"卡夫丁峡谷"的设想，还进一步深化了对"亚细亚所有制"的认识，即认为，"亚细亚所有制"并不是最原始的社会形式，而只是人类社会从"以公有制为基础的社会向以私有制为基础的社会的过渡"阶段，在此之前，还存在一个既无私有制、又无阶级对抗与阶级压迫现象的氏族社会阶段，马克思进而将之表述为"原生的社会形态"。[①] 史前社会研究的新成果，特别是对摩尔根《古代社会》的研究，使马克思逐渐认识到，在人类的幼年时代，由于生产力的极度低下，生产关系还包裹在血缘关系的胞胎之中，它还不是决定和支配其他社会关系的关键，人类自身生产起着更为决定性的作用，即自然形成的血亲关系胜过经济关系而构成了整个社会制度的基础。对于这两种生产及其辩证关系，马克思认为，越往前追溯，人类自身生产作用越大，个人也就会越依附于血缘亲属关系；而随着生产力的发展，物质生产以及基于物质生产之上的经济关系作用才日益增大，并最终取代前者而在社会中发挥决定性作用。但是，在原始时代，氏族是以血缘为基础的人类社会自然形成的原始形式。可见，这时马克思

---

① 《马克思恩格斯文集》第3卷，第586页。

第七章　第一个伟大发现　揭示历史之谜

对人类史前时期已经有了比较清晰的认识。

在马克思逝世后，恩格斯依据马克思的晚年研究成果和当时的史料发现，写出了《家庭、私有制和国家的起源》一书，在书中，他用"**人类的原始社会**"①这一概念来表述人类社会的最初形态，也就是马克思所说的"**原始时代**"和"**原生态社会形态**"。可见，称人类社会的最初形态为原始社会，是符合马克思的原意的，这一概念后来成为学术界和理论界公认的用语。至此，马克思五种社会形态理论，即原始社会、奴隶社会、封建社会、资本主义社会和未来的共产主义社会，及其发展更替规律的理论，不仅是思想内容，而且其用语，都达到了成熟的程度。

从马克思社会形态理论的形成和成熟的过程来看，这个理论是马克思考察了整个世界历史，研究了大量历史资料、包括人类史前史的资料，经过多年科学研究后而确立起来的。它不是马克思的主观臆断，而是经过长期刻苦研究而得出科学结论；它不是人的思维规律，而是对社会历史发展客观规律的科学揭示；它不是仅仅适用于欧洲，而是普遍适用于世界历史的发展进程。

五种社会形态区分的标准，是依据生产方式即生产力与生产关系结合的不同而区别开来，其最基本的划分标准是生产关系和所有制关系。马克思之所以能够创立社会形态理论，关键是他通过对人类社会的横向剖析，从一切社会关系中划分出生产关系这个决定其他一切关系的最基本和最原始的关系，并将社会生产关系归结于生产力发展的高度，从而揭示出社会形态的性质及其矛盾运动的规律，并将社会历史进程理解为生产力推动下，生产关系不断生成与被取代的自然历史过程。如前所述，生产关系思想是马克思唯物史观和社会形态理论形成的关键所在，也是区分不同社会形态的重要依据。马克思从最早表述社会形态的思想时使用的是"所有制形式"，一直到后来也是通过研究"亚细亚的所有制""东方式的所有制"和"西方式的所有制"

---

① 《马克思恩格斯选集》第4卷，第30页。

概念，最终确立起关于社会形态的理论。可见，在马克思思想中，生产关系和所有制关系居于至关重要的地位。从理论上讲，生产关系和所有制关系是生产力发展的结果和测量器，是生产得以进行的物质载体，它具有一种稳定性。它可以把不同性质的社会和社会形态区别开来，是不同社会和社会形态的质的规定性。

社会形态理论的科学价值就在于，它基于经济的、客观的事实去分析、研究人类历史，从客观事实的分析中，而不是从观念中得出结论，从而把人们对社会历史的认识真正建立在科学的基础之上了。正如马克思所说的，这样就"可能用自然科学的精确性指明（社会历史——作者）的变革"，也才可能基于生产力与生产关系的辩证运动，把人类社会发展"理解为一种自然历史过程"。这是人类历史观的伟大变革。列宁将马克思的唯物史观称之为"科学思想中的最大成果"，是"唯一的科学的历史观"，就是对马克思社会形态理论的科学价值最中肯、最恰当的评价。

六　国家与政治上层建筑

在阐述了马克思的社会结构和社会形态理论以后，必须探讨他关于法和国家的思想，尽管在《形态》中论述国家的笔墨不算太多，但是这些论述十分重要。可以说，这个思想的形成，是马克思主义成熟程度的重要标志。

国家权力与政治制度是上层建筑的核心。马克思对市民社会的研究深化了关于经济基础的概念，同样，他对国家和法的探讨，也深化了对上层建筑的认识。随着经济基础和上层建筑一般原理的制定，马克思对国家和私有制、国家阶级本质也作了深刻的阐明。

马克思此前主要是通过对黑格尔法哲学的批判，探讨了法、国家与市民社会的关系，提出了市民社会决定法和国家的重要思想。在《形态》中，他根据已经获得的新的理论观点，加深了自己的认识，奠定了马克思主义国家学说的基础。

第七章　第一个伟大发现　揭示历史之谜

　　国家不是绝对精神和纯粹意志的产物,"社会结构和国家总是从一定的个人的生活过程中产生的"①,具体地说,它是建立在私有制和社会分裂的基础之上的。由于社会分工而产生的私人利益和公共利益之间的矛盾,以及特殊利益真正地反对公共利益,使得公共利益采取普遍的共同体的形式,来对特殊利益"进行**实际的**干涉和约束成为必要"②,于是,便产生了与特殊利益脱离的,凌驾于社会之上并统治社会的国家。然而,国家只是一种虚幻的共同体的形式,它掩盖着"一个阶级统治着其他一切阶级"的实质。马克思深刻地洞察到,国家不过是阶级统治的工具,是统治阶级保卫自己利益的常设机关。他说:"国家内部的一切斗争——民主政体、贵族政体和君主政体相互之间的斗争,争取选举权的斗争等等,不过是一些虚幻的形式……在这些形式下进行着各个不同阶级间的真正的斗争。"③ 这种斗争愈激烈,国家便愈以虚幻的形式出现。正如马克思指出的,德国理论家们对此却一窍不通,于是编造出关于国家的种种神话来。

　　马克思进一步对资产阶级国家的实质作了深入的分析,认为最完善的资产阶级国家,其实是最虚伪的国家形式。它在自由、民主的外观下,隐藏着财产占有者对整个社会的有效统治。它不过是私有者满足自己利益的工具而已。资产阶级由于掌握着国家经济命脉,因而也必然控制着国家大权。马克思尖锐地指出:"现代国家由于税收而逐渐被私有者所操纵,由于国债而完全归他们掌握;现代国家的存在既然受到交易所内国家证券行市涨落的调节,所以它完全依赖于私有者即资产者提供给它的商业信贷。"④ 比如,现在的美国,无论哪个党执政,如果它得不到几个财团的有效支持,或者说,如果它不能满足这些财团的实际利益,那么,它便无法存在下去,更不可能得到巩固。因此,现代国家尽管获得了在市民社会之外的独立存在,但是在

---

　　① 《马克思恩格斯文集》第 1 卷,第 524 页。
　　② 同上书,第 537 页。
　　③ 同上书,第 536 页。
　　④ 同上书,第 583 页。

实际上，它"不外是资产者为了在国内外相互保障各自的财产和利益所必然要采取的一种组织形式"①。由此可见，作为共同利益形式出现的国家，实质上只不过是"统治阶级的各个人借以实现其共同利益的形式"②罢了。

既然国家建立在阶级利益的对抗之上，那么，剥削阶级的国家，特别是达到其最高形式的资产阶级国家，对于无产阶级和广大人民来说，只能是一种"虚假的集体"，是"虚幻的共同体"。而且它越是体现自己阶级的特殊利益，便越要赋予这种特殊利益以普遍性的形式；它越是意识到这两种利益的对立，便越要采取更加虚伪的形式，以千方百计掩盖它产生的基础——私有制。"可见，政治理智越是片面，因而越是成熟，它就越相信意志是万能的，就越分不清意志的自然界限和精神界限。"③混淆这两者的界限，正是唯心主义国家观产生的重要的社会根源。

既然国家是维护剥削阶级经济利益的组织形式，那么，无产阶级要争取经济上的解放，就不能不争得一定的政治权利。马克思在嘲讽青年黑格尔派的纯理论的解放时指出，"甚至为了争得一些只是用来从事'理论'研究的时间和经费，也必须进行物质的、实际的变革"④。无产阶级要获得彻底解放，不进行空前伟大的革命和掌握政治权利，是根本不可能的。

马克思曾经在《评"普鲁士人"的"普鲁士国王和社会改革"》一文中提出："每一次革命都推翻旧政权"，"社会主义不通过革命是不可能实现的"⑤。随着唯物主义历史观的形成和对国家的阶级本质的深刻理解，使他的这个认识上升到一个新的理论高度，第一次提出了无产阶级必须夺取政权，实质上是表述了无产阶级专政的重要思

---

① 《马克思恩格斯文集》第 1 卷，第 584 页。
② 同上。
③ 《马克思恩格斯全集》第 1 卷，第 480—481 页。
④ 《马克思恩格斯全集》第 2 卷，第 121 页。
⑤ 《马克思恩格斯全集》第 1 卷，第 488 页。

想。马克思指出:"每一个力图取得统治的阶级,即使它的统治要求消灭整个旧的社会形态和一切统治,就像无产阶级那样,都必须首先夺取政权。"①这里明确指出,无产阶级的任务就是要消灭"整个旧的社会形态和一切统治",或如他一再强调的"使现存的关系发生革命","推翻整个资产阶级制度"②。为此,无产阶级必须首先夺取政权,"取得统治",也就是建立无产阶级专政。这与《共产党宣言》关于"无产阶级用暴力推翻资产阶级而建立自己的统治"的思想,实质相同。可以说,这个重要思想,是在《形态》中奠定的。

七　社会意识和意识形态

思维与存在、意识与物质的关系,是哲学的最基本的问题,最高命题。但是,在马克思以前,对它们的理解还停留于最一般的意义上。随着唯物主义历史观的形成,对思维与存在、意识与物质的内涵,才有了科学的深入的认识。哲学上的存在、物质,实际是现存的物质生产活动、社会关系和物质生活条件的理论概括;而思维、意识则是这些物质生活条件在观念上的表达。

马克思在《形态》中紧紧结合对人的劳动、分工和所有制关系的考察,研究了人们的意识、观念的形成和发展。他在分析了人类最初的历史活动、分工以及必然发生的各种关系以后说:这时"我们才发现:人还具有'意识'。但是这种意识并非一开始就是'纯粹'的意识"。它一开始就受到物质的"纠缠",与语言交织在一起。"因而,意识一开始就是社会的产物,而且只要人们存在着,它就仍然是这种产物"。③ 马克思进一步指出:"思想、观念、意识的生产最初是直接与人们的物质活动,与人们的物质交往,与现实生活的语言交织在一起的。人们的想象、思维、精神交往在这里还是人们物质行动的直接

---

① 《马克思恩格斯文集》第 1 卷,第 536—537 页。
② 《马克思恩格斯全集》第 3 卷,第 327 页。
③ 《马克思恩格斯文集》第 1 卷,第 533 页。

产物。表现在某一民族的政治、法律、道德、宗教、形而上学等的语言中的精神生产也是这样。人们是自己的观念、思想等等的生产者。"① 意识起初只是对直接的可感知的环境的一种意识，是对个人之外的他人和其他物的狭隘联系的一种意识，随着分工的发展，特别是从物质劳动和精神劳动的分离开始，才产生了真正意义上的意识，这时，"意识才能摆脱世界而去构造'纯粹的'理论、神学、哲学、道德等等"。② 可见，随着生产和分工的发展，精神交往才具有了更为复杂的形式，出现了多种思想关系，而且由于阶级统治的需要，精神越来越脱离物质关系成为统治历史的独立的力量。于是，物质的社会关系便笼罩在精神的烟雾之中。

马克思认为，德国哲学从天国降到人间，用虚幻的观念构造现实世界，而新世界观则相反，它是人间升到天国。这就是说，唯物主义历史观以现实的人及其活动为前提来阐明思维与存在、意识与物质的关系。"我们的出发点是从事实际活动的人，而且从他们的现实生活过程还可以描绘出这一生活过程在意识形态上的反射和反响的发展。甚至人们头脑中的模糊幻象也是他们的可以通过经验来确认的、与物质前提相联系的物质生活过程的必然升华物。因此，道德、宗教、形而上学和其他意识形态，以及与它们相适应的意识形式便不再保留独立性的外观了。它们没有历史，没有发展，而发展着自己物质生产和物质交往的人们，在改变自己的这个现实的同时也改变着自己的思维和思维的产物。**不是意识决定生活，而是生活决定意识**。"③ 在这里，马克思深刻地阐明了社会存在与社会意识的关系，不仅正确的意识来源于社会生活，而且错误的、虚幻的意识，如思辨唯心主义和宗教观念等，也是社会生活的折光的反映。这是对思维与存在这一哲学基本问题的科学的阐明和深化，而且更深刻地批判了德国思辨唯心主义哲学。

---

① 《马克思恩格斯文集》第 1 卷，第 524 页。
② 同上书，第 534 页。
③ 同上书，第 525 页。

第七章 第一个伟大发现 揭示历史之谜

马克思在《形态》中，初次阐明了刚刚形成的唯物主义历史观基本轮廓，即物质生产活动—交往关系（市民社会）—政治、国家制度—意识形态及其各种形式。并从新的历史观角度，进一步阐明了社会存在与社会意识的关系，指出"这种历史观就在于：从直接生活的物质生产出发阐述现实的生产过程，把同这种生产方式相联系的、它所产生的交往形式即各个不同阶段上市民社会理解为整个历史的基础，从市民社会作为国家的活动描述市民社会，同时从市民社会出发阐明意识的所有各种不同的理论产物和形式，如宗教、哲学、道德等等，而且追溯它们产生的过程。这种历史观和唯心主义历史观不同，它不是在每个时代中寻找某种范畴，而是始终站在现实历史的**基础**上，不是从观念出发来解释实践，而是从物质实践出发来解释各种观念形态"。① 这是对社会意识和社会存在的科学规定，而且随着社会生活的变化，社会意识的形式和内容也会发生改变。

马克思在《形态》中，还从上述基本原理出发，深刻地阐明了思想、意识的阶级性，阐明了在阶级存在的条件下，社会意识、思想总是同一定阶级联系在一起，总是某种阶级利益的反映。"统治阶级的思想在每一时代都是占统治地位的思想。这就是说，一个阶级是社会上占统治地位的**物质**力量，同时也是社会上占统治地位的**精神**力量。支配着物质生产资料的阶级，同时也支配着精神生产资料……占统治地位的思想不过是占统治地位的物质关系在观念上的表现，不过是以思想的形式表现出来的占统治地位的物质关系；因而，这就是那些使某一个阶级成为统治阶级的关系在观念上的表现，因而这也就是这个阶级的统治的思想。"② 这里用简明的语言准确地表述了思想、观念与其所反映的物质利益的关系。这是一个普遍规律，只要存在阶级利益的分野，思想、意识必然代表一定阶级的利益，必然具有阶级性。在阶级存在的条件下，普世价值是不存在的。

---

① 《马克思恩格斯文集》第 1 卷，第 544 页。
② 同上书，第 550—551 页。

但是，资产阶级为了维护自己的经济利益和政治统治，总是设法将统治阶级的思想与统治阶级分离开来，赋予自己的思想以普遍性的外观。在贵族统治时期占统治地位的概念是荣誉、忠诚，等等；而在资产阶级占统治地位的概念则是自由、平等，等等。他们的御用学者，总是极力把这些概念说成是超越历史的具有普遍意义的思想。于是，占统治地位的将是越来越抽象的思想，即越来越具有普遍性形式的思想。这是"因为每一个企图取代旧统治阶级的新阶级，为了达到自己的目的不得不把自己的利益说成是社会成员的共同利益，就是说，这在观念上的表达就是：赋予自己的思想以普遍性的形式，把它描绘成唯一合乎理性的、有普遍意义的思想"。"它之所以能这样做，是因为它的利益在开始时的确同其余一切非统治阶级的共同利益还有更多的联系，在当时存在的那些关系的压力下还不能够发展为特殊阶级的特殊利益。"[①] 恩格斯后来指出，1830 年是一个分界线，这时，资产阶级在欧洲大多数国家取得统治地位，并开始镇压工人运动，他们关于自由、民主、平等等观念的普遍性外衣被实践所揭破，其实质暴露无遗。马克思在一百多年前，对思辨哲学和以普遍性外观出现的抽象观念的批判，对我们今天认识西方一些人鼓吹的自由、民主、人权等普世价值的实质和思想来源，仍有重要的启迪意义。

八 共产主义的理论论证

在《形态》中，马克思主义创始人运用刚刚创立的唯物主义历史观，沿着以往对社会主义探索的思想轨迹，阐明了科学共产主义的基本观点。马克思在《莱茵报》时期，就提出要为共产主义提供"理论论证"，可以说，在《形态》中他初步地完成了这一夙愿。科学共产主义的思想，不仅是运用唯物主义历史观研究现实社会问题而得出的结论，而且表明，科学共产主义也是唯物主义历史观的重要组成部

[①] 《马克思恩格斯文集》第 1 卷，第 552 页。

分。在这里，也可以看出马克思主义论理的哲学方法、政治经济学内容、政治结论的有机统一。

对共产主义进行"理论论证"，是马克思和恩格斯早期思想活动的中心。在唯物主义历史观形成以前，他们也曾把当时所理解的费尔巴哈的人本主义唯物主义视为社会主义和共产主义的"哲学基础"。唯物主义历史观一经形成，他们便从中直接引出共产主义的结论，并用以指导当时的工人运动。关心现实的政治是马克思主义创始人理论活动的强大动力，反过来，他们又用自己的理论服务于当前的政治斗争。这是马克思和恩格斯在理论上得以取得卓越建树的根本原因。历史证明，马克思主义创始人对共产主义学说的科学论证，取决于他们对唯物主义历史观和政治经济学所获得的思想成就。

为了使社会主义变为科学，就必须首先把它置于现实的基础之上，即建立在对资本主义社会的经济分析之上。马克思的《1844年经济学—哲学手稿》和恩格斯的《国民经济学批判大纲》，就是力图揭露资本主义生产方式的矛盾，从经济学角度来论证共产主义，并对各种空想社会主义学说进行批判。这在1844年的理论界，已经使人们耳目一新。

共产主义是消灭现存状况的现实运动。马克思不赞同把共产主义看成是人类历史最终的完美状态，而是看作人类社会发展的一个必然环节，并提出了共产主义行动的问题。他明确指出："要消灭私有财产的思想，有共产主义思想就完全够了。而要消灭现实的私有财产，则必须有现实的共产主义行动。"① 这充分表明了，科学共产主义不仅需要有理论支持，而且更加需要革命的行动。正是在这个意义上，马克思强调，"对**实践的**唯物主义者即**共产主义者**来说，全部问题都在于使现存世界革命化，实际地反对并改变现存的事物。"② 更为可贵的是，年轻的马克思高瞻远瞩，并没有把共产主义的实现看成可以

---

① 《马克思恩格斯全集》第42卷，第140页。
② 《马克思恩格斯文集》第1卷，第527页。

一蹴而就，而是看作必然的，但又是十分漫长的过程。他说，"历史将会带来这种共产主义行动，而我们在思想中已经认识到的那个正在进行自我扬弃的运动，实际上将经历一个极其艰难而漫长的过程。"①这里，他把共产主义运动和共产主义社会制度的最终确立区别开来。这个思想无疑是十分卓越的。马克思强调共产主义"将经历一个极其艰难而漫长的过程"的思想，有重大的实践意义。100多年来的社会主义实践中出现的问题，充分说明，社会主义的实践者并没有很好地领会和把握马克思上述的思想。当然，把共产主义的实现说成是"渺茫"的，无疑也是违背马克思思想的。

在《形态》中，马克思主义创始人根据唯物主义历史观的基本原理，为共产主义提供了哲学论证。他们清楚地看到，正像资本主义社会形态代替封建主义社会形态一样，共产主义社会形态也必然战胜资本主义。历史的这种进步趋势，绝不以人们的主观意志为转移，它是由生产力和生产关系的矛盾决定的，是世界历史发展的结果。他们认为，生产力的发展必然达到这一点，即生产力在其中得到发展的那个交往形式（生产关系），开始束缚生产力的发展过程，于是，生产力也就变成带来社会灾难的破坏力量。这个矛盾在资本主义条件下，只有通过公有制代替私有制才能解决。与此同时，资本主义还造就了解决这个任务的社会力量，即革命的无产阶级。从这个阶级的实际生活中，产生出必须实行根本革命的意识。共产主义学说，正是这个革命阶级的地位、利益和作用的理论表达。

众所周知，在马克思"成为马克思"以前，曾是"哲学共产主义"的赞同者，至少恩格斯是把他同赫斯一起列入"哲学共产主义"的"行列"之中的②。恩格斯同赫斯过从甚密。在他们看来，"哲学共产主义"与"真正的人道主义"是一致的，是用费尔巴哈人本主义哲学来说明人的解放和社会主义，即主张消灭非人的现实，使人过

---

① 《马克思恩格斯全集》第42卷，第140页。
② 参见《马克思恩格斯全集》第1卷，第591页。

着符合人性的生活。这种思想之所以是不成熟的，非科学的，不是由于它同哲学有着一种内在的联系，而是由于作为它的理论根据的那种哲学本身是不科学的。它把社会主义和共产主义看成是克服人的本质的"异化"，向真正的人"复归"，就使对社会历史的认识带有一种神秘的思辨的性质。要正确认识现实的社会主义运动，揭示社会历史发展的前景，唯一的办法就是深入剖析资本主义社会的经济结构和阶级关系，科学地认识社会历史的规律性。马克思和恩格斯一经形成自己的科学历史观，便立即认识到，共产主义不是"从寻找'本质'开始的"，它"是那种消灭现存状况的**现实**的运动。这个运动的条件是由现有的前提产生的"①。生产力和生产关系的普遍而高度的发展，以及基于这两者矛盾之上的无产阶级反对资产阶级的斗争，就是这种现实的前提。这种共产主义的理论基础，只能是唯物主义历史观，而不能是任何其他哲学。

共产主义的本质特征及必然性。马克思主义创始人根据唯物主义历史观，对未来的共产主义社会作了科学预见，首先揭明了人类社会这一更高形态的基本特征。他们将共产主义称为最高的、不受单个国家所限制的人们之间的交往形式，是没有私有制和人剥削人的无阶级的社会。在这个社会里，消灭了三大差别，消灭了旧式分工和与资本主义私有制相联系的所谓"自由劳动"，即雇佣劳动，因而使个人体力和智力都得到真正全面的、自由的发展。根本的问题是消灭资本主义私有制。"随着基础即随着私有制的消灭，随着对生产实行共产主义的调节以及这种调节所带来的人们对于自己产品的异己关系的消灭，供求关系的威力也将消失，人们将使交换、生产及他们发生相互关系的方式重新受自己的支配。"②"私有制和分工的消灭同时也就是个人在现代生产力和世界交往所建立的基础上的联合。"这种联合"就是个人自由发展的共同条件"③。

---

① 《马克思恩格斯文集》第1卷，第539页。
② 同上。
③ 《马克思恩格斯全集》第3卷，第516页。

依据生产力和交往形式的冲突必然导致革命的原理，马克思进一步指出共产主义革命是大工业生产和私有制之间矛盾的产物。因为"在大工业中，生产工具和私有制之间的矛盾才是大工业的产物，这种矛盾只有在大工业高度发达的情况下才会产生。因此，只有随着大工业的发展才有可能消灭私有制。"① 在私有制条件下，大工业的发展，一方面使生产力总和具有物的形式脱离人，变成私有制的力量；另一方面使大多数人与生产力分离、丧失了现实生活内容。所以，个人必须占有生产力总和。这种占有与生产力和交往的普遍性质相适应，与大工业相适应，只有通过人们的普遍联合才能实现。私有制必定被消灭，人们通过普遍联合来占有生产力总和的共产主义一定会实现。生产力的发展是共产主义的"绝对必需的实际前提"。没有生产力的高度发展，只会有贫穷的普遍化，一切腐朽的东西都会死灰复燃。没有大工业造成的普遍交往和世界历史的形成，共产主义只能成为地域性的，交往的任何扩大都会消灭地域性的共产主义。所以，共产主义对我们说来不是应当确立的状况，不是现实应当与之相适应的理想，而是那种消灭现存状况的现实的运动。

无产阶级是实现共产主义的物质力量。马克思主义创始人认为，是资本主义大工业使无产阶级成为一无所有的阶级，使他们与整个旧世界对立，赋予他们推翻旧世界的伟大历史使命。随着资本主义生产力和交往形式的发展，及其造成的社会灾难，"与此同时还产生了一个阶级，它必须承担社会的一切重负，而不能享受社会的福利，它被排斥于社会之外，因而不得不同其他一切阶级发生最激烈的对立；这个阶级构成了全体社会成员的大多数，从这个阶级中产生出必须实行彻底革命的意识，即共产主义的意识"。② 资本主义大工业不仅赋予了无产阶级以历史使命，也为无产阶级实现其使命创造了条件，它使无产阶级在所有民族中都具有同样的利益，它提供了现代交通工具，

---

① 《马克思恩格斯文集》第 1 卷，第 556 页。
② 同上书，第 542 页。

使无产阶级的联合成为可能，就是说资本主义大工业不仅使无产阶级成为一个彼此竞争的受苦阶级，也使他们成为联合起来的革命阶级，成为资本主义的掘墓人。

无产阶级只有通过改变现存制度的革命才能实现共产主义。马克思指出，"无论为了使这种共产主义意识普遍地产生还是为了实现事业本身，使人们普遍地发生变化是必需的，这种变化只有在实际运动中，在革命中才有可能实现；因此，革命之所以必需，不仅是因为没有任何其他的办法能推翻统治阶级，而且还因为推翻统治阶级的那个阶级，只有在革命中才能抛掉自己身上的一切陈旧的肮脏东西，才能胜任重建社会的工作"[①]。

共产主义革命与以往的革命有根本区别。过去的一切革命都不触动私有制本身，只有共产主义革命才和私有制相对立，彻底消灭私有制。过去的一切革命对生产力的占有，受当时的生产力、生产工具和交往状况的束缚，都是有限的。他们占有的只是有限的生产工具，他们只达到了新的局限性。他们的生产工具成了他们的财产，但是他们本身的自主活动受到有限的生产工具和有限的交往的束缚，他们始终屈从于分工和自己所有的生产工具，不能全面地发展。共产主义革命通过联合占有全部生产力总和，消灭旧式分工，使人们的自主活动与物质生活一致起来。过去的在分工条件中进行的一切革命，都不能不导致新的政治机构的产生，而消灭旧的分工的共产主义革命，最终会清除旧有的政治机构和对人类解放的限制，使人得到自由全面的发展。

马克思主义创始人在《形态》中阐发的共产主义思想，与空想社会主义有着根本的不同。第一，理论基础不同。前者以历史唯物主义为理论基础；后者以唯心主义人性论为理论基础。前者以生产力与交往形式的矛盾运动为出发点；后者以人的天性——理性为出发点。第二，阶级基础不同。前者以现代无产者为自己的阶级基础，代表现代

---

① 《马克思恩格斯文集》第1卷，第543页。

无产阶级利益；后者反映的是作为现代无产阶级前身的早期无产者的愿望和要求。第三，主要理论内容不同。前者主要是研究资本主义生产方式与无产阶级和资产阶级之间的阶级斗争发展的规律，依据这些规律得出共产主义的结论和实现共产主义的条件和道路的学说，并对未来共产主义社会的某些基本特征作出科学预测。后者主要是揭露资本主义社会的弊病及其反人道性质，在头脑中构造未来理想社会的宏伟蓝图。第四，依靠的力量与实现共产主义道路不同。前者主要依靠现代无产阶级的觉悟和斗争；后者主要依靠有产者的主动退让和学者的宣传。前者认为无产阶级反对资产阶级的斗争必然导致无产阶级革命，使无产阶级夺取政权，只有这样才能消灭旧社会形态，实现共产主义。后者认为只要通过典型示范和宣传呼吁，使人们看到现代社会的不合理以及理想社会之美好，并为建立美好的理想社会而出力，理想社会就实现了。可见，马克思和恩格斯的共产主义思想，是共产主义理论领域中的伟大的变革，它使共产主义从空想变成了科学。

马克思主义创始人关于无产阶级历史使命、实现道路和方法的具体论述，以及对未来共产主义社会基本特征的某些预测，都是根据对19世纪40年代资本主义的发展状况的分析得出来的，随着历史的前进，资本主义也在不断地变化，应根据新的情况丰富和发展马克思的思想。坚持马克思主义的科学社会主义，最重要的是坚持马克思主义立场、观点和方法，研究当代生产力和生产方式的变化，以及给无产阶级和共产主义运动的影响，应该从对当代资本主义生产方式和阶级关系的分析中，得出当代共产主义运动的结论，来检验和发展马克思主义的共产主义原理。

九　马克思的历史观和自然观

上面从几个方面阐述了唯物主义历史观的一些基本概念、基本原理，这里，很有必要把马克思对他的新的历史观的完整表述展示出来，这就是大家已经熟知的《政治经济学批判》"序言"中对唯物史

第七章 第一个伟大发现 揭示历史之谜

观的经典性表述。马克思说,"我所得到的,并且一经得到就用于指导我的研究工作的总的结果,可以简要地表述如下:人们在自己生活的社会生产中发生一定的、必然的、不以他们的意志为转移的关系,即同他们的物质生产力的一定发展阶段相适合的生产关系。这些生产关系的总和构成社会的经济结构,即有法律的和政治的上层建筑竖立其上并有一定的社会意识形式与之相适应的现实基础。物质生活的生产方式制约着整个社会生活、政治生活和精神生活的过程。不是人们的意识决定人们的存在,相反,是人们的社会存在决定人们的意识。社会的物质生产力发展到一定阶段,便同它们一直在其中运动的现存生产关系或财产关系(这只是生产关系的法律用语)发生矛盾。于是这些关系便由生产力的发展形式变成生产力的桎梏。那时社会革命的时代就到来了。随着经济基础的变更,全部庞大的上层建筑也或慢或快地发生变革。……无论哪一个社会形态,在它所能容纳的全部生产力发挥出来以前,是决不会灭亡的;而新的更高的生产关系,在它的物质存在条件在旧社会的胎胞里成熟以前,是决不会出现的。所以人类只提出自己能够解决的任务,因为只要仔细考察就可以发现,任务本身,只有在解决它的物质条件已经存在或者至少是在生成过程中的时候,才会产生。大体说来,亚细亚、古希腊罗马的、封建的和现代资产阶级的生产方式可以看做是经济的社会形态演进的几个时代。"[①] 至此,我们可以对马克思主义创始人阐明的唯物主义历史观有一个完整的了解和准确的把握。当然,随着人类历史的发展,马克思揭明的唯物主义历史观也会不断地丰富和发展,还必然会增添新的内容,然而,这里奠定的基本原理是"源",是"根",是必须要坚持的。

在这里,笔者还需要说明马克思新的历史观与它由以立足的自然观又是什么关系?并且澄清当时德国哲学在这方面的一些混乱观念。

在马克思主义理论体系中,历史观与自然观是内在地统一在一起

[①] 《马克思恩格斯文集》第 2 卷,第 591—592 页。

的，两者紧密联系，互为作用。自然观是对整个自然界及其发展规律的认识，历史观是对人类社会生活本质及其运动规律的揭示。涉及的时空范围有差异，但两者不可分割地联系在一起。自然界的客观存在是人类社会存在和发展的客观基础，人类社会是大自然长期发展的产物，是自然界长期演变的结晶。从广义来讲，人类社会是自然界的一个有机的组成部分。从认识上讲，人们在长期的生产实践中，在认识自己作用的对象的同时，也开始认识人自身和人的社会，以及它们的关系。这两者在发展过程中紧紧地交织在一起。解决人与自然、人与社会的关系，是社会实践的永恒主题，也是人们认识的永恒主题。马克思在创立科学历史观时，一刻也没有忽视自然界的存在，而始终把自然的"优先存在"作为研究社会历史的客观基础。他当时面临的主要任务是把唯物主义推广到社会历史领域，创立唯物主义历史观，但同时对人与自然的矛盾关系，对人化自然，也作了透辟的阐明，而且在不同时期对两者的关系都有不同的论述。

马克思主义创始人在其活动的早期，就尖锐地批判了思辨唯心主义哲学把自然界视为精神的外化，否认自然界的客观存在，或者对自然界作抽象化的理解，就开始研究人与自然、人与社会之间的关系，并且把解决"人类与自然的和解以及人类本身的和解"，看成是"我们这个世纪面临的大转变"。[①] 就是说，不仅要从理论上阐明人与自然、人与社会的关系，而且要从实践上使这两个方面存在的问题得以真正的解决，达到真正的和谐。可以说，这是马克思终生所面临的历史任务。

马克思在《1844年经济学—哲学手稿》中，针对思辨唯心主义指出，"没有**自然界**，没有**感性的外部世界**，工人什么也不能创造。自然界是工人的劳动得以实现、工人的劳动在其中活动、工人的劳动从中生产出和借以生产出自己的产品的材料。"[②] 但是，违反人性的私有制的存在，"使自然界同人相异化"。马克思当时还受着费尔巴

---

① 《马克思恩格斯文集》第1卷，第63页。
② 同上书，第158页。

第七章　第一个伟大发现　揭示历史之谜

哈人的"类本质"观点的影响,从"自然主义—人道主义—共产主义"三位一体的角度来思考自然、人、社会的关系。指出:"这种共产主义,作为完成了的自然主义,等于人道主义,而作为完成了的人道主义,等于自然主义,它是人和自然界之间、人和人之间的矛盾的**真正解决**,是存在和本质、对象化和自我确证、自由和必然、个体和类之间的斗争的真正解决。"① 在马克思看来,共产主义作为人类所追求的理想目标,就是要最终消除人的自我异化,即人与自己的劳动产品、与自身的劳动活动、与人的类本质、与自然界以及与他人的异化,使人从自己的创造物(私有财产)的奴役中解放出来,把"物"(商品、货币、资本)的独立性和个性变为人的独立性和个性,实现人对自己本质的真正占有,从而克服人与自然、人与人、人与自身的对立,达到自然主义和人道主义的统一,完成人与自然以及人与社会矛盾的和解。十分显然,马克思这时还受着费尔巴哈人本主义思想的影响,但是,他已不是囿于用费尔巴哈的哲学范围,而是用他关于人的本质的异化的观点,说明如何扬弃私有制,如何解决人与自然、人与社会的矛盾,最终实现共产主义的理想社会。

接着,在《德意志意识形态》中,马克思彻底地清算了费尔巴哈脱离实践的直观唯物主义,对人与自然的关系,对何为自然,作了科学的阐发,论证了马克思的新的历史观与自然观的关系。马克思指出:"历史可以从两方面来考察,可以把它划分为自然史和人类史。但这两方面是密切相连的;只要有人存在,自然史和人类史就彼此相互制约。"② 自然史也就是自然科学,它不是马克思要研究的课题,他要研究的是几乎被当时整个意识形态所曲解或完全排除的人类史、社会历史观,但研究人类史并不是孤立的,它必须与自然史紧密相连,或者说必须以自然史为立足点。

人的实践活动是连接人与自然的纽带,生产劳动就是人用劳动工

---

① 《马克思恩格斯文集》第 1 卷,第 185 页。
② 《马克思恩格斯选集》第 1 卷,第 21 页,注 1。

具作用于客观对象的活动,是人改造自然的活动,人类社会也正是在实践活动中逐渐形成起来的。"社会生活在本质上是实践的。"费尔巴哈的致命缺陷恰恰在于把人类的实践活动排除在哲学之外,他甚至根本不知实践为何物。正如马克思所指出的,费尔巴哈与唯心主义不同,他"想要研究跟思想客体确实不同的感性客体,但是他没有把人的活动本身理解为**对象性的**活动"①。但他根本不了解"革命的""实践批判的"活动的意义。所以,费尔巴哈在历史观上必然陷入唯心主义,就是对他口口声声颂扬的自然界也不可能做出正确的理解。

在马克思看来,自然界包括两个部分:自在的自然,即人类活动尚未作用过的自然界;人化自然,即已经被人类实践活动改造过、打上主体意志印记的那部分自然界。自在的自然,指人类世界出现之前的自然界和虽然与人类是同时存在但尚未被人类活动触及的那部分自然界,例如原始森林、未开垦的土地和未开采的矿藏等。人化自然,是指已经被人类实践活动改造过、打上主体意志印记的那部分自然界,例如,人造森林、人工河、人工湖、已被开垦的土地和已被开采的矿藏等。这就是我们所谓的作为客观存在的自然界。

通过实践,自在自然日益转化为满足人的需要的合目的性的"为我之物"。这一过程就是自然的人化过程,其结果就是从自在自然中分化出人化自然。"自然的人化"就是"自然界对人来说的生成过程",即自然界在人的实践过程中不断获得属人的性质,不断地被改造成人的存在和发展的条件,成为人的本质力量的确证和展现。马克思指出:"在人类历史中即在人类社会的形成过程中生成的自然界,是人的现实的自然界;因此,通过工业——尽管以异化的形式——形成的自然界,是真正的、**人本学**的自然界。"②

物质生产是人类历史的发源地。但"一切生产都是个人在一定社会形式中并借这种社会形式而进行的对自然的占有"③。由于人们实

---

① 《马克思恩格斯文集》第 1 卷,第 503 页。
② 同上书,第 193 页。
③ 《马克思恩格斯选集》第 2 卷,人民出版社 1995 年版,第 90 页。

第七章　第一个伟大发现　揭示历史之谜

践活动的社会性，就必然使人在对自然打上人的烙印的同时，也打上了社会的烙印。所以，人化自然是人的自然，也即是社会的自然。自然人化和人化自然的过程也是社会形成和发展的过程。人们在进行物质生产改造自然的同时，也在创建和改造着自己的社会结构和社会关系。没有人与人之间的社会关系，也就不可能有人与自然之间的现实关系。自然的人化和人化自然过程，正是在社会之中实现的，只有在社会中，自然界才是人自己的人的存在的基础。所以，人与自然、人与社会的关系，是辩证统一的关系，是彼此制约、互为作用的关系。

针对费尔巴哈的"感性世界的直观"的观点，马克思指出，费尔巴哈根本不理解他周围世界所发生的变化，"他没有看到，他周围的感性世界决不是某种开天辟地以来就直接存在的、始终如一的东西，而是工业和社会状况的产物，是历史的产物，是世世代代活动的结果，其中每一代都立足于前一代所奠定的基础上，继续发展前一代的工业和交往，并随着需要的改变而改变他们的社会制度"[1]。这种生产活动的延续，就构成了人类史和自然史。人在这个过程中，不仅改造客观世界，也使自身发生变化。"人创造环境，同样环境也创造人。"

费尔巴哈带着"单纯的直观"的眼镜来看事物，来谈"人"，他谈的人只是"自然人"，是"人自身"，而"不是现实的历史的人"，他更不了解现实中发生的真正的变化。在生产活动中，会产生这样那样的矛盾和冲突，"这些东西扰乱了他所假定的感性世界的一部分的和谐，特别是人与自然界的和谐。[2]"这时，费尔巴哈不懂得通过实践去解决问题，而是诉诸他的能看出事物"真正本质"的"高级的哲学直观"，用简单的排除矛盾的方法，消除不和谐，回归到"人的本质"。在这里，马克思强调了一个"在工业中向来就有那个很著名的'人和自然的统一'"[3]问题。这个问题随着工商业的发展会不断

---

[1] 《马克思恩格斯文集》第1卷，第528页。
[2] 同上。
[3] 同上书，第529页。

地产生，这是不可避免的历史现象，这种矛盾只能由产生它的那个时代的社会实践去解决。

马克思当时还处于工业革命的早期，那时由资本主义工商业带来的人与自然的矛盾，人的活动对自然环境的破坏，还远未达到资本主义工商业高度发展阶段的状况，所以，马克思还不可能对人与自然的和谐，以及如何保护生态环境，作出更充分的阐明。但是，在阐发新历史观的过程中，他已经对人与自然、人与社会的关系进行了初步的探讨，已提出要关注人与自然的和谐，提出"人和自然的统一性"问题，并且指明这些由实践产生的问题，只能由实践的发展去加以解决。马克思的上述思想，进一步阐释了现实的自然界、人们的社会存在的深刻内涵，大大丰富了唯物主义历史观，同时，也促使人们去研究人与自然的关系，关注人与自然的和谐，和保护人们赖以生存的自然环境。这些思想对后来的研究无疑具有奠基的意义。

第八章　马克思同蒲鲁东和魏特林的交往与决裂

在马克思主义形成过程中，马克思不断地批判各种错误理论，同国际共产主义运动中的形形色色的社会主义思潮进行斗争，为科学世界观的诞生和工人运动的健康发展扫清道路。马克思同他的论敌有过交往，甚至受过他们的影响，但当他发现他们的理论和政见的对立，便义无反顾地与之决裂。在巴黎时期，马克思与卢格合作过，但由于政见的分歧而分道扬镳。在《德意志意识形态》中，他批判了"哲学共产主义""真正的社会主义"，奠定了科学社会主义的哲学基础。在《共产党宣言》问世过程中，批判了蒲鲁东的改良主义和魏特林的空想社会主义，这对于形成国际共产主义运动的科学理论和纲领，推动工人运动的发展，起了至关重要的作用。可以说，同各种错误思潮的斗争贯穿于马克思的一生。正是通过对错误思潮的批判，不仅进一步深化了自己的理论，而且在工人群众中传播了科学的世界观和历史观，为工人运动提供了正确的指导思想。

一　蒲鲁东其人及其著述活动

蒲鲁东1809年出生于法国东部贝桑松的一个贫苦农民兼手工业者的家庭。由于家庭破产，他12岁起就辍学开始独立谋生。他曾先后当过旅馆的侍役、排字工人。由于生活的艰难，他曾想投河自尽。青少年时期的不幸遭遇，使他痛恨资本主义制度，决心致力于发现某

蒲鲁东

种能够改善人数最多而且最穷困的阶级的生活状况的方法。为此，他刻苦自学。1837年，他以《论普通文法》一书获得贝桑松学院的胥阿尔奖学金，从此得以迁居巴黎，正式从事理论研究和著述活动。

蒲鲁东一生致力于以改良主义方案改造社会的活动，并有很多著作。《什么是所有权，或对权利和政治的原理的研究》《经济矛盾的体系，或贫困的哲学》和《社会问题的改革方案》是他的代表作。其他重要的作品还有：《论人类秩序的建立》《一个革命家的自白》《战争与和平》《19世纪革命的总观念》《从12月2日政变看社会革命》以及《1815年的条约已不存在了吗？未来的代表大会决议》等。1848年法国二月革命后，蒲鲁东出任法国国会议员。由于他在报刊上批判资本主义制度，1849年3月被判刑3年。蒲鲁东晚年继续从事理论著述和改良主义活动，1865年1月在法国去世。

蒲鲁东1840年出版的他的成名之作《什么是所有权，或对权利和政治的原理的研究》一书，从小资产阶级的立场出发，尖锐地批判了资产阶级私有财产，并借用法国大革命时期雅克－皮埃尔·布里索的名言得出结论："所有权就是盗窃！"他认为，从法权观念上看，每个人都应有平等的权利来享受自己的劳动产品；但地主和资本家却以地租和利息的形式夺去劳动者的一部分产品，这实际上是侵犯了他们的权利，这是一种盗窃行为。但是，蒲鲁东反对的只是资产阶级的私有财产权，并不反对小资产阶级的私有财产权。他认为小资产阶级的财产私有权是一种"个人的占有"。它是"社会生活的条件"，是

第八章 马克思同蒲鲁东和魏特林的交往与决裂

"一种权利",因而应当予以保护。他从小资产阶级的矛盾立场出发,既反对资产阶级的私有权,又反对共产主义,幻想建立"第三种社会形式",这实质上是一种小资产阶级的私有制。蒲鲁东在这本书中只是从法权观点出发来评论私有财产,并没有论及经济关系。这时蒲鲁东对政治经济学还一无所知。正如马克思后来评论的:"在政治经济学的严格科学的历史中,这本书几乎是不值得一提的。"

《什么是所有权》问世以后,蒲鲁东感到必须从政治经济学中寻找自己所提问题的答案。他由此开始研究政治经济学,并于1846年写成和出版《经济矛盾的体系,或贫困的哲学》。这本书是蒲鲁东的主要代表作。在这里,他系统地阐发了自己的经济学观点。蒲鲁东从此开始进入政治经济学和哲学领域,并利用被他歪曲了的古典政治经济学和庸俗化了的黑格尔辩证法,来论证他的小资产阶级空想主义。

二 蒲鲁东的政治经济学观点

在《贫困的哲学》中,蒲鲁东用唯心主义的哲学观点来解释交换价值的起源。他认为,由于个人的生产无法满足自己的各种需要,于是就向别人建议进行分工和交换,这就有了交换价值。与此同时,蒲鲁东还把商品的内部矛盾变成虚构的矛盾,将使用价值与交换价值的矛盾混同于供给与需求的矛盾,而最后把这种矛盾说成是"自由意志"造成的。在蒲鲁东看来,只有通过他臆造出来的"构成价值"或"综合价值"理论,才能解决使用价值与交换价值的矛盾。

何为"构成价值"呢?他认为,社会财富是由各种产品按比例组成的。如果某种产品的数量超过按比例所需求的份额,那么多余的部分便不能被列入社会财富,也就是说得不到社会的承认。凡是在交换时得到社会承认而被列入社会财富的产品,就成为"构成价值",那些不被社会承认、无法进入社会财富领域的产品,就是

"非价值"。在取得了构成价值的产品中，使用价值和交换价值的矛盾得到了综合与调和，所以蒲鲁东又把"构成价值"称为"综合价值"。

蒲鲁东在上述理论的基础上，进而提出了消灭货币而保留商品生产与流通的主张。他认为，综合价值或构成价值是表现交换中的确定的比例，这种比例本身的基础是人们的劳动。按照他的说法，金银本来是普通的商品，后来在交换的历史中最先成为货币，开始按照它的价值在市场上进行交换，取得了构成价值。照此推论，如果一切产品都变成了货币，都能按照在生产它时所耗费的劳动量随时随地直接进行交换，成为构成价值，那么，对货币的需要就会消失。货币消失了，资本、剥削和一切非劳动的收入也都会相继消失，社会就会摆脱由于货币与资本的支配而发生的各种矛盾，而社会的一切成员都会改变成为交换同量劳动的工人，人人就会获得平等自由。

蒲鲁东将经济范畴看成创造现实经济关系的先验产物，把客观的社会经济关系看作只是永恒存在的概念与范畴的体现。在他看来，每一个经济范畴都有所谓"好"和"坏"两个对立的方面，问题就在于保存"好"的方面而消除"坏"的方面，以使这些范畴从一个过渡到另一个，从而形成一个经济范畴发展的序列。蒲鲁东按照他的主观想法，将一些经济范畴按一定顺序排列起来，构成了一个唯心主义和形而上学的政治经济学体系。

从这样的经济学观点出发，蒲鲁东形成了自己的带有空想色彩的改良主义和无政府主义的政治主张。他反对用革命的手段去推翻资本主义制度，反对工人的一切经济和政治斗争。为了使他的消灭货币，保留商品交换的想法具体化，他在其后出版的《社会问题的解决》一书中，又进一步提出了所谓的"信用改革计划"，企图以建立"交换银行"或"人民银行"、发行劳动证券以及向工人提供无息贷款的方法，来达到改造社会的目的。蒲鲁东的这种改革计划，明显地表现出他的理论既反对资产阶级统治又反对共产主义学说的小资产阶级两重性。不言而喻，这种空想主义必定会在严酷的资本主义现实面前碰

第八章 马克思同蒲鲁东和魏特林的交往与决裂

壁。终其一生，蒲鲁东的学说虽然在拉丁语系各国掀起了不小的波澜，但却从未结出任何现实的果实。

三 马克思与蒲鲁东交往和对他认识的过程

1842年10月，马克思和恩格斯第一次接触到蒲鲁东的著作。当时，蒲鲁东激烈地反对现存的私有制关系的观点，尤其是他的《什么是所有权》一书，给这两位正处于急剧的思想转变时期的年轻思想家留下了深刻的印象。马克思将蒲鲁东的著作称为"智慧的作品"，并准备对之进行"不断的、深入的研究"①；恩格斯则认为，蒲鲁东在揭露私有制以及这一制度造成的竞争、道德沦丧和贫困上，"表现了非凡的智慧和真正科学研究精神"，这是他"从来没有见过的"②。可以说，蒲鲁东对资产阶级私有制的批判对于马克思、恩格斯政治立场的转变，对于他们从所有制的角度来分析问题确实产生了一定的影响。

在《神圣家族》中，马克思、恩格斯专门肯定和阐发了蒲鲁东的经济学理论，驳斥了青年黑格尔派分子对蒲鲁东的攻击，认为蒲鲁东的可贵之处在于他不像青年黑格尔派分子那样追求"抽象的科学目的"，而是从社会的现实出发，"向社会提出一些直接实践的要求"③。蒲鲁东写作的出发点不是追求人为的、抽象的利益，而是追求"群众的、现实的、历史的利益"④。仅从这一点讲，蒲鲁东就比青年黑格尔派的"纯粹的批判"或"批判的批判"高明得多。

蒲鲁东对私有制做了"第一次具有决定意义的、无所顾忌的和科学的考察。这就是蒲鲁东在科学上所实现的巨大进步"⑤。他们认为，

---

① 《马克思恩格斯全集》第1卷，第134页。
② 同上书，第584页。
③ 《马克思恩格斯全集》第2卷，第28页。
④ 《马克思恩格斯文集》第1卷，第266页。
⑤ 同上书，第256页。

蒲鲁东不同于古典经济学家的地方，在于"以往的国民经济学从私有财产的运动仿佛为国民创造的财富出发，进行了为私有财产辩护的思考。蒲鲁东从国民经济学用诡辩所掩盖的相反的方向出发，即从私有制的运动造成的贫穷出发，进行了否定私有财产的思考"①。蒲鲁东不像其他经济学家那样仅从私有制的这种或那种个别形式出发，"而是以总括全局的方式把私有财产本身描述为国民经济关系的扭曲者"②。他们当时还认为，从蒲鲁东无情地批判资产阶级私有制这一点来讲，他是在为无产者的利益写作的，"他的著作是法国无产阶级的科学宣言"③。

从马克思、恩格斯上述对蒲鲁东的评价可以看出，他们于 1844 年开始形成的关于无产阶级革命作用的观点、关于经济关系的基础作用的思想以及这时展开的首次对资产阶级古典政治经济学的批判，都与蒲鲁东的思想有着某种直接或间接的关系。甚至到了 1845 年 3 月，马克思还将蒲鲁东看成"外国杰出的社会主义者"④ 之一，并打算进一步译介他的著作。

当然，由于马克思、恩格斯本人的思想这时正处在一个逐渐走向成熟的阶段，加之他们此时也是初次接触古典经济学，对政治经济学缺乏深入研究，因而对于蒲鲁东的评价过高，并且确有不尽准确之处。例如，认为蒲鲁东的《什么是所有权》"在国民经济学中引起革命，并且第一次使政治经济学有可能成为真正的科学"，并认为"从国民经济学观点出发对国民经济学进行批判时所能做的一切，他已经做了"⑤。这些评价显然过高估计了蒲鲁东对资产阶级政治经济学进行批判的意义。在马克思、恩格斯以后的著作中，他们对此做了实事

---

① 《马克思恩格斯文集》第 1 卷，第 259 页。
② 同上书，第 257 页。
③ 《马克思恩格斯全集》第 2 卷，第 267 页。
④ 《马克思恩格斯全集》第 42 卷，第 272 页。
⑤ 《马克思恩格斯全集》第 2 卷，第 256、257 页。

第八章　马克思同蒲鲁东和魏特林的交往与决裂

求是的更正。①

但是，即使在肯定蒲鲁东思想的积极因素时，马克思和恩格斯也从未忘记他的思想的消极方面。早在1844年7月，马克思就感到蒲鲁东的理论在很多方面不如魏特林②；而在其后写作的《1844年经济学—哲学手稿》中，则更为明确地指出，蒲鲁东并不真正懂得私有财产的本质，因为他只是从"客体"方面来考察私有财产；蒲鲁东对资产阶级私有财产的批判并不彻底，他不过是个"细节上的改良主义者"③。在紧接着写作的《神圣家族》中，马克思进一步指出，蒲鲁东对资产阶级政治经济学的批判也并不彻底，"由于他对国民经济学的批判还受到国民经济学的前提的束缚，因此，蒲鲁东仍以国民经济学的占有形式来理解对象世界的重新获得"④。马克思还指出，蒲鲁东赖以出发的哲学基础是德国的唯心主义，他是从理性原则出发得出消灭财产不平等的结论的。在蒲鲁东那里，"平等作为理性的创造原则是财产赖以确立的基础，而作为最终的理性的依据，它又是证明财产的一切论据的基础"⑤。在《德意志意识形态》中，马克思一方面指出蒲鲁东试图模仿黑格尔的唯心主义辩证法⑥；另一方面指出蒲鲁东在论及劳动与资本的现实关系时，并"没有触及问题的本质"⑦，因此，"共产主义者从他那里所接受的除他对所有制的批判以外，没有任何其他东西"⑧。

马克思是1844年7月在巴黎居住期间，开始同蒲鲁东进行私人

---

① 马克思在1847年写的《哲学的贫困》中称蒲鲁东是一个"拙劣的经济学家"；在1865年写的《论蒲鲁东》中，认为蒲鲁东的《什么是所有权》"在经济学的严格科学的历史中"，"几乎是不值得一提的"。认为蒲鲁东"拐弯抹角地又回到资产阶级经济学的立场上去"。
② 参见《马克思恩格斯全集》第1卷，第483页。
③ 《马克思恩格斯全集》第42卷，第56页。
④ 《马克思恩格斯文集》第1卷，第268页。
⑤ 同上书，第266页。
⑥ 参见《马克思恩格斯全集》第3卷，第627页。
⑦ 同上书，第605页。
⑧ 同上书，第236页。

交往的。他们经常会晤，争论问题。为了影响蒲鲁东，使其向积极方面发展，马克思曾给他讲解过黑格尔的辩证法，并在自己的文章和著作中多次直接或间接地指出他理论上的缺陷和错误。马克思被逐出巴黎后，于1846年初和恩格斯在布鲁塞尔建立了"共产主义通讯委员会"。1846年5月5日，马克思给在巴黎的蒲鲁东写信，试图使他与通讯委员会建立联系，充当法国社会主义运动的代言人。马克思在信中，还提醒蒲鲁东提防在巴黎的德国小资产阶级的政治家、"真正的社会主义"的主要代表人物卡尔·格律恩。蒲鲁东很快回信拒绝参加通讯委员会的通讯活动，并为格律恩辩护，还声称他反对共产主义和革命斗争的方法。与此同时，他与格律恩的关系越来越密切，日益暴露出他的小资产阶级改良主义者的面目。当马克思得知蒲鲁东即将付印和出版一本宣扬小资产阶级空想主义的书——《贫困的哲学》的消息时，他意识到自己与蒲鲁东的分歧是一种原则的分歧，蒲鲁东的"和平药方"和济世的"万应灵药"与格律恩等人的"真正的社会主义"一样，"是反无产阶级的、小资产阶级的和庸人的东西"[①]。

在1846年底，马克思在写给俄国自由派的著作家巴·瓦·安年柯夫的信中，明确宣布要对蒲鲁东的这本"很坏的书"进行彻底的批判。其中，马克思详尽地论述了他和恩格斯与蒲鲁东在理论上的一系列原则分歧，运用刚刚形成的历史唯物主义原理，批判了蒲鲁东的哲学唯心主义和庸俗经济学思想，为他即将写作的《哲学的贫困》一书确定了理论基调和写作提纲。

四 《哲学的贫困》与对蒲鲁东的批判

在1847年的上半年，马克思都在忙于写作这本批判蒲鲁东的《贫困的哲学》的论战性小册子。7月初，马克思的《哲学的贫困》

[①] 《马克思恩格斯全集》第27卷，第70页。

第八章 马克思同蒲鲁东和魏特林的交往与决裂

出版，在社会上产生了强烈反响。蒲鲁东建立在沙滩上的理论体系在马克思的这本书面前动摇了。《哲学的贫困》是成熟的马克思主义公开问世最早的作品。马克思运用他刚刚形成的唯物主义历史观，对蒲鲁东的经济学观点和他对黑格尔辩证法的歪曲进行了深刻的批判，阐明了自己的政治经济学基本思想，以及历史唯物主义的诸基本原理，更准确地表述了他的新的世界观和历史观。

揭露蒲鲁东对使用价值和交换价值的曲解。蒲鲁东关于交换价值起源的观点完全不是在对交换价值进行历史考察的基础上得出的，而是建立在假定和所谓的"建议"的基础上的一种唯心史观。他根本不懂分工和交换的历史性。在他看来，分工和这种分工所包含的交换等都是凭空产生的，仅仅"是一种单纯而抽象的范畴"①。实际上，交换价值是现实世界的产物。在现实世界中，"供给者之间的竞争和需求者之间的竞争构成购买者和出卖者之间斗争的必然要素，而交换价值就是这个斗争的产物"②。交换和交换价值有它自己的历史，它经历了各个不同的阶段。在中世纪，人们交换的只是生产超过消费的过剩品；而资本主义初期的交换，则不仅是剩余品，这时一切产品，整个工业活动都处在商业范围之内，一切生产这时都完全取决于交换；而到了资本主义的发展时期，则"是一切精神的或物质的东西都变成交换价值并到市场上去寻

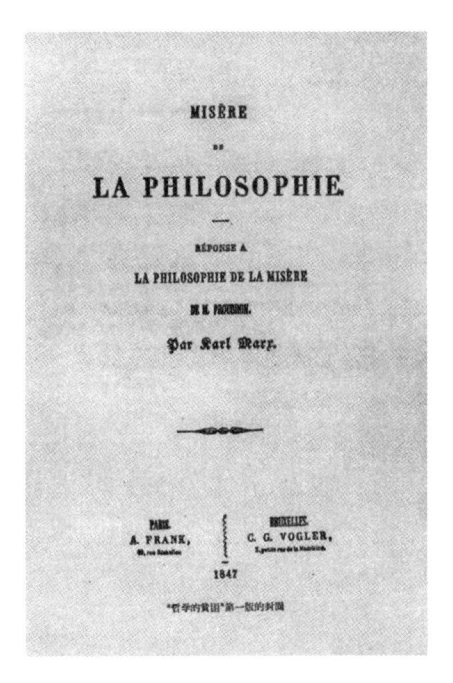

《哲学的贫困》

---

① 《马克思恩格斯文集》第1卷，第618页。
② 《马克思恩格斯全集》第4卷，第87页。

找最符合它的真正价值的评价的时期"①。在这几个不同的历史阶段中，生产和分工的发展始终是交换发展的动力。而蒲鲁东则将交换的发展解释成"假定有人曾'向别人，即向各行各业中他的合作者建议'"的结果②。

马克思接着指出，蒲鲁东关于交换价值与使用价值的关系是一种"互相对立""互相矛盾"和"成反比"的关系的观点，并不是一种由他发明的新鲜见解。让·沙尔·列奥纳尔·西蒙·德·西斯蒙第、罗德戴尔和李嘉图等经济学家早就有过类似的观点。蒲鲁东在不谈论"需求"的情况下，大讲"凡属日用必需而数量又是无穷的东西就一钱不值，毫无用处但极端稀少的东西价格就不可估量"③。这样就是把交换价值和稀少、把使用价值和众多混为一谈了。在蒲鲁东看来，众多的具有使用价值的东西代表着供给，而稀少的具有交换价值的东西才代表着需求。这二者是对立的，而这种对立又是由主观因素（即"效用"和"意见"）决定的。可见，蒲鲁东不是从现实的经济运动中来寻找这二者对立的根源，而是最终将之归结为"自由意志引起了使用价值和交换价值之间的对立"④。马克思认为，蒲鲁东的这种观点是建立在空洞的抽象概念之上。实际上，交换价值与使用价值的对立并不是发生在蒲鲁东所谓的"效用"与"意见"之间，而是发生在出卖者所要求的交换价值与购买者所提出的交换价值之间。产品的交换价值每次都是这些互相矛盾的估价的合力。

马克思认为，在现实的经济生活中，正是供给和需求才使生产和消费互相接触的，生产和消费的基础是个人交换。马克思特别强调生产在整个需要体系中的决定性作用，认为"需要往往直接来自生产或以生产为基础的情况"⑤。决定世界贸易的，并不是个人消费的需要，

---

① 《马克思恩格斯全集》第4卷，第80、79页。
② 参见《马克思恩格斯全集》第4卷，第80页。
③ 同上书，第82、84页。
④ 同上。
⑤ 同上书，第87页。

第八章 马克思同蒲鲁东和魏特林的交往与决裂

而是生产。无论是生产还是消费,都不是由"意见"和"自由意志"决定的,因为生产者和消费者都不能随心所欲。对于生产者来说,"现在生产力发展的水平责成他在一定的限度内进行生产"。对于消费者来说,"他的意见是以他的资金和他的需要为基础的。这两者都由他的社会地位来决定,而社会地位却又取决于整个社会组织。"①蒲鲁东只看到了人们在经济生活中根据本人的意见行事这一表面现象,而不懂他们之间的意见差别是由于他们在社会上所处的地位不同,"而这种社会地位的差别却又是社会组织的产物"②。

在反驳了蒲鲁东关于交换价值的起源和交换价值与使用价值的关系方面的观点之后,马克思将批判的笔锋指向了他的"构成价值"理论。

马克思指出,蒲鲁东关于"构成价值"的某些观点是盗用李嘉图和布雷等经济学家的思想并加以歪曲的结果。不难看出,蒲鲁东的综合或构成价值理论实际上就是英国古典经济学派的劳动价值论。不过,在古典学派那里,这一理论只是反映了资本主义的某种客观经济规律,而在蒲鲁东那里,它却成了消除资本主义社会各种矛盾的万应灵药。马克思认为,蒲鲁东的构成价值理论只是对李嘉图的理论的乌托邦式的解释,并荒谬地把它当成改造社会的药方,妄图用它来建立一个新世界,这不过是幻想罢了。

蒲鲁东关于"构成价值"是表现交换中的某种"比例关系",人们可以通过这种比例关系按照生产商品的劳动量进行平等交换,从而达到供求平衡的观点是站不住脚的。马克思认为,蒲鲁东在这个问题上恰好把实际情况弄颠倒了。在现实生活中是,当供求平衡时,产品可以按照生产它的劳动量来确定其相对价值,也就是说,这种相对价值恰好表现了某种确定性的比例关系。而蒲鲁东却倒果为因,认为只要先开始用产品中包含的劳动量来衡量产品的相对价值,使其达到某

---

① 《马克思恩格斯全集》第 4 卷,第 86、86—87 页。
② 同上。

种比例性关系，供求关系就必然会达到平衡。这就如同将由于天气好人们才出来散步，说成是为了使天气好人们必须出去散步一样荒谬。马克思进一步指出：在现代资本主义社会中，完全构成了的"比例性关系"是不存在的，只有构成这种关系的运动。随着大工业的产生，供求之间的正确比例早已不存在了。在资本主义经济规律的作用下，生产一定要经过繁荣、衰退、危机、停滞、新的繁荣等周而复始的更替。所以，现代社会中"生产的无政府状态是灾难丛生的根源，同时又是进步的原因"①。

马克思按照历史唯物主义的原理指出，真正决定交换的是生产方式。"产品的交换方式取决于生产力的交换方式。总的说来，产品的交换形式是和生产的形式相适应的。生产形式一有变化，交换形式也就随之变化。因此在社会的历史中，我们就看到产品交换方式常常是由它的生产方式来调节。"② 在私有制度中，个人交换同样也受一定的生产方式的制约。而这种生产方式又是和阶级对抗相适应的。"当文明一开始的时候，生产就开始建立在级别、等级和阶级的对抗上，最后建立在积累的劳动和直接的劳动的对抗上。"③ 没有生产的发展，没有阶级的对抗，就没有个人的交换，更没有历史的进步。总之，"产品的使用取决于消费者所处的社会条件"④。蒲鲁东在谈论交换时把这一切全部撇开了，只能说明他"颠倒整个历史的发展过程"⑤。

批判蒲鲁东颠倒范畴与现实的关系。

任何经济学理论都是由一系列范畴组成的体系。如何看待这些范畴的实质，对于确立政治经济学的对象有着重要意义。蒲鲁东从唯心主义的历史观出发，将他的一系列经济学范畴看成是"不依赖实际关系而自生的思想"，看成是先验的观念和思想的产物。他颠倒了范畴

---

① 《马克思恩格斯全集》第4卷，第109页。
② 同上书，第117页。
③ 同上书，第104页。
④ 同上。
⑤ 同上。

第八章　马克思同蒲鲁东和魏特林的交往与决裂

与现实的关系,认为现实关系只不过是睡在"人类的无人身的理性"的怀抱里的一些原理或范畴的化身。蒲鲁东的这种观点使他的政治经济学成为彻头彻尾的唯心主义政治经济学。这使得他既不能正确地理解历史的发展,又无法科学地认识政治经济学的研究对象。在蒲鲁东看来,历史不过是观念的历史,不过是一种普遍理性的自我表现;而政治经济学的范畴,在蒲鲁东眼中则成为一切现实的经济运动的本原或实体。因此,蒲鲁东的政治经济学并不是在研究现实的社会经济关系,而是脱离这些现实的经济关系来主观地排列范畴的次序。正如他自己所说的:"经济理论有它自己的**逻辑顺序**和**理性中的系列**……经济理论的这种次序已被我们发现了。"① 他认为自己的经济学范畴的排列顺序正是"适应观念顺序的历史",只要"发现"和认识了这些范畴的历史,现实的经济运动史就会自然而然地被把握了。所以,蒲鲁东认为政治经济学的研究对象不是现实的经济关系及其运动规律,而是理性本身。

　　马克思批判了蒲鲁东的这种唯心主义观点,在政治经济学的发展史上第一次明确指出:"经济范畴只不过是生产的社会关系的理论表现,即其抽象。"② 马克思的这一论述正确地解决了关于政治经济学的研究对象问题。在这里,他一方面指出,由一系列范畴组成的政治经济学体系只不过是对现实事物的一种理性上的反映,经济范畴从属于现实,服从于现实,它只是人们对现实的经济关系的一种认识成果;另一方面他也指出,政治经济学的范畴在理论上反映和表现的是"生产方面的社会关系",即生产关系。政治经济学以生产关系的运动为自己的研究对象,经济范畴是这一关系在理论上的表现。"人们按照自己的物质生产率建立相应的社会关系,正是这些人又按照自己的社会关系创造了相应的原理、观念和范畴。"③ 马克思的这些建立在历史唯物主义基础上的论述,科学地阐明了经济范畴与经济关系的

---

① 《马克思恩格斯文集》第1卷,第598页。
② 同上书,第602页。
③ 同上书,第603页。

真正关系，阐明了政治经济学研究和关注的真正对象。政治经济学的对象既不是观念，也不是表面的物与物关系。政治经济学必须透过现象去抓住本质，即认识隐藏在物与物关系之后的人与人的社会关系。可见，在这里，已经不再用"交往形式""交往关系"来表述生产关系的思想了。马克思的唯物史观阐明了作为社会关系的基础关系的生产关系的概念，但这仅仅是从哲学角度作的概括的阐述，对生产关系及其运动规律进行更为具体的经济学研究的任务，是要由政治经济学来完成的。这样，马克思不仅指明了政治经济学这门学科的研究对象，也为政治经济学的发展指明了方向。可以说，没有马克思在《哲学的贫困》中对政治经济学研究对象的确立，也就没有日后《资本论》的诞生。

最后，马克思还指出，政治经济学的"这些观念、范畴也同它们所表现的关系一样，不是永恒的。它们是**历史的、暂时的产物**"[①]。这就是说，各种社会形态的生产关系是历史的产物，同样，政治经济学的各种形态和学派也不是永恒的。政治经济学是一种开放型的理论体系，随着现实历史的发展，反映这种历史发展的政治经济学体系也必然要不断地充实新内容、发展新范畴。那些不再反映新的经济现实的经济学范畴，将会被新的概念和原理所代替。历史和现实在发展，政治经济学的理论也不能停步不前。

奠定了科学的劳动价值论的基础。劳动价值论的提出是资产阶级古典政治经济学在政治经济学史上的重要贡献。在古典政治经济学的完成者李嘉图的著作中，交换价值决定于劳动时间这一规定得到了透彻的表述和发挥。虽然这一理论由于阶级的偏见和认识能力的局限，还带有很大的缺陷，但它的基本内容却为马克思和恩格斯所汲取，成为日后创立科学的劳动价值论的基础。

马克思对古典经济学劳动价值论的探讨，是经历了一个从否定到肯定的发展过程。在《巴黎笔记》中，马克思对之持否定态度，认

---

① 《马克思恩格斯文集》第 1 卷，第 603 页。

第八章 马克思同蒲鲁东和魏特林的交往与决裂

为供给关系对价值起决定作用。① 在《1844年经济学—哲学手稿》中，马克思对李嘉图的劳动价值论已由公开的否定转为采取比较慎重的态度。他说："如何更详细地规定这个价值以及这个价值如何成为价格，应当在其他地方加以探讨。"②

在其后写作的《神圣家族》中，马克思的观点发生了急剧变化，他开始看到劳动与价值之间的一些重要联系，认为物品的价值问题的解决，本质上取决于生产该物品所需要的劳动时间。正如列宁评述的，在《神圣家族》中，"马克思接近劳动价值的理论了"③。在时隔不久的《德意志意识形态》中，马克思则明显地站到了劳动价值论的立场上了。在这本著作中，他认为商品的价值或价格，最终是由"生产成本"，亦即生产该商品所耗费的劳动来决定的。可见，劳动价值论这时已经得到了马克思的肯定。马克思的这一经济学观点没能在《德意志意识形态》中详细阐述，直到他后来写作《哲学的贫困》时，这一经济学思想才得以充分的运用和展开。

在《哲学的贫困》中，马克思完全站在赞同李嘉图劳动价值论的立场上，并从这一理论出发批判了蒲鲁东的经济学思想。马克思认为，"李嘉图的价值论是对现代经济生活的科学解释"④，这一理论是能够"科学地"阐明作为现代社会即资产阶级社会的理论。虽然这一评价表明他此时并没有完全接受李嘉图的价值论，但也说明他已经认识到劳动价值论的重要理论价值。马克思在18年后写的《论蒲鲁东》一文中回顾他这一时期的思想时曾谈到，他这时已经认识到对"交换价值的理解"，是"整个问题的基础"。这表明，他已经将劳动决定价值的思想看成了建立新的政治经济学理论的基础。古典政治经济学的劳动价值论的最值得肯定之处也恰恰在这里。事实也正是这样发展的。马克思此后正是在批判地继承古典政治经济学，尤其是在李

---

① 参见《马克思恩格斯全集》第42卷，第18页。
② 同上书，第28页。
③ 《列宁全集》第38卷，第13页。
④ 《马克思恩格斯全集》第4卷，第93页。

嘉图的劳动价值论的基础上，创立了科学的劳动价值论，并将其当作整个马克思主义政治经济学的基点。

应当指出，由于马克思这时尚没有从批判的立场出发来评价李嘉图的劳动价值论，所以他在分析经济问题和批判蒲鲁东的观点时还没有完全摆脱这一理论本身局限性的束缚。在对决定价值的劳动的认识上，他虽然在李嘉图理论的基础上对劳动过程的复杂性有所认识，但尚未提出自己有关劳动二重性的理论，对劳动与劳动力也没有做出科学的区分；在对计量价值的劳动量的分析上，虽然他依据李嘉图的理论提出了用生产某种物品所需的"最低额"或"最低限度"时间来衡量其价值的原理，但还没有提出"社会必要劳动时间"的概念，因而对价值的定性定量分析尚待进一步深入。

剩余价值思想的萌芽。剩余价值理论是马克思主义政治经济学的一个极其重要的理论成果，也是揭示资本主义经济运动实质的一个关键。在《哲学的贫困》中，这一理论虽然还没有以完备的理论形式出现，但马克思却已准确地找到了问题的症结，为进一步提出剩余价值理论做好了准备。

关于资本主义条件下的劳动是商品，工资是劳动的价格的思想，是古典政治经济学家最早提出来的。比马克思更早涉猎经济学领域的恩格斯，在考察资本主义的现状和批判地研究继承古典政治经济学这一思想的过程中，在他的《政治经济学批判大纲》和《英国工人阶级状况》中，首先提出劳动（力）的"自然"价格（即正常价格）和工资的最低额相等，也就是和保证工人活命以及延续后代所绝对必要的生活资料的价值相等的论点。马克思在《哲学的贫困》中采用了恩格斯的这一论点，并做了进一步的阐述。

马克思认为，如果商品的相对价值由生产商品所需的劳动量来决定，那么自然就会得出结论说，劳动的相对价值或工资也由生产工资所必需的劳动量来决定。工资，即劳动的相对价值或价格，也就是由生产工人的一切生活必需品所必需的劳动时间来决定的。他进一步指出，在"劳动本身就是商品"的资本主义条件下，劳动的价值或价

第八章 马克思同蒲鲁东和魏特林的交往与决裂

格,不过是由需要为了生产维持不断的劳动,即供给工人活命和延续后代所必需的物品的劳动时间来衡量的。

"劳动的自然价格无非就是工资的最低额。"① 工资的"市场价格"超过它的"自然价格"的现象是存在的,但这不过是受供求关系波动的影响而造成的后果,在资本主义社会中,"工资的最低额始终是工资市场价格趋向的中心"②。

可以看出,马克思此时虽然仍然从李嘉图的观点出发,把劳动与劳动力混为一谈,对价值与价格也没有做出严格的区分,但在分析劳动的"自然价格"与"市场价格"时,却从恩格斯的观点出发断定工资的市场价格的总趋势在竞争中不是上升,而是始终指向工资的最低额,工人劳动的"自然价格"是与工资的最低额相等的。这表明,马克思已发现在工人劳动创造的价值与工资(劳动的自然价格)之间有一个差额,这就为揭示资本家剥削工人的秘密指出了一条正确的路径。马克思得出结论说:"由劳动时间衡量的相对价值注定是工人遭受现代奴役的公式"③,它与现存的阶级对抗以及劳动产品在直接劳动者与积累劳动占有者之间的不平等分配是一致的。恩格斯后来回忆道:早在40年代,马克思"不仅已经非常清楚地知道'资本家的剩余价值'是从哪里'产生'的,而且已经非常清楚地知道它是怎样'产生'的。这一点,从1847年《哲学的贫困》和1847年在布鲁塞尔所作的、1849年发表在《新莱茵报》第264—269号上的关于雇佣劳动与资本的演讲,可以得到证明"④。

恩格斯这里提到的演讲,是马克思1847年12月下半月为布鲁塞尔的"德意志工人协会"所作的多次政治经济学讲演的一个未完成稿。马克思在这部题为《雇佣劳动与资本》的讲稿中,正面表述了自己的一系列经济学观点,通过对工资、资本的分析,将在《哲学的

---

① 《马克思恩格斯全集》第4卷,第94页。
② 同上书,第95页。
③ 同上。
④ 《马克思恩格斯全集》第24卷,第12页。

贫困》中阐明的劳动价值理论和剩余价值思想的萌芽大大发展了一步。

马克思认为，工资是工人们所出卖的商品——劳动的价格的特种名称，因此，工资也与其他商品的价格一样，受商品价值规律的作用。在资本主义条件下，商品的实际价格始终不是高于生产费用就是低于生产费用，始终依据生产费用而上下波动。各种商品是依其生产费用而互相交换的，所以它们的价格是由生产费用决定的。而"价格由生产费用决定，就等于说价格由生产商品所必需的劳动时间决定"①，因为生产费用本身是由物化劳动和直接劳动组成的，它们都是以劳动时间来计量的。在资本主义社会中，商品价格的波动涨落绝不如资产阶级经济学家所认为的那样是一种"偶然现象"，而是价值规律运动的必然法则，"实际上，只有在这种波动的进程中，价格才是由生产费用决定的"②。马克思在《雇佣劳动与资本》中不仅清楚地表明了他的劳动决定价值的观念，而且也首次揭示了资本主义私有制度下商品价值规律的运动所造成的无政府状态和破坏作用，为他进一步创立科学的劳动价值理论奠定了基础。

马克思在论述资本与雇佣劳动的关系时，给资本下了一个定义，认为资本是一种社会关系，"这是资产阶级的生产关系，是资产阶级社会的生产关系"③。资本与雇佣劳动是密切相关的。资本只有同劳动相交换，引起雇佣劳动的产生，自己才能增殖；而雇佣劳动只有在奴役它的资本的权力加强时，才能和资本交换，以使自身得以存在。资本的增加既是无产阶级的增加，也是奴役和剥削无产阶级统治力量的增加，无产阶级的命运始终取决于资本的命运。马克思具体考察了资本与劳动的交换，认为在交换中"工人拿自己的劳动换到生活资料，而资本家拿归他所有的生活资料换到劳动，即工人的生产活动，亦即创造力量。这种力量不仅能补偿工人所消费的东西，并且还使积

---

① 《马克思恩格斯全集》第6卷，第484页。
② 同上书，第483页。
③ 同上书，第487页。

第八章　马克思同蒲鲁东和魏特林的交往与决裂

累起来的劳动具有比以前更大的价值"①。一个每天工资为5便士的工人可以生产出相当于10便士的价值,这样他不仅补偿了他从主人那里得到的价值,还为主人生产了一个"附加价值"。马克思这里分析的附加价值,无疑就是他后来以"剩余价值"命名的那部分价值。马克思进一步分析了生产资本的构成,认为生产资本由三部分组成,第一部分是供加工用的原料;第二部分是机器和开动机器所需的材料、建筑物等;第三部分则是用于工人生活费,亦即支付工人工资的那部分资本。资本构成的前两部分并不创造价值。它们的价值只是转移到新生产出来的产品中去,而第三部分资本则随着生产资本的增加而相对减少。这就是说,"生产资本愈增加,工人的就业手段或生活资料就相对地愈减少,换句话说,和就业手段相比,工人人口增长得就愈快,而且,这种不均衡现象总是和一般生产资本同等地增长的。"② 可以看出,马克思在这里不仅向创立"剩余价值"理论大大迈进了一步,而且对随着剩余价值的增加而带来的生产总资本的增加,以及这种增加对工人造成的影响也进行了科学的分析,同时也提出了后来被称为资本的有机构成理论的基本思想。

五　对历史唯物主义基本原理的精确阐述

马克思、恩格斯在《德意志意识形态》中系统阐述了唯物主义历史观的基本内容,确立了马克思主义哲学的基础。然而,毋庸讳言,这一著作在阐述作为一个哲学理论体系的新世界观时,其中的一些表述还有不够精确之处,并且仍然沿用了一些旧的术语。马克思主义哲学的形成过程与其他事物的形成过程一样,内容的发展总是先于形式的发展,往往思想达到了某种高度,但文字的表述以及术语概念的使用却落在后面,这是认识的一个普遍规律。恩格斯说:"一门科学提

---

① 《马克思恩格斯全集》第6卷,第489页。
② 同上书,第654页。

出的每一种新见解，都包含着这门科学的术语的革命。"① 这种"术语革命"并不仅仅是一种文字表达形式上的变化，它同时也是一个新的理论体系以及一些新的范畴、概念的形成过程。当 1847 年马克思写作《哲学的贫困》时，历史唯物主义的一些基本概念和范畴较前有了更确切的表达方式，整个理论体系也更为完善和严谨了。正因如此，马克思才说："我们见解中有决定意义的论点，在我的 1847 年出版的为反对蒲鲁东而写的著作《哲学的贫困》中第一次作了科学的、虽然只是论战性的概述。"②

经济范畴是社会经济关系的理论表现。蒲鲁东的哲学唯心主义体现在他的整个思想体系之中。当他在《什么是所有权》中论及财产权时，它表现为法学唯心主义；当他在《贫困的哲学》中论及政治经济学时，它又表现为经济学上的唯心主义。蒲鲁东自称是黑格尔的信徒，但他从黑格尔那里没有汲取任何有价值的东西，却不折不扣地继承了黑格尔的唯心主义。当蒲鲁东研究政治经济学时，他首先看到的不是现实的社会经济关系，而是一系列观念形态的经济学范畴。他把经济范畴看成是"原始的原因"，而实在的社会经济关系不过是这些抽象经济范畴的体现。蒲鲁东将一系列经济范畴生硬地凑在一起，排列成一定的顺序，例如分工、机器、竞争、垄断、税收或警察、贸易平衡、信贷、所有制，在他看来，他的这些范畴总合起来就构成所谓所有制的社会关系，现实的社会经济关系之所以有运动和变化，恰恰是由于他的理论体系中的一系列范畴依据一定的排列顺序不断运动变化的结果。

马克思的历史唯物主义与这种彻头彻尾的哲学唯心主义是完全不相容的。马克思尖锐地批判了蒲鲁东的唯心主义观点，通过批判，马克思不仅把政治经济学完全奠定在新唯物主义哲学的基础上，从而确立了政治经济学的研究对象，而且更为深刻地阐明了历史唯物主义基

---

① 《马克思恩格斯全集》第 23 卷，第 34 页。
② 《马克思恩格斯文集》第 2 卷，第 593 页。

第八章　马克思同蒲鲁东和魏特林的交往与决裂

本原则。

马克思指出，蒲鲁东神秘地颠倒了经济关系与经济范畴的关系。他不是把政治经济学的范畴看作实在的、暂时的、历史的社会关系的抽象，而是"把事物颠倒了，他认为现实的关系只是一些原理和范畴的化身"。在蒲鲁东眼中，"这些原理和范畴过去曾睡在'无人身的人类理性'的怀抱里"①。因此，他探讨的并不是社会经济关系的历史，也不是世俗的人类的历史，而是神圣的观念的历史。他提供的经济范畴的发展顺序不过是这些范畴在他头脑中排列的次序。在他看来，人不过是观念或永恒理性为了自身的发展而使用的工具。

蒲鲁东不是从现代社会制度的联结中去了解现代社会制度，而是从"普遍理性""人类的无人身的理性"出发去探讨经济关系的运动，因而给人们提供的仅是一种"可笑的哲学"。他的那些关于历史的议论是在想象的云雾中发生并高高超越于时间和空间之上的，因此，它们不过是"黑格尔式的废物"。说穿了，他不过是想"借软弱的黑格尔主义来把自己装扮成坚强的思想家"。马克思明确指出，蒲鲁东的这些思想完全是黑格尔主义的翻版。"黑格尔为宗教、法等做过的事情，蒲鲁东先生也想在政治经济学上如法炮制。"②他从黑格尔那里找到了一种"绝对方法"，这就是把一切存在物都经过抽象而归结为逻辑范畴，把"整个现实世界都淹没在抽象世界之中，即淹没在逻辑范畴的世界之中"③。它所说的运动不过是运动的抽象或抽象形态的运动，不过是"运动的纯粹逻辑公式或者纯理性的运动"。蒲鲁东并没有真正学会黑格尔的辩证方法，却把他的哲学降低到了极可怜的程度。他像黑格尔一样，认为世界上过去和现在发生的一切就是他自己的思维中发生的一切；在他看来，没有适应时间次序的历史，只有观念在理性中的顺序。他妄自尊大地自以为他是在通过思想的运动来建设世界；而实际上，"他只是根据绝对方法把所有人们头脑中

---

① 《马克思恩格斯文集》第1卷，第602页。
② 同上书，第601页。
③ 同上书，第600页。

的思想加以系统的改组和排列而已"①。

马克思揭示了蒲鲁东的这种唯心主义观点的认识根源和阶级根源。他指出，蒲鲁东确实看到了实现历史的进步，但他同时也发现，人们作为个人来说并不知道他们在做什么事情，他们的社会发展初看起来似乎是和他们的个人发展不同、分离和毫不相干的。蒲鲁东无法解释这些事实，只好假设它们是一种普遍理性的自我表现。因为"发明一些神秘的原因即不合常理的空话，那是最容易不过的了"②。蒲鲁东沉湎于唯心主义的幻想，这并不是偶然的。因为他是一个彻头彻尾的小资产阶级的哲学家和经济学家。小资产者由于本身所处的社会地位，必然既迷恋于大资产阶级的豪华，又同情人民的苦难。他们本身就是社会矛盾的体现。他们信奉的是所谓不偏不倚的中庸之道和"真正的平衡"。他们一方面渴望现实的改变；另一方面又本能地惧怕这种改变。所以，他们很自然地倾向和赞同那种主张只要改变思想和范畴就能改变现实生活的哲学。这就是作为小资产者的蒲鲁东之所以沉迷于作为软弱的资产阶级思想代表的黑格尔的唯心主义的原因。

马克思在批判蒲鲁东的唯心主义观点的同时，实际上阐述了历史唯物主义的一项基本原则。这就是，在社会存在与社会意识的相互关系上，只能是前者决定后者，而不能是相反。在历史唯物主义看来，"人们按照自己的物质生产率建立相应的社会关系，正是这些人又按照自己的社会关系创造了相应的原理、观念和范畴"③。"经济范畴只不过是生产的社会关系的理论表现，即其抽象。"④ 这些道理，蒲鲁东是一概不了解的。根据他的意见，创造历史的，正是抽象、范畴，而不是人。这样，在蒲鲁东那里，当作范畴形式来看的经济关系，就成了既无起源，又无发展的永恒公式。马克思指出，蒲鲁东实际上是间接地肯定了资产阶级生活的永恒性。因为他神化了以观念形式表现

---

① 《马克思恩格斯文集》第1卷，第602页。
② 《马克思恩格斯全集》第27卷，第477页。
③ 《马克思恩格斯文集》第1卷，第603页。
④ 同上书，第602页。

第八章 马克思同蒲鲁东和魏特林的交往与决裂

资产阶级关系的范畴，他将资产阶级社会的产物想象为范畴和观念的形式，实际上是把这些产物视为自行产生、具有自己的生命的、永恒的东西了。而在历史唯物主义看来，"这些观念、范畴也同它们所表现的关系一样，不是永恒的。它们是**历史的、暂时的产物**"①。资产阶级的社会关系同历史上的一切其他的具体形态的社会关系一样，都会随着生产力的发展而不断变化，而作为这种社会关系或社会存在的反映的观念形态的范畴、理论等，同样也会相应地发生变化。"生产力的增长、社会关系的破坏、观念的形成都是不断变动的，只有运动的抽象即'**不死的死**'才是停滞不动的。"②

对生产力与生产关系原理的科学表述。生产力和生产关系是历史唯物主义的核心范畴。毫无疑问，马克思主义创始人在《德意志意识形态》中，对这一对范畴在理论上已经作了阐明。但是，由于当时尚未完全从旧的术语的影响中摆脱出来，因而这一对范畴的制定工作严格说来并未结束。在《哲学的贫困》中，唯物史观的理论内容和表述形式达到了统一，马克思完全是以一种独有的科学术语来阐述他的崭新的历史哲学。生产力和生产关系这一对重要范畴，在理论内容和表达形式上也得到了更准确、更科学的规定。

在《德意志意识形态》中，马克思和恩格斯大量使用了"生产力"这一概念，对于它在历史唯物主义理论中所具有的特定含义也做了详细的说明。他们论述了生产力是人同自然之间的关系的一种表现，强调了生产力的客观性和它在历史发展中的基础作用，同时对构成生产力的诸要素（作为直接劳动的人的要素和作为劳动材料的工具、土地、水力等物的要素）也做了分析；当他们将生产工具区分为"自然产生的生产工具"和"由文明创造的生产工具"时，实际上已经把科学技术的因素考虑在生产力的概念之中了。然而，马克思恩格斯这时使用生产力概念时，也有一些不够确切之处。例如，他们往往

---

① 《马克思恩格斯文集》第 1 卷，第 603 页。

② 同上。

是将"生产力"与"物质生产""生产方式""分工"等相提并论；对于构成生产力的诸种要素的地位和作用也缺乏分析。而在《哲学的贫困》中，这些不足之处得到了弥补，生产力这一概念变得更为精确了。

当马克思在《哲学的贫困》中使用"生产力"这一概念时，它已完全变成了历史唯物主义特有的一个理论术语。这时，他所指的"生产力"，是指那种相对于"生产方式"和"生产关系"而言的、人类改变自然的能力。对于构成生产力的人的要素和物的要素的不同地位和作用，马克思也做了专门的分析。他强调了作为能动的直接劳动的人的要素在生产力中的基础性作用。无论将出现何种生产工具，无论生产力以何种历史水平表现出来，作为直接劳动力的人都永远是生产力中最重要的基本因素；离开了处于特定社会关系中的人，一切生产工具和劳动材料都将会变为被动因素。因此，"在一切生产工具中，最强大的一种生产力是革命阶级本身"[①]。另外，马克思对于生产力中的物的要素，尤其是生产工具的作用也作了充分的肯定。正如他在《德意志意识形态》中已经指出的那样，生产工具形成生产力的物质前提，每一历史时代的生产力的水平总是以生产工具发展的水平为标志的。在《哲学的贫困》中，马克思在此基础上进一步指出，生产工具不仅标志着某一时代生产力的水平，而且也标志着某一时代的生产关系和社会形态。"手推磨产生的是封建主的社会，蒸汽磨产生的是工业资本家的社会。"[②] 可以看出，社会发展的最基本原因在这里被归结为生产力（生产工具）的高度，生产力在历史上的作用在这里得到了最明确的说明。马克思还指出："人们不能自由选择**自己的生产力**——这是他们的全部历史的基础，因为任何生产力都是一种既得的力量，是以往的活动的产物。可见，生产力是人们应用能力的结果，但是这种能力本身决定于人们所处的条件，决定于先前已经

[①] 《马克思恩格斯文集》第1卷，第655页。
[②] 同上书，第602页。

第八章 马克思同蒲鲁东和魏特林的交往与决裂

获得的生产力,决定于在他们以前已经存在、不是由他们创立而是由前一代人创立的社会形式。后来的每一代人都得到前一代人已经取得的生产力并当做原料来为自己新的生产服务,由于这一简单的事实,就形成人们的历史中的联系,就形成人类的历史,这个历史随着人们的生产力以及人们的社会关系的愈益发展而愈益成为人类的历史。"① 马克思的这段话应该是迄今为止对生产力及其历史作用所作的最透辟的阐释了。

在《德意志意识形态》中,几乎没有使用"生产关系"这一概念,其含义也并未确定,主要是用"交往关系"或"交往形式"来表述生产关系的思想。

在《哲学的贫困》中,"生产关系"这一概念进一步精确化了,可以说,它已作为唯物史观的核心范畴而被确定下来了。正如列宁后来评价的,这本书谈及的一切问题"都是援引生产关系的"②。在这里,"交往形式"已被"生产关系"所代替,"社会关系"与"生产关系"两个概念的内涵和外延已作了明确的界定。当马克思在准备写作《哲学的贫困》而致书巴·瓦·安年柯夫时,曾有这样来说明唯物史观的:"社会——不管其形式如何——是什么呢?是人们交互活动的产物。人们能否自由选择某一社会形式呢?决不能。在人们的生产力发展的一定状况下,就会有一定的交换〔commerce〕和消费形式。在生产、交换和消费发展的一定阶段上,就会有相应的社会制度形式、相应的家庭、等级或阶级组织,一句话,就会有相应的市民社会。有一定的市民社会,就会有不过是市民社会的正式表现的相应的政治国家。"③ 马克思这段话的本意是阐释唯物史观的历史决定论的,但从中不难看出,人与人之间的相互关系已经被马克思进行了区分。社会以及社会关系是人们在交往或交互作用中形成的最宽泛、含义最广的一种关系,它不仅包括物质生产中人与人的关系,也包括经济活

---

① 《马克思恩格斯文集》第 10 卷,第 43 页。
② 《列宁全集》第 1 卷,第 122—123 页。
③ 《马克思恩格斯文集》第 10 卷,第 42—43 页。

动、政治活动等方面人与人的关系。而生产关系不过是一种与一定的生产力发展状况相适应的物质生产关系,它主要包括交换关系和消费关系。这种说法与马克思日后在《〈政治经济学批判〉导言》(1857—1858年)中从生产、消费、分配、交换(流通)四方面来解释生产关系固然仍有差距,但从中不难看到,"生产关系"已经被明确地规定为人们在物质生产中形成的相互关系。正如马克思在《哲学的贫困》中指出的:"人们是在一定的生产关系中制造呢线、麻布和丝织品的。……这些一定的社会关系同麻布、亚麻等一样,也是人们生产出来的。"[1] 人们的物质的生产关系是人们的物质的生产活动的产物,同时也是人们的物质生产活动借以实现的必然形式。不管人们是否意识到这一点,人们的物质生产关系"形成他们的一切关系的基础"[2]。离开了生产关系,其他的一切社会关系都只能是空中楼阁。

由于这时"生产力""生产关系"的概念得到了更为明确的规定,当论及二者的相互关系时就不必再像在《德意志意识形态》中那样只是论述生产力与"交往形式"之间的关系了,马克思这时都是直接地谈论生产力与生产关系的矛盾,论及二者之间的辩证运动,并由此而论述历史过程及其动力的。

当论及生产力与生产关系的辩证关系时,马克思首先强调的是生产力的能动作用,认为生产力的变化是导致生产关系和整个社会变化的首要原因。可以说,历史的发展已被最终归结到生产力的高度。马克思一方面指出,人们如果不以一定的方式结合起来共同活动和交换其活动,就不能进行生产。只有在一定的生产关系中,才会有人们对自然界的关系,才会有生产;但马克思另一方面又强调:"各个人借以进行生产的社会关系,即**社会生产关系,是随着物质生产资料、生产力的变化和发展而变化和改变的。**"[3] 人类历史发展就是生产力与生产关系的矛盾运动过程,而生产力是最终的动力。

---

[1] 《马克思恩格斯文集》第1卷,第602页。
[2] 《马克思恩格斯文集》第10卷,第43页。
[3] 《马克思恩格斯文集》第1卷,第724页。

第八章 马克思同蒲鲁东和魏特林的交往与决裂

总之，正像马克思在《哲学的贫困》中明确阐明的那样，生产关系和生产力密切相连。随着新生产力的获得，人们改变自己的生产关系，随着生产关系的改变，人们也就会改变自己的一切社会关系。生产关系是物质生产借以实现的条件和前提，而生产力的变化则是引起生产关系乃至整个社会关系发生变化的根本原因。"生产力在其中发展的那些关系，并不是永恒的规律，而是同人们及其生产力的一定发展相适应的东西，人们生产力的一切变化必然引起他们的生产关系的变化。"①

马克思在此基础上批驳了古典经济学家将资本主义生产关系美化为"自然的、因而是永恒的资产阶级社会生产关系"的观点，具体分析了无论是封建生产关系还是资本主义生产关系，都是生产力发展和生产力与生产关系辩证运动的必然结果，都是历史过程的暂时产物。他指出，为了正确地判断封建的和资本主义的生产，"必须把它当做以对抗为基础的生产方式来考察"②。在这种对抗的生产方式下，生产力与生产关系的矛盾必然表现为一种阶级的对抗式关系。事实上，"当文明一开始的时候，生产就开始建立在级别、等级和阶级的对抗上……没有对抗就没有进步。这是文明直到今天所遵循的规律。到目前为止，生产力就是由于这种阶级对抗的规律而发展起来的"③。在阶级对抗的社会中，被压迫阶级的存在是这个社会得以存在的必要条件，同时也是促使社会发生变化的革命因素。这个作为革命因素的被压迫阶级，一般说来总是与生产力相联系着的，成为生产力的代表，即是说，"革命因素之组成为阶级，是以旧社会的怀抱中所能产生的全部生产力的存在为前提的"④。另外，现存的社会关系和生产关系，一般来说总是与占统治地位的统治阶级相联系的。随着生产力的变化，旧的生产关系将会变为不再适应生产力的社会关系，从而必

---

① 《马克思恩格斯文集》第1卷，第613页。
② 同上。
③ 《马克思恩格斯全集》第4卷，第104页。
④ 《马克思恩格斯文集》第1卷，第655页。

然导致分别代表生产力与生产关系的不同阶级的对抗的发展,"要使被压迫阶级能够解放自己,就必须使既得的生产力和现存的社会关系不再能够继续并存"①。也就是说,必须改变陈旧的生产关系,"必须粉碎生产力在其中产生的那些传统形式"②。马克思具体分析了封建生产中两个对抗因素而导致的阶级斗争,指出封建社会的灭亡正是这种对抗和斗争的必然结果。而当资产阶级得势以后,"资产阶级把它在封建主义统治下发展起来的生产力掌握起来。一切旧的经济形式、一切与之相适应的市民关系以及作为旧日市民社会的正式表现的政治制度都被粉碎了"③。

马克思接着指出,从此以后,从前的革命阶级将成为保守阶级。资产阶级运动在其中进行的那些生产关系的性质是两重的,"在产生财富的那些关系中也产生贫困;在发展生产力的那些关系中也发展一种产生压迫的力量"④,这就是说,资产阶级在其历史发展过程中不可避免地要发展它的对抗性质。随着资本主义的发展,现代无产阶级在它内部发展起来;而随着生产力与生产关系矛盾的日益加剧,资产阶级与无产阶级的阶级斗争也就日益剧烈化了。这种斗争最初是表现为局部的暂时的冲突,局限在经济斗争(维护工资等)领域;随着斗争的开展,工人们逐渐联合起来,孤立的同盟开始组成为集团,工人阶级开始成为一个"自为的阶级",使阶级斗争具有了政治斗争的性质。无产阶级与资产阶级的斗争一旦达到最紧张的地步,就将成为"全面的革命"。"因为政权正是市民社会内部阶级对抗的正式表现。"⑤ 所以一切革命的矛头首先是指向旧的统治政权。从这个意义上说,这种作为社会运动的革命绝不排斥政治运动,它必然是一场政治革命。马克思指出,正是这种政治革命导致了社会的进化,导致了

---

① 《马克思恩格斯文集》第1卷,第655页。
② 同上书,第613—614页。
③ 同上书,第613页。
④ 同上书,第614页。
⑤ 同上书,第655页。

对资产阶级社会的全盘改造。他从当时的社会状况出发预言："建筑在阶级**对立**上面的社会最终将导致剧烈的**矛盾**、人们的肉搏。"① 在一场无产阶级与资产阶级的"血战"之后，资本主义的生产关系和整个社会关系将被彻底清除。

六　对黑格尔唯心辩证法的批判改造

　　黑格尔作为伟大的辩证法家和辩证逻辑的创建者，在人类思想史上留下了深深的痕迹，也对马克思主义哲学的创立产生了巨大的影响。然而，黑格尔虽然发现了辩证法，却用唯心主义将其神秘化了，因而这种头脚倒立的辩证法只能在软弱的德国哲学家头脑中引起"风暴"，无法产生任何实际效用。对黑格尔辩证法的批判性改造工作是由马克思和恩格斯完成的。经过长期的、坚持不懈的努力，黑格尔辩证法中的唯心主义杂质被彻底清除掉了，然而这一学说中的一切伟大而有生命力的东西却没有被抛弃，它们在新的理论形态中被加以改造，被提高到了真正的科学水平。

　　从1843年马克思在《黑格尔法哲学批判》中第一次举起批判黑格尔的旗帜开始，在短短四年多的时间里，马克思进行了艰巨的科学研究和学术探讨，大体上完成了对黑格尔唯心主义辩证法的批判改造工作。到1847年马克思写作《哲学的贫困》时，他已经可以对这一时期他与黑格尔哲学的关系进行批判性的总结了。在《哲学的贫困》中，马克思是由于批判蒲鲁东的方法而重又接触到黑格尔辩证法这一论题的。像以前一样，马克思在这里毫不容情地批判了黑格尔及其拙劣的模仿者们的唯心主义，同时评述了黑格尔辩证法中的有价值的成分，仅用寥寥几笔就勾画出了自己的辩证方法的实质。由于马克思的评述和总结言简意赅，在理论内容上有新的突破，因而《哲学的贫困》在马克思主义辩证法史上也具有重要的意义。

---

① 《马克思恩格斯文集》第1卷，第655页。

众所周知，马克思曾经想写一部专著清算黑格尔的唯心主义，批判地改造他的辩证法，但由于当时客观形势的变化和一些更为紧迫的任务，马克思一直未能如愿。但是，马克思始终都没有忘记对黑格尔唯心辩证法的改造，并把它运用于对复杂的社会现象的分析，对政治经济学的研究，并结合这种研究批判黑格尔的唯心辩证法，阐明唯物辩证法的基本原理。《哲学的贫困》以及后来的《资本论》，都清楚地体现了马克思这个意图。

对黑格尔辩证法的唯心主义基础的批判。在黑格尔那里，思辨的形而上学同整个哲学都可以概括在方法里面。而黑格尔的方法则是把逻辑范畴看作一切事物的实体的绝对方法。所以，黑格尔的方法无论带有多少启迪人的思想的东西，它的基础都是建筑在唯心主义的沙滩上的。在黑格尔主义者看来，进行抽象就是进行分析，越远离物体也就越日益接近物体和深入事物。在抽象的最后阶段，一切事物都成为逻辑范畴，"因而整个现实世界都淹没在抽象世界之中，即淹没在逻辑范畴的世界之中"①。一切存在物，一切生活在地上和水中的东西，只是由于这种思维运动才得以存在、生活。这是一种典型的思辨唯心主义。

由于黑格尔把逻辑范畴看成一切事物的实体，因而他就在自己的逻辑运动的公式中找到了一种"绝对方法"，"它不仅说明每一个事物，而且本身就包含每个事物的运动"②。黑格尔认为，他的这种方法"是任何对象所不能抗拒的一种绝对的、唯一的、最高的、无限的力量；这是理性企图在每一个事物中发现和认识自己的意向"③。黑格尔在论述运动时确实带有深刻的历史感和辩证法。但他所讲的运动实际上抽去了一切具体形态的特征，因而是"抽象形态的运动，纯粹形式上的运动，运动的纯粹逻辑公式"④。黑格尔的绝对方法只是讲

---

① 《马克思恩格斯文集》第1卷，第600页。
② 同上。
③ ［德］黑格尔《逻辑学》第3卷。见《马克思恩格斯文集》第1卷，第600页。
④ 《马克思恩格斯文集》第1卷，第600页。

第八章　马克思同蒲鲁东和魏特林的交往与决裂

述了运动的抽象或纯理性的运动。理性把自己规定为正题、反题、合题，也就是理性自我肯定、自我否定和否定自我否定。从简单的范畴的辩证运动中产生群，从群的辩证运动中产生系列，最后又从系列的辩证运动中产生黑格尔的整个体系。总之，"黑格尔认为，世界上过去发生的一切和现在还在发生的一切，就是他自己的思维中发生的一切。因此，历史的哲学仅仅是哲学的历史，即他自己的哲学的历史。没有'与时间顺序相一致的历史'，只有'观念在理性中的顺序'。他以为他是在通过思想的运动建设世界；其实，他只是根据绝对方法把所有人们头脑中的思想加以系统的改组和排列而已。"① 黑格尔的绝对方法只是一种思想和文字的游戏，不能成为一种实际的方法。

马克思在揭露了黑格尔方法的实质之后，笔锋转向蒲鲁东，他指出，黑格尔为宗教、法等做过的事情，蒲鲁东先生也想在政治经济学上如法炮制。他把黑格尔的唯心主义方法运用到政治经济学的范畴上面，罗列了一大堆范畴、群、系列和体系，编造了一部他自己的政治经济学的逻辑学和形而上学。他把人所共知的经济范畴翻译成人们不大知道的黑格尔式的语言，使人觉得这些范畴似乎是刚从充满纯粹理性的头脑中产生的。蒲鲁东发明了一种十分特殊的新理性，这种理性在他笔下有时也被称作"社会天才""普遍理性"以及"人类理性"。在蒲鲁东看来，"经济范畴是人类理性、社会天才所发现和揭示出来的真理"。马克思尖锐地指出，"然而这种名目繁多的理性在任何情况下都可以被人们认出是蒲鲁东先生的个人理性"②。它们不过是黑格尔的唯心主义的绝对方法的拙劣翻版而已。蒲鲁东的政治经济学方法是一种政治经济学的形而上学，或者说是思辨的唯心主义体系。他在自己头脑中将一些经济范畴任意排列了一下顺序，然后将其当作现实的经济关系运动所必须依据的本原意义上的次序。这样，他就应用黑格尔的方法颠倒了经济范畴与现实的经济的关系。事实上，正如前

---

① 《马克思恩格斯文集》第1卷，第602页。
② 同上书，第609页。

面提到的那样，经济范畴只不过是生产方面的社会关系的理论表现，前者是后者的观念形态上的反映和抽象。因此，蒲鲁东不过是在经济学领域照搬了黑格尔的唯心主义。

对立面的斗争与统一是辩证运动的实质。黑格尔系统阐释了一种观念形态上的辩证法，这是他的巨大功绩，然而，由于其唯心主义基本原则的局限，他的辩证法也有着深刻的缺陷和不彻底性。批判其唯心主义，揭露其辩证法思想的局限性，在新的基础上改造其辩证法，这是马克思创始人对待黑格尔哲学的一贯态度。在这一过程中，马克思逐渐形成了自己的全新的辩证法思想。

早在马克思写作《黑格尔法哲学批判》的时候，他就曾一方面高度评价了黑格尔关于矛盾对立的思想；另一方面批判了他的这一思想由于其唯心主义而造成的不彻底性。马克思反对黑格尔中介市民社会和政治国家之间的对立，认为对立面是不能被中介的，对立面在一定条件下转化为极端是可能和不可避免的，只有通过对立面之间的斗争才能导致矛盾的解决。[①] 在《1844年经济学—哲学手稿》中，马克思一方面深刻批判了黑格尔辩证法思想在"异化"范畴中所表现出来的荒谬的思辨原则；另一方面也高度赞扬了黑格尔的否定性辩证法的积极意义。认为黑格尔把人和历史看作"一个自我产生的过程"，抓住了作为人的发展中的创造性本原的劳动的本质，从而使主体与客体、人与自然之间的对立在人的活动中得到解决，使其在更新的基础上产生出来，并在更高级的程度上重新得到自身的解决。在这部手稿中，马克思详细探讨了资本主义社会的各种矛盾，进一步研究了矛盾对立面的统一和对立，揭示对立面每一方的地位和作用以及矛盾的发展和解决的机制。[②] 在《神圣家族》中，马克思又对矛盾双方对抗性对立的本质和发展作了更进一步的论述，认为矛盾双方的对立的前提存在于两个对立面的本性之中，认识运动的逻辑应该遵循对立面运动

[①] 参见《马克思恩格斯全集》第1卷，第350—361页。
[②] 参见《马克思恩格斯全集》第42卷，第90—117页。

第八章　马克思同蒲鲁东和魏特林的交往与决裂

本身的逻辑。不能到这些对立面以外去寻求认识运动的逻辑，他以无产阶级与资产阶级双方的矛盾对立为例，说明了这一矛盾运动是私有制本身的"自我运动"，只有通过这两个阶级造成的"对立内部的不安"，才能导致对资产阶级社会的否定。① 在《德意志意识形态》中，马克思和恩格斯把辩证法思想运用于对社会历史的研究，第一次为人们描绘出一幅壮阔的历史唯物主义图画，他们实际上已经肯定，唯物辩证法是考察历史发展的最重要的原则，人类社会的前进和历史的发展本身已经清楚地体现出辩证法的一系列规律。

在《哲学的贫困》中马克思对辩证法问题的论述，可以说是对他这一时期辩证思想发展的一个总结和概括。虽然马克思和恩格斯后来在《资本论》《反杜林论》以及《路德维希·费尔巴哈和德国古典哲学的终结》等著作中继续以较大的篇幅论述他们与黑格尔辩证法的关系，阐发他们全新的辩证唯物主义思想，但马克思在1847年写作《哲学的贫困》时，对辩证法问题的论述却有独特而重要的意义。

在这部著作中，马克思用简明的语言概括了黑格尔在描述"纯理性的运动"时包含的辩证法思想。他指出，在黑格尔那里，理性一旦把自己作为"正题"安置下来，它就会分为两个互相矛盾的思想，即肯定和否定，"是"和"否"，也就是"反题"中的两个对抗性的因素；通过对立面的斗争，"是"转化为"否"，"否"转化为"是"。"是"同时成为"是"和"否"，"否"同时成为"否"和"是"。对立面就是通过这种方式互相均衡、互相中和、互相抵消。在反题中这两个彼此矛盾的思想彼此融合，进而形成一个新的思想，即它们的"合题"。而这个在合题中形成的新思想又会分为两个彼此矛盾的对立面，即新的"反题"，通过斗争，它们又会融合成新的合题。马克思指出："两个相互矛盾方面的共存、斗争以及融合成一个新范畴，就是辩证运动。"② 现实事物和人类历史正是通过矛盾对立

---

① 参见《马克思恩格斯全集》第2卷，第43—44页。
② 《马克思恩格斯文集》第1卷，第605页。

面双方的斗争来实现其变化和发展的。事物运动的动因来自其内部自身矛盾的对抗和发展。马克思认为，黑格尔的辩证法中最值得称道的正是这一思想。

关于矛盾双方的对立斗争的思想是现实事物运动规律的一种理论上的抽象，只要按照事物本来的面目来认识事物，矛盾运动的规律也就很自然地会被人们接受和理解。但蒲鲁东把黑格尔的辩证法应用到政治经济学上去的时候，实际上是将辩证法庸俗化了。蒲鲁东不是从现实事物本身出发来认事物自身的矛盾，而是主观任意地来编造"矛盾"，他将任何经济范畴都机械地划分出"好"和"坏"两方面，认为任何经济范畴都有这样所谓对立的两方面，"好的方面和坏的方面，益处和害处加在一起就构成每个经济范畴所固有的矛盾"①。在他看来，应当做的只是保存好的方面，消除坏的方面。只要这样做了，似乎范畴的自身矛盾就可以解决，范畴的系列就自然向前发展了，"一系列的经济进化"也就自然实现了。

马克思尖锐地批判和嘲笑了蒲鲁东这一矫揉造作的思想。他指出，"这简直是对历史的侮辱"。蒲鲁东的这一思想表明他根本不懂辩证法。马克思以直接奴隶制为例指出，这种奴隶制在历史上当然既有好的一面，也有坏的一面。但是，奴隶制的"好"与"坏"只能从生产力的历史发展的角度去考察和评价，没有奴隶制好与坏的对立，就没有历史。因为"直接奴隶制是资产阶级工业的基础。没有奴隶制就没有棉花；没有棉花现代工业就不可设想。奴隶制使殖民地具有价值，殖民地产生了世界贸易，世界贸易是大工业的必备条件"。又说："没有奴隶制，北美这个进步最快的国家就会变成宗法式的国家。""消灭奴隶制就等于从世界地图上抹掉美国。"② 蒲鲁东不是从事物的"矛盾本性"出发来认识矛盾，而是在随意地、脱离历史地编造"矛盾"，提出解决矛盾时，要"把应该清除的范畴的缺陷消

---

① 《马克思恩格斯文集》第1卷，第604页。
② 同上书，第604—605页。恩格斯在1885年对马克思的最后一句话评论说："这对1847年说来是完全正确的。"对任何经济现象和经济范畴的评价只能从当时的时代出发。

第八章 马克思同蒲鲁东和魏特林的交往与决裂

除"。他把一个范畴用作另一个范畴的"坏"的方面的"消毒剂",任意地从一个范畴跳到另一个新范畴的领域,形成了仅属于他自己的"理性中的一定系列"和"经济矛盾的体系"。这样,辩证运动的全部过程就被简单地归结为善和恶的对比,归结为提出消除恶的任务。

马克思对蒲鲁东的观点作了尖锐的批判,肯定了他所谓的"坏"和"恶"在历史上的作用,指出:"两个相互矛盾方面的共存、斗争以及融合成一个新范畴,就是辩证运动。谁要给自己提出消除坏的方面的问题,就是立即切断了辩证运动。"① 事物的"矛盾本性"本身就决定了对立的双方缺一不可。取消一个方面,整个矛盾就无法存在,一切事物及其运动也就无从谈起了。黑格尔正是从矛盾双方的对立和共存这一原则出发来研究善恶对立在历史上的作用的。当他认为"恶是历史发展的动力借以表现出来的形式"时,恰恰表现出了他对历史辩证法的深刻见解。蒲鲁东的观点不仅表明他根本不理解黑格尔的辩证法,而且表明了他恰恰是在扼杀辩证法最本质的内容。与此相反,马克思关于辩证运动的实质的论述,不仅表明了他对黑格尔辩证法的深刻领悟,而且表明他已经将黑格尔哲学的精粹从其糟粕中拯救出来,在新的基础上加工改造成马克思主义唯物辩证法的理论基础了。马克思的思想史表明,马克思在考察研究黑格尔的辩证法时,一贯重视他的关于矛盾双方对立统一的思想。虽然这一时期他用更多的篇幅批判黑格尔的唯心主义,但这是出于与当时形形色色的唯心主义理论论战和建立自己新唯物主义哲学的需要。实际上,马克思从一开始接触黑格尔哲学,就已经敏锐地抓住了黑格尔关于矛盾双方的共存和斗争的思想。在漫长的学术探讨和理论研究过程中,黑格尔的这一思想被马克思逐渐吸收、消化、改造和加工,成为马克思主义唯物辩证法的一个基本规律。列宁在后来提出了"统一物之分为两个部分以及对它的矛盾着的部分的认识,是辩证法的实质(是辩证法的'本质'之一,是它的主要的特点或特征之一,甚至是它的最主要的特点

---

① 《马克思恩格斯文集》第1卷,第605页。

或特征)"的思想①,可以说,这一思想正是对马克思这个一贯观点的继承和在新历史条件下的发展。

从马克思这一时期的思想发展来看,关于矛盾双方的对立和斗争是事物自身发展动因的思想,已经成为指导他考察历史的重要的辩证方法之一。历史唯物主义关于阶级和阶级斗争的理论,一方面是马克思和恩格斯考察人类社会历史得出的重要成果;另一方面也可以说是他们依据辩证法关于矛盾双方对立斗争的原则作出的重要结论。马克思指出:"当文明一开始的时候,生产就开始建立在级别、等级和阶级的对抗上","没有对抗就没有进步。这是文明直到今天所遵循的规律。到目前为止,生产力就是由于这种阶级对抗的规律而发展起来的。"② 可以说,历史正是在对抗中前进的。撇开了阶级对抗,就是颠倒了整个历史的发展过程。马克思和恩格斯在自己的整个生涯中从不惧怕和回避尖锐的社会矛盾和社会对抗,总是敢于迎着斗争的风浪前进,正是植根于他们对辩证法的这种深刻的认识。

否定之否定是辩证发展的基本规律。早在《1844年经济学—哲学手稿》中,马克思就曾高度赞扬过黑格尔的这一思想中所包含的否定性辩证法,同时也批判了黑格尔否定之否定公式的唯心主义性质。当时,马克思主要是通过批判地考察黑格尔的异化和异化的扬弃的概念论及这一三段式的。到了1847年,由于马克思在自己的著述中着重阐明了事物矛盾的对立统一法则,因而对黑格尔的这一三段式的批判改造也发展到了一个新的水平。

黑格尔用否定之否定这一三段式来构筑自己的整个哲学体系。在他看来,理性是这样发展的:理性以范畴的形式使自己跟另一个范畴相对立,在第三个范畴中这两个对立面达到统一。例如,"有"与"无"的统一是"生成","量"与"质"的统一是"度","存在"与"本质"的统一是"概念"等。在这里,第二个范畴对第一个范

---

① 参见《列宁全集》第38卷,第407页。
② 《马克思恩格斯全集》第4卷,第104页。

第八章　马克思同蒲鲁东和魏特林的交往与决裂

畴的否定意味着矛盾对立的产生，它并没有结束理性的发展，只是意味着最初的"普遍性"和"直接性"的扬弃，因此必须要由第二个否定，即否定之否定来补充。第二个否定才是矛盾本身的扬弃，即矛盾的解决。通过否定之否定，才终于扬弃了怀疑的因素，达到了肯定的结果。

黑格尔的这个三段式有着显而易见的缺陷。首先，黑格尔这里指的仅是理性、概念的对立和发展；其次，这种唯心主义导致了他的这一否定性辩证法的不彻底性。由于他的整个体系要求一个"终点"，因而经过一系列的否定之后，范畴的运动最后停止了，矛盾消失了，最终达到了对立面的"无限统一"；最后，黑格尔的这个三段式不是从客观现实事物的运动发展中抽取出来，而是试图将这个三段式强加给客观事物，因而带有牵强附会的色彩。然而，黑格尔的这一思想的合理内核在于：他以头脚倒立的方式在某种程度上反映了现实事物通过对立面的矛盾斗争而发展的运动方式和过程。黑格尔总是将矛盾的对立统一与否定之否定密切相连地进行论述，并将否定看作联系、发展的环节和范畴前进上升运动的要素，通过一系列的否定，范畴的实质性内容在发展中被保留了下来。黑格尔的这些重要思想无疑给了马克思以很深的印象。

马克思在《哲学的贫困》中继续他对黑格尔的否定性辩证法的批判改造时，进一步注意到了他的思想中的合理内核和缺陷。当他在批判蒲鲁东并不真正懂得黑格尔的矛盾运动规律和否定之否定规律时，曾专门阐释了黑格尔的这一思想。他认为，"理性一旦把自己作为正题安置下来，这个正题、这个思想就会自相对置，分为两个互相矛盾的思想，即肯定和否定，'是'和'否'这两个包含在反题中的对抗因素的斗争，形成辩证运动。'是'转化为'否'，'否'转化为'是'。'是'同时成为'是'和'否'，'否'同时成为'否'和'是'。对立面就是通过这种方式互相均衡，互相中和，互相抵消。这两个彼此矛盾的思想的融合，就形成一个新的思想，即它们的合题。这个新的思想又分为两个彼此矛盾的思想，而这两个思想又融合成新的合题。这种增殖过程就构成思想群。同简单的范畴一样，思想群也遵循这个辩证运动，它也有另一个与自己矛盾的群为自己的反题。从这两个思想群中产生出新的思想群，即它们的合题。正如从简单范畴的辩证运动中产生群一样，从群的辩证运动中产生系列，从系列的辩证运动中又产生整个体系。"① 从马克思的这段话可以看到，他已经用十分简单的语言概括了黑格尔否定性辩证法的全部合理内容的要点。

在这里，马克思着重阐发了黑格尔关于矛盾的对立统一规律与否定之否定规律二者之间的联系。在马克思看来，矛盾运动是事物运动发展的内在根据，而否定之否定正是矛盾运动得以实现的方式和运动的过程。在否定之否定中包含着矛盾的对立面相互斗争、相互作用的解决形式和具体结果，而矛盾运动则构成了事物按否定之否定的规律前进发展的深刻动因。正题构成了旨在保存现有关系的、肯定的方面，而反题则构成了旨在消除现有关系的、否定的方面。这两个矛盾的对立方面在斗争中达到否定的否定，也就是这两个方面的具体综合、具体统一，从而实现在新的基础上的新的矛盾对立和斗争。蒲鲁东由于试图调和矛盾，所以也就根本不懂否定之否定。"他从来没有超越过头两级即简单的正题和反题"②，在他那里是根本没有否定之否定的。他提出了消除"坏"的方面的任务，导致了矛盾对立面的消失，从而根本谈不上矛盾对立双方通过斗争而形成一个新的、第三级的合题。所以，在蒲鲁东那里，范畴通过否定之否定而实现的辩证运动被"终结"了。

马克思在《哲学的贫困》中批判了黑格尔辩证法的唯心主义基础，也就是在唯物主义基础上重新理解否定之否定规律。他不是像黑格尔那样把发展过程仅仅理解为纯概念的发展，而是首先理解为客观的物质现实的发展。正是有了后者通过否定之否定的方式实现的辩证发展，才进

---

① 《马克思恩格斯全集》第 4 卷，第 142—143 页。
② 同上书，第 143 页。

第八章　马克思同蒲鲁东和魏特林的交往与决裂

而有了前者的否定之否定式的运动发展。几个月之后，即1847年10月，马克思写了《道德化的批评和批评化的道德》一文，更加明确地阐述了他对否定之否定规律的唯物主义观点。德国的小资产阶级激进派理论家卡尔·海因岑只是从"纯道德化"的和"受到伦理限制"的方面来理解否定范畴，认为否定只可能有观念的性质，而在物质世界中否定是不可能的。马克思批判了这种唯心主义的否定观，指出："一切发展，不管其内容如何，都可以看做一系列不同的发展阶段，它们以一个否定另一个的方式彼此联系着。""任何领域的发展不可能不否定自己从前的存在形式。而用道德的语言来讲，否定就是背弃。"① 马克思在这里明确地指出，以否定公式实现的辩证发展适用于"一切发展"和"任何领域"，绝不仅限于观念和道德领域。

马克思对黑格尔的否定之否定三段式进行的唯物主义改造不能看作是简单的"颠倒"。被马克思改造过的否定之否定的三段式从根本上消除了黑格尔的否定性辩证法的不彻底性和牵强性质，发展成为唯物辩证法的一个重要规律。在马克思那里，这一三段式不再像黑格尔那样是一个由观念强加给事物的抽象的、牵强的公式和框子，而成为从考察现实事物的发展过程中抽象出来的客观规律。由此可见，马克思的否定之否定规律并不是在唯物主义基础上对黑格尔的三段式的简单搬用，而是在黑格尔的启发下对现实历史作具体考察的结论。现实事物和人类历史的发展是无穷尽的，否定之否定的辩证运动作为这一过程各个阶段互相联系和发展的环节，也就永远不会停止，永远不会有什么历史的终点。这是在唯物主义基础上形成的彻底的辩证法思想。

七　马克思同魏特林的交往与决裂

著书立说并不是马克思的目的，他创立理论的目的是要推进社会的进步，是为正在兴起的工人解放运动提供理论指导，以及反对各种

---

① 《马克思恩格斯全集》第4卷，第329页。

魏特林

错误思潮对工人运动的影响。所以，马克思不仅要创立科学理论，而且要推动建立工人阶级的政党组织，并为它提供行动纲领。马克思的理论研究同他的革命实践活动有机地联系在一起。正如恩格斯所说，"马克思首先是一个革命家。他毕生的真正使命，就是以这种或那种方式参加推翻资本主义社会及其所建立的国家设施的事业，参加现代无产阶级的解放事业，正是**他**第一次使现代无产阶级意识到自身的地位和需要，意识到自身解放的条件。"①

马克思和恩格斯于1846年初建立了布鲁塞尔共产主义通讯委员会。建立这个组织的目的，就是要加强各国工人运动的联系，交流信息，沟通情况，消除意见分歧，推动工人运动的健康发展。接着，在德国国内，在伦敦和巴黎也建立了共产主义通讯委员会，并同许多地方共产主义者加强了联系。进而马克思和恩格斯又改组了正义者同盟。在这个过程中，他们不仅批判了"真正的社会主义"和蒲鲁东的改良主义，而且同魏特林及其追随者进行了坚决的斗争。

魏特林及其著述活动。威廉·魏特林（1808—1871）是同盟主要的精神领袖，德国早期工人运动著名活动家，空想共产主义理论家。他出身贫寒，没有上过大学，作为一个到处流浪的裁缝工人，自学成才。1835年10月，他来到法国巴黎，广泛接触和研究了各种空想社会主义著作，逐渐形成了自己的空想共产主义理论。当年，他便参加了德国工人在巴黎的秘密组织"流亡者同盟"，次年便改名为"正义者同盟"，

---

① 《马克思恩格斯文集》第3卷，第602页。

第八章 马克思同蒲鲁东和魏特林的交往与决裂

并成为该同盟的主要领导人之一。1838年，他写成自己第一部空想社会主义著作："关于财产公有制"的纲领性著作，即《现实的人类和理想的人类》。在这本书中，他论证了"正义者同盟"的纲领。1842年，魏特林写成并出版了他主要著作《和谐与自由的保证》，这本书在瑞士、法国和德国的工人中受到了热烈的欢迎，在知识界也引起强烈的反响。它被马克思称为"光辉灿烂的处女作"，是无产阶级的"巨大的童鞋"。该书尖锐地揭露和批判了资本主义社会的种种罪恶，描述了未来共产主义社会。但他后来思想倒退，发表《一个贫苦罪人的福音》，到宗教《圣经》中寻找革命依据。

1844年他开始同马克思进行通信联系，次年同马克思、恩格斯会面。马克思、恩格斯在布鲁塞尔创建和领导共产主义通讯委员会时，魏特林曾参加马克思、恩格斯组织的活动，马克思、恩格斯也曾想帮助他脱离空想主义，更前进一步，但是，陶醉于赞扬声中的魏特林，自以为掌握着济世良药，以狭隘的眼光看待问题，并最终拒绝了这一帮助，最后与马克思、恩格斯分道扬镳。后来，他愈来愈陷入德国的"真正的社会主义"和小资产阶级社会主义的泥沼。1847年6月，他被"正义者同盟"开除，以后便逐渐退出工人运动的活动。

魏特林的空想共产主义和马克思同他的斗争。 在对资本主义批判中，魏特林首先把矛头指向资本主义的私有制，认为私有财产是资本主义社会一切罪恶的根源。他认为，在资本主义私有制下，工人的命运和遭遇比奴隶更加悲惨。在这种制度下，充斥着金钱拜物教，社会风俗道德沦丧，暴力横行。追求金钱成为人们生活的唯一目的，"统治人物、传教士、立法者、教师、法官、强盗、凶手、窃贼，一切的一切都向黄金伸出那贪得无厌的手，人人都相信他那现实的幸福必须在这里寻找"[①]。由此出发，认为资产阶级的国家是有产者的国家，提出无产阶级无祖国的思想。

---

① ［德］威廉·克里斯蒂安·魏特林：《和谐和自由的保证》，商务印书馆1982年版，第96页。

魏特林设计了一个不同于资本主义私有制社会的未来理想社会，在《和谐和自由的保证》一书中，他将这个未来社会称为"和谐与自由的社会制度"，由于它由各地的家庭联盟组成，因而也称为"民主共产主义家庭联盟"。这一社会制度，消灭私有财产，以"财产共享"为基础。社会把劳动作为义务，共享劳动成果，实行平均分配和按劳分配相结合的分配制度。如何实现这样的社会？魏特林认为，必须通过社会革命的手段，从推翻旧的社会制度到建成新社会，要经历一个过渡阶段，在这个时期，必须实行专政。应该说，魏特林的这些思想是很有价值的，大大超越了历史上的空想社会主义者。所以，恩格斯也说他是"德国共产主义的创始人"。他的思想也很快在工人运动中传播开来，并对工人群众产生了很大影响。

但是，魏特林持有一系列错误观点，在历史观上，他仍然停留于历史唯心主义，对资本主义本质缺乏深刻的认识，甚至认为君主政体优越于共和政体。在实践上，他根本不懂无产阶级的革命战略和策略，反对制定科学的共产主义纲领，反对组织无产阶级政党和开展群众性的政治斗争。在1846年3月底召开的布鲁塞尔共产主义通讯委员会会议上，他与马克思、恩格斯的分歧变为公开的冲突。魏特林反对用科学理论武装和发达工人群众，反对批判"手工业共产主义"和"哲学共产主义"，认为共产主义革命已经成熟，应当立即发动共产主义革命。并且诋毁马克思和恩格斯的策略思想是对共产主义信念的"叛逆"。马克思针锋相对地指出：如果不给工人以严格的科学思想和正确的斗争策略，那就同传教士们所玩弄的一套空洞而无耻的把戏没有什么区别；那种不给民众以任何可靠的、深思熟虑的行动依据而激发群众的做法，完全是对民众的欺骗。这种做法，不仅不能救群众于水火，反而会把他们引向毁灭。

马克思反对魏特林的斗争得到正义者同盟及其领导人的热情支持，并一致通过把魏特林开除出同盟的决议。从此，马克思、恩格斯按照共产主义原理对正义者同盟进行改造，使之成为一个国际性的无产阶级政党组织。

第九章 《共产党宣言》问世

马克思从1845年2月移居布鲁塞尔，到1848年3月3日比利时国王签署驱逐令，他和他的家人在布鲁塞尔生活了整整三年时间。这是极为有意义的三年！在这里，他同恩格斯不仅创作了《德意志意识形态》，而且撰写了《共产党宣言》；不仅制定了国际工人运动的纲领，而且领导建立了共产主义的政党组织。由此，真正开始了国际共产主义运动。历史翻开了新的一页！

《共产党宣言》是马克思主义奠基之作，也是马克思主义最重要、影响最深广的经典著作，具有划时代意义。它的问世标志着马克思主义作为成熟的科学理论正式诞生了。从此，国际共产主义运动有了科学的理论指导，并且蓬蓬勃勃地发展起来。如果没有《共产党宣言》的出版和指导，工人运动可能还要在黑暗中继续徘徊和摸索。

与《德意志意识形态》相比，《哲学的贫困》和《共产党宣言》在理论的表达和概念的使用上更为精确，与现实的结合更为紧密。在这里，马克思主义哲学第一次被用来指导研究政治经济学和革命运动，表明由马克思和恩格斯创立的这一崭新的哲学理论已成为一种成熟的世界观和方法论。《共产党宣言》的发表，标志着马克思主义的正式诞生。

一 建立共产主义者同盟

在实践上，马克思面临的一个重要任务是改造"正义者同盟"，建立一个无产阶级的真正的革命组织。这个任务是通过改造"正义者同盟"来实现的。"正义者同盟"是德国工人的一个秘密革命组织，于1836年在巴黎成立。成员主要是侨居巴黎的德国手工业工人。1840年以后，它的中心移到英国伦敦，逐渐成为一个国际性的工人组织，在英国、德国、法国和瑞士都建立了支部。这是一个半宣传、半密谋的组织，宗旨是"使世上一切人享受自由，使任何人都不比别人生活得好些或坏些"，其口号是"人人皆兄弟"。很显然，这些提法模糊了该组织的阶级性质。

马克思在巴黎，恩格斯在曼彻斯特之时，都与同盟的成员有过接触，尤其是在1845年夏的英国之行中，马克思和恩格斯加强了与同盟领导人的联系。同盟的领导人有：卡尔·沙佩尔（排字工人）、亨利希·鲍威尔（鞋匠）、约瑟夫·莫尔（钟表匠），他们曾邀请马克思和恩格斯参加同盟，但马克思和恩格斯不同意他们的指导思想和密谋策略，谢绝了邀请。

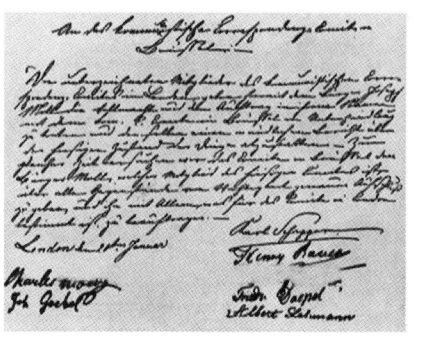

约瑟夫·莫尔　　　　　　　　**正义者同盟给约瑟夫·莫尔的委托书**

1847年1月，正义者同盟为了召开代表大会，制定新纲领，决定向马克思和恩格斯求教，特派约瑟夫·莫尔带着正式委托书去布鲁塞尔拜访马克思，并去巴黎拜访恩格斯，邀请他们加入同盟并帮助改组同盟。莫尔表示，同盟愿意抛弃过去的空想社会主义理论和密谋策略，接受马克思和恩格斯的科学理论。马克思、恩格斯见时机成熟，就同意加入同盟。马克思后来写道："我们对这种建议有种种顾虑，但都被莫尔打消了，因为他通知说，中央委员会准备在伦敦召开同盟代表大会，大会上，我们所坚持的各种批判的观点，将作为同盟的理论在正式的宣言中表现出来；他又说，可是为了同保守派分子和反对派分子作斗争，我们必须亲自参加大会，这就涉及到我们要加入同盟这样一个问题了。"① 马克思对是否加入同盟经历了一个犹豫不决的过程。

1847 年 6 月，在伦敦，正义者同盟召开了第一次代表大会。恩格斯参加了这次代表大会。马克思没有出席，是由威廉·沃尔弗代表他所在的布鲁塞尔支部参加会议的。这次大会决定将正义者同盟改名为共产主义者同盟，用具有鲜明阶级性的新的

同盟会议会址红狮旅馆

战斗口号"全世界无产者，联合起来！"，取代了"人人皆兄弟"的旧口号。这次代表大会的主要议题之一是制定共产主义信条。正义者同盟委员会提出了一个包括七个问答式问题的信条草案。这个草案虽然提出了破坏现存的社会制度，代之以实行财产公有的未来社会的新要求，但是，其内容贫乏，也缺乏科学的论证。所以，恩格斯为大会重新草拟了《共产主义信条草案》，并由大会分发给各个支部进行讨论。这个《草案》论述了科学社会主义的一些基本原理，为正义者同盟的改组奠定了科学的理论基础。同年 10 月，在共产主义同盟巴黎支部讨论纲领草案的会议上，恩格斯又受托起草了新的草案，即《共产主义原理》。《原理》仍然采取了问答的形式，但其内容比《信

---

① 《马克思恩格斯全集》第 14 卷，第 465 页。

条》更加丰富，已经包含了以后的《共产党宣言》所阐明的基本问题。

在这里，有必要对威廉·沃尔弗作一简要介绍。威廉·沃尔弗（1809—1864），德国和国际工人运动著名活动家，马克思和恩格斯的忠实战友。他出生于德国西里西亚一个世袭农奴家庭，从小和父母一起为庄园主服徭役。1829年考入布勒斯劳大学，1831年底加入大学秘密组织"布勒斯劳大学学生协会"，成为协会的首席书记员。1834年7月因从事革命活动被捕入狱。1838年7月底从监狱释放后来到波兹南，在一个波兰伯爵家里做家庭教师。1840年夏，他辞去家庭教师职务，返回西里西亚，深入下层民众进行社会调查。1844年6月4日，德国西里西亚纺织工人起义，沃尔弗经实地考察并写出《西里西亚的贫困和起义》一文。从1844年夏天起，他开始阅读马克思和恩格斯的文章，特别是恩格斯《英国工人状况》一书，促进了他向共产主义者的转变。1845年，当局判处他三个月要塞监禁，他仓促出逃，于次年4月辗转来到布鲁塞尔，结识了马克思和恩格斯，加入共产主义通讯委员会，从此成为马克思和恩格斯的忠实朋友和可靠助手。1847年春，他协助马克思和恩格斯为筹备召开共产主义者同盟第一次代表大会做了大量工作。在1848年革命中，他作为同盟中央特使到德国参加革命，后参加马克思《新莱茵报》编辑部工作，并在报上发表了题为《西里西亚的十亿》的连载文章。1850年9月，共产主义同盟出现维利希—沙佩尔集团时，沃尔弗坚定地站立在马克思一边，同这个集团进行斗争。1853年9月，他定居曼彻斯特，成为恩格斯在曼彻斯特

威廉·沃尔弗

经商时的唯一同志和朋友。他晚年积劳成疾，伤病缠身，弥留之际，马克思和恩格斯一直守在他身边。沃尔弗尽管过着极为俭朴的生活，但他早在1863年底就立下遗嘱，把艰难积攒起来的约900英镑财产，赠送给苦难中的马克思一家。马克思后来在出版《资本论》时，把这部不朽著作献给这位"勇敢的、忠实的、高尚的无产阶级先锋战士"。

共产主义者同盟第一次代表大会以后，马克思和恩格斯为巩固和发展同盟做了大量工作。8月初，在布鲁塞尔成立同盟的支部和区部，马克思当选为领导人；恩格斯被选为巴黎区部领导人。

二　同盟第二次代表大会和《共产党宣言》的问世

1847年11月29日，共产主义者同盟第二次代表大会在伦敦召开。会前同盟中央写信请求马克思亲自参加大会。马克思和恩格斯分别作为布鲁塞尔区部和巴黎区部的代表共赴伦敦。途中，他们先在比利时会晤，详细讨论了大会所要解决的问题。大会从11月29日开至12月8日，会上经过激烈的交锋，最后通过了共产主义者同盟章程。这个章程比草案更好地体现了共产主义的科学精神和革命精神，奠定在科学社会主义理论基础上的第一个国际性的无产阶级政党终于建立起来了。

大会用绝大部分时间对理论纲领进行了讨论。在讨论过程中，马克思以其渊博的知识，严密的逻辑，令人信服的论据，系统阐明了科学共产主义基本原理，论述了无产阶级政党的纲领策略的原则，有力地批判了各种冒牌的社会主义和共产主义理论。尽管会上有激烈的争论，但大会心悦诚服地接受了马克思的理论。从参加过这次代表大会的弗里德里克·列斯纳后来的描述中，可以清楚地看出年轻的马克思当时的风采和对与会者的影响，他回忆道："马克思当时还是一个年轻人，28岁左右，但他给我们所有的人都留下了强烈的印象。他中等身材，肩膀宽阔，体格强健，动作充满活力；额头高高隆起，棱角分明；头发乌黑浓密；目光敏锐。嘴巴已形成了令他的对手极为害怕的嘲讽线条。马克思是一位天生的人民领袖。他演说简明，逻辑严密，令人信服；从来不说废话，每一句话都包含着思想，每一个观念都是他论证的链条中极为重要的一环。马克思绝不会对自己抱有任何幻想。当我越来越认识到魏特林时代的共产主义与《共产主义宣言》的共产主义之间的不同，也就越清楚地认识到马克思代表着社会主义思想的成年。"① 他也对时年 28 岁的恩格斯作了描述："弗里德里希·恩格斯是马克思的精神上的兄弟，一望而知是典型的日耳曼人。他体格匀称，动作灵敏，有金黄色的头发和漂亮的胡子。他不大像一个学者，倒像一个年轻有为的近卫军上尉。"② 这两位伟人的年轻形象跃然纸上。

同盟第二次代表大会，马克思大会发言

最后，大会委托马克思和恩格斯"起草一个准备公布的周详的理论和实践的纲领"，这就是著名的《共产党宣言》。《宣言》写作前，大会还为马克思提供了一叠材料，其中还有几份不同人草拟的《共产主义宣言》。这些材料没有多大的参考价值。恩格斯也把自己为共产主义者同盟第一次代表大会起草的《共产主义信条草案》和《共产主义原理》，送给了马克思。但是，恩格斯认识到，以"问答"形式作为党的《宣言》是不足取的，建议放弃"问答"形式。他写信给马克思说："请你把《信条》考虑一下。我想，我们最好是抛弃那种

---

① [英]戴维·麦克莱伦：《马克思传》，中国人民大学出版社 2010 年版，第 174—175 页。

② 《人间的普罗米修斯》，人民出版社 1983 年版，第 7 页。

第九章 《共产党宣言》问世

教义问答形式,把这个东西叫做《共产主义宣言》。因为其中必须或多或少地叙述历史,所以现有的形式是完全不适合的。"① 马克思在写作《宣言》的过程中,吸取了恩格斯《原理》中的很多内容,并接受了他的意见,放弃了"教义问答"的形式,于是,就有了我们现在所看到的这种风格的《共产党宣言》。《宣言》宏伟犀利的笔锋,博大精深的内涵,逻辑严谨的思路,这正是典型的马克思风格。这也是《宣言》真正应当具有的风格和特征。恩格斯后来回忆道,《宣言》"基本上……是他(马克思)的著作"②。

1848年1月,《宣言》起草完成,2月在伦敦公开发表。《宣言》最初用德文出版,它用这种文字在德国、英国和美国至少印过十二种不同的版本。在1848年的各种版本中,都未提作者的名字。在1850年11月英国宪章派机关刊物《红色共和党人》,登载了英译文《宣言》,该杂志编辑乔·哈尼在序言中第一次披露了《宣言》作者的名字。接着,《宣言》被翻译成多种欧洲文字——法文、意大利文、波兰文、丹麦文、瑞典文、塞尔维亚文,俄文、佛来米文等。1872年,《宣言》新的德文版出版,马克思和恩格斯为该版合写了序言,并对正文作了一些修改。这个版本正式署上了作者的名字。马克思和恩格斯在序言中写道:"不管最近25年来的情况发生了多大的变化,这个《宣言》中所发挥的**一般基本原理**整个说来直到现在还是完全正确的。"③

正是《宣言》中阐发的这些"一般原理",使《宣言》至今仍然闪烁着真理的光辉!《宣言》篇幅不长,但它蕴涵着深刻的真理,为全世界无产阶级指明了摆脱资本主义枷锁和实现自身解放的道路。"它的精神至今还鼓舞着、推动着文明世界全体有组织的正在进行斗争的无产阶级。"④

---

① 《马克思恩格斯全集》第27卷,第123页。
② 《马克思恩格斯全集》第16卷,第409页。
③ 《马克思恩格斯选集》第1卷,第228页。
④ 《列宁选集》第1卷,第91页。

《宣言》的几种版本图片

三 《共产党宣言》阐发的基本原理

《宣言》是马克思主义创始人根据刚刚创立的唯物主义历史观为无产阶级政党起草的第一个政治纲领，它既是马克思主义哲学在革命实践中的第一次运用，也是对这一科学历史观的精辟的阐述。正如列宁评价的那样："这部著作以天才的透彻鲜明的笔调叙述了新的世界观，即包括社会生活在内的彻底的唯物主义、最全面最深刻的发展学说辩证法以及关于阶级斗争、关于共产主义新社会的创造者无产阶级所负的世界历史革命使命的理论。"①《宣言》所阐述的基本原理，表明马克思主义已经走向成熟，已经从理论形态走向革命的实践。

第一，《宣言》阐明的最基本的思想观点，首先是关于人类社会结构及社会运动规律的思想。正如《宣言》1883年德文版序言中指出的，"贯穿《宣言》的基本思想：每一个历史时代的经济生产以及必然由此产生的社会结构，是该时代政治的和精神的历史的基础"②。在1888年英文版序言中，又进一步指出，"构成《宣言》核心的基本思想"就是："每一历史时代主要的经济生产方式和交换方式以及必然由此产生的社会结构，是该时代政治的和精神的历史所赖以确立的基础，并且只有从这一基础出发，这一历史才能得到说明"③。这也就是1859年《政治经济学批判》"序言"中所阐述的关于生产力和生产关系矛盾运动以及社会形态及其更替规律的基本思想。关于"两个必然"、阶级和阶级斗争以及共产主义基本特征等，都是从这个最基本思想派生出来的原理，或者说是它的展开。也可以说，这是马克思主义的最深刻的世界观和方法论基础。

马克思用这个基本原理，深刻地分析和阐述了资本主义社会结构及其产生和发展的历史。现代资产阶级和资本主义社会绝不是从天而降和永恒不变的，而是一个长期发展过程的产物，是生产和交换方式多次变革的产物。资产阶级赖以形成的生产和交换资料，都是在封建社会里造成的。当这些生产和交换资料发展到一定阶段，封建社会的生产和交换在其中进行的封建所有制关系（体现为封建的农业和制造业组织）就不再能与已经发展了的生产力相适应了，这种生产关系已不能促进生产而变成了生产发展的障碍。这时，打破这种束缚生产力发展的封建桎梏就成为必须和必然的了。现代资产阶级和资本主义社会正是在这种基础上形成和发展起来的。

最初的资产阶级，是从中世纪的农奴中间分化出来的初期城市自

---

① 《列宁选集》第2卷，第578页。
② 《马克思恩格斯文集》第2卷，第9页。
③ 同上书，第14页。

由居民中产生的。由于美洲和非洲新航路的开拓，给这些新兴资产阶级分子开辟了新的活动场所。东印度和中国的市场、美洲的殖民化以及贸易、交换资料和商品的增加，大大刺激了新兴资产阶级的商业、航海业和工业的发展。这就造成了正在崩溃着的封建社会内部革命因素的迅速发展。从前封建的或者行会的工业组织不再能够满足日益发展的生产力的需要，取而代之的是作为资本主义生产方式的初期形式的工场手工业组织。然而，随着新生产力的进一步发展，随着蒸气和机器引起的工业革命的发生，市场总是在扩大，需求总是在增加，工场手工业也不能满足这种需求了。于是，现代的大工业组织代替了工场手工业，随之而来的则是现代资产阶级的产生。可以说，现代资产阶级的发展是与世界市场的扩大和工业、商业、航海业和铁路的发展紧密结合着的。随着资本的不断增加，中世纪遗留下来的一切阶级逐渐退出历史舞台，资产阶级成为现代社会和现代产业的统领。

　　与资本主义的经济发展和自由竞争相适应，必然会产生相应的社会政治制度和意识形态，实现资产阶级在上层建筑领域的统治。资产阶级的每一步发展都伴随着相应的政治上的成就。通过资产阶级革命，这个阶级以现代的代议制国家代替了封建等级制的贵族专制制度，而大工业和世界市场的发展则成为这种现代国家政权的经济基础。与这种经济基础和政治制度相适应，资产阶级把一切封建的、宗法的和纯朴的关系统统破坏了，取而代之的则是以冷酷无情的现金交易为代表的赤裸裸的利害关系。资产阶级摧毁了一切陈旧生锈的关系和素被尊崇的见解和观点，创造了与中世纪根本不同的文化艺术，按照自己的形象为自己创造出了一个新的世界。但是，新的社会矛盾的产生，又使资产阶级社会处于前所未有的动荡之中。生产中经常不断的变革，一切社会关系接连不断的震荡，恒久的不安定和变动，这就是资产阶级时代不同于过去其他时代的根本特点。

　　第二，**关于"两个必然"的原理**。这是马克思主义创始人用上述历史唯物主义观点和方法，分析资本主义社会矛盾运动及阶级关系而得出的科学结论。资本主义制度在其发展过程中，曾创造过辉煌，起过重大的历史作用，但是，同任何事物的发展一样，它在自己生命过程中同时包含着自身的否定因素。正如恩格斯所说："资产阶级从它产生的时候起就背负着自己的对立物；资本家没有雇佣工人就不能存在。"① 他还说，"赋予新的生产方式以资本主义性质的这一矛盾（指社会的生产与资本主义占有之间的矛盾），已经包含着现代的一切冲突的萌芽。"② 社会化的大生产曾经是资产阶级用来摧毁封建制度的一个武器，而现在这个武器却对准资产阶级自己了。当社会化的大生产发展到一定程度，必然会同资本主义的私人占有制之间产生不可调和的矛盾。这种矛盾表现为要求摧毁资本主义私人占有制的无产阶级与企图保存旧关系的资产阶级之间的阶级斗争。通过阶级斗争和无产阶级革命，资本主义社会必将被新的社会主义和共产主义社会所代替。

《宣言》正是用马克思刚刚形成的唯物史观，深刻地剖析了资本主义的生产力与生产关系、资本与雇佣劳动的关系，深刻地揭明，资产阶级生存和统治的根本条件，是财富在私人手里的积累，是资本的形成和增值，而资本的条件是雇佣劳动。所以，资本主义的发展必然造就出它的反对力量，而且这支力量通过斗争的锻炼，已不再是分散的群体，而成为有组织、有意识的队伍。《宣言》得出结论说："**随着大工业的发展，资产阶级赖以生产和占有产品的基础本身也就从它的脚下被挖掉了。它首先生产的是它自身的掘墓人。资产阶级的灭亡和无产阶级的胜利是同样不可避免的。**"③ 这就是我们通常所说的"两个必然"的原理。在 1882 年俄文版序言中，更明确地指出，"**《共产党宣言》的任务，是宣告现代资产阶级所有制必然灭亡。**"④《宣言》中阐述的这个无可辩驳的结论，令整个资本主义世界胆战心惊，但让世界无产阶级欢欣鼓舞。当然，资产阶级的灭亡和无产阶级

---

① 《马克思恩格斯文集》第 3 卷，第 525 页。
② 同上书，第 551 页。
③ 《马克思恩格斯文集》第 2 卷，第 43 页。
④ 同上书，第 8 页。

的胜利，并不是短时期可以实现的，它是一个随着生产力的高度发展和生产关系不断变革的长期演进的过程。其中有必然性，也存在着偶然性；有高潮也有低潮。20世纪世界社会主义实践充分地证明了这一点。然而，由此认为共产主义是渺茫的，也是非常错误的。

重要问题在于，坚持《宣言》的"一般原理"，即基本原理，使之与不同时代的具体历史条件相结合，研究新的时代问题，得出新的结论。《宣言》发表一个半世纪以来，世界发生了许多变化，自由资本主义发展到了国际垄断资本主义阶段，古典自由主义发展到了新自由主义形态，《宣言》预示的经济全球化，从20世纪80年代以来也迅猛地发展起来，同时出现了规模愈来愈大的反全球化运动，等等。《宣言》所揭示的"两个必然"是否已经过时？回答当然是否定的。但是，问题在于如何用新的事实丰富对"两个必然"的理论论证。在这方面，国外学者和一些共产党的理论家作了许多新的有益的尝试。比如，俄罗斯共产党第三次代表大会通过的《俄罗斯联邦共产党纲领》，就试图从当代资本主义造成的全球社会问题和生态灾难，论证社会主义代替资本主义的必然性。《纲领》认为，如今占据大半个地区的资本主义是这样一种社会，那里的物资和精神生产从属于最大限度地搜刮利润、积累资本、追求无限膨胀的市场法则。当代资本主义的过度生产和过度消费，必然带来越来越严重的社会问题和生态灾难。它使资本主义固有的资本与雇佣劳动、剥削与被剥削的矛盾越出了发达国家的国界，扩展到不同国家和地区，造成全球性的社会问题。生活在发达资本主义国家的近十亿居民成为特殊的"金十亿"，他们消费着世界80%的产品，这种超级消费建立在地球上大多数居民的经常性消费不足和相对、绝对贫困的基础之上。虽然发达国家一定程度地缓解了自身的矛盾，但是，就全球而言，这一矛盾更为广泛、更为深刻，这些国家同其他国家的关系具有了阶级剥削的性质。另外，这种过度消费，推动了工业生产毫无节制地发展，其结果造成了更为严重的生态、资源、发展等全球性问题。《纲领》指出，正是这样的严重后果，决定了资本主义社会的必然灭亡。资产阶级式的社会生活已濒临其可能的极限。连最狂热的拥护者也承认，资本主义生产方式不仅已到了其内部的临界线，而且到了其自然的临界线。

俄共《纲领》的最后结论是：**人类必须抛弃资本主义的价值追求和社会制度，必须对社会生活加以全面的有计划的自觉控制，把人自身的完善和发展放在首位，而这也就是社会主义的实现，是向共产主义前进**。可以说，这是在马克思主义创始人关于社会主义历史必然性的经典论证的基础上，结合新的时代特征和社会实践，对这一科学原理的进一步丰富。

解决人与社会，人与自然的关系，始终都是人类面临的两大主题。历史表明，资本主义制度不可能解决人类所面临的这两大问题。社会主义就其本质而言，是能够而且必须解决这些问题的，但是，由于社会主义制度建立比较晚，加之实践中的失误，也没有能够解决好。要真正解决人类面临的这两大主题，还必须认真地总结经验与教训，进行艰苦的探索。科学发展观就是试图解决这些问题的极好的尝试。

第三，**关于阶级和阶级斗争的原理**。这是一个十分重要的思想，它像一条红线一样贯穿《宣言》的始终。恩格斯在谈到关于人类社会基本矛盾及阶级斗争规律时，不止一次地强调这个发现是属于马克思的。"在我看来这一思想对历史学必定会起到像达尔文学说对生物学所起的那样的作用"，并指出马克思和他早在1845年春天以前已经接近了这个思想。①

阶级和阶级斗争是人类社会发展到一定历史阶段的必然产物，是不以人们主观意志为转移的客观存在。早在马克思以前，一些古典经济学家和复辟时代的历史学家，就已经发现了阶级斗争存在的事实，他们论述了阶级存在的经济原因，并把法国大革命看作是阶级斗争的历史。马克思的功绩是对阶级、阶级斗争作了科学的说明，使它变成一门完整的科学。

---

① 参见《马克思恩格斯文集》第2卷，第14页。

思想巨人马克思

1852年3月5日马克思在致约·魏德迈的信中说，无论是发现现代社会中有阶级存在或发现各阶级间的斗争，都不是我的功劳，在我以前很久，资产阶级历史编纂学家和经济学家就已经发现了。我所加上的新内容是："（1）**阶级的存在仅仅同生产发展的一定历史阶段相联系**；（2）**阶级斗争必然导致无产阶级专政**；（3）**这个专政不过是达到消灭一切阶级和进入无阶级社会的过渡**。"① 马克思的这一科学论断，非常准确地揭明了阶级存在这一历史现象，说明了阶级斗争学说的科学价值。阶级和阶级斗争理论是一门科学，阶级斗争是一种历史现象，抛弃了阶级观点和阶级分析方法，就无法说明几千年人类社会的历史，也无法理解当今世界所发生的重大事件。这是不以人们意志为转移的客观存在，不是谁想否定就可以否定掉的。

《宣言》结合当时的革命形势和对资本主义社会矛盾的剖析，深刻地阐明了上述原理。首先，《宣言》开宗明义地指出："**至今一切社会的历史都是阶级斗争的历史**。"清楚地指明了，阶级和阶级斗争是一个长期存在的历史现象，是一个客观的存在，是社会生产力发展到一定阶段的产物。马克思早在《德意志意识形态》中就阐明了《宣言》的这个重要思想。他指出：过去人们的发展是在有限的社会生产力基础上进行的，这种不能满足整个社会的生产，使得人们的发展只能具有这样的形式，即一部分人靠另一部分人来满足自己的需要，而另一些人（多数）经常地为满足最迫切的需要而进行斗争。"由此可见，到现在为止，社会一直是在对立的范围内发展的，在古代是自由民和奴隶之间的对立，在中世纪是贵族和农奴之间的对立，近代是资产阶级和无产阶级之间的对立。"② 这里，把阶级斗争这一历史现象，已经奠定在了历史唯物主义的基础之上。这是马克思对社会历史认识的一个重大贡献。

马克思和恩格斯在写作《宣言》时对人类的史前史几乎还不大了

---

① 《马克思恩格斯文集》第10卷，第106页。
② 《马克思恩格斯全集》第3卷，第507页。

第九章 《共产党宣言》问世

解。后来，陆续发表了一些关于俄国土地公有制的材料，出版了路易斯·亨利·摩尔根的《古代社会》，人们才开始了对人类史前史的研究。马克思研究了东方社会，写下了"人类学笔记"，恩格斯1884年出版了《家庭、私有制和国家的起源》一书。这一研究不仅对人类史前史有了清晰的了解，而且也使唯物主义历史观，特别是关于社会形态的理论更加完善。所以，恩格斯对《宣言》的"至今一切社会的历史"的表述，明确为"这是指有文字记载的历史"，或加以"从原始土地公有制解体以来"的全部历史，使得《宣言》的这一重要论断更为科学，更为准确。

其次，更为重要的是，《宣言》用上述观点，透辟地分析了资本主义社会的阶级关系和阶级对立，分析了资产阶级国家政权的阶级实质，指明了无产阶级要从非人的生活条件下获得解放，就必须夺取政权，建立自己的"**政治统治**"，即无产阶级专政。"**工人革命的第一步就是使无产阶级上升为统治阶级，争得民主。**"并且利用自己的政治统治，"**一步一步地夺取资产阶级的全部资本，把一切生产工具集中在国家即组织成统治阶级的无产阶级手里，并且尽可能快地增加生产力的总量**"[①]。《宣言》还指出，"共产党人的最近目的是和其他一切无产阶级政党的最近目的一样的：使无产阶级形成为阶级，推翻资产阶级的统治，由无产阶级夺取政权。"[②] 这就是《宣言》最重要最卓越的思想。列宁在《国家与革命》中给以它极高的评价。[③] 这里，不仅指明了无产阶级政权对无产阶级解放的绝对必要性，而且阐明了无产阶级政权的历史使命和任务。

最后，《宣言》以历史唯物主义观点分析了无产阶级政权和国家的历史作用，指出当无产阶级政权完成了自己的历史使命的时候，"公共权力就失去政治性质"。当消灭了阶级对立存在的条件，消灭了阶级本身存在的条件，无产阶级的政治统治也就消失了。这里深刻

[①] 《马克思恩格斯文集》第2卷，第52页。
[②] 《共产党宣言》第2卷，第5页。
[③] 参见《列宁选集》1995年版第3卷，第129—130页。

地阐明了阶级、政党、国家政权和无产阶级专政都是一个历史范畴，它总有一天要退出历史舞台的。但我们距离这一天还相当遥远，工人阶级还必须依靠自己的政党，通过加强和巩固自己的政权，来实现自己的历史使命。所以，《宣言》的这些思想，在今天依然有着重要的指导意义。

《宣言》问世已经一个半多世纪了，资本主义社会关系的确发生了不小的变化。当代资本主义阶级关系究竟发生了什么样的变化，是否像有些学者所宣扬的那样，当代资本主义已经变成"人民资本主义"，阶级对立已经不复存在了。这种说法显然是试图借口时代的变化，抹杀资本主义社会依然存在的阶级对立。诚然，《宣言》发表170年来，当代资本主义社会关系和阶级关系都发生了很大的变化，这种变化自然引起了广大学者的关注，特别是发达资本主义国家的学者对此进行了很多的研究，提出了新的认识和新的观点。按照他们的研究，这种新变化可以概括为两个方面：**一是雇佣劳动化，也就是工人阶级队伍扩大化；二是雇佣劳动异质化**。所谓"雇佣劳动化"，是指雇佣劳动在当今资本主义社会成为一种普遍现象。不论蓝领还是白领，不论一般工人还是经理阶层和管理人员，都是受雇佣者。这些人一不占有生产资料，二受雇于资本家企业、公司或大的财团。他们找到好的工作，就生活得比较好，甚至可以接近中产阶级生活水平，一旦失业便沦为无产者行列，而在资本主义世界里，就业与失业是很通常的现象。日共学者指出，所谓"**工人阶级是指出卖劳动力获取工资生活的群体，包括体力劳动，也包括脑力劳动**"。他们认为，这种不占有生产资料的雇佣劳动者占整个劳动力的70%。法国学者弗·拉扎尔夫人认为，当代资本主义阶级结构从总体上没有改变。它的一端是金融资产阶级，另一端是雇佣劳动者。前者是少数，而后者的队伍则不断扩大。所以，在当今资本主义社会，阶级对立并没有消失。还有学者认为，"工人阶级包括所有被迫向资本出售劳力，在压迫性制度下苦苦挣扎，几乎完全没有能力改变自身劳动条件的人"。"工人阶级阵营既包括体力劳动者，也包括低层白领工人：文职、技术、行政、服务等等。他们在世界人口中占据相当大份额。"①

所谓"雇佣劳动异质化"，一方面，是指工人阶级从事的劳动部门和工作性质发生了变化。在当今的工人阶级队伍中，产业工人只占三分之一，而从事文教、医疗、通讯等部门的雇佣劳动者则占三分之二，此外，还有经理雇佣劳动者。另一方面，是当代工人阶级的生活条件同《宣言》时代的无产阶级相比，发生了很大变化，绝对赤贫现象比较少，甚至一些人还拥有少量股票。这种情况就使得当今工人阶级的阶级意识和革命精神同过去的无产阶级已经不能同日而语了。解决这些问题，是现在工人阶级政党面临的最大课题和难题。美共学者认为，在资本主义社会，阶级斗争并没有消失，只是改变了斗争的形式。"阶级斗争、种族斗争和民主斗争的结合"，是反对资本主义右翼势力的主要力量。

从上述可见，《宣言》所阐述的阶级和阶级斗争的原理并没有过时，只是应当根据变化了的形势作出新的解释和运用。要科学地认识当今世界，认识当代资本主义的社会矛盾及其发展趋势，还必须诉诸马克思主义的阶级分析方法。

第四，**关于共产主义基本特征的原理**。任何事物都有区别于他事物的质的规定性，也就是该事物的本质特征。同样，人类不同的社会形态，也都有自己的质的规定性，否则，这一社会便成为不可认识的了。资本主义社会的本质特征，是马克思主义创始人分析资本主义社会矛盾和阶级关系而得出的重要理论结论。这些原理包括政治的、经济的和思想的。关于共产主义的政治特征，上述已经涉及，这里不再赘述。《宣言》对共产主义的经济的和思想的特征，作了极为深刻而精辟的阐述。这里的核心首先是关于消灭私有制的思想。空想社会主义者已经认识到，私有制是资本主义社会一切弊病的"根源"，并开始从理论上思考消灭私有制的问题。马克思和恩格斯用历史唯物主义

---

① ［英］特里·伊格尔顿：《马克思为什么是对的》，新星出版社 2011 年版，第 173、177 页。

观点和方法，科学地阐明了私有制的发生、发展和社会本质，解决了空想社会主义者提出而不能解决的任务。《宣言》指出：消灭私有制不是某个世界改革家所发明的，"这些原理不过是现存的阶级斗争、我们眼前的历史运动的真实关系的一般表述。废除先前存在的所有制关系，并不是共产主义所独有的特征"。一切所有制关系都经历了经常的历史更替，经常的历史变更。比如，法国大革命废除了封建的所有制，代之以资产阶级的所有制。"共产主义的特征并不是要废除一般的所有制，而是要废除资产阶级的所有制。"① 因为，现代资产阶级私有制是建立在阶级对立之上、建立在少数人对多数人的剥削之上的产品和占有的最后而又最完备的表现。不废除资产阶级的私有制，无产阶级就不可能真正获得解放，更不要说解放全人类了。所以，《宣言》以最鲜明的语言向世人宣告："共产党人可以把自己的理论概括为一句话：消灭私有制。"② 以公有制取代资本主义私有制是科学社会主义的最基本特征，是当代历史发展的结果。在我国社会主义初级阶段，由于生产力发展水平还较低，所以，在一定程度上还允许私有制的存在和发展，还必须实行以公有制经济为主体多种所有制共同发展的政策。只要坚持以公有制为主体和共同富裕这两个根本原则，我们可以一步一步地建成社会主义，最后过渡到共产主义。

其次，《宣言》以历史唯物主义观点深刻阐明了共产主义的又一重要特征，即无产阶级意识形态必须居于统治地位。它旗帜鲜明地指出："任何一个时代的统治思想始终都不过是统治阶级的思想。"③"共产主义革命就是同传统的所有制关系实行最彻底的决裂；毫不奇怪，它在自己的发展进程中要同传统的观念实行最彻底的决裂。"④

我们知道，在《德意志意识形态》中，马克思和恩格斯在创立唯物主义历史观时，不仅从社会存在决定社会意识，而且从精神生产过

---

① 《马克思恩格斯文集》第2卷，第45页。
② 同上。
③ 同上书，第51页。
④ 同上书，第52页。

程，透辟地分析了思想的产生及其社会阶级性质。指出：一个阶级是社会上占统治地位的**物质**力量，同时也是社会上占统治地位的**精神**力量。支配着物质生产资料的阶级，同时也支配着精神生产资料。因而占统治地位的思想不过是占统治地位的物质关系在观念上的表现，是使某个阶级成为统治阶级的关系在观念上的表现，因而这也就是这个阶级的统治思想。① 这就从根本上说明了社会意识的阶级性，说明了为什么社会主义国家必须坚持工人阶级的意识形态，坚持马克思主义的主体地位和指导地位，很显然，这是社会主义基本制度决定的，同时又是巩固和发展社会主义制度所必须的。我国当前实施的马克思主义理论研究和建设工程，就是要进一步确立马克思主义在我国政治生活中的指导地位，建设和巩固社会主义的主流意识形态。这是我们建设中国特色社会主义的根本的思想保障，也是《宣言》的两个"彻底决裂"精神在现今历史条件下的具体体现。

所以，《宣言》关于科学社会主义基本特征的论断，在今天并没有过时，而是得到进一步的丰富和实际运用。任何事物都有区别于他事物的质的规定性，本质特征是质的规定性的具体体现，就像资本主义制度本质特征是生产资料私有制一样，社会主义本质特征是生产资料公有制。如果否定了《宣言》的这一核心思想，就无异于抽掉了科学社会主义赖以存在的理论基石。

第五，关于人的全面发展的原理。关于人的自由全面发展的思想，马克思在早期其他著述中多次论述过，但集中反映在《宣言》第二章最后一句话里，可以说，是《宣言》一个结论性的论断。这一论断是："**代替那存在着阶级和阶级对立的资产阶级旧社会的，将是这样一个联合体，在那里，每个人的自由发展是一切人自由发展的条件。**"② 这里讲得很清楚，只有社会制度发生根本改变，公有制代替所有制以后，人的自由全面发展才能逐渐地实现。对于这一重要原

---

① 参见《马克思恩格斯文集》第1卷，第550—551页。
② 《马克思恩格斯文集》第2卷，第53页。

理的理解，在理论界存在着歧义。比如有的学者，离开科学社会主义的基本原理，离开社会制度的变革，孤立地谈论人的发展，也就是仅仅突出一个"人"的问题，试图把马克思主义归结为人道主义，这是极其片面的。首先，这个原理作为《宣言》的一个结论性观点，它是同《宣言》所阐发的整个思想内在地联系在一起，是以唯物史观分析人类社会发展史，以及分析资本主义社会矛盾运动而得出的结论。如果脱离开《宣言》的整体思想，或者舍弃这句话的前半句，那么对"每个人的自由发展是一切人自由发展的条件"的论断就可以作出各种不同的解释。

其次，人的全面发展是一个随着生产力发展而不断进步的过程。如前所说，过去的历史发展是同有限的社会生产相伴随，所以，人们获得自由的程度和需要满足的程度也是有限的。只有当社会生产力和社会关系发展到比较高的阶段，达到阶级和人剥削人的现象消灭的时候，人才能真正得到全面发展，才能达到"每个人的自由发展是一切人自由发展的条件"的境界。那时，人的发展不再是片面的，也不再是虚幻的，而是全面的和真实的。那也就是共产主义的实现。

最后，与上述相联系，人的全面发展是一个实实在在的进步过程，它同社会主义革命和建设事业紧紧联系在一起。否则，脱离开社会主义事业，人的全面发展只能流于空谈和空想。所以，人的全面发展是社会主义的重要特征，马克思主义创始人给它以很高的评价。

为了加深对上述思想的理解，我在这里援引一段恩格斯在逝世前一年给意大利《新纪元》周刊的题词。1894年1月，该周刊致信恩格斯，请求他用简短的字句来表述未来社会主义纪元的基本思想，以区别于诗人但丁曾说的"一些人统治，另一些人受苦难"的旧纪元。恩格斯回复说：要用几句话来概括未来社会主义纪元的基本思想，几乎是不可能的。经过考虑后，我认为，除了《宣言》中的"代替那存在着阶级和阶级对立的资产阶级旧社会的，将是这样一个联合体，在那里，每个人的自由发展是一切人的自由发展的条件"这句话之外,"我再也找不出合适的了"。① 从中不难看出,恩格斯把人的全面发展看成是社会主义的重要特征,看成是社会主义事业发展的结果。

必须指明,这里所说的人,绝不是抽象的人,这个论断也绝不是抽象的人道主义。恰恰相反,《宣言》在批判当时流行的各种社会主义派别时,特别批判了以费尔巴哈人本主义为哲学基础在德国出现的"真正的"社会主义思潮,批评他们用抽象人性论曲解现实的社会主义运动,否定阶级观点。《宣言》在揭露"真正的"社会主义时指出:"**他们不代表真实的要求,而代表真理的要求,不代表无产者的利益,而代表人的本质的利益,即一般人的利益,这种人不属于任何阶级,根本不存在于现实界,而只存在于云雾弥漫的哲学幻想的太空。**"② 这一批判十分深刻,并切中要害。"真正的"社会主义思潮早已销声匿迹了,但他们宣扬的抽象人性论思想一直在共产主义运动中回荡。从第二国际到戈尔巴乔夫的"人道的民主的社会主义",都可以看到它的影子,并且已经给世界社会主义运动造成了严重的后果和极大的危害。

第六,**关于经济全球化的思想**。经济全球化近三十年来特别流行,不论在西方还是在东方,不论在领导管理层还是在学者中,都成为时髦的话题。全球化是怎样兴起的,实质是什么,未来发展趋势怎样?很多人各执一词,见解不一。经济全球化思想,实际上是马克思主义创始人在《共产党宣言》中提出的,以后在《资本论》中又作了进一步的阐发。马克思和恩格斯在考察资本主义发展史和资本的本质时,阐述了资本扩展必然形成世界市场,也就是形成经济全球化。

马克思和恩格斯在考察人类历史发展时,充分肯定了取代封建制度的资本主义的巨大历史作用。资本主义生产方式就是在不断地冲破封建桎梏的过程中逐渐发展起来的。资产阶级除非使生产工具,从而使生产关系,进而使全部社会关系不断地革命化,否则就不能生存下

---

① 《马克思恩格斯选集》第4卷,1995年版,第730—731页。
② 《马克思恩格斯文集》第2卷,第58页。

去。生产的不断变革,社会关系不停的动荡,永远的不安定和变动,这就是资产阶级时代不同于其他一切时代的地方。而推动这种运动的是生产力和资本。资本的扩张不仅冲破民族的界限在本国范围发展,而且冲破一国的范围向世界发展。而美洲的发现,绕过非洲的航行,给新兴的资产阶级开辟了新的活动场所。大工业建立了由美洲的发现准备好的世界市场。世界市场使商业、航海业和陆路交通得到了巨大的发展。这种发展又反过来促进了工业的发展。由商品经济的发展形成的世界市场,即全球化经济,在很大程度上改变着世界的生产方式,改变着世界的面貌。

资产阶级由于开拓了世界市场,使一切国家的生产和消费都成为世界性的了。马克思和恩格斯指出:"新的工业的建立已经成为一切文明民族的生命攸关的问题;这些工业所加工的,已经不是本地的原料,而是来自极其遥远的地区的原料;它们的产品不仅供本国消费,而且同时供世界各地消费。旧的,靠国产品来满足的需要,被新的、要靠极其遥远的国家和地带的产品来满足的需要所代替了。过去那种地方的和民族的自给自足和闭关自守状态,被各民族的各方面的相互依赖所代替了。物质的生产是如此,精神的生产也是如此。"[①] 世界市场是由资产阶级主导的,它在推动资本的扩张和产品的销售的同时,必然推进他们的意识形态,而且把他们的服务于资本扩张的思想观念说成是"普世价值"。

在这里应特别注意《宣言》所阐述的随着全球化的推进,必将是世界无产阶级的联合。资产阶级生存和统治的根本条件,是财富在私人手里的积累,是资本的形成和增殖;资本的生存条件是雇佣劳动。而世界市场和经济全球化必然把对雇佣劳动的剥削变成全球性的,从而促成工人阶级的国际联合。因为,随着贸易自由的实现和世界市场的建立,随着工业生产以及与之相适应的生活条件的趋于一致,各国人民之间的民族隔绝和对立日益消失了。这就为无产阶级的国际联合

---

① 《马克思恩格斯文集》第2卷,第35页。

第九章 《共产党宣言》问世

创造了条件。"联合的行动,至少是各文明国家的联合的行动,是无产阶级获得解放的首要条件之一。"① 当然,由于各国工人阶级的生活状况不同,或者过多地考虑本国工人自身的利益,这种联合不可能是一帆风顺的,但从发展趋势来看,无产阶级的国际联合是能够实现的。因为,只有这种联合,无产阶级历史使命才能实现。所以,《共产党宣言》的最后的口号,就是"全世界无产者,联合起来"!

当今的全球化,与马克思时代的全球化有很大的不同,发生了巨大的变化,但是,就其实质来说,它仍然是资本主义主导的全球化。经济全球化是客观的历史发展趋势,存在于这个时代的社会主义国家也不可能超越这种客观现实,而只能通过或者说利用当今的经济全球化来发展社会主义。因此,拒斥经济全球化是不现实的,而全盘接受这种经济全球化也是危险的。社会主义国家应该参加当今的经济全球化,但又必须保持清醒的头脑,"融入但不被融化",在当今经济全球化浪潮中,必须保持原则的独立性,坚持社会主义的性质。不仅在经济方面,在思想文化方面也同样如此。只有这样,才能在当今时代复杂纷纭形势下向前推进社会主义的事业。

笔者把《宣言》所包含的基本原理概括为六个方面,其实还远不止这些。比如关于社会主义革命原理和无产阶级政党的理论等,也都非常重要,内容也极为丰富。这些宝贵的思想财富,也十分值得我们进行深入的挖掘和研究。总之,《共产党宣言》是工人阶级及其政党的极为宝贵的精神财富,尽管时代条件发生了很大变化,但它的真理的光辉,依然照耀着社会主义的征程。只要资本主义社会基本矛盾和阶级对立还存在,只要地球上人与自然、人与社会的矛盾没有得到真正解决,《宣言》的思想就不会过时。关键在于,要使《宣言》精神同时代特征和当代的社会主义实践相结合,在社会实践中使其得到不断的丰富和发展,从而使其永远保持着旺盛的生命力。

---

① 《马克思恩格斯文集》第2卷,第50页。

四 《共产党宣言》与当今时代

《共产党宣言》的出版和影响。《共产党宣言》是1848年2月在伦敦出版的。《宣言》出版以来，至今用200多种文字，出版了数百种版本，其影响波及全世界。这在世界学术理论领域是绝无仅有的。恩格斯在1890年德文版序言中说："《宣言》的历史在某种程度上反映着1848年以来现代工人运动的历史。现在，它无疑是全部社会主义文献中传播最广和最具有国际性的著作，是从西伯利亚到加利福尼亚的所有国家的千百万工人的共同纲领。"① 在20世纪，由《宣言》奠定的马克思主义学说，由理论变成实践，建立了世界上第一个社会主义制度，并曾经出现了一个让资本主义世界胆战心惊的社会主义阵营。《宣言》也必将对21世纪世界社会主义产生重大影响。

陈望道翻译版《共产党宣言》

在我国，从20世纪初一些进步人士就开始向国人介绍《宣言》，并且多次翻译出版了《宣言》的部分内容，宣传其重要思想。直到1920年8月才全文出版了由陈望道翻译的《宣言》中文版。以毛泽东为代表的我国老一辈革命家，就是通过这个最早的中译本《宣言》

---

① 《马克思恩格斯选文集》第2卷，第21页。

第九章 《共产党宣言》问世

《宣言》的中文版本

接受马克思主义的。周恩来曾经回忆道："我最早读到的陈望道翻译的《共产党宣言》，这个译本虽然有些缺点，但基本原理大体是正确的。"在他病重期间还向陈望道询问《宣言》第一版出版的情况。《宣言》在我国先后出了十几种版本。1964年，中央编译局参照《宣言》的德文版和恩格斯亲自审阅过的英文和法文本，对《宣言》的中译本进行了较大的、周详的校译，这个版本成为在我国流传最广和影响最大的译本。同时还出版了多种少数民族文字的译本。没有《共产党宣言》就不会有国际共产主义运动，也就不会有我国社会主义革命与建设，更不会有中国特色社会主义。

《共产党宣言》尽管发表170年了，但它在今天仍有重要理论价值和现实意义。今天纪念《共产党宣言》的发表，最重要的是，应该认真地研读《宣言》文本，结合新的时代特征和社会实践，理解和把握它所包含的深刻的思想内容，以及马克思主义创始人研究分析问题的立场、观点和方法，并用《宣言》的精神激励和指导我们的行动，为实现共产主义的远大理想而不懈奋斗！

国外学者对《共产党宣言》的研究和评价。学习和研究《宣言》，不仅要了解我国学者的研究情况，还应当了解国外学者，特别是左翼学者对《宣言》的研究和评价。因为《宣言》本来就是世界性的作品，是国际共产主义运动的产物，他们的研究无疑对我们有重要的借鉴意义。

在1998年，为纪念《共产党宣言》发表150周年，许多国家纷

思想巨人马克思

会场照片

纷举行各种形式的纪念活动和理论研讨会。其中最隆重、规模和影响最大的国际性活动，是当年五月中旬在巴黎召开的"纪念《共产党宣言》发表150周年国际大会"。它既是一次具有重要意义的纪念活动，又是一次内容广泛的马克思主义国际学术讨论会。这次会议由法国"马克思园地"主办，有60多个国家和地区的1500多名专家学者参加。笔者作为中国学者参加了这次盛会，深受大会的气氛和学者们的深邃的见解所感染，现在回想起来，当时的情景还历历在目。这次大会的主题是，《宣言》发表一个半世纪以来，当代资本主义的变化和如何实现人类的解放。大会组委会主任、法共政治局委员、马克思主义研究所前所长弗·拉扎尔夫人在致开幕词时动情地说："《共产党宣言》不是一般的书。它不是冰，而是碳，放在锅里能使水沸腾起来。我们为什么不使历史重新沸腾起来呢？"她最后讲道："取代资本主义的选择是什么？人类解放的前景是什么？这两个问题值得在世界范围展开最广泛、最深入和最富创造性的讨论。因为在马克思提出解放全人类口号150年后的今天，《宣言》依然具有伟大意义。马克思揭示了资本主义给人类带来的灾难。150年来，为着人类的解放，各国人民和无数志士仁人雄心勃勃地进行了众多的探索和尝试，但也经历了许多苦难、悲剧和失败。值此世纪之交之际，面对社会生活的新挑战，我们认为，所有的进步力量应在保持各自特性的同时，摒弃几十年间形成的分歧，共同思考，一起工作和进行讨论。这就是本次大会的意义。"[①]

[①]《靳辉明文集》，上海辞书出版社2005年版，第421—422页。

第九章 《共产党宣言》问世

她的发言指明了《宣言》的重要精神，表达了与会学者的共同心声。

这次会议着重讨论了以下的问题：《宣言》发表以来时代发生的变化和当今世界面临的重大问题；《宣言》的历史地位和重要意义；当代资本主义和经济全球化；当代资本主义阶级关系的新变化和革命问题；民主和社会主义的内在统一关系问题；市场和社会主义的关系问题；关于科技革命、生态环境和可持续发展问题；等等。与会学者对以上问题都进行了深入的讨论，发表了很有见地的看法。比如，关于可持续发展问题，有的学者强调，生态问题已经成为当今世界面临的巨大挑战，必须以马克思人与社会、人与自然相和谐的思想来重新审视科技革命、生产力发展和消费问题，必须把生态战略和社会问题联系起来加以考虑，也就是解决生态问题必须同解决社会问题相结合。有的学者认为，当前全球严重的生态问题是发达资本主义的无节制的生产和无节制的消费造成的。为超额利润而生产和为过度消费而生产是资本主义生产方式的两根支柱，资本主义制度是不可能解决当今面临的生态灾难问题的。可见，这些观点对于当前我们建设社会主义生态文明，是有启发意义的。这次会议气势恢宏，理论层次高，反映了苏东剧变后国际上出现研究马克思主义的新的热潮。

2005年7月英国广播公司（BBC）"在我们这个时代"栏目中开展一项调查，题目是"谁是现今英国人心目中最伟大的哲学家"。7月14日公布的调查结果显示：共产主义理论奠基人卡尔·马克思以27.93%的得票率排在第一位。休谟、柏拉图、康德、苏格拉底、亚里士多德和黑格尔等远远落在其后。该栏目主持人布拉格认为，"**马克思当选为最伟大哲学家有诸多因素，但是能够解释一切的理论是他夺冠的最重要原因。**"这里所说的"能够解释一切的理论"，指的就是马克思的唯物主义历史观。因为，只有用历史唯物主义的观点和方法，才能科学地说明社会现象的本质和历史发展的规律，才能对历史的趋势做出正确预测。对这次调查，剑桥大学政治系教授加里斯特·琼斯发表评论说："如果你读《共产党宣言》你不得不承认它是一个很有力、很了不起的文件。虽然出版于1848年，但我们现在经常谈到的全球化、裁员、跨国公司、世界经济朝这个或那个方向发展，所有这些内容书中都能找到，它有令人惊讶的现实意义，任何其他文件都没有这个力量。"①

同年9月，德国《明镜》周刊也作了类似的调查，结果公布后，不来梅大学和柏林自由大学的学者发表评论说："作为社会理论家，马克思揭示了历史唯物主义的发展规律，以及物质基础－上层建筑模式，并勾画出现代社会发展的历史远景。这些在过去都非常吸引人，现在仍然令人神往。"这两位学者都认为，"马克思改变了世界"。"21世纪初，我们需要像马克思这样的思想家以令人信服的方式分析资本主义的形势。"

从上述可见，《共产党宣言》对当今世界依然发生着重大的影响，就像巴黎大会的中心口号一样："**马克思还活着**"，"**当今世界仍然需要马克思主义**"！只要当今资本主义制度还存在，只要严重的社会问题和生态问题得不到解决，马克思创立的科学原理就仍然具有现实的指导意义。

应当指出，共产主义理想社会的实现是一个长期的历史过程，不可能一蹴而就，但决不是"渺茫的"。共产主义是由一系列相互衔接的发展阶段构成的"**消灭现存状况的现实运动**"。千里之行，始于足下，共产主义是未来，也在当下。正如《宣言》所说，"**共产党人为工人阶级的最近的目的和利益而斗争，但是他们在当前的运动中同时代表运动的未来**。"② 工人阶级的最高纲领和最低纲领、长远利益和当前利益是有机统一的，将两者割裂开来或对立起来，在理论上是错误的，在实践上是有害的。根本问题在于，要正确地理解和把握《宣言》阐发的科学原理，结合不同发展阶段的实际加以创造性的运用，并取得实际的成效。

---

① 《新华每日电讯》2005年7月27日。
② 《马克思恩格斯选集》第1卷，第284页。

第十章 1848年欧洲革命风暴及革命经验的总结

《共产党宣言》刚刚问世，一场波澜壮阔的革命风暴便席卷整个欧洲大陆。1848年的欧洲革命，是欧洲国家诸多社会矛盾积聚和激化的结果，同时也是对《宣言》所阐述的原理和预警的一个实际的证明。历时两年的革命风暴虽然以失败结束，但它既教育了无产阶级，又为以后的工人运动指明了方向。马克思和他的战友恩格斯，亲身参加了这场革命斗争，并且对这次革命经验进行了深刻的理论总结，丰富了刚刚形成的马克思主义基本原理。同时，也因为马克思的积极参与，他对革命群众的同情和支持，所以，马克思全家被比利时政府驱逐，再次流亡巴黎。

一 1848年欧洲革命风暴及其发生的原因

1848年欧洲革命风暴发生在法国资产阶级大革命半个世纪后，这不是偶然的，它是正在发展的资本主义和欧洲多数国家还存在的封建专制制度矛盾激化的结果。同时，资本主义与封建主义的斗争尚未完全结束，刚刚兴起的无产阶级同资产阶级的矛盾便愈演愈烈，加之资产阶级与小资产阶级、农民阶级以及资产阶级内部的党派斗争，也时有发生，诸多社会矛盾的积聚，以及资产阶级对工人阶级、封建贵族对农民的残酷剥削和压迫，广大劳苦群众生活在水深火热之中，这些因素不仅形成了欧洲革命风暴，而且使1848年的革命显得更为错

思想巨人马克思

综复杂，异常激烈。

1848 年革命

当时的法国是革命的温床，这次革命风暴也首先从这里发起。19世纪40年代，代表金融贵族利益的奥尔良王朝统治着法国，反对任何改革，严重阻碍资本主义发展，加剧对无产阶级和农民的剥削。加之接连发生农业和工商业危机，社会矛盾逐渐尖锐起来。1847年从英国开始的经济危机波及法国，加速了革命的到来。1847年3月立法议会上，工业资产阶级要求改革选举制度的法案被否决，资产阶级反对派便在全国范围内以"宴会"为名，举行政治性集会，动员群众支持改革运动。第一次公开的宴会于1847年7月9日在巴黎的红宫舞厅举行，所有支持改革的派别都有代表参加，成分相当复杂。在这次宴会上，资产阶级民主派无论从人数方面还是思想方面都表现出自己极大的优势。

1848年2月22日，原定的"宴会"被基佐政府禁止，激起巴黎市民的反抗。于是巴黎人民举行大规模的示威游行以示抗议。23日，

第十章　1848年欧洲革命风暴及革命经验的总结

1848年2月、6月革命图片

巴黎人民的武装起义

工人举行总罢工，并同军队展开了巷战。24日，街垒战发展成为武装起义，起义者高呼"改革万岁，打倒基佐"的口号，冲击王宫，国王菲利普逃亡，以拉马丁为首的共和派组成11人革命临时政府。25日宣布建立共和国，史称法兰西第二共和国。法国二月革命标志着共和派的暂时胜利，掀开了1848年法国革命的序幕，给欧洲各国的资产阶级民主革命运动以重大影响。

在法国革命的推动下，欧洲各国相继爆发了一系列起义。3月13日奥地利首都维也纳爆发起义，一举推翻了执政30多年的梅特涅反动政权，奥皇被迫同意立宪；3月18日普鲁士首都柏林也爆发了起义，促成了由资产阶级反对派领袖康普豪森和汉泽曼组成的内阁执政；接着，意大利、波兰、匈牙利等国人民也掀起了反对殖民统治，争取民族独立的英勇斗争。1848年革命与法国资产阶级大革命的不同之点就在于，无产阶级登上了世界历史舞台，在革命中起了非常卓越的作用。

巴黎的6月革命具有重要的历史意义。在2月革命中，工人阶级拿起武器，同反动的七月王朝的军队进行了英勇的战斗，为推翻七月王朝的统治起了重大作用。但是，法兰西第二共和国建立以后，资产阶级大权独揽，排斥了工人阶级应有的政治权利。巴黎工人把第二共和国看成是"社会共和国"，误认为通过它就可以实行劳动权利和社会主义。然而，临时政府设立"国家工厂"，驱使工人从事铺路、挖土等劳动，而只付给低微工资。同时，执政的资产阶级反对工人阶级继续推进革命的要求，并颁布封闭"国民工场"的挑衅性法令，激起工人群众强烈不满。6月22日，巴黎工人举行起义。23日起，激烈的巷战持续了4天。最后，6倍于起义工人的政府军队和别动队镇压了这次起义。

巴黎工人六月起义具有重大的历史意义。它把法国革命和整个1848年欧洲革命推到了高峰。六月起义具有鲜明的无产阶级革命的性质。"这是分裂现代社会的两个阶级之间的第一次大规模的战斗。这是保存还是消灭资产阶级制度的斗争。"[1] 六月起义虽然被资产阶级镇压了，但它却揭露了资产阶级共和国自由、平等、博爱的虚伪本质。

巴黎6月革命的失败，是整个欧洲革命进程的转折点，从此，反

---

[1] 《马克思恩格斯文集》第2卷，人民出版社2009年版，第101页。

第十章　1848年欧洲革命风暴及革命经验的总结

革命势力在整个欧洲到处转入进攻，到1849年底，欧洲许多国家爆发的革命斗争，都逐渐被镇压下去。欧洲的革命力量遭受严重的挫折和损失。然而，欧洲的无产阶级并没有丧失信心，在《共产党宣言》精神的鼓舞下，他们相信黑暗过去将会迎来新的革命高潮。马克思为六月起义写了一篇充满革命激情的文章《六月革命》，文章的第一句话是："巴黎工人被敌人的优势力量镇压下去了，但是并没有向他们投降。工人被击溃了，但真正被打败的是他们的敌人。"① 马克思认为，法国六月革命具有重要的历史意义，在法国革命影响下形成的新的革命高潮，必将是笼罩整个欧洲的普遍的革命。他说："只有六月失败才造成了所有那些使法国能够担起欧洲革命首倡作用的条件。只有浸过了六月起义者的鲜血之后，三色旗才变成了欧洲革命的旗帜——红旗。"②

二　马克思被驱逐出布鲁塞尔，再次流亡巴黎

二月革命胜利的消息传遍了整个欧洲，革命者欢呼雀跃。马克思听到法国二月革命的消息及其在欧洲各国引起的反响，感到无比的喜悦。他认为，革命是世界历史上的最重要的时刻，是人民群众扫除前进道路上绊脚石的突飞猛进的时刻。伦敦共产主义者同盟中央委员会鉴于形势的发展，决定把委员会的权力移交给布鲁塞尔支部，以便及时指导欧洲大陆的革命。于是，在布鲁塞尔成立了新的中央委员会，由马克思直接领导。

法国二月革命很快也影响到比利时，人们积极响应，展开了争取成立共和国的运动。但是，这里不同于英、法各国，特别是人民群众缺乏组织领导，为弥补这个缺陷，马克思极力通过共产主义者同盟支部、德意志工人教育协会和布鲁塞尔民主协会来组织和推动。民主协

---

① 《马克思恩格斯全集》第5卷，第153页。
② 《马克思恩格斯选集》第1卷，第418页。

会委员会在2月28日的会议上决定：开展广泛的宣传和要求市政委员会，建立一支除资产阶级市民自卫军以外吸收工人和手工业者参加的武装力量。同时，民主协会自己也积极筹集资金，武装工人。几个星期以前，马克思刚得到一笔父亲的遗产，他慷慨地从遗产中拿出一大笔款项，为工人武装购买武器。贵族出身的燕妮，与马克思结婚以后，虽然饱尝苦难生活的煎熬，但她非常支持自己丈夫的行动。比利时人民的革命行动和马克思的这些举动，不能不引起比利时反动政府的警惕。马克思一家遭受迫害和再次遭到驱逐也就在所难免了。

3月3日和4日是一个令人震惊和愤慨的日子！3日下午5时，马克思收到比利时国王签署的限他24小时内离开比利时的命令。在马克思动身前，在自己的住所召开了刚刚成立的布鲁塞尔中央委员会。会议决定，将中央委员会所在地迁往巴黎，并委托马克思在巴黎成立新的中央委员会。而后解散布鲁塞尔中央委员会。会议刚结束，警察就冲进了马克思的住宅，并借口马克思没有身份证而逮捕了他，把他拘留了18个小时。这时，燕妮焦急万分，为营救马克思，她去找人帮忙，结果在返回的路上也遭到警察逮捕，被关进了监狱。

那时的情景，从燕妮下面的回忆中看得十分清楚：

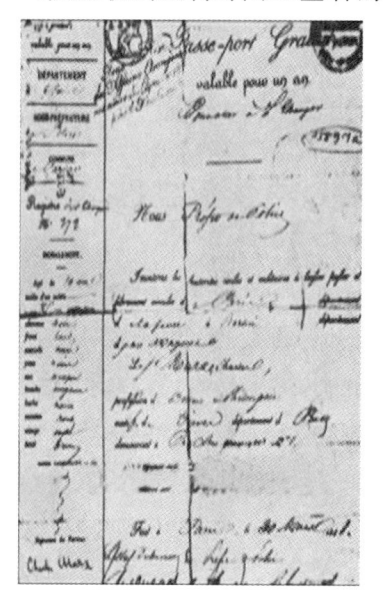

马克思法国临时护照

当时，革命的乌云愈来愈浓密。比利时的地平线也是一片昏暗。当局首先害怕工人以及人民群众的社会性的自发行动。警察、军队、自卫军都动员起来了，各方面都处于战斗准备状态。当时德国工人认定，他们必须拿起武器的时候到了。他们得到了短剑、手枪等等。卡尔很乐意为此拿出钱来，恰好他当时刚得到

第十章 1848年欧洲革命风暴及革命经验的总结

一份遗产。政府认为这一切是阴谋、犯罪的打算,因为马克思拿到了钱,买了武器,这就是说必须把他弄走。一天深夜,有两个人闯进我们家里。他们说要见卡尔,当他走出来时,他们像警士一样,拿着逮捕和传讯卡尔的命令,当晚就把他抓去了。我惊慌地随着跑出去,找有势力的人打听这是怎么一回事。黑夜里我从这一家跑到那一家。突然,一个巡警把我抓住,逮捕起来,关进黑暗的监狱。这是安置无家可归的穷人、孤苦伶仃的流浪汉和那些陷入不幸深渊的女人的地方。我痛哭着走进去,那里,一个不幸的牺牲者把自己的床让给我。这是很硬的木板床。①

一个星期后,马克思在给巴黎《改革报》的抗议信中也描述了当时燕妮被逮捕的情景:

> 他们以游荡罪名,把我妻子送进市政厅监狱,和妓女一起关在阴暗的牢房里。次日上午11时,一队宪兵在众目共睹之下把她送到侦讯室。不顾各方面的坚决抗议,把她拘留在禁闭室达两小时之久。她在那里忍受了严寒和宪兵的极其可恶的对待。我的妻子的全部罪名就是,她虽然出身于普鲁士贵族,却赞成丈夫的民主信念。

这个事件在布鲁塞尔引起了广泛的抗议,最后,抗议导致了对下议院的质问和相关的警官被解雇。

1848年3月3日是充满紧张和惊恐的一天。但是,几乎在同一天,马克思收到了法兰西共和国临时政府对马克思的邀请信,信中写道:"勇敢而正直的马克思:法兰西共和国是所有自由之友的避难所。暴政把您放逐,自由的法兰西向您、向所有为神圣事业和各国人民的友好事

---

① [法]保尔·拉法格:《回忆马克思恩格斯》,马集译,人民出版社1973年版,第142—143页。

业而斗争的人们敞开着大门。"署名的是临时政府委员斐迪南·弗洛孔。马克思对此感到高兴，因为去巴黎正符合他此时的心愿。

由于马克思和燕妮遭到差不多20个小时的拘捕和审讯，24小时离境的限期已过，马克思一家连行李和重要物品也来不及收拾，便不得不立即离开比利时。在那个春雨淅沥的阴冷天里，他们带着幼小的孩子，其中一个刚一岁多一点，被武装押送到边境，离开了他们生活过3年的布鲁塞尔。

在布鲁塞尔的三年，是十分有历史意义的三年，不论是对理论的创造，还是对革命实践的发展，不论是对马克思一生，还是对国际共产主义运动，都是一个重要的历史时期。在这里，他同恩格斯写作了《德意志意识形态》，批判了德国当时流行的思辨哲学，创立了唯物主义历史观；写作了《哲学的贫困》，批判了蒲鲁东的庸俗的经济学观点；作了关于《雇佣劳动与资本》的演讲，以后出版成书；与恩格斯写作了《共产党宣言》，阐明了无产阶级解放的理论和纲领。同时，建立了历史上第一个无产阶级政党组织。所以，不论发生什么事情，这三年都以浓重的笔墨书写在了马克思主义的发展史上。

从马克思的家庭来讲，在这三年里，在小燕妮之后，马克思夫妇又生了两个孩子：1845年9月生了第二个女儿劳拉；1846年12月生了儿子埃得加尔。燕妮既要照看孩子，料理家务，又要帮助马克思工作，其辛苦劳累是可想而知的。在这期间，海伦·德穆特，也即琳蘅，也来到布鲁塞尔，她既是马克思家的忠实朋友，又是燕妮的得力助手，帮她料理家务，做饭，缝洗衣服。孩子们都亲切地称她为"善良的家庭天使"。

马克思到巴黎后，克服物质生活的极端困难，立即开始紧张的工作。他先行成立了一个德国工人俱乐部，加强与工人的联系，指导工人的活动。同盟其他领导也陆续来到巴黎，3月10日成立了新的中央。马克思任主席，沙佩尔任秘书，委员有沃尔弗、莫尔、鲍威尔和瓦劳，也包括稍后到来的恩格斯。委员会几乎天天开会，商讨无产阶级的革命策略和措施。

第十章　1848年欧洲革命风暴及革命经验的总结

三　《共产党在德国的要求》

1848年2月，巴黎革命胜利的消息传来，毗邻法国的西南各邦国——巴登、黑森、符腾堡、巴伐利亚等首先爆发革命。1848年3月13日，奥地利首都维也纳的工人、学生和平民举行反政府的示威。梅特涅调集军队进行镇压，人民迅速举行起义。起义者迫使奥皇宣布成立自由资产阶级的内阁，答应召开立宪会议制定宪法，这激发了德国人民的革命热情。3月18日，普鲁士首都柏林的人民也举行武装起义。经过10个多小时激战，起义者击败了政府军。德皇威廉四世不得不发表文告，请求群众停止战斗，答应制定宪法，改组政府，并把军队撤出柏林。3月29日，成立了资产阶级自由派内阁。德国三月革命的胜利果实大多落入大资产阶级手中，既未能解决德意志的统一问题，也没有推翻封建统治。

流亡于巴黎的德国人，都十分关注3月中旬德国发生的革命。中央委员会的成员几乎天天开会，讨论下一步应该采取的措施。当时，马克思与他的战友们把所有的注意力都集中于德意志，集中于德国两个最大的邦国——普鲁士和奥地利爆发的起义。下一步如何走，不能不引起每一个人的思考。这时，马克思主要考虑的是制定什么样的行动纲领，把群众性的革命斗争引向正确的道路。

面对当时的革命形势，有些人被一时的胜利冲昏了头脑，视革命为儿戏。小资产阶级民主派的代表人物伯恩施太德和海尔维格，主张德国的流亡者应立即成立志愿军团，用刺刀把自由带进德国去。他们的这个口号，在急于打回德国的流亡的工人和手工业者中发生了比较大的影响。针对这种危险的看法，马克思在一次德国工人的集会上，尖锐地批评了这种主张革命输出的观点，认为法国革命的发生是法国内部各种矛盾激化的结果，同样，在德国敌对阶级之间的内在矛盾肯定无疑地必将爆发革命。如果贸然武装入侵，德国反对派必然以此为借口，对付革命群众。这种冒险行动有利于反对派，而受害的则是革命群众。在如何回到德国去马克思与他们也存在严重的分歧。小资产阶级民主派们，表面上也显得十分激进，主张派武装团体开回德国去，而马克思认为，这样做十分危险，会遭到普鲁士政府军队的镇压，所以，他主张应当以个人身份潜回德国去。以后发生的事情，也证明了马克思的主张是完全正确的。

德国革命在维也纳和柏林取得了初步胜利，但是，马克思十分冷静地看到，这仅仅是一个开端，一切都取决于革命运动能够进行到什么程度。他认为，只要德意志35个封建王侯没有被推翻，大地产没有被没收，德国四分五裂的状态不消除，德意志仍然处于分裂状态，一个统一的德意志共和国就不可能建立。在这种形势下，革命的维也纳和革命的柏林通过巨大牺牲而取得的成果，依然处于危险之中。革命的主要任务就是推翻封建统治，建立统一的德意志共和国。

德国革命的初步胜利，使许多人特别是工人和小资产者，对新的资产阶级内阁抱有很大的幻想。现在，依靠人民群众取得政权的资产阶级，由于害怕人民革命危及自身的利益，他们随时准备同封建势力妥协。正如恩格斯后来所说的："资产阶级不是被德国无产阶级当时的样子所吓倒，而是被它势将变成而法国无产阶级已经变成的样子所吓倒，所以资产阶级认为唯一的生路就是去同君主制度和贵族进行任何的、甚至最懦弱的妥协"。[1] 所以，对当时德国资产阶级抱有幻想是很危险的。为了给革命运动指明前进的目标和方向，使人民能够正确地认识当前的革命形势，推动革命运动继续发展，马克思和恩格斯在3月底便着手拟定一个纲领，这个纲领就是包括17条要求的《共产党在德国的宣言》。

德国资产阶级在他们的纲领性声明中，仅仅要求建立一个在普鲁士领导下的、有一部资产阶级宪法的君主立宪国家，回避任何剥夺反动大地主和王侯权利的要求，竭力争取同封建势力建立一种和平的"妥协"。而小资产阶级民主主义者，虽然渴望获得出版自由和结社

---

[1] 《马克思恩格斯选集》第4卷，第178页。

第十章 1848年欧洲革命风暴及革命经验的总结

自由，主张废除各种封建关系，但是，他们并不清楚通过怎样的途径才能来实现这个目标。马克思针对以上的歧见，在《共产党在德国的宣言》一开头就提出这样一个口号："全德国宣布为一个统一的、不可分割的共和国"。建立一个统一的民主共和国所必需的措施包括：凡年满21岁的人都有不受限制的选举权和被选举权；发给人民代表以薪金，使工人也能出席德国人民的国会，武装全体人民，以便能够用人民的武装力量去压倒反革命；彻底改革教育制度和司法制度，以保证每个德国人都有受教育的平等机会，并在法律面前人人平等。很显然，这些要求的目的在于，彻底削弱封建势力及其拥有的权利。但是，为了达到这些要求，必须消灭使封建专制制度赖以存在的经济基础。所以，在《纲领》的第6条至第9条中，明确地提出，要无偿地废除一切封建义务，无补偿地把一切大地产收归国有。最后，要求把矿井、矿山、私人银行和一切运输工具收归国有。这无疑是《共产党宣言》的原则在德国的具体应用。这些要求是彻底消灭德国封建主义的宣言，也是针对向反动的封建势力相妥协的德国大资产阶级的，即把斗争的矛头指向"大金融资本家的统治"[①]。

纲领的17条要求，是力图为德国资产阶级革命面临的各种问题提出一个革命民主主义的答案。它既考虑到革命的长远目标和工人阶级的利益，同时又注意到当时德国的现实，推进资产阶级的民主革命。必须把革命的战略和策略有机地结合在一起，革命才能取得最终的胜利。纲领以下述的一段话结束："为了德国无产阶级、小资产阶级和小农的利益，必须尽力争取实现上述的各项措施。因为只有实现了这些措施，一直受少数人剥削，并且今后还有可能受少数人压迫的德国千百万人民，才能争得自己的权利和作为一切财富的生产者所应有的政权。"[②] 这个纲领表明，共产党人也是真正的民主主义者，它既考虑到工人阶级的长远利益，也考虑到全体人民的利益，把工人阶

[①] 《马克思恩格斯全集》第5卷，第4页。
[②] 同上书，第5页。

级的斗争与全体人民的解放紧紧联系在一起。

四 《新莱茵报》的创刊和发表的战斗文章

在错综复杂的形势下，如何更有效地指导和引导革命群众，把共产主义者同盟的意见尽快地传达到工人中去，如何更好地宣传《共产党在德国的要求》的精神，消除小资产阶级民主派和宗派主义思想的影响，必须尽快地筹办一份大型的革命报纸，以达到推动革命运动的目的。这是当时马克思考虑的最急迫的事情。为此，马克思1848年4月11日到达科伦。这里是先进的莱茵省的中心，大工业比较发达，并已形成了德国无产阶级的骨干队伍。这里也是马克思曾经创办《莱茵报》的地方。到科伦后，马克思立即向科伦市委员会申请给予他公民权，因为在1845年他被迫放弃了普鲁士国籍。经科伦市委员会批准后，马克思全家住在塞西利街7号，这是马克思一家最后一次回到自己的国家居住，而且居住时间很短。

筹办一份革命的报纸，对马克思和恩格斯来说，面临诸多难以想象的困难，他们必须克服政治上和组织上遇到的各种麻烦，特别是经济上遇到的困难问题。甚至德国激进的资产者，也不愿出钱资助办革命的报纸。马克思极力想办法争取朋友和拥护者的支持，并且还从订户中收集到少量的股份资本，以使创办的报纸取得成功。为了同1842年《莱茵报》有一定的思想联系，他们决定把新创办的报纸命名为《新莱茵报》。

1848年5月31日，《新莱茵报》创刊号出版了，副标题是"民主派机关报"，注明日期是1848年6月1日。马克思为报纸的总编辑。秘书由威廉·沃尔弗担任。报纸编辑委员会的成员有：弗里德里希·恩格斯、亨利希·毕尔格尔斯、恩斯特·德朗克、格奥尔格·维尔特、斐迪南·沃尔弗和威廉·沃尔弗。在编辑部成员中，有两名德国著名的革命诗人格奥尔格·维尔特和随后加入编辑部的斐迪南·弗莱里格拉特，他们都参加了1848年的革命，一直同马克思站在一起，

第十章　1848年欧洲革命风暴及革命经验的总结

并肩战斗。正是在战斗生活中，他们的诗作也达到了自己创作的巅峰。当时，马克思还不到三十岁，恩格斯才二十八岁。聚集在这里的是一群才华洋溢、英勇无畏并且在政治斗争中都有多方面经验的年轻的革命家。以马克思为首组成的编辑部成员就决定了，《新莱茵报》不仅是"民主派机关报"，而且是共产主义者同盟的机关报，是同盟的领导和组织中心。

马克思在《新莱茵报》编辑部

《新莱茵报》的创办和发表的文章，充分体现了马克思的深刻的洞察力和作为革命政论家的卓越才能。后来，恩格斯在纪念马克思逝世一周年，为《社会民主党人报》写的"马克思和

《新莱茵报》出版

《新莱茵报》"的文章中说："首先是有赖于马克思的洞察力和坚定立场，这家日报成了革命年代德国最著名的报纸。"[1] 是的，马克思以其杰出的领导才能，以其深刻的洞察力、出色的文笔和对革命敌人的尖刻泼辣的揭露，使《新莱茵报》不仅在莱茵省，而且在德国其他省份广为发行和传播。马克思还以编辑部的名义，同欧洲其他国家的该报通讯员和许多进步报刊进行联系，传播《新莱茵报》有关信息，并发表欧洲一些国家的革命消息。

为了《新莱茵报》，恩格斯同马克思并肩战斗，帮助马克思撰写了多篇社论，写了许多篇战斗性很强的文章，是总编辑的左右臂。马

---

[1] 《马克思恩格斯选集》第4卷，第180页。

思想巨人马克思

克思在谈到他的战友的新闻业务才能时，兴奋地写道："他是一部真正的百科全书，不管在白天还是黑夜，不管是头脑清醒还是喝醉酒，在任何时候他的工作能力都很强，写作和思索都极快"。① 马克思离开科伦时，恩格斯就担任代理总编辑。

《新莱茵报》是"民主派机关报"，强调要把资产阶级民主革命进行到底，其革命民主主义纲领是，粉碎普鲁士王国和奥地利王国这两个最主要的反动堡垒，反对德国大资产阶级妥协行为，无产阶级要在革命中起独特的作用，以便把整个德意志统一起来，组成一个民主的共和国。关于《新莱茵报》独特的"民主派"性质，后来恩格斯这样写道："这个民主派到处，在各个具体场合，都强调了自己的特殊的无产阶级性质，这种性质是它还不能一下子就写在自己旗帜上的。"② 所以，为了推翻封建专制制度的统治，首先必须把当前发生的资产阶级民主革命进行到底。在马克思看来，德国的三月革命是"不彻底的革命"，它没有推翻任何一个王位，国家的军政大权仍然掌握在封建官吏手中。马克思写道："巴士底狱还没有攻下来"。③ 就是说，德国革命还要继续下去。6月14日，柏林工人和手工业者再次爆发起义，为武装自己攻占了军械库，这时，《新莱茵报》把这次自发的革命运动，评价为面临的第二次革命的第一道闪电。

为了推进民主革命，《新莱茵报》深刻地揭露了德国大资产阶级的妥协性和反动性，认为它是更为危险的敌人。由于害怕革命人民，这个在三月革命后在普鲁士执政的自由派政府，勾结封建反动势力，扮演了"王朝挡箭牌"的可耻角色。在马克思看来，德国资产阶级同十八世纪末法国资产阶级的不同之处就在于，从革命开始起，德国资产阶级就不能起进步的历史作用，而是革命道路上的绊脚石。6月14日《新莱茵报》的文章指出："一开始就反对革命的大资产阶级由

---

① 《马克思恩格斯全集》第28卷，第604页。
② 《马克思恩格斯全集》第21卷，第19页。
③ 《马克思恩格斯全集》第5卷，第92页。

第十章　1848年欧洲革命风暴及革命经验的总结

于害怕人民，害怕工人和民主的资产阶级，同反动派订立了攻守同盟。"① 德国大资产阶级同封建势力的妥协，不仅解决不了德国发展面临的问题，而且一旦时机成熟，它也会被封建反动势力排挤出政府。马克思以讽刺的口吻说道："严重的疾病是不能用玫瑰油来医治的。"② 社会制度的更迭，只能依靠人民群众的革命斗争。

这时，马克思提出了人民革命专政的思想。他认为，政权是革命的根本问题，只有建立一个真正属于人民的革命政权，才能清除全部中世纪的废物，消灭君主制度，消灭地主，保证胜利完成资产阶级民主革命。"在革命之后，任何临时性的国家机构都需要专政，并且需要强有力的专政。"③ 人民革命专政的根本任务之一，是消灭旧的国家机器，也就是消灭作为封建反动势力支柱的"旧制度的残余"。

《新莱茵报》把建立统一的德意志民主共和国与社会的深刻变革，与消灭农村的封建主义紧紧联系在一起，因为没有农民的支持，没有农村反对封建势力的斗争，就谈不上在德国发展资本主义，消除封建的割据状态，实现德国的统一。随着革命的爆发，农民也纷纷掀起了自发的反封建的斗争，许多地方的农民焚毁了地主城堡，并拒绝承担任何封建义务。《新莱茵报》充分肯定农民的革命行动，认为"政府只应当把实际上已经由人民的意志实现的废除一切封建义务的事情用法律形式固定下来。"④ 而德国大资产阶级由于害怕损害自身的利益，害怕危及资产阶级的所有制，他们不是支持农民的革命斗争，而是挺身维护封建的所有者和贵族的特权。对于这种出卖农民利益的叛变行为，马克思愤慨地指出，"1848年的德国革命只不过是对1789年法国革命的讽刺。""1789年的法国资产阶级片刻也不抛开自己的同盟者——农民。资产阶级知道：它的统治的基础就是消灭农村中的封建制度，就是创立自由的占有土地的农民阶级。1848年的德国资产阶

---

① 《马克思恩格斯全集》第5卷，第73页。
② 同上书，第36页。
③ 同上书，第475页。
④ 同上书，第124页。

思想巨人马克思

级毫无良心地出卖这些农民,出卖自己的天然的同盟者,可是农民与它骨肉相联,没有农民,它就无力反对贵族。"①

马克思为彻底解决农村土地问题,为争取使农民成为自由的自己土地的所有者,而进行不懈的努力。为此,在1849年春,《新莱茵报》发表了威廉·沃尔弗一组著名的文章:"西里西亚的十亿",要求把"近三十年来强盗骑士老爷们从农民那里窃去的钱",归还给农民。同时,报纸还要求,把大地产分成小块分给无地或少地的农民。

从上述可见,在《新莱茵报》关于土地的文章中,清楚地反映出,马克思在资产阶级民主革命中,已经提出了在工人阶级领导下无产阶级同农民阶级结成联盟的策略思想。

在《新莱茵报》上,马克思极力地阐明,欧洲各国革命的发生,不是孤立的,只有统一行动才能打败欧洲的封建势力的反动联盟。德国革命,同欧洲其他国家的革命是紧紧联系在一起的。在欧洲革命发生以前,他和恩格斯就指出:"任何民族当它还在压迫别的民族时,不能成为自由的民族。"② 这时,《新莱茵报》发表了大量关于外交政策的文章,热情地站在受普鲁士、奥地利和沙皇俄国压迫的人民、波兰人、捷克人、匈牙利人和意大利人所进行的民族解放斗争一边,认为俄国沙皇、普鲁士皇帝和奥地利国王,在1815年缔结的联盟,对于资产阶级革命和中欧、东欧的民族解放运动来说,是最大的威胁。在这个神圣同盟中,当时俄国几乎还不知道资本主义为何物,却扮演着起决定作用的角色。

在这次革命以前,波兰被沙皇俄国、普鲁士和奥地利三国所瓜分,成为他们的殖民地。1848年春天,在欧洲革命的激励下,波兰人民奋起发动起义,反对普鲁士外族的统治,而普鲁士大资产阶级自由内阁,却以屠杀来回答波兰人民关于国家的统一和独立的要求。这样一来,德国大资产阶级不仅抛弃了在外交上的重要同盟者,而且也

---

① 《马克思恩格斯全集》第5卷,第331页。
② 《马克思恩格斯全集》第4卷,第410页。

第十章　1848年欧洲革命风暴及革命经验的总结

鼓励了准备向革命发动进攻的封建反动势力。《新莱茵报》强烈地谴责这种反革命的行为，呼吁德国人民和波兰人民联合起来，进行斗争，结束对波兰的压迫，使波兰人民自己决定自己的命运。

恩格斯在文章中，揭示了德国革命与波兰独立运动的关系，他写道："从1815年开始的，某些方面甚至是从法国第一次革命时期开始的欧洲反动势力，首先建立在什么基础上呢？建立在俄罗斯—普鲁士—奥地利神圣同盟的基础上……靠瓜分波兰，这三个同盟者从瓜分波兰中取得了利益。""这三个强国对波兰进行的瓜分的路线，乃是一根把它们互相连结起来的链条；共同的掠夺用团结的纽带把它们联系起来了。"① 所以，波兰人民的解放和民族的独立，对于德国人民的革命有着特别重要的意义。

马克思认为，沙皇俄国是欧洲封建反动势力的堡垒。沙皇已集结兵力，1848年夏天，就准备向欧洲革命进行武装干涉。所以，《新莱茵报》号召，欧洲的民主派要发动一场对俄国沙皇制度的革命战争。反对沙皇俄国，是当时完成欧洲资产阶级革命的形势的要求，具有进步的历史意义。

在革命斗争中，《新莱茵报》在马克思的领导下，大胆地揭露和尖锐地谴责封建反动势力和大资产阶级反动派的种种阴谋活动，批判资产阶级和小资产阶级民主派的软弱性和缺乏革命毅力，深刻地分析了当时发生的事件，为革命运动指出正确的方向，该报在德国公众中产生了巨大的影响。先进的工人和坚定的民主派，把《新莱茵报》看作他们自己的机关报，许多进步人士都订阅这份德国共产主义的报纸。尽管资金上遇到很大的困难，但是《新莱茵报》的印数在三个月内就达到了五千份。在当时的德国，只有很少数的报纸能够超过这个印数。《新莱茵报》不仅教育了广大的工人群众，而且推动了各地工人组织，工人工会的建立，推动了无产阶级政党的形成。

巴黎六月革命的失败，是欧洲革命风暴的转折点。整个欧洲反动

---

① 《马克思恩格斯全集》第5卷，第390、389页。

封建势力，特别是普鲁士的反动派，早已蠢蠢欲动，感到自己卷土重来的机会已经到来，试图尽快地恢复已失去的权利。由于德国大资产阶级对革命的背叛，使得普鲁士反对势力能够迅速重整旗鼓，组织兵力，镇压革命运动。德国大资产阶级只是被普鲁士反动政府利用的工具，一旦时机成熟他们就会抛弃大资产阶级掌控的自由内阁。正如《新莱茵报》所揭露的：现在"要把他们暂时的同盟者资产阶级也远远甩开，重新恢复三月事变以前德国的状态。"[1] 在这种形势下，德国的反动势力频频发起挑衅，制造事端，《新莱茵报》自然成为普鲁士封建反动势力眼中钉，成为他们首要打击对象。

1848年7月6日，马克思遭到法院侦查员的传讯，经过长时间的侦讯，马克思被控侮辱科伦的国家官吏和警政人员。随后，他们还搜查了《新莱茵报》编辑部。两天以后，科伦警察又袭击了科伦工人联合会，以莫须有的罪名逮捕了工人联合会的两名领导人。《新莱茵报》发表文章，予以揭露，并给以谴责。此次侦讯和搜查，最后不了了之。但是，这仅仅是事变的前奏，随之而来的是普鲁士封建反动势力对革命的残酷的镇压。面对这种形势，马克思一方面主张，要把一切民主派势力联合起来，组成一个团结一致并采取坚决行动的阵线，才能击败反动势力的攻击。另一方面，他提醒各地工人群众不要贸然举行起义，避免无谓的牺牲，在这种形势下这样做，只能有利于普鲁士反动派。

1848年8月和9月正是多事之秋，也是马克思最紧张的时期，他要参加民主协会和工人工会举办的各种会议，为办好《新莱茵报》日夜辛劳，竭尽全力，同时还要应对普鲁士书报检查部门对《新莱茵报》的种种刁难。普鲁士反动派为了搞掉这份革命报刊而又不会引起社会民众的抗议，他们不惜采用种种阴谋手段，对该报的总编辑马克思下毒手。于是，在9月初，科伦警察厅长通知马克思，科伦市政当局拒绝承认他是"普鲁士臣民"，因此他们今后仍将和过去一样把他

---

[1] 《马克思恩格斯全集》第8卷，第62页。

第十章　1848年欧洲革命风暴及革命经验的总结

视为"外国人"。可是，在德国3月革命后回国的政治流亡者，都恢复了公民权，唯独对马克思采取这样极端的手段。普鲁士反动派的目的昭然若揭，因为马克思是"外国人"，他们随时都可以把他驱逐出境，从而彻底除掉《新莱茵报》。这个消息传出后，在社会上引起强烈反响，共产主义者们进行了广泛的抗议，伦敦的工人联合会也为马克思声援。8月11日，恩格斯在科伦民主协会的会议上发表讲话，揭露政府这一阴谋产生的背景。与会者决定，派代表向警察厅长和政府首脑进行抗议。

马克思本人也向普鲁士内政大臣发出一封措辞严厉的信，指出了普鲁士政府长期以来对他采取的种种迫害措施：他被驱逐出巴黎是普鲁士政府唆使的；被驱离比利时是普鲁士政府要求的；在所有边境地区发的逮捕令也是普鲁士政府发布的，等等。在这种情况下，马克思除了放弃德国的国籍外是无法保护自己的。普鲁士反动政府试图通过这样的做法，使马克思放弃自己反对封建专制制度的政治活动，这是徒劳的。但种种迹象表明，封建势力要进行反扑了。

马克思最为担心的是，封建反动势力在有计划地集结和行动，而革命的群众依然处于四分五裂的状态。他不仅在科伦各种会议上发表演讲，阐明当前的严峻形势，而且还到柏林、维也纳等地召开会议，作思想宣传，讲述自己的观点，统一认识。他鼓励群众要相信自己的力量，人民的力量，他说，"迄今人们只谈到两个权威，打算要求这两个权威，即国会和皇帝，把大臣们撤职，而忘记了最高的权威是人民！"人民群众只有团结起来，敢于斗争，才能战胜强大的敌人。他还告诫工人群众，要注意行动策略，"当没有任何重大的问题推动全体人民起来进行斗争"时，不要被诱使过早地举行起义。时机不成熟就采取行动是很难取得成功的。马克思所到之处，还要为《新莱茵报》筹集款项，但是，收效甚微。

9月下旬，普鲁士反动政府积聚力量，进一步采取镇压措施，以种种借口逮捕和起诉包括工人联合会领导人约瑟夫·莫尔、威廉·沃尔弗、卡尔·沙佩尔，以及恩格斯等人。9月26日，科伦实施戒严，

思想巨人马克思

所有民主协会组织均被取缔，集会权利被废止，《新莱茵报》和其他民主报刊被勒令停刊。这种刺刀下的专政，持续了8天。后来，因为普鲁士反动政府害怕引起全国人民群众的反抗，8天以后不得不停止迫害行动。反动派在科伦的戒严没有达到预期的目的，但民主运动却受到挫折，《新莱茵报》遇到更大的困难，特别是有产者撤出股金，使该报遭遇到极大的资金困难。为了《新莱茵报》的复刊，马克思付出了非凡的努力。由于编辑部力量的削弱，马克思的负担也愈来愈重，办报的资金日益短缺，马克思不得不把自己仅余的一点钱财的大部分用于办报。所以，有人戏称，《新莱茵报》成为马克思的私人"财产"，而这种"财产"是由一大堆债务和欠款构成的。尽管马克思也考虑到家庭生计，但他还是义无反顾地这样做了，因为"问题在于，在任何情况下都要坚守住这个堡垒，不放弃政治阵地。"①

随着普鲁士封建反动势力的猖獗反扑，国王下令解散柏林的普鲁士制宪议会，独揽军政大权，对马克思的传讯和骚扰也愈来愈频繁，跟踪、盯梢、写恐吓信，甚至两名警察突然闯进马克思的家里进行刁难。但马克思依然英勇奋战，在《新莱茵报》发文，谴责普鲁士国王解散制宪议会，接管政府的反动行为，揭露普鲁士政府部门逮捕和审讯《新莱茵报》编辑部成员的恶劣行径，并且"发动莱茵省全体居民拒绝纳税"，《新莱茵报》每天在第一版大字刊印"不再纳税！"的口号，并登载全国各地如何拒绝纳税的消息，这使反动当局更为惊恐。《新莱茵报》是1848年德国革命的一面旗帜。

1849年2月初，普鲁士政府又接连两次控告马克思危害国家，说《新莱茵报》侮辱了"为上级检察官和宪兵效劳的人"。在审讯过程中，法庭上座无虚席，马克思没有申辩，而是指责了内阁。在最高检察官和律师讲话后，马克思义正词严地发言一小时，以沉着有力的语调对普鲁士官僚、老朽的军队、腐败的法庭，以及在专制制度下产生和培养起来并终生为它服务的老法官进行了极其猛烈的攻击。马克

---

① 《马克思恩格斯全集》第27卷，第147页。

第十章　1848年欧洲革命风暴及革命经验的总结

思说,"目前报刊的首要任务就是破坏现存政治制度的一切基础"。在马克思的雄辩和群众的威力面前,法庭宣布马克思无罪。最后,马克思在群众的欢呼声中离开法庭。

《新莱茵报》在极其险恶的环境里坚持战斗。报纸差不多发行到5000份,对社会舆论发生了积极的影响。恩格斯后来这样讲道:"在整个德国,人们都因为我们在普鲁士的头等堡垒里敢于面对着八千驻军和岗哨做出这一切事情而感到惊讶;但编辑室内的八支步枪和二百五十发子弹,以及排字工人头上戴着的红色雅各宾帽,使得我们的报馆在军官们眼中也成了一个不能用简单的奇袭来夺取的堡垒。"①

马克思在法庭上发言的画像

但是,随着一个个城市的革命堡垒被攻破,《新莱茵报》这座堡垒也无法再存在下去了。反动政府不仅预谋驱逐马克思,而且已开始把编辑部的一些成员作为非普鲁士人驱逐出境,对另一些成员进行法律上的追究。正如恩格斯所说,"对此是无可奈何的,因为政府有整个军团作后盾。我们不得不交出自己的堡垒"。②

1849年5月19日,是《新莱茵报》存在的最后一天。报纸的终刊号从首行到末行都是用红色油墨印发的,发行了数千份。在致工人群众的公告中以这样的话作为结束语:"《新莱茵报》的编辑们在向你们告别的时候,对你们给予他们的同情表示感谢。无论何时何地,

---

① 《马克思恩格斯选集》第4卷,第184页。
② 同上。

417

思想巨人马克思

他们的最后一句话始终将是：工人阶级的解放！"① 编辑部成员、著名诗人弗莱里格拉特执笔写了气势磅礴、雄浑有力的《新莱茵报的告别词》：

"再会吧，再会吧。你这战斗的世界。
再会吧，你们鏖战中的大军！
再会吧，你这被火药熏黑的战场，
再会吧，刀剑和戟枪！
再会吧，——但不是永别！
兄弟们，他们不能把精神杀死！
很快我就要身披甲胄，发出铿锵之声，
很快我就要纵马飞奔，回到你们的身旁。"②

《新莱茵报》停刊

《新莱茵报》就这样走完了一年艰难而又自豪的时光，正像马克思说的，它"拯救了我们祖国的革命荣誉"。《新莱茵报》是无产阶级的第一家日报，第一家在科学共产主义基础上创办的报纸。马克思、恩格斯和他的战友们在该报坚持的方针，概括起来是，坚定的原则性与策略的灵活性相结合，鲜明的阶级性与广泛的人民性相结合，无产阶级当前的行动与共产主义的远大目标相结合。这个方针，迄今仍然是革命社会主义报刊应当坚持的方针。列宁这样评价《新莱茵

---

① 《马克思恩格斯选集》第 4 卷，第 184 页。
② ［德］斐迪南·弗莱里格拉特：《新莱茵报的告别词》。载《新莱茵报》1849 年 5 月 19 日。

报》：它是"优秀的无与伦比的革命无产阶级机关报"。①《新莱茵报》在新闻史上写下了光辉的一页。

《新莱茵报》停刊后，马克思遭驱逐，恩格斯被通缉。马克思离开科伦，前往法兰克福，同先期到达的恩格斯一起劝说国民议会中的左派议员，公开参加德国西南部为维护帝国宪法而开展的人民运动，号召全国人民拿起武器保卫法兰克福议会，建立一个强有力的革命机构，但遭到拒绝。马克思和恩格斯又前往发生起义的巴登、普法尔茨和宾根等地进行活动。

6月初，他们在宾根分手，马克思带着普法尔茨民主派的委托书去巴黎，争取法国民主派对德国起义的支持；恩格斯回到普法尔茨，在那里加入共产主义者同盟盟员维利希领导的一支工人志愿部队，任维利希的副官，亲身参加了战斗，直到起义最后失败。

德国巴登—普法尔茨革命军队的失败意味着这次革命风暴的结束。不论是德国还是法国，反革命势力又重新掌握了政权，他们在巴黎，在柏林和维也纳，肆无忌惮地运用各种权力打击革命群众。

燕妮带着三个孩子，先回到特利尔，1849年7月7日，来到巴黎。马克思同他的夫人和心爱的孩子们又重逢欢聚，住进巴黎百合花路一所狭窄的住宅。但是，现在法国的情况已经发生了巨大的变化，一个月后，巴黎警察就来到马克思家中，交给他一份法国资产阶级政府的命令，要他们24小时内离开巴黎，迁往正在发生"热病"的布列塔尼的沼泽地区。这无疑是要把体弱多病的孩子们置于死地，对马克思一家是"变相的谋杀"。② 他们当然不同意这样的驱逐，摆在马克思面前的只有一条路，就是迁居伦敦。

五　马克思流亡伦敦

马克思于1849年8月26日抵达伦敦。四年前他来英国是同恩

---

① 《列宁全集》第21卷，第60页。
② 《马克思恩格斯全集》第27卷，第160页。

格斯来考察资本主义最发达的国家的经济与政治状况，进行科学研究工作；1847年秋天来英国是为了参加共产主义者同盟第二次代表大会，向国际无产阶级阐述他的理论观点；这次来伦敦是因为普鲁士反动势力迫害革命者，把他和成千上万的革命者驱逐出境，而只能流亡国外，投奔他乡。这时，在欧洲大陆，反动势力对革命进行残酷镇压，到处用跟踪、逮捕、监禁和放逐等手段，惩罚革命民主主义者和爱国者。欧洲大陆已没有自由、民主可言，变得一片死气沉沉。当时的伦敦，有250万人口，是世界上经济最发达、最繁荣的大都市。欧洲革命失败以后，除了瑞士和美国以外，英国尤其是伦敦，就成了政治移民的一个比较理想的去处。大批大陆的革命者和工人都流亡到这里。接待、帮助和引导这些流亡者也成为马克思当时一项重要任务。

　　9月17日，怀有身孕的燕妮带着三个孩子和琳蘅·德穆特从巴黎也来到了伦敦。据燕妮后来回忆道：她到达伦敦时，是先前到达伦敦的格奥尔格·维尔特去接她们的，她当时又病又累，还带着三个疲惫不堪的孩子，暂时被安置在一个裁缝家的小房间里。由于面临生产，他们很快在切尔西找到一处比较宽敞的房子。11月5日，为了纪念二百年前因反对英国国王而惨遭杀害的盖伊·福克斯，举行游行活动，游行的人们戴着假面具，高喊"盖伊·福克斯万岁！"正在这时，在一片喧闹声中，小亨利出生了，于是，为了纪念这位英雄，他们就把这个刚出生的小男孩叫作小福克斯。不过，由于贫病交加，一年后这个不幸的小男孩便死去了。由于交不起房租和房东不断地找麻烦，他们不得不搬离到别的地方，经过辗转流离，后来住到伦敦第恩街64号，接着又搬到28号。贫困的威胁，颠沛流离，已经成为马克思一家无法摆脱的正常的生活。

　　这个时期，每天都有成千的流亡者来到伦敦。他们大多数无依无靠，寻求援助，马克思不得不救济他们，有的甚至住到自己家里。在这些流亡者中，存在着重的意见分歧，派别林立，争吵不休。马克思竭尽全力地救济这些流亡者，并从思想上引导他们，可谓是尽其所

第十章 1848年欧洲革命风暴及革命经验的总结

能，费尽心血，但还遭到其中一些主张蛮干的激进的人的攻击。①

马克思到伦敦的头几个月，一方面，忙于做德意志工人教育协会中流亡者的工作，重组共产主义者同盟的工作；另一方面，他这时最关心的是，要办一个类似《新莱茵报》的刊物，宣传自己的理论和主张，从思想上引导革命者，消除流亡者中存在的思想混乱，并且使杂志成为已分散开了的"党"重新集结点。这个刊物的名称定为《新莱茵报：政治经济评论》，以便体现与《新莱茵报》的继承关系。办这个杂志的重要意图是要从理论上反思1848—1849年革命的经验教训，特别是"详细地科学地研究作为整个政治运动的基础的经济关系"。② 在革命实践中，马克思深深感到要对以往的政治运动做出正确的说明，以及对革命未来前景做出正确的预测，没有经济学知识是不可能的，但现在他恰恰缺乏这方面的知识。这也是推动马克思以后研究政治经济学的重要现实原因。

经过一段时间的紧张准备，特别是办刊物经费的筹集，到1850年3月初《新莱茵报：政治经济评论》终于出版了。到5月杂志很快出版了三期，每期发行2500多份。11月出版了最后一期（第5—6期合刊），由于出版商的刁难和经费的困难，杂志便停办了。马克思在《新莱茵报：政治经济评论》发表的最重要文章，是以"1848年至1849年"为标题的系列文章组成的。这些文章对法国1848年革命做了科学的总结，提出了很多重要思想。1895年，恩格斯将这组文章编成单行本在柏林出版，将总标题改为《1848年至1850年的法兰西阶级斗争》。

同时，马克思为《新莱茵报：政治经济评论》写了多篇时政评论。从这些文章和评论中可以清楚地看出，随着研究的深入和形势的变化，马克思对一些问题的认识也有了很大的变化。比如，在当时的革命者中，包括马克思在内，存在着一种激进革命论的情绪，认为群

---

① 参见[法]保尔·拉法格《回忆马克思恩格斯》，马集译，人民出版社1973年版，第145—146页。
② 《马克思恩格斯全集》第7卷，第3页。

众革命运动会很快地到来。随着研究的深入和马克思经济知识的增长，他很快改变了原来的看法，认识到社会革命不是由人们的革命情绪决定的，而是由社会经济发展和物质因素决定的。"在这种普遍繁荣的情况下，即在资产阶级社会的生产力正以在整个资产阶级关系范围内所能达到的速度蓬勃发展的时候，也就谈不到什么真正的革命。只有在现代生产力和资产阶级生产方式这两个要素相互矛盾的时候，这种革命才有可能。""新的革命，只有在新的危机之后才可能发生。但新的革命正如新的危机一样肯定会来临。"① 这是马克思用唯物主义历史观分析1848年革命风暴而得出的科学结论。

六　对1848年革命经验的总结

《1848年至1850年的法兰西阶级斗争》

1849年后，欧洲革命处于低潮，也是从理论上研究1848年革命这一重大历史事件，并对其革命经验进行总结的最好时机。马克思的《1848年至1850年的法兰西阶级斗争》和《路易·波拿巴的雾月十八日》，他同恩格斯合写的《共产主义者同盟中央委员会告同盟书》等论著，就是总结1848年法国革命和评论1851年12月2日路易·波拿巴政变的重要著作。同时，恩格斯这个时期所写的系列文章、后来以《德国的革命与反革命》为标题出版的著作，是对德国1848—1849年革命经验的总结。这些著作都具有十分重要的理论

---

① 《马克思恩格斯文集》第2卷，第176页。

第十章　1848年欧洲革命风暴及革命经验的总结

价值和历史意义。

路易·波拿巴是拿破仑一世的侄子。他于1851年12月2日在法国发动政变，当上法国总统，解散立法议会和国务会议，许多议员被逮捕，社会党和共和党的领导人被驱逐出法国。1852年1月通过新的宪法，把一切权利都归于总统。这一年年底，他又恢复帝制，自称法国的皇帝，帝号为拿破仑第三。马克思在《路易·波拿巴的雾月十八日》中，运用历史唯物主义的观点和方法阐述了当时法国的社会结构和阶级斗争状况，分析了当时错综复杂的社会关系和阶级矛盾，揭明了路易·波拿巴政变的社会原因、实质、事变过程和结局。他用锐利的笔锋对波拿巴这样一个历史人物作了辛辣的嘲讽。马克思把路易·波拿巴与法国大革命时期的"山岳党"，与拿破仑一世作了对比，用黑格尔《历史哲学》中一句话：一切伟大的历史事变和人物，可以说都出现两次。马克思认为黑格尔没有看到：第一次是作为悲剧出现的；第二次是作为笑剧出现的。马克思用侄子代替伯父，用阴谋手法谋取权力，来嘲讽这个历史人物。波拿巴以"慈善会"为幌子，组织起巴黎流氓无产者，自任首领，发动政变，在一个资本主义发达的国家，复辟帝制，登上皇帝的宝座，实在是一场闹剧。

首先，马克思在他的著作中，运用历史唯物主义观点深刻地分析了1848年革命历史背景、复杂的阶级关系和经济基础。他把1848年法国2月革命和6月革命的发生和结局，把当时发生各种事件及其演变，都同在那时发生决定性影响的经济因素联系起来加以考察，这些经济关系决定了每个阶级、阶层在1848年革命风暴中扮演不同的角色，就是在工人阶级中也有不同的情况。资本主义生产关系同世界市场联系在一起，或者说，当时的世界市场产生了资本主义的生产关系，产业工人受到当时世界市场的影响，有比较开阔的视野，他们对革命的理解和参与同还束缚在工场手工业和地域经济的工人就有很大的不同。这时的马克思是如此重视经济因素的作用，他甚至认为，加利福尼亚金矿的发现，其意义超过了"二月革命"。

二月革命发生的重要原因是政府的大量负债和金融危机。国家的赤字和公债就给金融贵族盘剥人民提供了大好机会,"七月王朝不过是剥削法国国民财富的股份公司,这个公司的红利是在内阁大臣、银行家、24万选民和他们的走卒之间分配的。"① 广大工人阶级和劳动群众则生活在水深火热之中。再加上,"两起世界性的经济事件的发生,加速了普遍不满的爆发,使愤怒发展成了起义"。② 在革命中,资产阶级利用无产阶级流血牺牲推翻了王权,成立了临时政府,但把无产阶级排挤在政权之外。临时政府就是"资产阶级共和国",它存在的过程就是反对和压迫无产阶级的过程。工人们没有选择的余地:不是饿死,就是斗争。于是,6月22日在巴黎爆发了大规模的武装起义。资产阶级政府为了保护其统治"秩序",以"财产、家庭、宗教、秩序"为口号,用他们手中掌握的武装力量极其残酷地镇压了工人的起义,3000多工人群众倒在血泊中。马克思说:"这是分裂现代社会的两个阶级之间的第一次大规模的战斗。这是保存还是消灭资产阶级制度的斗争"。③ 这种阶级矛盾和对抗是资本主义社会经济发展造成的。马克思说:没有雇佣劳动,就没有资本,就没有资产阶级,就没有资产阶级社会。但是,"工业无产阶级的发展是受工业资产阶级的发展制约的。在工业资产阶级的统治下,它才能获得广大的全国规模的存在,从而能够把它的革命提高为全国规模的革命;在这种统治下,它才能创造出现代的生产资料,这种生产资料同时也是它用以达到自身革命解放的手段。"④ 资产阶级与无产阶级的对抗,是资本主义生产方式矛盾的产物。巴黎六月武装起义拉开了近代历史两大阶级对抗的序幕。

恩格斯指出:"马克思最先发现了重大的历史运动规律。根据这个规律,一切历史上的斗争,无论是在政治、宗教、哲学的领域中进行的,还是在其他意识形态领域中进行的,实际上只是或多或少明显

---

① 《马克思恩格斯文集》第2卷,第82页。
② 同上书,第84页。
③ 同上书,第101页。
④ 同上书,第88页。

第十章　1848年欧洲革命风暴及革命经验的总结

地表现了各社会阶级的斗争，而这些阶级的存在以及它们之间的冲突，又为它们的经济状况的发展程度、它们的生产的性质和方式以及由生产所决定的交换的性质和方式所制约。……这个规律在这里也是马克思用以理解法兰西第二共和国历史的钥匙"。① 马克思在总结1848年革命经验时，不仅用他刚刚形成的唯物主义历史观分析和阐明了这一历史事件的真相，而且对他新的历史观也是一个历史的检验和事实的论证。

在《路易·波拿巴的雾月十八日》中，马克思详尽而深入地分析了当时法国错综复杂的社会关系和阶级矛盾，以及这些阶级、阶层都从各自的利益出发参与政治斗争，扮演各自不同的角色。这时是党派林立，主要有：保皇党与革命党，秩序党与山岳党，正统派与奥尔良派，共和派与社会民主派，小资产阶级民主主义与社会主义，等等。就是在这些党派中还有不同的集团。波拿巴是流氓无产者的首领，其中主要是由小资产阶级和农民中消极的、落后的部分组成的。他成立了一个"十二月十日会"组织，即"慈善会"的核心，这实际是一个流氓无产者组织，马克思说，这个组织是由社会上各阶级、阶层中的"渣汁"构成的。波拿巴在整个事变中施展种种阴谋手段，利用一派打击另一派，利用一个党制约另一个党，一旦达到目的便一脚踢开。他攫取全部政权，登上皇帝宝座后，甚至解散了他亲手缔造的污迹斑斑的"十二月十日会"，以便免受其牵连。他有时显示才华，锋芒毕露，有时"扮演了一个不被赏识而被全世界当作傻瓜的天才角色"。马克思这样入木三分地刻画了波拿巴的政治流氓的形象："波拿巴是一个浪荡人，是一个骄横的流氓无产者，他比无耻的资产者有一个长处，这就是他能用下流手段进行斗争。"② 他同当时的极端反革命派，把二月革命的主力军无产阶级诬为破坏"秩序""安宁"的无政府主义，在六月起义中进行残酷镇压。他利用金融贵族、工业资

---

① 《马克思恩格斯文集》第2卷，第469页。
② 同上书，第531页。

产阶级、商业资产阶级等害怕不安宁，无秩序，影响他们的利益的心理，"无终结的恐怖，还不如以恐怖告终！"在混乱状态下扮演救世主的角色，以维护自己的王位和独裁。而在这种混乱状态下，资产阶级也相信，只有波拿巴能够拯救资产阶级社会，拯救财产，拯救宗教，拯救家庭。这就是波拿巴作为阴谋家，作为流氓无产者，能够发动政变，并登上皇帝宝座的重要原因。而这一切又是由当时的复杂的社会矛盾和物质利益造成的。

波拿巴的行为及其结果虽然有些荒诞，令人所不齿，但是，它并不是凭空而生的，它是当时法国社会生活的反映。他作为流氓无产者的首领，代表着当时法国广为存在的贫困愚昧、文化素质低下、无固定职业和居所、浪迹全国的人群，"就是被法国人称作浪荡游民的那个完全不固定的、不得不只身四处漂泊的人群"。这些人乞求有像拿破仑这样的伟大人物来给他们以好远。正好这时就出来一个路易·波拿巴。波拿巴以拿破仑侄子为资本，以维护"拿破仑观念"为幌子，欺骗了不少的民众。马克思针对波拿巴利用拿破仑的名声和影响，利用法国资产阶级革命后形成的社会经济条件，在当时发生的历史影响，写道："人们自己创造自己的历史，但是他们并不是随心所欲地创造，并不是在他们选定的条件下创造，而是在直接碰到的、既定的、从过去继承下来的条件下创造。一切已死的先辈们的传统，像梦魔一样纠缠着活人的头脑。"[①] 波拿巴现象的出现，就是19世纪中叶法国社会生活一个方面的产物。

其次，马克思深入研究了1848年欧洲革命风暴发生的原因和经历的整个过程，总结了革命的经验和失败的教训，提出了许多极为重要的思想。

第一，无产阶级在革命中必须打碎资产阶级国家机器，建立无产阶级专政。二月革命建立的临时政府实质是资产阶级共和国，它"在这里是表示一个阶级对其他阶级实行无限制的专制统治"，它"公开

[①] 《马克思恩格斯文集》第2卷，第470—471页。

第十章 1848年欧洲革命风暴及革命经验的总结

承认的目的就是使资本的统治和对劳动的奴役永世长存"。① 六月革命的失败，使无产阶级确信这样一条真理："它要在资产阶级共和国范围内稍微改善一下自己的处境只是一种空想，这种空想只要企图加以实现，就会成为罪行。"② 因此，无产阶级必须"集中自己的一切破坏力量"，"摧毁"专制君主时代形成的军事官僚机构。无产阶级的口号只能是："推翻资产阶级！工人阶级专政！"③

在1848年革命斗争中，还产生出一种代表小资产阶级幻想的思潮，它企望不触动社会根本制度而实现没有阴暗面的理想社会。马克思把这种小资产阶级社会主义称为"空论的社会主义"。而无产阶级摆脱这种社会主义的影响，日益团结在"革命的社会主义"即共产主义周围。马克思在评价这种社会主义时写道："社会主义就是宣布不断革命，就是无产阶级的阶级专政，这种专政是达到消灭一切阶级差别，达到消灭这些差别所由产生的一切生产关系，达到消灭和这些生产关系相适应的一切社会关系，达到改变由这些社会关系产生出来的一切观念的必然的过渡阶段。"④ 这里十分精辟地阐明了在《共产党宣言》中提出的无产阶级专政的思想，即使无产阶级"上升为统治阶级"，取得"政治统治"的思想。无产阶级专政理论，经过革命实践的检验，不仅就其内涵，而且就其概念，都已经成熟。

第二，提出无产阶级不断革命的理论。马克思在总结1848年革命经验时，特别强调革命在社会变革中的巨大作用——"革命是历史的火车头"，他不止一次地提到不断革命的问题，认为社会主义革命就是不断革命。因为它不是像小资产阶级民主派那样，只要求工人阶级满足提高工资和改善福利，而是要根本实现工人阶级的解放。"民主派小资产者只不过希望实现了上述要求便赶快结束革命，而我们的利益和我们的任务却是要不断革命，直到把一切大大小小的有产阶级

---

① 《马克思恩格斯文集》第2卷，第479、104页。
② 同上书，第103页。
③ 同上书，第104页。
④ 同上书，第166页。

427

思想巨人马克思

的统治全都消灭，直到无产阶级夺得国家政权，直到无产者的联合不仅在一个国家内，而且在世界一切举足轻重的国家内都发展到使这些国家的无产者之间的竞争停止，至少是发展到使那些有决定意义的生产力集中到无产者手中。对我们来说，问题不在于改变私有制，而在于消灭私有制，不在于掩盖阶级对立，而在于消灭阶级，不在于改良现存社会，而在于建立新社会。"① 马克思不断革命论之所以正确，道理很简单，无产阶级解放，社会主义革命，像其他事物发展一样，不可能一蹴而就，它是由一系列相互衔接的阶段构成的发展过程。不断革命理论，就是反映这些阶段实现的任务，以及如何过渡到下一阶段的思想体系。

第三，阐明了工农联盟的重要思想。马克思在1848年革命中分析了各阶级在革命中的表现，特别是小资产阶级和农民在革命中的作用，认为无产阶级要取得革命的胜利必须联合农民。农民所受的剥削和工业无产阶级所受的剥削，只是形式上不同罢了，其剥削者都是同一个：资本。在革命中资产阶级利用农民，并与其结成同盟，但一经取得政权便抛弃了这个同盟，迫使农民最后站在无产阶级一边。"因此，农民就把负有推翻资产阶级制度使命的城市无产阶级看做自己的天然同盟者和领导者。"② 马克思认为，这种同盟对于无产阶级非常重要，这样，"无产阶级革命就会形成一种合唱，若没有这种合唱，它在一切农民国度中的独唱是不免要变成孤鸿哀鸣的。"③

恩格斯在总结1848年德国革命经验时，也阐述了工农联盟的思想。他说，"农村居民由于分散于广大地区，难以达到多数人的意见一致，所以他们永远不能胜利地从事独立的运动。他们需要更集中、更开化、更活跃的城市居民的富有首创精神的推动。"④

马克思在总结1848年革命经验时提出的这些重要思想，具有极

---

① 《马克思恩格斯文集》第2卷，第192页。
② 同上书，第570页。
③ 同上书，第573页。
④ 同上书，第358页。

第十章 1848年欧洲革命风暴及革命经验的总结

高的理论价值和实践意义，进一步丰富了马克思主义的理论宝库。这些思想对20世纪的社会主义运动，包括我国的社会主义革命实践，都发生了深远的影响。

七　揭露科伦共产党人案

在1848年6月起义失败后，资产阶级和各种封建专制的残余势力等联合起来，对革命群众，特别是对无产阶级进行了残酷的镇压，他们把革命者和进步人士驱逐出国，迫使他们流亡到世界各地。此后，迫害无产阶级和革命民众的活动并没有停止，发生在科伦的共产党人案件就是反革命势力迫害革命人士、迫害无产阶级的典型表现。

1850年11月5日，共产主义者同盟科伦中央委员会特使彼·诺特荣克，离开科伦去柏林，途经一些地方，并参加了当地的一些政治活动，其间不幸被捕。他违反秘密工作常规随身携带的文件被查获，导致普鲁士政府对共产主义者同盟盟员进行大规模的搜捕，致使毕尔格尔斯、彼·格·勒泽尔、丹尼尔斯、贝克尔等一批革命者被逮捕。科伦陪审法庭以反对普鲁士国家的"密谋叛国"罪，对他们开始了长达一年半的审讯，其间他们吃尽了审判和监狱生活之苦。

科伦法庭从被捕者那里查获的有：《共产党宣言》、《共产主义者同盟章程》、同盟中央委员会的两个告同盟书，以及一些地址和引发品，这些只不过是一些无关紧要的材料和信件。当这些材料送往法院的检察院时，检察院认为"缺乏起诉所必需的客观的犯罪构成，因此必须重新开始侦查"。接着，为了搜集"犯罪构成"证据，他们搞了一系列滑稽表演。成立了一个在莱茵省的编年史上空前未有的陪审团，它由6个最反动的贵族、4个金融贵族和2个官僚组成。在整个过程中，科伦警察局、柏林警察总局、司法部和内务部都进行了干预，作为他们代表的是一个叫作施梯伯的人物，他既是警务顾问，又以证人的身份干预整个事件。他们调动了大批警察参与了取证工作，实际上以种种拙劣的手段伪造、捏造、仿造，甚至以偷窃的方式，搜

思想巨人马克思

集他们所谓的证据。其结果必然是自欺欺人，取笑于天下。

他们搜集到的是一些什么材料？首先是一些荒唐的宣言和信件，而这些东西是一个名叫舍尔瓦尔的公认的警探及其同伙，从住在伦敦的叫作荻兹的人的写字台的抽屉里偷窃来的，这些文件用来揭发所谓在巴黎的德法密谋的案件，控告一些被告即使不是直接参与，也是在道义上参与了巴黎的密谋。这些文件不仅不能解决任何问题，而只能流为笑谈，迫于压力，政府不得不寻找比较不令人怀疑的证据。于是，又抛出了所谓由马克思主持下举行的秘密协会的"原本记录"。并且声称这是一个特别信使从伦敦带来的特别重要的文件。施梯伯发誓作证说，这是"伦敦共产主义者协会的原本记录"。当他们的阴谋被揭穿，被辩护人逼得无可奈何时，施梯伯不得不承认，这是一个密探所获得的一个笔记本，后来又承认这个笔记本也是编造出来的。最后，他们还查获了一个装有《红色问答书》的包裹和附函，还肯定地说"看来附函是出自马克思之手"。但其真相是，《红色问答书》是莫·赫斯写的《德国人民的红色问答书》，一年前已经出版了。此书马克思没有看过，更谈不上写附函的事情了。他们的企图是要把马克思拉进来，以便"在公众面前把马克思并通过马克思把科伦被告们说成是德法密谋的参与者"。一个参与阴谋的人同时承认，政府作为证据的那封马克思的信也是模仿马克思笔迹而伪造的。这真是天大的笑话！在辩护人的质问下，在社会舆论的压力下，就连案件的主要参与者施梯伯也狼狈不堪，承认这一切都是虚假的。政府生怕阴谋被揭露，怕这些材料流传出去引起更大的麻烦，于是，迫使邮局把寄给辩护人的一切材料退还。施梯伯还对这些辩护人施加了威胁。

但是，案件还得继续审下去，还得以莫须有的罪名判处被告阴谋叛国的罪行，如果宣判被告无罪，那么无异于宣判政府有罪，后果将是陪审团这个制度被废除。掌握无限权力的统治阶级是不会这样做的。最后，判决诸被告人三年至六年的徒刑，这场闹剧才告结束。

为了揭露科伦共产党人案件的真相和普鲁士政府的卑劣，马克思写了《揭露科伦共产党人案件》、《科伦案件》、《针对科伦案件结束

第十章 1848年欧洲革命风暴及革命经验的总结

发表的声明》，以及与恩格斯合写的《关于最近的科伦案件的最后声明》等，详尽地分析了案件的整个过程，揭露了普鲁士政府、法庭、警官为了迫害无产阶级和革命群众玩弄的种种十分卑劣的阴谋手段，揭露了案件的真相和实质。科伦共产党人案实际上是普鲁士政府对1848年革命参加者的一种报复行为。他们的政治目的是要把科伦的被告者及其在伦敦的朋友，主要是马克思，说成是"对近四年来欧洲的整个历史以及1848年和1849年所有革命动乱要负完全责任的危险的阴谋家"，[①] 并予以法律的制裁。可见，科伦共产党人案件突出地反映了那时的尖锐的阶级斗争。

无产阶级因为既没有经济基础，又没有政治保障，只能处于被动挨打的地位。马克思写道："手无寸铁的革命无产阶级作为被告站在陪审团所代表的统治阶级面前；因此，被告的罪已经判定了，因为他们是站在这样的陪审团面前。""显而易见，陪审团是特权阶级的等级法庭，建立这种法庭的目的是为了用资产阶级良心的宽广来填补法律的空白"。[②] 恩格斯针对这个事件也写道："1848—1849年的实际革命经验证实了一种理论推理，从这种推理得出的结论是：必须首先由小商意人民主派当政，然后共产主义的工人阶级才能指望确立自己的政权并消灭使它处于资产阶级压迫之下的雇佣奴隶制。"[③] 这个历史事件又一次证明了《共产党宣言》中所说的，无产阶级必须争得民主，建立自己的政治统治的思想。

在这期间，为了救济在科伦被判刑的工人政党的先锋战士，特别是他们的无依无靠的家属，马克思在伦敦发表了"关于救济在科伦被判刑的无产阶级代表及其家属的呼吁书"，号召旅居美国的德国工人们要尽自己的义务，向被判刑的革命者及其家属捐款，并呼吁人们写信和文章抗议德国政府对革命者的不合理的审判和无证据的判决。这清楚地表明，马克思以无产阶级的情怀，对这些专制制度的受害者无

---

① 《马克思恩格斯全集》第11卷，人民出版社1995年版，第548页。
② 同上书，第544—545、545页。
③ 同上书，第564—565页。

比的尊敬和同情，对他们的家属无比的关心。

　　科伦共产党人案件以后，在流亡者中存在的派系斗争越发激烈，极左翼的维利希－沙佩尔集团反对马克思和瓦解共产主义者同盟的活动并未停止，同盟已经再难以发挥作用，流亡者政治处于"古怪状态"，所以，马克思认为，共产主义者同盟继续存在已"不再合适"，建议解散。从此马克思"过着一种真正的退职生活"。国际共产主义运动转为低潮，呈现一段暂时的平静，马克思便从火热的斗争转入书房，继续他的科学研究工作，主要是政治经济学的研究，研究他所能搜集到的重要文献和经济学家们的著作，为他日后写作《资本论》进行准备。同时，马克思生平的另一个重要阶段就此开始了！

第十一章　艰苦的流亡生活

1848年以后，欧洲革命处于低潮，反动势力甚嚣尘上，加紧打击和迫害革命者，很多革命者和进步人士流亡伦敦。马克思想尽各种办法解决流亡者们的生活困难，帮助他们寻找工作，并给他们以精神上的鼓励。同时，他还急如星火地为营救科伦受审讯的战友四处奔走。但是，正是在这个时期，马克思一家生活处于极端困难之中，几个孩子死于贫病交加，马克思夫妇也疾病缠身。马克思一家遇到的苦难，一般人是难以想象的。

当时的伦敦是拥有250万人口的世界大都会，甚至有的人把它看

19世纪50年代的伦敦

成是世界的首都。在许多人的心目中，伦敦就是小说家查理·狄更斯作品里描写的维多利亚时代的伦敦。但是，很多人包括马克思流亡到伦敦以后都感到失望，这里只是给流亡者提供了一个保障安全的环境。那时，处于工业化早期的伦敦社会生活还是很艰苦的，尤其对于外来的流亡者来说，更是如此。用一位历史学家的话来说，伦敦"活像一块肮脏的海绵，一个满布污水池和水井的蜂窝，水源供应来自于作为污水排除口的河流，疫病跟贫民窟结下了不解之缘，成千上万人死于接连不断的霍乱。"[1] 更为严重的是两极分化，一位作家形象地描述道："无穷无尽的财富"却与"骇人听闻的贫困"相匹配，而"极尽奢华"却必须由"饱受赤贫"来加以衬托。马克思作为政治流亡者，他一家的生活就更是可想而知了。

尽管如此，马克思依然以坚强的意志从事科学研究工作，给一些报刊写政论文章，特别是研究政治经济学，为《政治经济学批判》的发表进行准备。苦难的社会生活，也为马克思的研究提供了现实的资料。

一 面临反动和贫病的威胁 苦难的流亡生活

马克思一家刚到伦敦的最初几年，在生活上遇到难以想象的苦难。可以说，这种苦难生活一直都伴随马克思一家。在来伦敦之前，他们已经饱尝了流亡生活的酸辛，但到了伦敦之后，马克思一家的生活更加艰难。在英国，马克思本来可以谋到一个有固定收入的中等职位，但是，这会使他失去科学研究和政治工作，于是，马克思在与燕妮商量以后，放弃了这个工作机会。他宁愿为革命工作而牺牲自己的利益。马克思在给魏德迈的信中说："我必须不惜任何代价走向自己的目标，不允许资产阶级社会把我变成制造金钱的机器。"[2]

在伦敦，一切生活费用都很昂贵，像马克思这样一个大家庭的生

---

[1] [英]阿萨·勃里格斯：《马克思在伦敦》，陈叔平译，中国人民大学出版社1986年版，第15页。
[2] 《马克思恩格斯全集》第29卷，第550页。

第十一章 艰苦的流亡生活

活必需的开支更是可想而知的。从1849年秋到1850年4月，马克思全家住在伦敦南郊切尔西区安德森街4号的一套小房间里。这是一个六口之家，而且过了一个月，马克思的第四个孩子又出生了。这时，马克思最需要的无疑是钱，但他和恩格斯办《新莱茵报·政治经济评论》时，把手头为数不多的钱都贴进去了，而且不能从这个刊物上得到收入。尽管家里用费节俭，但很快就难以维持下去了。家里凡是值钱的东西，甚至连衣服、被单等，都一件件拿出去抵押。马克思常常不得不放下手头的工作去向人借钱。马克思不但拿不出几便士购买他写作时必需的报刊，甚至连稿纸和邮票都买不起。一家随时都有无处栖身的危险。

安德森街故居

1850年春的一天，女房东突然来了，她要再收五英镑的房租。由于马克思手头没有钱，于是来了两个法警将他们不多的全部家当，甚至连可怜的孩子的摇篮和玩具都查封了，女孩子们眼泪汪汪地站在旁边看着眼前发生的这一切。第二天，天气寒冷阴暗，下着雨。马克思一家必须离开这所房子。他们先搬到了莱斯特街一家德国旅馆的两间小屋，后来搬到条件更差的索荷区第恩街。

马克思第恩街故居

思想巨人马克思

马克思一家的苦难生活在他的一封信中描述得淋漓尽致:"我的妻子病了,小燕妮病了,琳蘅患一种神经热。医生,我过去不能请,现在也不能请,因为我没有买药的钱。八至十天以来,家里吃的是面包和土豆,今天是否能够弄到这些,还成问题。在现在的气候条件下,这样的饮食自然没有什么益处。……最好和最理想的是能够发生这样的事:女房东把我从房子里赶走。那时,我至少可以免付一笔二十二英镑的款子。但是,未必能够指望得到她这样大的恩典。此外,还有面包铺老板、牛奶商、茶叶商、蔬菜商,还有欠肉铺老板的旧账。怎样才能还清所有这些鬼账呢?"① 为了维持生计,马克思把家里能抵押的东西都当在当铺。他写信告诉一个朋友,他所以无法出门是因为裤子与鞋子囚禁了他,即把裤子与鞋子也都抵押在当铺里。

1850年8月,马克思夫人前往荷兰,到马克思的姨夫那里求助,遭到拒绝,结果沮丧地空手而归。燕妮后来回忆道:在我离开时,这位老人把送给我最小的孩子一件礼物塞到我手里,他想不到当时我是带着怎样的心情离开他的。但是,更沉重的打击接踵而来。11月19日,刚满一周岁的男孩小福克斯死于肺炎引起的抽筋,这是马克思失去的第一个孩子。燕妮后来回忆道:"我是多么伤心!这是我失掉的第一个孩子。唉!当时我没有想到,还会再来一次使人难以忍受的痛苦。"② 可是,以后这样的事情又一次发生了。1851年3月出生的小女儿弗兰契斯卡,在一年后也因为严重的支气管炎随着福克斯而离世了。"可怜的孩子和死亡搏斗了三天,受了许多痛苦。失去生命的小尸体停放在后面的小房间里。我们都搬到前面房间来,晚上我们睡在地板上……可爱的小女儿在我们生活上最穷困的时期死去了。"③ 这时,住在附近的一个法国流亡者,到他们家看到这种情况,给了他们两英镑,才买了小棺材安葬了孩子。

---

① 《马克思恩格斯全集》第28卷,第126—127页。
② [法]保尔·拉法格:《回忆马克思恩格斯》,马集译,人民出版社1973年版,第147页。
③ 同上书,第149页。

第十一章 艰苦的流亡生活

马克思和燕妮遭遇的最严重的打击，是他们的九岁儿子埃德加尔之死。在小弗兰契斯卡夭折三年之后，埃德加尔患了结核病。他是全家最宠爱的孩子，他性情温和，聪明伶俐，给这个处在困境中的家庭增添了许多欢乐。1855年4月的一天，这个可怜的孩子死在马克思的怀里。母亲伏在停止呼吸的孩子身上啜泣，琳蘅站在一旁呜咽，非常激动的马克思，难受到极点，拒绝任何安慰。马克思给恩格斯的信中说，"亲爱的孩子曾使我们家充满生气，是家中的灵魂，他死后，家中自然完全空虚了，冷清了。简直无法形容，我们怎能没有这个孩子。我已经遭受过各种不幸，但是只有现在我才懂得什么是真正的不幸。"[①] 几年之内，马克思家接连死去三个可爱的孩子，特别是埃德加尔之死，对这个家庭好像是天塌地陷一样，马克思的心情几乎已经陷入绝望境地，燕妮也是如此！为了减轻这种不幸所带来的痛苦，他们到曼彻斯特恩格斯那里住了一段时间。

1856年，燕妮得到了她母亲的一笔遗产，这使全家得以搬出已经住了六年的第恩街，迁居到哈佛斯托克小山梅特兰公园格拉弗顿坊9号，使全家的困境有所缓和。但是，这种改善无意中成了马克思一家重新陷入更大的困境的起因，因为这里房租更贵，生活开支更大了。在1858年夏天，马克思一家又出现了债务危机。由于美国爆发了经济危机，《纽约每日论坛报》的稿费减少了一半，预约出版的书也不付稿费，除此之外又没有其他生活费来源。马克思在一封信中说：你们将收到我的《揭露科伦共产党人案件》的手稿。"如果你们考虑到，小册子的作者因无裤子和鞋子而被囚禁在家里，他的一家人过去和现在每分钟都受到确实极端贫困的威胁，那末你们是能够赏识这本小册子的幽默的。"但这本小册子的出版，也不会给马克思家庭生活带来多大的改善。

这种恶劣的生活环境也极大地伤害了燕妮的身体，1857年7月6日，燕妮第七个孩子出生了，但一出生便断了气，和三个兄姐葬在一

[①] 《马克思恩格斯全集》第28卷，第442页。

个墓地。饥饿、疾病和反动势力的压力，像妖魔一样始终都笼罩在马克思一家人的头上。

进入19世纪60年代后，由于贫困、忧伤和过度工作，马克思身体状况恶化。除了肝病外，还有"该死的痈"，主要诱因是马克思为了能带病工作而不顾后果地服用过量药物。痈的出现使马克思痛苦万分，日夜不得安宁。但是，贫困的流亡生活并没有使马克思放弃自己的目标。马克思在以后的岁月里，都是一边同贫困和疾病进行斗争，一边反对他的政敌、论敌，继续从事科学研究和革命工作。

二 "摩尔"与他的家庭

马克思虽然生活在极其艰难的年月，但他并没有怨天尤人，灰心丧气，而是振作精神，坚忍不拔地迈向自己的目标。在家庭生活中，以及和朋友们相处时，仍然谈吐诙谐，生趣盎然。威廉·李卜克内西是马克思家的常客，困难时也经常在马克思家里吃饭，他在回忆那几年与马克思全家生活的日子时说："对付残酷的贫困，只有一个唯一的办法，那就是笑。谁要是因为穷而郁郁不乐，那就是贫困已经把他抓住，把他吞噬下去了"。在那样苦难的年代里，是乐观主义精神支持着马克思的工作和生活。

在家庭生活中，马克思是一个好丈夫，好父亲，为了家庭他倾尽全力。在他们家每个人包括琳蘅在内，都有一个绰号，由于马克思黝黑的脸和黑油油的头发，她们给他的绰号是"摩尔"。在家里，大家都叫他的绰号。就是恩格斯和他的战友们有时也这样叫马克思。绰号是亲人之间的昵称，表明家庭的和睦融洽。

马克思对燕妮的感情一往情深，始终不渝。现在他已不再像学生时期用一本本诗集来讴歌他们的爱情，展现对恋人的怀念，现在就是表示爱恋的信件也不多见，但从仅有的信件中可以看出，他依然像年轻时一样热恋着自己"钟情挚爱的、唯一亲爱的"燕妮。在燕妮回特利尔去探望她临终的母亲时，1856年6月21日，收到马克思写给

第十一章 艰苦的流亡生活

她的一封信，信中写道："只要我们一为空间所分隔，我就立即明白，时间之于我的爱情正如阳光雨露之于植物——使其滋长……诚然，世间有许多女人，而且有些非常美丽。但是哪里还能找到一副容颜，它的每一个线条，甚至每一处皱纹，能引起我的生命中的最强烈而美好的回忆？甚至我的无限的悲痛，我的无可挽回的损失，我都能从你的可爱的容颜中看出，而当我遍吻你那亲爱的面庞的时候，我也就能克制这种悲痛。"① 这已经不是一般的爱情，而是在风风雨雨和患难与共中形成的最真挚的感情。同样，燕妮也深情地爱着自己的丈夫。她在给魏德迈夫人的信中表示，马克思到外地去一段时间，"我就像一个被遗弃的女人在专心等待"他的归来。她不止一次地讲到，阅读和抄写马克思的手稿，为他代写书信，使她非常愉快，是她最感温馨的时刻。

马克思在工作之暇或在散步时，喜欢与孩子们玩骑马或马拉车的游戏，使她们玩得十分开心。后来，小女儿艾琳娜在回忆这些事情时说道："但是摩尔不光是一匹出色的马，他还有更大的本领。他真是一位了不起的讲故事能手。

马克思一家

他一面散步一面讲故事给姐姐们（我当时还很小）听。这些故事不是以章节来分段而是以里来计算的。她们两人要求他：'再给我们讲一里吧'。讲的那些无数的奇异故事中，最妙的要算'汉斯·勒克尔'了。这个故事一个月一个月地继续下去，因为这是一个很长很长

---

① 《马克思恩格斯全集》第 29 卷，第 515—516 页。

439

的故事，一次讲不完。"①

马克思非常喜爱他三个女儿，对她们总是和蔼可亲，关怀备至。威廉·李卜克内西回忆说：马克思"是离不开孩子的，和孩子们在一起就是休息，就能恢复精力"②。除了给孩子们讲故事以外，马克思还经常给她们朗读世界名著，如《一千零一夜》、荷马的《奥德赛》和不朽的《唐·吉诃德》，以及一些著名的文艺作品。通过讲故事和朗读世界名著，实际对孩子们是一种启蒙教育，不仅教她们许多有益的知识，而且培育她们的真善美和爱憎分明的精神。燕妮不仅是家庭主妇，而且作为马克思的秘书替他处理许多事务，特别是不分昼夜地为马克思誊写稿子，但是，一有机会她也会给孩子们讲解优秀文学作品。这些家庭教育为孩子们日后如何做人奠定了很好的基础。

这几个孩子天资聪明，漂亮动人，燕妮对魏德迈夫人说，自己的女儿比她这个当年特利尔的"舞会皇后"还要漂亮。她们十分喜欢学习，喜欢阅读文学作品。燕妮告诉这位夫人，"她们在学校里时常获得一等奖。她们的英文能够运用自如，法文学得非常好，意大利文可以看懂但丁的作品。西班牙文也懂一些"③。她们有的具有特殊的绘画天才，有的专心习练钢琴，有的很有讲故事的才能。三个女儿简直是马克思的宠儿，她们的欢笑和活泼，为马克思驱散了许多忧愁，也增加了他生活的乐趣和动力。

马克思一家喜欢利用星期天到郊外去游玩，有时同一些流亡伦敦的朋友一起去郊游，其中就有威廉·李卜克内西和以后成为马克思女婿的保尔·拉法格。琳蘅总是提着一篮各种食品跟在后面，有时客人们帮助她拿着篮子。他们常常去的地方是伦敦郊外环境优美的汉普斯泰特起伏的小山丘。在这片绿草如茵的地方，有的躺在草地上看当天的报纸，一边看书报，一边谈论近日发生的有趣的事情，孩子们则尽

---

① 《马克思恩格斯回忆录》，人民出版社1962年版，第286页。
② 同上书，第123页。
③ 《摩尔和将军》，人民出版社1982年版，第80页。

第十一章 艰苦的流亡生活

情地跳跃，玩耍，扔石头玩。饿了就把带来的东西拿出来吃。李卜克内西后来回忆说，大家吃完带来的东西后，孩子们跑来跑去，打打闹闹，大人们开始阅读当天的报纸，一边读一边议论。但是，老这样悠闲安静也不行，于是便举行竞走、角力、扔石头或做其他活动。① 这种愉快的郊游，为流亡者们的生活增加了很大的乐趣。

马克思家有很多的朋友，但最受爱戴的朋友始终是恩格斯。可以说，他和琳蘅一样，是这个家庭的一员。在马克思女儿的心目中，恩格斯也是她们的一个父亲。恩格斯也想尽办法使她们贫困的童年和少年时代生活得快乐。保尔·拉法格说："如果恩格斯来信表示他将从曼彻斯特到伦敦做客，马克思全家就像过节一样地欢庆，老是谈到这样的事。恩格斯到达的那天，马克思等得焦急不安，甚至不能专心工作了。这一对朋友坐在一起，又抽烟，又喝酒，通宵地畅谈着他们分别以来发生的一切事情。"② 马克思与恩格斯这种真挚的情谊，亘古罕见。

马克思与女儿

三　恩格斯对马克思的无私的帮助

对马克思一家来说，流亡生活意味着无穷尽的痛苦、烦恼和绝

---

① 参见［法］保尔·拉法格《回忆马克思恩格斯》，马集译，人民出版社1962年版，第127—129页。

② 同上书，第83页。

思想巨人马克思

望。在几十年的困顿生涯中，恩格斯无私的援助解救了他们。

在马克思为美国的《纽约每日论坛报》撰稿期间（1851—1862），为使马克思保持这份固定的收入，在马克思生病或其他原因不能供稿时，恩格斯经常替马克思写作每周两篇的通讯，而在开始时还要翻译马克思的通讯，因为那时马克思的英文还不熟练。

马克思恩格斯与三个女儿

恩格斯的巨大的、无私的帮助，表现了他的伟大友情和牺牲精神，受到后人的赞扬。1850年11月，恩格斯到曼彻斯特继续在"欧门—恩格斯"公司当店员。这对恩格斯来说是一个很大的牺牲，因为他不能集中精力去进行科学研究，而去做他"讨厌的商业"。但他深深懂得，只有这样，马克思才能集中精力为无产阶级去进行理论研究和从事政治工作，并且使这个为革命付出巨大牺牲的家庭不再挨饿。从这时起，恩格斯就经常从曼彻斯特寄钱到伦敦去，开始是定期的，后来就按月甚至每星期都汇去一英镑、五英镑或十英镑不等，以补充马克思的家用。不断接受恩格斯的物质上的救援，也给马克思的内心造成了巨大的痛苦，他深深地懂得，"讨厌的商业"对恩格斯意味着什么。恩格斯对马克思的帮助不仅是为了自己的朋友，而且也是为了保存党的最优秀的思想家。同样，马克思之所以接受恩格斯的帮助也不只是为了自己的一家，也是为了党的理论事业。然而，正像梅林所说，做出这样的牺牲和接受这样的牺牲，都同样需要崇高的精神。

真诚的友谊是一种伟大的精神力量。恩格斯的友谊对马克思意味着什么？从他在儿子埃德加尔死亡后给恩格斯的信中看得十分清楚，他说："在这些日子里，我之所以能忍受这一切可怕的痛苦，是因为时刻想念着你，想念着你的友谊，时刻希望我们两人还要在世间共同做一些有意义的事情。"① 这种崇高的友谊激励着他们的一生。

马克思高度评价这种不同寻常的友谊，他写信对恩格斯说："亲爱的朋友，在所有这一切情况下比任何时候更感觉到，我们之间存在的这种友谊是何等的幸福。你要知道，我对任何关系都没有作过这么高的评价。"马克思在给友人的信中说："恩格斯，您应当把他看作是我的第二个'我'"。确实，在外人眼中，他们是一个人，不仅有人把他们两人弄混，而且有人在谈到他俩时当作一个人。

列宁说过，如果没有恩格斯不断的支持，马克思不仅不能写出《资本论》，而且会死于贫困。"古老传说中有各种非常动人的友谊故事。欧洲无产阶级可以说，它的科学是由这两位学者和战士创造的，他们的关系超过了古人关于人类友谊的一切最动人的传说。"②

四 《纽约每日论坛报》的文章和对中国革命斗争的支持

《纽约每日论坛报》是由著名美国新闻工作者和政治活动家霍拉斯·格里利于1841年创办的，一直办到1924年。它是表达资产阶级进步集团经济思想和政治理想的喉舌。在19世纪50年代中期以前曾是美国辉格党左翼的机关报，持有进步倾向，反对奴隶占有制，影响比较广泛。但是，在一段时间，由于人事的变动报纸则转向落后或反动的立场，甚至与蓄奴洲的人妥协，赞同奴隶制。该报另一位有影响的成员查理·德纳比格里利更为激进，与美国一些傅立叶主义者有着密切的联系，受到社会主义思想的影响。1848年，他在科伦认识了马克思，认为马克思是一位有学识和智慧的学者，所以他建议聘请马克思任该报在伦敦的通讯员。后来他还建议马克思为《美国新百科全书》撰稿。

马克思从1851年8月至1862年3月为该报撰稿，有十多年时

---

① 《马克思恩格斯全集》第28卷，第442页。
② 《列宁专题文集》（论马克思主义），人民出版社2009年版，第58页。

间。他一方面为赚一些稿费补充家用，但主要是利用这家报纸的影响发表自己的政见。他发表的这些文章，涉及国际政治、工人运动、欧洲国家的经济发展、殖民地扩张、被压迫国家和附属国家的民族解放运动等及其重要问题。其中有近20篇是关于中国问题的。比如，《中国革命和欧洲革命》《英国人在华的残暴行动》《鸦片战争史》《俄国的对华贸易》《波斯和中国》《中国和英国的条约》《俄国在远东的成功》《新的对华战争》《对华贸易》等。其中有些文章是作为该报社论发表的。这些文章用历史唯物主义观点和方法，深刻地分析了中国社会的特点，揭露和严厉谴责了英、美、法、俄等帝国主义国家对中国的侵略和掠夺，以及鸦片对中国人们的毒害，热情地颂扬了中国人民反抗帝国主义侵略的英勇斗争，科学地预见了中国革命的光明前途。这是对处于灾难深重的中国人民的支持和激励。

马克思当时有诸多事务缠身，在实在无暇的情况下，《纽约每日论坛报》有些文章是恩格斯为他代笔写的。在这十多年的时间里，共发表了480多篇文章，这些文章后来以全集或单行本的形式陆续发表。这里笔者想提及的是，在2012年春夏之交，中央新闻纪录电影制片厂摄制《寻访马克思》（六集）影片时，采访了柏林勃兰登堡科学院《马克思恩格斯全集》（国际版）编辑部的工作人员，莱切尔博士很兴奋地告诉摄制组的人员说：他们经过对往来信件、收发稿件的登记和文字的考证，又发现了二十余篇马克思发表在《纽约每日论坛报》的文章，其中就有1858年关于评论《天津条约》的文章。该条约被英国殖民主义者说成是"平等条约""友好条约"，马克思尖锐地指出，这是"荒谬之论"，鸦片贸易没有结束，对中国人民的毒害还在继续，何谈"平等""友好"！应该说，这些新发现的文章是非常有意义的，对研究马克思这个时期的思想是有帮助的。

马克思和恩格斯在《论坛报》发表的关于中国的文章，涉及很多方面，探讨了那个时期的东方社会的特点，大不列颠对印度的统治，俄国在远东地区的侵略和鸦片贸易史，但是，重点是揭露英国对中国发动两次鸦片战争的暴行，用鸦片毒害中国人民的身体和摧残人们精

第十一章 艰苦的流亡生活

神，以及赞扬中国人民的英勇斗争。

马克思在1857年3月22日前后写的《英人在华的残暴行动》，是揭露第二次鸦片战争期间英国侵略者对中国所犯的残暴罪行的文章。文中，马克思抨击了英国时任首相对英国殖民主义者施于中国人的残暴行动进行的辩护，用事实戳穿了英国政府在"中国人的挑衅行为危机英国人的生命和财产"的借口下蓄意制造"亚罗号"事件的阴谋，揭露了英国政府报纸和美国部分报刊大肆攻击中国人的虚假报道。"广州城的无辜居民和安居乐业的商人惨遭屠杀，他们的住宅被炮火夷为平地，人权横遭侵犯，这一切都是在'中国人的挑衅行为危及英国人的生命和财产'这种站不住脚的借口下发生的！"① 只要想知道真相的英国人也会认为，这些都是虚伪的谎言。马克思指出，"在中国，压抑着的、鸦片战争时燃起的仇英火种，爆发成了任何和平友好的表示都未必能扑灭的愤怒烈火。"② 这清楚地表明了马克思站在被压迫民族立场上捍卫正义和真理的鲜明态度。

在《中国和英国的条约》和《鸦片贸易史》等文章中，马克思收集了许多数据和现实证据，详尽地考察了西方列强包括沙皇俄国，通过各种贸易特别是鸦片贸易，以及通过武力征服，对中国的侵略和掠夺。1858年6月，西方列强以武力强迫清政府签订了《天津条约》。根据该条约，解除了鸦片贸易在中国的禁令，中国要向英国、法国赔款，开放通商口岸。而俄国乘机强占了中国的大片领土。鸦片战争签订的不平等条约将使得鸦片贸易在中国合法化，清政府已经无力禁烟挽回败局，而"将会试行一种办法，即从法律上准许在中国种植罂粟并将对进口的外国鸦片征税"。这种办法对于清政府而言无疑是饮鸩止渴，会加重民族的灾难。马克思认为，这种贸易和掠夺，"在人类历史记录上都是绝无仅有的。"③

西方列强的侵略和残酷的压榨，清政府的腐败无能，使中国人民

---

① 《马克思恩格斯文集》第2卷，第620页。
② 同上书，第621页。
③ 同上书，第631页。

生活在水深火热中，除了反抗和革命没有别的出路。当时发生的抗击鸦片的战争和太平天国运动，就是中华民族奋起抗争的先声。正如马克思所说的，这次战争的结果就是：中国发生了起义。马克思认为，中国爆发的革命运动必将波及西方工业国家，"中国革命将把火星抛到现今工业体系这个火药装得足而又足的地雷上，把酝酿已久的普遍危机引爆，这个普遍危机一扩展到国外，紧接而来的将是欧洲大陆的政治革命。"① 在那个时代，马克思和恩格斯已经对中国革命充满着期待，他们深情地预言："过不了多少年，我们就会亲眼看到世界上最古老的帝国的垂死挣扎，看到整个亚洲新纪元的曙光。"② 历史正在证明着他们的预言！

五　智慧源于勤奋学习和科学研究

在工人运动刚刚兴起的年代里，不仅一般工人，就连不少当时的工人运动领导人，都存在一种"实用主义"的倾向，只看重实际斗争而轻视理论学习和研究，甚至斥责马克思是靠啃书本讨生活的人。这种倾向不克服，要为工人运动提供理论指导，使社会主义建立在科学的基础之上是根本不可能的。德国工人运动和国际工人运动的著名活动家弗·列斯纳回忆说："当时，我们在伦敦工人教育协会里，有点过于激动。我们深信必须立即'行动'了，根本没有考虑到，要使无产阶级能推翻资产阶级世界，还需要进行大量的教育组织工作。"③

1850年6月以后，马克思通过对资本主义各国经济形势的研究，认为资本主义正处于新的繁荣时期，暂时不会有革命形势，新的革命只有在新的经济危机之后才有可能发生。因此，马克思和恩格斯开始考虑从政治斗争舞台退回到书房。同时，马克思对同盟中央的其他领导人进行形势说明，使他们了解客观形势已经使革命转入了低潮，对

---

① 《马克思恩格斯文集》第2卷，第612页。
② 同上书，第628页。
③ 《人间的普罗米修斯》，人民出版社1983年版，第7—8页。

第十一章 艰苦的流亡生活

工人运动要有正确的战略和策略，不能冒险行动。但是，奥古斯特·维利希、沙佩尔等人狂热地认为革命马上就要爆发，要立即采取行动，并指责马克思逃避斗争，是革命的"叛徒"。争吵越来越激烈，中央委员会分成了两派。拥护马克思和恩格斯的有六名委员，占了多数，被称为多数派，而支持维利希和沙佩尔的只有两名委员，被称为少数派。争吵不断加剧，甚至造成了站在马克思一边的年轻的康拉德·施拉姆与维利希决斗，并造成头部受伤。

9月15日后，维利希、沙佩尔组织了宗派主义集团——特殊联盟，德国工人教育协会里怀有"打回祖国去"的思乡情绪的多数成员都参加了这个冒险集团。于是，马克思、恩格斯、鲍威尔、埃卡留斯、施拉姆、沃尔弗、李卜克内西等人退出了这个协会。为避免造成同盟的分裂，马克思提议并经过中央委员会讨论决定，将中央委员会迁往科伦。马克思将这个决议通知科伦区部，科伦区部立即成立了新的中央委员会，继续领导同盟的工作。

马克思是革命者也是学者。他深知，只有通过刻苦学习和深入研究才能获得真知。亲历1848年革命的马克思，深感革命的艰巨性、复杂性和残酷性，革命实践使他更加深刻地认识到，必须从理论上深入研究现实斗争，研究社会发展规律，为无产阶级革命运动提供科学的指导，而工人阶级只有学习革命理论才能摆脱形形色色的空洞说教，接受革命理论的指导。可以说，这也是1848年革命极为重要的经验教训。马克思除了孜孜以求地探索真理，不断地进行学习，同时，他也不断地鼓励共产主义者同盟的干部们要刻苦学习，启发他们通过学习认识事物的本质，掌握发展规律。李卜克内西在40年后回忆起马克思逼人学习的情况时说："**学习！学习！这就是他经常向我们大声疾呼的无上命令。他自己就是这方面的榜样，你只要一见这位伟大的智者永不停息的顽强的学习精神，也会有这样的感觉。**"[①] 马

---

① [法]保尔·拉法格：《回忆马克思恩格斯》，马集译，人民出版社1973年版，第41页。

思想巨人马克思

克思的榜样力量和谆谆教诲也确实鼓舞了他的学生和战友,他们抓紧时间刻苦学习,并不断地向马克思和恩格斯请教。

马克思在给魏德迈的信中嘲笑了那些不学无术而夸夸其谈的人:"民主派的'头脑简单的人们'靠'从天上'掉下来的灵感,当然不需要下这样的功夫"。"这些幸运儿为什么要用钻研经济和历史资料来折磨自己呢?因为正如可尊敬的维利希常对我说的,这一切都是**这样简单**。一切都这样简单!不错,在这些空洞无物的脑瓜里确是如此!真是些头脑简单的人!"[①] 恩格斯也在给魏德迈的信中说,"自然,我们中间也有这样一些人,他们认为:'我们干嘛要刻苦学习呢,那是马克思老爹的事儿,他的职责就是什么都要懂'。不过,一般说来,马克思派学习是相当刻苦的。"[②] 的确,经过学习培养出来一批无产阶级革命家,其中有威廉·李卜克内、弗里德里希·列斯纳、约翰·格奥尔格·埃卡留斯和格奥尔格·洛赫纳等人,他们在以后几十年时间里,为德国工人运动和国际工人运动做出了很大成绩。

在19世纪50年代,马克思将主要精力集中于学习和研究,他不仅仔细研究前人的著作,而且特别关注一切科学领域的每一新的发展,批判地汲取人类思想的新的成果。当他读了达尔文的《根据自然选择的物种起源》一书后,立即给恩格斯写信说,达尔文的研究成果"为我们的观点提供了自然史的基础。"[③] 当他看到牵引整个列车的电气机车时,兴奋异常,认为"蒸汽陛下"的统治结束了,代之而起的是"电"。他把这种新的发明视为社会发展的革命因素。

马克思专心地收集材料,研究欧美各国和东方社会的历史。他从这个时期开始研究数学,涉猎各个数学领域。除此之外,他还抽出时间学习外国语。他精通英语、法语,古希腊语、拉丁语学得也很好,并能阅读意大利文和西班牙文的著作。马克思把掌握外国语看成"是人生斗争的一种武器"。众所周知,恩格斯是通晓多种语言的大师,

---

① 《马克思恩格斯全集》第27卷,第582页。
② 《马克思恩格斯全集》第28卷,第588页。
③ 《马克思恩格斯全集》第30卷,第131页。

他能用 12 种语言说和写，能用 20 多种语言阅读。

马克思始终都以极为严肃的科学态度对待科学研究，并以社会实践作为他研究的立足点。他说，"研究必须详细地占有材料，分析它的不同的发展形态，并探寻出这各种形态的内部联系。只有在完成这种工作之后，实际的运动方才能够适当地叙述出来。"① 马克思总是从大量实际材料的分析中得出理论结论。他坚信，只有科学真理才能预示未来。1857 年发生的经济危机，就证明了马克思此前所做出资本主义经济危机必然发生的预言。

揭示真理本身就是一件十分艰巨的工作。在资本主义社会的环境里，揭露资产阶级剥削的秘密，研究资本主义产生、发展及其必然灭亡的规律，更是一条荆棘丛生的道路，随时都会遇到风险。马克思十分清楚，真正的科学研究道路充满着艰险，他说："**在科学上没有平坦的大道，只有不畏劳苦沿着陡峭山路攀登的人，才有希望达到光辉的顶点。**"② 为了探求真理，马克思依然奋不顾身，勇往直前。他在《政治经济学批判》"序言"最后，引用被恩格斯誉为新时代第一诗人但丁的诗：在科学的入口处，正像在地狱的入口处一样，必须提出这样的要求："这里必须根绝一切犹豫；这里任何怯懦都无济于事。"③ 可以说，这也是马克思一生的座右铭。

---

① 马克思：《资本论》第 1 卷第 2 版"跋"，郭大力译本，第 552 页。
② 马克思：《资本论》第 1 卷，人民出版社 1975 年版，第 26 页。
③ 《马克思恩格斯文集》第 2 卷，第 594 页。

第十二章　第二个伟大发现透析资本剥削的秘密

从19世纪50年代后期，马克思主要研究政治经济学，而英国是最适合这种研究的国度。正如马克思所说："英国博物馆中堆积着政治经济学史的大量资料，伦敦对于考察资产阶级社会是一个方便的地点；最后，随着加利福尼亚和澳大利亚金矿的发现，资产阶级社会似乎踏进了新的发展阶段；这一切决定我再从头开始，用批判的精神来透彻地研究新的材料。"① 在当时藏书最丰富的英国博物馆图书馆里，马克思接触到大量的非常有价值的研究资料，包括政府的官方文件。他几乎每天从上午九点到下午七点，都坐在博物馆阅览室里工作，仔细阅读各种资料，做摘录，编提要，写出一本本的笔记。政治经济学、经济史、技术史、殖民政治史、人口史、农业化学、地质学等，都在他涉猎的范围之内。但是，马克思更关注的是资本主义的"当代史"。作为"世界的作坊"的英国，是传统的最发达的资本主义国家，也是马克思最方便、最重要的研究对象。所以，马克思每天仔细地从报纸、杂志、交易所报告和国会的"蓝皮书"上搜集极为丰富的实际材料。这些材料都是他理论总结的基础。

马克思以惊人的毅力克服了种种困难，收集和研究了当时能够找到的几乎全部经济学著作、文献和资料，进行了艰巨的理论创造，写

---

① 《马克思恩格斯全集》第13卷，第10页。

第十二章 第二个伟大发现 透析资本剥削的秘密

下了篇幅浩繁的四部经济学手稿。《资本论》就是这一巨大研究工程的辉煌成果。它是马克思主义发展史上的重要里程碑。《资本论》的问世，标志着唯物主义历史观已经由假说变成为经过科学证明了的理论。

大英博物馆

《资本论》被称为"工人阶级的圣经"。它揭示了资本剥削的秘密，进一步论证了资本主义必然灭亡和社会主义必然胜利的规律，为国际工人运动提供了坚实的理论指导。随着历史的发展将会越来越证明《资本论》的理论价值及其真理性。2007年开始爆发的全球性经济危机，《资本论》在西方成为畅销书，人们又一次到马克思那里寻找解决问题的答案，这进一步证明了马克思对历史发展趋势的预见和《资本论》的影响。

一 研究政治经济学 出版《政治经济学批判·第一分册》

马克思研究政治经济学。马克思研究政治经济学经历了一个比较长的历史过程。在马克思的思想进程中，哲学与政治经济学一直是他探索领域中的一对密不可分的孪生姐妹。他的兴趣时而从哲学转向政治经济学，时而又从政治经济学转回哲学。这两门学科在他的研究视野中密切相连，相互渗透，交替出现，而每一次的交替都使马克思的思想升华到一个新的境界。

如前所述，马克思为解决在《莱茵报》遇到的"苦恼的疑问"，就开始关注社会经济问题，研究市民社会。1843年10月马克思迁居巴黎之后，埋头钻研了大量的政治经济学著作，在做了大量阅读笔记和摘录的基础上，产生了《1844年经济学—哲学手稿》。在费尔巴哈

451

哲学的影响下，他考察了人与劳动及其成果的关系，形成异化劳动的理论。通过这一理论，马克思探讨了工人与其劳动和劳动成果的异化关系，揭示了物质生产在历史发展中的决定作用；通过阐述劳动异化与人的其他一切异化的关系，接近了作为经济基础的生产关系的思想；同时，他还从扬弃异化劳动和私有财产的角度对共产主义的历史必然性作了论证。

新哲学创立的进程加快，不能不说与马克思研究政治经济学有着密切关系。探讨政治经济学在马克思的面前展现了一个新的广阔的研究领域，而对这一领域进行研究的第一批成熟的果实，就是历史唯物主义的诞生。这就是《德意志意识形态》的问世。

如果说马克思在写作《1844年经济学—哲学手稿》时期对政治经济学的研究，促进了历史唯物主义诞生的话，那么马克思写于1847年上半年的《哲学的贫困》，运用刚刚创立的唯物史观通过对政治经济学的研究，促进了马克思主义政治经济学的诞生。马克思的政治经济学研究从此获得了一个新的起点，从而为政治经济学的发展史揭开了新的一页。

唯物史观的形成使马克思研究政治经济学获得了正确的哲学思维方法——历史唯物主义的方法。这一科学方法是他在自己的著作中批判蒲鲁东的经济学思想，探索和建设新的政治经济学体系的基本方法。正确的哲学方法第一次被运用于政治经济学领域就产生了意想不到的结果，不仅蒲鲁东苦心经营的经济学体系被批判得体无完肤，宣告瓦解，而且使得马克思在政治经济学的研究中获得了第一批丰硕的果实。正是在《哲学的贫困》中，奠定了马克思主义政治经济学的基础，确立了政治经济学的研究对象，不但为科学的劳动价值论的创立开辟了新的道路，而且也孕育着剩余价值论的思想。

哲学，作为世界普遍运动规律的抽象反映，不仅是世界观，也是方法论。它始终指导着人们对各门具体科学的研究。马克思以历史唯物主义方法对政治经济学的研究，使政治经济学研究达到一个新的境

第十二章　第二个伟大发现　透析资本剥削的秘密

界，这是由抽象到具体这一人类思维发展普遍规律在马克思思想进程中的表现。这就是马克思在《政治经济学批判》"序言"中，为什么把唯物主义历史观作为他研究工作的指导思想的原因。毋庸讳言，没有唯物主义历史观的指导，就不可能有马克思政治经济学研究的成果，就不可能有《资本论》的问世。

19世纪50年代马克思研究政治经济学，不仅有科学世界观的指导，而且1848年革命风暴使马克思深深认识到，一切社会事变背后的深层动因是经济因素和经济利益。现实斗争推动马克思用新的材料研究新的问题。同时，英国博物馆图书馆的内容丰富的资料，为马克思研究政治经济学创造了极为有利的条件。这个时期，马克思除了写作一些政论文章，集中主要精力写作《政治经济学批判》。

《政治经济学批判·第一分册》的写作和出版。1857年经济危机的爆发，使马克思预感到新的革命高潮又要来临，他尽量排除一切干扰，夜以继日地加紧工作，尽快地完成这本书的写作。马克思这时已经预感到席卷欧洲的经济危机很快将会爆发，1856年9月，他写信告诉恩格斯说，"我不认为，一场大的金融危机的爆发会迟于1857年冬天"。在这场"以前从未有过的全欧规模"的危机中，"我不认为我们还能长久地在这里当旁观者"。"'动员'我们的人的日子不远了。"[①] 后来，他又写信告诉恩格斯说，"我现在发狂似地通宵总结我的经济学研究，为的是在洪水之前至少把一些基本问题搞清楚。"为写完政治经济学原理，"我的工作量很大，多半都要工作到早晨四点钟。"[②] 需要提及的是，这个时期马克思的家庭遇到不幸，燕妮刚出生的孩子去世了，马克思也患了肝病。他是以很大的毅力坚持进行研究工作。

马克思从1857年8月就已经开始写作《政治经济学批判》，到1858年5月终于完成了这一写作。他集中写作是在1857年末和1858

---

① 《马克思恩格斯全集》第29卷，第72—73页。
② 《马克思恩格斯文集》第10卷，第140、141页。

思想巨人马克思

马克思写作《政治经济学批判》

燕妮誊写马克思手稿

年初的两个多月的时间里。书稿完成后，他并没有立即交付出版，而是根据新发现的材料又作了进一步的修改。从1848年8月到11月，他阅读了麦克拉伦的著作《通货简史》，又重新写了货币这一章。马克思的字迹很潦草，全书必须由燕妮认真地誊写清楚才能交出版社。燕妮从1858年11月29日开始，到1859年1月21日才把书稿抄录完毕。

书稿誊写完了，马克思也校对过了，但是新的问题又来了，由于缺乏经费，书稿无法寄往柏林出版社。这时马克思不得不再求助于恩格斯，他在信中写道："倒霉的手稿写完了，但不能寄走，因为身边一分钱也没有，付不起邮资和保险金；而保险又是必要的，因为我没有手稿的副本。"[1]他不无幽默地说，"未必有人会在这样缺货币的情况下来写关于'货币'的文章！"[2]在恩格斯的帮助下，书稿寄到了柏林。在1849年6月出版，署名为《政治经济学批判·第一分册》，印了1000册。

---

[1] 《马克思恩格斯全集》第29卷，第370页。
[2] 同上书，第371页。

第十二章 第二个伟大发现 透析资本剥削的秘密

《政治经济学批判·第一分册》的基本内容和科学价值。这个时期，马克思除了关注即将发生的经济危机外，他把主要精力用于研究政治经济学基本原理，就是紧紧结合资本主义社会当前发生的各种问题，从理论上搞清楚资本主义生产方式及其运动规律，为工人阶级锻造一把理论之剑。这时的研究成果就凝结在他的《1857—1858 年经济学手稿》中。手稿的主要部分是《〈政治经济学批判〉导言》《货币章》和《资本章》。其中包括政治经济学的研究对象、研究方法和对政治经济学理论体系的结构的探讨。在这里，马克思已经把剩余价值归结为剩余劳动，并把剩余劳动归结为"劳动能力"使用价值创造的价值超过"劳动能力"自身的余额，[①] 初步阐发了劳动价值论、剩余价值论，以及论述了资本主义经济运动的趋势等问题。

在写作手稿过程中，马克思计划按"六册结构"，即包括资本、土地所有制、雇佣劳动、国家、对外贸易、世界市场，分册出版《政治经济学批判》。其中第 1 册《资本》可分为"资本一般""竞争或许多资本间的相互作用""信用"和"股份资本"四篇。第一篇"资本一般"又分为商品、货币和资本三章。在《政治经济学批判·第一分册》中，马克思对商品和货币进行了系统的阐述。

《政治经济学批判·第一分册》是《资本论》的准备之作，《资本论》是该书的继续。该书具有很高的科学价值。它不仅在"序言"中精辟地阐述了唯物史观的基本原理，而且在其"导言"中，专门阐明了"政治经济学的方法"，即"从抽象上升到具体的方法"。首先把具体的现象上升为"抽象的规定"，进而"抽象的规定在思维行程中导致具体的再现"[②]。运用这一科学的方法，研究了资本主义社会的商品生产，研究了资本主义的生产、消费、分配、交换和流通等经济问题，说明这些现象不是"脱离历史而独立的永恒自然规律"，而是历史发展到一定阶段的产物。通过对剩余价值的分析，揭明了资

[①] 《马克思恩格斯全集》第 46 卷上册，第 222、287 页。
[②] 《马克思恩格斯选集》第 2 卷，第 103 页。

本主义剥削的秘密。马克思在给朋友的信中说，"我希望为我们的党取得科学上的胜利"。① 该书使马克思在他所研究的经济学领域"弄清问题"，在创立自己经济学说方面迈出了决定性的一步，为《资本论》的研究和出版奠定了基础。

二 《资本论》第一卷问世 剩余价值理论创立

马克思研究政治经济学经历了一个由浅入深的进展过程，同样，马克思研究和写作《资本论》也经历了一个不断变化的过程。他计划写一部包含若干册的经济学巨著，但在继续研究过程中，多次改变自己的研究计划，并按照一再改变的方案写成了《政治经济学批判》和《资本论》。马克思力求精益求精，就是《资本论》再版，他还作了很大的调整和修改。这部巨著的完整出版更是跨越了两个世纪。

1.《资本论》第一卷的写作和出版

1859年6月11日，马克思出版了《1857—1858年政治经济学批判》。这期间，由于工人运动中出现的亟待解决的问题而搁置了经济学的研究。特别是同福格特的论战花费了马克思一年多的宝贵时间。接受波拿巴政府资助的福格特，对马克思及其战友在共产主义同盟中的活动进行了大量的攻击和诽谤，马克思写了《福格特先生》一书予以回击。他认为，同福格特的斗争"对于工人阶级政党在历史上的声誉和它在德国的未来地位具有决定性的意义"。以后事态的发展表明马克思的做法是正确的。

从1861年到1863年，马克思又开始自己的研究工作，写了一部篇幅更大的经济学手稿，即23个笔记本的手稿，约200个印张。这部手稿包括《资本论》的各个部分，其中有它的历史批判部分——《剩余价值论》。1862年马克思产生了一个新的写作计划：作为《政治经济学批判》的继续创作《资本论》，并把原来的书名《政治经济

---

① 《马克思恩格斯全集》第29卷，第554页。

第十二章 第二个伟大发现 透析资本剥削的秘密

学批判》改作副标题。已经出版的《政治经济学批判》的内容，成为《资本论》的绪论性内容。马克思计划把《资本论》分为四卷（当时还称为"册"）：第一卷是资本的生产过程；第二卷是资本的流通过程；第三卷资本生产总过程的各种形式；第四卷理论史，即 17 世纪中叶以来的政治经济学史批判。马克思于 1863—1865 年又写了第三稿，从而完成了《资本论》三卷的全部理论部分的初稿。可惜有些手稿并没有完整地保存下来。

1865 年 3 月，马克思就已经和德国汉堡的出版商迈斯纳签订了出版《资本论》的协议。1866 年 1 月，马克思开始对第一卷做复印前的最后一次加工，对手稿又作了修改和压缩。"因为经过这么长的产痛以后，我自然乐于舐静这孩子"①。这期间，马克思研究了许多新的资料，翻阅了议会的《蓝皮书》，以及关于英国工业中童工和女工劳动、工人阶级居住条件等方面的官方报告。这项工作几乎用了一年多的时间。

1867 年 4 月 2 日，马克思在给恩格斯信中用平淡的口气说："现在已经写好了。"但不知是由于太激动还

《资本论》第一卷

是太劳累，他把这封信的日期误写成"3 月 27 日"。恩格斯可做不到平静，他马上回信大呼"乌拉！"，并且寄来 35 英镑，作为马克思亲自送书稿去汉堡的旅费。4 月 29 日开始印制，到 5 月 5 日马克思拿到第一个印张的校样。这段时间，马克思集中精力校对从德国寄来的《资本论》清样，同时，他把校对过的清样寄给恩格斯，听取恩格斯的意见。恩格斯仔细地读完马克思寄来的校对稿，一方面向马克思表

---

① 《马克思恩格斯全集》第 31 卷，第 181 页。

示祝贺，认为他"非常出色地叙述了劳动和资本的关系，这种关系在这里第一次得到完满而又相互联系的叙述。"另一方面他对稿子也作了个别的修改，提出了自己的修改意见，例如，应当更详细地阐述价值形式的历史发展，在结尾处要"加以概括"，有的章节可以"把题目分得更细一些"等等①。对于恩格斯的意见，马克思十分重视，并作了认真的修改。

1867年8月16日深夜两点，马克思校对完清样后，写信给恩格斯："亲爱的弗雷德：这本书的最后一个印张（第49印张）刚刚校完……这样，这一卷就完成了。其所以能够如此，我只有**感谢你！**没有你为我作的牺牲，我是决不可能完成这三卷书的巨大工作的。我满怀感激的心情拥抱你！"②

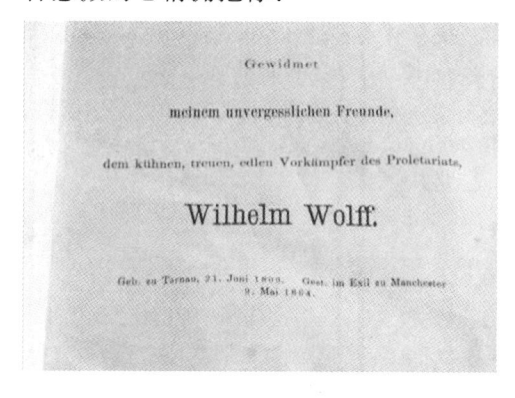

1867年9月14日，《资本论》第一卷终于在汉堡出版问世了。在书的扉页上，马克思郑重地写下这样的文字：**献给我的不能忘记的朋友、勇敢的忠实的高尚的无产阶级先锋战士：威廉·沃尔弗**。如前所说，威廉·沃尔弗是德国人，德国和国际工人运动早期活动家、政论家、共产主义者同盟领导人。

《资本论》写给沃尔弗

对于工人运动和整个共产主义事业来说，《资本论》的出版无疑是一个十分重要的事件。马克思自己感到，这是向资产者（包括土地所有者在内）脑袋发射的最厉害的炮弹。它在理论方面给资产阶级一个使它永远翻不了身的打击。对于《资本论》出版的意义，恩格斯1868年在为《资本论》写作的书评中这样评价道："**自从世界上有资**

---

① 参见《马克思恩格斯文集》第10卷，第267页。
② 《马克思恩格斯全集》第31卷，第328—329页。

第十二章 第二个伟大发现 透析资本剥削的秘密

本家和工人以来,没有一本书像我们面前这本书那样,对于工人具有如此重要的意义。"① 即使在今天,《资本论》尤其是第一卷,仍然是一部杰作。它的历史分析方法至少在一个方面生动地展现了19世纪英国资本主义的罪恶画面,它细致而卓绝的风格不论是对历史还是对文学都是一个永久性的贡献。

众所周知,马克思是在生活十分艰苦的情况下写作《资本论》的。不仅是生活贫困,而且经常与贫困搏斗损害了马克思健康的身体。疾病常常使他不得不中断写作工作。用马克思自己的话说,《资本论》这是使他牺牲了"健康、幸福和家庭"的一部书。对于马克思的身体,恩格斯也感到十分焦虑,他经常设法说服马克思去就医。在19世纪60年代最初的几年里,马克思身上长了许多疖子,疼痛难忍,不止一次地进行手术。1863年夏天,疖子又突然爆发,而且几乎是致命的。对于马克思与疾病斗争的情况,燕妮描述道:"11月10日,可怕的脓肿开始了,之后,他很长时间处在危险之中。疾病持续了整整4个星期,给身体带来极大的痛苦,并带来了种种精神上的痛苦"。有时不能睡觉,只能笔直地站着或者侧身躺在沙发上。在极端的情况下,他甚至自己给自己做手术,用刮脸刀片隔开脓肿,放出脓水。可以说,马克思写作《资本论》的过程,也是同疾病做斗争的过程,是以损伤自己身体为代价为劳苦群众取得精神财富的过程。

马克思本以为《资本论》的出版可以使他的生活有所改善,"会成为不愁吃穿的人","能够根本改善我的经济状况",但是,《资本论》出版所得的微薄稿酬,正如马克思自己所说的,只勉强地抵补他写作《资本论》时所吸用的雪茄烟钱。他以令人感到痛楚的嘲讽心情写信给恩格斯说:"再过几天我就满五十岁了。如果一个普鲁士尉官对你说:'服役二十年了,可还是一个尉官',那么,

---

① 《马克思恩格斯全集》第31卷,第181页。

我可以说：苦干半个世纪了，可还是一个穷叫化子！"① 马克思很想减少对恩格斯的经济依赖，但事实上又做不到。对此，马克思也深感内疚！马克思曾经用这样的语言对恩格斯表示愧疚，他说："没有你，我永远不能完成这部著作。坦白地向你说，我的良心经常像被梦魇压着一样感到沉重，因为你主要是为了我才把你的卓越才能浪费在经商上面，使之荒废，而且还要分担我的一切琐碎的苦恼。"②

马克思与恩格斯进行科学探讨

在这里，马克思把恩格斯对自己的无私帮助和他的愧疚心理表达得淋漓尽致。是的，恩格斯对马克思和他的家庭所做的牺牲，亘古罕见！恩格斯对马克思的帮助是多方面的，特别是在马克思逝世以后继续完成他的未竟之志。

2.《资本论》第一卷的主要内容和逻辑结构

《资本论》第一卷德文第1版共分六章，阐明了马克思关于"资本的生产过程"的完整理论体系。第一章"商品和货币"，论述商品关系孕育着资本主义经济关系一切矛盾的萌芽，货币是商品生产和商品交换发展的必然产物，创立了科学的劳动价值理论和货币理论。第二章"货币转化为资本"，揭示了劳动力成为商品是货币转化为资本的先决条件。第三章"绝对剩余价值的生产"，证明资本主义生产过程是劳动过程和价值增殖过程的统一，剩余价值是由雇佣工人创造的、被资本家无偿占有的超过劳动力价值的那部分

---

① 《马克思恩格斯全集》第32卷，第75—76页。
② 《马克思恩格斯文集》第10卷，第256页。

第十二章　第二个伟大发现　透析资本剥削的秘密

价值。第四章"相对剩余价值的生产",考察资本主义提高社会劳动生产力的三种基本历史形式——简单协作、工场手工业、机器大工业,说明机器大工业是资本主义生产方式最合适的技术基础。第五章"对绝对剩余价值和相对剩余价值生产的进一步考察",分析绝对剩余价值生产和相对剩余价值生产的关系以及工资的本质,揭示资本家和雇佣工人之间阶级对立的经济根源,以及工资形式下所掩盖的资本和雇佣劳动相对立的实质。第六章"资本的积累过程",阐明资本积累的本质、一般规律和历史趋势,论证"剥夺者就要被剥夺"和资本主义私有制转变为未来社会公有制的客观必然性。

《资本论》第一卷出版后,马克思对这一巨著的内容和篇章结构又作了调整,而且在理论阐述上作了重要的修正,从 1872 年到 1873 年间,以 9 个分册的形式出版了《资本论》第一卷德文第 2 版。和第 1 版相比,马克思把工资理论从原先的第五章中独立出来,并把原来的"章"改为"篇",形成了七篇 25 章的新结构。他还把原先的《价值形式》附录写入正文,并且对价值形式理论几乎全部作了改写。后来,恩格斯根据

《资本论》封面

马克思的遗愿,分别于 1884 年和 1890 年出版了《资本论》第一卷德文第 3 版和第 4 版。现在最通行的就是德文第 4 版,这一版中恩格斯对照《资本论》第一卷法文版和马克思亲手写的笔记,把法文版的一些地方补充到德文原文中,还补加了一些说明性的注释,特别是在那些由于历史情况的改变看来需要加注的地方,从而"尽可能把正文

和注解最后确定下来"①。

马克思还为《资本论》第一卷法文版的问世付出了大量的精力和辛勤的劳动,于1872年9月到1875年11月分九辑(44个分册)出版发行。他把德文第2版的标题"第一册 资本的生产过程"改为"第一卷 资本主义生产的发展",将德文第2版的第七篇"资本的积累过程"分为"资本的积累"和"原始积累"两篇,把第4章"货币转化为资本"和第24章"所谓原始积累"中的"节"改为"章",由此形成了法文版八篇33章的新结构。针对法国人急于追求结论,渴望知道一般原则同他们直接关心的问题的联系,马克思不仅在文字上作了修订,使理论表述更加条理化、通俗化,而且补充了一些统计资料或历史材料,增加了一些批判性评注。例如,对德文版中黑格尔的用语,他都用法国人能理解的词语来代替,将"对象性"改为"现实性","对象化的形式"改为"物的形式"。此外,马克思还对德文版中一些基本理论,如价值理论和资本积累理论的阐述作了重大修改,甚至完全重写。譬如,法文版在论述复杂劳动折合简单劳动过程时,就提出要"唯一的、同种的普通劳动即生产金银的劳动"为折合的基础。在论述资本主义相对过剩人口时,法文版强调:"工人阶级的一部分周而复始地不断变成半失业的或者完全失业的工人,这是现代工业运动具有的典型形式。"② 通过这些修改、补充和再创作,《资本论》法文版"增加了一些新东西,而且有许多问题的阐述要好得多"③,所以它在原本之外有独立的科学价值,甚至对不懂法语的读者也有参考价值。

在《资本论》第一卷德文第1版序言和第2版跋中,马克思论述了《资本论》的研究对象,明确指出:"本书研究的,是资本主义生

---

① 《马克思恩格斯文集》第5卷,第36页。
② 马克思:《资本论》(根据作者修订的法文版第一卷翻译),中国社会科学出版社1983年版,第186—187、674—675页。
③ 马克思:《致弗·阿·左尔格》,《马克思恩格斯全集》第34卷,第273页。

第十二章　第二个伟大发现　透析资本剥削的秘密

产方式以及和它相适应的生产关系和交换关系"①，最终目的是揭示现代资本主义社会的经济运动规律。《资本论》第一卷的创作、出版和传播，具有划时代的意义。这部鸿篇巨制运用辩证唯物主义和历史唯物主义的世界观和方法论揭示了资本主义社会的运动规律，在政治经济学领域实现了革命性的变革，创立了科学的剩余价值学说，论证了资本主义为共产主义所取代的历史必然性，为科学社会主义奠定了牢固的理论基础，为工人阶级和全人类的解放提供了强大的思想武器。正如恩格斯所说："剩余价值是从什么地方来的"这个问题的解决，"是马克思著作的划时代的功绩。这个问题的解决使明亮的阳光照进了经济学的各个领域，而在这些领域中，从前社会主义者也曾像资产阶级经济学家一样在深沉的黑暗中摸索。科学社会主义就是以这个问题的解决为起点，并以此为中心的。"②

3. 创立剩余价值理论　揭露资本剥削的秘密

众所周知，马克思在《资本论》中对资本主义社会的本质规律的研究，是从分析商品开始的，因为资本主义生产方式占统治地位的社会财富，表现为庞大的商品堆积，商品是资本主义的经济细胞，包含着资本主义社会一切矛盾的萌芽。商品具有二重属性——使用价值和价值。商品的二重性根源于生产商品的劳动的二重性——具体劳动和抽象劳动。具体劳动生产使用价值，抽象劳动生产价值，价值的实体是人类抽象劳动的凝结。商品生产的矛盾反映资本主义社会中私人劳动和社会劳动的矛盾。劳动二重性的理论是马克思的首创，是理解政治经济学的枢纽，是《资本论》第一卷中"最好的地方"③和"崭新的因素"④之一。古典政治经济学的一个重大缺陷，就是"在任何地方也没有明确地和十分有意识地把表现为价值的劳动同表现为产品使用价值的劳动区分开"；"它从来没有意识到，各种劳动的纯粹量的

---

① 《马克思恩格斯文集》第5卷，第8页。
② 《马克思恩格斯文集》第9卷，第212页。
③ 《马克思恩格斯全集》第31卷，第331页。
④ 《马克思恩格斯全集》第32卷，第11—12页。

差别是以它们的质的统一或等同为前提的,因而是以它们化为抽象人类劳动为前提的"①。

马克思通过对价值形式的分析,说明货币的起源、本质和职能,批判商品拜物教。他指出:货币是商品生产和交换发展的必然产物,货币的产生和使用使商品的使用价值和价值之间、具体劳动和抽象劳动之间、私人劳动和社会劳动之间的内在矛盾,转化为商品和货币的外在矛盾。作为商品流通的最后产物,货币是资本的最初表现形式。"资本在历史上起初到处是以货币形式,作为货币财产,作为商人资本和高利贷资本,与地产相对立。"②

剩余价值学说是马克思主义政治经济学的核心,而《资本论》第一卷系统地阐明了剩余价值的直接生产过程。马克思认为,剩余价值生产的起点是货币转化为资本,这种转化的决定性条件是劳动力成为商品。工人出卖给资本家的,不是资产阶级经济学家所说的劳动,而是劳动力。它同其他商品一样,具有价值和使用价值。劳动力的价值是由生产它所需要的劳动时间决定的,包括以下几个方面:一是为维持劳动者自己所需要的生活资料的价值;二是为维持劳动者家属的生存所必需的生活资料的价值;三是为使劳动者掌握必要的生产技术所必需的教育和训练费用;此外,还包含社会历史和道德等因素所决定的费用。劳动力的使用价值就是劳动,它是价值的源泉;雇佣工人在劳动中创造的价值除补偿劳动力的价值外,还有剩余,这些剩余价值被资本家无偿占有。其他商品的使用价值在使用过程中被消费掉,而劳动力在使用过程中能创造出比它自身价值更大的价值。因此,**劳动力商品的使用价值是价值和剩余价值的源泉**。资本家购买工人的劳动力,正是看中了劳动力商品使用价值的这一特点。马克思第一次把"劳动"和"劳动力"区别开来,从而揭示了剩余价值产生的秘密。古典政治经济学家们虽然肯定了剩余价值的存在,并认为剩余价值来

---

① 《马克思恩格斯文集》第5卷,第98页注(31)。
② 同上书,第171页。

第十二章　第二个伟大发现　透析资本剥削的秘密

自劳动，但他们把劳动和劳动力混为一谈，就无法说明剩余价值的真正来源。

马克思还首次区分了购买生产资料的不变资本和购买劳动力的可变资本，阐明它们在价值形成和价值增殖过程中起着完全不同的作用：不变资本只是把它原来的价值转移到商品中去，不会改变价值量，只有可变资本才不仅生产出劳动力的价值，而且生产出剩余价值。资本主义生产一方面是生产使用价值的劳动过程；另一方面是生产剩余价值的价值形成和价值增殖过程。这种区分在以往的政治经济学中是没有的，它们主张全部资本都能带来利润，从而掩盖了剩余价值的根源和实质。

《资本论》第一卷还进一步揭示了生产剩余价值的两种基本方式：一种是在必要劳动时间不变的情况下，资本家通过延长工作日来增加剩余价值，这是绝对剩余价值的生产，该方式会遭到工人的强烈反对。于是资本家又采取了另一种方法，即通过采用先进的生产技术和合理的组织劳动，以提高劳动生产率，缩短必要劳动时间。马克思把工作日长度相等的情况下，通过降低劳动力价值，延长剩余劳动时间所生产的剩余价值，叫作相对剩余价值的生产。资本主义从简单协作到工场手工业再到机器大工业的客观历史过程，和马克思所阐述的绝对剩余价值的生产向相对剩余价值的生产转化的逻辑过程是一致的。

马克思还分析了剩余价值转化为资本的问题。他认为，资本主义生产和其他社会的生产一样，必须连续不断地进行。他认为：一个社会不能停止消费，同样，它也不能停止生产。因此，每一个社会生产过程，从经常的联系和它不断更新来看，同时也就是再生产过程。再生产包括简单再生产和扩大再生产。资本主义生产是规模不断扩大的再生产，因为资本主义生产的目的不是为了获得使用价值，而是为了获得越来越多的剩余价值。而扩大再生产，就需要追加投资，需要资本积累。资本家不把工人创造的全部剩余价值消费掉，而是把其中的一部分剩余价值转化为资本，这就是资本积累。

资本积累是扩大再生产的源泉。资本主义再生产的特点是扩大再生产，资本积累得越多，生产越扩大，就越能更多地积累，于是商品生产的所有权规律就转变为资本主义占有规律。在资本主义制度下，生产技术的不断发展，劳动生产率的不断提高，会使资本的有机构成不断提高。这就意味着，不变资本的比重增加，可变资本的比重减少，对劳动力的需求相对降低，在这种情况下资本家拼命压低工人工资，劳动力价格更为低廉。于是，大批工人失业，出现了所谓相对人口过剩，形成产业后备军。因此，在资本主义社会里，不管工人的报酬高低如何，工人的状况必然随着资本的积累而日趋恶化。在资本家阶级这一极，财富不断增加，而在工人阶级这一极，则是贫困和劳动折磨不断加深。

马克思在分析了货币转化为资本，资本产生剩余价值，剩余价值产生更多资本之后，进一步考察能够使资本家掌握较大量的资本和劳动力的最初原因，从而揭露了原始积累的秘密。资产阶级经济学家鼓吹，资本家最初的资本是他们的祖先靠勤劳积累起来的。他们说，在很久很久以前有两种人，一种是勤劳、聪明的人，是节俭的中坚人物；另一种是懒惰、耗费过头的无赖汉。第一种人积累财富，成为最初的资本家；第二种人除了自己的皮以外没有什么可出卖的东西，只好出卖劳动力，成为最初的雇佣工人。在这些人看来，原始积累是田园诗般的东西。针对这些谬论，马克思指出：所谓原始积累只不过是生产者和生产资料分离的历史过程，是靠征服、奴役、劫掠、杀戮等暴力手段从国内外劳动者身上剥夺来的。他们的"这种剥夺的历史是用血和火的文字载入人类编年史的"[1]。他用大量的事实说明残暴的圈地运动、血腥的殖民掠夺、骇人听闻的奴隶贸易，是资本原始积累的重要方式，也是资本家阶级攫取巨额货币财富的重要途径。因此，"资本来到世间，从头到脚，每个毛孔都滴着血和肮脏的东西。"[2]

---

[1] 《马克思恩格斯文集》第 5 卷，第 822 页。
[2] 同上书，第 871 页。

第十二章　第二个伟大发现　透析资本剥削的秘密

从上述可见，马克思在《资本论》中对资本主义社会的本质规律的研究，是从分析商品开始的，通过对商品及其二重属性——使用价值和价值，以及生产商品的劳动的二重性——具体劳动和抽象劳动的分析，揭明了剩余价值和资本剥削的秘密，从而揭示了资本的本质和资本主义这种特殊的生产方式的运动规律。剩余价值是资本主义生产方式的实质和核心内容，据此，才能科学地认识资本主义社会形态以及它未来的发展趋势。这是马克思对人类认识的最伟大的贡献。

4.《资本论》的研究方法

贯穿《资本论》的研究方法是唯物辩证法；从抽象上升到具体是《资本论》建构理论体系的叙述方法。马克思强调：分析经济形式，既不能用显微镜，也不能用化学试剂，二者都必须用抽象力来代替。马克思认为，政治经济学在他产生时期走过的道路是从具体到抽象，它从生动的整体出发，经过分析得出一些有决定意义的抽象的、一般的关系，如劳动、分工、需要、交换价值等；但是，这些个别要素一旦抽象出来，一个从抽象上升到具体，即从劳动、分工、需要、交换价值等等抽象、简单的东西，上升到具体、复杂的东西的认识过程便出现了。这就是从具体到抽象，再从抽象到具体的认识过程。从抽象导致对具体的认识，是科学上的重要认识方法。"具体之所以具体，因为它是许多规定的综合，因而是多样性的统一。因此它在思维中表现为综合的过程，表现为结果，而不是表现为起点，虽然它是现实中的起点，因而也是直观和表象的起点。"[①] 当然，从形式上看，"叙述方法必须与研究方法不同。研究必须充分地占有材料，分析它的各种发展形式，探寻这些形式的内在联系。只有这项工作完成以后，现实的运动才能适当地叙述出来。"[②]

马克思正是运用唯物辩证法，才出色地完成了对价值形态问题的分析，揭示了从商品向货币转化的逻辑，揭示了资本运动的全过程。

---

① 《马克思恩格斯全集》第 12 卷，第 751 页。
② 《马克思恩格斯文集》第 5 卷，第 21—22 页。

《资本论》全书都体现着马克思对辩证方法的卓越运用。《资本论》既是经济学著作，也是哲学著作。列宁指出："虽说马克思没有遗留下'**逻辑**'（大写字母的），但他遗留下'资本论'的**逻辑，**应当充分地利用这种逻辑来解决当前的问题。"①

有的人误认为马克思是把黑格尔的思辨方法用于资本论，混淆马克思的唯物辩证法与黑格尔辩证方法的区别。马克思说，"我的辩证方法，从根本上来说，不仅和黑格尔的辩证方法不同，而且和它截然相反。在黑格尔看来，思维过程，即甚至被他在观念这一名称下转化为独立主体的思维过程，是现实事物的创造主，而现实事物只是思维过程的外部表现。我的看法则相反，观念的东西不外是移入人的头脑并在人的头脑中改造过的物质的东西而已。"马克思的辩证方法与黑格尔的辩证法有着内在的联系，是对黑格尔哲学合理内核的批判继承，但他摒弃了黑格尔的唯心主义体系，把辩证法建立在唯物主义的基础之上。他对黑格尔辩证法是批判地继承，是扬弃和再创造。

三 《资本论》第二卷出版 阐发资本流通过程

1. 马克思创作《资本论》续卷

马克思在出版了《资本论》第一卷之后，就着手修订第二卷的草稿。按原订计划，第二卷包括两册，即第二册《资本的流通过程》和第三册《资本主义生产总过程》。这两册的理论内容马克思在19世纪50年代和60年代前半期已做过长期的研究，并写有手稿，但在《资本论》第一卷出版之后他又再次进行了广泛深入的研究，包括大量阅读资产阶级经济学家的有关著作，仔细分析资本主义经济发展史的材料和资本主义发展变化的现实状况。1868年，他在给尼古拉·弗兰莱维奇·丹尼尔逊的一封信中写道："只要去年和1866年法国、美国和英国所进行的某些官方调查还没有结束，或者这些调查的资料

---

① 《列宁全集》第38卷，第357页。

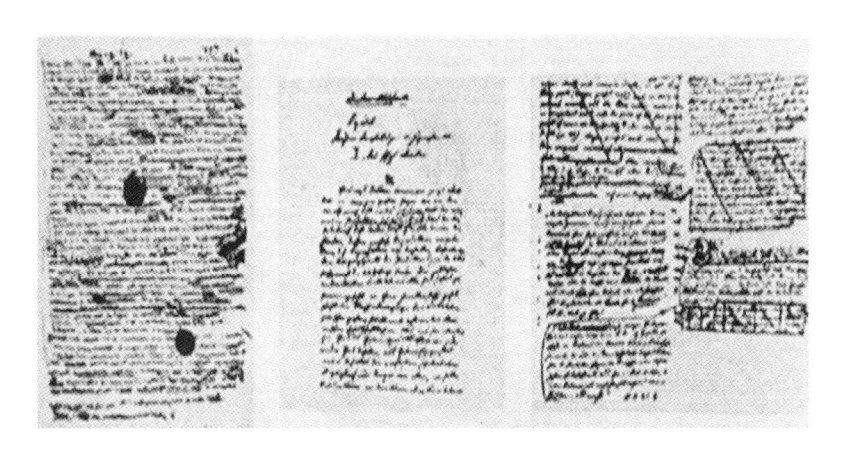

第十二章 第二个伟大发现 透析资本剥削的秘密

《资本论》手稿

还没有公布，我对它的最后加工就不可能完成。"① 1873年经济危机爆发后，马克思密切注视各主要资本主义国家的经济动向。到1879年，他仍然说："在英国目前的工业危机还没有达到顶峰之前，我决不出版第二卷"②。实际上，马克思为了修订这一卷，在19世纪70年代又进行了新的专门研究，分析了有关俄国1861年改革以后土地所有权的大量统计资料及其他出版物。恩格斯在清理马克思的遗稿时发现，单是俄国统计学方面的书籍就有两个立方米。恩格斯在给左尔格的一封信中说："这种详细的研究工作使第二卷的进展耽误了许多年。他向来这样，总是要把直到最后一天的所有材料都搜集齐全。"③

在马克思生活的最后十几年中，虽然研究了许多有关第三册的材料，但真正动手修订的主要是第二册的草稿。除了1865年写的第一稿外，从1867年到1881年间他写了七份修订稿。这个时期马克思的革命活动十分繁忙，生活境遇、健康状况都不好。然而，在他已经对经济学进行了20多年深入研究之后，在已经写出详细的三大草稿之

---

① 《马克思恩格斯全集》第32卷，第551页。
② 《马克思恩格斯全集》第34卷，第345页。
③ 《马克思恩格斯全集》第36卷，第47页。

后，马克思仍然呕心沥血、一丝不苟，几易其稿，直到生命最后时刻。恩格斯在《资本论》第二卷序言中作过这样的评论："只要列举一下马克思为第二册留下的亲笔材料，就可以证明，马克思在公布他的经济学方面的伟大发现以前，是以多么无比认真的态度，以多么严格的自我批评精神，力求使这些伟大发现达到最完善的程度。正是这种自我批评的精神，使他的论述很少能够做到在形式和内容上都适应他的由于不断进行新的研究而日益扩大的眼界。"①

恩格斯对马克思的严谨的科学态度给予了很高的评价，他说："马克思在五十年代一人埋头制定了剩余价值理论，在他没有完全弄清楚这一理论的所有结论之前，他坚决拒绝发表关于这一理论的任何材料。"② 就是在《资本论》第一卷排印过程中，马克思又发现了英国工人运动为争取正常工作日的新材料，他认为这些材料是论述绝对剩余价值的最生动的具有实践意义的补充。所以，他立即用"注释的增补"形式，把这些材料加进《资本论》相应的章节。可见，马克思所得出的结论是建立在对大量事实和数据的研究的基础之上的，在他没有阅读新出版的有关书籍和研究新发现的资料以前，他是不会发表自己的任何作品的。这种勇敢的科学精神、科学态度和科学方法，是马克思得以在科学上取得巨大成就，始终站在科学前沿的决定性因素。在这里，笔者有必要指出，那种说什么马克思的《资本论》研究"缺乏足够的统计数据"，"并没有做到挖掘全部可利用的资源"的怪论，完全是偏颇之见，是根本站不住脚的，它只能蒙骗对马克思及其著作知之不多的青年人。

2. 恩格斯整理和出版《资本论》第二卷

当马克思感到自己的身体状况不允许他再去完成《资本论》这部巨著时，便把自己来不及整理好的手稿托付给恩格斯，希望他根据这些材料"做出点什么来"③。到19世纪80年代，《资本论》第一卷已

---

① 《马克思恩格斯文集》第6卷，第4页。
② 《马克思恩格斯全集》第39卷，第25页。
③ 《马克思恩格斯文集》第6卷，第9页。

第十二章　第二个伟大发现　透析资本剥削的秘密

在欧美各主要资本主义国家传播开来，成了无产阶级解放的指路明灯，各国无产阶级革命家和先进工人期待着这部著作的其他各卷问世。恩格斯承担起自己亲密战友和国际无产阶级的重托，在自己生命的最后十多年里，始终把编辑和出版马克思未完成的《资本论》当作自己最重要的工作。

恩格斯极其严肃认真地对待马克思遗留下来的手稿，决意要使《资本论》的续卷"既成为一部连贯的、尽可能完整的著作，又成为一部只是作者的而不是编者的著作"①。他决定把《资本论》手稿的第二册、第三册分为两卷，把第二册作为第二卷先出版。他在给贝克尔的信中说："第二册的手稿有四稿或五稿，其中只有第一稿是写完了的，而后几稿都只是开了个头。这需要花费不少劳动，因为像马克思这样的人，他的每一个字都贵似金玉。但是，我喜欢这种劳动，因为我又和我的老朋友在一起了。"②

恩格斯仔细研读了马克思在十多年的时间里断断续续写成的八份手稿，依据手稿上注明的第二册要以1870年写的第二稿"作为基础"的提示，对其他几份手稿作了精心选择，调整了篇章安排，按照马克思的原意修饰了一些重要原理的表述，使之更加严谨明确。经过大约两年的艰辛劳作，恩格斯终于编辑完成了《资本论》第二卷，于1885年7月在汉堡公开出版。

恩格斯修订《资本论》第二卷

3. 资本流通过程的理论

《资本论》第二卷共三篇二十一章，是在第一卷阐明资本的生产

---

① 《马克思恩格斯文集》第6卷，第3页。
② 《马克思恩格斯全集》第36卷，第28页。

过程的基础上研究资本的流通过程和剩余价值的实现。因为生产领域和流通领域是资本活动的两大领域，资本的生产过程和流通过程是统一的，资本的生产过程必须由资本的流通过程来补充，所以《资本论》第二卷是第一卷理论逻辑的延续，也是第三卷资本主义生产的总过程的引言。马克思在第二卷里，不仅考察了个别资本的循环和周转，还研究了社会总资本的再生产与流通问题。恩格斯在为《资本论》第二卷写的序言中简要阐述了剩余价值理论创立和发展的历史，驳斥资产阶级经济学家对马克思的诋毁和攻击，分析剩余价值理论同前人学说的根本区别，指出马克思创立的剩余价值理论"好像晴天霹雳震动了一切文明国家"[①]，使政治经济学发生了彻底的革命。

在第二卷第一篇中，马克思研究了资本的形态变化及其循环，还分析了流通时间、流通费用、簿记和商品储备等问题。他指出，资本作为一种增殖自身的价值，是不断运动的。它从流通过程进入生产过程，又从生产过程进入流通过程，这就是资本的循环。资本循环依次经过购买、生产、售卖这三个阶段，采取货币资本、生产资本和商业资本这三种形式。如果任何一部分资本在任何一个阶段上发生障碍，使资本的三种形式不能同时并存，资本循环就要中断，生产也要陷入混乱与停顿。马克思从分析资本循环中得出的基本结论是：一切循环的共同点是价值增殖，这是资本主义生产的根本目的和动机；只有在货币资本、生产资本和商品资本的三个循环的统一中，才能实现总过程的连续性。但是，由于资本主义生产的对抗性质和无政府状态，这种连续性不断遭到破坏。

在第二篇中，马克思研究了资本周转问题。他指出，资本的生命就在于无休止的运动，一个循环接着一个循环。这个周而复始不断反复的资本循环，就是资本周转。资本主义生产的目的是榨取剩余价值，也就是使预付资本得到增殖，因而要分析资本周转就必须分析预付资本的周转。资本周转的中心问题是周转速度，资本周转的快慢，

[①] 《马克思恩格斯文集》第6卷，第19页。

第十二章 第二个伟大发现 透析资本剥削的秘密

与剩余价值的生产和实现有很大关系。在同样多的预付资本的情况下，资本周转速度越快，带来的剩余价值就越多。资本周转时间又包括生产时间和流通时间；资本生产时间和流通时间越短，资本周转速度就越快。除此之外，生产资本的构成也是影响资本周转速度的重要因素。

根据资本各部分在周转中的价值转移方式不同，马克思又将资本划分为固定资本和流通资本。固定资本是指购买厂房和机器的那部分资本；流动资本是指购买原料、燃料等劳动对象和购买劳动力的那部分资本。固定资本在生产过程中只是部分地被磨损，它们的价值逐渐转移到产品上去。固定资本的寿命，固定资本的周期更新构成危机周期性的物质基础。而流动资本中的那两部分在价值和剩余价值生产中的作用是不同的。原料和燃料参加一次生产过程就全部消耗掉，它们的价值全部转移到新产品中，但劳动力的价值不是转移到新产品中，而是在生产过程中重新创造价值。马克思指出，资产阶级经济学家把可变资本和不变资本的关系混同于流动资本和固定资本的关系，这样一来，资本主义的生产过程就幸运地变成一个神秘莫测的东西了，产品中包含的剩余价值的起源，也就完全被掩盖起来。

4. 社会生产两大部类的比例关系与经济危机

在第三篇中，马克思分析考察了社会总资本的再生产和流通，即社会总产品的各个部分在价值上和物质上得到实现和补偿的问题。为了分析社会总产品的实现，马克思首先从两个方面考察了社会总产品的构成。他认为，如果从价值构成来看，社会总产品包括不变资本、可变资本和剩余价值三部分。如果从物质构成来看，社会总产品包括生产资料和消费资料两大部类；生产生产资料为第Ⅰ部类，生产消费资料为第Ⅱ部类。马克思把社会总产品从价值上分成三个部分，把社会生产分为两大部类，这是分析社会总资本生产的两个前提。他还把社会总生产分为简单再生产和扩大再生产，分别研究了这两种再生产的实现问题。他指出，无论是哪种再生产，在再生产前都必须保证把

473

上年的产品在流通领域里全部实现，使再生产的要素在价值上和物质上都能满足要求。如果两大部类比例失调，产品不能实现，就要发生危机，社会总资本的周转就要受阻，剩余价值的生产和实现也要受到影响。

《资本论》第二卷的一个巨大贡献是正确说明了两大部类以及各生产部门之间要保持一定的比例关系，要按客观的比例进行生产和交换。但是资本主义生产的自发性必然会破坏这种比例关系，因而周期性的经济危机的爆发是不可避免的，社会总资本的再生产是在资本主义周期性经济危机中实现的。如果设想一个社会不是资本主义社会，而是共产主义社会，"问题就简单地归结为：社会必须预先计算好，能把多少劳动、生产资料和生活资料用在这样一些产业部门而不致受任何损害，这些部门，如铁路建设，在一年或一年以上的较长时间内不提供任何生产资料和生活资料，不提供任何有用效果，但会从全年总生产中取走劳动、生产资料和生活资料。相反，在资本主义社会，社会的理智总是事后才起作用，因此可能并且必然会不断发生巨大的紊乱"①。因此，只有用共产主义社会制度取代资本主义制度，才能消灭经济危机。

四 《资本论》第三卷的编写、出版与基本内容

1. 恩格斯编写、出版《资本论》第三卷

《资本论》第二卷出版后，恩格斯很快就着手整理第三卷手稿。编辑第三卷比第二卷更为困难。因为第二卷的几个稿本还比较完整，而第三卷只有1863年至1865年间写的那一份手稿。"每一篇的开端通常都相当细心地撰写过，甚至文字多半也经过推敲。但是越往下，文稿就越是带有草稿性质，越不完全，越是离开本题谈论那些在研究过程中冒出来的、其最终位置尚待以后安排的枝节问题，句子也由于

---

① 《马克思恩格斯文集》第6卷，第349页。

第十二章 第二个伟大发现 透析资本剥削的秘密

表达的思想是按照形成时的原样写下来的而越冗长，越复杂。在许多地方，笔迹和叙述非常清楚地显露出，作者由于工作过度而得的病发作了，并且逐渐加重"①。值得庆幸的是马克思手稿的字迹，在燕妮去世后，除了恩格斯之外没有任何人能辨认。恩格斯非常关心马克思手稿的命运，他花了近五个月的时间，首先尽快地誊清这部手稿。1885 年 7 月，恩格斯在给奥格斯特·倍倍尔的信中说："现在我已经放心了，因为手稿已经誊写清楚，假如在这段时间我的歌子唱完了的话，那在最坏的情况下也可以照现在这个样子刊印。在这项工作没有完成的时候，我没有片刻安宁过。"②

手稿虽然誊清了，但要把手稿编辑成书，还需要艰巨、细致的创造，为此恩格斯花费了差不多十年时间。马克思在写作第三卷手稿时，只把长达千余页的这一卷分作七章，而且有几个章节只有标题，没有内容。恩格斯按照马克思的提示，把这一卷划分为七篇五十二章，并补写了某些章节。例如，第四章马克思只写下了"周转对利润率的影响"这样一个题目，因为这个问题"极为重要"，恩格斯补写了这一章的内容。第五篇"利润分为利息和企业主收入"，研究的是全卷最复杂的问题。由于马克思写这一篇时重病突然发作了，因而"这一篇不但没有现成的草稿，甚至没有一个可以按照其轮廓来加以充实的纲要，只不过是开了一个头，不少地方只是一堆未经整理的笔记、评述和摘录的资料。"③ 起初恩格斯想把空白补足，对只有提示的片断进行加工，但试验了三次都失败了。恩格斯说："我看到这条路是走不通的。要这样做，我就得涉猎这方面的全部浩瀚的文献，而最后搞成的东西，就不会是马克思的著作了。"于是恩格斯决定还是"尽可能限于整理现有的材料。只作一些必不可少的补充"④。尽管如此，整理起来也相当费力。例如，第三十章以后的手稿，内容极不连

---

① 《马克思恩格斯文集》第 7 卷，第 4—7 页。
② 《马克思恩格斯全集》第 36 卷，第 344 页。
③ 《马克思恩格斯文集》第 7 卷，第 8—9 页。
④ 同上书，第 9 页。

贯，不仅要整理引证的材料，而且要整理思路。因此，第三十章是恩格斯经过挪动和删节编成的。第三十一章写得比较连贯，但接着是题为《混乱》的一长篇手稿，内容是议会关于1848年和1857年危机的报告摘录。这是汇集了23个企业主和经济学家的证词，特别是关于货币和资本、黄金的流出、过度投机等证词，有些地方马克思还加了简短而诙谐的评注。马克思打算批判关于在货币市场上什么是货币，什么是资本这一问题上的"混乱"。恩格斯说："我经过多次尝试以后，相信要整理好这一章是不可能的；不过，在衔接得上的地方，我还是利用了那些材料，特别是马克思加了评注的那些材料。"① 在第三十二章之后是一批议会报告的摘录，其中夹着作者或短或长的评语。恩格斯指出："我把所有这些从《混乱》起的材料，除了在前面使用过的以外，编成了第三十三章至第三十五章。当然，我不得不插入很多话使之衔接起来。在这些插入的话不只是具有形式的性质时，我都清楚地标明是我加的。我用这个方法终于成功地把作者所有的同这个问题多少有关的论述都收进本文了。删去的不过是摘录的一小部分，它们或者只是重复别处已经说过的事情，或者涉及在手稿中没有进一步阐述的论点。"②

为了更充分地说明马克思对级差地租的分析，恩格斯补充了不少内容。第四十三章（在马克思手稿中是地租篇的最后一部分）有一半正文是恩格斯补写的，他还做了许多具体计算，制作了23份统计表。除了对理论内容的这些补充之外，恩格斯还核对、编排了大量的引文和资料，并根据他自己对马克思逝世后资本主义经济中出现的新现象的研究，增补了84处注释和2篇专论，即《价值规律和利润率》和《交易所》。

经过恩格斯长时期坚持不懈的工作，《资本论》第三卷终于在1894年11月，也就是恩格斯与世长辞的前半年在汉堡正式出版了。

---

① 《马克思恩格斯文集》第7卷，第10页。
② 同上。

第十二章　第二个伟大发现　透析资本剥削的秘密

遗憾的是，恩格斯来不及实现他整理出版《资本论》第四卷，即《剩余价值理论》的愿望。临终前，恩格斯把《剩余价值理论》的草稿交给了马克思的幼女爱琳娜。卡尔·考茨基于1905—1910年间以"剩余价值学说史"为题，作为独立著作分册出版了这部分草稿，而没有按照马克思、恩格斯的计划作为《资本论》第四卷出版。

2.《资本论》第三卷的结构和基本内容

《资本论》第三卷共七篇五十二章，主要研究资本主义生产总过程的各种具体形式，分析剩余价值的转化形式。在这里，资本由前两卷中呈现的一般形式，转化为产业资本、商业资本和借贷资本；价值转化为生产价格；剩余价值转化为利润、平均利润，并进一步转化为产业利润、商业利润、利息和地租。这样，马克思就揭露了产业资本家、商业资本家和银行资本家、地主从不同方面剥削工人，共同瓜分剩余价值的真相。

在第一篇中马克思首先分析了剩余价值到利润、剩余价值率到利润率的转化。他指出，资本主义生产方式生产的商品价值在社会表面上表现为成本价格与利润之和；在成本价格中不变资本与可变资本的区别消失了。这就造成一种假象，似乎生产中发生的价值变化不是来自可变资本，而是来自预付的全部资本。剩余价值本来是可变资本带来的，但资本家却把它当作他垫付的总资本带来的。当剩余价值被当作全部资本的产物时，剩余价值就成为利润。这就掩盖了剩余价值的起源和存在的秘密。资本家计算自己财富的增值时，不是用剩余价值与可变资本之比，即剩余价值率，而是用剩余价值与全部资本之比，即利润率，这样利润率就小于剩余价值率，从而掩盖了资本家对工人剥削的程度。

第二篇主要分析了利润转化为平均利润、价值转化为生产价格的问题。资本有机构成不同，利润率就不同。有机构成高的部分，利润率就低；有机构成低的部分，利润率就高。这就促使资本家把他们的资本从有机构成高的部门投向有机构成低、利润率高的部门。其结果使这些部门的产品供过于求，利润率下降。而原来那些利润率低的部门，由于资本的转移，产品供不应求，使得价格上涨，利润率开始升高，又把资本吸引回来。资本就这样不断地在各生产部门之间转移，最终造成各部门之间的利润率不断趋于平均，形成平均利润率。利润率转化为平均利润率之后，进一步掩盖了资本家剥削工人的真相。尽管资本家为了追逐剩余价值彼此存在尖锐的矛盾，但在剥削工人方面，却有着共同的利益。马克思明确写道："我们在这里得到了一个像数学一样精确的证明：为什么资本家在他们的竞争中表现出彼此都是虚伪的兄弟，但面对整个工人阶级却结成真正的共济会团体"①。因此，工人只有推翻整个资本主义剥削制度，才能使自己从受剥削、受奴役的境况中解放出来。

《资本论》前两卷假定商品按价值出售，但在现实中等量资本不论其有机构成和周转速度如何，都得到等量利润。这似乎与价值规律相矛盾，使资产阶级古典政治经济学限于破产的境地。马克思指出，通过竞争，资本在不同部门间发生转移，由此个别利润率转化为平均利润率，个别利润转化为平均利润，等量资本获得等量利润。在平均利润率的前提下，商品价值转化为生产价格，后者等于成本价格加上平均利润。生产价格形成后，商品的市场价格不再以价值为中心，而是以生产价格为中心上下波动。这样，商品不再是按照价值出卖，而是按照生产价格出卖。生产价格并不违反价值规律，而是价值规律在新的经济条件下的表现形式。马克思解答了古典经济学家和庸俗经济学家都困惑的这个难题，做出了重大的理论贡献。

在第三篇中马克思阐明了利润率趋向下降的规律及其内在矛盾。他指出，在资本主义制度下，由于资本家不断采用最新技术，促进了生产力的发展，也促使资本有机构成的不断提高，结果一般利润率趋于下降。这个规律所造成的后果，是使资本主义的固有矛盾，如生产扩大与价值增殖的矛盾，人口过剩与资本过剩的矛盾更加尖锐。与此

---

① 《马克思恩格斯文集》第7卷，第220页。

第十二章 第二个伟大发现 透析资本剥削的秘密

同时，由于资本对工人剥削程度的加强以及提高剩余价值率的一系列其他因素的存在，利润率下降又受到相反作用的阻碍，并作为复杂的一般趋势表现出来。利润率趋向下降规律的内在矛盾的展开表明，资本主义生产方式不是绝对的、永恒的，而只是同物质生产条件的一定发展时期相适应的、暂时的生产方式。

第四篇主要探讨商品资本和货币资本向商品经营资本和货币经营资本的转化，分析商业资本的由来及其特征。马克思认为，商业资本是产业资本的买卖职能独立化的结果，商业资本有助于产业资本缩短流通时间、扩大市场、降低全社会流通费用，从而间接增大产业资本生产的剩余价值；商业资本不创造价值，但参与利润的平均化；商业利润是对产业利润的扣除。资本的一部分必须不断作为贮藏货币，作为可能的货币资本存在。货币的收付、差额的平衡、往来账的登记、货币的保管等等，使预付在这些职能上的资本成为货币经营资本。"同样很清楚，货币经营者的利润不过是从剩余价值中所作的一种扣除，因为他们的活动只与已经实现（即使只是在债权形式上实现）的价值有关。"①

第五篇主要研究货币资本到生息资本的转化及其相关问题。马克思指出，作为生息资本的资本主义形式的借贷资本，把资本作为商品投入流通，其特殊使用价值是能够带来利润。职能资本家借入资本后从事经营，经过一定期限向贷出者还本付息，由此资本的所有权和使用权相分离。职能资本家取得的利润分为利息和企业主收入，分属于借贷资本家和职能资本家。生息资本的发展导致银行和信用体系的产生。信用体系又进一步导致股份资本的形成以及股票等有价证券的流通，在现实资本的运动外，又出现虚拟资本的运动。由于股份资本和股份公司的出现，资本取得了联合起来的社会资本的形式，资本的职能和资本的所有权分离开来，这是资本主义生产方式在自身范围内的扬弃，是向更高生产方式的过渡点。不过，这一切还是局限在资本主

---

① 《马克思恩格斯文集》第7卷，第359页。

义生产关系的范围内。马克思逝世后，恩格斯目睹了资本主义经济在更加成熟形式上的垄断化过程，在编辑本卷时对此做了重要补充，预言卡特尔等垄断组织的出现，为将来由整个社会共同占有生产资料在做准备。

第六篇主要论述资本主义条件下的地租。地租是土地所有者凭借土地所有权而索取的收入，是土地所有权在经济上的实现形式；资本主义地租是租佃资本家使用土地所有者的土地而交纳的、由雇佣工人创造的，超过平均利润以上的那部分剩余价值，体现着土地所有者和租佃资本家分割剩余价值、共同剥削雇佣工人的关系。资本主义地租分为级差地租和绝对地租。级差地租产生于土地经营的垄断，来自土地等级、地理位置和连续投资的生产率的差异，其源泉是产品的个别生产价格低于社会生产价格而获得的超额利润；绝对地租产生于资本主义土地私有权的垄断，来自农业资本有机构成低于社会平均构成，其源泉是农产品价值超过生产价格而形成的超额利润。

第七篇通过阐明资本主义制度下各种收入及其来源，对资本主义生产关系进行概括分析，可以说是《资本论》三卷的总结。马克思指出：参与剩余价值瓜分的，是一个剥削者集团。剩余价值不全归工业资本家所有，产业资本仅是社会总资本的一个组成部分。商业资本家帮助工业资本家销售商品，工业资本家就要把一部分剩余价值转让给商业资本家，他们瓜分平均利润。银行资本家给工业资本家和商业资本家提供贷款，以此获得剩余价值转化来的利息。土地所有者把土地租给投资于农业的资本家，这样他们又以地租的形式瓜分了一部分剩余价值。这样，马克思就从剩余价值的生产到它在流通中的实现，再到剥削者阶级之间的分配，证明雇佣工人的无酬劳动是资本主义社会一切剥削收入的源泉，彻底揭露了资本主义生产关系的本质规律。资产阶级经济学把资本主义条件下的各种收入归结为三位一体的公式：资本—利润，土地—地租，劳动—工资。而马克思揭示了这一公式所掩盖的秘密，强调资本主义分配关系的性质是由其生产关系及所

第十二章 第二个伟大发现 透析资本剥削的秘密

有制关系的性质决定的,资本主义各种收入都来源于劳动创造的价值和剩余价值。与上述三种收入形式相对应,存在着三个社会阶级,即资产阶级、土地所有者阶级和工人阶级;资产阶级、土地所有者阶级和工人阶级之间的对立和斗争,必将促使资本主义生产方式最终瓦解。

3. 恩格斯对《资本论》的重大贡献

《资本论》第三卷的问世,像雷鸣闪电,完全驳倒了全部官方的资产阶级经济学。这一卷,连同以前出版的第一卷和第二卷,将马克思的政治经济学理论成果完整地呈现在世人面前,给全世界工人阶级提供了强大的、锐利的理论武器。在整理《资本论》手稿的过程中,恩格斯曾对马克思的次女劳拉·拉法格说:"不管怎样,我要把整理摩尔的书的工作坚持下去。这部书将成为他的纪念碑,这是他自己树立起来的,比别人能为他树立的任何纪念碑都更加宏伟。"[①] 对于恩格斯自己所做的工作,他多次说,仅仅限制在单纯选择各种文稿方面。可是,当人们看到出版的《资本论》第二、第三卷时,立刻发现

马克思恩格斯像

[①]《马克思恩格斯全集》第36卷,第286页。

恩格斯实际上是直接参加了这两卷的创作的。没有恩格斯的智慧和创作，就不会有这一"艺术整体"的问世。

列宁在谈到这一点时曾赞同地引用奥地利社会民主党人阿德勒的一段话说："恩格斯出版《资本论》第2卷和第3卷，就是替他的天才朋友建立了一座庄严宏伟的纪念碑，无意中也把自己的名字不可磨灭地铭刻在上面了。的确，这两卷《资本论》是马克思和恩格斯两人的著作。可以说，《资本论》，乃至整个马克思主义，都是这两位伟人的共同思想，共同劳动的成果。

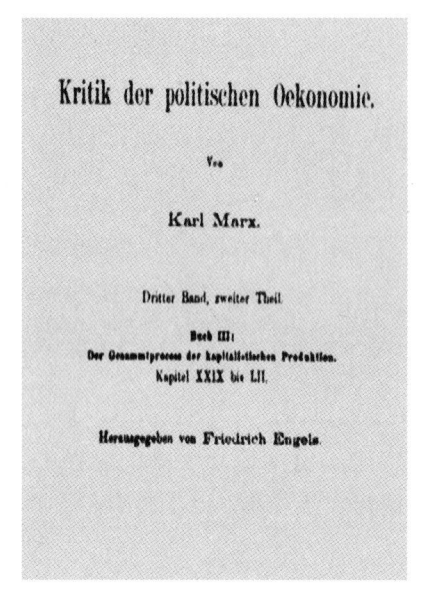

恩格斯修订《资本论》第三卷

五 资本主义的基本矛盾和经济危机

人类社会史是一部社会经济形态运动的历史。社会经济形态和生产方式是随着社会生产力的发展而不断变化的，在不同历史阶段具有不同的表现形式和实际内容。资本主义生产方式和经济运动，实质是剩余价值的生产和增值的过程，它集中地体现在资本主义的资本积累和资本的再生产，并且必然产生周期性的经济危机。

马克思通过对资本原始积累到资本主义积累的历史考察和理论分析，深刻地揭示了资本主义生产方式的内在矛盾和资本主义必然灭亡的必然规律。他指出，资本的原始积累剥夺了小生产者的生产资料，原来分散使用的生产资料便会集中起来，转化为社会的、由生产者全体使用的生产资料，小生产变成大生产，个体劳动变成社会化的劳动。资本主义生产方式确立起来之后，它又通过资本积累而迅速发

第十二章 第二个伟大发现 透析资本剥削的秘密

展,少数资本家通过剥夺多数资本家,使社会财富越来越集中到资本巨头手里。这就造成了规模不断扩大的劳动过程的协作形式日益发展,科学日益被自觉地应用于技术方面,土地日益被有计划地利用,劳动资料日益转化为只能共同使用的劳动资料,各国人民日益被卷入世界市场网,从而使资本主义制度日益具有国际的性质。这就使资本主义社会的基本矛盾即生产的社会化和资本主义私人占有之间的矛盾日益加深和尖锐化,使社会生产两大部类关系严重失调,从而不断引发资本主义周期性的生产过剩危机,使生产力遭到严重破坏。

马克思在《资本论》第三卷还考察了金融资本的无限膨胀引发的虚拟经济,以及脱离实体经济而形成的经济危机。资本主义条件下的"生息资本"和"信用制度"会使经济虚拟化。马克思认为,随着商业和只是着眼于流通而进行生产的资本主义生产方式的发展,信用制度的这个自然基础也在扩大、普遍化、发展。"大体说来,货币在这里只是充当支付手段,也就是说,商品不是为了取得货币而卖,而是为取得定期支付的凭证而卖。"支付凭证是各种票据的总名称,信用货币就是"以票据流通为基础。"[1] 银行券不过是流通的信用符号。马克思指出:"随着生息资本和信用制度的发展,一切资本好像都会增加一倍,有时甚至增加两倍,因为有各种方式使同一资本,甚至同一债权在各种不同的人手里以各种不同的形式出现。这种'货币资本'的最大部分纯粹是虚拟的。"[2] "正如在这种信用制度下一切东西都会增加一倍或两倍,以至变为纯粹幻想的怪物一样,人们以为终究可以从里面抓到一点实在东西的'准备金'也是如此。"[3] 其实,货币资本不限于这里所说的会增加一倍和两倍,可能增加更多倍。关于这一点,马克思进一步指出,"同一些货币可以充当不知多少次存款的工具",这"取决于它有多少次作为不同商品资本的价值形式执

---

[1] 《马克思恩格斯文集》第 7 卷,第 450、451 页。
[2] 同上书,第 533 页。
[3] 同上书,第 535 页。

职能。"① 可以将马克思的虚拟资本理解为：以生息资本为基础、能给持有者带来收入的以有价证券形式存在的资本；其主要存在形式是股票、债券、期票、汇票等。随着金融市场的发展，投资者持有的有价证券不仅能够从利息中获得收益，还可以从价差中获取收益，而且后者对投资者的吸引力更大。通过金融创新，实体资本也可以通过资产证券化的形式衍生为虚拟资本。总之，随着实践的发展，马克思虚拟资本概念的内涵和外延已经发生并将继续发生变化。

虚拟资本与实体资本既有联系，又有区别。其区别在于：第一，虚拟资本在质和量上都与实体资本不同。第二，虚拟资本的运动独立于实体资本运动之外。其联系在于：第一，实体资本是虚拟资本存在和发展的基础。没有实体资本或实体经济，就没有虚拟资本。第二，虚拟资本运动最终要受实体资本运动的制约。虚拟资本独立运动并不能改变企业生产经营活动对虚拟资本的基础性支配作用。总之，在社会经济发展中，实体资本是虚拟资本的基础，是第一性的；虚拟资本是实体资本高度发展的结果，是第二性的。但是，虚拟资本的运动又具有相对独立性，虚拟资本对实体资本具有反作用。如果虚、实资本保持合理的发展速度、规模和比例，就会形成良好的互动关系，能够促进经济的发展；反之，则会给经济带来严重的破坏性后果。当虚拟资本严重脱离实体资本的发展速度和规模时，不可避免地会产生泡沫经济，进而造成金融危机。

2007年开始发生的世界性的经济危机，就是虚拟资本严重脱离实体资本而形成的泡沫，以及泡沫破裂造成的结果。这次金融衍生品主要是次贷危机中"次贷证券化"，次贷证券过度泛滥造成的。似乎只要倒腾五花八门的证券，财富就可以滚滚而来。起初的次贷被逐步放大几倍、十几倍，甚至几十倍的金融衍生品，到2006年，这种金融衍生品竟然达到了数十万亿美元。众所周知，美国全年的国民总收入才13万亿美元。其泛滥结果，就使建立在这个基础上的债券市场，

---

① 《马克思恩格斯文集》第7卷，第535页。

第十二章 第二个伟大发现 透析资本剥削的秘密

乃至整个金融大厦,像空中楼阁一样轰然坍塌。次贷危机只是一个导火线,它暴露了信贷混乱和自由市场经济积累的问题,是资本的逻辑引爆了西方世界的金融危机,进而发展成为全球性的经济危机。正如积极推行新自由主义政策的前美联储主席格林斯潘在《华尔街日报》撰文说,"在过去十五年市场乐观情绪下,这场危机迟早都会发生。即使不是被次级债定价不当的问题引爆,也会因为其他市场领域的问题而被点燃。"他说,这场危机是政府管理不力,是自由放任的市场经济的结果。正是在这种市场经济的推动下产生的巨大泡沫,以及泡沫破裂而引发了这场经济危机。

2007年发生的资本主义经济危机,有力地证明了马克思主义的真理性,证明了马克思主义关于资本主义基本矛盾和资本主义经济危机理论的正确性。这次经济危机,实质上是马克思所揭示的生产的社会化与生产资料私人占有这一资本主义社会基本矛盾在新形势下的暴露,是资本逻辑发展的必然结果,具体地讲,是虚拟资本脱离实体资本,反过来又影响实体资本的表现,是金融资本和金融衍生品不断膨胀,形成泡沫及其破裂的结果。

经济危机的深层根源在于资本主义社会的基本矛盾,要消除经济危机必须改变资本主义私有制。马克思向世人宣告:"随着那些掠夺和垄断这一转化过程的全部利益的资本巨头不断减少,贫困、压迫、奴役、退化和剥削的程度不断加深,而日益壮大的、由资本主义生产过程本身的机制所训练、联合和组织起来的工人阶级的反抗也不断增长。资本的垄断成了与这种垄断一起并在这种垄断之下繁盛起来的生产方式的桎梏。生产资料的集中和劳动的社会化,达到了同它们的资本主义外壳不能相容的地步。这个外壳就要炸毁了。资本主义私有制的丧钟就要响了。剥夺者就要被剥夺了。"[①] 这无疑是"在理论方面给资产阶级一个使它永远翻不了身的打击"[②]。《资本论》的全部价值

---

① 《马克思恩格斯文集》第 5 卷,第 874 页。
② 《马克思恩格斯〈资本论〉书信集》,人民出版社 1976 年版,第 189 页。

正在于此!

六 《资本论》:"工人阶级的圣经"

从英国人莫尔1516年发表《乌托邦》算起,社会主义出现于世已经500年了,但它在很长时期处于空想社会主义阶段。空想社会主义从一开始就是作为资本主义对立物出现的,随着资本主义的发展和阶级矛盾的激化,空想社会主义也不断发展和进步,到19世纪前半叶产生了英法三大空想社会主义者。他们已经对资本主义社会弊病,特别是资本主义私有制进行了激烈地抨击和批判,并描绘了未来理想社会的远景。但是,他们的理论缺乏科学世界观作为指导,在实践上脱离现实的工人运动,所以他们理论只能流于空想。正是马克思和恩格斯创立唯物主义历史观,并运用这种科学的世界观和历史观分析研究资本主义社会及其发展规律,才使社会主义由空想变为科学,为工人阶级的解放事业指明了方向。而这一历史性的伟大任务正是在《资本论》中完成的。

《资本论》运用科学世界观和方法论,分析了大量历史资料和历史文献,研究了资本主义社会经济、政治、思想文化、社会弊病等方面的问题,创立了剩余价值论,深刻地揭示了资本主义生产方式及其内在矛盾,以及这种矛盾推动资本主义由产生、发展、最后必然走向灭亡的运动过程,论证了共产主义胜利的必然性。所以说,《资本论》给资产阶级一个"永远翻不了身的打击"。

第一,《资本论》揭示了资本主义社会阶级矛盾和阶级斗争的经济根源。剩余价值的增值是资本主义生产发展的根本动力和绝对规律,剩余价值的生产推动着资本积累和资本扩大再生产的发展,使社会生产力转化为资本的生产力。资本的生产和剩余价值的增值必然产生社会两极分化,一方面是资本家的财富积累;另一方面是工人的贫困积累,这种经济利益的根本对立,必然加剧资产阶级和无产阶级的阶级矛盾和阶级斗争。这是资本主义社会的生产社会化和生产资料私人占有的矛盾在政治上的集中表现。只要剩余价值生产和剥削继续存在，资本主义社会这两大阶级的斗争就是不可避免的。

第二，《资本论》进一步论证了《共产党宣言》中提出的"两个必然"的原理。在《宣言》中，马克思用刚刚形成的唯物史观，剖析了资本主义的生产力与生产关系、资本与雇佣劳动的关系，得出结论说："随着大工业的发展，资产阶级赖以生产和占有产品的基础本身也就从它的脚下被挖掉了。它首先生产的是它自己的掘墓人。资产阶级的灭亡和无产阶级的胜利是同样不可避免的。"①

在《资本论》中，马克思通过对资本积累和剩余价值再生产的研究进一步揭示了资本主义生产方式灭亡的必然性。资本生产力发展的结果，一方面是资本的积累和财富无限的集中；另一面是贫困的加剧，在生产巨额的剩余价值的同时，也生产出越来越多的无产者。这两个方面在资本主义条件下又是相互依存的。正如恩格斯所说："资产阶级从它产生的时候起就背负着自己的对立物；资本家没有雇佣工人就不能存在"②。他还说，"赋予新的生产方式以资本主义性质的这一矛盾，已经包含着现代的一切冲突的萌芽。"③ 在资本主义社会里，不管工人的报酬高低如何，工人的状况必然随着资本的积累而日趋恶化。在资本家这一阶级，财富不断增加，而在工人阶级这一极，则是贫困和劳动折磨不断加深。所谓原始积累只不过是生产者和生产资料分离的历史过程，是靠征服、奴役、劫掠、杀戮等暴力手段从国内外劳动者身上剥夺来的。如上所述，生产资料的集中和劳动的社会化，已经两极分化的社会，达到了同它们的资本主义外壳不能相容的地步。这个外壳就要炸毁了。资本主义私有制的丧钟就要响了。剥夺者就要被剥夺了。

《资本论》还从社会经济形态的演进说明了资本主义社会形态为更高级的社会形态代替的必然性。在1859年《政治经济学批判》

---

① 《马克思恩格斯文集》第2卷，第43页。
② 《马克思恩格斯文集》第3卷，第525页。
③ 同上书，第551页。

"序言"中,马克思就阐明了人类社会经济形态演进的几个历史时代,说明无论资本主义社会形态如何强大,它不可能是永恒的,最终要被更高的社会形态所取代。在《资本论》中,马克思又从人的依赖关系进一步地阐述了这个问题。他写道:"人的依赖关系(起初完全是自然发生的),是最初的社会形式,在这种形式下,人的生产能力只是在狭小的范围内和孤立的地点上发展着。以**物的**依赖性为基础的人的独立性,是第二大形式,在这种形式下,才形成普遍的社会物质变换,全面的关系,多方面的需要以及全面的能力的体系。建立在个人全面发展和他们共同的、社会的生产能力成为从属于他们的社会财富这一基础上的自由个性,是第三个阶段。第二个阶段为第三个阶段创造条件。因此,家长制的、古代的(以及封建的)状态随着商业、奢侈、**货币**、**交换价值**的发展而没落下去,现代社会则随着这些东西同步发展起来。"[1] 以此阐明了社会发展的自然历史过程的思想。马克思还曾将这三种社会形式表述为"直接的社会关系""物化的社会关系""自由人联合体"。他把未来实现人的自由而全面发展的"自由人联合体"视为取代资本主义的人类社会发展的远景。

马克思从人类社会发展规律,从资本主义社会发展的特殊规律,进一步论证了"两个必然"原理,为无产阶级和人类解放,提供了坚实的理论基础。

第三,描绘了未来理想社会的基本特征。《资本论》贯穿的一个中心思想就是"剥夺剥夺者",即消灭资本主义私有制,在此基础上建立以公有制为特征的共产主义社会,以使人们"用公共的生产资料进行劳动"。同时,人们劳动的性质也发生了变化,剩余劳动不再是为资本家生产剩余价值,而是为人们的生存,特别是自由发展提供丰富的物质条件。剩余劳动的一部分将列入必要劳动,即形成社会准备金和社会积累基金所必要的劳动。[2] 在此前提下,物质生产领域的劳

---

[1] 《马克思恩格斯文集》第 8 卷,第 52 页。
[2] 参见《马克思恩格斯全集》第 23 卷,第 578 页。

动将由自发变为自觉。"社会已被组织成一个自觉的、有计划的联合体。"① "社会化的人，联合起来的生产者，将合理地调节他们和自然之间的物质变换，把它置于他们的共同控制之下，而不让它作为盲目的力量来统治自己。"② 未来社会是有计划地调节生产的社会。由于劳动性质的改变，劳动者也将成为"把不同社会职能当作互相交替的活动方式的全面发展的个人"③ 人的自由而全面发展是共产主义社会的重要特征。

关于剩余价值理论与科学社会主义的关系，正如恩格斯所说：它是"马克思著作的划时代的功绩。它使社会主义者早先像资产阶级经济学者一样在深沉的黑暗中摸索的经济领域，得到了明亮的阳光的照耀。科学的社会主义就是从此开始，以此为中心发展起来的。"④ 毫无疑问，正是《资本论》为科学社会主义奠定了坚实的经济基础。

七 建立人与人、人与自然和谐的社会

马克思主要致力于社会历史和经济问题的研究，但他始终高度关注人与自然的相互关系，关注生态环境问题。在他看来，人与自然的关系是人与社会关系的客观基础，同时，人与人之间关系的处理，反过来又影响着人与自然的关系。在创立唯物主义历史观时，马克思同时探讨了自然观，以及自然观与历史观的辩证关系。《资本论》是研究资本主义社会物质资料生产和再生产的伟大著作。它不仅研究资本主义物质资料生产条件下人与人之间的关系，而且研究资本主义物质资料生产条件下人与自然的关系，同时也研究这两大关系之间的相互关系。马克思主义的生态思想，就包含在对这两大关系的研究之中。认真学习和梳理《资本论》的生态思想，对于理解和把握当今世界

---

① 《马克思恩格斯文集》第7卷，第745页。
② 同上书，第928页。
③ 《马克思恩格斯全集》第23卷，第535页。
④ 恩格斯：《反杜林论》，人民出版社1993年版，第209页。

面临的严重的生态问题，实现人类社会全面协调和可持续发展具有十分重要的意义。

1. 关于人与自然的关系

马克思主义认为，人类历史的发源地不是在天上的云雾中，而是在尘世间粗糙的物质生产中。物质资料生产活动是人类社会最基本的实践活动，而劳动又是物质资料生产的最基本形式。"劳动首先是人和自然之间的过程，是人以自身的活动来中介、调整和控制人和自然之间的物质变换过程。人自身作为一种自然力与自然物质相对立。为了在对自身生活有用的形式上占有自然物质，人就使他身上的自然力——臂和腿、头和手运动起来。当他通过这种运动作用于他身外的自然并改变自然时，也就同时改变他自身的自然。"① 人们通过劳动为中介，同自然界进行物质变换。在劳动过程中，人们使自然物发生了改变，成为人类所需要的产品，用来满足人类的需要。马克思运用历史唯物主义的观点，分析了劳动这一区别于人类与动物的根本特征，深刻地揭示了人与自然之间的关系。动物与自然是单纯的依存关系、适应关系。动物本身是自然的一部分，是自然生态链条中的一个环节。自然界规定了动物的活动范围，它们从不试图越过这一界限。而人通过劳动改造自然，使自然适应人类的需要。这样，在人与自然的关系中，人就处于能动的创造者的地位。"在劳动过程中，人的活动借助劳动资料使劳动对象发生预定的变化。过程消失在产品中。它的产品是使用价值，是经过形式变化而适合人的需要的自然物质。劳动与劳动对象结合在一起。劳动对象化了，而对象被加工了。"② 在创造自己所需要的产品中，劳动者处于主动地位。

马克思关于劳动是人与自然关系的纽带的论述是深刻而有丰富的内涵的。马克思主义与费尔巴哈旧唯物主义的主要区别就在于不把自然界看作直观的感性的对象，而是看作人类劳动的对象，强调人可以

---

① 《马克思恩格斯文集》第5卷，第207—208页。
② 同上书，第211页。

第十二章 第二个伟大发现 透析资本剥削的秘密

通过生产劳动,使自然界表现为人的作品。"他不仅使自然物发生形式变化,同时他还在自然物中实现自己的目的。"① 从马克思的人与自然关系的论述中,不仅看到了人与动物的根本区别,而且看到了人类的创造力量。但正因为人与自然的关系不同于动物,因此就包含着人类活动破坏自然平衡的可能性。动物本身就是生态平衡的产物。而人不同,人可以通过劳动改造自然,使自然成为人的作品;人也可能人为地破坏自然,破坏人与自然之间的生态平衡。随着人类生产水平的提高和科学技术的发展,人不断地扩大自己的活动范围,迫使自然界不断地收缩自己的范围。"产业越进步,这一自然界限就越退缩。"② "劳动生产率也是和自然条件联系在一起的,这些自然条件的丰饶度往往随着社会条件所决定的生产率的提高而相应地减低。"③ 当今世界,科学技术的发展突飞猛进,人类对自然改造的能力无论在广度和深度上都是过去时代无法比拟的。但是近几十年来,人类活动所带来的环境污染、资源枯竭和生态灾难,已经极大地影响了人类的生活质量,而且这种趋势还在进一步蔓延。因此,我们要以马克思主义为指导,努力研究和探索人与自然的关系及其规律,在改造自然的过程中实现人与自然的"和谐"。

2. 关于人与人之间的关系

人们在物质资料生产过程中,不仅要同自然界发生关系,而且人与人之间也要发生关系。前者属于生产力范畴;后者属于生产关系范畴。人与自然关系的发展水平,决定了人与人之间关系的性质和发展阶段;但是,人与人之间的关系,又反过来影响着人与自然的关系。马克思说,劳动"是为了人类的需要而对自然物的占有,是人和自然之间物质变换的一般条件,是人类生活的永恒的自然条件,因此,它不以人类生活的任何形式为转移,倒不如说,它为人类生活的一切社

---

① 《马克思恩格斯文集》第 5 卷,第 208 页。
② 同上书,第 589 页。
③ 《马克思恩格斯文集》第 7 卷,第 289 页。

会形式所共有。"① 这就是说，人们进行物质资料生产的第一个前提，就是对自然物的占有。土地等的自然物给劳动者提供立足之地，给他的劳动过程提供活动场所。正是由于这一点，在人与自然关系的基础上，发生了人与人之间的关系。这不是说人占有了自然物本身就是人与人之间的关系，而是说在自然物归谁占有中具有人与人之间的关系。因为人对自然物的占有，即生产资料所有制关系，是生产关系的核心和基础。自然界开始时并不是归一部分人所有的。恩格斯说过，在人类历史上，曾经存在过不知道私有制是何物的时代。"自然界不是一方面造成货币占有者或商品占有者，而另一方面造成只是自己劳动力的占有者。这种关系既不是自然史上的关系，也不是一切历史时期所共有的社会关系。它本身显然是已往历史发展的结果，是许多次经济变革的产物，是一系列陈旧的社会生产形态灭亡的产物。"② 随着生产力的发展，才出现了一部分人占有自然物，另一部分人不占有自然物的社会。由此产生了私有制条件下的人与人之间的关系。资本主义社会是私有制社会发展的最高形态和最后形态，但是资本主义社会同样也是建立在人与自然关系的基础之上的。形成产品的原始要素，从而也就是形成资本物质成分的要素，即人和自然，是携手并进的。马克思认为，人与人之间的社会关系一旦发展起来，就立即对人与自然的关系发生巨大的反作用。人与人之间关系的发展水平，极大地制约着人与自然的关系。在资本主义条件下，人与自然的关系就其实质来说，是资本同自然的关系，是资本对自然的占有。只有资本才创造出资产阶级社会之间的人与人之间的关系，创造出一部分人占有自然界、一部分人占有自己劳动力的社会形态。这一社会形态，强化了资本对自然的普遍占有，强化了人与人之间的普遍联系。"由此产生了资本的伟大文明作用；它创造了这样一个社会阶段，与这个社会阶段相比，以前的一切社会阶段都只表现为人类的地方性发展和对自

---

① 《马克思恩格斯文集》第 5 卷，第 215 页。
② 同上书，第 197 页。

第十二章　第二个伟大发现　透析资本剥削的秘密

然的崇拜。"① 资本主义社会克服了人对自然界的敬畏之心和崇拜之情，把自然界作为"有用物"，使自然界服从于人的需要。"于是，就要探索整个自然界，以便发现物的新的有用属性；普遍地交换各种不同气候条件下的产品和各种不同国家的产品；采取新的方式（人工的）加工自然物，以便赋予它们以新的使用价值；要从一切方面去探索地球，以便发现新的有用物体和原有物体的新的使用属性，如原有物体作为原料等等的新的属性；因此，要把自然科学发展到它的顶点"。② 资本主义社会在大规模地开发和利用自然的同时，又同时破坏了人与自然进行物质变换的基本条件。因此，在形式上表现为人与自然关系恶化的生态危机，实质上是由于资本对自然的疯狂占有和掠夺所引起的资本同自然关系的恶化和危机。只有改变了不合理的人与人之间的关系，才能使人和自然的关系得到健康、和谐的发展；只有当人们真正成为自己的主人的时候，才能真正成为自然的主人。

3. 资本理论视野中的生态问题

《资本论》的研究对象是资本主义生产方式及其与此相适应的生产关系和交换关系。因为资本范畴是研究资本主义生产方式的核心范畴，所以，马克思围绕资本这个中心来构建他的政治经济学理论体系。在这一体系中，资本是一个内涵丰富外延宽泛的概念体系。它既包含商品、货币、价值等一系列反映人与人之间社会关系的属性，又涉及机器、厂房、土地、原材料等的客观物质条件。因此，它既能反映人与人之间的关系，也能反映人与自然之间的关系。

第一，生态危机的根源在于资本的扩张本性。马克思的资本理论，不仅揭示了资本主义社会经济危机、人口危机、社会危机的实质和根源，而且也内在地包含了生态危机的实质和根源。资本是一种能够实现自行增殖的价值。马克思说："生产剩余价值或赚钱，是这个生产方式的绝对规律。"③ 这是资本的生命力所在，也是资本的存在

---

① 《马克思恩格斯全集》第46卷（上），人民出版社1979年版，第393页。
② 同上书，第392页。
③ 《马克思恩格斯文集》第5卷，第714页。

理由。为了使自己增殖，资本的所有者竞相扩大生产规模，不断地提高劳动生产率，以取得更多的剩余价值。资本家狂热地追求剩余价值，盲目地为生产而生产，加强了对自然界的过度开发和利用。这样，资本主义社会在发展生产力的同时，也带来了生态环境的严重破坏。自然界是人类的共同家园，而利润是资本家的私人财产。"作为资本家，他只是人格化的资本。他的灵魂就是资本的灵魂。而资本只有一种生活本能，这就是增殖自身，创造剩余价值"①。唯利是图的本性，促使资本家只考虑自己的利益，而不顾别人的得失，包括对自然环境的破坏。"每个人都知道暴风雨总有一天会到来，但是每个人都希望暴风雨在自己发了大财并把钱藏好以后，落到邻人头上。我死后哪怕洪水滔天！这就是每个资本家和每个资本家国家的口号。"② 特别是工业化以后，人类开发和改造自然的能力不断加强，生态危机与经济危机、社会危机交织在一起，成了资本主义的不治之症。资本主义只能在局部范围内、在一定程度上缓解危机带来的危害，但是无法从根本上解决这一问题。"为此需要对我们的直到目前为止的生产方式，以及同这种生产方式一起对我们的现今的整个社会制度实行完全的变革。"③ 否则，生态灾难会危及每一个人，危及整个人类！

第二，资本主义对生态环境的破坏。资本主义社会不仅造成了工人与资本家两个阶级的对立，而且产生了人类社会和生态环境之间的对立。"在各个资本家都是为了直接的利润而从事生产和交换的地方，他们首先考虑的只能是最近的最直接的结果。"④ 环境的恶化、资源的枯竭、工人的贫困，不是资本家关心的问题。资本家可能是一个模范公民，也许还是禁止虐待动物协会的会员，甚至还负有德高望重的名声，但是在你我碰面时你所代表的那个东西的里面是没有心脏跳动

---

① 《马克思恩格斯文集》第5卷，第269页。
② 同上书，第311页。
③ 《马克思恩格斯选集》第4卷，人民出版社1995年版，第385页。
④ 同上书，第386页。

第十二章 第二个伟大发现 透析资本剥削的秘密

的。马克思在《资本论》中一针见血地指出了资本主义生产对生态环境的破坏。他在谈到资本主义工业化带来的城市化趋势时指出:"资本主义生产使它汇集在各大中心的城市人口越来越占优势,这样一来,它一方面汇集着社会的历史动力;另一方面又破坏着人和土地之间的物质变换,也就是使人以衣食形式消费掉的土地的组成部分不能回归土地,从而破坏土地持久肥力的永恒的自然条件。这样,它同时就破坏城市工人的身体健康和农村工人的精神生活。"① 资本主义使农业人口大规模地向城市集中,而城市产生的废弃物又不能回到土地,这样,大工业在破坏土地自然肥力的同时,也破坏了城市环境,不仅影响了城市人们的生活质量,而且还影响农村人口的精神生活。因此,资本主义农业的任何进步,都是掠夺劳动者和土地的技巧的进步;资本主义在一定时期内提高土地肥力的进步,同时也是破坏土地肥力持久源泉的进步。资本主义在人与土地的物质变换中造成了"无法弥补的裂缝",② 生态危机就是这样发生的。

与此同时,资本主义不仅破坏土地的自然力,而且破坏人类的自然力,即劳动力。资本主义"一开始就同时是对劳动力的最无情的浪费和对劳动发挥作用的正常条件的剥夺",在资本主义工场手工业中,"女工或未成熟工人的身体还被丧尽天良地置于毒物等等的侵害之下","贫困剥夺了工人必不可少的劳动条件——空间、光线、通风设备等等。"马克思在谈到纺织厂工厂主的时候说,在资本主义生产方式下,一切以颠倒了的方式表现出来,"工人的肺结核和其他肺部疾病是资本生存的一个条件。"在这里,马克思用触目惊心的事实对资本主义迫害工人,特别是女工和童工,破坏生态环境,作了无情地揭露和尖锐地批判。③ 资本的本质决定了资本主义制度不可能解决生态环境问题,不可能解决人与人、人与自然的和谐,要解决这个问题,必须变革现存的资本主义制度。

---

① 《马克思恩格斯文集》第 5 卷,第 579 页。
② 《马克思恩格斯文集》第 7 卷,第 919 页。
③ 参见《马克思恩格斯文集》第 5 卷,第 532、533 页。

4. 共产主义社会与生态文明

马克思主义是在批判旧世界中发现新世界的。《资本论》通过分析资本主义社会的基本矛盾及其发展规律，描绘了人类未来社会的蓝图。共产主义是资本主义的逻辑延伸，是人的解放和自然解放的统一，是人与人之间的和谐和人与自然和谐的统一。造成人与人之间、人与自然之间两大对立的根源在于资本主义私有制。马克思在谈到资本主义土地私有制时指出："从一个较高级的经济的社会形态的角度来看，个别人对土地的私有权，和一个人对另一个人的私有权一样，是十分荒谬的。甚至整个社会，一个民族，以至一切同时存在的社会加在一起，都不是土地的所有者。他们只是土地的占有者，土地的受益者，并且他们应当作为好家长把经过改良的土地传给后代。"① 也就是说，要处理好人与自然的关系，必须首先解决人与人之间的关系。在资本主义私有制条件下，追求剩余价值的内在动力和竞争的外在压力，使资本家不顾一切自然的和社会的限制，疯狂地为了生产而生产，以追求资本的最大增值。从发展的意义上说，资本家在主观上增值利润，发展生产的同时，恰恰又为未来社会的到来准备了客观的物质条件。"只有这样的条件，才能为一个更高级的、以每一个个人的全面而自由的发展为基本原则的社会形式建立现实基础。"② 资本主义的弊病，以及消除这种弊病的出路，只能到历史发展中去寻找答案。

相对于资本主义私有制基础上产生的恶性竞争和无政府状态，马克思设想了未来社会的人与自然的关系："社会化的人，联合起来的生产者，将合理地调节他们和自然之间的物质变换，把它置于他们的共同控制之下，而不让它作为一种盲目的力量来统治自己；靠消耗最小的力量，在最无愧于和最适合于他们的人类本性的条件下来进行这种物质变换。"③ 这是从"必然王国"向"自由王国"的飞跃。马克

---

① 《马克思恩格斯文集》第 7 卷，第 878 页。
② 《马克思恩格斯文集》第 5 卷，第 683 页。
③ 《马克思恩格斯文集》第 7 卷，第 928—929 页。

第十二章 第二个伟大发现 透析资本剥削的秘密

思关于共产主义社会的设想和蓝图,虽然是以资本主义创造的物质基础为前提的,但是,它是建立在共有制的基础之上的。"社会上的一部分人靠牺牲另一部分人来强制和垄断社会发展(包括这种发展的物质方面和精神方面的利益)的现象将会消灭",① 在公有制条件下,"社会化的人"将根据最符合"人类本性"的要求,"消耗最小的力量",有计划地组织生产,"合理地调节"他们和自然之间的"物质变换"。就是说,只有共产主义社会才能真正解决人与人、人与自然之间的矛盾,实现人与自然的真正的和谐。

在马克思研究《资本论》的同时,恩格斯在写作《自然辩证法》,其中也深刻地论述了人与自然的关系,以及解决这个问题的根本途径。他认为,人与动物的区别就在于,动物仅仅利用外部自然界,单纯地以自己的存在来使自然界改变;而人则通过他所做出的改变使自然界为自己的目的服务,来**支配**自然界。特别是进入资本主义发展阶段,为追求资本增值,不惜一切代价破坏自然环境。他指出,"但是我们不要过分陶醉于我们对自然界的胜利。对于每一次这样的胜利,自然界都报复了我们。"② 资本家生产是为了资本的增殖,是为了眼前的目的,他们不可能去调节自然界对人类的影响。要真正进行这种调节,只有先进阶级通过变革社会制度才能完成。恩格斯说:"要实行这种调节,单是依靠认识是不够的。这还需要对我们现有的生产方式,以及和这种生产方式连在一起的我们今天的整个社会制度实行完全的变革。"③

马克思、恩格斯关于人与人、人与自然和谐,以及如何实现这种和谐的思想,有重要的理论价值和实践意义,是我们今天建设生态文明的重要的指导思想。现今的生态危机更为严重,它已经危及人类的生存,甚至危及地球的生存。应该说,保护人类赖以生活的地球的生态环境,体现着人类的普遍利益,是一种普世价值,但是,正如大家

---

① 《马克思恩格斯文集》第7卷,第928页。
② 《马克思恩格斯选集》第3卷,第517页。
③ 同上书,第519页。

所看到的一样，由于利益的分野，在国际范围，连一个保护地球生态的共同协议都不可能达成，何谈如何实现！马克思在《资本论》中阐述的这些思想应该对我们有所启迪。

八 《资本论》的科学价值及社会影响

《资本论》问世已经一个半世纪了，但其中所阐明的资本主义社会形态及其运动规律的思想，至今仍是我们今天认识现代资本主义的指导思想和正确方法。随着历史的推移，人们会越来越深刻地理解到马克思理论的真理性。可以说，马克思一生的理论贡献，使用任何赞誉的语言都不为过。

关于马克思理论的科学价值，列宁作了这样的概括："马克思认为他的理论的全部价值在于这个理论'按其本质来说，它是批判的和革命的。'后一性质的确完全地和无条件地是马克思主义所固有的，因为这个理论公开认为自己的任务就是揭露现代社会的一切对抗和剥削形式，考察它们的演变，证明它们的暂时性和转变为另一种形式的必然性，因而也就帮助无产阶级尽可能迅速地、尽可能容易地消灭任何剥削。这一理论对世界各国的社会主义者所具有的不可遏止的吸引力，就在于它把严格的和高度的科学性（它是社会科学的最新成就）同革命性结合起来，并且不仅仅是因为学说的创始人兼有学者和革命家的品质而偶然地结合起来，而是把二者内在地和不可分割地结合在这个理论本身中。"[①] 马克思理论之所以具有如此的影响，就因为它是科学真理，它正确地反映了客观现实。

《资本论》的理论基础是劳动价值论。如前所说，这个理论是由英国古典经济学家提出的，但马克思给予它以科学的论证，把它奠立在唯物主义历史观的基础之上。他在《资本论》中从分析商品入手，从商品具有使用价值和交换价值的二重性中，进一步揭示出人类劳动

[①] 《列宁选集》第1卷，人民出版社1995年版，第82—83页。

第十二章　第二个伟大发现　透析资本剥削的秘密

的二重性，即具体劳动和抽象劳动的分离。劳动的量决定了商品的价值量，而劳动的量度是时间，即社会必要劳动时间，因而劳动时间决定商品的价值量。

一些资产阶级经济学家认为，资本家用一天的工资买一天的劳动，是公平交易，资本家并不能从工人身上得到额外的钱。但是，资本家靠什么发财的呢？是资本家从事经营和管理的工资吗？那么，为什么资本家的"工资"比工人的工资高出若干倍呢？马克思在《资本论》中第一次揭示了资本剥削的秘密。如前所述，资本家购买的不是工人的劳动而是劳动力，即工人的劳动能力和劳动使用权。劳动力之所以是特殊商品就在于，它自身的价值即工人自身和其家属所需要的生活费，是固定的，而它的使用所创造出的价值则是不固定的，是会增值的。所以，表面看来，资本家和雇佣劳动者是公平交易，其实隐藏着真正的剥削。工人生产出的超出他自身价值之外的价值就是剩余价值，这种剩余价值完全被资本家无偿占有了。这就是剩余价值学说的核心内容。

马克思认为，资本家之所以能够占有剩余价值，是因为他凭借手里拥有的资本。资本的形成过程，也就是资本的原始积累的过程，是一个疯狂剥夺农民的过程，这一过程是用血和火的文字载入人类编年史的。在马克思看来，**资本来到世间，从头到脚每一个毛孔都滴着血和肮脏的东西**。马克思还分析了资本积累的历史趋势和一般规律。他指出，随着资本的积累，两极分化也就越来越严重，财富越来越集中在少数资本巨头手中，这样，**"资本的垄断成了与这种垄断一起并在这种垄断之下繁盛起来的生产方式的桎梏。生产资料的集中和劳动的社会化，达到了同它们的资本主义外壳不能相容的地步。这个外壳就要炸毁了。资本主义私有制的丧钟就要响了。剥夺者就要被剥夺了。"**[①] 这些重要思想，正是《资本论》的科学价值之所在。

恩格斯在读完《资本论》第一卷后写信给马克思说："我祝贺

[①] 《马克思恩格斯文集》第5卷，第874页。

思想巨人马克思

你,只是由于你把错综复杂的经济问题放在应有的地位和正确的联系之中,因此完满地使这些问题变得简单和相当清楚。我还祝贺你,实际上出色地叙述了劳动和资本的关系,这个问题在这里第一次得到充分而又互相联系的叙述。""理论部分很出色,剥夺的历史过程的叙述也很出色。……关于剥夺者被剥夺的概括是非常光辉的,它会收到应有的效果。"①

《资本论》的出版,开始并不被人们所看重,误解者甚多,后来各种文字译本的出版,尤其是俄文译本的出版,在社会上的反响越来越大,不仅是工人群众和各国社会主义者,而且一些学者和科学家也对马克思及其思想表示赞许。

费尔巴哈评价说:"书中有着大量极其有趣的,无可争辩的,虽然是使人战栗的事实。"

马克思当年的战友,后来分道扬镳的卢格评论说:"关于无偿劳动所创造的剩余价值,关于对曾经为自己工作的工人的剥夺,以及关于未来对剥夺者的剥夺的研究,都是经典式的。定将产生强烈的影响。"

创立了生物进化学说的达尔文,在1873年10月1日给马克思的信中说:"尊敬的阁下!承蒙寄赠巨著《资本论》,谨致谢意。诚愿对政治经济学如此高深而又重大的课题能有较多的了解,以无愧于您的惠赠。尽管我们的研究领域是如此不同,但我相信,我们两人都热诚期望扩大知识领域,而这无疑将最终造福于人类。"②

达尔文和马克思都在各自的研究领域为人类做出了巨大的不朽的贡献。列宁这样评价这两位科学巨匠的功绩:"达尔文推翻了那种把动植物物种看做彼此毫无联系的、偶然的、'神造的'、不变的东西的观点,探明了物种的变异性和承续性,第一次把生物学放在完全科学的基础之上。同样,马克思也推翻了那种把社会看做可按长官意志

---

① 《马克思恩格斯全集》第31卷,第329、340页。
② 彼·费多谢耶夫等:《卡尔·马克思》,生活·读书·新知三联书店1980年版,第410页。

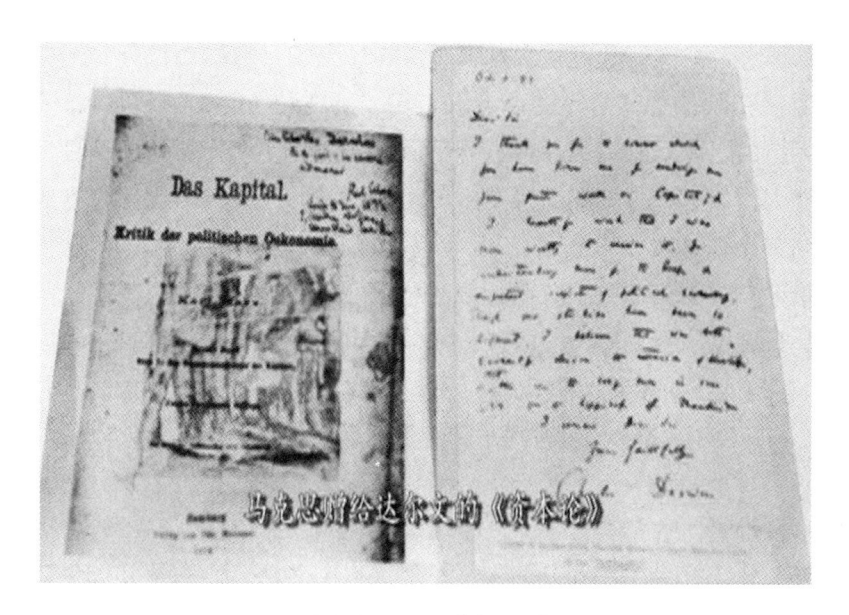

第十二章　第二个伟大发现　透析资本剥削的秘密

赠给达尔文的《资本论》

（或者说按社会意志和政府意志，反正都一样）随便改变的、偶然产生和变化的、机械的个人结合体的观点，探明了作为一定生产关系总和的社会经济形态这个概念，探明了这种形态的发展是自然历史过程，从而第一次把社会学放在科学的基础之上。"①

爱尔兰著名作家乔治·萧伯纳得知《资本论》这本书以后，十分关注，1883年夏天他特别到大英博物馆阅览室中学习《资本论》的法文版（当时英译本还没有出版）。萧伯纳写道："那是我人生中的一个转折点，马克思给予我启示……他打开了我的视野，让我看到了历史和文明的事实，给了我对于宇宙的一种全新的感知，给我指出了生命的目的和使命。"他说，《资本论》这本书的"最伟大的功绩"是"改变其读者的思想。"60多年后，他在自己的《大众政治知识》一书中，以作家的夸张的笔法写道："直到19世纪，当马克思从那些无人阅读的蓝皮书中摘录出那些工厂视察员的报告，揭示了资本主义

---
① 《列宁专题文集——论辩证唯物主义和历史唯物主义》，第162—163页。

全部罪恶的时候,悲观主义和犬儒主义达到了最黑暗的深处。他充分证明,资本在追求他称之为 mehrwerth(剩余价值)的东西时,是残忍无情的,并且会肆无忌惮,哪怕面对肢体残缺和大屠杀、逼良为娼和掳人为奴、吸毒和酗酒等等事情,只要它们有望带来比慈善事业的红利多出百分之一个先令的利润。"[1] 这些文化界名人对马克思《资本论》的评价是十分中肯的,也是很有意义的。

在这里,列宁用一句话概括了《资本论》科学价值和最核心的思想,他说:《资本论》的成就之所以如此之大,就在于使人们看到了"资本主义社会形态是个活生生的形态"[2]。也就是说,人类社会形态的一切特征通过资本主义这样一个具体的形态,活生生地、有血有肉地展现出来了。马克思从商品入手,通过层层分析,从经济、政治、思想文化、社会生活等方面具体展现资本主义社会形态及其产生、演变和消亡的规律。

《资本论》的问世和剩余价值的发现,就使社会主义由空想变成科学。空想社会主义主要缺陷,一是缺乏唯物主义基础;二是脱离工人运动。唯物史观的创立和剩余价值理论的形成,就为科学社会主义奠定了坚实的理论基础,使社会主义由空想变为科学,从而马克思也最终完成了对共产主义的"理论论证"。马克思主义作为一个完整的理论体系而形成了。

九 《资本论》与现时代

1. 《资本论》在文化领域的反馈

当今世界可能很多人不知道《资本论》,或者早已把它淡忘。但前几年当面对弥漫世界的金融危机、经济危机时,许多人又开始想起了《资本论》,想起了马克思当年对资本主义生产方式和经济危机的

---

[1] [英]弗朗西斯·惠恩:《马克思〈资本论〉传》,陈越译,中央编译出版社2009年版,第142—143页。

[2] 《列宁专题文集——论辩证唯物主义和历史唯物主义》,第162页。

第十二章　第二个伟大发现　透析资本剥削的秘密

深刻论述，而且又到《资本论》中寻找问题的答案。若干年后，可能还会出现同样的情况。这是马克思理论影响世界的生动的写照。

众所周知，2008年，开始于美国的金融危机，引发了全球性经济危机，其范围之广、影响之深，历史上少见。一本百年前出版的这本书畅销各国，书的作者也再次引起世人的关注。

据不完全统计，《资本论》已被译为70多种文字，全球累计销售2亿多册。德国柏林卡尔·迪茨出版社出版的《资本论》到2008年10月已卖出1500套，是2007年全年销量的3倍。在影界，德国新电影之父亚历山大·克鲁格准备将《资本论》拍成电影；在当时政界，法国总统和德国财政部长也都把马克思的《资本论》等著作摆在办公桌上。德国左翼党下属的社会主义民主大学学生联合会，在德国30多所高校组织了《资本论》研读会。德国"马克思纪念图书馆"还专门编辑了供年轻人学习的《资本论》简读本。西方一些政要们也想从《资本论》中找出这场金融危机的答案。

《资本论》热在日本尤为突出。日本东方出版社于2008年12月推出了漫画版《资本论》，以一家奶酪工厂的故事，揭示资本与剩余价值的实质。之后以《资本论》第二、第三卷为蓝本，推出了漫画版《续资本论》。这两本书的合计销量突破了15万册。（该社也曾出版了漫画版《共产党宣言》）。日本祥传社的三卷本《超译〈资本论〉》，累计销量超10万册。此外，精英社还推出《高中生就能懂得〈资本论〉》。河出书房新社在推出《马克思〈资本论〉入门》的同时，还设讲座探讨《马克思主义如何改变世界》。更值得一提的是，原日共议长不破哲三的《资本论》讲义，连出数版，发行上万册，引人关注。

这些见诸报端的消息，从文化层面反映出马克思的《资本论》对当今世界的影响。在这里，请看一位在纽约工作的英国投资银行家对马克思经济理论的看法吧！他说，"我在华尔街待的时间越长，我就越来越相信马克思是正确的。要是有哪个经济学家能够复兴马克思的理论并使其成为完整的理论，那就有诺贝尔奖等着他了。我绝对相信马克思的方法是看待资本主义的最好方式。"① 只要不带偏见,每个人都可能得出这样的结论。

2. 资本主义发展到国际垄断资本主义阶段

当今时代与马克思生活的自由资本主义时代发生了很大的变化。资本主义由自由资本主义发展到垄断资本主义,而垄断资本主义也经历了私人垄断资本主义、国家垄断资本主义,发展到当今的国际垄断资本主义。资本主义在经济、政治、思想文化、社会管理和外交等方面与一百多年前相比,的确不可同日而语。垄断资本的扩张,经济全球化,经济危机的继续发生,以及工人阶级的变化等,马克思都有预见。但马克思在当时不可能对后来发生的变化做出具体阐述。当今资本主义发生了怎样的变化,资本的剥削本质是否已经改变,已成为一个世界性的研究课题。

19—20世纪之交,自由资本主义转化为垄断资本主义即帝国主义,是资本主义制度的第一次大转变。列宁于1916年出版的《帝国主义是资本主义的最高阶段》一书,对这次转变的原因和性质、内涵和过程、后果和影响等,进行了全面系统的剖析,构成了他的"帝国主义论"的核心内涵。如今,资本主义制度正经历着另一次重大转变。这就是:列宁时期那种一般性的垄断资本主义,战后经历了国家垄断资本主义,如今又进一步演变为国际垄断资本主义。但是,对于资本主义制度这种新的表现形式或新的实现方式,国内外都有不同的称谓或表述,除了"国际垄断资本主义"这一术语之外,还有诸如"跨国垄断资本主义"、"超国家垄断资本主义"、"国际金融垄断资本主义"、"社会资本主义"、"人民资本主义"等名目繁多的新概念,并为此著书立说,进行了颇为详细的论述。这些名词术语有所不同,但都是在探讨当今资本主义发生的新变化。

国际垄断资本主义的形成与资本对外扩张紧紧联系在一起。对

---

① [英]弗朗西斯·惠恩:《马克思〈资本论〉传》,陈越译,中央编译局出版社2009年版,第184页。

第十二章 第二个伟大发现 透析资本剥削的秘密

外扩张虽然是从资本主义制度产生之日起就已开始的老现象，但由于"二战"后出现的新的因素，这种扩张在战后明显增强了。这首先表现为对外贸易大发展，其增长速度远远超过了国内生产总值的增长速度。例如，1951—1960年、1961—1970年、1971—1980年世界各国的出口额年均增长率分别为8.7%、9.4%和19.3%，而在1969—1978年间世界国民生产总值的年均增长率只为4.3%，出口额的增长率大体比国民生产总值的增长率高2—3倍。[①] 发达资本主义国家出口总额1950年为363.7亿美元，1960年为838.7亿美元，1970年为2203亿美元，大体每10年翻一番，而到1980年这项指标猛增到12394亿美元，相当于1970年的5.5倍。而在1969—1978年间，发达资本主义国家国民生产总值的年均增长率只为4.3%，这些国家的出口额的增长率大体比国民生产总值的增长率也高2—3倍。[②] 其次，更为重要的是，这些国家的资本输出以更加惊人的速度增长。例如，美国私人对外直接投资额1950年为118亿美元，1960年为319亿美元，1970年为755亿美元，1980年为2154亿美元，1980年为1950年的近20倍；日本私人对外直接投资额1950年为3亿美元，1980年为365亿美元，增长了121.7倍；西欧的相应数据为215亿美元、1972亿美元和9.17倍。[③] 这不仅远高于这些国家国民生产总值的增长速度，而且也远高于这些国家外贸出口的增长速度。资本输出超前增长，是西方发达资本主义国家对外经济扩张的一个突出特点。

战后以来，一方面是发达资本主义国家为了缓解国内的政治经济矛盾，进一步加强了资本和商品输出；另一方面，由于世界社会主义国家体系的形成、世界殖民主义体系瓦解，使世界资本主义统

[①] 根据世界经济与政治研究所编《世界经济统计简编（1982）》第253页和世界经济与政治研究所编《国际经济和社会统计简编（1988）》第22页数据整理。

[②] 根据李琮主编《当代资本主义论》第467页和世界经济与政治研究所编《国际经济和社会统计简编（1988）》第22页数据整理。

[③] 根据李琮主编《当代资本主义论》第463、465页和世界经济与政治研究所编《世界经济统计简编（1982）》第326页数据整理。

思想巨人马克思

一市场破裂和更加显得狭小了。在国际市场上，发达资本主义国家商品和资本这种蜂拥而至，必然造成更加惨烈的国际竞争。资本家的市场竞争必然产生两种结果。其一是，实力单薄、经营不善的企业破产或被淘汰出局；其二是，留下来的大企业为了生存和迎接更加残酷的竞争而走向勾结和联合。这突出地表现为国际卡特尔迅猛增长。在第二次世界大战前夕，全世界缔结正式协定的国际卡特尔有大约1200个，它们在战争中绝大部分解体了。战后，由于国际竞争的加剧，一些老卡特尔得到了恢复，同时又新建了一大批卡特尔。据统计，仅在1957—1962年间，仅欧洲共同体就签订了大约3000多国际卡特尔协定。它们大多在钢铁、电力、机器制造、航空、汽车、军火等在这些国家经济恢复和发展中起重要作用、竞争最激烈的部门活动。在战后国际卡特尔中，最著名的是号称"七姐妹"的石油卡特尔。它的参加者有美英荷三国的埃克森石油公司、加利福尼亚美孚石油公司、莫比尔公司、德士古公司、海湾石油公司、英国石油公司和英荷壳牌石油公司。它们通过一系列专门协定，瓜分世界石油资源，垄断石油运输，划分市场范围，操纵石油价格，乃至规定石油生产和销售限额。在它们的发展到达顶峰的1973年，控制了资本主义世界原油产量的68.6%、石油提炼和销售量的56%。[①]此后，由于发展中国家的石油输出国的不懈斗争，这个石油帝国的势力才有所削弱。此后，国际卡特尔在国际垄断中的地位和作用又逐渐被新兴起的跨国公司所取代。

20世纪80年代是西方发达资本主义国家已跨入了国际垄断资本主义的成形阶段。在这一阶段，不仅前面我们提到的那些因素仍继续发展，而且世界形势和格局又发生了一系列新的重大变化。这包括：在发达资本主义国家，在私有化和自由化风潮的冲击下，国家垄断资本主义的地位和作用大大削弱，国际垄断资本在国家经济乃至政治生

[①] 参见宋则行、樊亢主编《世界经济史》（修订版）下册，经济科学出版社1998年版，第67—68页。

第十二章 第二个伟大发现 透析资本剥削的秘密

活中逐渐占据了支配地位；在苏联东欧国家发生了社会动荡和社会剧变，实现了资本主义制度的复辟或回归，从而明显扩大了国际垄断资本的活动和势力范围；中国和越南等社会主义国家在坚持社会主义基本原则的前提下，实行了深刻的经济改革开放政策，国内市场与国际市场接轨，国民经济的国际联系日益增强；发展中国家在发达资本主义国家私有化和自由化浪潮的影响下，也大多实行这"两化"政策，世界上出现了所谓"后发资本主义"国家体系；在新的科技进步高潮的推动下，世界经济出现了信息化、知识经济大发展的浪潮，世界各国产业结构进入了一种新的调整和升级的过程，出现了世界范围的产业和技术转移的高潮；在上述所有因素特别是高新科技和产业发展高潮和产业转移高潮的推动下，经济全球化的过程有了更大的进展，形成了不可阻挡的趋势；等等。所有这些因素又都为发达资本主义国家的资本输出和跨国公司的大发展创造了条件，发达国家的跨国投资和国际化经营达到了新水平。

上述诸方面的变化，都是推动国际垄断资本主义发展的重要因素，正是这些因素的综合作用，为国际垄断资本主义阶段的形成创造了新条件。巴西著名的马克思主义经济学家特奥托尼奥·多斯桑托斯的《帝国主义与依附》一书在阐述这一过程时提出："二次大战以后，特别是50年代末和60年代初，资本主义逐渐由金融垄断资本主义过渡到以跨国公司为支柱的跨国垄断资本主义阶段。"[1] 很显然，该书所说的"跨国垄断资本主义阶段"，与我们所说的"国际垄断资本主义阶段"并没有实质性的区别。

国际垄断资本主义的基本特征，是同其性质和实质有机联系在一起的。特征无非是其本质的具体的体现和展开，它使人们能够更深刻地认识国际垄断资本主义及其历史的暂时性。列宁把帝国主义定义为"资本主义的垄断阶段"[2]，他特别强调垄断和金融资本是帝国主义的

---

[1] ［巴］奥托尼奥·多斯桑托斯：《帝国主义与依附》，社会科学文献出版社1999年版，第4页。
[2] 《列宁专题文集——论资本主义》，人民出版社2009年版，第175页。

最重要特征。并且具体地指出了以下的五个特征："（1）**生产和资本的集中发展到这样高的程度，以致造成了在经济生活中起决定作用的垄断组织**；（2）**银行资本和工业资本已经融会起来，在这个'金融资本的'基础上形成了金融寡头**；（3）**和商品输出不同的资本输出具有特别重要的意义**；（4）**瓜分世界的资本家国际垄断同盟已经形成**；（5）**最大资本主义大国已把世界上的领土瓜分完毕**。"[①] 除了"把世界上的领土瓜分完毕"以外，其他几点都依然存在，并且在今天每个方面都发展到了极端。"二战"后，随着社会主义运动和民族解放运动的高涨，帝国主义殖民体系已经彻底瓦解，占领别国领土、直接压迫和剥削殖民地人民的现象已不复存在。但代之而起的是通过经济的、政治的甚至是军事的手段去征服弱小国家，掠夺他国的资源，特别是能源，剥削不发达国家的人民，在这方面帝国主义本性不仅没有改变，而且变本加厉。至于其他四个特征，通过前面的阐发和数据可以清楚地看出，国际垄断资本主义把这些特征不论在规模还是深度上，都发展到很高的程度。

3. 资本主义基本矛盾在当今的新的表现和趋势

资本主义由国家垄断加速向国际金融资本垄断过渡，不仅提高了生产社会化的程度，同时在更大的范围内实现了生产资料的私人占有，这无疑进一步加剧了资本主义制度所固有的基本矛盾及其主要矛盾。

"二战"后，在新科技革命和经济全球化浪潮的推动下，资本主义生产方式得到了世界性的扩张，资本主义世界经济体系最终形成，资本主义的基本矛盾已经成为资本主义世界经济体系的基本矛盾，并在资本主义世界经济体系的整体性危机中表现出来。除了资本主义基本矛盾在资本主义国家内的传统的表现形式外，当代资本主义基本矛盾还表现为：跨国公司内部的高度计划性与世界市场无政府状态之间的矛盾、世界生产能力无限扩大趋势与世界范围内有效需求不足之间

[①] 《列宁专题文集——论资本主义》，第176页。

第十二章 第二个伟大发现 透析资本剥削的秘密

的矛盾、资本主义生产的无限性与地球资源和生态环境调节的有限性之间的矛盾、跨国垄断资本家阶级的统治与世界范围内劳工之间的对立，以及由资本主义基本矛盾演绎出来的各种新老危机，如金融危机、经济危机、生态危机、社会危机、国际恐怖主义等。下面主要列举几个方面。

首先，**资本主义经济危机不可避免**。资本主义经济在生产社会化与生产资料私人占有这一基本矛盾的支配下，一方面是生产、物资供给具有无限制增长的趋势；另一方面是因资本盘剥的加重广大劳动者的贫困加深，有支付能力的社会购买力增长缓慢，导致相对过剩的经济危机周期性发生。在经济全球化时代，实体经济中生产力过剩，而金融资本成为全球经济的驱动力，通过货币来追逐货币，"以概念化的资本流动"来赚钱，大有虚拟资本取代实体资本之势。目前，国际资本市场每天的交易额高达近2万亿美元，其中用于生产的仅有10%。随着虚拟经济与实体经济的严重脱节，金融泡沫持续膨胀，一旦泡沫爆裂，经济危机就会发生。

资本主义基本矛盾，也就是国际垄断资本主义的基本矛盾，它与金融资本垄断的发展与扩张紧紧联系在一起。2007年7月在美国发生的"次贷危机"，进而引发的全球性经济危机，在一定意义上也可说是生产相对过剩引起的，但深入分析，这不过是爆发金融危机的"导火索"而已。真正引发近百年最为严重的金融危机的深层原因，正如我们在前面已经指出的，是近二三十年来，美国的国际金融资本垄断集团为"圈钱"，在新自由主义理论、政策主导之下，构建的以经济金融化、金融虚拟化和泡沫化、金融资本流动及金融运作自由化为基本特征的掠夺性金融体制。只要这种集骗（诈骗）、赌（高杠杆操作，将资本、债券市场变为脱离实体经济的大赌场）、毒（泡沫化的有毒金融衍生产品）于一身的制度性、体制性弊端不革除，金融危机就不可能从根本上得到治理。具体地说，要从根本上治理金融危机，至少要解决以下三个方面的问题：一是摒弃新自由主义的理论，特别是摒弃金融自由化理念、政策，结束国际金融资本垄断集团对美国经济、政治权力的垄断；二是彻底改变国民经济金融化的畸形经济结构，终结"G—G'"这种"圈钱"的货币循环体制；三是从根本上改革现有金融运行机制，加强对金融资本流动和金融运作的监管，废止金融虚拟化，逐步挤掉金融衍生产品泡沫，特别是剔除巨额有毒的金融衍生产品及其他有毒的金融资产。但是，这些问题与资本的本质紧紧联系在一起，在资本主义制度下是不可能解决的。所以，西方政要们从《资本论》中可以看到经济危机发生的原因，但他们不可能接受其提出的根本解决方法。

现代资本主义经济危机与一百多年前，在表现形式上和发生的周期律上有所不同，但它并没有消失，而且会越演越烈。一是危机发生的次数减少，平均每9年发生一次，间隔时间比过去长。二是危机的严重性和破坏性相对减弱。三是战后资本主义经济周期的波动性减弱，经济周期运动仿佛是轻微的下降和逐步的上升相互交替，萧条的时间长，复苏缓慢无力，有的还没有明显的高涨阶段。四是由于各资本主义国家的具体情况的不同，经济危机的周期也并非是同步的等。[①]当代经济危机出现的这些特点，并不能改变全球经济危机的周期性的发生。

其次，**国际垄断资本主义加深了两极分化**。两极分化是资本主义私有制的必然结果和本质表现。从资本主义产生起就存在，并且愈演愈烈。就以美国这个当今最发达的资本主义国家为例，贫富分化和分配不公，不仅得不到控制，而且在不断加剧。根据美国人口普查局提供的数据，美国居民户收入基尼系数1980年为0.403，到1999年已上升为0.457，升幅为13.4%。同期，收入最低的20%的人在总收入中所占比例，从4.3%下降到3.6%，而收入最高的20%的人所占比例，则从43.7%上升到49.4%。在这30年中，不平等程度明显扩大。再据《福布斯》杂志的调查，1995年，美国最富的1%居民户拥

---

① 参见靳辉明、罗文东《当代资本主义新论》，四川人民出版社2005年版，第516—523页。

第十二章 第二个伟大发现 透析资本剥削的秘密

有全国近40%的财富,而80%的居民户只拥有16%的财富。可见,美国的财富在迅速向少数富人手里集中。在这二十年间,收入差距也在迅速扩大。再比如,公司高级管理人员与工人的工资差距,从1980年的42∶1上升到1998年的419∶1,这还不包括股票期权的价值。同时,还应该看到,在发达资本主义国家,美国收入不平等的增长还不是最快的。数据显示,1980年到1995年,英国的不平等程度年均增长2%;瑞典、丹麦、荷兰和澳大利亚年均增长1.5%;美国、瑞士、法国、德国、日本等国家,年均增长0.5%到1%[①]。

就连《21世纪资本论》的作者也认为全球财富不公平程度十分严重:"最富的0.1%人群大约拥有全球财富总额的20%,最富的1%拥有约50%,而最富的10%则拥有总额的80%—90%。在全球财富分布图上处于下半段的一半人口所拥有的财富额绝对在全球财富总额的5%以下。"[②] 这位作者还说,"现有的数据依然可以表明,在全球财富分布的顶端,差距扩大的力量已十分强大。这种趋势不仅在《福布斯》10亿级豪富榜上表现明显,在1000万美元至1亿美元级别的富豪群里也有所体现。"[③] 作者还认为"创业者会变成食利者"。对于这些较新的数据的确值得关注和研究。

从这些材料可以清楚看出,资本主义制度不仅解决不了社会贫富不均,而且在资本的作用下,特别是在新自由主义市场经济的推动下,社会两极分化还会加剧。根本原因就在于资本主义的私有制。就连三大空想社会主义者也看到了这一点,他们已经把私有制视为资本主义社会一切弊端的"祸根",并开始从理论上探讨和论证消灭生产资料私有制等社会主义的重大原则。所以,恩格斯称,共产主义的思想微光终于点燃起"直接共产主义的理论"的火炬。[④]

[①] 参见王荣军《现今美国贫富分化状况及原因分析》,《美国研究》2001年第4期。
[②] [法]托马斯·皮凯蒂:《21世纪资本论》,巴曙松译,中信出版社2014年版,第347页。
[③] 同上书,第348、352页。
[④] 参见《马克思恩格斯文集》第3卷,第525页。

与上述相联系，穷国与富国之间的差距也在不断扩大。据统计，自20世纪80年代后期，发达资本主义国家仅通过投资、外债和对外贸易三个方面，对发展中国家年剥削量就达2500亿—3000亿美元，几乎相当于全部发展中国际国内生产总值的10%左右。在西方跨国公司的财富急剧膨胀的同时，大量发展中国家则由于不对等贸易和严重的债务危机陷入贫困的深渊，世界上有相当一部人绝对贫困化。1980—1997年间，世界富国和穷国人均国民生产总值之比从12.9∶1扩大到21.1∶1。在此期间，世界上最不发达国家的人均国民生产总值非但没有增长，反而从640美元下降到510美元，它们与发达国家的差距从16.3∶1扩大到51.7∶1。联合国一项调查显示，目前世界上20%的最富有的人消费着86%的产品，其余80%的人口只消费14%的产品。再比如，在1993年，世界国内生产总值为230000亿美元，其中发达工业国家为180000亿美元，第三世界国家仅为50000亿美元，而第三世界国家的人口却占世界总人口的80%。穷国与富国之间的实际差距是十分惊人的，而且还在呈不断扩大的趋势。发达国家与第三世界国家差距的扩大，是由多种因素造成的，但资本主义制度的存在和国际金融垄断资本的盘剥是最主要的原因。

最后，**资本主义的过度消费带来全球性问题，造成极大生态灾难。**人类社会伴随着空前强大的科学技术力量而进入新的时代，但它同时面临着社会和经济的、政治和民族的、文化和道德的冲突。在资本主义条件下，世界经济的发展是建立在疯狂的消费竞争和毫无节制的消耗自然资源并使其接近枯竭的基础之上。人类生存环境被破坏、资源危机的增长和掠夺资源与能源产地的残酷斗争日趋激烈。这种情况已经引起世界人民的高度关注和强烈不满，波及全球的"绿色运动"、"红绿色运动"以及"生态社会主义"，就是对资本主义破坏生态环境，疯狂掠夺自然资源的一种抗争。

国内外学者对此进行了很多研究，取得了不小的成果。前面已经介绍过俄国学者的观点，结合本章的需要，下面对俄国学者从研

第十二章 第二个伟大发现 透析资本剥削的秘密

究中得出的颇有新意的见解再作以论述。其中特别突出地反映了当前出现的严重的生态危机，并以此论证了社会主义取代资本主义的历史必然性。首先，如今占据大半个地球的资本主义是这样一种社会，那里的物质和精神生产从属于最大限度地搜刮利润、积累资本、追求无限膨胀的市场法则。一切都已变为商品，一切事物的唯一准则是挣钱。这就决定了资本主义特殊的、消费的性质。它把生产看作是对人的全面剥削和对自然资源的全面掠夺，而不考虑社会的耗费，不考虑对下一代人生活与环境的有害后果。其次，当代资本主义已经进入"消费社会"及其带来的三个严重后果：第一，发达资本主义国家为了满足资本增值对于市场的需要，铺天盖地的广告刺激人们的占有欲和享受欲，迷惑他们的健全理智，强迫他们进行消费。商品为更新而更新，人们为消费而消费，消费远远超出了人们的合理需要。人不仅是机器的附属，而且成了信用卡的附属；不仅生产活动异化了，人的消费活动也异化了，人进一步沦为资本自我增值的工具。但是，人的这种变态大大深化了资本主义的固有矛盾。第二，资本主义虽然发生了很大变化，但其剥削本性并没有改变，资本与劳动、剥削与被剥削的矛盾越出了发达资本主义的国界，扩展到世界不同国家和地区。虽然发达资本主义国家内部存在的阶级矛盾因此得到一定程度的缓和，但就全球而言，这一矛盾更为广泛、更为深刻，这些国家和其他国家的关系具有了阶级剥削的性质。第三，这种过度消费，推动了工业生产的毫无节制的发展，其结果造成了严重的生态问题、发展问题、资源问题等全球性问题。正是这样严重的后果，决定了资本主义社会的必然灭亡。"**资产阶级式的社会生活已濒临其可能的极限。连最狂热的拥护者也承认，资本主义生产方式不仅已到了其内部的临界线，而且到了自然的临界线。**"[①] 如前所说，充其量占全球人口五分之一的工业发达国

[①] 靳辉明、罗文东：《当代资本主义新论》，四川人民出版社2005年版，第14—15页。

家，消费着世界原料、能源及其他资源的大约五分之四。因此，如果全世界都按照发达资本主义国家这样生活方式去生活，那么地球将不堪重负，人类将无法生存。这种人与人、人与自然的关系是何等的不平等！**人类必须抛弃资本主义的价值追求和社会制度，必须对社会生活加以全面的有计划的控制，把人自身的完善和发展放在首位，而这也就是社会主义的实现，是向共产主义的前进。**这里从生态和资源的角度，十分清楚地揭露了资本主义生产方式的本质和历史局限性，对于认识当代资本主义会有启迪意义。

资本主义的本质没有改变。从上述内容中可以清楚地看到，时代发生了很大变化，但资本主义矛盾并未消失，资本的本质没有改变，而且变本加厉。当今的时代仍是资本主义占主导的时代。

我们应当结合上述新的事实，对列宁在《帝国主义是资本主义的最高阶段》中对垄断资本主义的本质特征和历史地位的分析作进一步的思考。列宁在该书的"帝国主义的历史地位"部分，在论述了垄断资本主义四种主要表现以后得出这样的结论："垄断，寡头统治，统治趋向代替了自由趋向，极少数最富强的国家剥削愈来愈多的弱小国家，——这一切产生了帝国主义的这样一些特点，这些特点使人必须说帝国主义是寄生的或腐朽的资本主义。帝国主义的趋势之一，即形成'食利国'、高利贷国的趋势愈来愈显著，这种国家的资产阶级愈来愈依靠输出资本和'剪息票'为生。"[①] 他接着指出，"根据以上对帝国主义的经济实质的全部论述可以得出一个结论，即应当说帝国主义是过渡的资本主义，或者更确切些说，是垂死的资本主义。"[②] 列宁所指出的帝国主义的寄生性、腐朽性和垂死性这些特征，不仅没有改变，而且表现得更为突出，更为尖锐。从我们前面所列举的数字已经看得十分清楚，大资本家和寡头们通过金融垄断、资本输出、高额利润从世界各国和各地区攫取了数额惊人的财富，他们还通过股市

---

① 《列宁专题文集——论资本主义》，人民出版社2009年版，第210页。
② 同上书，第211页。

第十二章 第二个伟大发现 透析资本剥削的秘密

交易、金融市场和房地产等灰色经济获取暴利。资本的这种趋势就使得世界上贫富差距、穷国与富国的差距达到了空前尖锐的程度。西班牙《起义报》2004年7月9日载文说：所谓七国集团，美国、加拿大、德国、英国、法国、意大利和日本占世界总人口的11%，而GDP却占世界65%；但世界其余国家和地区人口占世界的89%，而GDP仅占35%，差距最大的亚太地区，人口占世界的52%，而GDP只占8%。**该报的结论是，只要世界上继续推行新自由主义模式，穷国的发展就没有希望**。事实上，国际垄断资本主义已经成为世界上大多数国家走向富强和广大人民获得幸福生活与自由发展的桎梏。

关于《资本论》的当代意义，英国作家弗朗西斯·惠恩的观点颇具代表性，他说："《资本论》对于控制我们生活的那些力量及其所产生的不稳定、异化和剥削的生动描绘，将永远不会失去其共鸣，也不会失去将世界置于焦点之下的能力。正如1997年《纽约客》上的那篇文章的结尾所写道的，'只要资本主义还存在，他的书就值得阅读。'马克思根本没有被埋葬在柏林墙的碎石之中，也许现在他正在显露他真正的意义。他仍然能够成为21世纪最有影响力的思想家。"① 是的，只要资本主义制度

马克思与《资本论》

还没有退出历史舞台，只要资本剥削还存在，《资本论》中所阐述的原理就不会过时。马克思和他的《资本论》对21世纪甚至更久远的时代的影响，非常值得我们关注和应当进行跟踪研究。

---

① [英] 弗朗西斯·惠恩：《马克思〈资本论〉传》，陈越译，中央编译出版社2009年版，第188页。

第十三章 国际领袖和灵魂

《资本论》第一卷写作完成之日，恰恰是国际工人运动又一次走向高潮之时。19世纪60年代，由于产业革命的推动，产业工人的比重已经超过了40年代占优势的半手工业工人。资本主义大工业的发展导致社会对立和两极分化的普遍加剧：一端是财富的积累；另一端是贫困的加深。1866年开始的经济危机，更加激化了工人阶级与资产阶级的矛盾，推动了国际无产阶级革命的高涨。马克思清醒地意识到，这是用科学理论武装工人运动，指导无产阶级革命斗争沿着正确方向发展的大好机会。马克思的毕生的任务，不仅是科学地论证资本主义的必然灭亡，而且要帮助无产阶级——资本主义社会的掘墓人——意识到自己肩负的历史使命，并且为未来的社会主义革命组织自己的力量。

这时，马克思毅然决然地离开书房，参加了第一国际的创建，领导了国际的革命活动，运用科学社会主义的原理起草了第一国际的一切重要文件，为国际制定了指导其革命活动的纲领、路线和战略、策略。他在领导国际的活动中，当时主要解决两大问题：一是向广大工人群众说明经济斗争与政治斗争的相互关系；二是指明工人

马克思摄于1861年

第十三章　国际领袖和灵魂

阶级当前的民主斗争任务与工人阶级社会解放的关系，使他们懂得为民主而斗争是与争取实现社会主义息息相关的。为此，马克思同形形色色的机会主义和分裂主义进行了不懈的斗争，用科学社会主义原理武装了工人阶级，把正在兴起的社会主义运动引向了正确的方向。正像恩格斯指出的，马克思在国际的工作是他全部党的政治活动的高峰。他是国际的真正的领袖和灵魂。

此时发生的巴黎公社革命，从实践上支持了马克思主义理论，《法兰西内战》用新的革命经验丰富了共产主义学说，可以说，这时的《法兰西内战》和其后在同机会主义论战中撰写的《哥达纲领批判》，进一步丰富了马克思关于共产主义的学说。

一　国际形势的变化和国际工人协会的建立

资本主义世界市场的形成和从1857年以来不断发生的经济危机，资产阶级利用国际市场和劳动资源来对付本国的工人阶级，使各国工人阶级逐渐认识到自己的利益同其他国家工人阶级的利益是休戚相关的，从而意识到工人阶级国际联合的必要性。国际工人运动的高涨推动了第一国际的诞生。"在欧洲工人阶级又强大到足以重新对统治阶级政权发动进攻的时候，产生了国际工人协会。"[①]

19世纪50年代末到60年代初，欧洲各国工人运动开始走出低潮。各国无产阶级相互支持，加强了联系。在欧洲工人运动走向高涨时，欧美和亚洲民族民主运动也蓬勃发展起来。1859年意大利爆发了争取民族解放和统一的斗争。1861—1865年，美国北方人民进行了反对南方奴隶主叛乱的南北战争。1863—1864年，波兰人民举行了反对沙皇俄国殖民统治、争取波兰国家独立的民族起义。同时，备受欧美各资本主义国家侵略和掠夺的亚洲国家，如中国、印度、波斯、朝鲜和越南等，也相继爆发了反对殖民压迫和封建统治的革命斗

[①]《马克思恩格斯全集》第22卷，第64页。

争。其中，在中国发生的太平天国革命（1851—1864）规模最大、时间最长、影响也最深。世界上发生的革命斗争直接影响了欧洲的工人运动。19世纪60年代的工人运动，不仅规模大，几乎席卷整个欧洲，而且也开始由经济斗争走向政治斗争，成为有组织的革命活动。加强工人阶级的国际团结，建立国际工人联合组织，已经成为这个时期各国工人运动发展的客观要求。

波兰人民的武装起义成为创立第一国际的起点。长期遭受俄罗斯、普鲁士、奥地利瓜分奴役的波兰人民，1863年再次爆发反对沙皇俄国统治的武装起义，但遭到沙皇政府的残酷镇压。于是激起了欧洲大陆工人和进步人士的深切同情和强烈抗议。英国工人为抗议沙俄镇压波兰人民的起义，声援波兰人民的正义斗争，由伦敦工联理事会的领袖们倡议，于1863年4月28日，在伦敦圣詹姆斯大厅召开盛大的工人集会，要求英国政府为支援波兰起义进行干涉。接着，又连续召开了几次英国工人抗议俄国镇压波兰起义的声援大会。在11月1日的会议上，英国工人提出"为了工人大众的事业，各国人民必须团结一致"，"我们的口号是团结友爱"。建议召开由英、法、德、意、波和所有愿意为造福人类而共同努力的国家代表参加的大会，讨论联合的问题。此建议得到法国等国家的工人积极响应。英法两国工人为此组织了一个大会筹备委员会，并派专人邀请马克思作为德国工人的代表参加会议。马克思考虑到这个会议的重要性，意识到国际形势已经发生了很大的变化，加强国际联合已成为日益发展起来的各个工人运动的共同要求，于是他决定打破十几年来拒绝此类邀请的惯例，答应出席会议，并推荐原共产主义者同盟盟员约翰·格奥尔格·埃卡留斯在大会上发言。马克思后来在给约瑟夫·魏德迈的信中谈到了他当时的心情，他说："不久前成立的国际工人委员会不是没有意义的。它的**英国**委员大部分是本地工联的领导人，也就是伦敦真正的工人王国；……委员会中的法国委员是一些影响不大的人，但是他们直接代表着巴黎的处于领导地位的'工人'。同不久前在那不勒斯举行过代表大会的意大利团体也有联系。虽然多年来我一直避免参加各种各样的'组织'等等，但是这一次我接受了建议，因为这是一桩可以取得显著成效的事业。"①

国际工人大会

1864年9月28日，在伦敦圣马丁礼堂，由英、法、德、意、波等国2000多名工人代表参加的国际工人大会在这里隆重举行。大会宣读了《英国工人给法国工人的信》和《法国工人致英国兄弟》的回信。法国工人在回信中，首先表达了对遭受沙俄血腥镇压的波兰人民的同情和声援，分析了资本主义制度给各国工人带来的苦难，明确地指出："由于缺乏职业教育，科学变成了资本的特权；由于劳动分工，工人变成机械的工具，则由于工人之间缺乏团结，贸易自由创造了工业奴隶制，这是比我们祖先在法国革命的光荣日子里所消灭掉的农奴制对人类更为残酷、更为有害的制度。""全世界工人们！我们必须团结起来，筑成一座不可摧毁的堤坝，来抗拒把人类分成两个阶级——愚昧饥饿的平民和脑满肠肥的官吏——的害人的制度。"最后他们号召"我们要团结起来拯救自己！"法国工人代表还提出了建立国际组织的方案。他们的发言和建议，赢得了与会代表的普遍的支持和赞成。

埃卡留斯代表德国工人发表了演说，马克思则"扮演哑角加以协

---

① 《马克思恩格斯全集》第31卷，第434—435页。

助"。大会决定成立国际工人协会（史称第一国际），并选举了包括马克思和埃卡留斯在内的、由35人组成的临时中央委员会。临时中央委员会主席由英国工联领袖乔治·奥哲尔担任。这个委员会成分极其复杂，在英国委员中，除工联领袖外，还有一些英国资产阶级激进运动、资产阶级合作运动、宪章派、欧文派的代表，等等。甚至一些敌视无产阶级运动的派别，如马志尼派也进入了国际。恩格斯后来指出："在我们协会中，有各种各样的人，有共产主义者、蒲鲁东主义者、工联主义者、合作社派、巴枯宁主义者，等等，甚至在我们委员中也有观点极不相同的人。"① 这种情况反映了当时工人运动还处于不成熟的状态。这无疑给马克思起草国际文件，统一工人群众的思想带来极大的困难。马克思深知情况的复杂，他当时在讲台上就座，但没有发言。他说，埃卡留斯"干得很出色，而我也在讲台上扮演哑角加以协助。"②

恩格斯是在马克思建议下参加了这次大会，他在谈到马克思的作用时这样说："像这样的组织不可能是由一个人创立的。但有一点是毫无疑义的：在所有的参加者当中只有一个人清楚地懂得正在发生什么和应该建立什么；他就是早在1848年就向世界发出'全世界无产者，联合起来！'这一号召的人。"③ 马克思是国际工人协会、即第一国际的创始人之一。

在这里，有必要介绍创建第一国际的两位重要人物：

乔治·奥哲尔（1820—1877），19世纪60年代英国工人运动活动家，英国工联领袖，第一国际创始人，任国际工人协会总委员会委员和主席。他作为第一国际的筹建者和前期主要领导人之一，曾同意小委员会授权马克思起草国际的纲领草案，支持马克思关于支持波兰民族独立、反对蒲鲁东主义的路线。1866年9月，在国际总委员会会议上，劳伦斯和卡特要求任命马克思为国际总委员会主席，马克思

---

① 《马克思恩格斯全集》第33卷，第242页。
② 《马克思恩格斯全集》第31卷，第12页。
③ 《马克思恩格斯全集》第22卷，第398页。

婉言谢绝，并提议选举奥哲尔。结果他再度当选为主席。但奥哲尔始终没有接受马克思主义，最后成为机会主义者，脱离工人运动。

约翰·格奥尔格·埃卡留斯（1818—1889），国际工人运动和德国工人运动著名活动家，于1867—1871年前任第一国际总委员会书记。早年过着流浪裁缝的生活，1846年流亡伦敦，后加入正义者同盟，是首批拥护马克思和恩格斯创立的科学共产主义理论的德国工人政论家。同盟改组为共产主义者同盟后，埃卡留斯成为同盟积极的一员，同盟中央委员之一。困难年代，他在贫困和疾病的折磨中坚持革命工作。马克思、恩格

埃卡留斯

斯曾想尽办法资助埃卡留斯，在其病重时马克思还把他接到自己家里住了两个月。在第一国际成立时，马克思推荐他作为德国人的代表出席大会。马克思和他当选为临时中央委员会（后称国际总委员会）委员和常务委员会委员。他协助马克思为国际制定正确的政治路线和组织路线，积极传播马克思的经济理论，同蒲鲁东主义展开针锋相对的斗争。但他后来从马克思主义滑向工联主义。

二 起草第一国际《宣言》和《章程》

国际的《成立宣言》和《临时章程》的起草经历了一个激烈的斗争过程，一些代表不同利益和思想倾向的团体都试图按照自己的观点起草国际的重要文件，以便影响和控制即将诞生的国际工人协会。当时，临时中央委员会任命一个有九人组成的小委员会起草协会必须遵循的原则纲领，其中就包括马克思。但是，马克思开始并没有及时接到通知，所以文件起草的初期他并没有参加工作。在马克思正式参

与起草文件以前，已经产生了由小委员会委员约翰·韦斯顿自己起草的原则宣言草案，和鲁伊志·沃尔弗提交的意大利工人协会章程与国际纲领和章程的指导思想的提案。这两个文件，不仅内容极其混乱，文字异常冗长，而且反映了在当时工人运动中流传错误思想倾向。约翰·韦斯顿是英国的一个老欧文主义者，向工人传播一种旧学派的多情善感的学说，除了真理和正义之类的陈词滥调之外，他并不知道工人运动的任何别的原理。而沃尔弗宣读的意大利工人协会章程草案，"显然是马志尼的拙劣作品"。[①] 这个草案是朱泽培·马志尼（1805—1872）根据意大利工人兄弟协会第18次代表大会的决定起草的。它把工人运动的目的归结为争取工人阶级的道德、智力和经济三方面的进步，并且把这三项目的的实现途径归结为："通过合法手段告诉自己的政府关于自己生存的条件、希望和要求"。很显然，他不是主张依靠工人阶级自己解放自己，而是乞求现存政府的施舍。这清楚地反映了马志尼关于工人运动的资产阶级改良主义观点。但是，这样拙劣的文件居然被临时中央委员会所基本接受，只是再做一些精简和修改而已。可见，当时工人运动中的思想混乱和问题的严重性。

在这种情况下，J. G. 埃卡留斯立即致信马克思："克里默私下说，不应该还让韦斯顿办这件事，草案的修订应该交给一个最多由三人组成的委员会来做，他们可以对现有材料自行决定取舍。奥尔哲等人同意他的意见。'人得其位，位得其人'，无疑是马克思博士。"他要求马克思务必出席以后的会议，负起起草国际纲领、章程的责任，以便"在欧洲工人组织的初生婴儿的身上，你绝对必须打上你的**言简意赅的印记**"[②]。在埃卡留斯的建议下，马克思出席了以后的各次会议，参加（实际上领导）了国际工人协会一切重要文件的起草工作，但其难度是可想而知的。有一次小委员会会议就是在马克思家里召开的，马克思建议对《章程》逐条进行讨论。会上争论十分激烈，为

---

① 《马克思恩格斯全集》第31卷，第413页。
② 张汉清：《马克思、恩格斯与第一国际》，东北师范大学出版社1996年版，第50页。

第十三章　国际领袖和灵魂

《章程》第一条的修改，一直讨论到深夜一点钟才结束，其他问题的分歧更是可想而知了。

马克思清醒地意识到当时的复杂情况和起草文件的难度，他在给恩格斯的信中说："要把我们的观点用目前水平的工人运动所能接受的形式表达出来，那是很困难的事情。……重新觉醒的运动要做到使人们能像过去那样勇敢地讲话，还需要一段时间。"要做到这一点，"就必须实质上坚决，形式上温和"①。在目前情况下，必须力争起草一个不致把英国工联、法国、比利时、意大利和西班牙的蒲鲁东派以及德国的拉萨尔派拒之门外的纲领。马克思巧妙地把原则的坚定性和策略的灵活性结合起来，结合当时工人运动的实际情况，既不照搬《共产党宣言》所阐述的原理，又坚持了《宣言》的基本原则和精神，彻底地修改了那些已经"被采纳的意见"，起草能为多数人接受的国际工人协会的重要文件。马克思首先起草了《告工人阶级书》，对1848年以来工人阶级的命运作了历史的回顾，肯定了工人阶级斗争取得的成果。据此，他重新草拟了《国际工人协会成立宣言》和改写了《协会临时章程》。并把《章程》由40条压缩为10条。马克思出色地完成了这两个文件的起草工作。1846年10月27日小委员会会议讨论并一致接受了马克思重新起草的两个文件。接着，在11月1日，中央委员会举行全体会议，通过了马克思草拟的《成立宣言》和《临时章程》，后来又在代表大会上一致通过，成为国际工人协会的正式文件。这就使国际无产阶级的第一个组织摆脱了资产阶级民主派的影响，为它奠定了牢固的基石。

首先，《成立宣言》分析了1848年以来资本主义的发展和工人阶级生活状况不断恶化的客观事实，由此得出一个重要结论，说明无论资本主义如何发展，"都不能消除劳动群众的贫困；在现代这种邪恶的基础上，劳动生产力的任何新的发展，都不可避免地要加深社会对比和加强社会对抗。这在欧洲一切国家里，现在对于每一个没有偏见

---

① 《马克思恩格斯全集》第31卷，第17页。

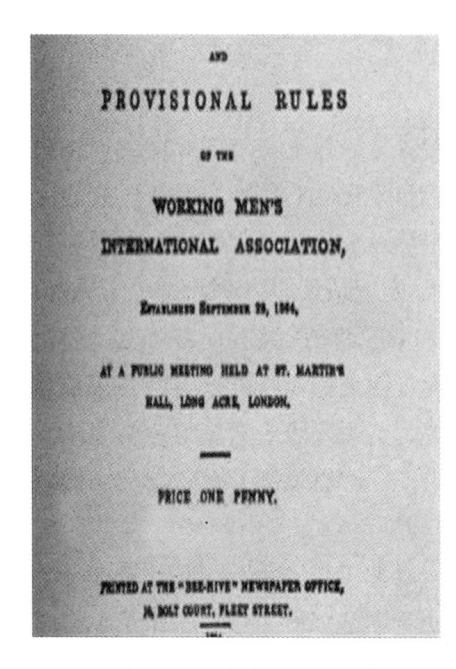

《国际工人协会成立宣言》

的人都已成为十分明显的真理，只有那些一心想使别人沉湎于痴人乐园的人才会否认这一点。"① 资本主义的发展，只能使富人越富，穷人越穷。这个客观事实是改变不了的。

其次，马克思指出，不论在任何情况下，工人阶级都不会停止反对资本主义制度的斗争。他充分肯定了英国工人阶级经过长期斗争而争取到的十小时工作日法案，认为这"不仅是一个重大的实际的成功，而且是一个原则的胜利"，即解决了"构成资产阶级政治经济学实质的供求规律的盲目统治和构成工人阶级政治经济学实质的由社会预见指导社会生产之间的争论。"② 同时，马克思也肯定了当时合作运动发展的重大意义，认为"大规模的生产，并且是按照现代科学要求进行的生产，没有利用雇佣工人阶级劳动的雇主阶级参加的条件下是能够进行的"。"为了有效地进行生产，劳动工具不应当被垄断起来作为统治和掠夺工人的工具；雇佣劳动，也像奴隶劳动和农奴劳动一样，只是一种暂时的和低级的形式，它注定要让位于带着兴奋愉快心情自愿进行的联合劳动。"③ 但是，马克思也同时提醒人们，不要过高地估计资本主义条件下合作制的意义，无产阶级不夺取国家政权，合作制就不能改变社会制度的基础。劳动的解放还必须通过工

---

① 《马克思恩格斯全集》第16卷，第10页。
② 同上书，第11—12页。
③ 同上书，第12页。

人阶级的革命斗争，而"夺取政权已成为工人阶级的伟大使命"。①

最后，马克思进一步指明了工人阶级的历史任务。工人阶级要实现自身解放的使命，必须要有一定的人数，"但是只有当群众组织起来并为知识所指导时，人数才能起决定胜负的作用"。同时强调，各国工人阶级只有联合起来才能取得最后的胜利。所以，在《成立宣言》中，马克思阐明了各国工人兄弟般团结的意义，他指出："忽视在各国工人间应当存在的兄弟团结，忽视那应该鼓励他们在解放斗争中坚定地并肩作战的兄弟团结，就会使他们受到惩罚，——使他们分散的努力遭到共同的失败。"② 如同《共产党宣言》一样，《成立宣言》的结语也使用了工人阶级的国际主义口号："全世界无产者，联合起来！"

《临时章程》进一步论述了国际的原则：指出"工人阶级解放应该由工人阶级自己去争取"，工人阶级进行斗争的目的是"消灭任何阶级统治"，"因而工人阶级的经济解放是一切政治运动都应该作为手段服从于它的伟大目标……"③ 为实现这个伟大任务，各国工人阶级必须结成兄弟般的联盟。

马克思在这两个文件中阐发的这些思想，是对《共产党宣言》思想的实际的贯彻和成功的运用，它对国际工人协会的未来命运具有至关重要的意义。这些成果表明，马克思在国际中为科学共产主义原理的贯彻所进行始终不渝的顽强斗争，取得了重大胜利。

三 普法战争和巴黎人民的起义

19世纪60—70年代，是对欧洲未来发展影响巨大的时期，也是欧洲多事之秋的时期。经济危机时有发生，社会矛盾错综复杂，为争夺地盘战火连年，置群众于苦难之中。如1859年的法奥战争；1848

---

① 《马克思恩格斯全集》第16卷，第13页。
② 同上。
③ 同上书，第15页。

年革命以后，意大利为解放和统一战火一直不断，1866 年进行了意奥战争；1864 年 7 月的德丹战争；1866 年 6 月 17 日开始的德奥战争，也称"七周战争"，以奥地利失败告终，从此奥地利脱离了德意志联邦；1868 年西班牙发生的军事政变，因王位继承引发普法对抗；特别是在 1870 年 7—9 月间发生了普法战争，在战争中南德意志联邦与北德意志联邦实行了联合，德意志统一，等等。

多年来，德国和法国都怀有各自的政治图谋和领土野心，蠢蠢欲动，想发动一场战争，但谁都不愿首先挑起战争。在俾斯麦居心叵测的诱逼下，1870 年 7 月 19 日法国政府向德国宣战，普法战争爆发。拿破仑三世对战争结局充满信心，亲自率领法军与俾斯麦指挥的普军聚集在德法边境鏖战。经过一个多月的战斗，于 8 月底至 9 月初，在色当地区展开决战，结果法军遭到惨败。9 月 1 日，拿破仑三世派人送信给普鲁士威廉国王，表示："自从命运没有赐我死于军中，我除了把佩剑交到陛下您的手中，别无他法。" 9 月 2 日，拿破仑三世、麦克马洪元帅、连同 10 万军队、418 门大炮和无数军需辎重，都落入普军之手。法兰西第二帝国的丧钟敲响了。此时，巴黎爆发了革命，推翻了帝制，宣布成立第三共和国，并组成以特罗胥将军为首的国防政府。但是，普军并未停止进攻，而是长驱直入，直到法军完全投降。1871 年 2 月 26 日，由阿·梯也尔和俾斯麦在凡尔赛签订了一项初步和约。国民议会在凡尔赛开会，批准了德国人所强加的屈辱条约。5 月 10 日，德法正式签订《法兰克福和约》，战争宣告结束。和约的条件十分苛刻，它规定：法国向德国割让阿尔萨斯省和洛林省的大部分，连同战略要地梅斯要塞；法国赔款 50 亿法郎；在赔款付清前德军继续驻守法国领土，一切费用由法国承担。

在连绵不断的战火中，奥托·爱德华·利奥波德·冯·俾斯麦用"铁血政策"实现了德意志的统一。1871 年 1 月 1 日，统一的德意志国家正式宣告成立，也即以普鲁士为主体的军国主义的德意志联邦成立。后来改称德意志帝国，普鲁士国王威廉一世成为德意志帝国的皇

第十三章　国际领袖和灵魂

帝,并在凡尔赛宣布登上王位,俾斯麦为宰相,一直到 1890 年。他们的军国主义精神和政策,为德国后来的发展打上了深深烙印。

普法战争引起世人的关注,也引起马克思和恩格斯的高度关切,他们不断地交换对战争的见解,认为重要的是要分清战争的性质,是保卫民族的正义的战争,还是为掠夺别国领土而进行的侵略战争。提出法德工人阶级要从国际主义出发,反对剥削阶级的民族主义和沙文主义,维护工人阶级的共同利益。倍倍尔和李卜克内西在北德意志的国会中,对普鲁士政府反人民的战争政策提出强烈的抗议,他们呼吁欧洲人民"争取自决权利,并且把国家和社会一切罪恶的根源即现今的军阀阶级统治推翻"。马克思和恩格斯对他们在国会中的这种英勇行为非常高兴,表示支持。

在战争期间,马克思还推荐恩格斯作为战事评论员为在伦敦出版的《派尔—麦尔新闻》撰写普法战争的报道。从 7 月 29 日起,恩格斯以"战争短评"为标题报道战争情况,一直到战争结束,共写了 58 篇短评。恩格斯有根有据的报道和评论,在伦敦引起了轰动。英国大报纸《泰晤士报》也毫不犹豫地转载恩格斯的文章,或者作为铁证来引用。恩格斯依据自己掌握的实际材料和独到的见解,精辟的分析,不仅预见到战争的进程,而且预料法国必败。恩格斯关于战争的文章,博得了伦敦的朋友们的高度赞扬。马克思说,恩格斯毫无疑问地正在"被公认为**伦敦的头号军事权威**"。[①] 燕妮也写信给恩格斯,兴高采烈地说:"您可能想象不到,您的这些文章在这里多么轰动一时啊!这些文章写得如此惊人地清晰明了,使我不能不把您称作小毛奇(指当时指挥普军作战的冯·毛奇将军——作者)。"[②] 恩格斯在文章中谴责了普军的侵略行为和暴行,赞扬了在法兰西境内形成的反抗普军的志愿游击队。

普法战争的失败和新成立的法国国防政府的腐败无能,激起了巴

[①] 《马克思恩格斯全集》第 33 卷,第 29 页。
[②] 同上书,第 655 页。

巴黎人民起义

黎广大人民的不满，爆发了人民的武力反抗，巴黎工人们英勇战斗，引爆了如火如荼的"巴黎公社"革命。

四 巴黎公社和第一国际 马克思的《法兰西内战》

在巴黎人民武装起义中，工人阶级站在了自卫战的第一线，在路易-阿道夫·梯也尔政府投降以后，仍然坚持同普军战斗，表现得十分英勇、顽强。爱国的巴黎人民公开募捐资金，为工人武装购置大炮。1871年3月18日凌晨，法国内阁总理路易-阿道夫·梯也尔命令政府军队夺取巴黎工人的大炮，激起群众的愤怒，纷纷起来反对资产阶级政府这种怯懦的损害民族利益的叛卖行为，就是在军队中也有许多士兵倒戈，同巴黎的工人和手工业者等爱国人民站在一起。有两个将军命令军队向手无寸铁的妇女和儿童开枪，结果这两个人被自己手下的士兵击毙。梯也尔看到大势已去，带着政府官员和还没有站在人民一边的军队，匆匆逃亡凡尔赛。工人阶级同

第十三章　国际领袖和灵魂

其他劳动者联合夺取了政权，"现在城市掌握在人民的手里"。3月18日，巴黎市政厅上面，飘扬起工人的红旗。3月26日，巴黎公社被选出，两天后，市政厅前面举行了群众性的庆祝大会，正式宣告巴黎公社成立。

巴黎公社成立

巴黎公社成立的消息很快传到了伦敦。马克思在1870年9月法兰西共和国成立以后，曾警告法国工人阶级不要过早发动攻击，他担心一旦举行起义，法国工人阶级面对的敌人，不仅有本国的资产阶级，还有普鲁士的军队，这样会付出很大的牺牲。但是，当巴黎工人阶级革命爆发时，他就毅然决然地以无产阶级革命家的满腔热情采取一切可能的手段支持革命。马克思清楚地意识到，梯也尔政府很快就会借助普鲁士的容克和军国主义者，开始为武力镇压革命进行准备。所以，应当很快与巴黎工人取得联系，支援他们反对凡尔赛政府的斗争，并呼吁各国工人起来声援巴黎工人阶级的革命斗争。在公社存在的日子里，马克思写了几百封信给住在各国的朋友和国际的成员，把巴黎发生的真实情况告诉他们，使他们了解公社的国际意义。他呼吁英国、德国等国的工人们开展示威活动和支援活动，以表示对巴黎阶级兄弟的同情和支持。这一期间，马克思还经常和恩格斯商量，和他讨论巴黎发生的事件，商议提出些什么建议，并辗转地送给熟识的公社委员。

欧洲一些国家的工人阶级纷纷举行集会，声援巴黎工人阶级的革命行动，德国支持活动的规模最大，多地举行声势浩大的声援大会。1871年5月25日，倍倍尔在国会的演说是国际主义支援的突出表现，在右派议员的一片啸叫声中，倍倍尔英勇地宣称：公社是全欧洲无产阶级的事业，它必将取得彻底胜利。马克思和恩格斯都赞成倍倍尔的勇敢行动。

马克思已经预感到巴黎工人坐失良机，会招致失败的，而不管哪一国的资产阶级都会用卑鄙的语言诽谤巴黎革命。在4月6日，他给李卜克内西的信中提醒道："你千万一个字也不要相信报纸上出现的关于巴黎内部事件的种种胡说八道。这一切都是谎言和欺骗。资产阶级报纸上那一套下流的胡言乱语还从来没有表现得这样出色。"[①] 作为马克思的朋友，路德维希·库格曼在4月5日给马克思的信中不正确地评论巴黎革命：他说，"决不能期待头脑不清的巴黎人实现生产方式的变革，一般说来这也不是个别民族所能实现的。"马克思在4月12日给库格曼的回信中，基于对巴黎公社的所采取的废除常备军和警察、实行彻底的民主选举制度等措施的了解，写道，公社活动的伟大历史意义在于，它是历史上第一次打碎资产阶级官僚军事国家机器的实践的尝试，这是任何一次真正的人民革命的先决条件。马克思在信中还表达了对公社社员英雄主义精神的赞美："这些巴黎人，具有何等的灵活性、何等的历史主动性、何等的自我牺牲精神！在忍受了六个月与其说是外部敌人不如说是内部叛变所造成的饥饿和破坏之

---

① 《马克思恩格斯文集》第10卷，第351—352页。

后，他们起义了，在普军的刺刀下起义了，好像法国和德国之间不曾发生战争似的，好像敌人并没有站在巴黎的大门前似的！历史上还没有过这种英勇奋斗的范例。""不管怎样，巴黎的这次起义，即使它会被旧社会的豺狼、瘟猪和下贱的走狗们镇压下去，它还是我们党从巴黎六月起义以来最光荣的业绩。就让人们把这些冲天的巴黎人同那个戴着陈腐面具，散发着兵营、教堂、土容克的气味，特别是市侩气味的德意志普鲁士神圣罗马帝国的天国奴隶们比较一下吧"①。5天之后，在给库格曼的第二封信中，针对他对巴黎革命的怀疑，马克思进一步指出："如果斗争只是在机会绝对有利的条件下才着手进行，那么创造世界历史未免就太容易了。""工人阶级反对资本家阶级及其国家的斗争，由于巴黎人的斗争而进入了一个新阶段。不管这件事情的直接结果怎样，具有世界历史意义的新起点毕竟是已经取得了。"②马克思对巴黎发生的事情，既无比坚定，一针见血，又头脑清醒，实事求是。

梯也尔反动政府纠集了各方面的反动势力向公社反扑。梯也尔政府军从西面进攻巴黎，而普鲁士占领军则从东面包围巴黎。先在巴黎的近郊，最后在巴黎城里的大街上，每一条街、每一栋房屋，公社战士都英勇保卫着。梯也尔政府军对手无寸铁的巴黎居民进行了极为残忍的屠杀。巴黎公社存在两个月后最终失败了。最后一批公社捍卫者在贝尔维尔和梅尼尔蒙坦的高地上倒下了，这时对赤手空拳的男女老幼进行了一个星期的疯狂屠杀已达到了顶点。拉雪兹神父墓地旁的一堵墙前，最后一批公社社员被枪击中，倒在了地上，鲜血流淌。巴黎的五月充满了血腥的味道。公社战士中有三万人被杀，六万人被捕入狱，或是被遣送到流放地去强迫从事劳动而致死，还有一些流亡国外。

巴黎公社对马克思一家产生了巨大的影响，许多亲密的朋友被卷

---

① 《马克思恩格斯文集》第10卷，第352、353页。
② 同上书，第354页。

思想巨人马克思

拉雪兹公墓与巴黎公社墙

入，他们很快就不得不面对大批的流亡者。他们家成为第一个避难所。马克思竭力鼓励公社流亡者振作精神，尽全力关心和照顾他们。他付出极大的精力为公社流亡者寻找住所、筹集衣服和家庭用品等必要的物质，帮助他们办护照，筹措路费和找工作。马克思这时不仅要和各国政府进行斗争，还要和身体肥胖的房东太太因房租问题进行争吵。支出大量增加，使得燕妮常常不得不去向朋友们借贷。她痛苦地

第十三章 国际领袖和灵魂

回忆道，大批的流亡者在街上挨饿，由国际工人协会来供养，国际援助多数流亡者度过生死关头，已经有五个多月了。巴黎公社的英雄、波兰革命家瓦·符卢勃列夫斯基后来给恩格斯的信中表达了这样的感激："在我流亡伦敦期间，您的家和马克思的家成了我唯一的、真正充满友情的避难所，在这里你们对我多么友爱和仁慈。"在逃到伦敦的流亡者中，有一个是法国人欧仁·鲍狄埃。他是巴黎公社的主要领导人之一，巴黎公社失败后，他在群众的掩护下，躲进了一家的阁楼，幸免于难。在这悲痛的日子里，他的心情无法平静，5月30日，他执笔写下了震撼寰宇的宏伟诗篇——《国际》。这首诗1888年被法国业余作曲家比尔·狄盖特谱曲，《国际歌》就此诞生了！从此，响彻云霄的《国际歌》成为向全世界被压迫者和被剥削者发出的激动人心的号召。

1871年4月底，国际工人协会总委员会委托马克思起草一篇关于公社的宣言。对马克思来说，反动势力向巴黎公社反扑的消息，是一个沉重的打击，他病倒了。他的大女儿燕妮在写给德国朋友的信中说："目前的局势使我们亲爱的摩尔痛苦极了，这无疑是他生病的主要原因。"马克思在病中用了一个月多一点的时间，在巴黎最后一个街垒失守的两天之后，最终写成了《法兰西内战·国际工人协会总委员会宣言》。

马克思在《宣言》中，全面地总结了巴黎公社的战斗历程和历史经验，精辟地阐述了巴黎公社的原则，结合巴黎公社的经验，进一步阐述了马克思主义关于阶级斗争、国家、无产阶级革命和无产阶级专政的学说。

首先，马克思分析了1830年革命使政权从地主手里转到了资本家手里，通过镇压革命运动不断强化国家机器，使之成为资产阶级维护自己统治的工具。《宣言》指出："现代工业的进步促使资本和劳动之间的阶级对立更为发展、扩大和深化。与此同步，国家政权在性质上也越来越变成了资本借以压迫劳动的全国政权，变成了为进行社会奴役而组织起来的社会力量，变成了阶级专制的机器。每经过一场

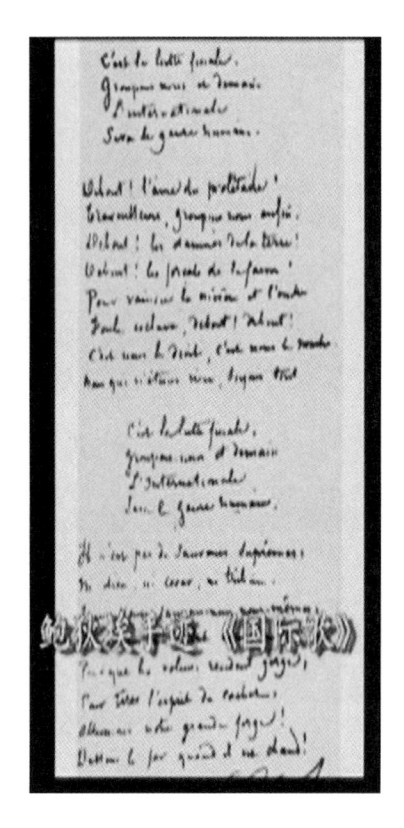

国际歌

标志着阶级斗争前进一步的革命以后，国家政权的纯粹压迫性质就暴露得更加突出。"① 因此，"工人阶级不能简单地掌握现成的国家机器，并运用它来达到自己的目的。"工人阶级必须把"窃据社会主人地位而不是为社会做公仆的政府权力打碎。"② 用他们自己的政府机器去代替统治阶级的国家机器、政府机器。无产阶级之所以能够做到这一点，就是因为它对全社会负有消灭一切阶级和阶级统治的新的社会使命。

其次，《宣言》清楚地阐明了公社的性质、特征及其任务。"公

---

① 《马克思恩格斯文集》第 3 卷，第 152 页。
② 同上书，第 151、194 页。

第十三章　国际领袖和灵魂

社的真正秘密就在于：它实质上是工人阶级的政府，是生产者阶级同占有者阶级斗争的产物，是终于发现的可以使劳动在经济上获得解放的政治形式。"关于公社的长期的、根本的任务，马克思写道："公社是想要消灭那种将多数人的劳动变为少数人的财富的阶级所有制。它是想要剥夺剥夺者。它是想要把现在主要用做奴役和剥削劳动的手段的生产资料，即土地和资本完全变成自由的和联合的劳动的工具，从而使个人所有制成为现实。"① 马克思也清楚地意识到，完成这样

《法兰西内战》的封面

的历史任务不是一朝一夕的事情，而是需要经过长期奋斗才能实现的。他说，工人阶级有权利，"为了谋求自己的解放，并同时创造出现代社会在本身经济因素作用下不可遏止地向其趋归的那种更高形式，他们必须经过长期的斗争，必须经过一系列将把环境和人都加以改造的历史过程。"② 他向工人阶级指明了实现共产主义的长期性和艰巨性。在这里，马克思用巴黎公社的经验进一步地丰富了《共产党宣言》和《资本论》里阐明的原理。

最后，马克思指明了公社的基本原则。公社与旧的政府机关是根本不同的，公社不应当是议会式的清谈馆，而应当是干实事的工作机关。"普选权不是为了每三年或六年决定一次由统治阶级中什么人在议会里当人民的假代表，而是为了服务于组织在公社里的人民。"③

---

① 《马克思恩格斯文集》第3卷，第158页。
② 同上书，第159页。
③ 同上书，第156页。

思想巨人马克思

巴黎公社是由巴黎各区通过普选选出的市政委员会组成的。这些委员对选民负责，随时可以罢免。公社是一个实干的而不是议会式的结构，它既是行政机关，同时也是立法机关。从公社委员起，自上至下一切公职人员，都只能领取相当于熟练工人工资的报酬。防止公职人员由人民的公仆变成人民的主人。马克思充分肯定了公社是同以往旧国家机器根本不同的新的国家形式，并从中看到了无产阶级国家的萌芽，看到了工人阶级掌握政权的最合适的政治形式。

马克思在《法兰西内战》结尾写道："工人的巴黎及其公社将永远作为新社会的光辉先驱而为人所称颂。它的英烈们已永远铭记在工人阶级的伟大心坎里。那些扼杀它的刽子手们已经被历史永远钉在耻辱柱上，不论他们的教士们怎样祷告也不能把他们解脱。"①

恩格斯这样评价《法兰西内战》：它表现了作者"惊人的才能，即在伟大历史事变还在我们眼前展开或者刚刚终结时，就能准确地把握住这些事变的性质、意义及其必然结果。""这一著作揭示了巴黎公社的历史意义，并且写得简洁有力而又那样尖锐鲜明，尤其是那样真实，是后来关于这个问题的全部浩繁文献都望尘莫及的。"②

6月，《宣言》以小册子形式在伦敦发表，两个月就出了三版，第二版卖掉了8000册，并被翻译成了大多数欧洲语言广泛传播。

这本著作也给马克思带来了麻烦。从它发表开始，马克思就一直处于警察的监视之下。1871年6月28日，马克思在给库格曼的信中自我解嘲道：《宣言》"引起了一片疯狂的叫嚣，而我目前荣幸地成了伦敦受诽谤最多、受威胁最大的人。在度过二十年单调的沼泽地的田园生活之后，这的确是很不错的"。8月，马克思在一个海滨浴场待了几天。他散步时，总有一个秘密警察跟着，马克思很幽默地告诉燕妮，他是如何大胆地制止这个特务的："昨天，我又遇到了他，很反感，于是就停住脚步转过身去，以轻蔑的眼光透过长柄眼镜打量这

---

① 《马克思恩格斯文集》第3卷，第181页。
② 同上书，第99、100页。

个家伙。他怎么样呢？恭顺地脱下了帽子，而且今天已不再光顾了。"人世间充满着爱与憎，在这样的时刻，爱憎是如此的分明！

五　批判国际工人运动中的各种机会主义思潮

第一国际的建立，使国际工人运动进入到一个新的阶段。国际工人运动不仅有了科学的理论指导，而且有了团结广大工人群众的组织形式。但是，为了第一国际的工作能够正常地运行，使工人运动沿着正确的道路向前发展，清除影响工人运动的错误思潮就显得非常必要。鉴于当时工人运动存在的复杂情况，刚刚诞生的马克思主义同形形色色的机会主义斗争已经不可避免。在第一国际期间，涌现出许多个形形色色的机会主义派别，特别是拉萨尔主义与巴枯宁无政府主义和分裂主义，对当时的工人运动影响最大，时间也最长。马克思对他们的机会主义观点进行了全面的清算，进一步阐发了马克思主义关于国家的学说和无产阶级专政的理论，以及关于共产主义的基本原理。

1. 批判蒲鲁东的社会改良主义

在20年前，马克思在《哲学的贫困》等论著中，就批判了蒲鲁东的经济学和哲学思想，深刻地阐发了自己的政治经济学和唯物主义历史观的基本原理。第一国际成立不久，蒲鲁东就去世了，但他的思想仍然影响着欧洲许多国家，特别是法国、比利时等西欧国家工人的思想，蒲鲁东主义依然是第一国际中的最大的机会主义派别之一。当时的工人运动中存在着一批坚定的蒲鲁东主义者。他们追随蒲鲁东，鼓吹的"社会革命"论，把无产阶级革命同民族解放斗争对立起来，把工人阶级的经济斗争与政治斗争完全割裂开来，否定政治斗争的必要性。同时对工会的性质和任务也作了曲解。同蒲鲁东主义的斗争，就成为在第一国际中确立马克思主义为指导思想的重要的一步。

1865年2月，马克思在《社会民主党人报》上发表《论普鲁东》的文章，谈到他曾经给以很高评价的蒲鲁东早期著作《什么是财产？》，认为这是蒲鲁东"最好的著作"，但是，这里已经暴露了他理论上的致命的缺陷。蒲鲁东"一方面以法国小农的……立场和眼光来批判社会，另一方面他又用他从社会主义者那里借来的尺度来衡量社会。"① 这种矛盾的思想倾向，逐渐在工人运动中形成了一种典型的小资产阶级社会主义思潮。

1865年9月，在伦敦召开的第一国际第一次代表大会上，围绕波兰问题要不要列入大会的讨论计划，同蒲鲁东主义者发生了激烈的争论。这一冲突实质上反映了马克思与蒲鲁东主义者在对待民族解放斗争与无产阶级革命关系上的对立观点。蒲鲁东主义者认为，波兰的民族解放运动是波兰本国的事情，与无产阶级革命没有什么关系；无产阶级所进行的"社会革命"，既不涉及民族问题，也不必挑起政治斗争，它是为解决眼前社会问题而采取的行动。马克思尖锐地批评了这种错误观点，阐明了民族解放与无产阶级革命紧密相连的思想，认为民族解放斗争是无产阶级革命的重要组成部分。马克思的观点为总委员会所批准，并写进会议的决议案。关于波兰问题，一年后，马克思在由他起草的《临时中央委员会就若干问题给代表的指示》中进一步指出，为争取在民主基础上恢复波兰而斗争，因为"在这个重要的欧洲问题没有解决以前，工人运动总会遇到障碍，遭到失败，发展也将延缓"。② 民族解放运动是无产阶级革命的重要组成部分的观点，一直都是马克思主义的一个具有实践意义的重要思想。

1866年9月，马克思在为第一国际日内瓦代表大会起草的《临时中央委员会就若干问题给代表的指示》，给蒲鲁东主义者以致命的打击，反对他们企图把无政府主义引进国际工人运动的组织原则和以"社会革命"为核心的纲领，彻底清算了他们的机会主义理论。针对蒲鲁东主义的错误观点，马克思特别强调了国际工人联合的必要性，提出"实现劳资斗争中国际联合行动"的理论和策略。没有这种联合行动，就不可能有在劳资斗争中工人阶级的胜利。因此，第一国际

---

① 《马克思恩格斯全集》第16卷，第30页。
② 同上书，第222页。

第十三章 国际领袖和灵魂

活动的目的,"就在于把至今仍然分散的各国工人阶级争取自身解放的斗争联合起来,把它纳入共同的轨道"。"要尽力使各国工人在争取自身解放的统一大军中不仅有兄弟和同志那样的**感情**,而且像兄弟和同志那样地**行动**。"① 在谈到国际反对资本主义斗争的策略时,马克思反对蒲鲁东主义把工人争取正常工作日的斗争排除在工人运动之外的错误主张,提出必须要把符合工人阶级切身利益的斗争,作为谋求工人阶级解放和工人运动的先决条件。根据1866年美国工人运动取得的新的经验,他提出"建议**通过立法手续把工作日限制为8小时**"的斗争目标。这"不仅对于恢复构成每个民族骨干的工人阶级的健康和体力是必需的,而且对于保证工人有机会来发展智力,进行社交活动以及社会活动和政治活动,也是必需的。"② 马克思这些策略思想,完全摆脱了蒲鲁东主义的"空谈",把工人运动建立在实实在在的基础之上。

针对蒲鲁东主义的实行"互惠"合作制度就足以改变工人阶级受剥削的经济地位的错误观点,马克思再次论述了资本主义制度下的合作制。资本主义制度是产生剥削和贫困的根源,但任何合作制度都不可能改造资本主义社会,"为了把社会生产变为一种广泛的、和谐的自由合作劳动的制度,必须进行**全面的社会变革,社会制度基础的变革**,而这种变革只有把社会的有组织的力量即国家政权从资本家和大地主手中转移到生产者本人的手中才能实现。"③ 马克思并不反对资本主义条件下合作制的积极意义,但他反对那种把合作运动视为改造资本主义制度的唯一方式或唯一力量的机会主义观点。

同时,马克思还批判了蒲鲁东主义者在工会问题上的错误观点,阐明了工会组织的性质和作用。马克思认为,在资本主义社会,资本是作为一种社会力量而存在着的,同样工人也是作为一种社会力量存在的,但是,工人只是拥有自己劳动的存在者,而在现实中劳动力之

---

① 《马克思恩格斯全集》第16卷,第214页。
② 同上书,第215—216页。
③ 同上书,第219页。

间又不可避免地进行竞争，这必然会削弱这种社会力量的发挥。在资本主义制度下，劳资之间根本不可能在公平条件下缔结协定。因此，工人们为了消除或减弱因竞争而给工人们带来损害，以便在缔结劳资协定中处于有利地位，于是工人们便自发地组织起来，最初的工会也就应运而生了。"工会的直接任务仅仅是适应日常的需要，力图阻止资本的不断进攻，一句话，仅仅是解决工资和劳动时间的问题。工会的这种活动不仅是合法的，而且是必要的。只要还存在着现代生产方式，就不能没有这种活动。"① 在这里，马克思深刻地阐明了工会产生的根源和存在的必然性。在此基础上，马克思进一步指明了工会在无产阶级革命中的重要作用。他说："如果说工会对于进行劳资之间的游击式的斗争是必需的，那么它们作为**消灭雇佣劳动制度本身和消灭资本权力的一种有组织的力量**就更为重要了。"② 马克思的这些重要论断，不仅为国际工人运动指明了方向，而且深刻地批判了蒲鲁东主义以及英国工联主义在工会问题上的错误观点。

1868年9月6—13日，第一国际第三次代表大会在布鲁塞尔举行，有99位代表出席了会议。马克思没有参加会议，但他为这次大会的召开做了许多准备工作。7日大会宣读了马克思写的《国际工人协会总委员会第四年度报告》。在这个报告中，马克思精辟地阐明了国际工人协会产生的历史必然性和发展的正确道路："国际工人协会并不是某一宗派或某一种理论的人为的产物。它是无产阶级运动自然发展的结果，而无产阶级运动又是由现代社会自然的和不可抗拒的趋势所产生的。国际工人协会深知自己所负使命的伟大意义，它既不容许别人恫吓自己，也不容许离开正确的道路。今后，它的命运将同人类复兴所系的那个阶级的历史发展不可分割地联系在一起。"③ 至此，马克思彻底地粉碎了蒲鲁东主义者改变国际工人运动发展方向的图谋，把国际工人协会引向一条正确的发展道路。正像会前马克思给恩

---

① 《马克思恩格斯全集》第16卷，第220页。
② 同上。
③ 同上书，第365页。

格斯的信所说的,"在下次的布鲁塞尔代表大会上我将亲自置这些蒲鲁东派的蠢驴们于死地。"① 这次会议在诸如生产资料的社会化、土地所有制等问题上都战胜了蒲鲁东派。

更为有意义的是,在9月11日的会议上,第三次代表大会一致通过了由德国代表团提出的一项议案,建议各国工人学习马克思的《资本论》。议案指出:"我们,布鲁塞尔国际工人代表大会的德国代表,建议所有国家的工人都来学习去年出版的卡尔·马克思的《资本论》,呼吁协助把这部重要著作翻译成目前还没有翻译出来的各种文字。马克思的功绩是不可估量的,他是经济学家当中对资本和它的组成部分作出科学分析的第一个人。"②

《资本论》是1867年9月出版的,该书的问世对于工人们掌握社会主义思想,克服小资产阶级空想社会主义的影响,起了很大的促进作用。当时报刊上发表了书评,贝克尔、左尔格、狄慈根、库格曼、拉法格、列斯纳、埃卡留斯、李卜克内西等工人运动的活动家们,利用各种形式,在各种场合,宣传《资本论》的思想。不少地方还成立了学习《资本论》的小组。其影响,正如狄慈根在给马克思的信中所述:"在我眼前消逝的这一个短短的时期,您的思想已经发生了巨大的影响。"③ 在国际工人协会的推动下,马克思主义逐渐成为在工人运动中占统治地位的思想。

布鲁塞尔代表大会标志着,马克思的理论和路线在国际中的胜利,用科学社会主义纲领团结国际无产阶级迈出了重大的一步。

2. 拉萨尔主义和《哥达纲领批判》

拉萨尔和德国工人运动。斐迪南·拉萨尔(1825—1864)出身于德国东普鲁士布勒斯劳城的一个犹太富商家庭。中学期间,受资产阶级民主运动影响,接受了资产阶级民主主义思想。1842年起,先后在布勒斯劳和柏林大学学习哲学、历史和古典语言学,成为黑格尔哲

---

① 《马克思恩格斯全集》第31卷,第347页。
② 《马克思恩格斯全集》第32卷,第736页。
③ [苏] 伏尔科娃·B. B.:《约瑟夫·狄慈根》,王克千、严涵译,上海人民出版社1962年版,第305页。

学的忠实信徒。1848年后,他在德国莱茵省杜塞多夫城参加了民主"人民俱乐部"和民主"市民自卫团",并与马克思办的《新莱茵报》建立了联系。1848年11月22日因"号召武装,反对王室"被逮捕入狱,1851年4月1日获释。鉴于拉萨尔在狱中和法庭上表现比较坚定,马克思于同年6月建议共产主义者同盟吸收他为盟员。但是,拉萨尔在其著述中极力宣扬黑格尔的历史唯心主义国家观,认为国家是超阶级的,反对德国人民通过破坏现存制度来实现民族统一,主张精神和现实世界"最深刻的调和一致"。试图通过普鲁士政府政策的改变来使人民摆脱苦难。1863年,拉萨尔在全德工人联合会成立的大会上,当选为联合会的第一任主席,并在大会的文件中把自己理论系统化,企图用拉萨尔主义来影响当时的工人运动,妄图把工人运动引向与普鲁士专制政府结盟的道路上去。这引起马克思的高度警惕!他曾经向马克思表示,他是马克思的学生和拥护者,但是他对科学社会主义却一窍不通。1862年7月,马克思在伦敦会见拉萨尔时明确地向他表示,不可能在政治上进行合作,"因为我们在政治上,除了某些非常遥远的终极目的以外,没有任何共同之处。"① 他"认为'普鲁士国家'会实行直接的社会主义干涉,那是荒谬的。"②

拉萨尔在担任全德工人联合会主席期间,清楚地表现出他思想的两面性,他作为"工人阶层"的捍卫者,对资产阶级进行了批判,帮助德国工人建立了自己的组织。但他的活动又同共产主义者同盟的原则背道而驰。特别是在政治理论上,他不同意马克思关于社会主义革命和无产阶级专政的学说,主张引导工人搞和平的合法斗争。他认为,只要德国实行普遍的选举制度,就可以把普鲁士君主制度变成"自由的""人民的"国家。所以,他极力反对工会和工人的罢工斗争。拉萨尔的一个核心思想是倡导建立一种"普鲁士王国政府的社会主义",就是在保留普鲁士王国专制主义前提下,实现某些有限度的

---

① 《马克思恩格斯全集》第30卷,第272页。
② 《马克思恩格斯全集》第31卷,第454页。

第十三章　国际领袖和灵魂

改良的所谓"社会主义"。"目的是把人民的本性导向积极的成长和进步，它教育人民，使人类发展并获得自由。"拉萨尔鼓吹的这些荒谬的思想，对德国的工人运动是极其有害的。正如恩格斯所说的，"拉萨尔的全部社会主义在于辱骂资本家，而向落后的普鲁士容克献媚……拉萨尔脑中充满了幻想，以为俾斯麦能承担实行社会主义千年王国的任务。"[①] 不仅如此，更为严重的是，拉萨尔与俾斯麦进行秘密通信和谈判，试图通过支持俾斯麦政府的侵略政策，换来俾斯麦许诺的普选权。后来，马克思得知这一消息后，十分气愤，他告诉工人们要提高警惕，并写信同恩格斯交换意见，要坚决反对拉萨尔及其追随者对工人运动的叛卖行径。

拉萨尔1864年8月死于决斗，但他的思想对工人群众影响很大，他的追随者也是影响当时工人运动的不可忽视的力量。在19世纪70年代，无论是大伤元气的法国工人阶级，还是上层被资产阶级腐蚀了的英国工人队伍，都失去了对革命的激情和影响力。而这一时期的德国无产阶级则走到了国际工人运动的前列，建立了基于科学共产主义理论指导的第一个社会主义政党。这主要是马克思《资本论》思想的影响和国际工人协会的推动。但是，德国工人运动及其政党的建立和发展过程，一直存在着同拉萨尔主义的激烈斗争。

当时，德国存在着两个对立的工人组织，一个是拥护国际工人协会纲领的德意志工人协会联合会；另一个是由拉萨尔派控制的全德工人联合会。1868年9月，德意志工人协会联合会在纽伦堡召开大会，决定接受国际工人协会的奋斗目标，并制定了一个相应的纲领。其会员有六千多人，表示拥护马克思的思想。就是在全德工人联合会里，也有不少人接受了科学共产主义的影响，并出现了与拉萨尔主义相对立的反对派组织，其领导人是威廉·白拉克。他们认识到，只有马克思的思想，而不是拉萨尔主义，才能使工人阶级在尖锐的斗争中获得胜利。作为第一国际德国通讯书记的马克思，也深深感到工人队伍的

[①] 《马克思恩格斯全集》第16卷，第255—256页。

分裂会影响其战斗力，所以他想方设法，尽力促成德国这两个工人组织在国际工人协会旗帜下联合起来。但是，要使这两支工人队伍统一起来，就必须抛弃拉萨尔派的错误观点，接受科学共产主义理论，他为此作了不懈的努力。马克思积极推动在国际纲领的基础上，团结广大德国工人群众，建立一个独立的工人阶级的政党。他的动议不仅得到德意志工人协会联合会领导人和成员的支持，而且也得到全德工人联合会中的很多人的赞同。

1869年8月，在奥古斯特·倍倍尔和威廉·李卜克内西的领导下，在爱森纳赫召开了全德工人代表大会，建立了德国社会民主工党。在8月9日的大会上，通过了社会民主工党的党纲和章程。党纲明确宣布，要废除资产阶级生产资料的私有制，借此消灭一切阶级统治。社会民主工党赞成国际主义，并认为该党是"国际工人协会的一个分支"。虽然党内许多方面还存在拉萨尔主义的残余，但是在总体上，在理论和组织问题上，还是以科学共产主义理论为基础的。这是国际工人运动史上具有里程碑意义的一件大事。这个党后来发展成为德国工人运动和国际工人运动中的一个马克思主义政党。马克思和恩格斯把德国社会民主党，即爱森纳赫党，称为"我们的党"。

社会民主工党建立以后，做了大量工作，在工人群众中大力宣传马克思的思想，反对俾斯麦政府对革命力量的迫害。经过积极的工作，党的影响也不断地扩大。爱森纳赫派在1874年国会选举中还取得了可观的成绩，包括倍倍尔和李卜克内西在内，赢得了六个席位。爱森纳赫派的领导人巧妙地利用国会讲台揭露俾斯麦政府的反人民政策，宣传社会主义思想。马克思对德国工人运动取得的成绩感到由衷的高兴，但同时对拉萨尔派对社会民主党的影响，特别是对加入爱森纳赫派的一部分原拉萨尔分子仍然持有拉萨尔主义的思想感到忧虑。而德国社会民主党的某些领导人在这方面头脑并不清醒，更加重了问题的严重性。

社会民主工党和拉萨尔的全德工人联合会这两个政治组织的对

第十三章 国际领袖和灵魂

立、竞争，必然会削弱工人队伍的力量和在反对资产阶级斗争中的作用。如何使这两个组织在国际纲领原则基础上统一起来，是当时德国工人运动面临的最大的问题，也是马克思特别关注的问题。马克思认为，这两个组织的统一是绝对必要的，但必须消除拉萨尔主义的影响，在科学共产主义原则基础上进行统一，首先应当尽力巩固社会民主工党，加强它与群众的联系。而且要进行充分的准备，不能匆忙行事。遵循马克思的意见，社会民主工党在1874年7月召开了科堡大会，会上通过了一条路线：一方面与拉萨尔组织进行实际合作；另一方面要坚持党纲原则，不能把它同拉萨尔教条相混淆。大会还决定：是"统一，但不是合并"。

这次大会的决定是十分正确的。但是，李卜克内西在实际工作中并没有坚持上述的决定，而是在与拉萨尔分子协商过程中，作了很大的让步，决定不惜任何代价实现合并。1875年2月，李卜克内西和伯恩施坦等起草了合作纲领草案，在许多重大问题上向拉萨尔派作了妥协。马克思看到这个草案时，大失所望，认为爱森纳赫派犯了严重的错误，将给社会民主工党带来严重恶果。恩格斯是这样评价的：这个纲领是折中主义的东拼西凑的产物，它的组成部分如下："（1）拉萨尔的词句和口号，这些在任何条件下都不应接受……（2）一系列庸俗民主主义的要求，这些要求是按照人民党的精神和风格拟出的；（3）一些多半是从《宣言》中抄来的本应是共产主义的命题，但是作了这样的修改，只要仔细一看，全都是些令人毛骨悚然的谬论。"①社会民主工党中很多人对这个纲领草案是不满的。倍倍尔当时还在狱中，他后来看到这个纲领时也表示反对。

马克思反复研究了这个纲领草案，并逐条作了批注，写出了详细的批评意见，并把最后的稿本寄到了德国，转交给社会民主工党的领导人。这就是后来著名的《哥达纲领批判》。在这本论著中，马克思系统地批判了《哥达纲领》所贯彻的拉萨尔的错误观点，阐明了共

---

① 《马克思恩格斯全集》第34卷，第148页。

产主义基本特征及其两个发展阶段等原理。

拉萨尔的分配理论。拉萨尔及其追随者认为,"劳动是一切财富的和文化的源泉",而"有益的"劳动离不开社会,所以劳动所得应该"公平地""不折不扣地属于社会一切成员"。这种观点是极其荒谬的,因为,它回避了生产资料所有制问题,从而掩盖了其存在。马克思指出,"劳动不是一切财富的源泉。自然界和劳动一样也是使用价值的源泉。"物质财富的创造,必须具备自然界和劳动两个要素,如果回避了生产资料占有形式而空谈"劳动",那么势必掩盖资本家对工人的剥削,掩盖工人阶级受奴役和贫困的根源。在资本主义条件下,工人并不占有生产资料。生产资料私人占有的客观存在,必然使"公平的"分配成为一句空话。在这里,劳动所得首先要满足生产资料占有者的需要,以及为其服务的政府机构的需要以后,才能进行分配。所以,在私有制的条件下何谈"不折不扣的"分配。按照马克思的观点,就是在私有制消灭以后,分配也不可能是"不折不扣的",因为,劳动所得应该在扣除用来补偿消费掉的生产资料、用来扩大再生产的追加、用来应付各种事故和灾害的基金,以及政府机关的各种开支等之后,才能够进行个人的分配。

拉萨尔"铁的工资规律"。按照拉萨尔的观点,资本主义制度下工人的贫困是由于人口的增长造成的。他认为,资本主义制度下工人的平均工资,只能始终停留在一国人民为维持生存和繁殖后代按照习惯所要求的必要生活水平上,围绕这个中心,实际日工资上下摆动,既不能长久地高于它,也不能长久地低于它。如果工资超过平均数,工人生活状况就会改善,生育就会增多,劳动力就会过剩,工资就会降低;反之亦然。这就是拉萨尔所谓的"铁的工资规律"。

马克思针对这种谬论指出,拉萨尔这个规律把无产阶级的贫困归因于人口的自然繁殖,其本质在于把资本主义特有的工资规律和无产阶级贫困化说成是"自然规律"。这实际是马尔萨斯人口论的翻版。"如果这个理论是正确的,那么,我即使把雇佣劳动废除一百次,也还废除不了这个规律,因为在这种情况下,这个规律不仅支配着雇佣劳动制度，而且支配着**一切**社会制度。"① 拉萨尔对剩余价值理论一窍不通，他根本不知道，工人工资不是劳动的价值和价格，而是劳动力的价值和价格的掩蔽形式。

拉萨尔的合作社理论。拉萨尔及其追随者主张，德国工人政党，要"在劳动人民的民主监督下"，依靠"国家帮助"建立生产合作社，以便实现社会主义。这是十分荒谬的，是关于实现社会主义的机会主义谬论。马克思尖锐地指出，这是要工人阶级依靠普鲁士王国的帮助来实现社会主义，就是要劳动人民不要去推翻德意志帝国的统治，而是乞求它恩施社会主义。这纯粹是拉萨尔主义的幻想。所谓"国家帮助"的谬论，并不是拉萨尔的发明，而是从资产阶级共和党人毕舍那里剽窃来的。在这点上，可以看出，拉萨尔及其追随者完全背弃了工人阶级的立场，为普鲁士政府张目。

拉萨尔的"自由国家"论。拉萨尔从历史唯心主义的超阶级的国家观出发，鼓吹一种"自由国家"的谬论。他们不去揭露德意志帝国的本质，不讲无产阶级革命和无产阶级专政，而是把追求"自由国家"作为工人政党的历史使命。针对这种错误观点，马克思指出，争取"自由国家"是资产阶级的口号，"绝不是已经摆脱了狭隘的臣民见识的工人的目的"。无产阶级的目的是为了消灭剥削，消灭阶级，实现共产主义，而不是实现什么"自由国家"，不是把国家变成"自由的"。在剥削阶级占统治的社会里，所谓"自由国家"，只能是反动阶级奴役和镇压劳动人民的工具，劳动人民是没有自由的。当无产阶级真正获得自由，原来意义上的国家也就不存在了。事实上，根本不存在"自由国家"。

恩格斯在给倍倍尔的信中，也明确地认为，"自由国家"完全是一个矛盾的概念，自由和国家是根本不可能联系在一起的，人民真正具有自由，国家就不复存在了。"既然国家只是在斗争中、在革命中用来对敌人实行暴力镇压的一种暂时的设施，那么，说自由的人民国

---

① 《马克思恩格斯文集》第3卷，第440—441页。

家,就纯粹是无稽之谈了:当无产阶级还**需要**国家的时候,它需要的国家不是为了自由,而是为了镇压自己的敌人,一到有可能谈自由的时候,国家本身就不再存在了。"① 在这里,科学地阐明了国家的阶级实质,以及国家与自由的关系。

《哥达纲领批判》的重要理论贡献。在19世纪40年代,在马克思思想形成过程中,结合唯物主义历史观,特别是社会形态理论,对共产主义的历史必然性和主要特征已经做过比较系统的论述,初步实现了他为共产主义提供"理论论证"的夙愿。但是,那时的研究还停留于理论形态。通过《资本论》对资本主义社会的基本矛盾、经济危机和阶级斗争的深入剖析,经过对1848年革命和巴黎公社实践经验的总结,马克思对资本主义社会形态,以及在其后产生的新的更高的社会形态,即共产主义社会及其基本特征,有了更科学、更清晰的认识。这些认识的结晶集中体现在《哥达纲领批判》之中。可以说,至此,马克思实现了他早年提出的对共产主义进行"理论论证"的愿望。

一是,关于共产主义两个发展阶段的理论。马克思运用唯物辩证的方法研究了人类社会发展规律,研究了资本主义社会发展的特殊规律,进一步探讨了在此基础上产生出来的更高的社会形态,即共产主义社会。同其他社会形态发展一样,共产主义社会产生、发展也是经历一个长期的过程,其间包含着相互衔接的不同的发展阶段。关于共产主义社会发展阶段的思想,在《资本论》中已初见端倪。马克思指出:资本主义生产方式有利于更高级的新形态的各种要素的创造,在这个"高级的新形态"的阶段上,"社会上一部分人靠牺牲另一部分人来强制和垄断社会发展(包括这种发展的物质方面和精神方面的利益)的现象将会消失";同时,"这个阶段又会为这样一些关系创造出物质手段和萌芽,这些关系在一个更高级的社会形态内,使这种

---

① 《马克思恩格斯文集》第3卷,第414页。

剩余劳动能够同一般物质劳动所占用的时间的较显著的缩短结合在一起。"① 这里，马克思讲的"高级的新形态"和"更高级的社会形态"，实际上指的就是共产主义社会发展的两个不同阶段。在共产主义的起始阶段，虽然消灭了资本主义私有制，但由于生产力发展水平的限制，在产品的分配方式，在精神生活方面，还不可能完全摆脱资本主义社会的残余，达到"更高级社会形态"的要求。但它在为"更高级社会形态"的实现不断地创造条件。

在《哥达纲领批判》中，共产主义两个阶段的理论已经臻于成熟。马克思认为，在无产阶级夺取政权之后，社会要经历一个"长久的阵痛"，即由资本主义社会向共产主义社会的革命转变时期，进入"共产主义社会的第一阶段"，然后才能达到"共产主义社会高级阶段"。因为，"我们这里所说的是这样的共产主义社会，它不是在它自身基础上已经**发展了的**，恰好相反，是刚刚从资本主义社会中**产生出来的**，因此它在各方面，在经济、道德和精神方面都还带着它脱胎出来的那个旧社会的痕迹。"② 所以，只有消除这些旧社会的痕迹，才能进入共产主义社会的高级阶段。马克思关于共产主义发展阶段的理论，使人们对共产主义社会的认识更加科学、更加具体了，这个理论必将对未来共产主义的实践发生深远的影响。

二是，关于共产主义社会基本特征的理论。任何事物都有不同于其他事物的质的规定性，正是这种规定性使一事物同另一事物区别开来。共产主义社会本质特征的理论，就是区别于资本主义社会的质的规定性。马克思在《德意志意识形态》《共产党宣言》和《资本论》等著作中，结合当时研究的问题都论述过共产主义社会的某些重要特征，但在《哥达纲领批判》中，对共产主义社会的基本特征作了更为全面的阐发。

共产主义社会的阶段性和初始阶段的政治特征。共产主义社会

---

① 《马克思恩格斯全集》第 25 卷，第 926 页。
② 《马克思恩格斯文集》第 3 卷，第 434 页。

思想巨人马克思

是从资本主义社会中脱胎出来的,从资本主义过渡到共产主义之后,共产主义社会也不是凝固不变的,而是要继续发展和完善,是继续由不成熟到更成熟的不断发展过程。在这个长期发展过程中,必然呈现出不同的发展阶段,具有不同的阶段性特征。这里,马克思不仅揭明了发展的阶段性,而且指明了它的政治性特征。他指出:"在资本主义社会和共产主义社会之间,有一个从前者变为后者的革命转变时期。同这个时期相适应的也有一个政治上的过渡时期,这个时期的国家只能是**无产阶级的革命专政**。"① 这是在先前认识的基础上,吸取了无产阶级革命经验,特别是巴黎公社的革命经验而得出的重要结论。国家不是拉萨尔所鼓吹的"自由国家",而是具有阶级性的,是阶级统治的工具。阶级性是国家的本质特征。按照马克思的一贯主张,无产阶级专政也不是一成不变的,它是向着无阶级社会的过渡。只有消灭了剥削,消灭了阶级,到了共产主义社会,原来意义上的国家就不复存在了,取而代之的是像巴黎公社那样的管理机构。

"**共同占有生产资料**。"生产资料共有制是共产主义社会的最根本特征,没有这一点也就没有共产主义。这个思想也不是马克思的发明,早在空想社会主义那里就得到明确的阐发,他们把私有制视为资本主义社会一切弊病的根源,未来理想社会,就是消灭私有制、建立生产资料共有制的社会。马克思只是把空想社会主义的这个重要思想,奠立在历史唯物主义的基础之上。

马克思在批判拉萨尔空谈劳动是创造财富的源泉的观点时指出,资本主义社会最大的弊病就是工人的劳动与劳动对象相分离。"只有一个人一开始就以所有者的身份来对待自然界这个一切劳动资料和劳动对象的第一源泉,把自然界当做属于他的东西来处置,他的劳动才成为使用价值的源泉,因而才成为财富的源泉。"② 所以,共产主

---

① 《马克思恩格斯文集》第 3 卷,第 445 页。
② 同上书,第 428 页。

社会与资本主义社会的区别首先表现在生产资料与劳动的结合的方式上。共同占有生产资料，劳动与劳动对象的统一，是共产主义社会的最基本特征。

实现生产资料共同占有，使劳动与劳动对象相结合，是一个随着生产力发展的漫长的过程，而且受着各个不同国家的具体历史条件的制约。在共产主义社会第一阶段，由于是集体的、以共同占有生产资料为基础，所以，生产者并不交换自己的产品，耗费在产品上的劳动，也不表现为产品的价值，而直接为劳动者所享有。但是，马克思也强调要考虑到未来社会发展的具体情况。未来社会不是在其自身的基础上发展起来的，因而在各个方面都还带有资本主义旧社会的痕迹。这些痕迹也表现在如何交换自己的产品上。所以，在实践中，必须把共产主义社会的特征与当时的社会发展状况结合起来。列宁结合俄国的具体历史条件，认为在经济落后的俄国实现共产主义，不可能不经过中间环节而直接过渡到社会主义的经济形式，这个过渡时期是一个长期的、艰巨的历史过程。社会主义社会仍然需要商品生产和商品经济，就是由这种历史条件决定的。

按劳分配和按需分配。一个社会的分配形式又是受着生产力发展和所有制关系的制约。马克思在分析了共产主义社会第一阶段，即仍然遗留资本主义社会痕迹的阶段后，认为在这个阶段上，只能实行按劳分配的形式。在社会产品作了应有的扣除之后，每个生产者以他为社会提供的劳动量，从社会方面领回他所给予社会的一切。马克思指出，这里通行的是商品等价物的交换中也通行的同一原则，即一定形式的一定量的劳动可以和另一种形式的同量劳动相交换，但是它的"内容和形式都改变了"。就形式而言，等量的劳动领取等量的消费资料，已不再采取商品货币的形式。这种分配原则，给生产者提供了一种平等的权利，按劳取酬，不劳动不得食，消除了千百年来存在的一部分人占有另一部分人的劳动的剥削现象。但是，它又是不平等的，因为每个生产者的体力和智力的不同，家庭人口和条件的差异等，使得生产者从社会领取的报酬又是不同的。这种实际的不平等在共产主义社会的第一阶段又是必须的。"这些弊病，在经过长久阵痛刚刚从资本主义社会产生出来的共产主义社会第一阶段，是不可避免的。权利决不能超出社会的经济结构以及经济结构制约的社会的文化发展。"① 只有达到共产主义的高级阶段，生产力的高度发展，物质财富的充分涌现，人民思想的极大提高，到那时，在人类理想社会的旗帜上才能写上"各尽所能，按需分配!"

马克思写道："在共产主义社会高级阶段，在迫使个人奴隶般地服从分工的情形已经消失，从而脑力劳动和体力劳动的对立也随之消失之后；……在随着个人的全面发展，他们的生产力也增长起来，而集体财富的一切源泉都充分涌流之后，——只有在那个时候，才能完全超出资产阶级的狭隘眼界，社会才能在自己的旗帜上写上：各尽所能，按需分配!"② 这就是马克思所设想的人类未来的理想社会，即共产主义社会。这时，随着三大差别的消失，实现了人的自由全面的发展。毫无疑问，要使共产主义变成现实，是需要多少代人通过艰苦奋斗才能达到的。这是人类长期的奋斗目标，但它也体现在现实生活之中，因为，它是通过现实斗争一步一步实现的。

恩格斯在1886年1月27日致爱·皮斯的信中指出："无论如何应当声明，我所在的党没有提出任何一劳永逸的现成方案。我们对未来非资本主义社会区别于现代社会的特征的看法，是从历史事实和发展过程中得出的确切的结论；脱离这些事实和过程，就没有任何理论价值和实际价值。"③ 就是说，马克思关于未来社会的设想，是在研究人类社会发展规律，研究资本主义社会的矛盾和问题的基础上得出的科学结论，离开这样的历史条件谈论人类的未来社会，都只能流于空想。但历史的长河奔流不息，我们必须坚持历史唯物主义的观点和方法，结合不同时代的具体实际，去理解和运用马克思主义的关于未来社会的基本原理。

---

① 《马克思恩格斯文集》第3卷，第435页。
② 同上书，第435—436页。
③ 《马克思恩格斯全集》第36卷，第419—420页。

3. 反对巴枯宁无政府主义和分裂主义的斗争

米哈伊尔·巴枯宁（1814—1876年）出身于俄国贵族家庭，他早年是一个民粹派，从1840年起，他先后到过德国、法国、瑞士等国学习，结识了魏特林、蒲鲁东和卢格等人。1848年经卢格介绍，在巴黎会见了马克思。1848年革命爆发，巴枯宁参加了革命活动和欧洲一些城市的起义，多次被当局逮捕并判处极刑。1851年5月被引渡到俄国，沙皇政府把他终身流放于西伯利亚。1864年4月巴枯宁从流放地逃出后，先到日本，后经美国到达英国。从此，他就开始投入到破坏一切国家政权的无政府主义活动。为此，他撰写了不少有关宣扬无政府状态的著作，其主要代表作是1873年写的《国家制度和无政府状态》。在这期间，还先后组织了几个秘密的无政府主义团体。比如，旨在"破坏一切"的"国际兄弟会""民族兄弟会"和"社会主义民主同盟"。

对巴枯宁无政府主义的批判。巴枯宁的无政府主义实际上是施蒂纳、蒲鲁东和魏特林思想的混合物，是个人主义的极端表现形式，是小资产阶级和流氓无产者意识在工人队伍中的反映。其主要观点是：主张个性绝对自由，鼓吹"各阶级平等"，宣扬极端个人主义；否认任何权威，反对一切国家，实行无政府主义和建立"无政府状态"的社会；主张"完全放弃一切政治"，反对任何政治运动，鼓吹盲动主义和少数人密谋暴动，期望突然发生灾变，在24小时内一举消灭国家，摧毁一切。巴枯宁以上无政府主义思想，基于对继承权的历史唯心主义的观点。他认为，资本主义社会的剥削、压迫现象是由资本主义的私有财产继承权造成的，而私有财产继承权又是由国家决定的，因此，他把资本主义一切罪恶都归于国家，认为消灭资本主义主要是消灭国家。进而又把国家视为普遍的范畴，认为任何国家都是与人的自由本性相矛盾的，都是对人性的扼杀。巴枯宁消灭一切国家，也包括无产阶级专政的国家，他把马克思的无产阶级专政的国家污蔑为奴役人的新构想。因此，他反对包括无产阶级专政国家在内的一切立法、一切权威、一切特权。巴枯宁的无政府主义，在理论上是荒谬的，在实践上对工人运动是非常有害的。马克思说，巴枯宁是"**社会**

思想巨人马克思

理论领域中一个最无知的人"。[1]

首先,马克思批判了巴枯宁关于私有财产继承权的观点。巴枯宁把继承权同资本主义私有制割裂开来,认为私有财产继承权是资本主义社会剥削、压迫和不平等的根源,所以,消灭资本主义社会不平等和各种弊病,就"应废除继承权"开始。马克思认为,巴枯宁颠倒了继承权与私有制、法权与经济基础的关系,"继承权不是**现存社会经济组织的原因**,而是这种经济组织的**结果**,是这种**经济组织**的**法律结果**,这种经济组织是以生产资料即土地、原料、机器等的私有制为基础的。"因此,"我们应当同原因而不是同结果作斗争,同经济基础而不是同它的法律的上层建筑作斗争。"[2] 只有消灭了资本主义私有制,资本主义社会的经济、政治和社会不平等,以及与此相联系的法权也就不存在了。所以,"**继承权的消亡**将是废除生产资料私有制的社会改造的自然结果;但是**废除继承权**决不是这种社会改造的**起点**。"巴枯宁关于废除继承权的设想,是极其浅薄无知的,它只会"导致工人阶级偏离对现实社会的真正攻击点",[3] 而把工人运动引向错误的方向。

其次,批判巴枯宁无政府主义,阐明马克思主义的国家学说。消灭一切国家是巴枯宁无政府主义的核心思想,他从抽象人性论理解国家,把任何国家都看成是反人性的,而不是从阶级观点来分析国家。因此,他坚决反对无产阶级专政的国家,主张通过密谋的手段,废除国家,代之以无政府主义的社会。与此相联系,他妄图证明,巴黎公社正在实施他的关于立即消灭国家的无政府主义学说。针对这种谬论,马克思指出,巴黎公社的重要历史教训恰恰在于:为取得无产阶级革命的彻底胜利,必须建立和加强无产阶级专政的国家机器。"只要其他阶级特别是资本家阶级还存在,只要无产阶级还在同它们进行斗争(因为在无产阶级掌握政权后无产阶级的敌人和旧的社会组织还

---

[1] 《马克思恩格斯全集》第16卷,第466页。
[2] 《马克思恩格斯文集》第3卷,第88页。
[3] 同上书,第89页。

没有消失），无产阶级就必须采取**暴力**措施，也就是政府的措施；如果无产阶级本身还是一个阶级，如果作为阶级斗争和阶级存在的基础的经济条件还没有消失，那么就必须用暴力来消灭或改造这种经济条件，并且必须用暴力来加速这一改造的过程。"① 无产阶级之所以需要暴力手段，就是因为镇压他们的暴力机器和条件还存在。无产阶级专政的国家，只是加速阶级及其产生的条件消亡而最终获得自身彻底解放的工具。巴枯宁对此是一无所知。

最后，批判巴枯宁反对一切权威的观点。反对一切权威是巴枯宁无政府主义的重要特征。他认为，一切权威都是虚假的、专横的和有害的，行使权威必然使人堕落，屈从权威必然使人受辱。他反对一切权威，也包括反对无产阶级的革命权威。他到处滥用权威这个字眼，对"什么不如意"，就把它冠以权威帽子加以打倒。马克思和恩格斯对巴枯宁的这些谬论给予严厉地驳斥。他们用唯物辩证的方法，深刻地分析了权威产生的经济、政治和社会条件，脱离开这些条件就无法认识权威的实质，更谈不上打倒它了。经济基础和上层建筑不仅需要权威才能确立起来，就是一切组织活动，没有权威也是不可能形成的。现代社会的政治国家和政治权威，只有经过未来的社会革命才能逐渐消亡，从社会的政治职能转变为维护社会利益的管理职能。在旧的社会关系废除以前，不可能消除政治权威，无产阶级专政的国家权威也不可能消除。

恩格斯为此专门写了《论权威》一文，深刻地分析了现代社会的生产方式和管理方式的复杂性，认为在人类社会特别是现代社会没有权威是绝对不行的。不论是在以生产资料私有制为基础的资本主义社会，还是在以生产资料共有制为基础的社会主义社会，都不能没有权威。他在分析了现代资本主义社会各种生产活动和这些生产活动进行方式后指出，"联合活动就是组织起来，而没有权威能够组织起来吗？""能最清楚地说明需要权威，而且是需要专断的权威的，要算

---

① 《马克思恩格斯文集》第3卷，第403页。

是在汪洋大海上航行的船了。那里，在危急关头，大家的生命能否得救，就要看所有的人能否立即绝对服从一个人的意志。"① 这里，恩格斯用日常生活中最生动的事例驳斥了巴枯宁无政府主义的谬论。针对巴枯宁把权威和自治绝对化的观点，他辩证地分析了两者的关系，指出："把权威原则说成是绝对坏的东西，而把自治原则说成是绝对好的东西，这是荒谬的。权威与自治是相对的东西，它们的应用范围是随着社会发展阶段的不同而改变的。"② 从恩格斯的论述中，我们可以看出，就是在阶级社会消失以后，未来社会也不能没有权威，不同的是它已经不是政治国家和政治权威，而是服务于社会的管理机构的权威，其工作人员是社会的公仆，而不是社会的主人。

反对巴枯宁的分裂主义。巴枯宁逃离流放地西伯利亚，辗转来到伦敦，1864年11月，他在伦敦会见马克思，并表示愿为新成立的国际工人协会效劳。从此他为了控制国际工人协会，成为国际的领导人，采取了种种卑劣的手法，迫使马克思不得不花费大量精力与时间同他进行斗争，避免他给刚刚成立不久的国际工人协会带来更大的损失。

首先，巴枯宁集团在1868年11月29日以"社会主义民主同盟"正式申请加入国际，并把他们的充满无政府主义观点的纲领和章程寄给总委员会。同年，12月15日召开的总委员会的会议上对此进行了讨论，遭到与会者的强烈反对。会议认为，容许一个国际组织加入进来，是违背国际工人协会原则的，是一种削弱总委员会的行为。恩格斯认为，如果这样做，就会有两个总委员会，两个代表大会，"这是国中之国"。马克思起草了《国际工人协会和社会主义民主同盟》一文，提出"不接纳国际社会主义同盟作为一个部分加入国际工人协会"的建议，获得总委员会的一致通过。接着，巴枯宁又玩弄两面派手法，宣布解散了民主同盟，实际上把它作为秘密组织保存下来。巴

---

① 《马克思恩格斯文集》第3卷，第335、337页。
② 同上书，第337页。

第十三章 国际领袖和灵魂

枯宁集团终于混入了第一国际。恩格斯说,"在工人阶级斗争的历史中,我们第一次在工人阶级内部遇到了一个目的不是要摧毁现存的剥削制度,而是要摧毁为反对这种制度而进行最坚毅斗争的协会本身的秘密阴谋。"①

其次,巴枯宁集团试图把他们的继承权思想和无政府主义纲领强加给国际,从而从思想上改变第一国际的指导思想和基本路线。马克思对巴枯宁集团的图谋早有洞察,他预先写了《总委员会关于继承权的报告》,并在1869年8月3日召开的总委员会的会议上作了长篇发言,剖析了巴枯宁继承权的实质,明确指出,继承权是私有制的产物,消灭了私有制继承权便随之而消灭。因此,把继承权作为社会革命的起点,在理论上是荒谬的,在实践上是反动的。马克思的报告被会议接受。巴枯宁从思想上控制第一国际的企图遭到破产。

最后,巴枯宁集团遭到一次次失败后,便采取"分而治之"的策略,从基层开始分裂活动,破坏各地的国际支部,以便孤立和瓦解总委员会。他们攻击国际工人协会是"权威主义",要求工人放弃政治斗争,甚至攻击国际要对巴黎公社失败负责,因为"总委员会没有支援巴黎运动"等。他们的活动不仅扩大了在瑞士、西班牙、意大利和比利时等地的分裂活动,而实际参加了国际资产阶级反对第一国际的大合唱。

面临国际内外这种艰险、复杂的形势,马克思和恩格斯领导总委员会采取有力措施,召开了几次会议,同巴枯宁集团进行了尖锐的斗争。1871年9月,在伦敦召开国际会议,反对巴枯宁集团在一些国家和地区搞分裂活动。会议的决议认为,"鉴于目前国际受到的迫害,代表会议号召发扬团结一致的精神,这种精神比过去任何时候都能使工人阶级受到鼓舞"。会议对巴枯宁集团提出严重警告。马克思和恩格斯针对巴枯宁鼓吹工人放弃政治斗争作了发言,指出"向工人鼓吹放弃政治,就等于把他们推入资产阶级政治的怀抱。特别是在巴黎公

---

① 《马克思恩格斯全集》第18卷,第158页。

思想巨人马克思

社已经把无产阶级的政治行动提到日程上来以后，放弃政治是根本不可能的。"① 在他们为会议起草的《关于工人阶级的政治行动》的决议中，根据巴黎公社的经验，明确地指出：工人阶级参加政治斗争，政治独立的政党是非常必要的，要使社会革命获得胜利和实现这一革命的最终目标就要消灭阶级。"我们要消灭阶级。用什么手段才能达到这个目的呢？这就是无产阶级的政治统治。"② 有力地批驳了巴枯宁关于进行政治斗争反对资产阶级国家，就等于承认资产阶级国家的谬论。

伦敦会议并没有能制止巴枯宁集团的分裂主义的嚣张气焰，他们采取更为公开的对抗形式，企图全面瓦解第一国际。1871 年 11 月 12 日，他们在瑞士召开了只有 16 名代表参加的洛桑支部代表大会，发表了一个《告国际工人协会各总支部书》，攻击马克思和总委员会是"权威主义""独裁者""专政"等，并要求实行"支部自治"。这是向第一国际的公开宣战。

为了粉碎巴枯宁集团破坏国际的阴谋，马克思领导国际工人协会做出了重大决定：1872 年 9 月召开国际的海牙代表大会，彻底清算巴枯宁集团的分裂主义罪行，对巴枯宁集团进行组织处理。经过充分地准备，国际第五次代表大会于 1872 年 9 月 2—7 日在海牙召开，大会通过了《关于同盟的决议》，经过记名投票表决，决定把巴枯宁和该集团的另一个负责人詹姆斯·吉约姆开除出国际。第一国际反对巴枯宁无政府主义和分裂主义的斗争，取得了最终的胜利。

恩格斯在总结这场斗争时指出："从 1867 年开始，无政府主义者就企图用各种最卑鄙的手段夺取国际的领导权；他们遇到的主要障碍就是马克思。经过五年的斗争，终于在 1872 年 9 月的海牙代表大会上把无政府主义者驱逐出国际；在驱逐无政府主义这件事情上出力最大的就是马克思。"③

---

① 《马克思恩格斯文集》第 3 卷，第 224 页。
② 同上。
③ 《马克思恩格斯全集》第 36 卷，第 10 页。

第十三章　国际领袖和灵魂

六　国际领袖和灵魂

　　第一国际也称国际，是团结欧美工人阶级群众，为反对资本主义制度争取自身解放而斗争的国际联合组织，也是无产阶级第一个国际性的革命联合组织。它从1864年9月成立到1876年7月解散，存在了约12年的时间，实际上真正活动只有九年时间。其间正式召开了五次代表大会，两次代表会议。在1867—1869年间，随着洛桑、布鲁塞尔和巴塞尔的三次会议的召开，国际工人协会的力量和影响达到了巅峰。第一国际的存在具有重大的历史意义，它使分散的工人运动联合起来，推动欧美工人运动进入到一个新的阶段；通过国际的历次会议和活动，以及批判各种机会主义思潮，使马克思主义在工人运动中不断传播，理论不断发展，逐渐在国际工人运动中占据了主导地位；在斗争中使工人阶级探索出一套统一的战略和策略原则，提高了工人运动的水平；支持了巴黎公社革命，鼓舞了国际工人阶级；加强国际无产阶级的团结，发展各种工人阶级的组织形式，为各国无产阶级政党的建立奠定基础等。第一国际虽然存在时间不是很长，但它的历史地位是不可磨灭的。

　　在国际工人协会中，马克思只是总委员会委员、德国和俄国通讯书记。他虽然没有担任过国际的主席或总书记的职务，但却是国际的实际首脑。马克思既为第一国际制定纲领、路线和策略，又为国际开展各种有效的活动和斗争日夜操劳。国际的文件、决议和宣言，几乎都出自他的手笔，国际对重大问题采取的措施和在关键时刻做出的决策，也几乎都由马克思倡议。特别是在他的领导下，国际同工人运动中的各种机会主义和分裂主义派别进行了不懈的斗争，捍卫了国际的团结，保证了国际沿着正确的道路向前发展。马克思通过第一国际，使国际工人阶级联合起来，并用马克思主义理论武装了工人阶级，使他们认识到自己所处的地位，认识到自己生存的条件和肩负的历史使命。马克思在第一国际所起的重要作用和做出的巨大贡献，是任何一个领袖人物所无法比拟的。因此，在当时，他被公认为第一国际的"创始人""领袖""主脑"和"灵魂"。

1872年国际海牙大会上决定，总委员会从伦敦迁往纽约，马克思辞去国际的领导职务。但是马克思表示，"我不会退出国际，我将一如既往，把自己的余生贡献出来，争取我们深信迟早会导致无产阶级在全世界统治的那种社会思想的胜利。"①

由于巴黎公社失败后革命斗争陷入低潮，同时各国工人阶级建立自己的独立政党的任务提上日程，国际工人协会这个旧形式已经不能适应工人运动的新任务了。而且，国际总委员会迁往纽约后，远离欧洲，它作为欧美工人运动首脑机关的作用日趋缩小。在这种情况下，根据马克思的建议，国际工人协会于1876年7月15日在美国费拉德尔非亚城举行最后一次代表会议，宣告国际解散。

第一国际完成了自己的历史使命而宣告结束，但第一国际不会被人们遗忘，他在工人阶级争取自身解放的斗争史上是永存的！

---

① 《马克思恩格斯全集》第18卷，第180页。

第十四章　马克思的晚年岁月

流年催人老，岁月白人头，自然法则无情，生命终有尽头。身体健壮、目光炯炯的马克思逐渐变成白发苍苍老人，步入他人生的最后时期。贫病交加的生活并未离去，反动当局和舆论的压力依然存在，夫人燕妮的去世和女儿小燕妮的病故给马克思以极大的精神打击，马克思的病情也在一天天地加重。但是，生命不息，耕耘不止，只要他还活着，只要他还能够思考，他就不会停止在理论领域继续耕耘，他要继续《资本论》的写作，他要探讨东方社会，认识古老东方的秘密，他要继续扩大知识视野，洞察人类的未来。马克思的一生是同反动派斗争的一生，是同贫病斗争的一生，是同无知斗争的一生！

马克思的生平警示后人，只有不怕任何艰险的人，才能攀登科学的高峰，只有勤奋并毫无畏惧的人，才能获得真知，造福于人类。马克思就是这样的一个人，一位千年伟人。

从 19 世纪 70 年代中期到马克思逝世是马克思的暮年时期，

晚年马克思

由于健康越来越差，病情不断加重，他在女儿的陪同下几次去卡尔斯巴德、威特岛的文特诺尔、阿尔及尔等地旅游和疗养。一旦他身体有所好转，便继续进行研究工作。这一时期马克思研究范围比较广泛，不但研究西方社会，而且也研究东方问题；不但继续探讨社会历史问题，而且涉猎自然科学的多个领域。在他所研究的领域，都有新的收获，并获得独到的见解。

一　继续《资本论》的研究

《资本论》第一卷出版以后，马克思最关心的是研究和出版第二、第三卷，就是在其领导第一国际期间也没有放弃对它的研究。《资本论》第一卷，马克思研究了资本的生产过程，主要是探讨了剩余价值的生产和增值。《资本论》第二卷，研究资本的流通过程。马克思批判地改造资产阶级经济学家的资本流通和再生产理论，探讨流通领域资本的转化形式和增值，指出资本总是处于流动之中，其目的就是增加其价值，阐明了剩余价值的增值必然产生的社会矛盾和引发的危机。《资本论》第三卷，马克思研究了资本主义生产的总过程，其中探讨了剩余价值的具体形态。在这一卷中，马克思深入批判了资产阶级经济学家的利润理论、费用价格理论和地租理论，在此基础上，对平均利润和生产价格理论、商业资本和生息资本理论、地租理论作了科学的叙述。

经过一段时间的间断，马克思认为对以前研究所得出的理论结论，应当以最新的经济、历史和其他材料甚至是近年来的资料，加以新的验证和充实。马克思敏锐地观察到资本主义出现的新的现象，如资本的空前积累和聚集、垄断倾向的出现、当时产生的大股份公司，以及银行的作用越来越大，等等。所以，他研究了这些新出现的现象，探讨了现代财政和资金的周转史，以及银行史和银行业务，密切注视美国和其他资本主义国家出现的新现象。1879年4月，马克思在给丹尼尔逊的信中说，"在英国目前的工业危机还没有达到顶峰之前，我决不出版第二卷，这一次的现象是十分特殊的，在很多方面都和以往的现象不同……因此，必须注意事件的目前进程，直到它们完全成熟，然后才能把它们'消费'到'生产上'，我的意思是'理论上'"。他还说，不仅从俄国而且从美国等地收集了大批的资料。[①] 马克思特别关注资本输出越来越增加这种现象，已经察觉到未来时代将要出现的新的现象。

马克思这时写了大量的笔记、批注，部分手稿已经大体上阐明了《资本论》其余两卷，特别是第二卷的理论内容，但是，这个时期他仍以极其严格的科学态度，不把这些新出现的现象研究清楚，是决不会出版他的著作的。正如恩格斯所说：只要列举马克思留下来的手稿，就可以证明，"马克思在公布他的经济学方面的伟大发现以前，是以多么无比认真的态度，以多么严格的自我批评精神，力求使这些伟大发现达到最完善的程度。"[②] 但是，由于身体原因，马克思未能完成自己的计划，不得不把这些手稿留给恩格斯去继续研究，加工出版。

二 研究世界历史

马克思在19世纪70年代末到80年代初，对世界历史进行了专门的研究，留下大量的手稿，近一个世纪来鲜为人知，直到20世纪70年代，由于这些"笔记"公布于世，西方学者、各色各样的"马克思"学家及马克思主义者都认为，在马克思主义思想史的领域，又开辟了引人注目的天地。正如恩格斯晚年在评论马克思《雾月十八日》和《法兰西内战》两书时讲的，马克思深知法国历史，以至于在伟大历史事变还在我们眼前展开或刚刚终结时，就能正确地把握这些事变的性质、意义及其后果。

[①] 参见《马克思恩格斯全集》第34卷，第344—347页。
[②] 《马克思恩格斯全集》第24卷，第4页。

思想巨人马克思

马克思从未放弃过对世界历史和人类命运的关注，直到他的晚年。随着资本主义列强瓜分殖民地的斗争越来越尖锐，马克思对爱尔兰、印度、中国、印度尼西亚、埃及以及一系列其他殖民地国家的命运也越来越关注。1879—1881年，他在广泛收集到的材料的基础上编写了《印度历史编年大事记》，该书囊括了几个世纪的历史，一直写到1859年举行的反对英国"吸血鬼"的民族解放起义。从1881年底到1882年底，马克思又考察了从公元1世纪到17世纪中叶的一系列重大历史事件，整理了欧洲历史的材料及亚洲和非洲一些民族的历史材料，留下约105个印张的四大本篇幅宏大、内容丰富的笔记。马克思逝世后，恩格斯整理了马克思的手稿，在四本笔记本上加上《编年摘录》标题。后由苏联马克思恩格斯研究院在1938年、1939年、1940年和1946年出版的《马克思恩格斯文库》予以出版。中文版由中央编译局1992年出版。

世界历史研究及《历史学笔记》。马克思对世界史各种问题的研究在他的科学研究中占有重要地位。他把历史过程作为人类所创造的历史的实际进程来研究，始终主张只有仔细研究具体的事实才能了解真正的历史。他一生阅读过许多历史书籍，作了大量的提要和摘录，《历史学笔记》只是篇幅巨大的手稿其中一部分，也是马克思生前所著的最后一部史学手稿。

马克思的《历史学笔记》是建立在大量收集文献、有比较地选择文献和认真研究文献的基础上。从文献角度看，《历史学笔记》主要涉及八部史学文献。除了一般的通史性著作外，还有意大利、英国及俄国等国家的国别史。在通史方面，他选择了德国历史学家奥古斯特·路德维希·冯·施洛塞尔的18卷本的《世界史》；在意大利史方面，他选用的研究材料有：意大利历史学家博塔的《意大利人民史》，马基雅弗利的《佛洛伦萨史》；在英国史方面，他主要选择著作：激进主义者科尔特的《英国和爱尔兰的新教改革史》，英国怀疑主义哲学家休谟的《英国史》，约翰·理查德·格林的《英国人民史》；俄国史马克思利用的材料主要是：尼古拉·米哈伊洛维奇·卡拉姆津《俄国国家史》，塞居尔的《俄国和彼得大帝历史》。马克思这部史学手稿虽然是摘要，但内容极为丰富、具体。因为它的内容是历史上存在过的事实，其中许多事实在我国现有的史书中也难以找到。马克思作摘录时并不是简单地复述研读的著作文句。在研究某一历史阶段和事件时，他首先选择某一历史学家的著作为脚本，按年代顺序和事件进程来做摘录；同时又做了大量简短的述评，表达他对各种历史现象的认识、理解和评价。对于重大的历史事件或他所关心的问题，都用记号在笔记中标出。这些记号分两种：一是摘引或标出他所关注的历史进程或历史事件有关的文献的详细原文；二是注明进一步参阅的文献来纠正或补充正在研读的文献的不确切或错误之处。这些注都以附录的形式收在每一册后面。《历史学笔记》反映了马克思对世界史问题的大量研究工作，对于了解马克思的历史观点，他研究历史的具体过程以及研究方法，提供了大量的材料。

《历史学笔记》的主要内容。马克思《历史学笔记》采用文献记叙前后达1700年历史。从公元前1世纪初至17世纪中叶世界各国，马克思将其分为四个历史时期。与四个时期相对应，《历史学笔记》分为四册。通过这四册，展现了从奴隶制、封建制到资本主义确立的整个历史发展过程。

《历史学笔记》第一册（共141页手稿），按年代顺序是公元前1世纪到14世纪共1400多年历史，内容包括从奴隶制罗马帝国初期到14世纪意大利封建制度的形成时期。在世界史上，欧洲各民族历史，5世纪到12世纪的阿拉伯人、土耳其人、蒙古人、花剌子模人的历史以及14世纪中叶以前的北欧和东欧诸国的历史。从11世纪到13世纪是西方国家和东方国家历史中极其重要的时代。在国际关系史上，具有重大意义的事件是由罗马天主教会煽动的法、德、意、英等国封建主参加的十字军东征。这一前后延续近200年（1096—1291）的重大历史事件，对于了解东西方国家和民族的历史具有重要的意义。在附录部分马克思作摘录时专门指出，博塔《意大利人民史》和施洛塞尔《世界史》中的某些有关篇章，读者可以对照阅读。

思想巨人马克思

《历史学笔记》第二册是第一本笔记的继续,按年代顺序包括整个14世纪和15世纪前后170年左右历史,主要探讨封建制度确立及其动摇衰落的历史过程。这期间,城市新兴势力的增长开始动摇封建制度支柱。在封建主义的欧洲,阶级斗争异常激烈,爆发了大规模的农民起义。马克思对农民起义给予高度关注,详细地记述了扎克雷运动、瓦特·泰勒起义以及捷克的胡斯战争等。马克思在研究群众运动同时,也注意研究国家机构的发展及军事上的改革。展示了一幅封建社会发展的立体图景。

《历史学笔记》第三册,从年代顺序看,包括从15世纪中叶到16世纪70年代。内容上包括研究探索资本主要因素是如何在动荡衰落的封建制度中萌发和进一步发展的。在欧洲史和世界史中,这100多年具有特别重要的意义。临近16世纪,资本主义的时代开始了,经历了全盛时期的封建制度开始衰落。经济上黄金席卷西欧,货币成为主导社会的力量;随着对黄金的追逐,促进了航海业的发展,航海家们又带来许多地理大发现,其中最重要的是哥伦布发现美洲新大陆。在欧洲各国内部,形成了资本主义生产发展的前提。政治上王权同城市资产阶级联合起来,粉碎了封建主义势力,像英国那样一些大的君主国形成了。马克思在这册笔记中,有很多篇幅摘录的是宗教改革及与之有关的斗争,整个16世纪在德国、意大利和法兰西发生的内战。马克思评论道:"王权反对威尼斯所代表的资本实力的这场斗争发生的时间,正赶上一些崭新的因素开始起作用(美洲……金矿和银矿的发现、殖民地等等,国内需要钱供养常备军等等)。这场斗争的目的是为了制服资本即资产阶级的祸患,制服这个产生于封建国家、还带有封建痕迹的君主国。在宗教上的反映就是教廷和宗教改革的斗争。"[①]

《历史学笔记》第四册,从年代顺序看,记叙的是16世纪最后25年至17世纪中叶以前的历史事件,其中三十年战争史(1618—

[①] 马克思:《马克思历史学笔记》,红旗出版社1992年版,第60页。

1648）是重点。"三十年"战争是以宗教战争为特点的新兴资本主义势力针对教皇及其所联合的封建制度的斗争。它通过组建军队，结成联盟进行战斗的形式，来争夺地盘和政权，具有内战和国际混战的双重性质。在该册中，马克思用许多章节详细地说明了这场战争前所发生的各种事件，研究参战各国的历史和它们的相互关系，阐明它们的对外政策及当时欧洲各国的发展及国际关系的发展过程。在这本笔记中，有关俄国的篇幅比前三卷明显增多，马克思将"三十年战争"开始前的俄罗斯历史划分为四个时期：第一时期（862—1054），共192年；第二时期（1054—1236），共182年；第三时期（1237—1462），共225年；第四时期（1462—1631），共169年。当然马克思更多的还是注意英国史，不仅注意英国的国内事件，而且也注意它的对外政策。这册最后部分是马克思阅读格林《英国人民史》一书时所做的札记。从内容和写作时间看，这篇札记都可以算作《历史学笔记》的直接补充。附录部分是马克思摘引的《英国人民史》中的有关章节。

《历史学笔记》的启示。马克思和恩格斯早在19世纪40年代创立了唯物史观。但把唯物史观展开，用新的世界观为指导去研究至今的人类历史，特别是通过"解剖"当代资本主义社会，用以作"钥匙"去"透视一切已经覆灭的社会形式的结构和生产关系，"[1] 进而用唯物辩证的观点和方法说明历史，是马克思主义创始人终身的工作。

在《历史学笔记》中对于学习和理解、坚持和发展马克思主义唯物史观在方法论上至少有两点启示：首先，必须在占有材料基础上认识全部历史，只有从不同历史进程中各种不同的社会形态存在的条件，从个别历史事件，个别历史人物的深入分析研究中，才能把握住规律性的认识。1890年恩格斯在马克思逝世后讲到唯物史观方法论时说："我们的历史观首先是进行研究工作的指南，并不是按照黑格

---

[1] 《马克思恩格斯选集》第2卷，第108页。

尔学派的方式构造体系的杠杆。必须重新研究全部历史，必须详细研究各种社会形态的存在条件，然后设法从这些条件中找出相应的政治、私法、美学、哲学、宗教等等的观点。在这方面，到现在为止只做了很少的一点工作，因为只有很少的人认真地这样做过。"① 马克思晚年不倦地深入广博地研究历史，就是实践着这样的榜样。在《历史学笔记》中，马克思所涉猎的，既有历史上的国家，也有历史上广泛的不同的民族；既有不同王朝更替的状况及原因，也有各王朝及民族战争的影响和后果；既有历史大事件，如宗教改革、农民战争，也有不同领域政治、经济、社会、文化、宗教等各方面的具体情况。正是通过这样的研究，马克思充实、丰富了他所创立的唯物史观。说明历史研究必须坚持个别和一般、多样性和一致性的统一。其次，坚持经济因素、经济基础的决定作用，同时坚持政治、思想等因素的巨大的反作用，坚持在经济现象与其他现象的错综复杂联系中理解认识和说明历史。在《历史学笔记》中，马克思同样地做出了榜样。在分析不同国家、民族，不同历史事件时，不论是摘录或评述，马克思都注意到经济基础和经济史方面的状况，如从土地所有制、商业、货币、生产方式等角度归纳、分析研究历史事件的事实和材料，进而从中找出规律性的认识。马克思的历史研究方法直到今天也给后人以启示。

原始社会的研究和《人类学笔记》。马克思在探讨资本主义社会之前的社会结构时，特别关注对原始社会及其解体过程的研究。从19世纪70年代后期到80年代初期，他写了五篇《人类学笔记》也称《民族学笔记》，即包括《柯夫列夫斯基〈公社土地占有制、其解体的原因、过程和结果〉一书摘要》《摩尔根〈古代社会〉一书摘要》《拉伯克〈文明的起源和人的原始状态〉一书摘要》《梅恩〈古代法制史讲演录〉一书摘要》和《菲尔〈印度和锡兰的亚利安人的村社〉一书摘要》。1876年，马克思详细地摘录了德国著名学者毛勒

---

① 《马克思恩格斯文集》第10卷，第587页。

的《马尔克制度、农户制度、乡村制度、城市制度和公共政权的历史概论》和《德国马尔克制度史》及其他著作。1881年他又重新研读了这些书。同时，他还从英国、意大利和西班牙等国的历史学家那里获得有关原始社会及其土地公社占有制的大量资料。马克思认为，他的俄国朋友柯瓦列夫斯基1879年出版的《土地公社占有制，其解体的原因、过程和结果》一书具有重大的科学意义。该书详细地描绘了北美洲印第安人、东印度群岛西班牙殖民地居民、印度和阿尔及利亚民族的公社制度。这些著作对了解原始社会的解体很有帮助。

在马克思所做的摘要中，他从1877年出版的路易·摩尔根的主要著作《古代社会》中所做的摘录引起人们很大的兴趣。摩尔根是美国著名的民族志学家、人类学家、自发唯物主义者，他对原始社会做了大量实际考察，并对他所掌握的丰富材料进行了科学的分析。他对北美部落的习俗和婚姻形式进行了多年的研究，证明氏族是原始社会的基本单位，古代的婚姻形式是群婚制，是母权制、母系社会，并由母系社会向父系社会的过渡。马克思高度地评价摩尔根的著作，认为他的著作为他与恩格斯创立的唯物主义历史观提供了新的科学根据，并印证了他早在40年代关于原始社会不存在阶级的看法。摩尔根的《古代社会》，对于正确理解唯物主义历史观有重要的意义。马克思对《古代社会》作了98页的摘要[①]，写上了批判性的意见，并打算写一部关于原始社会史专著，但未能如愿。马克思逝世后，恩格斯根据这些材料，写出了《家庭、私有制和国家的起源》，在一定程度上，履行了他朋友的遗愿。

三　对俄国历史发展和农村公社问题的研究

关于对俄国问题的研究，从1881年马克思开列的题为《我书架上的俄国书籍》的书单中就可以看出，这里有150个版本的115种俄

[①] 参见马克思《摩尔根〈古代社会〉一书摘要》，人民出版社1965年版。

文书籍,这里还不包括他在工作中正在使用的资料。这些资料和书籍都是俄国学者尼·弗·丹尼尔逊、彼·拉·拉甫罗夫、维·伊·查苏利奇等人帮助马克思收集的。这些书籍涉及的问题非常广泛,有俄国历史、俄国的农业状况、土地关系、俄国公社、工业、铁路运输、银行和信贷、工人状况、国内外贸易,以及沙俄的殖民政策,等等。

马克思对俄国问题有极为广泛的兴趣,但他最为关注的是俄国土地关系,特别是俄国农村公社的起源和历史及其发展前景问题。1881年底—1882上半年,马克思开始系统地整理他所收集的大量资料,并在他的《关于俄国1861年改革和改革后的发展札记》手稿中做了总结。恩格斯在谈到马克思对俄国问题的深入而广泛的研究时说,"我不知道有谁能像他那样清楚地了解俄国,了解俄国的国内事务和国外事务。"①

马克思的《资本论》不仅在俄国革命者中间,而且在俄国学者中引起了巨大反响。对《资本论》不同理解,以及马克思对俄国农村公社的论述,在俄国理论界引起很大的争论。就像在德国"青年德意志"把马克思历史唯物主义误解为"经济决定论"一样,在俄国,有的人把《资本论》关于资本主义发展规律错误地视为一切民族必经的发展道路。例如民粹派思想家尼·康·米海洛夫斯基,在他写的《卡尔·马克思在茹柯夫斯基先生的法庭上》就持上述的观点。马克思在写给《祖国纪事》杂志编辑部的信,断然否定了米海洛夫斯基强加给他的观点,似乎马克思同俄国自由主义者一样,也认为俄国应该立即消灭农村公社,发展资本主义。他反对有些人把《资本论》中阐述的关于资本主义产生的历史变成"万能钥匙",变为有关普遍道路的历史哲学,认为到达共产主义之前,各人民都注定要走这条道路。另外,马克思也批驳了这样一种观点,把农村公社看成是社会主义社会的萌芽和基础,它的存在可以使俄国不走资本主义的发展道路。马克思从俄国实际出发,唯物辩证地分析了俄国农村公社这种历

---

① 《马克思恩格斯全集》第36卷,第516页。

史现象，慎重地科学地给出了自己的看法。他说，"如果俄国继续走1861年所开始走的道路，那它将会失去当时历史所能提供给一个民族的最好的机会，而遭受资本主义制度所带来的一切极端不幸的灾难。"①

《给维·伊·查苏利奇的复信》是他论述俄国农村公社历史命运和资本主义发展前景的重要作品。1882年2月，查苏利奇写信给马克思说："您一定会理解，我们对您在这个问题上所持的看法是何等感兴趣，如果您能谈一谈我国农村公社的可能命运和谈一谈这样一个理论问题，即由于历史的必然，世界所有各国都必定经历资本主义生产的所有阶段，那对我们将有多大的帮助啊！"②

马克思在复信的草稿中，详细地研究了俄国农村公社的历史、现状和特点，分析了俄国农村公社的两重性和两种可能的前途：或者是公社包含的私有制因素战胜集体因素而走向资本主义，或者是后者战胜前者而成为向社会主义发展的起点。这一切都取决于它所处的历史环境，离开这种具体的实际环境说是或非都是错误的。马克思认为，俄国农村公社"目前处在这样的历史环境中：它和资本主义生产的同时存在为它提供了集体劳动的一切条件。它有可能不通过资本主义制度的卡夫丁峡谷，而占有资本主义制度所创造的一切积极的成果。""它的一个基本特征，即土地公有制，是构成集体生产和集体占有的自然基础。此外，俄国农民习惯于劳动组合关系，这有助于他们从小地块劳动向集体劳动过渡。"③但是，这必须有实行这种改造的经济条件。

马克思期望俄国农村公社能够发挥进步的历史作用。他指出，"'农村公社'的这种发展是符合我们时代历史发展的方向的，对这一点的最好证明，是资本主义生产在它最发达的欧美各国中所遭到的致命危机，而这种危机将随着资本主义的消灭，随着现代社会回复到

---

① 《马克思恩格斯全集》第19卷，第129页。
② 《马克思恩格斯和革命的俄国》，莫斯科，俄文版，1967年，第435页。
③ 《马克思恩格斯文集》第3卷，第578页。

古代类型的高级形式，回复到集体生产和集体占有而告终。"① 当然，这是在更高基础上的"回复"。但俄国1861年的改革以后，农村公社趋于瓦解，"要挽救俄国公社，就必须有俄国革命。……如果革命在适当的时刻发生，如果它能把自己的一切力量集中起来以保证农村公社的自由发展，那么，农村公社就会很快地变为俄国社会新生的因素，变为优于其他还处在资本主义制度奴役下的国家的因素。"②

1882年马克思和恩格斯在《共产党宣言》俄文第二版前言中，再一次谈到这个问题时说，"假如俄国革命将成为西方无产阶级革命的信号而双方互相补充的话，那末现今的俄国土地公社所有制便能成为共产主义发展的起点。"在这里他们还指出，"俄国已是欧洲革命运动的先进队伍了。"③ 马克思生命的最后几年，充满了对即将爆发的俄国革命的期盼，并预言这将是世界革命的转折点。马克思以其卓越的智慧，洞察着历史发展的趋向。

维拉·伊万诺夫娜·查苏利奇写信请求马克思谈他对俄国历史发展，特别是对俄国农村公社的看法，是1881年2月16日，马克思的复信是3月8日。马克思在给查苏利奇的复信过程中草拟了四个草稿，复信和草稿于1924年第一次用俄文发表于《马克思恩格斯文库》第一卷。

四　涉猎自然科学领域

马克思对自然科学的研究是与他研究经济学和进行经济调查分不开的，同他的唯物辩证法有着内在的联系。很显然，自然科学与社会科学是相通的。

马克思在研究土地问题时认为，必须弄清楚农艺学方面的最新资料，这促使他去深入地钻研化学、农业化学、生物学、地质学等有关

---

① 《马克思恩格斯文集》第3卷，第579页。
② 同上书，第582页。
③ 《马克思恩格斯全集》第19卷，第326页。

第十四章 马克思的晚年岁月

的学科。1875年他对恩格尔加尔特的《农业的化学基础》一书作了摘要，1878年他再次阅读了英国人约翰斯顿写的《农业化学和地质学基础》，1882年他仔细地阅读了罗斯科和卡尔·肖莱马写的化学教科书，以及尤利乌斯·洛塔尔·迈耶尔的关于化学方面的最新理论的书，等等。马克思十分关注科学领域出现的新的研究成果，例如，1875年德国化学家、物理学家特拉乌别用化学方法制造出了"人造蛋白"，引起了马克思的高度关注，他认为，这种实验对解释地球的生命起源很有意义。1882年法国学者马赛尔·德普勒所进行的用导线远距离的传送电能的实验，也引起马克思的注意，他说，"这个发现使十分巨大的、一向白白浪费的全部水力立即可以得到利用。"[1] 恩格斯在谈到马克思对待科学发现的态度时说，"任何一门理论科学中的每一个新发现，即使它的实际应用甚至还无法预见，都使马克思感到衷心喜悦，但是当有了立即会对工业、对一般历史发展产生革命影响的发现的时候，他的喜悦就完全不同了。"[2]

马克思十分注重对高等数学的研究，因为这与他的经济研究有着密切的关系。从他1858年起所写的笔记本中就可以看到，他在钻研数学史、商业算术、解析几何、代数时所做的札记。他仔细地研究了古典数学家笛卡儿、莱布尼茨、牛顿和科林·麦克劳林的著作，以及数学分析和高等代数方面的许多教科书。马克思在自己写的东西中，力图阐明微分学的基本概念和方法同初等代数之间的辩证关系。他认为，只有科学思维发展到高级的、真正辩证的阶段，才能充分揭示被研究的现象的实质。

恩格斯这时正在写作《自然辩证法》，马克思在他80年代初写的《论导函数概论》《论微分》手稿中标明："给将军"，"给弗雷德"，[3]即给恩格斯。恩格斯看后对马克思的数学手稿给予高度的评价，认为马克思在数学领域"都有独到的成就"，并且写信向马克思表示

---

[1] 《马克思恩格斯全集》第35卷，第105页。
[2] 《马克思恩格斯选集》第3卷，第575页。
[3] 马克思：《数学手稿》，人民出版社1975年版，第25页。

思想巨人马克思

祝贺。

《数学手稿》说明，马克思是一位知识渊博的学者，他的学识涵盖科学的多个学科领域。保尔·拉法格曾经这样描绘马克思的才智，他说："马克思的头脑是用多得令人难以相信的历史及自然科学的事实和哲学理论武装起来的，而且他又是非常善于利用他长期脑力劳动所积累起来的一切知识和观察的。无论何时，无论任何问题都可以向马克思提出来，都能够得到你所期望的最详尽的回答，而且总是包含有概括性的哲学见解。他的头脑就像停在军港里升火待发的一艘军舰，准备一接到通知就开向任何思想的海洋。"[①] 拉法格是最了解马克思的人之一，他的评价真实可信，令人信服！

五　伟大的女性——燕妮·马克思逝世

燕妮·马克思出身名门望族，并有特利尔"舞会皇后"的美称，从小就受着良好的家庭教育。她拒绝了"门当户对"求婚者，选择了小她四岁的卡尔·马克思。在她看来，马克思的过人之处是有才华，有理想，有爱心，有坚忍不拔的精神。她喜欢这个年轻人，并忠贞不渝，跟着他过着颠沛流离、贫困潦倒的生活，把自己的一生都献给马克思和他所从事的事业，直到最后含笑离开人间。

燕妮不仅有天赋的美丽，而且有卓越的才智、渊博的学识、愉快而朴实的性格，以及强烈的自尊心。一位1848年革命的参加者波尔恩曾这样描写燕妮，说"我很少见过像燕妮·马克思这样的妇女，她的美貌、心灵和才智是多么相称，一见就令人倾慕。"俄国学者马·柯瓦列夫斯基写到，"很少有人能像马克思夫人那样既俭朴而又殷勤地接待客人，很少有人能像她那样在简单接待的情况下仍旧保持法国人称为'高贵妇人'的举止和仪态。"[②] 她始终是个年轻、美丽、朝

---

① [法] 保尔·拉法格：《回忆马克思恩格斯》，马集译，人民出版社1973年版，第9页。
② [俄] 波·维诺格拉茨卡娅：《燕妮·马克思》，生活·读书·新知三联书店1981年版，第359、375页。

第十四章 马克思的晚年岁月

马克思和燕妮

气蓬勃和永不衰老的人。

她的女儿们让她填写"自白"时她写道：**您最珍贵的品德：一般人——真诚，男人——坚定，女人——热忱。您对幸福的理解：健康。您对不幸的理解：依附别人。您最讨厌的缺点：忘恩负义。您喜爱的诗人：歌德。您喜爱的散文家：马丁·路德。您喜爱的英雄：科利奥兰纳斯。您喜爱的女英雄：弗洛伦斯·南丁格尔。您喜爱的花：玫瑰。您喜爱的颜色：蓝色。您喜爱的格言：**"什么都不在乎"。您的座右铭："永不绝望"。这是几十年生活给予她的人生感言！

燕妮晚年照

思想巨人马克思

在她伴随马克思的一生中，燕妮自己也成为一个有坚定共产主义理想信念的无产阶级革命家。她是普通的家庭主妇，也是革命战士，长时期担任马克思的秘书，为马克思誊写书稿，帮助马克思回复国际工人协会成员和其他革命者的信件，参加国际的各种革命活动，并为马克思分担来自各方面的压力。不论是在1848年2月革命后，还是在巴黎公社失败后，她都以慈母般的情怀帮助流亡到英国的落难者，尽管家庭经济困难，但她仍然全力以赴，尽其所能，帮助流亡者解决生活困难，给他们以精神上的鼓励。"穿着工作服的工人在她家里，在她的餐桌上，受到殷勤而亲切的款待，就好像公爵或王子一样。从各国来的许多工人都享受她的亲切而殷勤的款待。"李卜克内西也回忆说，"你知道这位高尚的妇女对我说来意味着什么；我流寓伦敦期间没有遭到毁灭，首先要归功于她。"[①]

燕妮的才智还表现在她对文学和戏剧的喜爱上，在她的晚年还发表了不少关于英国戏剧方面的作品。因为，这时的女儿们轮流担负起马克思的秘书工作，孩子和家庭的操劳也有所减少，她有时间在文坛上展露自己的才华。这个时期，她发表在《法兰克福报》上的作品有：《伦敦戏剧界纪事》（1875年11月），《伦敦戏剧季节》（1876年3月），《英国对莎士比亚的研究》（1876年12月），《伦敦利塞乌姆剧院上演的莎士比亚的理查三世》（1877年2月），《伦敦戏剧点滴》（1877年5月）。她在这些文章中，向德国读者介绍了英国戏剧研究和演出的情况，赞扬了有才干的青年演员敢于突破传统套路、大胆创新的精神，谴责保守派的资产阶级报刊对他们的吹毛求疵和无理的攻击。令她欣慰的是，随着观众的认同，这些诽谤也就销声匿迹了。燕妮在嘲笑这些小市民习气和嗜好时，还强调了工人阶级对艺术的渴望和兴趣，预示着工人阶级和广大劳动者承担着未来伟大文化的使命。

燕妮也特别关注俄国的情况，她从英国报刊上收集到有关俄国国

[①] ［俄］波·维诺格拉茨卡娅：《燕妮·马克思》，生活·读书·新知三联书店1981年版，第375、467页。

第十四章　马克思的晚年岁月

内情况的报道，看了马克思的有关俄国的资料，在 1878 年，她在《法兰克福报》发表了一组关于俄国的政论文章，揭露沙皇俄国的残暴、专横及其腐朽的制度。她列举了大量实际材料，说明军事警察机构的腐败和专横跋扈的行为，痛斥沙皇政府的专制制度，以及它在国内和欧洲所扮演的角色。此时也正是普鲁士政府在搞"反社会党人非常法"的时候，所以，燕妮的文章也具有一语双关、一箭双雕的作用。燕妮同马克思一样，认为俄国人民是强大的巨人，并预言俄国人民将担负起伟大的历史使命。他们期望俄国革命的发生。马克思在给美国朋友弗·左尔格的信中说："……就会有一场绝妙的热闹事。要是老天爷不特别苛待我们，我们该能活到这个胜利的日子吧！"① 马克思夫妇没有能活到俄国革命到来的那一天，但是，他们的预言变成了现实。

马克思三个女儿

燕妮一生生育过七个孩子，有三个（其中两个男孩）死于贫穷和疾病，一个刚出生便夭折，伴随他们一生的是三个女儿：燕妮·马克思，劳拉·马克思和艾琳娜·马克思。她们都受到家庭的深刻影响和文化思想的熏陶，不仅美丽动人，而且颇具才华；不仅具有女性的温

---

① 《马克思恩格斯全集》第 34 卷，第 275 页。

柔，而且具有坚韧的品格。他们都先后做过马克思的秘书，帮助马克思收集研究工作所需要的材料，陪同马克思到大英博物馆查阅研究《资本论》的资料，同国际工人协会成员联系，传达马克思的意见，特别是她们都在有关报刊上发表大量文章，支持各国工人运动，宣传马克思的理论。她们都像她们的母亲一样，也是国际工人运动的活动家。马克思夫妇为有这样的女儿感到骄傲，在苦难的流亡生活中也是一种巨大的精神慰藉。

龙格和燕妮

燕妮·马克思（1844年5月1日—1883年1月11日）是马克思的大女儿，对马克思夫妇孝敬备至，为减轻家庭的生活负担，她瞒着马克思到英国一个家庭做家庭教师。在马克思写作《资本论》期间，她帮助父亲收集大量资料，至今仍保存着关于伦敦的赤贫现象、关于贸易、金融和工业等方面的剪报和批语。小燕妮是一个政论家，她在70年代初期发表的关于爱尔兰问题的一组文章（共8篇），在英国社会和包括《泰晤士报》和《每日电讯》等媒体引起极大的反响。甚至英国有关政府部门重新调查和处理文章所反映的事件。这些文章以"燕·威廉斯"的笔名发表在《马赛曲报》上。研究爱尔兰问题的专

第十四章 马克思的晚年岁月

家恩格斯十分关注这些文章以及在社会上引起的反应,他说,"燕·威廉斯先生获得了……光辉灿烂、值得赞扬的成就,燕妮真了不起!"马克思称她为"咱们鼎鼎大名的威廉斯",并把恩格斯正在写的一本关于爱尔兰的书介绍给她,并写道:"已经精通爱尔兰的近代史并且在这方面起着巨大作用的大名鼎鼎的威,将在这本书内给自己找到现成的考古资料。"① 燕妮以后与丈夫沙尔·龙格回到法国,居住在巴黎的阿尔让台。由于生活贫困,日夜操劳,积劳成疾和家庭的压力,她身体完全垮了,患了重病,在人世间度过了38个春秋,于1883年1月11日故去。

劳拉与拉法格

劳拉·马克思(1845年9月26日—1911年11月26日)也和她的姐姐燕妮一样,美丽大方,才华洋溢,把从事国际工人运动,宣传马克思理论作为自己毕生的使命。这里特别值得提及的是她具有很高的翻译才华,她把马克思和恩格斯的许多著作翻译成法文,在法国传播马克思主义起了很大的作用。劳拉1868年4月与法国著名无产阶

---

① [俄]奥·沃罗比耶娃、西涅尼科娃:《马克思的女儿》,叶冬心译,生活·读书·新知三联书店1980年版,第43页。

级革命家、外科医生保尔·拉法格结婚，长期生活在法国。巴黎公社失败后，曾流亡西班牙和英国，1880年特赦后又返回法国居住。《资本论》第1卷出版后，她和拉法格就把该书的序言译成法文，发表在法国共和党报纸《法兰西快报》上。恩格斯十分赏识劳拉的渊博学识、文学素养和翻译才能，他希望劳拉能把《共产党宣言》译成法文。当看到劳拉的法译本后，他高兴地说，他一向害怕翻译《共产党宣言》，这是最难译的一个文件。但劳拉翻译得很精确，这部作品将第一次以这样精彩的译本在法国出现，我们可以感到得意，法文译本的出版，将给法国工人运动以极大的帮助。后来，劳拉又审改了拉威翻译的恩格斯《家庭、私有制和国家的起源》法译本。1893年劳拉又把恩格斯的《路德维希·费尔巴哈与德国古典哲学终结》翻译成法文。除了上述著作外，她还把《政治经济学批判》（1859年）和《德国革命与反革命》都译成了法文。当时法国学界有人这样评价说：马克思和恩格斯许多重要著作翻译成法文，"大部分应当归功于马克思的女儿。就中比如是恩格斯《反杜林论》中论社会主义部分的法译本和《共产党宣言》的法译本等。""劳拉·拉法格的译文词藻华美、气势宏伟、笔力遒劲，"而且"忠实于原文"。[①] 劳拉还兴致很高地翻译了《国际歌》的作者欧仁·鲍狄埃的好多首革命歌曲。她还把歌德的《浮士德》从德文翻译成英文，等等。同时，她与保尔·拉法格还参加了一系列国际工人运动的重大活动，参与了法国工人阶级政党的建立。

艾琳娜·马克思（1855年1月16日—1898年3月31日）是马克思夫妇的小女儿，她从18岁起就已经是一个性格独立、思想成熟的姑娘了。在父母的影响下，成为一个对工人阶级事业无限忠诚的真正的革命家。艾琳娜颇具艺术才华，热爱喜剧，曾经屡次参加演出。她有着非常悦耳的嗓子，音色柔美，口气变化细腻，表演时热情动

[①] ［俄］奥·沃罗比耶娃、西涅尼科娃：《马克思的女儿》，生活·读书·新知三联书店1980年版，第103页。

第十四章　马克思的晚年岁月

人，所以每次演出都非常成功。恩格斯观看了她的演出，并给予比较高的评价。但是，她并没有向这个方向发展，而是把自己的全部才华和精力奉献于工人阶级的事业，她同情受苦受难的工人群众，为他们的权利而进行不懈的斗争。当时的英国是现代工业最发达的国度，但也是人们遭受困难最深的地方。艾琳娜常常到伦敦工人家庭去调查，并把她看到的一些触目惊心的情景写信告诉姐姐劳拉。她说，看到这些可怕的情景真让人感到绝望，"若问这成千上万忍饥挨饿的人怎样能够度过最近的几个月，那简直是一个谜。"她亲自参加了伦敦工人的斗争，并与前来镇压工人运动的

艾琳娜

警察进行面对面的对抗。她从报刊和政府官方文件中收集到大量实际材料，写出很有分量的文章，发表在英国的有关报刊。威廉·李卜克内西在谈到她1895年写的《英国工人运动》时说："《英国工人运动》的作者精确地掌握了并且表达了英国工人的基本特点。她的这篇文章是从心底里写出来的。她和英国工人一起生活，一起斗争，并且学会了爱护他们。她和他们形成了一个整体，自己仿佛是当代英国工人运动中的一部分。她用亲切的语句，给我们忠实地描绘了人们的生活。她向我们指出工人运动和英国历史中最大的特点，知道怎样牢牢地保住既经获得成就，并且不顾一切障碍，坚持不懈地向前进"。恩格斯也曾经多次介绍其他国家的社会党人去找艾琳娜，向她讨教主张、提出问题、请求帮助，因为她最熟悉工人生活，了解所有的政治活动。1892年9月考茨基请恩格斯写一篇关于英国社会主义的文章，恩格斯向考茨基推荐艾琳娜，认为"只有她对这一件事能够胜任。"

581

她不仅是一个出色的政论家,而且还是一个优秀的翻译工作者,她不仅翻译了许多文章,而且还把利沙加勒的《巴黎公社史》译成英文。1889年7月在巴黎召开国际社会主义者代表大会,成立第二国际。在第二国际成立之际,艾琳娜积极帮助恩格斯进行了大量的准备工作。1890年,为执行巴黎会议的决议,艾琳娜在伦敦参与组织了"五一劳动节"大游行,参加者有20万人之众,大多数是工人。恩格斯参加了这次大游行,并给予高度评价,并认为它标志工人运动新高涨的开始。这个时期,英、德、法等国的工人代表都在本国议会选举中,取得了令人鼓舞的成绩,这使恩格斯十分高兴。他在给左尔格的信中说,"假使能让马克思活到这个工人觉醒的日子的话,我真愿牺牲自己的一切。"在这期间,艾琳娜还帮助恩格斯出版《资本论》第二、第三卷。恩格斯逝世后,她保存着马克思的全部遗著,她在1898年故去后全部遗著交由劳拉和拉法格保存。

恩格斯在工人集会上发表演讲

马克思三个女儿之间的关系非常深厚,下面仅举一例说明。巴黎公社失败后,法国政府对巴黎公社社员进行残酷的镇压。拉法格夫妇为躲避迫害而逃亡西班牙。姐姐燕妮和当时只有16岁的妹妹艾琳娜

第十四章　马克思的晚年岁月

十分担心他们的安全，便冒着很大风险辗转来到西班牙探望。返回途中在边境被捕，并受到侮辱性的搜查，接着受到法国当局长时间的审问，法国人用尽了一切狡猾、粗暴、威胁的手段，企图得到拉法格夫妇的藏身地和国际的有关情况，但姐妹俩沉着机智，冷眼相对，以坚毅的精神挫败了法国警察的图谋。最后，审讯他们的那个警官气急败坏地说了一句，"看来这个家庭的女人都是这样有毅力"，不得不把被扣押的英国护照归还给她们，把她们释放。对于马克思三个女儿，世人知之甚少，但她们的人品和对马克思的事业与国际工人运动的奉献应当永远铭记。在母亲生命的最后时刻，由劳拉和艾琳娜细心照料，一直陪伴到最后。

燕妮晚年身体越来越不好，特别是从1878年秋天起，她身患重病，以后确诊患的是危险的肝癌。病魔的长期折磨，使她心力交瘁，忍受着巨大的痛苦。她积极治疗，并想去卡尔斯巴德进行矿泉疗养，但遗憾地遭到了拒绝。一封来自有关机构的信说，"前男爵小姐冯·威斯特华伦不能前往该地，因为她是卡尔·马克思的妻子。"[①] 由于德国颁布了反社会党人法，奥匈帝国也开始迫害社会党人，马克思及其夫人根本不可能再去这个中欧著名的矿泉疗养院疗养了。

在生命的最后一段时间，燕妮一直是在病床上度过的。她奄奄一息地卧床好几个月，忍受着癌症给她带来的一切痛苦，可是直到临终前她情绪一直很好。艾琳娜描述当时的情景时说，"虽然她万分痛苦，她还是说笑话，她还笑——笑医生和我们，笑我们担心忧虑太多。""她几乎直到气绝时神智还完全清醒。……她紧紧地握我们的手，并且尽量露出笑容"。[②] 燕妮·马克思以坚韧的性格与疾病进行斗争，于1881年12月2日含笑离开这个世界。12月5日，安葬在伦敦海格特公墓。

---

① ［俄］波·维诺格拉茨卡娅：《燕妮·马克思》，生活·读书·新知三联书店1981年版，第459页。
② ［法］保尔·拉法格：《回忆马克思恩格斯》，马集译，人民出版社1973年版，第76、77页。

思想巨人马克思

恩格斯在燕妮·马克思的墓前发表了讲话，他简要地回顾了燕妮的一生，回顾了她和她的家庭所经历的苦难流亡生活，以及她为马克思的事业和国际工人运动所做的重大贡献，最后，恩格斯说，"我用不着说她的个人品德了。这是她的朋友们都知道而且永远不会忘记的。**如果有一位女性把使别人幸福视为自己的幸福，那末这位女性就是她。**"①

马克思由于过于悲痛，由于身体十分虚弱，没有参加妻子的葬礼，但他为自己的理论在妻子生命的最后时刻得到社会承认，是对自己妻子的最大安慰！几十年来他们饱受舆论的压力和诽谤，这时，新闻工作者贝尔福特—巴克斯写的《卡尔·马克思》，作为英国《现代思想领袖》丛书的一本发表了，该书持肯定态度向人们介绍了卡尔·马克思及其思想，称马克思为卓越的科学家和社会主义思想家。他认为《资本论》"体现了一种经济学说的发展，就其所具有的革命性的特点和深远的重要影响而言，堪比天文学上的哥白尼体系，或是力学上的万有引力定律。"② 1881年12月15日，马克思就这件事致信左尔格说："对我最重要的是，还在11月30日（即燕妮逝世前三天）我就收到了上述的一期《现代思想》，使我亲爱的妻子在她生命的最后几天里得到了愉快。你知道，她是多么热情地关怀所有这类事情。"③ 燕妮一生不仅享受着与马克思爱情的幸福，同时也分享着生活与社会舆论带给她的种种压力。马克思在事业上取得的成就与燕妮的操劳是分不开的。

燕妮走了，"摩尔也死了"！

六　最伟大的思想家停止思想了

马克思在生命最后一段时间里，一直同疾病作艰苦的斗争，但只

---

① 《马克思恩格斯全集》第19卷，第322—324页。
② ［英］弗朗西斯·惠恩：《马克思〈资本论〉传》，陈越译，中央编译出版社2009年版，第141页。
③ 《马克思恩格斯全集》第35卷，第240—241页。

第十四章 马克思的晚年岁月

要身体状况有所好转他就继续研究工作，希望《资本论》第二、第三卷早日出版，并密切地关注各国工人阶级政党建立的情况。在70年代后期到80年代初期，欧洲各国工人运动开始活跃，由于马克思主义的传播和德国社会民主党的经验，在意大利、奥地利、西班牙、葡萄牙、瑞士、荷兰、丹麦等国相继产生了社会主义政党和小组。1879年10月法国也成立了法国工人党，马克思还为该党党纲写了绪言，在绪言中强调：**只有掌握了生产资料，工人才能享受到自由，而要掌握生产资料，无产阶级必须组织成为一个独立的政党，来进行革命斗争**。这里，言简意赅地指明了无产阶级政党建立的必要性和重大的历史任务。

马克思这个时期一直克服不了丧偶的悲痛。他写信告诉恩格斯说，"你知道，很少有人比我更反对伤感的了。但是如果不承认我时刻在怀念我的妻子——她同我一生中最美好的一切是分不开的——，那就是在骗人。"[①] 悲痛影响了马克思的身体，他的失眠、支气管炎不断加重，医生建议他停止工作，到气候温暖的地方去疗养。卡尔斯巴德矿泉疗养院的大门已向他关闭，他只好在劳拉或艾琳娜的陪同下先后去怀特岛的文特诺尔、阿尔及尔和瑞士日内瓦湖等地去修养，后来又去巴黎阿尔让台看望大女儿燕妮和外孙们，住了比较长的时间，尽情享受天伦之乐。返回伦敦后，他身体稍有好转又开始研究俄国农村公社和原始社会史，还给德国《社会民主党人报》写了几篇文章。

1883年1月11日大女儿燕妮的突然去世，对马克思打击是致命的。"我一生经历过不少伤心事，但是像这次那样心情沉重，却从来没有过。"马克思的病情不断加重，肺炎又引发肺部出现脓肿，卧床不起，只能吃些流食，达数月之久。劳拉、艾琳娜和琳蘅日夜守护，无微不至的照顾。恩格斯也是每天来看他。

3月14日下午，恩格斯又来看望马克思，刚离开马克思的琳蘅告诉他，马克思正似睡非睡。但是，"当我进去的时候他躺在那里睡着

---

① 《马克思恩格斯全集》第35卷，第42页。

思想巨人马克思

了,但是已经长眠不醒了。脉搏和呼吸都已停止。在两分钟之内,他就安详地、毫无痛苦地与世长辞了。"恩格斯很快地把这个噩耗告诉左尔格:"人类却失去了一个头脑,而且是它在当代所拥有的最重要的一个头脑。无产阶级运动在沿着自己的道路继续前进,但是法国人、俄国人、美国人、德国人在紧要关头都自然地去请教的中心没有了,他们过去每次都从这里得到明确而无可反驳的,只有天才和造诣极深的人方才能做出的忠告。"① 全世界工人阶级和进步人们都和恩格斯一样感到无比的悲痛。

马克思与世长辞

1883年3月17日,马克思安葬在海格特公墓他夫人燕妮的旁边。葬礼简朴、隆重,只有马克思的亲属和几个亲密的朋友参加了葬礼,其中包括两位杰出的自然科学家——动物学家雷伊·朗凯斯特和化学家肖莱马。在葬礼上,威廉·李卜克内西代表德国工人阶级发言,向

---

① 《马克思恩格斯全集》第35卷,第460页。

第十四章 马克思的晚年岁月

博士哀悼。马克思的女婿法国人龙格宣读了收到的唁电。恩格斯发表了在马克思墓前的讲话。

恩格斯说:"当代最伟大的思想家停止思想了。""这个人的逝世,对于欧美战斗的无产阶级,对于历史科学,都是不可估量的损失。这位巨人逝世以后所形成的空白,不久就会使人感觉到。"

正像达尔文发现有机界的规律一样,马克思发现了人类历史的发展规律,即历来为繁芜丛杂的意识形态所掩盖着的一个简单事实:人们首先必须吃、喝、住、穿,然后才能从事政治、科学、艺术、宗教等等;所以,直接的物质的生活资料的生产,从而一个民族或一个时代的经济发展阶段,便构成基础,人们的国家设施、法的观点、艺术以至宗教观念,就是从这个基础上发展起来的,因而,也必须由这个基础来解释,而不是像过去那样做得相反。

不仅如此。马克思还发现了现代资本主义生产方式和它所产生的资产阶级社会的特殊的运动规律。由于剩余价值的发现,这里就豁然开朗了,而先前无论资产阶级经济学家或者社会主义批评家所做的一切研究都只是在黑暗中摸索。

人的一生中能有这样两个发现,该是很足够了。即使只能做出一个这样的发现,也已经是幸福的了。但是马克思在

恩格斯面对吊唁人群发表演讲

他所研究的每一个领域甚至在数学领域,都有独到的发现,这样的领域是很多的,而且其中任何一个领域他都不是浅尝辄止。

"……马克思首先是一个革命家。他毕生的真正使命,就是以这种或那种方式参加推翻资本主义社会及其所建立的国家设施的事业,

思想巨人马克思

马克思墓

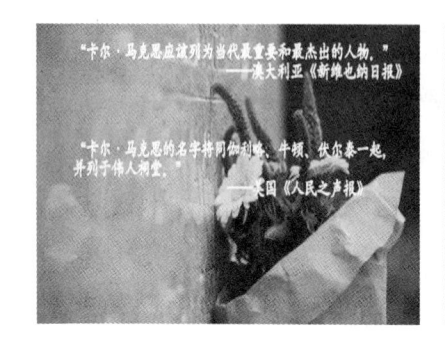

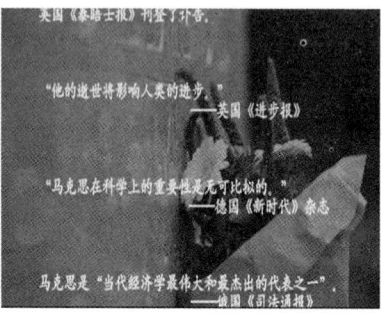

各界评论

参加现代无产阶级的解放事业，正是他第一次使现代无产阶级意识到自身的地位和需要，意识到自身解放的条件。斗争是他的生命要素。很少有人像他那样满腔热情、坚忍不拔和卓有成效地进行斗争。"①恩格斯精辟地概述了马克思一生的天才理论发现，高尚人格和对无产

---

① 《马克思恩格斯文集》第 3 卷，第 601—602 页。

第十四章　马克思的晚年岁月

阶级解放事业所做的伟大贡献。

马克思的逝世在欧美国家引起强烈的反响。正如恩格斯所讲的，"现在他逝世了，在整个欧洲和美洲，从西伯利亚矿井到加利福尼亚，千百万革命战友无不对他表示尊敬、爱戴和悼念，而我可以大胆地说，他可能有过许多敌人，但未必有一个私敌。"①

很多国家的工人阶级政党举行了马克思逝世追悼会，许多工人组织和进步人士发来唁电和吊唁函件。列斯纳在给艾琳娜的信中写道："只要人类存在在地球上，他的名字和事业将永存。他的天才像太阳一样向全人类发出灿烂的光辉，世界上没有任何力量能够阻挡它。"1883年3月18日，柏林一些大学生致信恩格斯，表示马克思的思想永垂不朽，认为"十九世纪将以他的名字命名"。就连资产阶级激进主义者比斯利也致信艾琳娜说，"他是个真正杰出的人；虽然我不同意他的观点，但我高度评价他的动机，并且非常尊重他。"②

不仅许多国家的无产阶级报刊，而且资产阶级报刊也刊登了马克思逝世的消息，并给予很高的评价。《泰晤士报》刊登了讣告。俄国自由派杂志《司法通报》称马克思为"杰出的人物"，"罕见的学者"。澳大利亚资产阶级报纸《新维也纳日报》1883年3月17日一号上，称马克思是"当代最重要和最杰出的人物"。德国《新时代》杂志说："马克思在科学上的重要性是无可比拟的。"纽约的《人民之声报》写道："卡尔马克思的名字将同伽利略、牛顿、伏尔

作者在马克思墓前留影

---

① 《马克思恩格斯文集》第3卷，第602—603页。
② ［俄］彼·费多谢耶夫：《卡尔·马克思》，生活·读书·新知三联书店1980年版，第774—776页。

思想巨人马克思

泰一起，并列于伟人祠堂之中"①，等等。

马克思逝世135年了，他的墓碑依然屹立在树木茂密的海格特公墓，他是海格特公墓瞻仰人最多的逝者。1998年5月中旬，笔者参加了巴黎纪念《共产党宣言》发表150周年国际会议。会后，我去伦敦海格特公墓瞻仰了马克思的墓，并献了花圈。虽然已经是中午时分，但瞻仰的人还是络绎不绝，我看到来自德国的几个青年人，和来自拉丁美洲的瞻仰者，还有一位坐着轮椅的老人，并与他们合影留念。此情此景仍历历在目，印象深刻！

七 马克思的"自白"

马克思的女儿们希望父母都有自己的"自白"，并以问答形式记录下来。马克思"自白"的主要之点是：

您的特点——目标始终如一。

您对幸福的理解——斗争。

您对不幸的理解——屈服。

您厌恶的缺点——奉迎。

您喜爱的诗人——莎士比亚、埃斯库罗斯、歌德。

您喜爱的散文家——狄德罗。

您喜爱的英雄——斯巴达、开普勒。

您喜爱的颜色——红色。

您喜爱的格言——人所具有的我都具有。

您喜欢的箴言——怀疑一切。

这是马克思在当时历史条件下对人生的感悟和精神的真实写照。在充满对抗的社会，斗争精神，以革命的批判的态度审视一切，对于社会科学发展来说，是十分重要的。

---

① 参见［俄］彼·费多谢耶夫《卡尔·马克思》，生活·读书·新知三联书店1980年版，第773—776页。

第十四章　马克思的晚年岁月

科学领域的斗争，是社会利益的分野和阶级对立的折光的反映。哥白尼和伽利略的日心说触犯了宗教神学，遭受到宗教裁判所的残酷迫害。而发展哥白尼日心说、主张宇宙无限论的意大利科学家、哲学家布鲁诺，以宣传异端和自由思想被宗教裁判所判刑 8 年，最后被烧死在罗马菊花广场。在社会历史领域，马克思触犯了当权者和有产阶级的利益，虽然没有被判处极刑，但他却遭受到污蔑、诽谤、攻击和迫害，直到逝世仍是一个没有任何国籍的流亡者，这在科学史上也是极其罕见的。

马克思的理论从诞生起就遭到种种曲解和否定，但它并没有被打倒，而是对社会影响越来越大，因为，它正确，它是科学真理，所以，它能够驱散乌云和迷雾为自己开辟继续前进的道路。

马克思与世长辞了，他的思想和事业永垂不朽！

结束语　马克思主义：历史阶段　基本原理　当代意义

马克思主义诞生一个半多世纪以来，在同工人运动结合和社会主义革命与建设中，取得了举世瞩目的辉煌成就，给20世纪的世界历史打上深深的烙印，并且必将对21世纪的世界历史发生更大的影响。可以这样说，马克思主义对人类历史产生的深刻影响，是历史上任何理论、学说都不可比拟的。1983年3月，为悼念马克思逝世100周年，我国举办了有上千人参加的纪念大会，在这个隆重的大会上，笔者作了题为《马克思在历史观上的伟大变革》的发言。我发言的开头一段话是："一种思想体系对历史影响的深度和广度，同它所蕴涵的真理性成正比。随着岁月的流逝，不少风云一时的理论学说失去了昔日的光辉，可是，马克思主义却与时俱进，日益显示出它的真理的威力。在马克思长眠于海格特公墓以来的一百年中，马克思主义越出欧美，以雷霆万钧之力磅礴于全世界。"今天，我们仍然用这段话来表示对马克思主义的信仰，对马克思这位"千年伟人"的崇敬。当前，世界社会主义运动虽然处于低潮，但我们相信，马克思主义依然充满着无限的生命力，世界社会主义事业一定会迎来新的复兴。

马克思主义是由它的一系列基本原理和基本观点构成的科学体系，其中包括马克思主义创始人的思想，也包括他的继承者在回答时代课题过程中而形成的、经过实践检验是正确的原理。马克思主义是严整的科学体系，也是发展的理论。马克思主义的一个基本特征，是其科学性和革命性、真理性和意识形态性，在它的体系中有机地统一

结束语　马克思主义：历史阶段　基本原理　当代意义

在一起的。这就注定马克思主义在其发展过程中，不可能是一帆风顺的，它只能在斗争中向前发展，只能在同各种错误思潮的辩论中，在回答时代提出的课题中，为自己开辟前进的道路。

一　马克思主义发展的几个历史阶段

马克思主义是发展的理论。自它产生以来，经历了一个很长的不断的丰富、完善和发展的过程，其间包含着一系列相互衔接的发展阶段，这些阶段是由该阶段存在的社会问题和社会矛盾，以及工人阶级及其政党所面临的历史任务所决定的。马克思主义正是在回答不同历史阶段提出的课题，在从理论上总结社会主义革命和建设经验过程中不断丰富和发展起来的。总的说来，自马克思主义产生以来，大体经历了三个大的发展阶段，每个阶段又大致经历了五十年。

第一个阶段，从以《共产党宣言》为标志的马克思主义诞生到恩格斯逝世。这个时代，是资本主义在欧美主要国家取得政治统治，建立了资本主义制度，并进入其稳定发展的上升时期。与之相伴随，是欧洲三大工人运动爆发，以及工人运动的蓬勃开展。世界社会主义面临的历史课题，是探讨资本主义这一新的社会形态的本质特征、基本矛盾和发展规律，为社会主义提供"理论论证"。在这半个世纪里，作为理论形态的马克思主义，从产生到丰富和发展，它战胜了工人运动中的各种机会主义派别和形形色色的社会主义思潮，成为工人阶级公认的指导思想。恩格斯曾经说过，马克思以他的理论创造参加了无产阶级的革命事业。正是由于马克思主义创始人的天才创造和艰辛的理论探索，才使社会主义由空想变为科学，工人运动从此不再在黑暗中徘徊，而走上健康发展的道路，即由自在阶段发展到自为阶段。这个时期，马克思和恩格斯进行了大量的卓有成效的理论研究和理论创新，批判地继承了人类在历史上创造的一切最有价值的思想成果，总结了当时工人运动的经验，把人类精神推进到一个崭新的历史阶段。马克思主义是人类思想发展的总汇。其最大的理论成果是：揭示了人

思想巨人马克思

类社会发展的一般规律，创立了唯物主义历史观；发现了资本主义剥削的秘密，揭示了资本主义社会发展的特殊规律，创立了剩余价值学说；这两大发现使马克思主义创始人完成了对社会主义的"理论论证"，把社会主义奠定在科学的基础之上。这些伟大思想和博大精深的学说，体现在《德意志意识形态》《共产党宣言》《政治经济学批判》序言、《资本论》《反杜林论》《社会主义从空想到科学的发展》，以及恩格斯晚年的著作和通讯等鸿篇巨著之中。这是人类思想和精神的最伟大的财富。在千年之交和世纪更替之际，马克思几次被西方媒体和学界评为"人类纪元第二个千年的第一思想家"、千年"最伟大的思想家"和"千年伟人"，就是对马克思理论贡献的充分的肯定。马克思主义和科学社会主义学说的形成，不仅对人类思想，而且对世界社会主义运动，乃至对人类社会发展都产生了极为深远的影响。

第二阶段，从 19 世纪末到 20 世纪中叶。这个时期，资本主义由自由资本主义发展到垄断资本主义阶段，时代发生了阶段性变化，出现了新的特征，时代主题由稳定发展转变为战争与革命。20 世纪的人类历史，是伴随着帝国主义战争而揭开序幕的。世界社会主义面临的历史任务，是把理论形态的社会主义转变为社会主义的实践，变成一种现实的制度。列宁领导的俄国共产党战胜了第二国际的修正主义，在帝国主义历史条件下向前发展了马克思主义。没有革命的理论，便不会有革命的实践。列宁在极其艰苦的革命环境里，研究了大量哲学问题，包括哲学史上的重大问题，用由他丰富和发展了的辩证唯物主义和历史唯物主义的观点和方法，分析和研究了资本主义发展到垄断阶段，即帝国主义阶段的本质特征、基本矛盾和发展趋势，分析了当时国际和国内的复杂的政治形势，为俄国共产党的革命实践提供了强大的思想武器。列宁的《帝国主义论》同《资本论》一样，都是马克思主义史上划时代的鸿篇巨制。列宁亲自领导了伟大的十月社会主义革命。十月革命的胜利，使社会主义由理论变为实践，在人类历史上建立了第一个社会主义制度，开辟了人类历史的新纪元。从

结束语　马克思主义：历史阶段　基本原理　当代意义

此，人类历史上出现了社会主义同资本主义并存和竞争的局面。

列宁对马克思主义的发展是多方面的，在哲学，政治学，社会学，经济学等领域都做出了重大的理论贡献，大大丰富了马克思主义学说。特别是他研究了自由资本主义发展到垄断资本主义的经济根源和政治特征，揭示了帝国主义本质属性，阐明了资本主义经济、政治发展不平衡的规律，提出社会主义可以在一国或数国首先胜利的理论，在这个理论的指导下，取得了十月社会主义革命的伟大胜利，把马克思主义推进到一个新的发展阶段。

列宁逝世后，斯大林领导苏联共产党在短短十几年时间里实现了工业化，成为至今人们还在议论的历史的奇迹。斯大林在领导苏联社会主义建设中，曾经也犯有严重的错误，但这是在实践过程中所犯的错误，斯大林的历史功绩是不可能被否定的。前不久，赫鲁晓夫的孙女赫鲁晓娃，在谈到近两年俄国出现的重新评价斯大林时说：在各种不同机构组织的关于苏联历史人物所作历史贡献的社会舆论调查中，斯大林名字都排列在前三位，有时排在彼得大帝之后位居第二。斯大林"现在仍然被视为苏联历史上的伟大人物"。[①] 没有斯大林的强有力的领导，就不可能建成世界上第一个社会主义制度，就不可能在短短时间里完成工业化，从而也不可能战胜德国法西斯，取得第二次世界大战的伟大胜利。"二战"后，随着世界形势的发展，社会主义又由一国实践变成多国的实践，马克思主义在世界上进行了真正的胜利长征。特别是中国革命的胜利，在世界范围内使社会主义和资本主义的力量对比发生了重大变化。十几个社会主义国家横跨欧亚大陆，疆土连城一片，在领域、产值和人口方面真是三分天下有其一。社会主义国家形成了同资本主义世界相对立的强大的社会主义阵营，极大地震撼资本主义世界，并且迫使一些发达资本主义国家效法社会主义的计划经济和福利政策进行了某些改革或者改良。面对这种形势，在五十年代初，美国国务卿杜勒斯提出"和平演变"社会主义，试图筑

[①] 《中国社会科学院院报》，2007年5月15日，第3版。

起一道"藩篱"以防范"红色共产主义"的"扩张"。直到六十年代初,美国总统约翰·肯尼迪还哀叹,资本主义成为共产主义红色海洋中的一片"孤岛"。不论后来发生了什么变故,在二十世纪中叶社会主义对世界发生的重大影响,共产主义运动处于高潮,却是一个不争的事实。所有这一切都是在马克思主义的直接影响下发生的。

第三阶段,从五十年代到二十一世纪初。可以说,这是社会主义国家进行建设、改革和探索发展模式的阶段。马克思主义是由三个组成部分构成的严整的科学体系,但在其发展途程中由于形势和任务的变化,它的某个方面可能被提到首位。列宁在谈到这个问题时指出,"因为具体的社会政治形势改变了,迫切的直接行动的任务也有了极大的改变,**因此,马克思主义这一活的学说的各个不同方面也就不能不分别提到首要地位。**"[1] 可以说,在 20 世纪,特别是在它的后半叶,由于国际形势的变化,由于世界社会主义面临的巨大挑战和问题,马克思主义只有回答时代问题,解决当代社会主义面临的主要课题,才能发展自身。

众所周知,在"二战"后,社会主义在取得骄人的成绩的同时,也积累了诸多社会问题,各种矛盾,包括社会主义国家之间和共产党之间的矛盾逐渐凸现出来。许多社会主义国家开始思考、探索和改革,开始抛弃定于一尊的单一的发展模式和教条主义,纷纷探索社会主义在本国的实践形式。在探索过程中,有的取得了初步的成功,巩固和发展了社会主义制度,有的则导致失败,演变为资本主义。苏东剧变,使世界社会主义遭受巨大挫折,国际共产主义运动又一次走向低潮。在世界范围里,更为明显地呈现出资强社弱、资攻社守的态势,以美国为首的国际垄断资本主义,肆无忌惮地在全球推行霸权主义和单边主义政策。总之,在 20 世纪,世界社会主义经历了由低潮走向高潮、再走向低潮的发展过程。

如果把 20 世纪社会主义发展阶段进一步细分,还可以划分为四

---

[1] 《列宁专题文集——论马克思主义》,人民出版社 2009 年版,第 158 页。

结束语　马克思主义：历史阶段　基本原理　当代意义

个阶段：一是社会主义由理论变为实践，十月社会主义革命的胜利和世界上第一个社会主义制度的建立，以及社会主义在苏联的理论和实践；二是由第二次世界大战引发的广泛的社会矛盾和民族矛盾，在欠发达的资本主义国家和殖民地、半殖民国家产生了一批社会主义国家，社会主义由一国实践变为多国的实践，世界范围内出现了一个社会主义阵营；三是社会主义国家进行建设和改革的探索时期，社会主义在发展中积累了诸多社会问题，社会主义国与国之间、党与党之间的矛盾暴露出来，引发了激烈争论，损害了社会主义的形象，削弱了社会主义的力量，孕育了社会主义危机的因素，这些教训表明社会主义还处于幼年时期，从理论上进一步探讨社会主义，在实践中探索社会主义的实践形式，已刻不容缓；四是社会主义国家进入全面的改革时期，中国、越南等社会主义国家，通过对实践经验的总结和理论创新，实行改革开放，探索具有本国特色的社会主义道路，向前推进了世界社会主义事业，发展了马克思主义，但苏东一批社会主义国家通过改革，改变了社会主义制度，演变为资本主义，导致世界社会主义再次走向低潮。

在20世纪，工人阶级及其政党面临的主要任务和实践是：战争和革命、建设与改革。社会主义作为新生事物在过去的一百年中，经历了一个艰苦卓绝的、极为曲折的发展过程。它既取得辉煌的成绩，又遭受严重的挫折；既显示出强大的生命力，又带有明显的不成熟性。应当坚持用历史唯物主义的观点和方法研究20世纪社会主义的发展历史，总结它的基本经验和教训，丰富马克思主义的理论宝库，这对工人阶级和世界社会主义事业将是一批宝贵的精神财富。

二　马克思主义的基本原理和科学体系

什么是马克思主义，可以从不同的角度作出不同的概括，进行不同的表述。笔者是从这三个层面来界定马克思主义的，即马克思主义是关于自然界、人类社会和人的思维发展规律的学说,是工人阶级的世界观和方法论,是实现共产主义和人类解放的理论体系。这三点内在地结合在一起,既指明了马克思主义的科学内涵,也表明了它的阶级属性和实践功能。马克思主义就是由它的一系列基本概念、基本原理构成的严整的科学体系。所以,把握马克思主义科学体系,就必须正确理解它的基本原理,以及它们之间的内在逻辑联系。

关于马克思主义基本原理,经典作家们在不同时期有过不同表述,比如,马克思、恩格斯曾用一般原理、基本思想来表述他们的理论;列宁曾用基本原理、基本原则表述马克思主义的学说;毛泽东更多的用普遍真理、基本观点等概念来表述马克思主义理论;邓小平主要是用基本原理、根本观点来表述马克思主义的基本思想。上述用语属于同等意义的范畴,都是用以表述马克思主义的最基本的原理,或者如马克思主义创始人所说的构成这个理论"核心的基本思想"。马克思主义基本原理这个用语,是在历史上形成起来的、并为大家所认同的科学概念,用这个概念来表述马克思主义理论"核心的基本思想"是准确的、科学的。

关于什么是马克思主义基本原理,构成马克思主义基本原理的依据是什么,也就是说构成马克思主义基本原理有没有一个标准?这确实是一个值得深入研究的问题。否则在这个问题上就可能仁者见仁,智者见智,出现歧义,甚至没有共同的语言。要拿出一个确定的标准来规范马克思主义基本原理,的确是十分困难的,但依据科学的研究方法,不是不可以作一些尝试的。

笔者认为,作为马克思主义基本原理可否具有以下的特征:**一是要体现马克思主义的根本性质和整体功能,体现马克思主义作为科学性和革命性高度统一的世界观和方法论。二是相对于个别原理和特殊原理而言,基本原理是对更为广阔时空领域的事物本质和发展规律的概括。三是与之相联系,基本原理更具有长久的稳定性和有效性,它不会因为具体条件的变化而发生改变。四是对于人们的实践活动具有更为普遍的和根本的指导意义**。基本原理是对客观事物的本质和规律

结束语　马克思主义：历史阶段　基本原理　当代意义

的更高的抽象和概括，是一种抽象的理论形态，但它又寓于个别事物之中，它只有同不同领域，不同阶段的具体实际紧密结合才能发挥它的指导功能。正如马克思和恩格斯在阐释他们的一般原理时所说，**"这些原理的实际运用……随时随地都要以当时的历史条件为转移"**[①]。同时，也不能因为时代条件的变化否定马克思主义基本原理所包含的真理性和普遍意义。在这里必须防止两种倾向：一种是脱离当时变化了的条件机械搬用马克思主义基本原理的教条主义倾向；另一种是借口历史条件的变化宣扬马克思主义"过时论"，以及在实践中轻视马克思主义基本原理的实用主义倾向。这两种倾向还将长期存在，只是在不同时期具有不同的表现形式罢了。

马克思主义基本原理也是有层次性的。要正确把握马克思主义基本原理还必须认识它的基本原理的层次性，也就是说，要弄清楚基本原理存在的时空范围和历史条件。大致说来，马克思主义基本原理有以下的层次：揭示整个客观世界最一般规律的原理，也就是通常所说的辩证唯物主义所包含的那些基本原理；揭示人类社会发展规律的原理，这里包括阶级社会和无阶级的社会形态；我们是立足于中国的具体实际来探讨马克思主义的，因此还必须研究中国化马克思主义的基本原理，也就是中国特色社会主义的诸基本原理、基本原则，这些原理是在中国具体历史条件下产生的，它适用于中国的实际，但对于经济文化落后国家进行社会主义革命和建设也具有重要的借鉴意义。

自马克思主义产生以后，对马克思主义基本原理研究和概括是不乏其列的。马克思主义经典作家有时从大的范围，有时从某个领域对其基本原理作出过不少的概括。国内外学者根据自己研究重点和自己的理解，也对马克思主义基本原理作出过很多的阐释和概括。这些对于探讨马克思主义基本原理是极为有益的。但是，总的说来，对马克思主义基本原理作全面、完整的研究和概括还是不够的。我试图从上

[①] 《马克思恩格斯文集》第2卷，第5页。

述观点出发，根据自己的理解，对马克思主义基本原理作出自己的概括，以推进对这个问题的研究。

马克思主义最基本原理可否概括如下：**关于客观物质世界相互联系、相互作用和运动发展的原理；人类社会形态由低级向高级演进和发展规律的原理；生产力和生产关系、经济基础和上层建筑辩证统一的原理；关于人民群众是历史的创造者的原理；阶级、阶级斗争和阶级分析的原理；无产阶级革命和无产阶级专政的理论；剩余价值学说和资本主义社会基本矛盾的理论；社会主义历史必然性和工人阶级历史使命的学说；科学社会主义本质特征和发展规律的学说；以及人的全面发展和共产主义的原理等**。这些基本原理并不是孤立的，展开加以分析，就可以看出它们之间的内在逻辑联系。

中国特色社会主义理论体系是马克思主义中国化的最主要的理论成果，是建设中国特色社会主义的基本原理和最根本的指导思想。只要在中国搞社会主义，只能是搞同中国具体国情相结合的社会主义，也就是搞中国特色社会主义。社会主义在中国的实现，是一个很长的历史时期，在这一历史过程中，只能有一面旗帜，一个理论体系，一个指导思想，这就是中国特色社会主义理论。中国特色社会主义的基本原理可否概括为以下几条：**坚持公有制为主体和按劳分配为主体的原则；坚持共产党的领导地位和执政党建设规律的理论；社会主义社会阶级斗争和人民民主专政的原理；马克思主义的指导和社会主义主流意识形态建设的理论；社会主义初级阶段的理论；改革开放和社会主义市场经济的理论；社会主义民主法制建设的理论；科学发展和社会主义和谐社会建设的理论；实现国际合作与加强同世界工人阶级政党联系的原则等**。

中国特色社会主义理论是中国社会主义实践的产物，是经济不发达国家进行社会主义建设的理论总结，是在中国具体条件下发展了的马克思主义。所以，它反映的真理也具有一定的普遍性，对经济不发达国家实现社会主义也会发生积极的影响，具有借鉴的意义。

结束语　马克思主义：历史阶段　基本原理　当代意义

三　马克思主义的理论价值和当代意义

马克思主义自产生以后，所以能够不断发展壮大，能够对人类社会发展发生如此深刻的影响，根本原因在于，它是科学真理，它揭示了复杂纷纭的社会现象的本质和人类历史发展的规律，从而对社会未来的发展可以作出科学的预测。列宁指出："**马克思学说具有无限力量，就是因为它正确。它完备而严密，它给人们提供了决不同任何迷信、任何反动势力、任何为资产阶级压迫所作的辩护相妥协的完整的世界观。**"① 邓小平也明确地讲到："**马克思主义是打不倒的。打不倒，并不是因为大本子多，而是因为马克思主义的真理颠扑不破。**"② 马克思主义是颠扑不破的科学真理，但不是一成不变的教条，而是随着社会实践的发展而不断发展的理论。坚持真理，修正错误，随着社会实践的发展不断完善自身，是马克思主义发展的一条重要原则。这样的理论是不会过时，是会常青常新的。一个半世纪来，马克思主义历经风雨沧桑，遭受内外敌人的攻击和修正，但屡遭挫折而不衰，它依然能够不断丰富发展，根本原因也在于此。

马克思主义的理论价值还在于，它不仅继承了先辈们创造的有价值的思想成果，而且还超越了他们，把人类思想推进到一个新的发展阶段。在人类历史上，无数的思想先驱，如中国的孔子、孟子、老子、庄子、朱子等，西方的柏拉图、亚里斯多德、文艺复兴时代的思想家，以及古典经济学家、哲学家、空想社会主义思想家等，他们的思想创造都丰富了人类思想宝库，具有很高的价值。但是，不可否认的是，他们不可避免地带有历史的和阶级的局限性。作为一种观念上层建筑，他们的思想都是他们那个时代经济基础的反映，不同程度地反映着剥削阶级的利益。在他们学说中包含着某些真理性的颗粒，但

---

① 《列宁专题文集——论马克思主义》，人民出版社2009年版，第67页。
② 《邓小平文选》第3卷，第382页。

不可能达到更高的高度,甚至精华和糟粕交织在一起。所以,毛泽东提出对历史上传统文化要吸取精华,剔除糟粕,要批判地继承,是非常正确的。而马克思主义之所以能够超越先前的思想文化,首先在于他的创始人站在新的时代高度,代表先进生产力和先进阶级即无产阶级的根本利益,同人类历史发展方向是一致的。在这里,科学性和阶级性是内在统一的,它愈是更深刻地揭示事物的本质和社会发展规律,便愈有利于共产主义社会的实现,愈符合工人阶级的利益。用西方学者的话来说,马克思主义学说"是不可超越的"。马克思主义之所以"不可超越",就是因为它是随着社会实践的发展而不断发展的科学真理。

马克思主义的理论价值还体现在它的实践性和有效性。学习马克思主义全在于应用,就是要运用马克思主义立场、观点和方法,分析、研究历史的和现实的问题,从中引出新的的结论,指导我们的行动。在这方面,毛泽东讲得最多、最深刻,他尖锐地批评本本主义,反对空谈马克思主义,强调必须联系中国实际研究马克思主义,必须用马克思主义立场、观点和方法,研究和解决中国的实际问题。他明确地把中国共产党的历史概括为是马克思主义同中国具体实践相结合的历史。不坚持理论联系实际,不以新的思想、观点去继承、发展马克思主义,就不是真正的马克思主义者。在实践中运用马克思主义,不仅取得社会主义革命和建设的成功,而且这本身也是马克思主义丰富和发展的过程。因此,可以说,马克思主义的理论价值,更加突出地体现在在实践中对它的应用和发展。马克思主义生命力就在于时代和社会实践的需要。

苏东社会主义剧变,使国际共产主义运动又一次走向低潮。但是这并不意味马克思主义研究也处于低潮,相反,20年来,国际上马克思主义研究热潮一浪高过一浪。苏东剧变后,研究马克思主义和社会主义的各种国际研讨会有几千次,有上千人参加的大型国际研讨会也有数十次。最大的有在伦敦大学"96马克思大会",有6000多人与会。在纽约每年召开一次"世界社会主义大会",每次都有2000多

结束语　马克思主义：历史阶段　基本原理　当代意义

人参加，该会从 2003 年以后改为"世界左翼论坛"。还有在巴黎每两年召开一次"国际马克思大会"，以及遇到纪念日都要召开盛大的马克思主义理论讨论会。此外还有在拉丁美洲召开的"世界社会论坛"和"圣保罗论坛"，等等。许多会议提出的中心口号是："马克思永远活在人们心中"，"马克思没有死"，"当今世界需要马克思主义"！

笔者在本书附录中已经提及，在千年之交之际，西方媒体和学界不止一次地评选马克思为"人类纪元第二个千年的第一思想家"，"千年最伟大的思想家"，和"千年伟人"。2005 年 7 月，英国广播公司（BBC）广播第四频道以"古今最伟大的哲学家"为题，调查了 3 万多名听众，结果是共产主义理论的奠基人卡尔·马克思以 27.93% 的得票率荣登榜首，居第二位的苏格兰哲学家大卫·休谟得票率仅为 12.6%，其他思想家柏拉图、苏格拉底、亚里士多德、康德的得票率更低得多，黑格尔甚至没能进入前 20 名。栏目主持人布拉格认为，**"马克思当选为最伟大哲学家有诸多因素，但是能够解释一切的理论是他夺冠的最重要原因。"** 这个 **"能够解释一切的理论"**，就是马克思主义的世界观和方法论，是马克思主义的唯物主义史观。

另外，德国《明镜》周刊 2005 年 9 月 5 日载文，报道该周刊的一项民意调查，说有 2/3 的东德人和 56% 的西德人认为，社会主义是"一种好思想，只是迄今为止实施得较差"。就马克思的理论价值，该周刊记者采访了不来梅大学劳动和经济研究所所长鲁道夫·希克尔和柏林自由大学的历史学家保罗·诺尔特。他们回答说：作为社会理论家，马克思揭示了历史唯物主义的发展规律以及物质基础—上层建筑模式，并勾画出一个现代社会发展的历史远景。这些在过去都非常吸引人，现在仍令人神往。这两位学者都认为，**"马克思改变了世界"**。并且说，**"在 21 世纪初，我们需要像马克思这样的思想家以令人信服的方式分析资本主义的形势"**。

历史是最无情的，又是最公正的。马克思生前和死后虽然受到各式各样的迫害和诋毁，但一百多年后仍然被西方主流媒体和有识之士一而再、再而三地评选为"千年第一思想家""当今最伟大的思想

603

家",受到广大人民的敬仰和推崇,其根本原因就在于马克思的人格魅力和他对人类思想所做出的伟大贡献,是他所揭示的科学真理和逻辑力量征服了世人。

从2007年开始的金融危机,以及由此引发的全球性经济危机,又一次证明了马克思主义的真理性和科学的预见性。《资本论》成为畅销书,不仅是学者,而且西方政要都试图到马克思的著作中去寻找资本主义经济危机的答案。所有这一切,从另一个侧面证明了马克思主义的理论价值和在当代的意义。

当今时代,是代表剥削制度的反动势力与代表广大劳动人民利益的进步力量并存、竞争、经过反复较量进步逐渐取代反动的时代。最终实现马克思所说的人的自由而全面的发展,实现人与自然、人与人和谐的"自由人的联合体"。这是一个漫长的曲折的历史过程,但新生事物是不可战胜的,进步力量会取得最后的胜利。

现阶段国际共产主义运动处于低潮,也是无产阶级政党总结经验、发展理论、积蓄力量的时期。这个时期的一个重要特征是,各国的社会主义政党都在探讨把马克思主义与本国、本民族的实际相结合,创造出符合具有本国特色的马克思主义,如中国的中国化马克思主义、中国特色社会主义,和越南的具有越南特点的社会主义等。也就是说,马克思主义呈现多样和多元的发展趋势。这里的"多样""多元"是指:坚持马克思主义基本原理,又各具特色,马克思主义呈现生动多样的形态。这样,既坚持了马克思主义基本原理,又与各国的具体国情相结合,使马克思主义更加充满发展的活力。

在这样的历史时期,反对背离马克思主义的错误思潮是十分必要的。特别是要反对割裂和在马克思主义中制造对立的错误倾向。众所周知,从20世纪30年代马克思《1844年经济学—哲学手稿》发表时起,出版者在"导言"中就公然提出"重新发现马克思"和"新的马克思主义",制造早期马克思和晚期马克思的对立,马克思与恩格斯的对立,以及后来国内外流传的"现代马克思主义""新马克思主义"与"传统马克思主义""正统马克思主义"的对立等。其实质就是通过以标榜"现代马克思主义""新马克思主义"取代"传统马克思主义",来否定马克思主义基本原理、基本原则。在马克思主义呈多样、多元发展的情况下,更要特别警惕这种颇具迷惑性的错误思潮的泛滥。

在这里,重要的问题是,要从整体性、要用唯物辩证的思维方法研究马克思主义,也就是要从其整体性把握马克思主义的每个基本观点、基本原则。马克思主义是严整的科学体系,同时又是"发展的理论"。它是一个包含一系列相互衔接的发展阶段的历史过程。其中,每个阶段既包含真理性颗粒的、新的思想内容的基本原理,又受着当时具体条件的制约,就是说,它是绝对与相对的有机结合。所以,不加分析地否弃所谓"传统马克思主义""正统马克思主义",势必否定其中包含的马克思主义基本原理。对待马克思主义的正确态度应当是:坚持、发展、研究、创新。而要做到这一点,就必须科学地理解和把握普遍性和特殊性、相对性和绝对性的辩证统一关系,从而正确地认识、把握和运用马克思主义基本原理。

千年伟人马克思[①]

在千年之交之际，传来一个令人振奋的消息，这就是西方媒体和学界将马克思评选为千年最伟大、最有影响的思想家。首先是1999年7月，由剑桥大学文理学院几位教授发起评选"人类纪元第二个千年的第一思想家"，结果是马克思荣登榜首。接着，由英国广播公司（BBC）于是年秋天，用几周时间在互联网（Internet）上评选千年最伟大的思想家。评选结束后，该公司宣布：人们评选的"最伟大的思想家"是卡尔·马克思。爱因斯坦、牛顿和达尔文分列为第二、第三、第四名。并且指出："**尽管20世纪出现的一个又一个专制政权歪曲了马克思的本来思想，马克思作为一个哲学家、社会科学家、历史学家和革命者所取得的成果，在今天仍然得到学术界的尊重。**"第三次是在该年12月，由英国路透社在政、商、学术、艺术四界的名人范围中

[①] 此文原载于《真理的追求》2000年第1期，作为此书附录作了少许修改和补充。

评选"千年伟人",结果马克思又同阿尔伯特·爱因斯坦和莫罕达斯·卡拉姆昌德·甘地入选。1999年12月19日《澳门日报》报道了这个消息,并刊登了三位"千年伟人"的大幅照片。

该报说:"这样的调查当然不能十分科学地反映广泛的事件,但这次调查可以让我们看看一些名人的想法。"12月25日,台湾地区《中国时报》在报道该消息时指出:"马克思有关资本积累及资本集中的说法,放在当今大购并潮的背景之下似乎更具意义,苏联瓦解、中国大陆也已改采社会主义市场经济多年,这么多学者肯定马克思,的确有些出人意表。"还说,"马克思对资本主义的洞见应该再度获得重视,他不应为其他人对其学说所做的引申背黑锅"。应该说,西方思想界所开展的这些评选活动和澳、台地区报纸的报道是客观、公允的。这些活动不是在社会主义国家媒体,而是在资本主义媒体开展的,就更加发人深省。

这里,笔者还想提及的是2005年7月英国广播公司(BBC)在"我们这个时代"的栏目中开展的一项调查,调查的题目是"谁是现今英国人心目中最伟大的哲学家"。7月14日公布的调查结果显示,共产主义理论奠基人马克思的票数远远超过大卫·休谟、伊纽曼尔·康德、格奥尔格·威廉·弗里德里希·黑格尔、柏拉图等人,而荣登榜首。栏目主持人布拉格宣布说:"**马克思登选为最伟大哲学家有诸多因素,但是能够解释一切的理论是他夺冠的最重要原因。**"这个"**能够解释一切的理论**"是什么呢?笔者认为,就是马克思创立的唯物主义历史观。只有历史唯物主义的观点和方法,才能帮助人们认识社会现象的本质和发展规律,揭开人类历史之谜。剑桥大学政治学教授加里斯特·琼斯就此发表评论说:"如果你读《共产党宣言》,你**不得不承认它是一个很有力、很了不起的文件。虽然出版于1848年,但我们现在经常谈到的全球化、裁员、跨国公司、世界经济朝这个或那个方向发展,所有这些内容书中都能找到,它有令人惊讶的现实意义,其他任何文献都没有这个力量。**"这很清楚地表明了马克思思想的理论价值和重大意义。

思想巨人马克思

德国《明镜》周刊 2005 年 9 月也做过类似的调查，马克思同样得到充分的肯定。当该周刊记者问到不来梅大学劳动和经济研究所所长鲁道夫·希克尔和柏林自由大学历史学家保罗·诺尔特，为什么马克思的思想和著作现在还有如此大的吸引力，希克尔回答说："**作为社会理论家，马克思揭示了历史唯物主义的发展规律以及物质基础——上层建筑模式，并勾画出一个现代社会发展的远景。这些在过去都非常吸引人，现在仍令人神往。**"这两位学者都认为，"**马克思改变了世界**"。并且说，"**在 21 世纪初，我们需要像马克思这样的思想家以令人信服的方式分析资本主义的形势**"。

当前发生的这场震撼整个资本主义世界的经济危机，又激起人们学习马克思主义、学习《资本论》的热潮，期望从马克思那里寻找解答这场经济危机的答案。甚至有的西方学者惊叹马克思对社会历史如此深刻的洞察力，说马克思头脑里似乎有一架"时代机器"，马克思主义是高举理性旗帜的时代的符号。这些事件以及对马克思的高度评价，不是孤立的，也不是偶然的，它既显示了马克思主义真理的力量，也说明了当今时代仍然需要马克思主义，就像自然科学需要爱因斯坦的理论一样。只要不带任何偏见，人们都会做出这样的结论。

马克思逝世已经 135 年了，作为马克思主义诞生标志的《共产党宣言》发表也已 170 多年了，为什么马克思仍然受到世人如此的关注和崇敬呢？这是因为马克思为人类精神和思想发展做出了不朽的贡献。

关于马克思对人类思想的伟大贡献，恩格斯《在马克思墓前的讲话》中，概括为两个伟大的发现，即唯物主义历史观和剩余价值学说。他指出，"**一生中能有这样两个发现，该是很够了。即使只能作出一个这样的发现，也已经是幸福的了。但是马克思在他所研究的每一个领域，甚至在数学领域，都有独到的发现，这样的领域是很多的，而且其中任何一个领域他都不是浅尝辄止**"[①]。恩格斯以无比沉痛的心情向世界宣告，"当代最伟大的思想家停止思想了"，这"对

---
① 《马克思恩格斯文集》第 3 卷，第 601—602 页。

于欧美战斗的无产阶级，对于历史科学，都是不可估量的损失。这位巨人逝世以后所形成的空白，不久就会使人感觉到"①。一百多年后，马克思被世界公认为"最伟大的思想家"，证明了恩格斯的预言。如果说恩格斯主要是就思想的真理性而言，那么在今天，它已是被社会实践证明了的真理。

马克思一生最伟大的贡献，是他发现了人类社会的发展规律，创立了唯物主义历史观。列宁称之为"人类思想中的伟大成果"，赖有它，社会科学才真正变成科学。众所周知，马克思是在19世纪40年代的德国开始自己的理论活动的。当时，继黑格尔之后，路德维希·费尔巴哈的哲学深深地影响着德国思想界。因此，在马克思思想形成的一定阶段上有一个很重要的特点，就是唯物主义历史观的萌芽同费尔巴哈人本主义观点相交错。但是，马克思通过自己的理论探索，终于找到了摆脱这种理论困境的出路。这就是，他把研究的基点放在探讨**"人的世界"**，揭露**"市民社会"**的秘密上，通过对人的活动、人们的社会关系和物质生活条件的探讨，逐步过渡到唯物主义历史观，而其中的关键是生产关系思想的形成，以及由此而揭示的生产力和生产关系的辩证统一关系。社会生产关系的思想，是马克思同以往一切思想家对人和社会认识的根本分水岭。生产关系概念的形成，不仅对生产力诸因素结合的方式和性质有了科学的认识，而且有可能揭示生产过程本身内在的结构，即生产力和生产关系的辩证统一。我们知道，生产力概念，在马克思以前的古典经济学家那里就已经提出和研究了。他们之所以重视生产力的问题，是由于资本主义工业发展的需要。但生产关系问题始终是他们无法逾越的界限。因此，古典经济学家不能真正理解由生产力和生产关系统一构成的生产过程，不懂得物质生产对整个社会历史发展的决定作用。这里，不仅有历史的局限性，也有阶级的局限性。正如马克思所说，一旦触及生产关系的领域，他们研究的丧钟便敲响了。所以，即便是当今有成就的资产阶级

---

① 《马克思恩格斯文集》第3卷，第601页。

经济学家对社会关系做出一定的分析,也回避或掩饰最实质的问题,即资本与雇佣劳动的关系问题。

马克思正是发现了生产力和生产关系辩证运动的规律,把整个社会的发展看成是一个自然历史过程,形成了唯物主义历史观,从而奠定了马克思主义政治经济学的理论基础。马克思不再把各种经济关系看成"人的本质"的体现,不再根据"人的本质"实现的程度来判断经济形式,而着眼于经济过程本身的分析,在与生产力发展的水平相互联系中来考察各种生产关系。马克思通过对资本主义生产方式诸种要素的科学分析,特别是对雇佣劳动与资本的关系的研究,发现了物与物关系背后掩盖着人与人的社会关系,揭露了资本主义剥削的秘密,发现了资本主义生产方式本质及其特殊的运动规律。在当代,资本主义有了新的发展,马克思的剩余价值理论需要也必须丰富和发展,但其基本思想是没有过时的。就连许多西方学者也认为,要了解当今资本主义社会及其经济运动,仍要求助于马克思的方法。当前发生的资本主义经济危机,使人们更加认识到马克思主义经济学理论、特别是关于资本主义经济危机学说的正确性和科学价值。

正是基于马克思的这两个伟大发现,社会主义才由空想变为科学。空想社会主义在社会主义思想史上有着十分重要的地位,但它有两个致命的缺点:一是脱离唯物主义基础,二是脱离现实的工人运动。所以它只能流于道德的说教和关于"人"的呓语。社会主义学说究竟应该建立在什么基础之上,这是一个根本性的问题。如果把社会主义看成是实现"人的本质",那重点当然是研究"人自身",并从中引出人本主义的社会主义;如果把社会主义制度看成是客观的历史必然性,那就应该研究社会生活、人们的社会关系和社会历史规律。正如列宁所说的:"社会主义学说正是在它抛弃了关于合乎人的本性的社会条件的议论,而着手唯物主义地分析现代社会关系并说明现在剥削制度的必然性的时候取得成就的。"[①] 马克思的伟大发现,使

[①] 《列宁专题文集——论辩证唯物主义和历史唯物主义》,第205页。

人们"豁然开朗",社会主义从此有了正确前进的方向。没有马克思的理论和实践,"我们至今还会在黑暗中徘徊"[①]。但遗憾的是,以米哈伊尔·谢尔盖伊维奇·戈尔巴乔夫《新思维》为代表的当代右倾机会主义思潮,或者完全撇开社会阶级关系来抽象地谈论社会主义,或者返回到马克思主义创始人早已摈弃了的人本主义社会主义观,鼓吹"人的价值高于一切"和"人道的民主的社会主义"。这股思潮的要害,是否定马克思主义的阶级观点和阶级分析方法,而否定了马克思主义阶级观点就根本谈不上科学社会主义。当代右倾机会主义思潮的泛滥,已给世界社会主义运动造成难以估量的损失。

从上述可见,马克思的学说有极强的阶级性,它是无产阶级的意识形态,但同时又是科学的真理,是严整的科学体系。革命性和科学性在马克思学说中是高度统一的。正如恩格斯所说,"科学越是毫无顾忌和大公无私,它就越符合于工人的利益和愿望"[②]。这突出反映了马克思主义理论的本质特征。

诚然,马克思的学说也有学术性的一面,或者说,它既是社会主义思想体系,也是一种学术。这种学术性,似乎使马克思学说游离了它的意识形态性而具有了一种普遍性的外观,任何人都可以把它作为一种知识去研究和运用。许多西方资产阶级学者正是在这个意义上理解和认同马克思主义的。1998年5月,笔者作为中国社科院社会发展比较研究中心主任,访问了英国几所大学研究社会问题和生态问题的系所。研究社会问题的教授说,我们主张实现社会公正,缩小贫富差距,这也是马克思的一贯主张。研究生态问题的学者说,马克思早就主张人与自然的和谐,违背自然规律是要受到自然界惩罚的,这些重要思想就为我们今天研究人与自然的关系,保护生态环境提供了依据。他们对马克思不仅没有反感,而且怀着一种崇敬的心理,极力去捕捉马克思学说中对他们有用的东西。这实在令我这个长期从事马克

[①] 《马克思恩格斯文集》第4卷,第313页。
[②] 同上书,第254页。

思想巨人马克思

思主义研究的人十分感动!

  特别值得提及的是,在东欧剧变后,《马克思恩格斯全集》国际版(原计划出 142 卷)不仅没有停止出版,而且由国际马克思恩格斯基金会继续进行这项巨大的工程。在苏联时代,《马克思恩格斯全集》国际版是由苏联共产党中央委员会马列主义研究院和民主德国统一社会党中央马列主义研究院共同合作于 20 世纪 60 年代开始编辑的。苏东剧变前已出版了 30 多卷。东欧剧变给这一工作带来极大困难,为把这一意义重大的工作继续下去,他们向有关国家和政党发出资助呼吁。我们国家也给予了一定的资助。1996 年秋天,我们访问了设在柏林—勃兰顿堡科学院的《马克思恩格斯全集》国际版编辑部,主持这项工作的是原联邦德国政治学教授门格勒。我问他现在经费是否解决了?他说已经解决了。我问,是怎样解决的?回答说,大部分由联邦政府出钱,小部分由地方政府给解决。我诧异地问,德国是资本主义国家,为什么要出钱资助出版马克思、恩格斯的著作?他似乎感到问得奇怪,然后坦然地说,一是因为马克思、恩格斯是德国人;二是因为他们的学术思想,丝毫不亚于历史上任何伟大的思想家。是的,马克思不论就其思想之博大精深,还是就其著作之丰、影响之大,都可以与历史上任何伟大的思想家相媲美。马克思主义学说,已经深深地改变了世界历史进程,并且还将继续影响着人类社会的发展。

  马克思主义也是一种学术,而且是真正的学术,从这个角度来研究马克思的学说同样可以做出自己的贡献。这里,我再举一个例子:20 世纪 80 年代中期,我作为中国人民大学马克思主义发展史研究所所长,曾接待过联邦德国波鸿大学"马克思学者"萨斯教授,他从学术角度对马克思学说、特别是对马克思早期著作和思想做了深入的研究和探讨。经过他的研究和版本考证,发现《马克思恩格斯全集》第一卷中一篇题为"路德是施特劳斯和费尔巴哈的仲裁人"的文章,不是出自马克思手笔,而是费尔巴哈本人写的,应从《马克思恩格斯全集》中去掉。他的这项研究成果已经为学术界和有关研究机构所接受,并在后来出版的马克思、恩格斯著作中得到校正。这种研究无疑也是很有意义的。我们应当提倡对马克思学说进行多角度、多方面的研究。

当前，世界社会主义运动处于低潮，但并不意味着马克思主义理论研究也处于低潮，相反世界范围内研究马克思主义的热潮却在悄然兴起。从 1995 年到 1998 年，由数百人到上千人参加的马克思主义国际学术研讨会开过多次。它们是：1995 年为纪念恩格斯逝世 100 周年在巴黎举行的有 500 多位学者参加的"第一届国际马克思大会"，1996 年在美国纽约召开的有 2000 多名学者参加的"世界社会主义者大会"，接着在伦敦召开的有 6000 多人参加的盛况空前的"96 伦敦马克思大会"，以及 1998 年 5 月为纪念《共产党宣言》发表 150 周年在巴黎召开的有 60 多个国家和地区 1500 多人参加的马克思主义国际学术讨论会。笔者也有幸参加了这次大会，感受颇深。此外，"国际马克思大会"每两年召开一次，在莫斯科举行的每年一度的国际社会主义研讨会，其他小型的国际学术讨论会更是不计其数。

以上情况绝非偶然现象，它是当今社会矛盾的反映，是世界进步人士要求变革资本主义社会的情绪的表现。当今诸多社会问题和社会矛盾重新激起了人们研究马克思主义的热情，为了解当代社会问题和全球性问题，人们到马克思主义那里寻找思想武器。因此，便出现了法国《世界报》所说的"回归马克思"的热潮。这也许是马克思被评选为千年最伟大思想家的一个重要的现实原因吧！

法国《人道报》在报道 1998 年 5 月巴黎"马克思主义国际大会"时有下面一段生动的文字：**今年（1998 年），从纽约到东京，从圣保罗到耶路撒冷，从新德里到伦敦，到处都奏起了《共产党宣言》的乐章，而这次会议将"再次让历史沸腾起来"**。"《宣言》对 21 世纪仍将发生重要影响"，"马克思没有死，马克思仍然活着！"这些撼动人心的话语，道出了世界进步人类的心声。理论研究是社会变革的前导。这许许多多马克思主义理论研讨活动，将汇成巨流，发出世界最强音，推动当代社会主义运动走出低谷，再度复兴。让我们高扬马克思的旗帜，昂首阔步，迈向 21 世纪吧！

索　引

本书所引用

《马克思恩格斯文集》均选自人民出版社 2009 年版。

《马克思恩格斯全集》均选自人民出版社 1956 年—1974 年第一版。

《马克思恩格斯选集》均选自人民出版社 1972 年版第一版。

《列宁选集》均选自人民出版社 1995 年版。

后　　记

笔者长期从事马克思主义哲学、马克思主义基本原理和马克思主义发展史的研究，十分关注该领域的研究成果和出现的新的动态信息，比如，马克思被评为"千年第一思想家"、"千年伟人"等，从中获得更多的知识和信息，开拓自己的研究视野，也更加激起我探讨这个领域的兴趣和决心。笔者即使在研究中取得一些成果，也是半个多世纪来辛勤探索的思想积淀。

我 1960 年从中国人民大学哲学系毕业后便留本校哲学研究所、后又转入马克思主义发展史研究所从事研究工作。所幸的是，在 1963—1964 年期间，时任哲学系主任的张腾霄（后来担任人大党委书记），引领陈先达、方克立、霍伟光和我四人研读马克思恩格斯早期著作，主要是《德意志意识形态》和《神圣家族》，边读边议，历时一年多的时间，星期天也不曾间断。这段时间十分宝贵，不仅为我进一步研究马克思早期思想奠定深厚的基础，而且也使我对从 20 世纪 30 年代开始出现的曲解马克思早期著作、制造"两个马克思"的对立、把"马克思主义人道主义化"思潮有了初步的认识。这股思潮在五六十年代波及苏联思想界。在 80 年代初，受这股思潮的影响，我国理论界也掀起人道主义和异化问题的大讨论，马克思早期思想和早期著作自然成为热门话题。60 年代研读马克思恩格斯早期著作，对我正确认识这场争论予以很大的帮助。这时，我与陈先达撰写的《马克思第一个伟大发现》文章和合著的《马克思早期思想研究》一书在当时发生了比较大的影响。此后，从 1984 年开始，我参加了

《马克思主义哲学史》（八卷本）的编写，并担任第一卷的主编。这使我更系统深入地研究了马克思早期著作和早期思想。在以后的时间里，在研究和教学工作中，不仅给研究生讲解马克思恩格斯早期著作，而且也讲授晚期的著作，如《路德维希·费尔巴哈和德国古典哲学的终结》和《家庭、私有制和国家的起源》等。这使我对整个马克思主义发展史有了更好的把握。从 2004 年开始讨论和建立马克思主义理论学科以来，我又从整体性上对马克思主义基本原理和科学体系进行了深入探讨，同时也特别关注国外马克思主义的新的发展和动态。所有这一切，都为我进一步研究马克思的思想发展和理论贡献提供了思想材料，奠定了坚实的基础。

长期以来，我一直有一个想法，即在自己有生之年，写出一部马克思理论创造、革命实践和生平活动有机结合的著作，使人们能更好地了解马克思其人其事。这也就是笔者在导语中所说的，写一部史论结合，以论为主的著作，展现一个真实的马克思。但马克思思想博大精深，囊括诸多学科，涉及众多历史事件和历史人物，而本人知识结构和理论水平有限，很难达到预期效果，存在不足之处也在所难免。我期望今后有更多优秀作品问世，使这个领域的研究能够枝繁叶茂，常新常青，让马克思及其所揭示的科学真理永远传承下去。

在本书写作过程中，得到我的学生罗文东、沈强，以及朱炳元、方世南等的关心和帮助，中国社会科学出版社赵剑英社长和杨晓芳编辑等同志为该书的出版给予大力支持，付出辛勤的劳动，在此表示深深的谢意。